인문학 개념어 사전
2
역사 · 사회 · 자연

인문학 개념어 사전 2 │ **역사·사회·자연**

초판 1쇄 발행 2022년 1월 15일 **초판 2쇄 발행** 2022년 10월 10일

지은이 김승환 **펴낸이** 박성모 **펴낸곳** 소명출판 **출판등록** 제1998-000017호

주소 서울시 서초구 사임당로14길 15 서광빌딩 2층

전화 02-585-7840 **팩스** 02-585-7848

전자우편 somyungbooks@daum.net **홈페이지** www.somyong.co.kr

값 45,000원

ISBN 979-11-5905-653-6 04000

979-11-5905-651-8 (세트)

ⓒ 김승환, 2021

인문학 개념어 사전
2

역사 · 사회 · 자연

Dictionary of the Concept of Humanities
History | Sociology | Nature

김승환 지음

서문

『인문학 개념어 사전*Dictionary of the Concept of Humanities*』은 2008년부터 2054년까지 46년간 문학, 역사, 철학, 예술, 미학, 문화, 사회, 정신, 감정, 자연, 과학, 종교의 중요한 개념을 서술하고 해석하는 기획이다. 『인문학 개념어 사전』은 여러 영역을 통섭通涉하는 한편 종단縱斷하고 횡단橫斷하지 않으면 전체를 알 수 없다는 반성에서 출발했다. 아울러 학자는 학설과 이론을 정립하는 것도 중요하고, 현장에서 실천하는 것도 의미 있지만, 근본개념과 기본용어를 정확하게 해석하는 것도 중요하다고 생각했다. 하나의 개념을 서술하면서 느낀 점은 어느 것도 쉬운 것이 없고, 아는 만큼 보이고 아는 만큼 들리며, 아는 만큼 쓸 수 있다는 것이다.

글은 한 글자 때문에 뜻이 달라지므로 정확하게 서술하는 것은 무척 어렵다. 어떤 개념을 이해하려면 그 개념의 기원과 본질을 알아야 하고, 그 개념에 내재한 맥락을 이해해야 하며, 사용되는 의미를 파악해야 한다. 한 영역을 잘 안다고 하더라도 여러 영역과의 관계를 알지 못하면 정확한 해석을 할 수 없을 뿐아니라 함축적인 설명도 할 수 없다. 하나의 개념을 서술하는 것은 무척 어려워서, 한순간도 그 개념에서 떠나지 못했다. 꿈속에서도 써야만 겨우 한 편의 글이 완성되었는데 마치 바위를 깎아서 꽃을 만드는 것 같은 심정이었다.

『인문학 개념어 사전』은 확장성 기본 텍스트[multi-basic text]이고 다양한 조합과 다각적 응용應用이 가능하도록 설계되었다. 이를 위해서 몇 가지 규칙을 지켰다. 먼저 그 개념이 생성된 기원, 본질, 어원을 서술한 다음 반드시 들어가야 할 의미와 들어가지 않아야 할 의미를 가려냈다. 그리고 각 항목을 개괄적으로 설명하면서 일관된 체제를 갖추었다. 아울러 서술의 보편성, 객관성, 함축성, 예술성, 완결성을 추구했다. 모든 개념은 서, 기, 승, 전, 결의 5단 구성이며 한국어 2,200자영어, 독일어, 라틴어, 중국어, 한자어 등 제외 분량으로 서술했다.

가능하면 원전에 근거했으며 그렇지 못할 경우 영어판본, 중국어판본과 더불어 한국어 자료와 번역본도 참조했다. 그리고 최대한 보편적으로 기술하여 영어와 중국어 등 외국어 번역이 가능하도록 설계했다. 언어만으로 표현하고 자 했기 때문에 그림과 도표는 사용하지 않았다. 특히 쉽고 재미있는 설명보다 정확하고 함축적으로 설명했다. 아울러 공자孔子가 말한 술이부작述而不作의 엄격 함을 지키고 칸트I. Kant가 말한 순수이성純粹理性에 따라 비판적 재인식을 거치고 자 노력했다.

『인문학 개념어 사전』현재 690항목은 매우 부족한 글이다. 그리고 총 1만 개의 항 목을 기술하는 것은 무모한 기획이다. 하지만 인간과 우주자연과 사회를 총체 적으로 설명해 보려는 목표를 포기할 수 없다. 하얗게 밤을 지새우며 수많은 고 민도 하고 한탄도 했지만, 하나의 개념을 비교적 정확하게 서술했을 때의 기쁨 이란 그 무엇과도 비교할 수 없었다. 또한, 인류가 오랫동안 축적한 지식과 가 치를 마주할 때 즐거웠고 다양한 인물과 역사적 사건에 담겨 있는 희망, 고통, 기쁨, 슬픔, 욕망, 공포, 통찰, 고뇌, 열정, 비애, 분노, 사랑을 읽으면서 놀랐다. 한 인간이 46년 걸린 이 작업을 머지않아서 메타인간Meta-human 또는 인공지능AI은 단 46초에 끝낼 것이다. 하지만 21세기의 인간종人間種 인간류人間類의 사유와 감 정도 의미 있다고 믿는다. 간절한 소망은 시간과 공간의 끝에 인간 존재의 가치 를 전하는 것이다.

멀고 또 험한 길이지만 수양하는 수도사의 심정으로 하나하나를 학습하고, 연구하고, 또 서술할 것이다. 그리하여 '나는 누구인가?, 인간은 무엇인가?, 인 간의 감정과 사상은 어떤 모습인가?, 문명과 문화와 사회는 어떤 것인가?, 인간 은 무엇을 생각하고 무엇을 느낄 수 있는가?, 우주는 왜 생겼는가?, 시공간은 무 엇인가?, 자연의 원리는 무엇인가?, 인간의 삶은 가치 있는 것인가?' 등을 최대 한 잘 설명하고자 한다. 무한한 우주와 영원한 신에 경배하면서, 자기 존재에 대하여 깊이 성찰하는 현생인류Home-Sapience-sapience에게 이 책을 헌정獻呈한다. 아 울러 미래에 지구와 우주의 주인이 될 미지의 존재에게 인간의 사유를 전한다.

차례

서문 5

나비효과·카오스이론 12
이기적 유전자 15
마키아벨리즘 18
구텐베르크·금속활자 21
호명 24
언어 민족주의 27
인쇄자본주의 30
중화주의 33
심상지리 36
룸펜 프롤레타리아 39
하얀 가면 42
상징자본 45
아비투스 48
디스토피아 51
제2의 자연 54
운명론 57
문화유전자 밈 60
실험의학 63
석가모니 고타마 싯다르타 66
하위주체 69
탈중심주의 72
뉴턴역학·고전역학 75
패러다임 78
오리엔탈리즘 81
포퓰리즘 84
표현의 자유 87
창조계급 90
디아스포라 93

문화다양성 96
우리 안의 파시즘 99
내부식민지 102
초민족주의 105
독사[부르디외] 108
감정연금술 111
상징폭력 114
상상의 공동체 117
근대·근대성 120
만국의 노동자여 단결하라 123
대중문화이론 126
국민국가/민족국가 129
대화혼 132
문화사회 135
죽음 충동 138
문화자본[부르디외] 141
의학적 시선 144
일차원적 인간 147
지동설/태양중심설 150
진화심리학 153
집단무의식 156
열린 사회 159
아니마 아니무스 162
연극성 인격장애 165
아마추어 지식인 168
방어기제 171
무정부주의 174
민족지 177

적자생존　180

문화산업[프랑크푸르트학파]　183

비잔틴제국　186

시뮬라시옹 시뮬라크르　189

상징적 동물　192

촘스키의 선전모델　195

분서갱유　198

천국은 꾸며낸 동화일 뿐이다　201

지하드　204

트라우마　207

군자불기　210

게임이론　213

마녀사냥　216

유토피아　219

보이지 않는 손　222

개신교 윤리와 자본주의 정신　225

문화혁명　228

체 게바라　231

무사도　234

자기 땅에서 유배당한 자들　237

동물해방　240

이기적 자살　243

카리스마　246

경국지색　249

춘추대의　252

대타자 · 소타자　255

화이관　258

주이상스　261

소중화주의　264

실재계　267

문화적 헤게모니　270

의사소통행위이론　273

세계체제론　276

아버지의 이름　279

주체재분열　282

국가주의　285

종교개혁　288

악의 평범성　291

결혼동맹　294

상호부조론 – 진화의 요인　297

집합　300

젠더수행성　303

사회학적 상상력　306

아노미[뒤르켐]　309

양자역학　312

동일성의 폭력[레비나스]　315

불확정성의 원리　318

빅뱅이론 / 우주팽창이론　321

젠더　324

실제의 공동체　327

내성 / 분트의 자기성찰　330

혁명　333

제국주의　336

호모루덴스　339

성찰적 근대화　342

나폴레옹　345

십자군전쟁 348

콜럼부스 351

산업혁명 354

칭기즈 칸 357

공통조상 360

히틀러 363

진시황 366

중립진화 369

공자 372

대동아공영권 375

운명의 수레바퀴 378

탈아입구 탈아론 381

메이지유신 384

한자문화권 387

불안장애 390

공포증 포비아 393

정신분열증 396

커피하우스 399

신경증 402

심인반응 405

자연선택 408

정신증 411

우울증 우울장애 414

아시아적 생산양식 417

돌연변이 420

전체주의의 기원 423

신해혁명 426

공황장애 429

리비도 432

원본능·자아·초자아 435

프로이트 438

원죄[기독교] 441

학문 444

제2차 세계대전 447

하데스 음부 450

사대주의 453

러시아혁명 456

거울단계 459

티베트 사자의 서 462

인류의 출현 465

창조론 468

빙하기 471

로마제국 474

신석기혁명·농경사회 477

복잡계 480

메소포타미아문명 483

특수상대성이론 486

무함마드/마호메트 489

석기시대 492

천동설 495

드레퓌스 사건 498

파리코뮌 501

제1차 세계대전 504

현생인류 아프리카기원설 507

예수 그리스도 510

중일전쟁/청일전쟁 513

만유인력·중력　516

문명　519

러일전쟁　522

인공지능 AI　525

빅데이터　528

행동주의·파블로프의 개　531

일반상대성이론　534

프랑스대혁명　537

사물인터넷　540

블랙홀　543

진화론　546

정신분석　549

열역학·에너지보존법칙　552

원자　555

호모 에렉투스　558

역사　561

지식의 고고학　564

DNA/디옥시리보 핵산　567

딥러닝/심층학습　570

위험사회　573

극기복례　576

문화제국주의　579

비단길　582

집단기억　585

기억　588

초끈이론　591

문화상대주의　594

기억투쟁　597

망각　600

현재·과거·미래　603

문화적 기억　606

정한론　609

인간[신체]　612

중국어 방 논증　615

마음　618

지능　621

튜링테스트　624

무한　627

민족　630

자본주의　633

분자　636

시간　639

민족주의　642

원형감옥　645

유전자　648

공간　651

시공간　654

과학주의　657

호모 사피엔스/현생인류　660

죽음의 공포　663

영원　666

4차 산업혁명　669

저승·내세　672

이율배반　675

통 속의 뇌　678

엔트로피　681

의미론 684

검증주의 687

인지심리학 690

인지과학 693

기능주의[철학] 696

자연주의[철학] 699

인문학 개념어 사전 찾아보기 702

인문학 개념어 사전 총목록 713

나비효과 · 카오스이론

Butterfly Effect · Chaos Theory | 蝴蝶效应 · 混沌理论

'브라질에서 나비 하나가 날개를 움직이면 2년 후에 미국에서 토네이도가 발생한다.' 이 말은 미국의 기상학자 로렌츠[E.N. Lorenz, 1917~2008]가 했다고 알려졌지만, 사실 그런 뜻으로 말한 것은 아니다. 로렌츠가 말한 나비효과[Butterfly effect]는 나비의 날갯짓이 연쇄적으로 작동하면서 초기의 작은 원인이 다른 결과가 될 수 있다는 뜻이다.[1] 기상학자 로렌츠는 1961년에 컴퓨터 시뮬레이션 작업을 하고 있었다. 그때 로렌츠는 빠른 계산을 위하여 반올림한 수를 입력했더니[0.506127을 0.506으로 입력] 예상한 것과 전혀 다른 결과가 나왔다. 그래서 로렌츠는 초기의 작은 차이가 완전히 다른 결과를 낳는다는 '초기조건에 민감한 의존성[sensitive dependence on initial conditions]'[2]이라는 개념을 창안했다. 여기서 말하는 초기조건의 민감성은 진행 과정에서 보이는 역동성[Dynamics]과 예측불가능성[豫測不可能性]을 의미한다.

원래 로렌츠의 나비효과는 '초기의 원인이 어떤 결과를 낳을 수도 있고 낳지 않을 수도 있다'라는 무작위의 혼돈이론이다. 나비효과를 토대로 정립된 카오스이론은 수많은 요소가 복잡하게 상호작용하기 때문에 불규칙하고 불확실하게 보이는 혼돈 속에서 일정한 패턴을 찾으려는 이론이다. 따라서 카오스이론은 첫째, 인과법칙이 있으므로 미래도 예측할 수 있다는 결정론[Determinism]과 둘째,

---

[1]   In 1972, Edward Lorenz gave a lecture to the American Association for the Advancement of Science in Washington, D.C.. Title was given by organizer as "Predictability : Does the Flap of a Butterfly's Wings in Brazil set off a Tornado in Texas?" and Lorenz agreed with it.

[2]   Edward Lorenz summarized as "When the present determines the future, but the approximate present does not approximately determine the future".

인과법칙이 없으며 확률적으로 전개된다는 우연한 무작위성randomness의 중간에 위치한다. 그래서 카오스이론은 상호모순인 것 같은 결정론적 혼돈deterministic chaos이라는 개념이 생겼다. 결정론적 혼돈이란 규칙이 없는 것 같지만 내적 규칙이 있다는 것과 초기에 결정된 범주 안에서 혼돈이 생긴다는 것이다. 과학자들은 결정론적 혼돈을 규명하기 위해서 수학적 계산과 동역학 실험을 거듭하였다.

물리학자들은 이중펜듈럼double pendulum 실험을 하여 로렌츠가 말한 초기 상태의 민감성sensitive to initial conditions을 증명했다. 초기에 주어진 조건에 따라 운동의 양태가 변화하기 때문에 초기 상태가 민감하면 예측 불가능성이 높아진다. 하지만 단기적인 원인과 결과를 알 수 있더라도 장기적으로는 알 수가 없으므로 결정론적 혼돈으로 볼 수 있다. 한편 무작위성randomness을 보이는 주사위 놀이는 전혀 예측할 수가 없다. 단지 확률적으로 1/6일 뿐이다. 이와 달리 카오스는 표면적으로는 불안정하고 불규칙한 혼돈인 것 같지만 카오스의 내면에는 안정된 질서와 규칙이 숨겨져 있다. 가령, 구름은 다양한 모양으로 변화하지만 완전한 무질서가 아니라 나름대로 인과因果와 규칙이 있는 것이다. 물론 그 변화무쌍한 구름은 예측하기가 어렵다. 이와 마찬가지로 지진, 해일, 태풍, 교통의 흐름도 예측하기 어렵다.

우리는 구름의 변화, 낙엽의 강하, 연기의 흩어짐 등에서 유사한 형태를 발견할 수 있다. 이 형태에는 프랙털fractal 모형이 생겨나는데 이것을 나비 모양의 로렌츠의 끌개Lorenz's attractor라고 한다. 그래서 카오스이론은 '왜 안정된 구조에서 불안정한 양상이 나타나고 불안정하지만, 내적 질서가 있는지' 규명하고자 한다. 이런 숨겨진 질서를 밝힘으로써 정확성accuracy과 예측가능성predictability을 높이고자 하는 것이다. 그런데 초기조건과 운동을 무한한 정도로 정확하게 아는 것은 불가능하다는 것이 밝혀졌다. 이들이 알아낸 것은 원인과 결과의 관계가 불확실한 비선형성non-lineality과 예측 불가능성unpredictability이다. 이런 연구를 거쳐서 카오스이론은 무질서한 것처럼 보이는 복잡한 현상에 대한 복잡계Complex system 이론의 토대가 되었다. 복잡계 이론은 복잡성 자체를 강조하는 반면 카오스이론은 초기조건과 혼돈상태를 강조한다.

뉴턴역학에서는 '미래를 정확하게 예측할 수 있다'고 보았지만, 양자역학과 카오스이론에서는 '미래의 정확한 예측이 불가능하다'고 보았다. 일찍이 푸앵카레J.H. Poincaré, 1854~1912는 태양, 지구, 달의 삼체 운동은 정확하게 예측할 수 없다는 정리를 완성했다. 그리고 아인슈타인은 상대성이론에서 상대적인 특성을 규명했다. 이어서 하이젠베르크는 불확정성의 원리Uncertainty principle에서 모든 것은 불확정이고 따라서 확률론적probabilistic으로만 예측할 수 있다는 양자역학을 완성했다. 이처럼 고전역학의 인과율causality이 양자역학으로 발전하는 것과 동시에 카오스에 관한 연구가 활발해졌다. 카오스이론은 난류current와 천체운동을 비롯하여 지진, 태풍, 인공지능, 생태학, 기후학뿐만 아니라 철학, 경제학, 사회학, 예술에 이르기까지 지대한 영향을 미친 이론이다. 카오스는 구성요소가 단순하지만 복잡한 것이고 복잡계는 구성요소도 복잡하고 작용도 복잡한 것이다.

참고문헌 Edward N. Lorenz, "Atmospheric predictability as revealed by naturally occurring analogues", *Journal of the Atmospheric Sciences*, 26(4), 1969, pp.636~646.

참조 참조 결정론, 뉴턴역학·고전역학, 라플라스의 악마, 복잡계, 불확정성의 원리, 양자역학, 인공지능 AI, 인과율·인과법칙, 일반상대성이론, 자유의지, 특수상대성이론

이기적 유전자

Selfish Gene | 自私的遗传子

'선생님, 인간이 암으로 죽는다면 인간에 기생하던 암세포도 죽을 텐데 암세포는 왜 그런 선택을 할까요?' 명석한 중학교 학생 P의 질문에 '좋은 질문'이라고 칭찬한 후에 생물교사 L은 이렇게 설명했다. 유전자는 이기적이어서 무작정 증식과 번식을 함으로써 생존본능에 충실하지만 서식지棲息地를 파괴함으로써 스스로 파멸하는 것이다. 왜 이런 모순 현상이 벌어지는 것인가? 그 이유는 첫째, 생물의 진정한 주인은 유전자이기 때문이고 둘째, 유전자는 목적이나 감정도 없고 판단력도 없으며 이념적이거나 종교적이지도 않기 때문이다. 이처럼 모든 유전자는 이기적이어서 조건과 상황에 불문하고 자신의 유전자를 전파하려는 속성이 강하다. 도킨스가 말한 이기적 유전자selfish gene는, '존재하는 모든 생물은 자기보존과 유전자 전파라는 절대적인 원리에 지배받는다'는 주장이다.

모든 생물은 생존하고 진화하면서 자기 유전자를 안정적으로 번식하고자 하는 강렬한 욕망이 있다. 이 과정에서 자연선택이 일어난다. 그런데 유전형질 또는 염색체 구조보다 중요한 것이 바로 유전자가 이기적selfish이라는 것이며 이기적인 속성을 통해서 얻은 결과가 조건 없는 번식이라는 것이다. 이런 유전자적 관점에서는 자기를 희생하는 이타적 행동은 사실 유전자를 보호하기 위한 이기적 행동이다. 인간 또한 자기 유전자의 계승과 확산이라는 생물적 원리를 벗어나지 못한다. 인간이 고상한 정신과 윤리를 가지고 있거나 깊은 종교적 믿음을 가지고 있다고 해도 동물이기 때문에 유전자의 명령을 거부하기는 쉽지 않다. 영국의 생물학자 리처드 도킨스R. Dawkins는 『이기적 유전자The Selfish Gene』에서 인간의 몸은 단지 유전자의 서식처일 뿐이므로 생존기계에 불과하다고 말했다.

이 이론에 따르면 사상과 감정이 없는 유전자가 인간의 주인이고 정신과 영혼을 가졌다고 주장하는 인간은 유전자의 노예다. 그런데 인간을 포함한 동물의 신체는 유전자의 명령에 따라서 살지만, 표면적으로는 자연선택의 진화과정이다. 그런데 이 진화는 인간의 진화가 아니고 유전자의 진화다. 또한, 암세포에서 본 것처럼 모든 유전자는 다른 것을 희생시켜서라도 자신의 유전자를 번식시키고자 하는 세상의 진정한 주인이다. 고상하다고 주장하는 인간은 유전자에 의해서 조종당하는 한편 유전자를 기생시키는 로봇이다. 결국, 인간은 유전자의 포로이자 허수아비다. 또한, 태어났기 때문에 살아가는 생존기계다. 이처럼 도킨스는 자연의 진화가 개체와 집단이 아닌 유전자에 의해서 결정된다고 보았다. 이것이 진화생물학 중 행동생태학Behavioral Ecology의 근간 이론이다.

이 문제를 과학적으로 제기한 것은 영국의 다윈이었다. 다윈은 『종의 기원』1859 즉, 진화론에서 '자연은 적합한 것을 선택한다'는 전설적인 학설을 세웠다. 당시 창조론이 주류였던 것을 감안勘案하면 다윈의 진화론은 놀라운 것이었다. 자연선택설自然選擇說이라고 불리는 그의 이론에 의하면 '어떤 종류나 개체는 자연에 맞게 선택되어야 더 잘 생존할 수 있게 되며will have a better chance of surviving, and thus be naturally selected'[1] 생물은 이를 위하여 필사적으로 환경에 적응한다. 그 선택과 적응의 과정에서 유전자는 이기적인 속성을 발휘한다. 자연의 입장에서는 선택하는 것이지만 생물의 입장에서는 선택받는 것이다. 따라서 생물은 선택받고자 투쟁하고 환경에 적응해야 한다. 이처럼 유전자가 보전되는 것은 그 유전자가 자연으로부터 선택되는 과정이다. 이것이 진화의 유일한 원리다. 따라서 인간은 유전자가 관리하는 생존기계生存機械와 유사하다.

할아버지가 손자를 귀여워하는 것이나, 부모가 자식을 위해서 희생하는 것,

---

1   Charles Darwin, *On the origin of species by means of natural selection, or the preservation of favoured races in the struggle for life*, London : John Murray, 1859, p.5.

또는 국가와 민족을 위해서 죽는 것은 모두 이기적 유전자이론으로 설명할 수 있다. 도킨스에 의하면 '이타적인 행위를 통하여 이기적인 목적을 성취할 수 있다는 것'[2]이다. 결국, 이 세상은 거대한 유전자들의 필사적인 전쟁터인 셈이다. 이 유전자 전쟁에서 패한 유전자는 소멸한다. 다윈의 학설을 계승한 이 이론은 여러 영역에 큰 영향을 미쳤다. 이기적 유전자이론은 인간을 어떻게 볼 것인가 라는 문제 그리고 심성론, 존재론, 인식론, 윤리학 등과 연결되어 있다. 이 이론 은 모든 것을 유전자가 결정한다는 유전자결정론遺傳子決定論으로 환원한다. 실제 로 도킨스는 종과 개체가 아닌 개별 유전자만을 중시한 초다윈주의자Ultradarwinist 로 비판받기도 한다. 이에 대해서 도킨스는 자신은 유전자결정론을 주장한 적 이 없으며, 진화론을 유전자결정론으로 비판하는 것을 정치적이고 종교적인 공 격이라고 대응했다.

참고문헌 Charles Darwin, *On the origin of species by means of natural selection, or the preservation of favoured races in the struggle for life*, London : John Murray, 1859, p.5; Richard Dawkins, The Selfish Gene, Oxford : Oxford University Press, 2006, p.3.

참조 DNA/디옥시리보 핵산, 결정론, 밈, 분자, 유전자, 자연선택, 적자생존, 정신, 진화 론, 진화심리학, 창조론

---

2   Richard Dawkins, *The Selfish Gene*, Oxford : Oxford University Press, 2006, p.3.

마키아벨리즘

Machiavellianism | 权术

'사람들은 다정하게 대하거나 완전히 짓밟아야 한다. 왜냐하면, 사소한 피해에 대해서는 복수하려고 하지만 엄청난 피해에 대해서는 복수할 생각하지 못하기 때문이다. 그러므로 사람들에게 피해를 주려면 복수를 염려할 필요가 없을 정도의 큰 피해를 주어야 한다.' 이것은 권모술수의 대명사로 알려진 마키아벨리의 『군주론The Prince, 君主論』에 나오는 대목이다. 여기서 유래한 마키아벨리즘은 목적달성을 위해서는 수단과 방법을 가리지 않아야 한다는 정치이념이다. 이후 26장으로 구성된 『군주론』은 근대 정치철학에 큰 영향을 미쳤고 정치가와 통치자들이 반드시 읽어야 하는 필독서가 되었다. 이 책에서 마키아벨리는 정치가는 권력의지가 있어야 하고, 필요하다면 종교도 이용할 수 있어야 한다고 주장했다. 이런 그의 사상은 이탈리아 르네상스의 정치철학을 대표하는 한편 중세의 기독교 체제를 전복하고 근대로 이행하는 변화의 이정표로 알려져 있다.

이탈리아 중부 피렌체에서 태어난 마키아벨리N. Machiavelli, 1469~1527는 현실주의와 경험주의로 인간의 본성과 실체를 분석한 혁명적 사상가였다. 당시 이탈리아에는 공공의 선으로 휴머니즘을 실천할 수 있다는 사상이 퍼져있었다. 하지만 마키아벨리는 르네상스의 이념에 따라서 인간의 본성을 구현하는 정치적 실천이 필요하다고 믿었다. 그런 그가 1513년 메디치가에 체포되어 혹독한 고문을 받았다. 그것은 1512년 메디치가가 장악한 피렌체에 반역행위를 했다는 이유 때문이었다. 마키아벨리는 고초를 겪고 풀려난 후 저술에 전념했고 이때 완성한 저서가 바로 『군주론』이다. 마키아벨리는 다시 정치에 복귀하려는 희망을 품고 이 저서를 메디치가에 헌정했으나 뜻을 이루지 못했다. 하지만 이탈리아의 현실을 분석하고 진단한 이 책은 필사본으로 여러 사람에게 읽혔고 유럽 전역에 큰 영향을 미쳤다.

당시 이탈리아는 로마를 중심으로 하는 교황령과 나폴리왕국 그리고 피렌체와 밀라노를 비롯한 북부의 소국으로 나누어져 있었다. 마키아벨리는 피렌체의 관리를 지냈기 때문에 강력한 군주를 갈망하는 한편 공화제를 찬성하면서 이탈리아 통일을 염원했다. 마키아벨리가 생각한 이상적인 군주는 혼란을 잠재우고, 번영되고 안정된 국가를 만드는 지도자이며, 나아가 다른 나라의 조롱거리가 되는 이탈리아를 구하는 지혜로운 군주다. 그러자면 군주는 강력한 군사를 길러야 하며 자비보다는 공포심을 심어주고, 필요하다면 악을 행하여 악명惡名도 얻을 수 있으면서 잔인할 정도로 강력하게 국가를 통치해야 한다. 여기서 여우와 사자의 얼굴을 한 마키아벨리적 군주상이 정립된다. 즉, 통치자는 음해의 덫을 피하기 위해서는 여우와 같은 영민함이 있어야 하는 동시에 권력을 유지하기 위해서는 사자와 같은 포악함이 있어야 한다는 것이다.

법가 한비자韓非子에 비유되는 마키아벨리는 모세Moses를 예로 들면서 목적이 정당하다면 수단은 무엇이든지 가능하다고 주장했다. 그리고 그는 권력 쟁취와 유지를 위해서는 어떤 방식이라도 취해야 한다고 역설했다. 이것은 마키아벨리즘 또는 권모술수權謀術數의 정치기술로 불린다. 이에 따르면 기독교의 전통적 세습군주가 아니라 새로운 시대의 새로운 군주라면 신민들의 사랑을 받는 것이 가장 중요하고 신의와 용기가 있어야 하며 자기 스스로 힘을 길러 영광을 얻고 번영을 이룩해야 한다. 이런 그의 생각은 정치를 종교와 윤리로부터 분리한 획기적인 사상이었으며 구체적 현실에 근거한 철학으로 근대정치의 초석이 된다. 특히 플라톤과 아리스토텔레스가 말한 이상주의와 기독교 세계관에 의한 정교일치가 아닌 실용주의와 현실주의 정치철학을 정초했다는 의미가 있다.

하지만 마키아벨리나 마키아벨리주의는 교활하고 이중적인 인물형을 의미하거나 권모술수와 같이 부정적인 의미로 쓰이는 경우가 많다. 특히 독재자와 위정자들은 마키아벨리에 근거하여 어떤 수단을 쓰든지 권력을 장악하고 유지하면 된다는 식으로 해석했다. 그러나 마키아벨리가 주장한 것은 인간의 보편적 가치와 실용주의를 토대로 한 정치철학이다. 그래서 마키아벨리는 인위적으로 합리성을 추구하는 것이 필요하다고 보았다. 한마디로 마키아벨리의 주장은 '정치가는 현실적이고 합리적인 것을 추구해야 한다'는 것이었다. 이런 그의 정치철학은 국가의 이익을 위한 충정, 대중영합주의와 같은 정치형태, 개인의 이익추구 등 다양하게 해석되며 심리학에서 마키아벨리적 성향이라는 개념으로 통용된다. 심리학에서는 남성이 여성보다 더 마키아벨리적이며 이기적이고 목적 지향적인 사람들이 마키아벨리 지수$^{Mach-IV}$가 높다고 분석한다.

참고문헌 Niccolò Machiavelli, *The Prince*, translated by George Bull, London : Penguin, 1961.

참조 공리주의, 권력의지/힘에의 의지, 르네상스, 포퓰리즘, 프래그머티즘/실용주의, 휴머니즘/인문주의

구텐베르크·금속활자

J. Gutenberg | 约翰内斯·古腾堡

서기 1000년부터 2000년까지 가장 중요한 발명은 무엇일까? 전기, 비행기, 전화, TV, 컴퓨터, 페니실린 등 수많은 중요한 것이 있을 것이다. 그런데 1997년 『타임스*The Times*』지와 『라이프*LIFE*』는 구텐베르크의 인쇄술을 천 년간 인류의 가장 중요한 발명품으로 꼽았으며, 1999년 'A&E 네트워크'는 구텐베르크를 천 년간 가장 중요한 인물로 선정했다. 간단히 말해서 구텐베르크 인쇄술은 세상을 바꾼 대사건이고 인간 생활에 가장 큰 영향을 미친 발명품이라는 것이다. 하지만 1455년 그가 주조한 금속활자는 이미 중국, 한국, 일본에서 발명되어 사용되고 있었다. 특히 1377년 한국의 청주淸州에서 인쇄된 『직지直指』는 현존하는 세계 최고의 금속활자 인쇄 책자로 유네스코에서 공인한 바 있다. 그런데도 구텐베르크 금속활자가 인류 문명사에서 큰 의미가 있는 이유는 금속활자 그 자체 때문이 아니라 금속활자 인쇄술이 미친 영향 때문이다.

독일 마인츠Mainz에서 출생한 구텐베르크J. Gutenberg, 1397~1468의 아버지는 마인츠 교구의 금화주조를 하고 있었는데, 어린 구텐베르크는 이것을 보고 자랐다. 1420년경, 그의 가족은 정치적인 이유 때문에 스트라스부르Strasbourg로 이주했다. 구텐베르크가 새로운 방식의 금속활자를 기획한 것은 스트라스부르에 있던 1440년 전후로 추정된다. 1448년 마인츠로 돌아온 구텐베르크는 주석과 납을 합금한 활자주조, 거푸집과 매트릭스 제작, 포도주와 올리브유를 만드는 압착기press 개량 등을 하는 사이에 경비가 많이 들면서 어려운 상황에 놓였다. 그리하여 구텐베르크는 1450년 푸스트J. Fust에게 800길더를 빌려서 그의 사위 쉬퍼Schoeffer와 함께 작업을 시작했다. 그리고 활자의 조합과 매트릭스 조판이 가능한 이동식 금속활자Movable metal type를 주조하는 등 큰 성과를 올렸다. 이것을 구텐베르크 금속활자라고 한다.

구텐베르크는 양피지에 필사하거나 목판에 인쇄하는 전통적 방식을 개량하여 활자주조, 압착기 사용, 유성 인쇄잉크 제조, 매트릭스의 창의적 사용, 종이 재단, 제본기술, 책의 장식 등 여러 기술을 다량인쇄에 맞도록 완성했다. 하지만 활자의 배열, 행간의 조정, 각종 인쇄에 적합한 종이 선택, 상업적 판로 개척 등 많은 어려움이 있었다. 이렇게 완성된 금속활자 인쇄술로 교회의 면죄부, 시집, 교과서 등을 인쇄했다. 곧이어 구텐베르크는 이윤이 많은 기독교 성서를 인쇄하기로 계획했다. 그는 어렵게 10만 개의 활자를 만든 후 1455년 마침내 한 페이지가 42줄 2단으로 구성된 아름다운 『42행성서』 180부를 인쇄하는 데 성공한다. 현재 양피지 12부와 종이책 36부가 세계 각지에 보존되어 있고 그 금속활자도 현존한다. 그러나 구텐베르크는 1456년 푸스트로부터 빌린 2,000길더 때문에 소송에 휘말린다.

소송에서 승리한 푸스트와 쉬퍼가 금속활자인쇄소를 경영하면서 책을 간행한 이후 책 가격이 하락하기 시작했다. 1459년 구텐베르크는 밤베르크Bamberg에서 새로운 금속활자를 주조하고 금속활자 인쇄를 이어갔다. 그는 1465년 마인츠로 돌아왔고 금속활자 인쇄술을 발명한 공로가 인정되어 연금을 받으면서 1468년 2월 3일, 여생을 마쳤다. 그가 발명한 금속활자 인쇄술로 동로마제국의 멸망1453 이후 유입된 아랍과 그리스의 문헌이 인쇄되고 보급됨으로써, 지식과 정보의 양이 폭발적으로 증가하였고 대학과 도서관 건립이 촉진되었다. 한편 1517년 10월 31일 비텐베르크Wittenberg 교회에 「95개 논제」가 금속활자로 인쇄되어 종교개혁의 출발점이 되었다. 일천 년 이상 이어온 가톨릭 중심 체제는 흔들렸고 가톨릭을 비판하는 개신교Protestant가 생겨났다. 이로 인하여 르네상스와 휴머니즘 사상이 촉진되었고 부르주아 자유시민이 태동하였으며 곧이어 산업혁명으로 이어졌다.

금속활자 인쇄술 발명 이후, 지배계급과 승려 등 문해력^{文解力}이 있는 사람들이 독점하던 지식과 정보는 일반 대중들에게 개방되었다. 금속활자 인쇄술은 정보와 지식의 대중화가 시작되는 계기로 기록된다. 한편 금속활자 인쇄술의 원리는 소량 수공업 생산에서 대량복제인 산업생산의 원리에도 적용되었고 과학기술의 발전에도 이바지했다. 이처럼 구텐베르크 금속활자는 근대사회의 발전에 크게 공헌했고, 상품경제와 자본주의 발달에 크게 이바지한 활자다. 따라서 구텐베르크의 인쇄술은 단순히 책자 인쇄방식이 아니라 역사의 발전과 봉건사회의 해체 그리고 정보혁명을 상징하는 인류사의 이정표다. 한편 그의 인쇄방식은 서구 유럽뿐만이 아니라 세계 모든 나라에서 컴퓨터인쇄 이전까지 500여 년간 사용되었다. 1900년대 후반 컴퓨터를 통한 정보혁명 또한 구텐베르크의 정보저장과 보급의 원리에 토대하고 있다.

참고문헌 *Gutenberg Bible*, Mainz, 1455.

참조 근대·근대성, 르네상스, 문명, 산업혁명, 언어 민족주의, 인쇄자본주의, 자본주의, 종교개혁, 휴머니즘/인문주의

호명

Interpellation | 质询

경찰관이 거리를 가는 행인 A에게 이렇게 말했다. '거기 서라!' 순간 A는 경찰관의 말을 들어야 할 것인가, 듣지 말아야 할 것인가를 고민한 다음 그 자리에 섰다. 이처럼 대부분은 자동반사적으로 경찰권을 행사하는 경찰관의 지시에 따른다. 그 이유는 A가 이미 국가의 국민으로서 국가권력에 복종해야 한다는 것을 내면화하고 있었기 때문이다. 만약 경찰관의 명령에 따르지 않는다면, 경찰관으로 대리되는 국가권력國家權力을 부정하는 것이다. 그러므로 이 문제는 개인과 국가의 관계와 신분 및 정체성의 문제로 옮아간다. 따라서 '거기 서라!'는 명령에 복종함으로써 A는 자신이 한 국가의 국민이며, 국민의 의무를 수행하는 존재라는 것을 자각하고 그 조건에 호응하여 자신의 정체성을 형성한다. 그러니까 이름을 부르는 호명呼名에 응답하는 과정을 통해서 자기 정체성과 주체성을 확립하는 것이다.

라틴어 호명interpellatio은 '사이inter'와 '끌다, 밀다pellō'가 결합한 명사다. 그러므로 호명은 '두 사람 사이에서 끄는 힘'이다. 철학에서 호명은 '자기의 존재와 신분indentification'을 의미한다. 그런데 자기가 누구인가는 자기 스스로 규정하기 어렵다. 자기가 아닌 타자와의 관계 속에서 자기의 존재가 결정되는 것이 보통이다. 가령, 프랑스인 A가 '나는, 프랑스에 사는 기독교인 남성 노동자다'라고 했다면 이 문장에 A가 생각하는 '나의 정체성'이 잘 드러난다. 이 문장에는 프랑스인, 기독교인, 남성, 노동자라는 네 개의 각기 다른 정체성이 담겨 있다. 그런데 '나'라는 존재는 이런 네 개의 정체성을 자동으로 가지는 것이 아니라, 네 영역이 규정하는 바에 따라서 수동적으로 가지게 된다. 즉, 프랑스의 법을 지키지 않고, 기독교인으로서의 계율戒律을 무시하며, 일반적인 남성이라는 생물적 특성을 가지지 않고, 노동자임을 거부한다면 자기 자신의 존재는 아무런 의미가 없는 동물 또는 유기체일 뿐이다.

인간의 존재를 사회학적으로 설명하는 개념 중의 하나가 '부름에 응한다'는 뜻의 호명呼名이다. 호명은 알튀세르L. Althusser, 1918~1990가 새롭게 의미를 부여한 개념이다. 알튀세르는 '자기 주체는 자기 스스로 형성하는 것이 아니고 타자의 호명으로 형성하는 것이다'라고 설명했다. 부름, 또는 호명은 말씀, 요청, 명령, 제안, 압력 등을 포함한다. 여기서 호명은 높은 지위에 있거나 강력한 힘을 가진 존재가 행사하는 명령이나 권유다. 모든 인간은 이 부름에 응답할 것인가 불응할 것인가를 선택해야 한다. 그 선택과 거부를 통하여 자기가 누구인지, 자기 주체는 어떤 존재인지 결정된다. 가령 이슬람교도였던 A가 절망과 고통 속에서 힘들 때 신의 부름을 듣고 기독교로 개종했다면, 이것이 바로 호명에 응답한 것이다. 이와 마찬가지로 '하나님의 은혜를 받았다'라거나 '하나님의 부름에 의해서'라는 것 역시 호명과 응답의 일종이다.

모든 사람은 자기 존재에 대해서 깊이 사유한다. 그것은 '나는 누구인가? 나는 어떤 존재로 어떻게 살아야 하는가? 산다는 의미는 무엇인가?' 등이다. 이런 물음은 결국, 자기 자신의 주체subject에 대한 물음이다. '생각하기 때문에 나는 존재한다cogito ergo sum'에서 말하고 생각하는 과정이야말로 자기 자신의 주체를 확립하는 순간이다. 인간은 이 과정을 거쳐서 주체성subjectivity을 가질 수 있다. 그리고 이 주체는 타자Other와의 관계, 즉 호명과 응답을 반복하면서 자기 정체성을 확립하게 된다. 이 문제를 깊이 사유한 알튀세르는 마르크스의 사상과 그람시의 헤게모니hegemony 이론에 근거하고 프로이트와 라캉의 무의식을 받아들여 인간 주체가 형성되는 과정을 분석했다. 그는 자기와 주체의 개념을 라캉이 말한 거울단계에 비유하면서 거울에 비친 자기를 인지하는 과정에서 타자와의 관계, 즉 세상의 호명에 따라 자기 주체를 확립한다고 보았다.

호명 이론에 의하면 '나'는 외부의 호명에 응답하는 과정을 거쳐서 '내가 누구인가'를 깨우치고 인지한다. 반대로 호명에 불응하게 되면 불응하는 저항적 존재가 된다. 이것이 인간을 '이데올로기적 국가기구ISA; Ideological State Apparatuses의 구성원으로 만드는 과정'이고 인간은 이 과정을 거쳐서 이데올로기적 존재가 된다. 그런데 이 이데올로기적 국가기구는 군대, 경찰, 행정, 감옥, 법정 등에 의해서 구성되는 억압적 국가기구RSA; Repressive State Apparatus로 작동한다. 그래서 호명은 이데올로기적 호명Ideological interpellation이 되는 것이다. 이처럼 알튀세르가 말한 호명은 한 인간의 사회적 존재 방식을 설명하는 이론이며, 인간은 이념에 의하여 만들어지는 객체이고, 인간이 존재하는 방식은 타자와의 관계라는 것을 설명하는 이론이다. 그러나 호명 이론은 인간을 스스로 결정권을 가진 자율적 존재가 아니라 호명과 응답을 통한 타율적인 존재로 설정했다는 문제점이 있다.

참고문헌 Louis Althusser, "Ideology and Ideological State Apparatuses" (1969), published in English in *Lenin and Philosophy and Other Essays*, New York : Monthly Review Press, 2001.

참조 거울단계, 결정론, 국가주의, 마르크스, 인간(신체), 자기 정체성, 존재□존재자, 존재론, 주체□주체성, 타자, 프로이트, 헤게모니

언어 민족주의

Linguistic Nationalism | 语言民族主义

'아멜 선생님은 프랑스어가 이 세상에서 가장 아름답고 가장 이해하기 쉬우며 가장 확실한 언어라고 말했다. 그리고 '우리는 결코 프랑스어를 잃어버리면 안 된다'라고 덧붙였다. 선생님은 사람들이 노예가 되었을 때도 자기 나라의 말을 간직하고 있다면 감옥의 열쇠를 쥐고 있는 것과 마찬가지라고 설명했다. 그런 다음 선생님은 그날 배울 문법책을 읽어주기 시작했다.'[1] 이것은 프랑스의 소설가 알퐁스 도데Alphonse Daudet, 1840~1897의 『마지막 수업』 중 한 대목이다. 작가는 소년의 회상을 통하여 프랑스어를 사용하는 프랑스인의 자부심을 표현하고 있다. 『마지막 수업』은 프랑스가 1871년 독일연합군에 패한 후, 알자스 지방이 독일에 할양되는 사건과 프랑스인이 독일어를 써야 하는 상황을 그린 소설이다. 여기서 알퐁스 도데가 말한 것은 언어의 민족주의다. 그것은 프랑스인은 프랑스어를 써야 한다는 당위론이다.

민족은 문화적 동질성과 역사적 공동경험과 민족적 정체성을 공유하는 사회공동체이고 민족주의는 민족의 이익을 우선하는 이념인 동시에 민족에 충성하면서 자신의 정체성을 찾는 의식 활동이다. 그런데 훔볼트Wilhelm von Humboldt, 1767~1835는 '그 민족의 언어가 그 민족의 정신이고 그 민족의 정신이 그 민족의 언어'라는 유명한 말을 남겼다. 훔볼트의 언어철학은 언어의 내적 원리와 그 언

---

1   M. Hamel went on to talk of the French language, saying that it was the most beautiful language in the world–the clearest, the most logical; that we must guard it among us and never forget it, because when a people are enslaved, as long as they hold fast to their language it is as if they had the key to their prison. Then he opened a grammar and read us our lesson.

어가 쓰이는 상황을 고려한 화용론pragmatics, 話用論의 관점이다. 그는 모국어에는 경험 이전의 선험성이 있다고 보고 데카르트와 칸트의 이성주의를 언어철학에 접목했다. 훔볼트에 의하면 언어란 모국어가 가지고 있는 세계이해의 방법이 므로 언어공동체로 태어난 사람들은 공동의 감성과 사상을 가질 수밖에 없다. 그래서 언어공동체는 공동의 역사적 경험을 바탕으로 미래의 역사적 전망을 공유한다.

훔볼트에 의하면 인간의 언어생활은 말과 글의 문제를 넘어서 철학, 역사, 사상, 인식 등이 개입하는 언어적 세계관World View, Weltanschauung의 문제다. 또한, 훔볼트는 언어의 개별성을 중요하게 여겼다. 그는 민족어의 주체는 개인이고 그 개인들은 각자의 언어를 가지고 있으며 개인들의 언어적 집합이 민족이라고 이해했다. 그런데 언어사용 주체인 개인은 민족의 정신적 힘인 에네르기아energia 를 표출하기 때문에 자동적으로 동일언어 사용자와 유기적 관계를 맺는다. 이처럼 언어적 관계를 강조한 것을 언어 유기체론이라고 하며 민족정신과 민족감정을 강조한 것을 언어 민족주의라고 한다. 사전적인 의미에서의 언어 민족주의는 인종, 민족, 국가가 다른 언어를 배제하는 한편 자기가 쓰는 언어를 가장가치 있는 언어로 간주하는 민족주의 이념이다. 또한, 언어 민족주의는 모국어인 민족어에 대한 애정을 가지고 민족어를 지키고 발전시키자는 다소 배타적인 이념이다. 그래서 언어 민족주의는 언어 쇼비니즘Linguistic Chauvinism으로 비판을 받기도 한다.

훔볼트는 부르주아의 자유주의의 관점에서 교육을 강조했다. 따라서 그의 사상은 독일 민족주의를 고양하고 독일통일을 희망하는 사상적 배경에서 이해되어야 한다. 이런 민족주의적 언어관을 가진 훔볼트에 의하면 언어란 인간의 내면형식inner form과 내면생활inner life이 규칙적으로 표출되는 역동적인 정신 활동이다. 하지만 훔볼트는 — 휴머니즘을 토대로 — 개성을 보편성의 전제로 보기때문에 '민족적 보편성이 강압적으로 작용하는 것은 아니라'고 말한다. 하지만 언어적 동질성 때문에 민족정신이 동질적으로 표현될 수밖에 없다. 한편 국가와 민족의 언어는 다르다. 그런 이유로 서로 다른 언어를 사용하는 사람들의 세계관이 다른 것이고 그래서 언어를 정확하게 옮기는 것도 불가능한 것이다. 이런 훔볼트의 언어철학은 언어적 민족주의라고 할 수 있으며 훗날 언어 민족주의의 토대가 되었다.

훔볼트에 의하면 같은 언어사용자는 공동체 의식을 공유하는데 그 공동체 의식은 개인에게 민족 구성원이라는 점을 일깨우며 언어 민족주의를 내면화하도록 만든다. 그러므로 언어가 다른 것은, 인식의 방법과 표현의 방법이 다른 것이고, 환경과 역사가 다른 것이며, 결국 세계관과 철학이 다른 것이다. 또한, 유기체인 언어는 전체구조 속에서 작동되기 때문에 분절적인 것처럼 보일지라도 내적 맥락에 의해서 통일된다. 이런 과정을 거친 언어 민족주의는 언어가 민족주의의 토대가 된다는 사상이자 이론이다. 이 이론에 의하면 동일언어를 사용하는 민족은 같은 인식구조를 가질 수밖에 없고 하나의 민족의식과 민족감정을 공유할 수밖에 없다. 반면 단일 언어를 지향하는 이념을 언어순혈주의言語純血主義라고 한다. 그리고 식민지민들에게 제국주의의 언어를 강제하는 것을 언어제국주의言語帝國主義라고 한다.

참고문헌 Wilhelm von Humboldt, *On the Diversity of Human Language Construction and Its Influence on the Mental Development of the Human Species*, Cambridge University Press, 1999.

참조 감정, 국민국가, 문화사회, 문화순혈주의, 민족문화, 민족주의, 보편문법, 상상의 공동체, 이성론/합리주의, 인쇄자본주의, 제국주의, 휴머니즘/인문주의

인쇄자본주의

Print Capitalism | 印刷資本主義

1430년 그는 독일 마인츠에서 추방당해서 현재의 프랑스 스트라스부르로 갔다. 거기서 보석을 세공하고 거울을 만드는 한편 비밀리에 특별한 연구를 진행했다. 그곳에서 인류 문명사에 이정표를 남긴 구텐베르크^{J. Gutenberg, 1390년경~1468}는 재정적 압박과 소송에 시달리면서 위대한 발명품인 금속활자 인쇄술을 고안했다. 그는 금속세공의 기술과 포도주 압착기인 프레스의 원리를 알고 있었으며, 유성 잉크를 만들 줄 알았기 때문에 자모字母의 조합이 가능한 금속활자를 고안하고 또 대량 인쇄술을 창안할 수 있었다. 그리하여 상류 지배계급과 사제司祭들이 독점하던 성경을 비롯한 지식과 정보를 상품으로 만들어 보급하기 시작했다. 금속활자 인쇄술은 혁명적 변화를 가져왔는데 특히 대량생산의 산업혁명과 시장경제의 자본주의 발전에 이바지했기 때문에 큰 의미가 있다.

이것을 베네딕트 앤더슨^{B. Anderson}은 인쇄자본주의와 인쇄어印刷語라는 어휘로 설명한다. 금속활자 인쇄와 자본주의가 결합한 합성어이자 문화인류학의 개념인 인쇄자본주의印刷資本主義는 지방어地方語인 민족어로 인쇄하고 소통하면서 경제적 이익을 창출하는 동시에, 그 민족 고유의 공동담론^{common discourse}을 생산하고 전파하면서 민족주의를 형성한다는 베네딕트 앤더슨의 이론이다. 한편 절대적 권위를 행사하던 공동문어共同文語인 라틴어는 1640년부터 지방어이자 생활언어이고 또 개별구어個別口語인 민족어로 대치되기 시작했다. 그리하여 유럽의 여러 민족은 자신의 민족어를 사용하게 되었다. 이런 사회변동을 통하여 같은 언어와 문화를 가진 같은 사람이라는 개념의 민족주의가 형성되었다. 이 민족주의를 토대로 민족국가가 등장했다. 그러므로 국민국가/민족국가는 베스트 팔렌조약[1648] 이후 18세기와 19세기에 걸쳐서 유럽에서 출현했다고 보는 것이 일반적이다.

그 언어가 바로 인쇄어print language인 민족어다. 민족어로 인쇄된 소설과 신문을 읽고 상상을 통하여 민족의식을 공유하게 된다. 아울러 표준어로 인쇄된 민족어가 민족의식과 민족감정을 일깨워서 민족적 동질성을 강화한다. 가령 그림 형제의 독일어 동화집은 독일인이 같이 읽고 감정을 공유하는 매개가 되었으며 셰익스피어의 영어 희곡은 영국인이 같이 읽고 감정을 공유하는 매개가 되었다. 이리하여 하나의 사상과 감정을 공유하면서 민족주의가 생겼고, 민족주의가 민족을 구성했으며, 그 민족이 민족국가Nation state 또는 국민국가를 형성했다. 역사적으로는 베스트팔렌조약[1648]으로 인하여 각 민족은 봉건체제와 기독교공동체로부터 각기 독자적인 민족공동체를 기획할 수 있었다. 민족을 기획하고 실체화하는데 민족문화의 핵심인 민족어가 가장 큰 역할을 했다. 따라서 인쇄자본주의는 자민족의 언어로 민족주의 의식을 일깨우면서 자본주의를 형성하는 과정을 설명하는 이론이다.

앤더슨은 이것을 인쇄자본주의를 통한 상상의 공동체Imagined Communities라고 설명한다. 지식과 정보의 대량생산과 보급이 활발해지면서 '문필가들은 같은 언어를 쓰는 같은 언어공동체'라는 일체감을 부여했고 그를 통하여 언어 민족주의Linguistic Nationalism가 형성되었다. 언어 민족주의는 구성원들에게 애국주의Patriotism를 촉발하여 상상의 공동체에 편입시킨다. 또한, 사람들은 인쇄술과 자본주의의 발달로 인하여 민족적 정체성을 가질 수 있었고, 하나의 운명공동체라는 민족의식을 형성하였으며, 상상의 정치 공동체인 민족을 위하여 자신을 희생하거나 폭력을 행사한다. 그러니까 민족은 실제의 공동체Real Communities가 아니라 상상의 공동체이며 소설, 잡지, 신문과 같은 인쇄 매체를 통하여 형성된 근대의 문화적 산물이다. 이처럼 민족 구성원은 통일된 언어의 장language-field인 민족 표준어 인쇄를 통하여 근대적 시간을 공유하는 한편 일정한 경계境界와 주권을 가진 민족공동체를 완성한다.

'신성한 종교 언어가 아닌 생활언어 인쇄를 통하여 민족이 태동했다'는 이 주장은 많은 비판을 받고 있다. 비판의 핵심은 근대 이전부터 민족 또는 원민족原民族이 존재했을 뿐 아니라 민족은 역사적 경험, 혈연, 문화, 정치경제, 종족/인종, 종교 등을 통하여 구성되며 고대부터 존재하는 실제의 공동체라는 것이다. 또한, 인쇄자본주의와 민족주의의 개념이 서구중심주의이며 민족은 사회과학적으로 분석되어야 한다는 것과 앤더슨의 이론은 다민족 다언어 국가를 설명하기 어렵다는 것이 문제다. 마르크스주의에서는 앤더슨이 역사발전을 유물 변증법적으로 이해하지 못했다는 비판을 가한다. 동아시아의 경우 공동문어인 한자 대신 일본어, 한국어, 베트남어 등 각 민족의 민족어가 민족형성과 민족주의 이념에 영향을 미쳤으나 인쇄와의 관계는 불분명하다. 하지만 인쇄자본주의는 근대사회와 민족어의 상관관계를 해명하는 중요한 단서다.

참고문헌 Benedict Anderson, *Imagined communities : reflections on the origin and spread of nationalism*, London and New York : Verso, 2003.

참조 감정·정서, 경험론/경험주의, 국민국가/민족국가, 근대·근대성, 문화, 문화사회, 문화순혈주의, 민족, 민족문화, 민족주의, 상상의 공동체, 실제의 공동체, 심상지리, 언어 민족주의, 자본주의, 혁명적 낭만주의

중화주의

Sinocentrism | 中华主义

사마천의 아버지 사마담^{司馬談}은 자신이 봉선의식에 참여하지 못했다는 울분으로 죽고 말았다. 반면 그의 아들인 사마천은 궁형을 당했으나 필사적인 노력을 기울여 『사기^{史記}』를 썼다. 그리고 사마천은 아버지가 원했던 봉선의식^{BCE 110}에 참여했다. 봉선의식은 중국의 천자가 하늘에 제사 지내는 의식을 말한다. 원래 봉^封은 천자로 즉위한 후 태산^{泰山}에 제단을 만들고 옥^玉으로 만든 판에 사실을 기록한 다음 돌로 만든 상자에 봉하여 천신에게 제사를 지내는 것이며 선^禪은 봉산 아래에 토단^{土壇}을 만들어 지신에게 제사를 지내는 것이다. 한마디로 '봉선'은 하늘과 땅에 제사를 지내는 제왕의 의식이다. 봉선의식^{封禪儀式}은 천명을 받은 천자의 위엄을 과시하고 천하를 통치하는 군주로서의 태도를 엄숙하게 거행하는 중국 특유의 의식이다. 봉선의식은 중국에서 시작된 의식이지만 다른 나라에도 유사한 예식이 행해졌다.

봉선의식은 중화주의의 산물인 동시에 역대 황제들이 이를 통하여 중화사상을 공고히 하는 계기였다. 이런 상징으로 드러나는 중화주의는 중국을 천하의 중심으로 간주하는 사상이면서 정치경제의 체계이다. 고대 황하 문명 이후로 중국은 양쯔강과 황하를 아우르는 지역을 천하의 중심으로 설정했고, 이곳을 문화와 문명이 있으며 도덕과 윤리가 있는 중화^{中華}로 명명했다. 이를 바탕으로 하는 초기 중화사상 또는 중화 중심주의는 주^周의 봉건제와 진시황의 군현제^{郡縣制}에서 볼 수 있다. 그러니까 주를 문명과 문화가 있는 화^華로 보고 그 주변을 야만의 이적^{夷狄}으로 보는 고대의 화이관이 확대된 것이 중화주의다. 원래 중화주의는 이러한 존중화^{尊中華} 양이적攘夷狄의 천하관^{天下觀}을 바탕으로 세계를 인식하는 철학이나 통치이념인 동시에 자연과 인간을 이해하는 방식이자 문화적 개념이다.

중화주의에서는 천자가 다스리는 곳이 천하^{天下}인데 그 천하의 중심인 중원에만 문명과 문화가 있다고 본다. 이후 천하관의 범위가 지속적으로 확대되었다. 중원 바깥에 황제가 직접 통치하는 군현인 내번^{內藩}, 그 밖에 중국 황제의 덕치가 미치는 주변을 외번^{外藩}, 그 바깥을 이적^{夷狄}이라고 하여 중화주의 화이관^{華夷觀}이 형성되었다. 중원의 바깥인 내번은 다른 민족이 사는 지역으로 현재 중국 영역에 포함된 만주, 몽고, 신장, 운남, 귀주 등으로 천자가 관리를 파견하고 세금을 거두는 통치 구역이었고, 그 바깥의 외번은 독립된 주권을 보유하고 있지만, 중국 문화를 받아들여서 중국의 영향권 내에 있는 국가로 일본, 한국, 베트남 등이고, 외이^{外夷}와 이적^{夷狄}은 중국 관할은 아니지만, 중화질서에 포함되는 국가 즉 동남아의 여러 국가와 인도나 아랍을 넘어서 서양까지 지칭하는 용어다.

중국인들은 화외지지 바깥을 남만^{南蠻} 북적^{北狄} 서융^{西戎} 동이^{東夷} 등 야만스러운 오랑캐들이 사는 곳이라고 불렀다. 『좌전^{左傳}』에서 보듯이 중화를 지키는 고대 사상인 수재사이^{守在四夷}는 수중치변^{守中治邊}과 같은 치변사상^{治邊思想}이며 중원-내번-외번-이적 그리고 화내지지^{化內之地}와 화외지지^{化外之地}의 층위로 구조화된 중화주의 천하관이다. 중원을 중심으로 하는 중화주의는 동심원의 기하학적 공간 구조로 짜여 있다. 한편 오랑캐라도 중원에 진출한 이후에는 중화^{中華}가 되고 중국이라도 오랑캐의 법에 따르면 이적^{夷狄}이 된다는 문화적 중화주의는 민족과 지리를 넘어서는 대일통사상^{大一統思想}이었다. 이런 문화적 중화주의는 도의^{道義}와 천리^{天理}를 지키고 인도주의로 왕도정치를 지향하는 정치적 중화주의와 상응한다. 21세기에도 여전히 중화 패권주의와 전통적 중화질서를 주장하는 중국인들이 있지만 20세기초부터 중국은 근대민족국가 체제로 바뀌었다고 할 수 있다.

한편 1956년 마오쩌둥이 중화주의를 맹목적 민족주의^{Chauvinism}로 비판한 이후 중화 패권 사상과 중심주의 사상은 약화되었다. 21세기의 중화주의는 정치적인 중국 민족주의로 표출되기도 하지만 경제적 협력체제로 이해되는 경우가 많다. 이처럼 중화주의는 모든 국가와 민족이 자기를 중심으로 하듯이 중국인들 또한 자기를 중심으로 했다는 점에서 이해될 수 있다. 그러나 중화주의는 중국 중심주의를 넘어서 중국 절대주의, 중국 제일주의, 중국 대국주의大國主義라는 제국주의와 패권주의적 성격도 없지 않다. 하지만 오랑캐가 사는 화외지지化外之地로 여겼던 아랍과 서구가 발달한 문명을 이루었다는 점에서 중화주의를 새로운 시각으로 볼 필요가 있다. 문화적 의미만으로 볼 때 중화주의가 끼친 영향은 실로 지대하다. 따라서 현대의 중화주의는 패권적 이데올로기가 아닌 문명과 문화의 평등개념으로 이해하는 것이 바람직하다.

참고문헌 『左傳』, 昭公二十三年.

참조 문명, 문화, 민족, 민족주의, 민족지, 사대주의, 소중화주의, 술이부작, 언어 민족주의, 존왕양이, 진시황, 천명사상, 초원의 사상, 춘추대의, 한자문화권, 화이관

심상지리

Imagined Geographies | 心想地理

지구본을 돌리던 P는 일본을 가리키면서 '극동極東'이라고 말했다. 그리고 다시 돌려서 유럽을 세계의 중심中心이라고 말했다. 이 발화에 따르면 영국, 프랑스, 독일은 중심이고 중국, 한국, 일본은 극동이다. 그렇다면 이곳을 극동far east이라고 부르는 사람들은 어디에 사는 것인가? 런던 또는 서구 유럽이다. 런던을 중심으로 할 때 지구의 마지막 동쪽 지역이라는 뜻이 바로 극동이다. 그렇다면 극동과 반대되는 극서far west라는 어휘가 있을까? 없다. 중국인들이 영국을 극서極西라고 부르지 않는 것과 같이, 극서는 개념상으로는 성립하지만 실제로는 존재하지 않는다. 서구를 중심으로 하고 나머지 지역을 서구에 맞추어서 방위와 지형을 결정하는 지리적 개념 즉, 서구중심주의와 심상지리의 굴절로 인하여 이런 오류가 생겼다. 이처럼 실제 지리地理는 가치중립적이지만 마음의 지리에는 가치가 부여되어 있다.

심상지리는 어떤 공간을 상상하거나 인식하는 지리적 인식이다. 언어적 의미에서 마음속에 그려진 지리적 공간개념이라는 뜻이다. 뉴턴의 절대공간은 아인슈타인의 상대공간으로 바뀌었는데 그 이전에도 마음의 공간은 상대적이었다. 공간의 상대성에 근거한 심상지리는 주체가 인식하고 상상하는 어떤 공간에 대한 지리적 인식을 의미한다. 따라서 심상지리는 마음속에서 생겨난 관념의 산물이다. 이 심상지리는 탈식민주의 이론 중의 하나인데 서구의 제국주의가 세계를 이해하는 과정에서 창안되었다. 특히 제국주의가 식민지를 건설하면서 심상지리 인식이 강화되었다. 심상지리의 주체는 타자를 부정확하게 인식할 뿐 아니라 대상화하면서 자기화하여 인식하는 경우가 많다. 따라서 심상지리는 민족의 그림을 그린다는 민족지Ethnography, 民族志처럼 실제에 근거하고 있지만, 상상의 요소가 있다는 점에서 허구라는 비판을 받는다.

탈식민주의 이론가이자 문학교수였던 에드워드 사이드E. Said, 1935~2003는 그의 책『오리엔탈리즘Orientalism』에서 서양은 동양, 더 정확히 말하면 중동을 신비하고, 전통적이고, 여성적이며, 비과학적인 공간으로 인식했다고 비판했다. 유럽인들은 이처럼 타자를 설정하여 자신들이 어떤 존재인가를 확인했다. 유럽인들은 타자라는 거울을 통하여 자기를 깨우치고, 자기 정체성을 확립했으며, 자기를 중심에 놓고 타자를 주변에 놓았다. 그리고 동양에 여러 가지의 상상과 허상을 가미하여 실제와 전혀 다르게 묘사하고 인식한다. 이것이 바로 심상지리 인식 방법이다. 이론적으로 볼 때 베네딕트 앤더슨B. Anderson의 이론인 상상의 공동체Imagined Communities와 상응하는 것이 상상의 지리 공간인 심상지리다. 여기서 '상상의imagined'는 거짓, 조작된, 만들어진 것이라기보다는 상상되고 인식되었다는 의미이면서 마치 사실인 것처럼 오인되는 지식이나 담론이다.

서구인들은 오랫동안 동방인 아시아를 오리엔트Orient로 부르면서 대상으로 인식하는 한편 타자화하여 일종의 학문적 견해인 동양연구Oriental Studies로 발전시켰다. 이것을 통하여 축적된 각종 오류를 그대로 교육의 자료로 삼고 정부의 정책에도 반영했다. 이런 심상지리에 의하면 런던의 그리니치 천문대가 바로 서구중심주의의 출발지점이다. 세계의 기준 시간이 서구를 중심으로 하고 있으며 방위方位도 런던을 기준으로 하고 있다. 이런 공간의식은 '주체를 어떻게 설정하느냐'에 따라서 달라질 수 있으나 이미 고정되었기 때문에 다른 것으로 바꿀 수는 없다. 이처럼 심상지리에서는 인문지리나 자연지리와 달리 상상과 공상空想이 개입하여 실제와는 다른 개념으로 왜곡하여 인식하는 경우가 많다. 이와 반대되는 의미인 '사실 지리Real Geographies' 또는 '실제 지리'는 이념에 의해서 왜곡되지 않고 실제를 오인하지 않으면서 사실적으로 기술하는 지리적 개념이다.

아프리카를 야만으로 인식한다든가, 이슬람을 테러리스트가 사는 공간으로 인식하는 것은 잘못된 심상지리의 예다. 반면 미국을 이상적인 공간으로 설정한다든가, 남미南美를 아름다운 곳으로 인식하는 것 역시 잘못된 심상지리적 예다. 이처럼 잘못된 지식을 바탕으로 어떤 지역을 상상하거나 반대로 미화하는 것이 상상의 공간개념이며 심상지리의 인식이다. 더 큰 문제는 아시아인들이 '잘못된 서구의 인식을 내면화한다'는 점이다. 이런 심상지리의 오인으로 말미암아 많은 문제들이 발생했고, 아시아인들과 아프리카인들은 열등한 존재나 종속적 존재로 간주되었다. 이런 관점에서 헌팅턴Samuel Huntington은 문명충돌文明衝突을 정초하고, 동양문화와 서구문화를 대립적인 개념으로 설정한 바 있다. 한편 과거 중화주의 천하관天下觀에서 중원의 동쪽이나 한국을 동이東夷라고 했던 것 역시 심상지리의 일종이다.

참고문헌 Edward W. Said, *Orientalism*, New York : Penguin, 1995.

참조 공간, 문명, 민족지, 상상의 공동체, 심상지리, 오리엔탈리즘, 원형감옥, 인식론, 제국주의, 중화주의, 타자, 탈식민주의, 포스트모더니즘

룸펜 프롤레타리아

Lumpenproletariat | 流氓无产阶级

마르크스는 그들을 이렇게 경멸했다. '정의로운 형제 프롤레타리아가 혁명의 전선에서 복무할 때, 이 쓰레기들은 오히려 파시스트의 편에서 프롤레타리아 형제에게 폭력을 행사한다.' 마르크스가 말한 쓰레기들은 아무 일도 하지 않고, 어떤 전망도 갖지 않으며, 그저 하루하루를 소일하는 룸펜 프롤레타리아 Lumpenproletariat다. 특히 마르크스는 룸펜 프롤레타리아를 타락한 쓰레기, 위험한 부류, 부랑자, 제대 군인, 전과자, 소매치기, 창녀, 넝마주이, 거지 등으로 이루어진 '분해된 대중', 즉 '모든 계급의 폐품'이라고 단언했다. 일반적으로 룸펜 프롤레타리아는 노동할 의지가 없이 빈둥거리는 무위도식자, 이리저리 떠도는 유랑자, 유리걸식하는 빈민, 사기와 같은 죄를 저지르는 범죄자, 아무 일도 하지 않는 무기력한 사람을 일컫는다. 이 룸펜은 피지배계급이며 하층민중이기 때문에 프롤레타리아로 분류된다.

룸펜은 독일어 사기꾼이나 불량배라는 의미의 Lumpen에서 유래했다. 이 어휘를 마르크스와 엥겔스가 『독일이데올로기』[1845]에서 계급의식이 없고 생산에 이바지하지 못하며 혁명에 방해가 되는 부류라는 의미로 사용한 후 룸펜이 사회학 개념으로 정착되었다. 이들은 생산구조에 편입되지 못한 과잉인구로 분류되며 직업이 없이 지속적인 실업 상태에 놓여 있다. 룸펜 프롤레타리아는 자본주의나 산업사회에서 필연적으로 생기는데 그 이유는 인구과잉 현상으로 인하여 생산이 증가하더라도 잉여노동력과 잉여노동자들이 있기 때문이다. 산업화 과정에서 가장 먼저 농민이 와해하는데 그중에서도 토지가 없는 소작농이 룸펜으로 몰락한다. 이들은 프롤레타리아라고 할 수는 없고 계급의식도 없으므로 집단화가 불가능하고 자기의 문제를 주체적으로 타개하지도 못한다. 그래서 룸펜은 투전, 도박, 싸움, 사기, 매춘, 걸식 등의 양태를 보이는 것이고 사회악으로 기능하는 경우가 많다.

반면 트로츠키Leon Trotsky, 1879~1940는 『파시즘에 관하여』1971에서 룸펜을 혁명의 시기에 일정한 역할을 할 수 있는 부류로 설정했다. 이것은 무정부주의자 바쿠닌의 급진적인 견해를 수용한 것이다. 바쿠닌은 룸펜이 혁명의 반동분자가 아니라 본능적인 저항의식과 불타는 정열을 가지고 있으므로 혁명에 이바지할 수 있다고 보았다. 이처럼 바쿠닌은 더는 빼앗길 것도 없고 쫓겨날 곳도 없는 룸펜의 생존 조건에 주목했다. 프란츠 파농F. Fanon, 1925~1961 역시 룸펜의 역사적 의미를 강조했다. 제3세계 혁명 이론을 정립한 프란츠 파농은 식민지의 부당한 압제를 전복하는 과정에서 룸펜의 역할이 중요하다고 강조한다. 그는 계급혁명이 아닌 특유의 폭력이론暴力理論을 입론했는데 제국주의의 지배는 그 자체가 이미 폭력이므로 이에 대항하는 것은 폭력밖에 없다고 단언했다.

한편 식민지 상태에서 지주, 관리, 도시 프롤레타리아, 기술자 등은 식민지배 계급과 타협하면서 인도주의와 비폭력을 내세운다. 반면 농민, 부랑자, 범죄자, 실업자들은 잃을 것이 없으므로 근본적인 혁명에 동조할 수 있다. 그러므로 이들은 사회주의 혁명이 아닌 폭력 혁명의 가능성이 있다. 식민지배의 폭력에 대한 더 강력한 폭력이 부랑자나 범죄자와 같은 룸펜 프롤레타리아에 의한 폭력이다. 이처럼 파농은 농민들과 뿌리 뽑힌 자들의 반제투쟁을 폭력적으로 실행하여 진정한 인간해방을 이룰 수 있다고 믿었다. 이렇게 볼 때 룸펜 프롤레타리아는 역사진보의 측면에서 두 가지 가능성을 가진 존재다. 첫째, 식민지배자와 지배계급에 매수당해서 그들의 앞잡이 노릇을 하고 혼란을 조장하는 반동적인 인물, 둘째 이와 반대로 인간해방에 매진하는 프롤레타리아에 동조하여 혁명의 행동을 실천하는 저항적 인물이다.

룸펜이 어떤 길을 가는가는 여러 요인에 의해서 결정되는데 주어진 현실조건에 따를 가능성이 크다. 즉 룸펜은 생산수단도 없고 전망도 없으며 잃을 것도 없으므로 앞에서 본 두 가지 가능성을 가지고 있다. 따라서 룸펜의 현실을 이해하고 전망을 제시해주는 지도력에 의해서 룸펜의 현실참여가 달라진다. 그런데 마르크스 자신의 말처럼 자본주의와 산업사회의 희생자이자 주변부적 부류인 룸펜의 역사적 의미는 정체성, 환경, 민족감정, 가족관계, 교육 정도, 능력 등에 의해서 종합적으로 결정되기 때문에 일률적으로 재단할 수 없다. 룸펜 역시 프롤레타리아와 함께 혁명에 참여할 수 있는 것이다. 한편 룸펜 프롤레타리아와 상대적인 개념인 룸펜 부르주아지Lumpenbourgeoisie는 주로 라틴아메리카에서 쓰인다. 룸펜 부르주아지는 상인, 법률가, 은행원, 지주 등 중산층과 상류층 중에서 식민지배에 협력하는 반동적 부류다.

참고문헌 Karl Marx, *The Eighteenth Brumaire Of Louis Bonaparte*, International Publishers : New York, 1963.

참조 계급의식, 계급투쟁, 마르크스, 민족, 인정투쟁, 자기 땅에서 유배당한 자들, 자기 정체성, 자본주의, 제국주의, 하얀 가면, 혁명

하얀 가면

White Masks | 白面具

어느 날 그는 이상한 현상을 발견했다. 어떤 사람 하나가 개울에서 조약돌로 자기 팔을 문지르고 있는 것이었다. 씻고 또 씻은 그의 팔에서 피가 흘렀다. 왜 이런 행위를 하는 것일까? 어느 날 정신과 의사인 파농은 이 이상한 현상으로부터 놀라운 사실을 발견한다. 그 사람은 자기의 검은 피부를 증오하고 그 피부를 벗겨내면 자기가 동경하는 하얀 피부를 가질 수 있다고 착각한 것이다. 이런 행위는 일종의 주체분열 증세로서 정체성과 주체성을 상실한 자기부정의 전형적인 예다. 그 사람은 하얀 가면을 쓰고 싶은 흑인이었다. 그러니까 그는 흑인에서 벗어나서 백인이 되고 싶은 것이다. 이처럼 자기를 부정하고 자기 존재를 상실한 사람들의 내면을 분석하여 역사적 원인을 규명한 사람은 프란츠 파농F. Fanon, 1925~1961이다. 파농은 제국주의와 투쟁하면서 상실한 인간성을 회복하고자 노력한 의사이자 혁명가였다.

프란츠 파농의 하얀 가면은 식민지 민중의 내면화된 고통과 주체분열을 설명하는 정신분석의 개념이다. 프란츠 파농은 『하얀 가면 검은 피부』1952라는 책에서 가면을 쓴 인간인 식민지 민중들의 정신적 상흔을 분석했다. 파농이 문화에 각인된 정신적 상흔을 추출할 수 있었던 것은 그의 개인사와 밀접한 관련이 있다. 혼혈 흑인이자 프랑스 식민지민인 파농의 관점에서 보면 백인들은 우월의식에 차 있지만, 식민지 민중들은 열등의식에 차 있었다. 프랑스 식민지였던 카리브Caribbean의 마르티니크섬에서 태어나 길지 않은 36년의 일생을 살다가 알제리민족해방전선의 일원으로 생을 마감한 그는 급진적 실존주의자이자 전투적 행동주의자였다. 그는 제2차 세계대전에 자유 프랑스군으로 참전하여 프랑스 정부의 훈장을 받았으나, 백인우월주의와 인종차별을 뼈저리게 경험한 다음, 알제리 해방의 최전선에 복무하여 제2의 고향 알제리에 묻혔다.

파농은 1952년 리옹대학Université de Lyon에 청구한 박사학위 논문이 부결되자 이름을 바꾸어 『하얀 가면 검은 피부』라는 제목으로 출간했다. 여기서 '하얀'은 흰색 즉, 백인의 피부를 의미하고 가면은 욕망을 상징한다. 따라서 하얀 가면은 '백인과 같이 하얀 피부를 갖고 싶어 하는 욕망'이라고 할 수 있다. 검은 피부의 인종이 하얀 피부를 동경하여 가면을 쓰는 가식假飾은 단순한 아이러니가 아니고 정신분열이다. 요컨대 자기를 부정하고 자기 문화를 싫어하며 타자인 백인의 정체성과 백인의 문화를 동경하는 것은 분열적 증세다. 또한, 파농은 식민지민들의 정신분열 증세는 문화 특히 언어가 중요하며 이 증세를 치료하기 위해서는 마음의 백인성을 극복하는 심리적 기제가 필요하다고 보았다. 왜냐하면, 무의식의 가장 깊은 곳에서 (결코 지울 수 없는) 고뇌와 트라우마trauma가 작동하여 끊임없이 자기를 부정하기 때문[1]이다.

파농이 분석한 것과 같이 근대사회에서 하얀 피부는 권력, 과학, 이성, 논리, 질서, 법, 우등, 근대, 강자 등을 상징한다. 반대로 유색 피부는 종속, 비과학, 감성, 비논리, 무질서, 무법, 열등, 전근대, 패자 등을 상징한다. 잘 알려진 것처럼 근대는 서구와 백인 중심이었고 백인이 승리한 역사가 곧 근대사였다. 그 결과 식민지/반식민지를 겪은 유색인들은 자신을 억압하는 지배자들의 문화와 언어를 습득하고, 그것을 좋다고 여기면서 자신의 문화를 잃어버리고 자기 정체성을 부정하는 일이 생겼다. 그런데 자신이 원래 가지고 있는 문화적 정체성과는 다르므로 분열 증세가 생겨날 수밖에 없다. 문제는 자기를 부정하면서 자기를 열등한 존재로 잘못 인식한다는 점이다. 이 열등의식 속에서 형성된 정신분열

---

1   Frantz Fanon, *Black Skin, White Masks*, translated by Charles Lam Markmann(1967) translation of the 1952 book, New York : Grove Press, p.17.

증상을 표현한 어휘가 바로 하얀 가면이다. 그런데 가면을 쓴다고 해서 자신의 존재가 바뀌는 것은 아니다. 단지 인생이란 이름의 무대에서 배역이 달라질 뿐이다.

대체로 식민지민들에게는 하얀 피부를 가진 지배자인 백인들의 세상을 동경하는 동시에 백인들을 증오하는 이중의 심리가 공존한다. 이 사실을 간파한 파농은 이 책에서 자신을 지배하고 학대하는 대상을 극복해야 하는데 거꾸로 동경하는 분열증상이 있다는 것을 밝혔다. 그렇지만 대부분 피지배자는 그것을 인식하지 못한다. 무의식 속에 내면화internalization되어 있기 때문이다. 이것이 식민지/반식민지를 겪은 사람들의 고통이며 제국주의의 지배와 약소국가의 피지배라는 이항대립이다. 이런 그의 이론은 에드워드 사이드의 『오리엔탈리즘』과 더불어 탈식민주의의 토대가 되었다. 파농은 1961년 타계하기 직전 『자기 땅에서 유배당한 자들』 또는 『대지의 저주받은 사람들』에서 더욱더 전투적인 혁명 사상을 표출했다. 그의 사상은 철학, 사회학, 예술, 역사학, 정신분석학 등 여러 영역에 영향을 미쳤으며 그의 행동은 제3세계 민중해방에 크게 이바지했다.

참고문헌 Frantz Fanon, *Black Skin, White Masks*, translated by Charles Lam Markmann(1967) translation of the 1952 book, New York : Grove Press.

참조 룸펜 프롤레타리아, 무의식, 오리엔탈리즘, 이항대립, 자기 땅에서 유배당한 자들, 정신분석, 정신분열증, 제2차 세계대전, 제국주의, 주체분열, 탈식민주의, 트라우마, 포스트모더니즘

상징자본
Symbolic Capital | 象征资本

퇴역 장군 K는 가슴에 훈장을 달고 식장에 들어섰다. 오른손은 지팡이를 들고 있었고 왼손은 그의 손자를 잡고 있었다. 자애로운 표정이었지만 위엄 있는 모습이었다. 그는 가난하지는 않았으나 부자도 아니고 어떤 지위를 가지지도 않았다. 하지만 K를 보자 많은 사람은 경의를 표했고, 길을 비켜주었으며, 그의 손자에게 호의를 보였다. 장군 K가 그 사회에서 존경받는 것은 여러 번의 전투를 승리로 이끌었기 때문이다. K의 훈장은 자기 나라 안에서 빛나는 자랑이면서 무한한 영광이다. 이처럼 퇴역 장군 K가 가진 무형의 자산을 상징자본이라고 한다. 장군 K는 그 상징자본을 통해서 상징권력을 행사하는 동시에 상징구조와 상징질서를 재생산한다. 이처럼 상징자본은 무형의 상징이 자본의 기능을 하는 것으로 경제자본, 문화자본, 사회자본보다도 더 상징적이고 특별한 자본이다.

상징자본은 부르디외의 이론으로 위신, 명예, 평판, 존경, 공로, 위엄, 가치 등의 추상적 비물질非物質을 자본으로 간주하는 사회학 개념이다. 그의 상징자본은 상징이 인정되는 역사적 맥락historical context과 특별한 장field, 場에서 통용되는 자본이다. 여기서 말하는 장은 일종의 자치적 공간 또는 영역인데, 그 역사의 맥락과 실천의 현장을 벗어나면 상징자본은 의미가 없다. 하지만 K의 훈장이나 올림픽의 금메달에서 보듯이 상징자본은 경제자본과 달리 고갈되지 않는다. 프랑스의 사회학자 부르디외P. Bourdieu, 1930~2002는 경제자본, 문화자본, 사회자본 이외에 상징자본을 첨가했다. 부르디외에 따르면 퇴역 장군 K의 훈장은 상징성을 가진 상징자본이고, 이 상징자본가는 상징과 부호符號를 통해서 상징자본이 없거나 부족한 사람에게 권력을 행사하는 한편 다른 사람에게 심리적 존경을 받는다. 이렇게 하여 계급은 아니지만, 계급이나 신분의 기능을 하는 상징질서가 작동하게 되는 것이다.

실천사회학자였던 부르디외는 '사회학은 무술sociology is a martial art'이라고 말하면서 사회학의 엄격한 규율과 과학성을 강조하는 한편 현실정치에도 적극적으로 개입하는 사회변혁운동가였다. 하지만 부르디외는 헤겔Hegel과 같이 사회 전체를 총체성의 개념에서 파악한다든가 마르크스처럼 계급투쟁階級鬪爭으로 보는 거대담론을 택하지 않았다. 그 대신 그는 습관적 언행인 아비투스habitus, 習性와 습관적 인식인 독사doxa, 俗見가 사회의 경기장social arena에서 드러나는 미시 담론을 통해서 인간과 사회를 분석했다. 부르디외에 의하면 인간 개인이 가진 아비투스와 독사의 이면에는 계급, 이념, 종교, 역사, 인종, 소득 등 수많은 요인이 잠재해 있으며 그것들이 거대한 상징체계와 상징자본을 형성하고 상징질서로 작동한다. 이런 상징자본은 장군 K의 훈장에서 보듯이 일정한 장場과 구조 속에서 작동된다.

부르디외는 벨벤T. Veblen, 1857~1929이 말한 신분 과시적 소비conspicuous consumption의 개념을 차용하고 막스 베버의 사회적 지위/신분身分, status이 어떻게 인정받는가를 연구하면서 계급과 신분의 중간 개념으로 상징자본을 설정했다. 이 상징자본은 경제자본, 문화자본, 사회자본과 마찬가지로 재생산되고 축적될 뿐 아니라 시간과 공간의 제약을 받지 않는다. 상징자본의 상징가치는 금전과 재화로 변환될 수 있고 이윤을 창출할 수 있다. 아울러 상징자본은 신분과 계급을 상징하는 기호이면서 구별과 차별의 무기인 동시에 폭력의 수단이 되며 상징조작의 근거가 된다. 이 중 언어폭력은 상징자본의 상징폭력을 상징하는 특별한 영역이다. 반면 경제자본은 있지만, 상징자본을 가지지 못한 사람들은 경제자본을 상징자본으로 바꾸고자 노력하므로 상호 교환관계가 성립한다.

한편 상징자본, 상징자본가, 상징 잉여가치착취, 상징노동자, 상징생산, 상징 경영 등의 개념이 성립하는가의 논란이 있다. 또한, 좌파이론가들은 부르디외를 구조기능주의자 또는 개량주의자라고 보는 한편 노동계급과 자본가계급의 대립을 호도糊塗하고 자본의 개념을 왜곡하여 자본주의 사회의 억압과 착취를 은폐한다고 비난한다. 하지만 부르디외의 상징자본론은 계층 간의 불평등, 상징폭력의 은폐, 신분의 부당한 상속, 상징가치의 재생산 등을 밝힌 이론으로 정평이 있다. 특히 '계급과 경제만으로 인간과 사회를 설명할 수 없다'라고 말하면서 문화와 교육을 통한 문화자본, 사회자본, 상징자본의 재생산구조를 밝히고자 한 점은 상당한 의미가 있다. 말년의 부르디외는 그런 불평등구조가 지구 전체에 적용되는 신자유주의와 세계화에 저항하는 한편 평등한 사회와 다양성을 강조했다.

참고문헌 Pierre Bourdieu, *Distinction : A social critique of the judgement of taste*, Harvard : Routledge, 1984.

참조 계급투쟁, 구조주의, 기호 가치, 독사, 마르크스, 문화자본, 상징, 상징폭력, 신자유주의, 아비투스, 자본주의, 포스트모더니즘

아비투스

Habitus | 习性

P는 하마터면 낯선 남성과 부딪힐 뻔했다. 이 남성은 승강기의 문이 열리자 마자, 아무것도 보이지 않는 것처럼 갑자기 승강기 안으로 들어왔기 때문이다. 그 남성의 행동은 무례하다는 표현도 어울리지 않았으며 무의식적으로 작동되는 기계와 같았다. 이처럼 승강기의 문이 열리면 사람이 내리기 전에 올라타는 사람이 있다. 당연히 사람이 먼저 내린 다음에 타야 하는데도 자기도 모르게 사소한 실수를 하는 것이다. 왜 이런 이상한 행동이 벌어지는가? 이것은 습관, 습성, 관습, 논리, 이성, 이념, 계급의식 등으로는 설명이 되지 않는다. 인간 누구에게나 일상에서 무의식적으로 행동하는 양식이 있다. 이 아비투스는 부르디외의 이론으로 인간이 몸의 기억에 따라서 사고하고 행동하는 것이다. 아비투스가 습관, 습성, 관습, 행동 양식, 실천 감각과 유사하다고 하지만 정확하지 않기 때문에 아비투스라고 쓰는 것이 일반적이다.

아비투스는 아리스토텔레스가 처음 사용한 바 있으며 프랑스의 사회학자 부르디외^{P. Bourdieu, 1930~2002}가 사회학 개념으로 정착시켰다. 아비투스의 어원은 라틴어 '시작되는 곳^{abitūs}'이다. 부르디외는 '인간, 집단, 사회, 민족의 내면에 잠재한 성향이나 취향이 있다'고 보고 그것을 아비투스로 명명했다. 무의식 속에 구조화된 아비투스는 사회구조와 개인/집단을 연결하는 한편 후대에 상속相續된다는 특징이 있다. 지배계급이 상속되는 것에 대하여 비판적인 시각을 가지고 있던 부르디외는 그 상속의 고리를 끊는 것이야말로 사회적 평등을 이루는 길이라고 믿었다. 왜냐하면, 그는 '신체에 내면화된 아비투스를 통하여 계급이 재생산된다'라고 진단했기 때문이다. 특히 계급의 재생산은 경제자본보다도 문화자본cultural capital이 주요한 원인이며 가정에서 또는 사회에서, 교육을 통하여 습득된 후 행동 양식으로 계승되는 속성이 있다.

부르디외는 아비투스와 장field을 연결하여 설명한다. 어떤 환경, 상황, 조건처럼 개인/집단의 아비투스를 결정하고 아비투스가 행사되는 곳이 바로 장이다. 레빈K. Lewin에 의하면 인간의 행동은 어떤 상황 즉 장에서 설명될 수 있고 또 설명되어야 한다. 부르디외는 장이론을 인용하면서 마르크스의 경제결정론과 계급의식만으로 사회와 인간을 설명할 수 없다고 보고 교육과 문화가 강조되는 장場을 중요시했다. 그가 말하는 장은 계급이 충돌하고 사회구조가 결정되며 다양한 취향들이 존재하는 복합적인 층위다. 그리고 규칙과 체제다. 그런데 장에서 실현되는 아비투스는 오인mis-recognition이라는 특이한 양태를 동반한다. 오인은 지배계층의 취향을 올바른 것으로 인정함으로써 상징폭력을 당하고 그로부터 지배 권력에 종속되는 현상을 말한다.

아비투스는 의식에 잠재하다가 어떤 상황을 만나면 자동으로 표면화하는 구조화된 내면이다. 승강기 사례에서 보듯이 아비투스는 무의식적으로 반응하기 때문에 무조건 반사적이기도 하다. 또한, 아비투스는 습관처럼 구조화되어 있기는 하지만 습관보다 문화적이며 기질과 연관이 있지만, 기질보다 구조적이다. 아비투스는 무의식에 내면화되어 있으면서 규칙과 질서가 있다는 점에서 집단무의식Collective unconscious의 성격이 있다. 이렇게 볼 때 아비투스는 성장 과정, 직업, 교육, 출신 지역, 인종, 경제적 상황, 문화, 기질 등이 복합적으로 작동된 것이다. 부르디외의 이론에 의하면 예술은 단순한 창의성의 산물이 아니라 서로 다른 취향들이 갈등하는 계급투쟁의 현장이며 지배와 피지배가 드러나는 상징적 현상이다. 그런 점에서 개인과 집단이 가진 아비투스를 통하여 사회적 불평등을 진단하는 것이 문화자본론과 아비투스 개념의 본질이라고 할 수 있다.

아비투스는 문화재생산을 통하여 상속되고 계승되는데 특히 예술의 장field에서 각기 다른 취향으로 드러난다. 이런 관점에서 보면 예술은 무척 정치적이고 여러 계급의 성향이 반영된 전쟁터다. 가령 고전음악을 좋아하는 사람과 대중가요를 좋아하는 사람은 사회적 지위도 다르고 문화적 이해도 다르다. 언뜻 보면 이것은 개인의 취향이나 취미이므로 문제가 되지 않을 것 같지만 부르디외가 볼 때 예술적 아비투스는 계급과 관련되어 있다. 그리고 그 계급은 상속될 수 있으므로 사회적인 문제가 되는 것이다. 아비투스는 근거 없는 지식臆見이라는 의미의 독사doxa와 함께 이해되어야 한다. 실천의 감각 또는 무의식적인 행동 양식이 아비투스이고, 실천의 인식 또는 자동반사적인 인식 체계는 독사이다. 하지만 두 개념 모두 계급의식과 같은 이데올로기가 아니고 특수한 인지와 행동의 양식이다.

참고문헌 Pierre Bourdieu, *Outline of a Theory of Practice*, Cambridge University Press, 1977.

참조 계급의식, 독사, 무의식, 문화, 문화자본, 상징, 상징자본, 상징폭력, 의식, 집단무의식

디스토피아

Dystopia | 逆乌托邦

'그곳에서는 거의 모든 사람이 기근에 허덕이고 추위에 떨며 환경오염이 심각하다. 사람들은 하루에 14시간 일하지만 주어지는 것은 세 조각의 빵과 약간의 우유뿐이다. 전체의 0.5%인 지배자들은 무한한 권력과 호사를 누리지만 거의 모든 사람은 극도로 가난하다. 5%의 중간관리자들이 이들을 감시하고 통제하며 규율을 어기면 고문이나 사형을 한다. 그 밖에 아이를 셋 이상 낳을 것, 주거 제한, 오락 금지, 여행 금지, 종교 금지, 집회 금지 등의 통제가 엄격하게 행해진다. 또한, 서로 감시하고 고발하며 폭력이 난무한다. 민중들이 몇 번 봉기를 해 보았지만, 여지없이 탄로가 나서 죽임을 당했을 뿐이다. 인간의 존엄성은 보장되지 않으며 인간은 단지 기계의 부품으로 여겨질 뿐이다.' 만약 이런 사회가 있다고 하면 인간이 살 수 있을까? 인간이 살기 어려운 이런 사회나 상황을 디스토피아라고 한다.

디스토피아는 힘들고, 어렵고, 불행하고, 슬프고, 가난하면서도 서로 증오하는 상황이나 인간이 살기 어려운 장소를 말한다. 그뿐 아니라 폭력과 압제의 비인간적인 사회, 질병으로 신음하는 사회, 환경오염이 심각한 상황도 디스토피아라고 한다. 이런 사회에서는 인간은 물론이고 동물도 살기 어려울 것이다. 하지만 디스토피아는 지옥과는 다르다. 지옥은 종교적으로 설계된 것이라면 디스토피아는 현실의 문제를 비판하고 더 나은 사회를 지향하기 위한 역설적인 담론이자 목표이기 때문이다. 유토피아가 실현되기 어려운 꿈인 것과 같이 디스토피아 또한 실현되어서는 안 되는 악몽惡夢과 환상이다. 따라서 밝음을 지향하는 유토피아나 어둠의 표현인 디스토피아는 실재하는 상태라기보다는 열망과 공포가 만들어 낸 상상이라고 보아야 한다. 그런 점에서 유토피아와 디스토피아는 현실을 비판하고, 어둡고 암울한 미래를 경고하며, 일정한 규율이 지켜지는 도덕적인 사회를 열망한다는 공통점이 있다.

디스토피아는 유토피아의 상대적 개념이지만 반유토피아anti-utopia와는 다르다. 토머스 모어가 1516년 쓴 『유토피아』는 플라톤의 이상국가론과 르네상스의 휴머니즘 정신을 반영한 것인데 반하여 디스토피아는 근대 민주주의와 자유주의 사상을 반영한 것이다. 두 작품은 상호텍스트를 이루고 있다. 디스토피아를 묘사했다고 평가를 받는 조지 오웰George Orwell, 1903~1950의 『1984년』1948에서 보듯이 디스토피아는 유토피아로 가장하지는 않는다. 『동물농장』1944에 이어 전체주의의 위험을 경고하고 자유가 무엇보다도 소중하다는 것을 보여준 오웰의 작품은 디스토피아를 비판한 것으로 알려졌다. 오웰이 디스토피아로 비판한 곳은, 스탈린이 통치하는 소련USSR이었다. 이처럼 현대사회의 위험성을 경고하는 디스토피아는 대중/국민을 속이지 않지만 환경이 나쁜 상태에서 압제가 있는 장소를 의미한다.

디스토피아는 그리스어 나쁜, '사악한cacotopia'에서 유래했으며 1818년에 벤담Jeremy Bentham이 가장 나쁜 정부라는 뜻으로 처음 사용했다. 한편 라틴어에서 디스토피아는 '나쁜dys'과 '곳topos'이 결합한 것으로 영국의 스튜어드 밀J.S. Mill, 1806~1873이 1868년 의회 연설 도중, 나쁜 장소인 독재와 폭력적인 권력이 존재하는 공간을 비판하기 위하여 디스토피아를 사용한 후 보통명사로 바뀌었다. 스튜어드 밀의 문맥에서 디스토피아는 독재자가 군림하는 사회, 국가, 악한 전제군주가 통치하는 나라를 의미한다. 이처럼 자유주의자였고 전체주의의 위험을 경고했던 스튜어드 밀의 사상이 그대로 반영된 어휘가 바로 디스토피아다. 그런데 유토피아가 이루어질 수 없는 이상인 것과 같이 디스토피아 역시 존재하지 않는 가상의 공간이다. 인간은 이 두 대척적인 공간을 통해서 가상으로 현실을 인식하면서 산다.

디스토피아와 유토피아는 예술에서 많이 다루어진다. 예술작품은 유토피아나 무릉도원武陵桃源의 꿈을 표현하는 경우가 많다. 문화와 예술은 인간에게 위안을 주고 기쁨을 주는 일차적인 기능이 있다. 동시에 문화예술은 모순과 문제가 있는 사회를 고발하고 교정하는 기능도 있다. 그래서 유토피아와 디스토피아가 자주 등장한다. 가령 예술가가 『동물농장』과 같은 사회를 비판하면서 행복한 사회를 그리고자 한다면 그는 디스토피아에 대한 비판적 세계관을 가진 것이다. 영화와 게임에도 디스토피아가 자주 등장한다. 그것은 독재, 압제, 차별, 가난, 고통 등의 나쁜 장소를 비판적으로 묘사하는 것을 넘어서서 유토피아를 향한 긍정적 전망을 그리는 것이 바로 예술가가 존재해야 하는 이유 중의 하나이기 때문이다. 따라서 유토피아는 실현되지 않더라도 인간에게 희망을 주고 디스토피아는 실재하지 않더라도 인간에게 공포를 준다.

참조 무릉도원, 문화, 열린 사회, 예술, 유토피아, 전체주의의 기원

제2의 자연
Second Nature | 第二自然

중국 상하이에 사는 A는 새벽 1시가 되어서 잠자리에 든다. 그는 온종일 햇빛을 보지 못했을 뿐 아니라 오랫동안 달을 보지 못했다. 상하이의 회사원 A만 그런 것이 아니라, 두바이의 B도 그렇고, 프라하의 C도 그렇다. 이처럼 21세기의 인간 대다수는 해와 달의 운행에 따라서 생활하지 않는다. 근대 이전까지 해가 뜨고 지는 시간에 따라서 생활하던 인간은 과학기술의 발달과 더불어 생활의 습속이 달라졌다. 과학기술, 특히 전기의 발명으로 세상이 변한 것이다. 그래서 21세기의 현대인 A는 흙을 밟지 않고 살며, 달을 보지 못하고, 해가 뜨고 지는 시간과 상관없이 일한다. A를 둘러싼 환경은 원래의 자연이 아니고 가공되었거나 변형된 새로운 자연이다. A는 이 새로운 자연을 떠나서는 살 수가 없다. 이처럼 21세기에는 원래의 자연과 새로운 자연이라는 두 개의 자연이 존재한다.

자연自然은 있는 그대로의 상태를 말한다. 라틴어 natura가 어원인데 동양에서는 노자老子의 『도덕경』에서 유래한다고 알려져 있다. 따라서 자연은 인간의 인위적인 변형이 가해지지 않은 원래의 본성과 특질을 의미한다. 즉, 스스로 존재하고 또 꾸미지 않는 원초적인 것이 바로 자연이다. 인류는 수십만 년을 자연에 적응하고 자연과 동화하고자 노력했고 자연의 순리에 따라서 살았다. 그런데 과학기술이 발달하고 이성 중심주의가 지배하면서 자연은 훼손되기 시작했다. 인류는 신과 인간의 이름으로, 자연을 수탈하고 변형하면서 인간의 편리와 이익에 맞도록 바꾸어 버린 것이다. 마침내 인간은 본연적인 자연과 인간에 의하여 변형된 자연이라는 두 가지 자연환경 속에서 살게 되었다. 있는 그대로의 자연을 제1의 자연이라고 하고, 문화나 문명 또는 과학기술로 변형된 자연을 제2의 자연이라고 한다. 제2의 자연은 제1의 자연과 다른 습관, 습성, 문화, 제도, 과학기술의 환경 등 인간에 의한 사회적 자연이다.

제2의 자연은 원래의 자연과 달리, 진화와 발전에 따라 형성된 인위적인 생존환경이다. 일찍이 몽테뉴는 '습관은 제2의 자연이지만 제1의 자연에 비해서 결코 약한 것이 아니다'라고 하여 획득된 성질을 제2의 자연으로 보았다. 몽테뉴의 관점은, 인간의 내적 자연은 이성의 빛으로 계몽되어야 한다는 것이었다. 훗날 생태학자 북친M. Bookchin, 1921~2006은 제1의 자연과 제2의 자연은 분리될 수 있는 것이 아니고 대립하는 것도 아니며 상호의존 관계에 있는 전체로 보았다. 한편 아도르노T. Adorno, 1903~1969는 도구적 이성이 지배하는 근대 이후의 세계를 제2의 자연으로 간주했다. 아도르노에 따르면, 근대 계몽주의와 이성 중심주의 이래 본래의 자연은 문화적으로 걸러지고 변형된 제2의 자연이 되고 말았다. 프랑크푸르트학파의 자연관이라고 할 수 있는 호크하이머와 아도르노의 자연관은 인간은 원래의 제1의 자연에서 살아야 한다는 것에서 출발한다.

아도르노에 의하면 근대의 인간은 도구적 이성 때문에 신이 베풀어준 천연의 자연을 잃어버렸다. 그리하여 세상에는 습관화되고 제도화된 기이한 자연만이 존재한다. 과학기술로 인하여 훼손된 근대는 신화와 같은 보편적, 천연적 자연은 사라졌다. 그리하여 변형된 자연만 있고 변형된 자연 속에서 인간은 철저하게 관리되고 있다. 이것은 근대과학기술과 이성 중심주의가 인류에게 선사한 저주다. 죽어 버린 자연에서 사는 인류는 위기에 처해 있다. 여기서 마르크스의 물화Fetishism와는 다른 인간 소외현상이 발생한다. 제1의 자연을 상실했으므로 인간은 심각한 소외를 느끼는 것이다. 아도르노는 '어떻게 하면 여기서 희망을 발견할 것인가'에 대한 물음에 '동일성의 폭력을 극복하는 것과 진정한 부정negation이 중요하다'고 답했다. 아도르노는 인간을 도구로 전락시키는 이념과 체제에 대하여 저항해야 한다고 강조했다.

아도르노는 부정변증법^{Negative Dialectics}을 통한 철저하고 완전한 부정이 필요하다고 강조하면서 초월적인 양식인 예술이 중요하다고 보았다. 특히 (자연을 위협하는 존재로 진화한) 인간은 실제로는 과학기술과 산업사회가 만들어 낸 '제도와 관습이라는 또 다른 자연'으로부터 위협을 받고 있다. 이것이 사회적 지배로부터 생기는 소외 또는 부자유다. 인간과 자연의 관계, 그리고 제2의 자연인 사회, 관습, 문화의 관계, 그로부터 생겨나는 불일치, 소외 등은 문화예술의 중요한 내용이고 형식이다. 예술 역시 자연적인 예술에서 인위적이고 변형된 제2의 예술로 진화하여 예술생태계는 전혀 다른 모습으로 변화해 버렸다. 그러나 인간이 자연생태계를 벗어나서는 존재할 수 없듯이 예술 역시 예술생태계를 벗어나서는 존재할 수 없다. 이렇게 볼 때 제1의 예술과 제2의 예술이 적절하게 조화된 예술 환경이 바람직하다.

참조 계몽주의/계몽의 시대, 근대·근대성, 마르크스, 문화산업, 문화생태계, 변증법, 부정변증법, 예술, 인간소외, 자연주의(예술), 진화론

운명론

Fatalism | 宿命论

주인공 성기의 사주에는 떠돌며 방랑하는 역마살이 들어있다. 어머니 옥화는 역마살을 피하고자 성기를 절에도 보내고 장사도 하게 했다. 그런데 뜻밖에도 자기의 이복동생이자 성기의 이모로 추정되는 계연이와 사랑에 빠진다. 이것을 안 어머니가 계연이를 떠나보내자 성기는 시름시름 병을 앓는다. 거의 죽게 되었을 때 어머니는 계연이가 이모라는 사실을 말해주자, 성기는 이루어질 수 없는 운명적 사랑임을 알게 된다. 그 이후 성기는 신기하게 병이 나아서 '엄마 나 엿판 하나 맞춰 주'라고 말한다. 소스라치게 놀란 것은 어머니였다. 저녁노을에 엿판 하나를 메고 떠나는 성기는 흥얼흥얼 노래까지 하면서 자신이 타고난 역마라는 운명의 길을 가고 말았다. 이것은 운명론/숙명론을 잘 표현한 가작으로 한국의 소설가 김동리金東里, 1913~1995 작 『역마』1948의 줄거리다. 이 작품의 주제는 인간의 운명이다.

사람들은 무심코 '이것이 나의 운명이다' 또는 '그것은 숙명이다'라고 말하는 경우가 많다. 거역할 수 없는 힘이나 하늘의 뜻 등에 의하여 결정되는 것을 운명 또는 숙명이라고 한다. 한마디로 운명론運命論 또는 숙명론宿命論은 '세상은 이미 정해져 있으므로 인간이 바꿀 수 없다'는 사상이다. 대체로 운명론은 비극적이거나, 장엄하거나 숭고하게 표현된다. 과학에서 말하는 운명론은 인간의 의지와는 상관없이 우주 자연의 법칙은 이미 결정된 것을 말한다. 논리적으로 볼 때 운명론은 인과론이나 인과율과 유사한데, '이런 원인 때문에 저런 결과가 나왔다'는 피할 수 없는 과정이다. 인과법칙이 이미 결정되어 있으므로 인간의 힘으로 바꿀 수 없다는 생각은 체념적이거나 허무주의적 경향이 있다. 하지만 니체는 적극적 허무주의Active Nihilism의 관점에서 허무를 극복하고 자기 운명을 사랑하라는 운명애Amor Fati를 강조했다.

운명론은 한국의 소설 『역마』에서 보듯이 한 인간의 길은 이미 정해져 있다는 것이다. 그리고 어떤 방법을 쓰든지 거역할 수 없으며, 그 길은 사주四柱나 신탁 등에 의해서 계시가 된다는 것이다. 거역할 수 없다는 것은 숭고함과 경건함을 포함하므로 운명의 본질을 깨우치게 되면 주인공 성기와 같이 마음과 육신의 병이 치유될 수도 있다. 그런데 운명론은 인간이 자유의지自由意志를 가진 자기 인생의 주체가 아니라는 것도 의미하기 때문에 순응주의, 타협주의, 패배주의 등을 합리화하는 수단으로 사용되기도 한다. 대체로 인간은 스스로 주체를 가지지 못하거나, 가진다고 하더라도 피동적이고 수동적인 경우가 많다. 따라서 인간은 자기 인생을 주체적으로 개척해 나가지 못하고, 모든 것을 자기가 판단하고 결정하지 못하는 타율적인 존재가 된다. 이처럼 인생을 운명에 맡기는 것은 인간이 종속적 타자가 된다는 점에서 문제가 있다.

운명론은 우주 자연의 법칙과 연관이 있다. 중국, 한국, 일본 등의 아시아에서는 우주의 명령에 따르는 것을 미덕으로 여겼다. 하늘/우주의 명령과 이치가 무엇인가를 고구考究하고 그것을 체계화시켜 놓은 것이 바로 『주역周易』과 같은 경전이다. 『주역』은 우주 자연의 법칙이 곧 운명이며, 그 우주 자연의 법칙을 기호로 표기할 수 있다는 사상을 담고 있다. 그 밖에 인간의 존재나 실존을 결정하는 힘이 있다고 보는 천명사상天命思想과 무위자연론 또는 인과응보因果應報도 운명론과 관련이 있다. 창조자와 심판자로서의 신이 없었던 동아시아에서는 천지자연인 우주가 곧 신이었기 때문에 그 우주의 이치를 깨우치고 그 명령에 따르는 것을 최고의 미덕으로 여겼다. 여기서 동양의 운명론이 태동했다. 운명론을 신봉하는 운명론자運命論者들은 자기 자신을 포함한 세상의 모든 것은 미리 정해진 필연적인 법칙에 따라 결정되므로 인간의 의지로는 바꿀 수 없다고 믿는다.

동양의 운명론/숙명론은 기독교, 이슬람, 유대교 등에서 말하는 결정론이나 예정설과는 다르다. 결정론은 운명론의 한 형식으로 보는 것이 일반적인데, 결정론은 유대교와 기독교에서 아담^{Adam}의 원죄는 구세주에 의해서만 구원될 수 있으므로 신에게 귀의할 수밖에 없다는 종교적 교리였다. 한편 칼뱅은 신의 영광을 전제로 인간의 운명과 희망은 모두 신에 의해서 결정되는 것으로 간주했다. 또한, 예정설^{predestination, 豫定說}은 하나님의 뜻에 따라 인간의 길이 정해진다고 본다. 이렇게 볼 때 기독교를 포함한 아브라함계통 종교에서 결정론^{Determinism}과 예정설은 하나님의 길로 예정되어 있다는 종교성이 강한 것과 달리 동양의 운명론은 절대적인 이치에 의하여 만사가 정해져 있다는 인과적 법칙성이 강하다. 모든 문화는 인간의 길, 운명, 숙명, 하나님의 명령, 우주의 가르침 등을 표현한다. 한편 예술에서 운명론은 비극성, 숭고미, 장엄한 감정, 절대적인 힘 등으로 표현되는 경우가 많다.

참조 감정, 결정론, 니힐리즘/허무주의, 무위자연, 숭고, 운명애·아모르파티, 음양오행, 인과율·인과법칙, 자유의지, 주제·제재·소재, 중화주의, 천명사상, 충분근거율, 표현

문화유전자 밈

Meme | 文化基因

런던의 지식인들은 커피하우스에 모여 토론하기 시작했다. 17세기의 런던에 여러 개의 커피하우스Coffee house가 생긴 다음이었다. 해상무역을 주도했던 영국인들은 커피하우스에 모여 이국적인 감성으로 커피를 마셨고, 항해, 모험담, 식민지 건설, 종교, 이방인 등 여러 가지 이야기를 하면서 인식의 지평을 넓혔다. 그뿐 아니라 예술가, 정치인, 학자들이 이 새로운 문화를 즐겼으며 철학적이거나 비판적인 담론을 주고받았다. 커피하우스는 단지 커피를 마시는 공간이 아니었다. 이곳은 이국적 문화를 체험하는 공간인 동시에 살롱과 같은 사교의 장소였으며 책을 읽거나 생각하는 도서관이었다. 이것은 15세기 터키의 카흐베하네Kahvehane 즉, 터키식의 커피하우스와 유사한 것으로 커피와 커피문화를 매개로 하는 새로운 문화공간이었다. 그리하여 커피하우스도 모방되지만 커피하우스에서 토론하는 주제나 방법도 모방되기 시작했다.

이스탄불과 런던의 커피하우스는 여러 지역과 국가로 퍼져나가면서 각기 독특한 문화현상을 연출했다. 이후 커피하우스는 서구 유럽은 물론이고 남북 아메리카와 아시아에까지 유행하게 되었다. 여기서 '문화도 유전되는 것인가'와 '문화도 유전하는 것인가'라는 물음이 대두한다. '그렇다'는 것이 문화진화론이고, 그 이론에서 말하는 문화의 DNA가 밈이다. 한 사회에는 언어, 행위, 생각, 관습 등과 같은 문화적 밈이 있다. 영국의 생물학자 리처드 도킨스R. Dawkins는 『이기적 유전자The Selfish Gene』에서 밈이라는 개념을 창안했다. 도킨스가 말한 문화유전자 밈은 문화예술 역시 생물의 유전법칙과 같이 문화의 DNA가 보존되고 확산하는 유전자가 있다는 학설이다. 그는 생물학에서 말하는 유전자 진gene의 구조를 빌려 문화적 유전자인 밈meme을 고안했다. 그리고 '이기적 유전자를 통하여 문화도 생물처럼 유전되는 것'이라고 주장했다.

도킨스는 인간의 생각과 감정을 밈의 예로 들었다. 도킨스의 주장처럼 문화와 예술에서도 어떤 형식, 경향, 구조, 흐름, 유행 등이 존재하고 또 유전된다는 관점은 무리한 것이 아니다. 도킨스의 밈meme 이론에 따르면 문화예술도 자연과 마찬가지의 생태적 구조로 되어 있을 뿐 아니라 자연선택에 따르는 유기체有機體다.[1] 그리고 유전자를 물려주고 확산시킴으로써 자신의 생명을 연장하고자 하는 생명체다. 그런데 생물의 유전자와 마찬가지로 문화유전자 역시 목적도 없고 결과에도 상관하지 않는다. 그리고 오로지 자신의 유전자를 확산하는 일만 하는 이기적 유전자selfish gene다. 가령 음악의 형식이나 미술의 기법은 예술의 형식으로 전승되는 것이기도 하지만, 그 자체가 생명력을 가진 유전자이기 때문에 끊임없이 복제되고 전파된다. 어떤 생각 역시 자기를 확대재생산하고 복제하는 유전자가 있다는 것이다.

문화유전자 밈은 (생물학적 유전자가 아닌) 인간의 두뇌와 감정을 통하여 복제된다는 특성이 있다. 그러니까 밈은 두뇌의 신경계에 살아 있는 하나의 생명체라는 것이 도킨스의 관점이다. 가령 한국의 판화가 이철수의 그림을 모방하거나 청소년들이 금색 머리를 하는 것 등도 문화예술유전자 밈의 전파력 때문이다. 이철수의 그림은 새로운 유전자의 탄생과 같은 것으로 '그 유전자가 문화예술 생태계에서 생존할 수 있는가'와 더불어 중요한 생태변화다. 문화유전자가 문화예술 생태계에서 생존하는 것은 생물유전자의 생존방식과 유사하다. 그 문화적 유전자인 밈이 유익하고, 전파력이 강한 동시에 예술적이라면 누군가에 의해서 모방하거나 전파될 것이다. 가령 아버지의 언행을 아들이 모방하거나

---

1   Richard Dawkins, *The Selfish Gene*, Oxford : Oxford University Press, 2006, p.189.

어머니의 취향을 딸이 가지는 것 역시 생물유전자와 다른 문화유전자라고 할 수 있다.

문화예술의 DNA라고 할 수 있는 밈은 탄생, 전파, 성장, 소멸과 같은 유기체의 생명을 가진다. 그 문화예술의 유전자는 인간의 정신, 마음, 두뇌, 신체를 통해서 유전되거나 전이된다. 하지만 '문화예술을 진화론과 유전학의 관점에서 볼 수 있는가'는 논란의 소지가 있다. 그러나 (문화는 무기체無機體라는 것을 부정하면서) 문화예술을 유기체有機體로 본다는 점에서 경청할 만한 이론이다. 다시 말하면, 문화유전자론은 '문화예술도 진화 법칙에 따라서 진화한 흔적을 찾을 수 있으며, 생명체와 같은 주기를 확인할 수 있으므로 문화예술 역시 유전자를 가진 독자적인 생명체로 보아야 한다'는 관점이다. 밈 이론에 대한 논란은, 첫째, 생물학적 유전자인 진gene과 문화적 유전자인 밈meme은 같은 원리를 가지고 있지 않다는 것 둘째, 문화예술의 경우에는 모방과 영향으로 보아야 하며 과학적 규칙성을 전제로 하는 유전학의 개념으로 볼 필요가 없다는 것이 핵심이다.

참고문헌 Richard Dawkins, *The Selfish Gene*, Oxford : Oxford University Press, 2006.

참조 DNA/디옥시리보 핵산, 문화, 문화생태계, 분자, 예술, 유전자, 이기적 유전자, 자연선택, 적자생존, 중립진화, 진화론, 커피하우스

실험의학

Experimental Medicine | 实验医学

그의 조수는 그를 비난했고 그의 아내는 그와 이혼했다. 그가 하는 생체실험이 잔인하며 여러 면에서 인간적이지 못하다는 이유 때문이었다. 하지만 그는 '생체실험이 과학과 의학의 발전에 이바지하고 사람들의 건강과 복지에 도움이 될지라도 피실험자에게 해를 끼치는 실험을 해서는 안 된다'고 믿었던 윤리적인 사람이었다. 그는 인간을 연구하고 실험하기 위해서 동물을 먼저 해부해야 했다. 당시 그는 '과학은 감정이나 상상이 아닌 논리와 실험에 근거해야 한다'고 단언했지만, 동물 생체실험 때문에 부인과 딸, 조수 등 많은 사람의 신랄한 공격을 받았다. 그 이름은 과학과 의학에 불후의 업적을 남긴 위대한 해부학자 클로드 베르나르Claude Bernard, 1813~1878다. 서양의학과 동양의학의 근본적인 차이 중의 하나는 해부解剖다. 해부는 주로 생물체의 내부를 갈라 헤쳐 그 구조와 각 부분 사이의 관련을 알고자 하는 행위다.

동양인들은 인간을 우주 자연의 한 부분으로 간주하며 하늘의 명령에 순응하려는 태도를 가지고 있었다. 이것을 천명사상天命思想에 의한 천인합일天人合一이라고 한다. 반면 서양에서는 인간을 신의 피조물로 보기는 하지만 이성적 사고와 과학적 관찰 그리고 의학적 해부를 통하여 인간 육체의 내부를 탐구했다. 일찍이 벨기에의 베살리우스A. Vesalius, 1514~1564는 인체해부학의 과학적 체계를 완성하여 해부학의 토대를 놓았다. 그의 해부학은 관찰과 실험을 위주로 하는 실험의학實驗醫學으로 발전한다. 실험의학은 생체실험, 해부학, 생리학, 병리학과 같은 방법을 위주로 하는 의학의 한 방법이다. 실험의학에 의하면 인간은 내적 환경으로 36.5도를 유지하는 하나의 생물일 뿐이다. 베르나르에 의하면 인간 신체는 내 환경internal environment의 항상성homeostasis, 恒常性을 유지한다. 가령, 추운 날씨에도 신체 내 환경은 36.5도를 유지한다.

그것은 자율신경계와 내분비계의 활동 때문이다. 베르나르는, 인간의 신체 내부는 일정한 온도와 혈액에 의해서 유지되기 때문에 외부 환경이 변하더라도 신체 내부는 일정하다는 내환경 이론을 주장했다. 이런 실험의학을 통하여 근대 의학의 정립에 이바지한 베르나르는 스승 마장디F. Magendie와 함께 동물과 인체를 실험하여 많은 사실을 알아냈다. 그리고 그는 1865년에『실험의학서설』을 펴냄으로써 생체해부를 통한 구체적 사실은 물론이고 과학적 원리와 방법을 정립했다. 특히 베르나르는 과학자의 임무는 그 어떤 비난에도 불구하고 묵묵히 실험하는 것이라고 강조했다. 관찰과 실험을 통하지 않은 것은 근거가 없는 것으로 간주한 베르나르는 작가가 되고자 했고 철학적 소양이 많은 사람이었다. 베르나르는 상상을 배제하고 정확한 결과를 중시했지만, 그 실험은 철학을 바탕으로 해야 한다고 믿었다.

베르나르는 기존의 경험주의 의학이 생리학, 병리학, 치료학을 포괄하지 못했다고 비판하고 과학주의 의학은 여러 분야의 유기적인 관계로 설정되어야 한다고 보았다. 아울러 베르나르는 의학 실험이 어렵다고 전제하고, 철저한 과학적 실험과 연구가 필요하며, 여기서 생기는 오류를 없애기 위하여 '실험에 대한 비판이 동반되어야 한다'고 믿었다. 특히 정확한 추론과 정밀한 관찰 및 실험을 통하여 사실에 도달할 수 있다고 확신했다. 이처럼 베르나르는『실험의학서설』에서 가설, 추론, 실험, 비판을 반복하면서 얻은 과학적 지식만이 유일한 진리라고 주장하면서 실험의 원리가 의학의 원리가 되어야 한다고 단언했다. '실험하는 손은 생각하는 머리와 함께해야 한다'고 주장한 베르나르의 실험의학은 예술과 철학에도 지대한 영향을 미쳤다. 인간이 고상한 영혼을 가진 존재라는 규정 못지않은 이 과학적 규정은 인간이 무엇인가를 설명하면서 근대의학의 새로운 길을 연 놀라운 선언이었다.

　프랑스의 자연주의 소설가 에밀 졸라^{E. Zola, 1840~1902}는 베르나르의 실험의학에 영향을 받아 실험의학적인 방법으로 소설을 썼다. 그는 「제2 제정 시대 어느 집안의 자연적 사회적 역사」라는 부제가 붙은 20권의 연작소설인『루공 마카르 총서^{Les Rougon-Macquart}』^{1871~1893}에서 내적 외적 환경의 지배를 받는 인간을 그렸다. 자연주의의 선구자인 졸라는 유전적 계보를 추적하는 형식으로 인간이 환경環境에 의하여 결정되는 동물이라는 것을 보여줌으로써 자연주의 문예사조를 완성했다. 인간은 유전遺傳 및 사회적 환경에 의해서 결정된다는 다윈의 진화론과 여러 생물학자의 유전학적 결정론을 예술에 접목한 것이다. 특히 졸라의『목로주점^{L'Assommoir}』은 평범한 여인 제르베즈^{Gervaise}가 환경에 의하여 타락해 가는 모습을 그린 가작이다. 물론 졸라는 인간은 환경을 극복하고자 하는 의지를 가진 고상한 존재라는 것도 표현하고 싶어 했다.

참고문헌 Claude Bernard, *An Introduction to the Study of Experimental Medicine*, translated by Henry Copley Greene, Macmillan & Co., 1949.

참조 결정론, 리얼리즘[예술], 문예사조, 문학, 생체권력, 소설, 유전자, 의학적 시선, 자연주의[예술], 진화론, 천명사상

석가모니 고타마 싯다르타

Gautama Buddha | 釋迦牟尼

한 아기가 태어나자마자 걸었다. 그리고 '천상천하 유아독존 삼계개고 아당 안지天上天下 唯我獨尊 三界皆苦 我當安之'라고 외쳤다. 이것은 상징적인 표현이지만 뜻은 이렇다. '우주 만물은 오직 자기 자신 안에 존재하는 것이며 세상을 살아가는 고통도 생각하기 나름이므로 자기 스스로 편안하게 할 수 있다.' 그 아기는 히 말라야 산기슭 샤카족의 왕자 싯다르타였다. 고타마 싯다르타는 샤가족의 왕 슈도다나Suddhodana와 마야부인Mahamaya 사이에서 BCE 624년경 음력 4월 8일 태 어났다. 마야부인은 룸비니에서 꽃이 만발한 무우수 나뭇가지를 잡고 오른쪽 겨드랑이로 석가모니를 낳았다고 한다. 그가 바로 훗날 불교의 성인이자 신으 로 존중받는 고타마 싯다르타다. 실제 인물 싯다르타Gautama Siddhārtha, BCE 624~BCE 544는 모든 소원을 성취하게 해 주는 사람, 그리고 샤카족Shakya의 성인이면서 불 교의 창시자라는 여러 가지 의미가 있다.

전해오는 이야기에 의하면 석가모니가 태어날 때 하늘에서 오색구름과 무지 개가 피었으며, 구룡이 나타나 몸을 닦아 주었다. 석가모니는 태어나서 사방으 로 일곱 걸음을 걸었는데, 그 걸음마다 연꽃이 피어올랐다. 그때 선인仙人 아시 타Asita가 찾아와 '훗날이 아기는 위대한 정복자가 되거나 훌륭한 성인이 될 것' 이라고 예언했다. 7일 후, 생모인 마야부인이 죽었고 그 후 왕의 둘째 부인이 기 르게 되었으며 16세에 결혼하였다. 싯다르타의 부인은 야쇼다라Yaśodhara, 耶輸陀羅 였는데 두 사람 사이에서 아들 라훌라Rahula, 羅睺羅가 태어났다. 그러던 어느 날, 싯다르타는 궁전 바깥의 농부가 힘들게 노동하는 것을 보고 세상의 삶이 쉽지 않다는 것을 알았다. 또 벌레가 새에게 잡아먹히는 것을 보고 존재의 아픔을 이해했다. 그리하여 부귀영화가 모두 부질없는 것임을 깨우쳤으나 온갖 사념으로 고민하게 되었다. 특히 싯다르타는 삶의 생로병사를 이길 수가 없었다.

마침내 싯다르타는 왕자의 지위와 속세의 모든 것을 버리고 29세에 가출했다. 그리고 브라흐만교의 승려를 만나 여러 가지를 깨우친 다음 요가 수행을 했다. 하지만 이 방법으로 궁극적인 깨우침을 얻지 못했다. 그리하여 부다가야Bodh Gaya의 보리수 밑에서 가부좌를 하고 완전히 깨우치지 못하면 그 자리를 떠나지 않겠다고 맹세했다. 싯다르타는 35세 되던 해 12월 8일, 번뇌에서 벗어나 해탈Moksa에 이르렀다. 6년간의 고행을 통하여 고집멸도苦集滅道의 4성제를 깨우침으로써 미혹과 집착을 끊고 정각abhisambodhi, 正覺에 이른 것이다. 곧이어 싯다르타는 생로병사生老病死를 이기고 생전에 정적열반인 니르바나Nirvana에 들었다. 싯다르타는 자신의 깨우침을 전파하고 중생들이 다시는 고통을 받지 않게 하고자 사르나트Sarnath, Sarnātha의 녹야원鹿野園에서 첫 번째 설교를 했다.

싯다르타는 초전법륜初轉法輪에서 모든 것은 고통이라는 고苦, 그 고통은 탐욕과 분노와 무지에서 나온다는 집集, 번뇌에서 벗어난 자유와 해탈인 멸滅, 그리고 멸에 이르기 위한 8가지 방법인 도道를 강조했다. 그리고 해탈과 열반에 이르는 방법으로 올바로 보는 정견正見, 바른 생각인 정사유正思惟, 바른 말인 정어正語, 바른 행동인 정업正業, 바른 생활인 정명正命, 바른 수양인 정정진正精進, 바른 이념인 정념正念, 바른 집중인 정정正定 등 8정도를 설파했다. 싯다르타가 가르친 것은 극단적 고행과 극단적 쾌락이 아닌 중도의 길에서 사성제와 팔정도를 지키는 수양 방법이다. 싯다르타는 가란타에 죽림정사Venuvana, 竹林亭舍를 세우고 불교를 전파했다. 싯다르타는 80세에 병이 들어 BCE 544년 2월 15일 쿠시나가라Kushinagar에서 세상을 떠났다. 사후 제자들은 그의 사리舍利를 여러 곳에 보내서 불교의 상징으로 삼도록 했다.

싯다르타는 브라흐만과 인도의 전통사상을 받아들였다. 가령 '이것이 생生하면 저것이 생하고, 이것이 멸滅하면 저것이 멸한다'는 12인연의 연기법이나 모든 존재는 윤회의 굴레에 놓여 있으므로 해탈과 열반을 통하여 근본적인 고통을 벗어나야 한다는 윤회설 등은 이런 여러 가지 사상을 받아들인 것이다. 하지만 '모든 것은 마음에 있다'는 것은 불교의 고유한 교리다. 이에 의하면 인생의 무상과 무아도 인간의 마음이 만든 것이고 생사 역시 마음에 따라 달라진다. 특히 『반야심경』에 집약된 용수 나가르주나Nagarjuna, 龍樹의 공空개념은 대승불교를 비롯한 여러 종파의 핵심 교리다. 싯다르타의 불교는 상좌부로 불리는 남아시아의 소승불교와 대중부로 불리는 동북아시아의 대승불교로 분화되었다. 싯다르타는 인류의 성인으로 추앙받고 있으며 불교는 태국, 라오스, 베트남, 중국, 한국, 일본에 큰 영향을 미쳤다.

참조 공/수냐타, 교외별전, 마야 환영, 마음, 무, 브라흐만, 색즉시공, 아치아견아만아애의4번뇌, 아트만, 유식사상, 윤회사상, 적멸의 니르바나, 제행무상, 중관사상, 카르마

하위주체

Subaltern | 属下

'서구인들은 단 한 번도 다른 사람들을 진정한 인간으로 인정하지 않았다.' 서양인들은 아시아인, 남미인, 아프리카인을 사람처럼 생긴 동물로 간주했고, 우월하고 문화적인 서구인의 지배를 받아야 하는 타자로 설정했다는 것이다. 이처럼 근대 이후의 세상을 주도한 유럽인들은 자신을 주체로 놓고 다른 사람들을 타자로 설정한 다음, '너희들은 우리와 다르다. 아니 달라야 한다. 말을 해서는 안 된다'라고 선포했다. 서구인들의 이 말은 '우리는 우수하고 너희들은 열등하다'는 뜻이다. 이것이 인도 출신 이론가 스피박G. Spivak의 지적이다. 그러니까 제국주의 권력 담론에서 비서구인들은 자기도 모르는 사이에 열등한 타자로 전락해 버린 셈이다. 그중에서도 더욱 억압을 받는 주변부 소수 하층민이 있는데 이들이 바로 하위주체下位主體다. 하위주체는 그람시가 처음 사용한 사회학 개념으로 주변부의 비주류인 동시에 차별받고 억압당하는 개인과 집단을 말한다.

원래 하위주체는 인도를 비롯하여 식민지화된 아시아의 하층민이라는 의미인데, 군대에서는 부사관이나 하급 사관을 지칭한다. 부사관과 하급 사관은 명령을 받았을 때 말을 할 수 없는 하위의 존재다. 이탈리아의 혁명가 안토니오 그람시A. Gramsci, 1891~1937는 감옥에서 쓴 『옥중수고The Prison Notebooks』에서 프롤레타리아를 대신하는 용어로 하위주체를 사용했다. 그람시의 개념을 수용한 호미 바바H. Bhabha는 하위주체를 억압당하는 소수라는 뜻으로 해석했고 다수는 그 소수를 통하여 자기의 존재를 확인한다고 보았다. 21세기에 이르러 하위주체는 신자유주의 세계화와 제1세계 헤게모니에 저항하는 저항 주체로 해석되면서 중요한 개념으로 재설정되었다. 이처럼 하위주체는 인도의 불가촉천민과 같은 집단을 의미했으나 탈식민주의에서는 식민지민이나 피지배자들의 주체성을 강조하는 인간해방의 의미로 쓰이고 있다.

 탈식민주의 이론을 한 단계 발전시킨 이 개념은 페미니즘에도 큰 영향을 미쳤다. 탈식민주의와 페미니즘은 부당한 억압에 대한 이론이라는 공통점이 있다. 탈식민주의 페미니즘 이론가들은 비서구 여성들이 서양의 식민지배자와 가부장 제도의 남성이라는 두 주체의 억압으로부터 고통을 받는다고 분석했다. 그리고 하위주체를 급진적 페미니즘 이론에 접목했다. 가령 제3세계라고 지칭되는 아프리카에 사는 저학력의 가난한 현지 주민 여성들이 받는 억압과 고통은, 서구의 여성들과도 다르고 식민지 남성들과도 다르다. 특히 스피박은 헤겔과 칸트로 상징되는 서구 유럽의 철학적 사유도 철저하게 비서구인들을 배제했다고 강력하게 비판했다. 런던의 그리니치Greenwich 천문대를 세계의 공간 중심으로 놓는 것 못지않게, 서구의 이성 중심주의 철학은 다른 사유와 사상을 억압해 왔다는 것이다.

 서구의 식민지배가 만든 집단인 하위주체는 제국주의 시대를 거치면서 형성된 주변부 민중을 뜻하는 개념이기 때문에 단순히 차별을 받는 경우와는 다르다. 가령 서구 유럽과 미국의 하층민은 (중심국가에 살고 있으므로) 차별과 억압을 당하는 하위주체가 아니다. 하위주체 이론은 그람시에서 시작한 다음 에릭 스토크Eric Stokes에 의해서 서남아시아인 특히 인도의 하층민을 지칭하는 개념으로 정착되었고 라나짓 구하Ranajit Guha에 의해서 억압받고 종속당한 존재들에 주목하는 하위주체연구subaltern studies로 발전했다. 안토니오 그람시는 제국주의와 자본주의를 전복하려는 뜻으로 하위주체를 사용한 것과 달리, 스피박은 주변부 민중의 자각을 위하여 하위주체를 사용했다. 그런 점에서 하위주체下位主體는 자기 목소리를 내지 못하고, 자기 주체를 가질 수 없으며, 언제나 수동적이고 주변적이며 소외된 집단이다.

  탈식민주의 이론가들은 하위주체를 통하여 지구적 불평등을 전복하고자 한다. 원래 하위주체는 전통 마르크스주의를 비판하는 것에서 출발하여 철학, 사회학, 역사학으로 전이轉移된 다음 근대를 설명하는 개념으로 확장되었다. 특히 탈식민주의자들은 서구의 지배문화를 폐기abrogation하고 자기 문화를 재구성하는 전유appropriation를 선택했다. 그리고 탈식민주의자들은 하위주체가 스스로 말해야 한다고 주장한다. 하지만 하위주체는 여전히 자신을 주체로 설정하지 못하고, 사회적인 위상도 미미하며, 종속적 지위에 머물거나, 버림받고 무시당하는 예외적인 존재로 남아 있다. 특히 하위주체로 분류된 사람들은 자신이 하위주체임을 인식하지 못하는 경우가 많다. 이것이 '하위주체 이론이 자기반성의 결과이기는 하지만 진정한 주체 이론이 되기 어렵다'는 비판의 근거다.

참고문헌 Gayatri Chakravorty Spivak, "Can the Subaltern Speak?", *Marxism and the Interpretation of Culture*, edited by Cary Nelson and Lawrence Grossberg, Urbana : University of Illinois Press, 1988.

참조 계급의식, 계급투쟁, 모더니즘(예술), 신자유주의, 오리엔탈리즘, 자본주의, 제국주의, 주체·주체성, 탈식민주의, 페미니즘, 포스트모더니즘, 하얀 가면

탈중심주의

Decentralism | 脫中心主義

모든 길은 로마로 통한다^{All road lead to Rome}. 실제로 고대 유럽의 모든 길은 로마로부터 시작되고 모든 길은 로마를 향해 있었다. BCE 27년부터 시작되는 로마제국은 395년 동서 로마의 분할과 476년 서로마제국 멸망 그리고 1453년 터키에 있던 비잔티움제국의 멸망에 이르기까지 1,500년에 걸쳐 언제나 길을 중요시했다. 모든 길이 로마로 통한다는 것은 토목이나 지리의 문제를 넘어서 정치, 경제, 철학, 과학의 모든 것 역시 로마로부터 시작되고 로마를 향해 있다는 것을 의미한다. 당시 로마는 모든 것의 중심이었으며 모든 것이 시작되고 끝나는 공간이자 실체였다. 이것을 중심주의^{中心主義, Centralism}라고 할 수 있다. 중심에는 공간적 중심, 권력의 중심, 경제의 중심, 지식의 중심, 종교의 중심 등이 있는데 이런 중심주의적 체제는 고대에서 근대에 이르기까지 핵심적인 사상이었다. 중심주의는 차별의 근거였다.

중심주의^{中心主義}는 중심과 주변을 하나의 구조로 보는 구조주의적 관점이다. 또한, 중심주의란 모든 것에는 중심이 있고, 그 중심을 에워싸고 있는 주변이 있다는 전제하에 중심^{中心}과 주변^{周邊}을 위계적이고 기계적으로 파악한다. 어떤 구조^{構造}에서 중심은 패권을 형성하는 중력^{重力}을 가지고 있는데, 중심이 주변을 지배하는 과정을 중심화^{Centralization}라고 한다. 중심주의가 문제가 되는 것은 정치, 경제, 사회, 지역, 국가 등의 영역에서 중심이 주변을 차별하고 억압하며 식민화하는 패권적 현상이 벌어지기 때문이다. 이 동심원 구조 또는 수목^{樹木} 체제에서 주변은 중심의 통제에 따를 수밖에 없거나 명령을 수행하는 객체가 되므로 많은 문제가 발생한다. 여기서 필연적으로 탈 중심의 역학적 힘과 구조가 생기므로 중심주의와 중심화는 각종 모순을 낳는다. 탈중심주의脫中心主義는 중심주의의 모순을 해체하고 기능, 권력, 패권을 분산하고자 하는 사회학 이념이다.

정치 사회적인 관점에서 탈중심주의는 세계적이거나 국가적인 범주에서 권력과 패권을 해체하는 것이다. 탈중심주의를 세계적인 차원에서 보면 서구중심주의를 해체한다거나 제국주의와 패권주의의 부당한 권위를 탈각시키자는 등, 지구 전체의 계급적/공간적 평등을 의미한다. 역사에 실재한 중심주의에서 보듯이 중심은 권력을 행사하면서 주변을 식민화시킨다. 그뿐 아니라 중심이 창안한 보편이라는 이름으로 주변에 부당한 권력을 행사한다. 그래서 탈중심주의는 서구중심주의, 이성 중심주의, 자본주의, 백인우월주의, 기독교 절대주의 등을 해체하자는 사회변혁 운동으로 이해되는 경향이 있다. 하지만 탈중심주의는 국가나 조직 내에서도 그 원리가 그대로 적용될 수 있다. 시간과 공간을 초월하여 중심주의와 탈중심주의는 언제나 대립하고 충돌해 왔다. 중심이 힘이 강할 때는 중심주의, 주변의 힘이 강할 때는 탈중심주의가 주류였다.

철학자 데리다J. Derrida는 해체주의적 방법을 통하여 중심주의의 권위와 전통을 부정하고 세상을 새로운 틀로 재구성하고자 했다. 그의 해체주의는 이념이나 사상으로서의 주의ism라기보다는 현실의 모순을 비판하는 사고와 실천을 뜻하는 것이므로 방법methodology이라고 해야 한다. 이런 데리다의 탈중심주의는 중심과 구조를 해체하면서 의미의 상대성과 역사성을 강조하는 후기구조주의의 핵심개념이다. 한편 사회학자 월러스틴I. Wallerstein, 1930~2019의 세계체제론에서는 근대 자본주의 세계를 중심core, 반 주변semi-periphery, 주변periphery으로 나누었다. 그리고 중심이 어떻게 반주변과 주변을 수탈하고 억압하는지 세계적인 차원에서 분석한 바 있다. 이처럼 탈중심주의는 탈근대, 탈영토를 지향하는 포스트모더니즘의 관점이지만 탈식민, 반자본과 같은 정치적 탈식민주의의 관점이기도 하다. 따라서 탈중심주의는 구조주의를 넘어서 중심주의의 모순을 해체하고 새로운 질서를 구축하려는 철학이자 사회변혁 운동이다.

　일반적인 의미에서 탈중심주의는 공간적인 개념이다. 그러나 탈중심주의의 핵심은 중심이 권력을 낳고, 그 권력은 부패하거나 패권으로 변질하므로 부정적 중심주의는 없어져야 한다는 것이다. 중심을 해체하면서 진행되는 탈중심화decentralization는 불균형 해소, 다양성diversity의 확보, 패권과 독점 해체, 효용성의 제고, 참여와 평등의 수준 고양, 갈등 해결 등의 효과가 있다. 따라서 탈중심주의는 정치, 경제, 산업은 물론이고 예술과 과학 등 모든 분야에서 가능하다. 가령 문학에서는 정전canon의 해체인 동시에 주류와 비주류를 나누지 않는 다원주의Pluralism와 연결되어 있다. 따라서 중심주의와 탈중심주의는 경계의 해체와 차별의 철폐라는 근원적인 문제로 환원한다. 한 국가에서 탈중심주의는 지역 간의 불균등을 해소하거나 계급계층 간의 불평등을 해소하는 변혁 운동과 연결되어 있다.

참고문헌 Immanuel Wallerstein, *The Modern World-System, Vol,I : Capitalist Agriculture and the Origins of the European World-Economy in the Sixteenth Century*, New York/London : Academic Press, 1974.

참조 갈등, 구조주의, 권력의지/힘에의 희지, 다문화주의, 문화다양성, 세계체제, 이항대립, 자본주의, 중화주의, 탈식민주의, 포스트모더니즘, 후기구조주의

뉴턴역학·고전역학
Newtonian Mechanics · Classical Mechanics | 经典力学

'달은 어떻게 허공에 떠 있을까?' 그리고 '달은 왜 움직일까?' 고대인들은 허공에 떠 있는 달을 보고 신기하게 생각했다. 그뿐 아니라 바람에 흔들리는 나뭇가지, 흐르는 강물, 굴러가는 돌, 떨어져서 깨지는 그릇, 인간의 동작 등 여러 가지 움직임에 관하여 의아하게 생각했다. 이 생각의 핵심은 '움직임 즉, 운동이란 무엇인가'다. 아리스토텔레스는 '이미 움직이는 것이 다른 것을 움직인다'고 생각했다. 스스로 움직이는 첫 번째의 존재를 제1기동자第一起動者라고 한다. 이처럼 고대인들은 인간과 사물이 움직이는 원인을 초월적인 힘으로 이해했다. 훗날 토마스 아퀴나스는 운동의 근원적인 원인prima causa을 창조자 신으로 규정했다. 이런 종교적 세계관을 수학적 세계관으로 바꾼 사람은 영국의 뉴턴이다. 뉴턴이 정립한 뉴턴역학力學은 운동, 에너지, 힘, 속도, 중력에 관한 역학이론이며 일반적으로 고전역학이라고 한다.

운동에 관한 학문인 역학Mechanics, 力學은 운동 자체에 관한 운동학Kinematics, 運動學, 정지한 물체에 관한 정역학Statics, 靜力學, 운동하는 물체에 관한 동역학Dynamics, 動力學으로 나뉜다. 그리고 온도가 있는 것의 운동에 관한 열역학Thermodynamics, 熱力學 외에도 여러 가지 역학이 있다. 고전역학은 상대성이론과 양자역학을 바탕으로 한 현대 역학 이전의 역학이며 주로 운동과 힘에 관한 학문이다. 고전역학은 갈릴레오, 케플러, 뉴턴 등 많은 과학자가 오랜 시간에 걸쳐 완성한 역학이다. 고전역학의 기초를 놓은 것은 이탈리아의 갈릴레오Galileo Galilei, 1564~1642다. (실제 실험을 했는지 불분명하지만) 그는 피사의 사탑에서 무게가 다른 두 물체를 자유 낙하

한 다음 두 물체가 같은 속도로 떨어진다는 것을 입증했다. 그리고 관성의 법칙과 가속도(a)를 과학적으로 설명한 후, 그 원리를 천체운동에 적용했으며 천동설을 부정하고 코페르니쿠스의 지동설에 동의했다.

천문학자 케플러J. Kepler, 1571~1630는 지구와 같은 행성은 태양을 중심으로 타원궤도를 돈다고 하는 행성운동의 제1법칙, 행성이 돌 때 면적과 속도는 일정하다는 행성운동의 제2법칙, 태양으로부터의 행성의 거리와 그 주기의 관계를 밝힌 제3법칙을 발표했다. 뉴턴은 갈릴레오와 케플러를 비롯한 과학자들의 이론을 집대성한『프린키피아; 자연철학의 수학적 원리Mathematical Principles of Natural Philosophy』1687를 발표하여 고전역학과 만유인력의 법칙을 완성했다. 뉴턴은 이 책 제1편에서 운동에 관한 일반적 명제를 설명했고, 제2편에서 물체의 운동을 기술했으며, 제3편에서 코페르니쿠스의 지동설과 케플러의 행성운동의 법칙을 증명했다. 자신이 수립한 미적분과 기하학으로 고전역학을 정립한 뉴턴의『프린키피아』는 과학사의 빛나는 명저로 평가된다.

뉴턴Isaac Newton, 1642~1727이 정립한 역학 운동의 원리는 첫째, 정지해 있거나 움직이는 물체는 그 상태를 유지하려고 한다는 것[관성의 법칙] 둘째, 모든 물체는 가해진 힘에 비례하여 운동의 양상이 변하며 운동의 방향은 힘이 가해진 직선 방향이라는 것[힘과 가속도의 법칙] 셋째, 모든 운동의 작용은 같은 크기의 반작용이 일어난다는 것[에너지 보존과 작용 반작용의 법칙]이다. 고전역학은 근대과학의 가장 중요한 이론으로 꼽히며 오일러, 라그랑주, 해밀턴을 거치면서 발전했다. 이처럼 고전역학은 조수간만의 차, 행성의 운동, 지구와 달의 중력, 만유인력의 법칙을 포함하여 세상의 거의 모든 운동을 설명하는 과학적 이론이다. 하지만 고전역학은 시간과 공간이 절대적인 조건[system, 가령 빛의 1/3 이하의 속도]에서만 성립되는 이론이다. 20세기에 들어 고전역학은 전자기학電磁氣學, 열역학熱力學, 양자역학과 상충하는 것이 밝혀졌다.

그리하여 고전역학은 빛의 1/3 이상의 빠른 속도의 운동을 증명한 상대성이론과 원자단위의 운동을 해명한 양자역학에 의해서 보완되었다. 아인슈타인의 상대성이론은 시간과 공간이 상대적이라는 이론이다. 아인슈타인은 공간 3차원과 시간 1차원을 묶어서 4차원 시공간spacetime 개념을 확립했다. 한편 양자역학은 '더는 쪼갤 수 없는atom' 미시적 소우주microscopic university 즉, 원자의 구조와 운동에 관한 이론이다. 하지만 상대성이론과 양자역학은 고전역학의 토대 위에서 성립된 것이므로 고전역학의 중요성은 적지 않다. 특히 고전역학은 입자의 위치와 속도를 알면 운동의 방향과 결과를 알 수 있다는 결정론決定論이기 때문에 근대의 기계적 세계관과 과학적 유물론 형성에 큰 영향을 미쳤다. 또한, 뉴턴의 고전역학은 근대 철학, 사회학, 문학, 예술 등의 토대가 되었다.

참고문헌 Isaac Newton, *Principia; Philosophiæ Naturalis Principia Mathematica*, 1687.

참조 결정론, 공간, 만유인력·중력, 불확정성의 원리, 시간, 시공간, 양자역학, 열역학, 유물론, 일반상대성이론, 천동설, 카오스이론, 특수상대성이론

인문학 개념어 사전 074

패러다임
Paradigm | 范式

1633년 한 사람이 감방에서 풀려났다. 그때 그는 이렇게 말했다. '그래도 지구는 돈다.' 그의 이름은 갈릴레이Galileo Galilei, 그는 지동설이 과학적임을 믿고 실험과 논문으로 그것을 입증했으나 천동설에 기반을 둔 기독교 교리에 어긋나기 때문에 종교재판에 회부되었다. 중세 서구인들은 태양이 지구를 돌고 있다고 생각했다. 신이 인간을 비롯한 세상 모든 것을 창조했다고 믿었던 서구인들은 태양도 신에 의하여 창조된 피조물로 보았다. 기독교 문명과 이슬람 문명에서는 인간이 사는 지구를 우주의 중심으로 간주했다. 특히 메소포타미아 출신 아브라함을 시조로 삼는 아브라함계통Abrahamic 종교인 기독교, 이슬람교, 유대교에서는 창조자인 신이 인간과 우주 자연을 창조했다고 본다. 그러므로 인간이 사는 지구가 우주의 중심이고 다른 별들은 지구를 중심으로 운행한다는 것이다.

중세 후기에 천문학을 비롯한 여러 가지의 과학이 발달함에 따라서 태양이 지구를 도는 것이 아니라 지구가 태양을 도는 것이라는 사실이 밝혀졌다. 이것이 바로 이른바 코페르니쿠스N. Copernicus, 1473~1543의 혁명으로 천동설이 지동설地動說로 변화하는 과정이다. 그런데 갈릴레이의 예에서 보듯이, 지동설이 과학적으로 타당하다는 사실이 입증되었음에도 과학자를 포함한 대다수 사람들은 태양이 지구를 돈다는 믿음을 버리지 못했다. 과학적 사실과는 전혀 상반되는 비과학적이고 비이성적인 신념을 버리지 않았다. 그뿐 아니라 그런 사실을 밝혀낸 과학자를 재판하는 등 탄압을 가했다. 과학적 사실에 근거해야 할 과학자들조차 창조론Creationism이라는 사고의 틀과 신중심주의 구도에서 벗어나기를 두려

78 인문학 개념어 사전 2 역사·사회·자연

위했다. 그래서 창조론에서 진화론^{Evolutionism}으로 교체되는 인류 과학사의 중요한 변화를 패러다임 교체라고 부른다.

과학사 연구자 토머스 쿤^{T. Kuhn, 1922~1996}은 정상과학^{Normal science}과 혁명과학^{Revolutionary science}의 관계를 설명하면서 과학적 원리, 기준, 규범, 양식, 형식, 공식, 예, 구조, 틀, 이론, 판 등을 그리스어 패러다임으로 설명했다. 그리스어 패러다임^{parádeigma}은 양상^{pattern}이라는 뜻이다. 그러니까 패러다임은 생각의 유형이거나 생각의 양상으로 어떤 시기에 집단과 사회가 가진 이론과 사상의 틀이다. 쿤은 과학이 점진적 발전이나 축적된 진화도 하지만 일시에 혁명적으로 변혁된다고 주장했다. 처음에 하나의 절대적인 구조가 완성되면 오랫동안 그 구조가 이론을 지배한다. 그런데 시간이 가면서 절대적인 진리라고 믿었던 구조가 의심스러워진다. 그래서 그와 상반되는 이론이 등장한다. 그리고 한동안 두 이론은 공존한다. 이때 과학자들은 수많은 실험과 관찰을 통하여 어떤 이론이 올바른가에 대해서 탐구한다.

그런데 어느 순간 양립했던 두 이론 중 과거의 이론이 틀렸다는 것이 밝혀진다. 이처럼 양립불가능^{兩立不可能}한 두 이론이 역전되는 것을 패러다임 교체^{Paradigm shift}라고 한다. 절대적인 것 같았던 구조와 틀이 일순간에 허물어지고 새로운 구조와 틀로 대치된다는 사실은 많은 것을 시사한다. 패러다임은 절대적인 권위에 대한 맹목적 복종을 설명하는 한편 '과학적 진실은 반드시 밝혀지게 되어 있다'는 것도 함의하고 있다. 이처럼 쿤은 '과학적 사실은 객관적 실험과 관찰을 통해서 밝혀지는 것이 아니고 다수가 동의하고 수용하면서 만들어진다'고 보았다. 토머스 쿤의 패러다임론은 과학보다도 철학, 역사, 문화, 예술, 교육, 사회 등에 더 큰 영향을 미쳤다. 이 개념의 포괄성을 비판한 매스터만^{M. Masterman}은 패러다임을 형이상학적 패러다임, 사회학적 패러다임, 구조적 패러다임의 세 가지로 정리했다.

생각의 틀^{thinking box}에 갇혀 있으면 변화를 이해하지 못한다. 왜냐하면, 틀에 따라서 생각하기 때문이다. 변하지 않는 생각의 틀은 매우 위험하다. 변하지 않는 생각의 틀은 사회과학은 물론이고 문화예술에서도 통용되는 경우가 적지 않다. 가령 생각의 틀은 생태환경이라고 할 수 있는 판/구조가 바뀌었는데도 과거에 집착하도록 만든다. 시대착오적이라고 할 수 있는 패러다임과의 불일치는 결국, 혁명적 변화를 통하여 새로운 것으로 대체될 수밖에 없다. 토머스 쿤의 패러다임론은 점진적 변화와 축적을 간과했다는 비판을 받았고 '그가 주장하는 과학적 패러다임이 존재하지 않는다'는 등의 지적을 받았지만, 인류와 사회의 변화를 설명하는 방법이 될 수 있다. 한편 푸코는 토머스 쿤의 패러다임이 의미하는 과학적 구조를 넘어서는 시대의 내면구조를 에피스테메[episteme]라고 정의한 바 있다.

참고문헌 Thomas Kuhn, *The Structure of Scientific Revolutions*, Chicago : University of Chicago Press, 1962.

참조 결정론, 과학주의, 구조주의, 뉴턴역학·고전역학, 독사, 에피스테메, 이성, 이성론/합리주의, 인식론, 지동설/태양중심설, 진화만유인력·중력론, 창조론, 천동설, 혁명

오리엔탈리즘
Orientalism | 東方主義

'그곳에 사람이 살고 있었나? 그렇다면 그들은 우리와 전혀 다를 것이다.' 이 것은 서구인들이 생각한 동양의 인상이었다. 이처럼 서구인들은 오랫동안 동양을 신비하고 이상한 곳으로 인식했다. 그래서 자기들과는 다른 존재에 대하여 놀라고 두려워하는 한편 잘못된 지식을 토대로 그릇된 인식을 했다. 특히 세상을 동서로 양분하여 서양Occident과 동양Orient으로 나눈 것은 편견과 심상지리의 오류다. 여기서 유래한 근대의 오리엔탈리즘은 문화와 예술 등에서 보이는 동양에 대한 호기심이나 동방취미東方趣味를 뜻하는 동시에 서구중심주의를 정당화하는 어휘로써, 서양의 동양에 대한 왜곡된 인식, 태도, 제반 지식을 말한다. 오리엔트인 동양 또는 동방은 로마 시대 이래로 끊임없이 그 의미와 범위가 변화했다. 그런데 오리엔트의 직역인 동양東洋은 중국에서 볼 때 동쪽의 바다라는 뜻이기 때문에 오리엔트와 동양을 같은 의미로 볼 수 없다.

서구인들은 신비한 세상으로 인식했던 인도나 중국, 아랍, 일본을 포함하여 현재의 아시아를 막연하게 동쪽 세상으로 보았다. 라틴어 오리엔트는 해가 뜨는 동쪽이라는 의미인 오리엔스Oriens에서 유래했다. 그러니까 서구 유럽에서 보면 오리엔트Orient는 기독교인이 사는 곳보다 동쪽인 지역, 즉 터키와 아랍세계를 의미하는 것으로 사용되기 시작했다. 그런데 서구인들은 십자군전쟁 이후 다른 문명과 문화를 접하고 많은 것을 배웠다. 그리고 산업혁명과 자본주의를 거쳐서 제국주의의 시각을 가지게 되었다. 대항해 시대 이후 서구인들은 동양과 교류하고 탐험하면서 새로운 지리적 개념을 설정하게 되었고, 각종 상상과 사실을 혼합하여 상상의 지리 즉 심상지리心象地理를 완성했다. 특히 나폴레옹은 이집트와 중동을 침략1798하면서 학자들을 시켜 중동을 연구하고 약탈한 다음 아랍인을 열등하고 야만적인 존재로 설정했다.

이 과정에서 서구인들은 자기들과 다른 타자他者를 발견하고 그들을 거울로 기능하게 함으로써 자기 주체를 인식하고 강화했다. 그리고 동양을 잘못된 취향, 취미, 인식, 지식 등에서 바라보았다. 일반적으로 오리엔탈리즘이라는 용어는 편견과 상상으로 구성된 부정적 의미로 쓰이지만, 더러 동양에 대한 호감이나 신기하다는 정도의 긍정적 의미로 쓰이기도 한다. 여기서 말하는 오리엔탈리즘은 사이드E. Said가 주장한 이론이며 동양에 대한 서양의 우월성과 동양에 대한 서양의 지배를 정당화하는 편향된 의식을 말한다. 서구사회는 대항해 시대를 거쳐 산업혁명과 자본주의를 완성한 후, 제국주의와 결합하는 한편 오리엔탈리즘에 근거하여 다른 지역을 식민화하거나 착취하는 논리로 삼았다. 하지만 라캉J. Lacan식으로 해석하면 서구인들이 타자를 발견한 것이 아니라 자기를 정립하기 위하여 동양을 타자로 삼았다고 할 수 있다.

미국에 살았던 팔레스타인 출신이며 기독교인이자 혁명가였던 에드워드 사이드E. Said, 1935~2003는 『오리엔탈리즘Orientalism』1978을 출간하여 논쟁의 불을 지폈다. 그는 이 책에서 서구 국가들이 비非서구 사회를 지배하고 식민화하는 과정, 그리고 동양에 대한 왜곡된 인식과 태도가 어떻게 만들어져 퍼졌는지 분석했다. 사이드에 따르면 서구인들은 아랍을 포함한 동양 문화를 탐구하고 예술작품, 여행기, 동양의 언어와 역사, 지리, 학문연구를 통해서 막연하게 동쪽의 지역, 민족, 자연을 통틀어 오리엔트동방(東方 또는 東洋)로 명명했다. 특히 18세기와 19세기의 서구제국주의자들은 아랍을 지배하고 중국과 인도를 탐험의 대상으로 삼았다. 그리고 축적한 지식으로 서구의 지배를 정당화하는 이론을 발전시켰다. 이것은 15세기부터 18세기에 이르러 있는 대항해 시대Age of Discovery에 시작된 서구중심주의의 관점이다.

21세기에도 동양/동방에 대한 잘못된 인식이 지속해서 생산되고 있다. 문제는 서구가 만든 잘못된 인식을 동양인 스스로 내면화internalization한다는 점이다. 오리엔탈리즘은 서구인들이 동양을 비롯한 여러 나라 사람들에게 심어준 편향된 생각이었으나, 시간이 가면서 비서구인들 자신이 오리엔탈리즘을 통해서 자신들을 열등한 존재로 오인하게 된 것이다. 비서구인들은 서양을 발전, 문명, 과학, 기술, 자본, 우월한 존재, 제국, 남성으로 간주하고 동양을 후진, 토속, 미신, 미개, 열등한 존재, 수공업, 여성으로 간주했다. 하지만 에드워드 사이드의 오리엔탈리즘은 동양에 대한 옹호가 아니고 서양에 의한 아랍의 차별만을 강조하는 것도 아니다. 오리엔탈리즘의 핵심은 근대 제국주의와 자본주의를 비판하는 것이다. 그래서 오리엔탈리즘은 탈식민주의의 기초가 되었다. 이항대립의 어휘인 옥시덴탈리즘Occidentalism 또는 서양주의도 똑같은 원리에서 쓰인다.

참고문헌 Edward W. Said, *Orientalism*, New York : Penguin, 1995.

참조 계몽주의/계몽의 시대, 문명, 문화, 민족, 민족지, 산업혁명, 상상의 공동체, 심상지리, 자본주의, 제국주의, 타자, 탈식민주의, 하얀 가면, 하위주체

포퓰리즘

Populism | 民粹主義

악극의 창시자 바그너^{R. Wagner, 1813~1883}는 자신은 천재이기 때문에 일반 대중들은 자신에게 경의를 표해야 하며 그 대가를 치러야 한다고 말했다. 악극 〈로엔그린〉과 같은 위대한 작곡을 한 자신은 무엇인가 특별한 보상을 받아야 한다고 믿었다. 그는 천재와 둔재의 관계를 엘리트와 대중으로 이항대립하고, 천재 또는 영웅이 세상의 중심이 되어야 한다는 세계관을 거리낌 없이 주장했다. 간단히 말해서 이런 생각을 엘리트주의라고 한다. 특별한 재능, 능력, 지능을 가진 사람들이 사회의 중심이 되어야 한다거나, 그들의 능력이야말로 절대적으로 존중받아야 한다는 것이 엘리트주의^{Elitism}이다. 반면 포퓰리즘 또는 민중주의^{民衆主義}/대중주의^{大衆主義}는, 세상은 대중, 다중, 민중, 서민, 시민, 인민들이 중심이며 이들의 사고, 행동, 의식, 사상이 특별히 존중되어야 한다는 관점이다.

라틴어 포퓰러스^{populus}는 인민, 대중, 민중이라는 의미다. 포퓰리스트^{populist}는 특별한 사람들보다는 보통사람을 의미하는 가치중립적 개념이고, 포퓰리즘은 대중들의 희망과 생각을 대변하는 정치적 사회적 이념이다. 그리스와 로마에서도 이 말이 쓰였으나 근대에 새롭게 의미를 부여받았다. 이 말은 1870년 전후 러시아의 브나로드운동에서 농노, 농민, 학생들의 구호이자 방법이었다. 이들은 혁명의 방법으로 포퓰리즘을 주장했으나 훗날 정치와 경제의 대중 영합이라는 의미로 바뀌었다. 역사적으로 포퓰리즘은 다양한 형태로 나타나므로 이념이나 사상과 관계가 없다. 포퓰리즘에서는 세상의 주인은 대중이며 대중들의 의식과 감정이 지식이나 예술의 원천이라고 본다. 하지만 포퓰리즘은 대중

중심주의, 대중 우선주의 또는 대중추수주의로 오해되는 경우가 많다. 이런 포퓰리즘은 소수 지배집단이 통치하는 엘리트주의와 반대의 의미다.

포퓰리즘은 기회주의와 정치적 편의주의便宜主義로 불리며 선거에 유리하도록 선심성 공약을 하고 집행하는 형태로 드러난다. 또한, 포퓰리즘은 대중을 선동하는 술수와 책략策略으로 비판을 받기도 한다. 특히 정치에서는 대중의 인기에 영합하는 방식과 형태라는 뜻으로 사용되고 있다. 하지만 포퓰리즘은 엘리트주의와 마찬가지로 사회와 역사를 보는 하나의 세계관이며 정치사상이다. 민주주의는 기본적으로 포퓰리즘을 기반으로 한다. 근대 민주주의 사회에서는 지배계급과 상류계층이 아닌 일반 대중들도 엘리트와 동등한 권리를 가진다. 대중에 기반을 둔 사회체제, 즉 민주주의는 인간의 권리를 최우선한다. 그 대가로 의무와 책임을 부과한다. 대중 중심주의인 포퓰리즘은 천부인권설과 사회계약설 그리고 계몽주의에서 싹튼 시민민주주의의 전통에서 유래했다.

'포퓰리즘은 주로 정치가들의 인기 영합으로 쓰인다'는 비판을 받는데, 그것은 표면적이고 일시적으로 인기에 야합하며 장기적으로는 폐해가 될 수도 있다는 뜻이다. 또한, 포퓰리즘은 진정한 변혁이 아니라 권력획득이나 유지와 같은 특정한 목적으로 악용된다고 보기도 한다. 가령, 포퓰리즘은 독일의 나치Nazi와 같이 파시즘으로 나가는 과정이 되는 경우가 있다. 히틀러의 예에서 보듯이 대중을 선동선전의 대상으로 삼는 정치적 포퓰리즘은 특별한 엘리트에 의하여 조종되고 연출되는 것이 일반적이다. 하지만 포퓰리즘의 주체가 대중 자신들이라면 인간의 자유의지를 실현하는 토대가 될 수도 있다. 대부분 역사에서 지배계급인 엘리트들은 자신들의 이익을 포기하지 않기 때문에 사회변혁을 위하여 포퓰리즘이 필요할 수도 있다. 그러나 포퓰리즘은 평등을 말하는 것일 뿐, 엘리트의 중요성과 창의성을 부정하지는 않는다.

현실의 정치와 문화에서도 포퓰리즘은 중요한 주제다. 아르헨티나의 대통령 페론Juan Domingo Peron, 1895~1974은 민중/대중을 중시하는 포퓰리즘 정책을 폈다. 그는 국가의 자산을 대중들에게 나누어주고 부자들의 재산을 대중들에게 돌아가도록 했는데 이것이 현대 포퓰리즘의 전형이다. 군인 출신의 대통령 페론은 애칭 에비타$^{Evita, 1919~1952}$로 불리는 에바 페론과 결혼하여 빈민, 노동자, 여성 등 하층민을 중시하는 정책을 폈다. 또한, 문화혁명文化革命 시절 중국의 마오쩌둥은 대중영합주의의 산물인 홍위병운동을 통하여 자신의 권력을 강화했다. 수십만 명의 홍위병이 천안문 광장에서 행진할 때 단상의 마오쩌둥은 손을 흔들면서 혁명의 열기를 부추겼다. 문화적 포퓰리즘은 대중문화에서 보듯이, 긍정적인 의미와 부정적인 의미가 병립하고 있다. 반면 문화적 엘리티즘은 상류 지배계층이 가진 아비투스인 경우가 많아서 민주주의와 상치되기도 한다.

참조 계몽주의/계몽의 시대, 권력의지/힘에의 의지, 대중문화이론, 마키아벨리즘, 문화, 문화혁명, 아비투스, 자유의지, 주체·주체성

표현의 자유

Freedom of Expression | 表达自由

살만 루시디^{S. Rushdie}는 『악마의 시』를 썼다는 이유로 처형자 명단에 이름이 올랐다. 이후 그는 살해의 위협에 시달리면서 쫓기는 처지가 되었고 영국 정부의 보호 아래 숨어서 일생을 살아야 했다. 그것은 1989년 이란의 최고 지도자 아야툴라 호메이니^{Ayatollah Khomeini}가 그에게 사형선고를 내렸고 이어서 파키스탄의 이슬람 성직자들이 그의 목숨에 거액의 현상금을 걸었기 때문이다. 『악마의 시』를 포함한 '그의 작품이 마호메트를 모욕하고 이슬람을 조롱했다'는 것이다. 루시디는 자유로운 표현을 한 것이지만, 종교적 신성성과 충돌한 결과 이슬람 최고의 공적公賊이 되어 버렸다. 그런데 이슬람 사회에서는 7세기의 우마르 칼리프^{Umar Caliph} 시대에 이미 표현의 자유를 허용한 바 있다. 하지만 표현의 자유는 근대에 확립된 것으로 보아야 한다. 표현의 자유는 언어, 회화, 음악, 사상, 신체 등을 이용한 다양한 형태의 표현은 어떤 제약도 받지 않아야 한다는 기본 인권이다.

인간은 자기 생각, 이념, 감정, 철학을 표현하고 싶어 한다. 표현은 성욕, 식욕, 배설 욕망 등과 같은 본능이기 때문에 매우 강렬하고 또 반드시 해소되어야 하는 욕망이다. 이런 동기를 가진 표현의 자유는 내적 정신 활동의 자유로운 표현은 보장되어야 한다는 것이다. 대다수 근대국가에서는 표현의 자유를 인간의 기본 권리로 간주한다. 왜냐하면, 자유의지^{free will}를 가진 이성적 인간은 자기 선택에 따라서 자유롭게 표현할 수 있기 때문이다. 표현의 자유는 신체의 자유, 사상의 자유, 언론의 자유, 양심의 자유, 종교의 자유, 집회와 결사의 자유 등과 연결되어 있다. 그것은 '의회는 종교 설립이나 자유로운 종교 활동을 금지하거나, 발언의 자유를 저해하거나, 출판의 자유, 평화로운 집회의 권리, 그리고 정부에 탄원할 수 있는 권리를 제한하는 어떠한 법률도 만들 수 없다'[1]는 1791년의 미국 헌법 수정 제1조에 잘 나타나 있다.

유엔이 공표한 「인권선언The Universal Declaration of Human Rights 」1948과 「시민적 및 정치적 권리에 관한 국제규약International Covenant on Civil and Political Rights 」1966 19조는 '모든 사람은 자신의 견해와 생각을 표현할 자유를 가진다'[2]고 명시했다. 이처럼 표현의 자유는 근대역사와 궤를 같이한다. 표현의 자유는, 출발점인 1689년 영국의 「권리장전」, 1787년의 미국 헌법, 1789년 프랑스대혁명 등의 자유주의 사상으로 대변된다. 자유주의 사상은 서구 계몽주의에 근거하고 있으며 더 거슬러 올라가면 BCE 6세기 전후 아테네의 민주주의 사상이 근원이다. 근대사회의 기본정신인 표현의 자유는 글이나 말 또는 예술적 표현, 언론의 자유, 법정에서의 자유로운 변론 등 모든 자유를 포함하지만, 사상의 자유freedom of thought와는 다르다. 한편 이슬람 문명에 의하여 정립된 학문연구의 자유는 대학의 기본이념인 자유주의 사상에 영향을 미쳤다.

자유로운 표현의 과정에서 제도, 법, 도덕, 윤리, 관념, 통념을 벗어나는 경우가 생긴다. 아무렇게나 표현하는 것은 사회적 질서를 위배하기 때문에 '다른 사람에게 해악을 끼쳐서는 안 된다'는 해악 원칙harm principle과 '다른 사람에게 공격적 표현을 하면 안 된다'는 공격원칙offense principle을 지켜야 한다. 따라서 표현의 자유는 국가와 사회의 제도, 법, 통치이념, 도덕, 윤리, 종교와 어긋나지 않아야

---

1   First Amendment to the United States Constitution. "Congress shall make no law respecting an establishment of religion, or prohibiting the free exercise thereof; or abridging the freedom of speech, or of the press; or the right of the people peaceably to assemble, and to petition the Government for a redress of grievances."

2   "everyone shall have the right to hold opinions without interference." UN, *The Universal Declaration of Human Rights(UDHR)*, the United Nations General Assembly (10 December 1948 at Palais de Chaillot, Paris). Article 19.

한다. 구체적으로 표현의 자유가 제한되는 영역은 비방, 중상모략, 음란물, 포르노, 선전, 선동, 싸움을 위한 도발, 기밀 정보, 저작권 위반, 영업 비밀, 비공개 계약, 사생활, 잊어버릴 수 있는 권리, 공공의 안전 및 위증 등에 관련된 것이다. 인간의 가장 중요한 권리이자 강렬한 욕망인 표현의 자유는 '표현의 자유가 우선하는가? 아니면 공동의 규준이나 사회적 제도가 우선하는가'의 문제를 야기한다.

표현의 자유는 사상, 양심, 종교, 집회, 결사의 자유와 더불어 인간의 기본권이며 창작의 전제 조건이다. 그런 점에서 예술 표현의 자유를 창작의 자유라고 한다. 예술가들의 창의성은 표현 과정을 통하여 발휘된다. 한편 기법과 내용이 낯익은 작품은 감동을 주지 못하기 때문에, 예술가들은 낯선 방법으로 자신의 사상과 감정을 표현하려 한다. 이런 이유로 사용되는 낯설게하기^{defamiliarization}는 실험적이고 전위적인 방법으로 정신적 충격과 미적 자극을 주면서 기존의 관념과 제도를 바꾸는 기법이다. 한편 표현의 자유와 집단의 가치가 충돌하면 국가와 권력은 이를 통제하고 처벌한다. 표현의 자유가 검열과 처벌로 강화된 것은 금속활자의 발명과 인터넷이라는 두 가지 매체 혁명의 영향이 크다. 특히 현대 정보사회^{情報社會}에서 표현의 자유는 정보의 생산, 소통, 소비와 연결되어 있기 때문에 더욱 중요하다.

참고문헌 UN, The Universal Declaration of Human Rights(UDHR), the United Nations General Assembly, (10 December 1948 at Palais de Chaillot, Paris).

참조 감동, 감정·정서, 결정론, 계몽주의/계몽의 시대, 구텐베르크·금속활자, 국가주의, 낯설게하기, 윤리·윤리학, 이성론/합리주의, 자유의지, 재현, 정신, 포르노, 표현, 프랑스대혁명

창조계급
Creative Class | 创造阶级

일본 가나자와金沢에 사는 회사원 A 씨는 순간 망설이지 않을 수가 없었다. 옆자리의 동료 B가 동성연애자라고 밝히면서 곧 결혼하는데, 도움이 필요하다고 요청했기 때문이다. 그러면서 B는 회사의 동성연애자들이 공식 모임을 하도록 주선해 줄 것과 동성결혼 부부도 회사의 사택에 입주할 수 있도록 의견을 모아달라고 부탁했다. 흔쾌히 응낙한 A는 성적 소수자인 동성연애자의 권리를 회사원들에게 전했고, 모두 흔쾌히 B의 동성결혼을 축하해 주었으며 B는 회사주택에 입주하여 행복하게 살 수 있게 되었다. 처음에 조금 망설였지만 이내 생각을 바꾸어 동성애자를 도와준 A와 그의 동료들은 소수자의 권리와 인간의 존엄에 대하여 열린 마음으로 대한 것이다. 이런 일이 벌어지는 가나자와는 세계적으로 유명한 창조도시創造都市다. 창조도시는 다양성을 존중하면서 서로 돕고 이해하는 열린 사회이며 창의성이 높은 창의적인 도시다.

다양성을 존중하는 열린 사회는 동성결혼이나 동성 부부의 입양을 허용하는데 그런 지역이 창의성과 창조성이 높다는 이론이 있다. 이 이론에 의하면 이상한 옷차림이 조롱거리가 아니며 누구나 자유로운 기분으로 활보할 수 있고 예술과 문화의 감성이 풍부한 곳이 바로 열린 공간이다. 이런 공간에 모여드는 창조계급創造階級은 새로운 것을 창조하는 첨단기술 산업종사자, 과학자, 예술가, 보건의료관계자, 기술자, 교수, 건축가, 지식정보산업 종사자, 경영인들이다. 대체로 이들의 비율이 높은 곳이 소득도 높고 삶의 질도 높다. 세계화가 진행될수록 중요한 창조계급은 업무시간에 얽매이지 않으며 새로운 생각으로 그 지역의 산업과 경제를 선도한다. 교육수준이 높은 전문직과 예술가를 중심으로 하는 창조계급이라는 개념은 리처드 플로리다[R. Florida]가 창안하여 광범위하게 쓰이고 있다.

사회경제학자인 플로리다는 한 도시와 지역이 발전하기 위해서는 3T인 기술[technology], 재능[talent], 관용[tolerance]이 조화되어야 한다고 주장하며 특히 관용이 중요하다고 강조했다. 이 3T를 토대로 하면서 자유로운 분위기, 거리문화와 거리예술이 풍요로운 예술적 환경, 매력적인 카페들이 모여 있으면서 차별이 없고 개인의 자율성과 독자성이 보장되는 곳이 바로 창조적인 공간이라는 것이다. 그 창조성을 측정하는 '창조지표는 한 공간의 개방성과 다양성을 측정하는 것'[1] 인데 가령 동성애지수[gay index]가 높은 곳, 보헤미안들이 즐겁게 사는 곳, 예술가와 과학자가 많은 곳이 경제적 수입도 높고 자유와 개성이 존중되는 열린 공간이다. 다양성, 혼종성, 이질성이 존중되면서 창의적인 사람들이 모인 공간은 포스트모더니즘이 현현되는 토대로 볼 수 있다. 그 전제가 국적, 민족, 지역, 인종, 종교, 언어, 성별, 세대, 나이, 학력, 지역, 능력 등의 차별을 하지 않는 것이다.

플로리다는 고도의 창조적 핵[super creative core]을 구성하는 창조적 전문가[creative professionals]들이 모이는 곳이 경제와 산업이 발전하며 창조적 전문가는 물론이고 다른 사람들의 삶의 질도 높다고 주장했다. 그 이유는 이들의 창의성으로 인하여 경제적 부가가치가 생길 뿐 아니라 사회가 발전하고 일자리가 창출되기 때문이다. 따라서 한 도시와 지역은 유능하고 창조적인 사람들이 모이도록 하는 특별한 정책을 펴야 하는데 이것을 플로리다는 인력[引力]이 있는 자석[磁石]에 비유했다. 플로리다의 창조계급론은 찰스 랜들리[C. Landry]의 창조도시와 연계되면서 도시의 성장발전을 기획하고 실현하는 중요한 이론으로 인정받았다. 그들의 이론에 근거하여 창조계급, 창조도시, 창조경영, 창조교육, 창조 교실, 창조예술,

---

1   Richard Florida, *The Rise of the Creative Class : And How it's transforming work, leisure, community and everyday life*, New York : Perseus Book Group, 2002, p.245.

창조행정 등의 개념이 도출되었는데 그 창조는 창의성과 혁신이라는 의미다.

플로리다의 창조계급 이론은 자본 중심의 경제결정론이라는 점, 그리고 집단의 층위를 계급으로 본다는 점 등에서 문제가 있다. 특히 창조적 집단과 직업군은 계급의식이 없을 뿐 아니라 집단적 동일성도 없고 또 그런 집단이 그 지역에 성장과 풍요를 가져다준다는 증거도 불충분하다. 또한, 플로리다는 자신의 창조계급론이 엘리트적이거나 배타적이 아니라고 주장하지만, 그의 이론이 상류계층이나 엘리트를 중심으로 한다는 점을 부인하기 어렵다. 따라서 창조계급 이론은 모든 계급과 계층의 보편적인 창의성을 신장하는 방안이 필요하다. 한편 창조성 또는 창의성은 그 자체로는 인종적, 경제적, 성적, 종교적 차별의 개념을 포함하지는 않지만, 창조적인 사람이 반드시 이성적이고 민주적이라고는 할 수 없다. 가장 이상적인 것은 창조적 공간이면서도 평등하고 번영된 사회다.

참고문헌 Richard Florida, *The Rise of the Creative Class : And How it's transforming work, leisure, community and everyday life*, New York : Perseus Book Group, 2002.

참조 결정론, 계급의식, 공간, 다문화주의, 문화다양성, 열린 사회, 주체·주체성, 창조도시/창의도시, 포스트모더니즘

디아스포라

Diaspora | 离散

'모세^{Moses, BCE 13세기}가 바다 위로 손을 내밀 때 여호와께서 큰 동풍으로 밤새 도록 바닷물을 물러가게 하시니 물이 갈라져 바다가 마른 땅이 된 지라 이스라 엘 자손이 바다 가운데 육지로 행하고 물은 그들의 좌우에 벽이 되니 애굽 사람 들과 바로의 말들, 병거들과 그 마병들이 다 그 뒤를 쫓아 바다 가운데로 들어 오는지라.' 이 이야기는 구약 성경 『출애굽기』 14장에 나오는 「모세의 기적」이 다. BCE 3세기 고대 유대인들은 수백 년 동안 유배되었던 이집트를 탈출^{Exodus} 하여 가나안으로 돌아왔다. 이것이 유대인들의 이산과 유배로 기록되는 '디아 스포라'다. 이처럼 디아스포라는 집단이나 종족이 강제로 자기 고향에서 쫓겨 나 유랑하는 것을 말하지만 자의적으로 다른 곳에 이주하여 정착한 것도 포함 한다. 한편 고대 그리스인들은 식민지를 건설하면서 '여러 곳에 흩어져서 정착한 다'는 뜻으로 디아스포라라고 쓰기는 했지만, 유대인의 디아스포라와는 다르다.

고대 유대인들의 특별한 이산을 대문자인 Diaspora라고 써서 보통명사이고 '흩어진다'는 뜻의 diaspora와 구별한다. 보통명사인 디아스포라^{diaspora}는 강제 또는 반강제로 자기 고국/고향으로부터 쫓겨나거나 유랑하고 흩어져서 정착 한 사람들이라는 의미다. 디아스포라는 한자어로 이산^{離散}이라고 하는데 히브 리어로는 분산^{galut}이라는 뜻이다. 서구어 디아스포라는 그리스어 전치사 dia^{over,} ^{넘어}와 동사 spero^{sow, 뿌리다}에서 유래했다. 또 다른 유대인들의 디아스포라는 바빌 론 유수^{Babylonian Exile}가 있는데 BCE 6세기경^{BCE 598~586}에 바빌로니아가 유대왕국 을 정복한 뒤 유대인을 바빌로니아에 강제로 억류시킨 사건을 말한다. 유대인들은 메소포타미아의 바빌론에 머물면서도 자기 민족의 문화와 종교를 지켰고 해방된 이후에도 바빌론에 머물면서 유대인공동체를 형성했다. 이 두 번의 디아스포라가 유대적 디아스포라다.

일반적인 디아스포라는 역사에서 일어난 구체적인 사건인 유대인의 디아스포라와 달리 이산離散과 관련된 일반적 개념이다. 예를 들어 중국인이 미국으로 이주하여 정착한 경우에는 일반적 의미의 디아스포라라기보다 집단의 이주 또는 이민移民으로 본다. 또한, 콜럼버스가 신대륙을 발견한 이후 유럽에서 건너가 정착한 사람들의 이동은 이주移住이고, 신대륙에 팔려간 아프리카인들은 이동은 디아스포라적 이산이다. 한편 기근과 가난으로 고향을 떠나 세계 각지에 정착한 베트남인이나 인도인 또는 네팔인들 그리고 이스라엘의 성립으로 자기 고향에서 추방당한 팔레스타인 난민도 디아스포라와 이산이 결합한 것이다. 하지만 유목민이나 집시의 이동은 디아스포라가 아니다. 이처럼 디아스포라는 한 민족과 집단의 이산과 아울러 그 문화의 파종播種과 전파傳播의 개념이 동반되어야 한다.

집단적 이산과 문화적 파종은 집단의 정체성 위기와 문화적 충돌을 의미하는 경우가 많다. 따라서 디아스포라는 정치, 경제, 사회, 철학은 물론이고 문화예술에서도 의미있는 내용이자 개념이다. 이산의 중요한 개념인 전이轉移, displacement나 재배치relocation는 원래 있던 곳과 정주한 곳에 대한 공간적 변화를 강조한 개념이지만 문화적 의미가 더 중요하다. 그 이유는 디아스포라 된 사람들은 새로운 문화에 동화하지 않고 모문화母文化, Mother culture와 일체감을 가지고 다시 모국이나 모문화로 회귀하고자 하기 때문이다. 그러나 디아스포라 연구에서는 디아스포라의 회귀回歸 욕망을 단순하게 고국과 고향을 그리는 향수와는 다른 것으로 간주한다. 한편 디아스포라 된 사람들은 고국/고향보다도 자기 모문화를 지키려는 관성이 강하지만 정주문화를 수용하지 않을 경우에 생기는 문화적 차이로 인하여 정체성 혼란을 겪는다.

자의적이거나 자의적이 아니거나 다른 곳으로 이주한 사람들은 자신들의 언어와 종교를 유지하려 하지만 이주한 곳의 문화를 완전히 거부할 수 없으므로 혼종混種의 문화를 형성한다. 가령, 중국 연변延邊 조선족이 중국문화에 동화한 것과 중앙아시아의 고려인들이 이슬람 문화화한 것이 그 예다. 대체로 모문화를 유지하면서 정착한 곳의 문화를 받아들일 수밖에 없는 것이다. 유배당하고 쫓겨난 사람들은 고향/고국에 대해서도 특별한 인식과 태도를 가지며 이주한 지역에 대해서도 특별한 인식과 태도를 가진다. 이처럼 생존환경이 달라져서 문화적 변동양상이 드러나는 디아스포라는 사회적 현상이지만 다른 영역에서도 중요하다. 특히 세계화가 진행되고 자본과 사람의 이동이 빈번해지면서 복합적 정체성multiple identities을 가지고 다문화적 특징과 문화적 다양성Cultural diversity을 보이는 것도 디아스포라의 중요한 현상이다.

참고문헌 Jana Evans Braziel, *Diaspora - an introduction*, MA : Blackwell, 2008.

참조 다문화주의, 메소포타미아문명, 문화, 문화다양성, 문화순혈주의, 문화유전자 밈, 문화제국주의, 문화충격, 민족문화, 제국주의

문화다양성
Cultural Diversity | 文化多樣性

2010년 1월 어느 날, 티베트의 라싸Lhasa 거리를 걷던 P는 티베트인들이 중국 인민복을 입고 있는 것을 의아하게 생각했다. 그 이유는 티베트인은 티베트의 전통 의상을 입어야 한다고 생각했기 때문이다. 많은 사람은 P와 같이 티베트인들이 라마교를 믿고, 전통적인 의상을 입으며, 참파rtsam-pa와 같은 특별한 음식을 먹어야 한다고 믿는다. 왜냐하면, 티베트인들의 생활은 유구한 티베트Tibet의 역사가 남긴 문화적 가치이며 세계적으로 소중한 문화유산이기 때문이다. 또한, 티베트문화를 보존하고 보전하는 것은 개별 문화의 가치를 존중하는 것이기 때문이다. 만약 자연생태계의 균형이 파괴되거나 먹이사슬이 붕괴되면 생태계 전체에 이상이 생긴다. 이와 마찬가지로 문화생태계에는 다양한 사람들이 다양한 방법으로 살아가고 있으므로 문화 상호 간의 조화가 이루어지지 않는다면 문화생태계 전체에 이상이 생긴다.

문화생태계의 균형과 조화가 유지되어야 한다는 문화다양성은 1992년 케냐의 나이로비에서 채택된 「생물다양성生物多樣性 협약」 또는 「종다양성Biodiversity 협약」과 같은 원리를 가지고 있다. 문화다양성은 첫째, 다양한 지역과 민족의 여러 문화가 가진 제반 특질이고 둘째, 다양한 여러 문화는 존중받아야 한다는 정신이다. 또한, 문화적 차이를 인정하자는 문화다양성은 문화민주주의文化民主主義와 다문화주의를 바탕으로 하고 있다. 천부적으로 인간은 자기의 고유한 문화를 유지하면서 누릴 권리가 있다. 따라서 문화다양성은 국적, 민족, 지역, 인종, 종교, 언어, 성별, 세대, 나이, 학력, 취향 등의 차이로 인하여 차별을 받지 않아야 한다는 것이다. 특히 문화다양성은 개인과 집단의 문화권리Cultural right를 신장시키자는 담론이면서 문화의 종種을 지키고자 하는 세계적인 문화 운동이다.

문화다양성은 각 민족과 지역의 문화가 평화롭게 공존하는 한편 상호이해와 협력을 통하여 지속적인 발전Sustainable development을 도모해야 한다는 목표를 가지고 있다. 특히 성장발전과 과학기술을 축으로 하는 세계화는 자연을 수탈할 뿐 아니라 고유한 문화를 위협한다. 자본주의적 세계화가 진행될수록 보편문화 또는 세계문화로 획일화될 가능성이 있다. 그런 의미에서 문화다양성 담론은 문화환경의 건강성 유지와 아울러 세계화가 진행됨에 따라서 파생되는 문화적 갈등과 충돌을 피하려는 시대적 의미[1]도 담고 있다. 따라서 다문화주의, 문화다양성, 문화적 복수주의Cultural Pluralism, 문화적 정체성, 문화적 고유성, 문화적 전통 등은 인간에게 가장 중요하고 또 가치 있는 삶의 토대라 할 수 있다.

UN의 교육, 과학, 문화 기구인 유네스코UNESCO는 2001년 31차 총회에서 「문화다양성선언UNESCO Universal Declaration on Cultural Diversity」을 발표했다. 그리고 유네스코의 여러 층위에서 2003, 2005, 2007, 2009년에 각각 「문화다양성선언」을 인용하였으며 세계 여러 나라가 「문화다양성선언」을 비준批准하거나 동의했다. 이 선언의 의미는 '문화는 인간의 기본 인권Human right'임을 천명했다는 점이다. 아울러 「문화다양성선언」은 첫째, 모든 문화에는 그 문화만의 고유성과 특수성이 있다는 것과 둘째, 문화의 상호인정과 상호대화intercultural dialogue가 필요하다는 것을 특별히 강조했다. 또한, 「문화다양선선언」은 문화는 인간 고유의 가치가 담긴 인류의 제도로써 반드시 보전되고 보존되어야 한다는 것을 명기했다. 각 국가와 민족의 고유한 문화를 지키면서 다른 문화를 존중하는 것이 문화다양성의 정신이다. 그런데 문화다양성과 다문화주의와는 반대로 문화단일성 또는 단문화주의Mono-culturalism가 지켜져야 한다는 주장도 있다.

---

1   "UNESCO Universal Declaration on Cultural Diversity", UNESCO, 2001.

자기 종교 중심주의, 패권주의 또는 문화적 국수주의, 단문화주의, 문화적 획일성은 문화다양성을 위협한다. 그리고 문화다양성은 여러 면에서 비판을 받는다. 가령, '세계화의 시대에는 문화 역시 단일한 규격, 척도, 평가, 양식, 형식을 추구할 수밖에 없다'는 것이다. 또한, 문화다양성은 다양성을 가장한 정치경제적 독점이라는 것이며, 서구사회의 문화적 헤게모니hegemony를 위한 담론이라는 것이다. 아울러 문화다양성보다 문화적 특수성, 고유성authenticity, 차별성이 인정되기만 한다면 문화보편성文化普遍性과 문화단일성文化單一性이 더 좋다는 주장도 있다. 그러나 문화는 공업생산품과 같은 교역의 대상이 아니라는 재반론도 제기되어 있다. 이처럼 상반되는 관점은 '인류 전체가 공유하는 일반적 지구문화Geo-culture가 성립할 수 있는가'의 문제와 연결되어 있다. 문화다양성에서 가장 중요한 것은 각 민족과 지역이 문화다양성을 유지하면서 그 다양한 문화가 조화를 이루는 것이다.

참고문헌 UNESCO Universal Declaration on Cultural Diversity, UNESCO, 2001.

참조 다문화주의, 문명, 문화, 문화상대주의, 문화생태계, 문화순혈주의, 문화유전자 밈, 문화자본(부르디외), 문화적 기억, 문화적 헤게모니, 문화제국주의, 문화충격, 민족문화, 주관·주관성

우리 안의 파시즘

Fascism in Us | 我们里法西斯主义

'아버지는 파시스트예요!' 열한 살 아들의 외침을 듣고 아버지 P는 소스라치게 놀랐다. 자신은 자애롭고 인정이 많으며 민주적인 사람으로 믿고 있었기 때문이다. 그런 자신이 아들로부터 그런 이야기를 듣게 될 줄은 몰랐기에 충격은 상당히 컸다. P처럼 자애로우며 집에서도 열심히 일하는 아버지는 파시스트가 아닐까? 그렇지 않다. 들뢰즈G. Deleuze, 1925~1995와 가타리F. Guattari, 1930~1992에 의하면, 이 세상의 모든 아버지나 어머니는 파시스트다. 아니 인간 모두가 파시스트다. 인간은 누구나 자기 육체를 노예화하고, 정신을 식민화하며, 다른 사람을 억압한다. 그뿐만 아니라 집단이 집단을, 민족이 민족을, 국가가 국가를 억압하고 수탈하는 속성도 가지고 있다. 이 중에서 우리 안의 파시즘은 민족, 전쟁, 혁명, 계급, 역사, 문화, 자연을 강조하면서 국가와 집단의 차원에서 행해지는 파시즘이 아니라 개인적 파시즘의 문제로서 일상적으로 행사되는 폭력성을 말한다.

이 용어는 들뢰즈와 가타리가 프로이트를 빌어, '가족에는 억압구조가 존재한다'고 보는 것에서 출발한다. 그 억압구조는 주로 부모가 자녀들에게 가하는 억압이다. 프로이트가 설명하는 가족은 '남자아이-아버지-어머니'와 '여자아이-어머니-아버지'로 구성되는 두 개의 삼각 구도로 짜여 있다. 남자아이는 무서운 아버지의 권위에 눌려서, 자신의 욕망을 철회하고 가정의 규율에 순치馴致된다. 프로이트는 이것을 오이디푸스 콤플렉스로 설명한다. 여자아이 역시 마찬가지다. 어린이는 이런 과정을 거쳐서 문화와 규율을 익힌다. 부모가 아무리 자애롭더라도 아이는 무의식적으로 부모를 억압하는 주체로 인지한다는 것이다. 이 과정을 통하여 아버지/어머니의 권위, 즉 사회의 질서는 공포에 가까운 압력으로 각인된다. 그러므로 우리 안의 파시즘은 인간 내면에 잠재한 파시즘과 가족과 사회에 존재하는 파시즘이다.

들뢰즈와 가타리는 이 점에 주목하여 가족과 같은 삶의 기본 단위에서도 파시즘이 행해진다는 것을 강조한다. 처음에 백지상태였던 어린아이의 의식은 이런 과정을 통하여 이른바 문화라는 사회화의 과정을 거친다. 프로이트 심리학에서 보는 것처럼 법과 문화로 대표되는 아버지가 아이를 규율하고 통제하면서 사회적 존재로 만드는 것이다. 이처럼 가족과 소규모 집단에서 행사되는 억압을, 우리 안의 파시즘이라고 한다. 그런데 언제 어디서나 행사되는 일상에서의 작은 파시즘이 거대한 파시즘 못지않은 문제를 안고 있다. 왜냐하면, 히틀러의 나치나 한국의 군사독재 또는 폭력적 자본과 같은 거대 파시즘은 인지하기가 쉽지만, 내면화되고 일상화된 파시즘은 인지하기 쉽지 않기 때문이다. 가령, 소규모 집단이나 친구들의 관계에서도 파시즘이 행해질 수 있고 연인이나 부부간에서 행사되는 예도 있다.

우리 안의 파시즘은 무의식과 의식 내면에 잠재된 파시즘의 규율도 포함한다. 가령 푸코^M. Foucault가 말한 원형감옥에서 보는 내면화된 규율 또한, 우리 안의 파시즘으로 볼 수 있다. 첨탑에 불이 꺼진 감옥의 죄수처럼 내면화된 규율에 따라 몸이 작동하는 것이 바로 우리 안의 파시즘이다. 그뿐 아니라 공산주의나 자본주의에 대해서 무조건 적대감을 가지는 것도 내면화된 파시즘이다. 제국주의 권력을 내면화한 것도 파시즘이고, 선배에 대한 무조건적 복종 역시 파시즘이며, 다수자가 소수자의 의견을 무시하는 것도 파시즘이다. 이에 관하여 '파시즘의 폭력성이 인간 내면에 근원적으로 존재한다'는 관점과 '국가나 사회가 압제한 파시즘이 내면화된다'는 두 가지 관점이 있는데 이 모두 우리 안의 파시즘이라고 할 수 있다. 우리 밖의 파시즘은 수동적 파시즘이고, 우리 안의 파시즘은 능동적 파시즘이다.

'우리 안의 파시즘'은 따라서, '내 안의 파시즘'으로 바꿀 수 있다. '우리 안' 또는 '내 안'에 내면화된 폭력적 파시즘이 집단 속에서 작동되면 대중적 광기로 폭발한다. 이에 대하여 오스트리아의 심리학자 빌헬름 라이히^{Wilhelm Reich,} _{1897~1957}는 '왜 대중들은 폭력과 파시즘을 욕망하는가^{why did the masses desire fascism}'라고 물었다. 그는 '인간은 자기 안에 내재하는 신경증을 오르가즘과 같은 방법으로 해소해야 한다'고 말하면서 '인간 내면의 욕망이 폭발하기 때문에 이런 현상이 벌어진다'고 주장했다. 그의 이러한 주장은 '인간의 욕망은 기계처럼 작동되므로 목적이나 도덕과 같은 것을 고려하지 않는다'는 들뢰즈와 가타리의 욕망기계^{desiring machine}와 상통한다. 따라서 인간에게 내면화된 파시즘을 극복하고자 하는 자발적 의지와 실천이 없다면 그 사람은 파시즘에 굴복하여 식민화된 노예와 같다. 진정한 민주주의와 휴머니즘은 거대한 파시즘은 물론이고 일상적인 파시즘을 해체하고 극복할 때 가능하다.

참조 광기, 신경증, 안티 오이디푸스, 욕망기계, 원형감옥, 정신분열증, 주체·주체성, 타불라 라사, 프로이트, 허위의식, 혁명, 호명

내부식민지

Internal Colony | 內部殖民地

그가 무슨 말을 하느냐는 표정을 지었다. 답답한 P는 미국식 영어로 천천히 그리고 더 크게 말했으나, 그는 여전히 못 알아듣는 것 같았다. 이처럼 캐나다 퀘벡Quebec에서는 영어로 무엇을 물으면 상대방이 잘 모르겠다는 표정을 짓는 경우가 많다. 이것은 퀘벡 사람들이 언어 민족주의적 우월감을 가졌기 때문이 아니라 영어를 잘 모르기 때문이다. 현실이 그러므로 캐나다 정부는 영어와 프랑스어를 공용어로 인정하고 모든 공공문서와 표지판에 두 언어를 명기한다. 그런데도 퀘벡 주민들은 자치나 연방聯邦을 넘어서 퀘벡독립국가 건설을 주장한다. 그 주장이 거세고 또 나름대로 타당성도 있어서 국민투표를 했지만 근소한 차이로 부결되기도 했다. 바깥에서 보기에는 다문화주의와 문화다양성을 실천하면서 여러 인종이 평화롭게 공존하는 캐나다에서 왜 이런 일이 벌어지는 것일까?

그것을 설명해주는 개념이 내부식민지內部植民地 또는 내적식민지다. 내부식민지는 어떤 국가나 사회 안에서 어떤 집단이 다른 집단을 식민화Colonization, 植民化한 공간이다. 특히 내부식민지는 경제적으로 불균등하게 발전한 것과 정치 사회적으로 불평등한 상태를 말한다. 과거의 식민지와 다른 개념으로 쓰이는 내부식민지론에서 말하는 식민지는 식민화의 형태로 드러난다. 캐나다의 경우에는 영어를 쓰는 영국계 후손이 프랑스어를 쓰는 프랑스계 후손을 차별하고 식민화하는 것으로 볼 수 있다. 캐나다의 퀘벡 외에도 스페인의 바르셀로나를 중심으로 하는 카탈루냐 지방, 영국의 스코틀랜드 지방, 일본의 오키나와 지방, 멕시코의 사파티스타 등도 내부식민지론으로 분석할 수 있다. 중국의 티베트나 한국의 제주濟州도 독립 국가가 되어야 한다는 사람들이 있는데 이 역시 내부식민지론의 관점에서 이해할 수 있다.

내부식민지론에 의하면 식민지는 국가 간에만 형성되는 것이 아니고 (극심한 불평등으로 인하여) 국가 안에서도 형성된다. 1970년대의 종속이론에서는 내부식민지론을 제4의 식민지the fourth colony 또는 '식민지 속의 식민지colonies within colonies'라고 명명했다. 내부식민지에서는 지배하는 계급과 지배당하는 계급이 존재한다. 이것이 이데올로기로 작동하면 내부식민주의Internal Colonialism를 형성한다. 내부식민지의 원인은 정치, 경제, 종교, 지리, 인종, 언어, 격차 등이다. 한 국가 안에서 어떤 지역, 특히 중심인 수도권은 그 국가가 생산한 재화를 식민지 본국이나 외국으로 송출하는 기능을 하고 그 대가로 부당한 독점과 번영, 특권과 특혜를 누리면서 다른 지역을 식민화한다. 그리하여 식민지 내의 지배계급과 피지배계급이 형성되면서 피지배계급은 주변의 주변, 종속의 종속, 억압의 억압이 강제하는 고통을 겪는다. 이런 내부식민지는 근대화의 과정에서 심화되는 것이 보통이다.

제국주의 시대 이후의 신식민지도 내부식민지의 원인이다. 신식민지는 제국주의와 달리 군대와 경찰로 직접 지배하는 것이 아니라 문화예술, 과학기술, 정보통신, 정치경제를 통하여 간접적으로 지배한다. 여기서 매판자본과 독점이 생겨나고 불평등이 심화된다. 그러나 내부식민지론은 사회와 역사를 보는 세계관과 의식에 따른 상대적인 개념으로 보아야 한다. 즉, 계급의식은 제국주의와 식민지의 관계만이 아니라 '한 국가 안에서 지배와 피지배가 존재한다'는 것이다. 이런 현상은 다수의 주류가 소수민족이나 종교적 소수자 등을 억압하고 차별하는 것에서 볼 수 있다. 특히 근대 국민국가國民國家의 형성과정에서 정부가 소수자를 동화시키는 정책과 차별하는 정책을 동시에 시행하여 일정한 지역이 식민화되는 현상이 발생한다. 식민화된 소수자들은 당연히 저항하게 되고 그렇게 되면 그 저항을 탄압하거나 더 적극적으로 동화시키는 등의 반작용이 일어난다.

국가 자체가 식민지일 경우에는 식민지의 식민지 즉, 이중의 식민지가 되기 때문에 고통이 배가된다. 내부식민지론에는 인간이 인간을 식민화하는 것은 옳지 않다는 전제가 있다. 반면 인간이 다른 인간을 차별하는 것은 기본 권리이자 본능이라는 특이한 견해가 있다. 규범과 도덕을 어기지 않는다면, '차별이 질서를 지키는 방법이 될 수 있고 영역을 나누는 방법이 될 수 있다'는 것이다. 그래서 인종, 종교, 계급의 차별은 불가피할 뿐 아니라 내부식민지와 같은 국가 내의 다양한 차별은 나름대로 의미가 있는 것으로 본다. 하지만 이것은 식민지와 내부식민지를 포함하여 각종 차별을 정당화할 수 있는 위험한 생각이다. 한편 차별을 해소하려는 정책으로 인하여 사람들이 부당한 역차별reverse discrimination을 당한다고 보는 관점도 있다. 가령 퀘벡의 프랑스계를 우대하기 위하여 캐나다 내의 다른 사람들이 부당한 차별을 받는 경우가 있다.

참고문헌 Michael Hechter, *Internal Colonialism : The Celtic Fringe in British National Development*, Berkeley : University of California Press, 1975.

참조 계급의식, 국민국가/민족국가, 다문화주의, 민족, 민족주의, 언어 민족주의, 윤리·윤리학, 제국주의, 탈식민주의, 탈중심주의, 하얀 가면, 하위주체

초민족주의

Transnationalism | 超民族主义

대학원생 K는 어느 날 강의실에서 크리스테바에게 이렇게 질문했다. '22세기의 인류도 지금과 같이 국가나 민족 체제에서 살까요?' 즉각 '그렇지 않다'는 답이 돌아왔다. 이것은 22세기의 인류는 20세기와 같은 민족국가와 민족주의 그리고 국가체제와는 상당히 다른 방식으로 산다는 뜻이다. 22세기에는 개인의 정체성을 결정하는 한편 사람, 자본, 물건, 과학, 기술의 이동을 제약하는 배타적인 국가/민족은 약화될 것이다. 특히 20세기 후반부터 생산양식의 변화, 자본의 초국가화, 과학기술의 보편화, 노동시장의 개방, 인터넷으로 상징되는 정보과학, 교통통신 등의 발달로 인하여 민족의 근거인 민족국가 또는 국민국가nation state는 해체되거나 약화되면서 점차 세계체제로 이동하고 있다. 이것이 바로 초민족주의 현상이다. 초민족주의는 민족주의를 넘어선over 민족주의이며 민족주의 이후의post 민족주의다.

경제적인 관점에서 초민족주의는 국제적인 협업과 분업으로 효율성이 높다. 이러한 자본주의적 세계화/지구화가 진행됨에 따라서 모든 국가/민족은 자본, 과학, 기술, 위험, 문화, 생태환경 등을 공유해야 할 필요성이 생겼다. 이러한 변화는 민족을 넘어서는 초민족주의, 국가를 넘어서는 초국가주의 그리고 세계체제와 세계시민이라는 새로운 체제로 요약된다. 흥미로운 점은 자본주의적 세계화가 역설적으로 반자본주의와 저항의 세계화도 동반한다는 것이다. 그 문화적 변화를 다문화주의, 문화 간의 대화, 문화다양성, 문화민주주의, 문화 상호인정이라고 하고 그 이념적 변화를 초민족주의라고 한다. 초민족주의는 랜돌프 본Randolph Bourne이 '문화의 관계에 대한 새로운 생각a new way of thinking about relationships between cultures'으로 정의한 이후 주로 문화적인 차원에서 민족의 이해와 해석에 사용되었다.

이 개념을 발전시킨 것은 크리스테바J. Kristeva다. 크리스테바는 '민족주의 없는 민족Nation without Nationalism'이라고 말하면서 이념과 집단을 구분했다. 그리고 크리스테바는 폐쇄적 민족주의와 같은 닫힌 담론은 열린 민족주의와 같은 유연한 담론으로 대치될 것으로 예견했다. 그것이 곧 탈민족, 탈국가, 세계화, 지구화라는 담론이다. 그런데 탈민족주의는 민족주의를 해체하려는 강렬한 운동이고, 초민족주의는 민족주의를 해체한다기보다는 민주적인 민족주의를 바탕으로 민족 상호 간의 평화공존을 지향하는 운동이다. 이것을 아파두라이Arjun Appadurai는 종족ethnoscape, 매체mediascape, 기술technoscape, 자본financescape, 이념ideoscape 의 다섯 가지 요인이 탈영토화되는 것으로 간주하고 세계화의 문화적 지형을 분석한다. 크리스테바와 아파두라이는 초민족주의가 민족주의를 부정하는 것이 아니라 민족주의를 포월하면서 새로운 형태의 민족주의를 지향한다고 강조한다.

한편 국제주의Internationalism가 국가 간의 협조와 연계를 중시하고 사해동포주의Cosmopolitanism가 박애 정신을 토대로 하는 것과 달리 초민족주의는 민족과 국가의 약화 또는 해체와 함께 세계체제 또는 세계정부를 상정하고 있다. 초민족주의는 이처럼 민족, 국가, 지역의 배타성을 넘어서고 반목, 질시, 전쟁을 억제하고자 하는 이념이자 철학이다. 이 초민족주의에는 인종 문제가 연결되어 있다. 인종차별이라는 어휘가 나타내듯이 인종 간에 서열이 부여되고 지배와 피지배, 수탈과 저항과 같은 악순환이 반복된다면 세계 전체가 불행하다. 따라서 초민족주의는 인종차별을 철폐하고자 하는 상호인정의 열린 민족주의이며 문화다원주의와 문화다양성을 실천하려는 방법이다. 세계화/지구화 또는 초민족주의가 진행된다고 하더라도 민족이 사라지는 것은 아니다. 아마도 민족보다는 민족주의가 먼저 사라질 것이다.

세계화/지구화Globalization도 그렇지만 초민족주의 역시 서구 제1세계가 생산한 담론이다. 그런 점에서 국가와 민족문제에 대해서는 비서구 국가들, 특히 식민지와 반식민지를 겪은 국가의 시각을 고려할 필요가 있다. 그런데 서구를 제외한 대다수 국가와 민족은 민족이라는 주체를 통하여 자기 정체성을 가지는 한편, 초민족주의를 수용하여 세계시민으로 세계체제를 준비하는 경향도 보인다. 가령 21세기에는, 유럽연합EU에서 보듯이, 민족주의의 배타성을 극복하고 민족을 넘어선 체제를 구축하려는 초민족주의 운동이 전개되고 있다. 이처럼 민족을 초월超越하고 포월包越하며 새로운 세계질서와 세계체제를 만드는 것은 21세기와 22세기의 중요한 과제이다. 하지만 초민족주의는 '세계국가Global State와 세계정부를 위한 서구적 이데올로기'라는 비판을 피하기는 어렵다. 여하튼 22세기에는 국가, 정부, 민족, 지역, 세계의 개념이 새롭게 정립될 것이다.

참고문헌 Julia Kristeva, *Nations without Nationalism*, New York : Columbia University Press, 1993.

참조 국가주의, 국민국가, 다문화주의, 디아스포라, 문화다양성, 문화제국주의, 민족, 민족주의, 세계체제론, 신자유주의, 인종차별, 자본주의, 제국주의, 초월, 탈중심주의

독사[부르디외]

Doxa | 俗見

　텔레비전을 보던 상하이上海의 K 씨는 탁자를 치면서 흥분했다. 유명한 가수 J가 미국 시민이면서 중국인이라는 것 때문이다. 이처럼 이중국적 이야기가 나오면 자동반사적으로 적대감을 드러내는 사람이 많다. 이들은 '이중국적자는 매국노'라고 비난한다. 무슨 이유로 이중국적을 가지게 되었는가에 대하여 논리적으로 분석하거나 이해하지 않고 이미 결정된 확신을 바탕으로 무조건 적대감을 표출하는 것이다. 조건반사에 가까운 이런 적대감은 어디에서 유래하는 것인가? 그 적대감은 이미 고정되어 있어서 신념에 가까워진 인식에서 나온다. 이것은 감정과 이념이라고 할 수 없고, 계급의식이나 논리로도 설명이 되지 않는다. 이것이 독사doxa다. 독사는 옳거나 그른 것이 아니고, 맞거나 틀린 것도 아니며, 악의나 호의와도 상관이 없다. 독사Doxa, 俗見는 이미 결정된 인식의 틀이며 그 인식을 바탕으로 하는 의식意識의 패러다임이다.

　원래 독사는 '정통ortho의 믿음dox에 따른다'는 정교Orthodox에서 보듯이 정설 또는 정통의 믿음이라는 의미이고 기독교의 성경에서는 영광glory이라는 뜻으로도 쓰인다. 철학자 부르디외P. Bourdieu, 1930~2002는 믿음과 신념을 의미하는 그리스어 doxa를 차용하여 개인이나 사회가 가진 절대화된 인식이라는 뜻으로 사용했다.[1] 그는 독사를 어떤 사람의 언어와 행위에서 드러나면서 '그 자체로 증명되는 자연적이면서 사회적인 세상the natural and social world appears as self-evident'으로 간주했다. 한마디로 독사는 본능과는 다르며 (태어난 후 습득된 것이지만) 내면 깊이 자리하고 있는 의식/무의식적인 신념, 가치, 믿음, 사고, 인식, 확신이다. 앞에서 본

이중국적의 예에서 보듯이 독사는 특정한 영역에서 발휘되는 경우가 많다. 다른 분야에 대해서는 매우 논리적이며 명철한 사람이 이중국적에 대해서는 독선적일 수 있는 것이다.[1]

독사는 아비투스와 함께 해석되어야 한다. 인간의 의식 내면에 각인된 습관적 행동을 아비투스라고 하고 인간의 의식 내면에 각인된 습관적 인식을 독사라고 한다. 가령, 사람이 내리기도 전에 전철에 오르는, 거의 무의식에 가까운 행동 양식은 아비투스abitus이고 이중국적 이야기만 나오면 독설을 퍼붓는, 무의식에 가까운 인식 방법은 독사doxa다. 아비투스와 독사는 특별한 환경에서 의식되고 인식된다는 공통점이 있으며 사회적 계급의 재생산과 연결되어 있다. 독사와 아비투스가 사소한 것 같고 미미한 것 같아도 거기에는 깊고 오랜 습성이 배어있다. 독사는 특히 어떤 장field에서 형성되고 습득된 것으로 객관적인 장과 주관적인 반응의 관계를 의미한다. 그런데 독사는 고대 소피스트들의 논쟁에서 보듯이 견해의 차이가 클 때나 논쟁적인 영역에서 발휘되는 경우가 많다. 그리고 사람들은 독사나 아비투스 때문에 무의식적인 상징폭력symbolic violence을 가하는 경우가 많다.

독사는 근거 없는 지식이라는 의미의 억견臆見 또는 속견俗見이라고 쓰기도 한다. 근거 없는 지식인 독사의 문제점은 (독사는 옳을 수도 있고 옳지 않을 수도 있지만) 해체되거나 극복하기가 쉽지 않다는 점이다. 대체로 사람들은 자신에게 독사가 있다고 생각하지 않으며 설령 안다고 하더라도 자신의 주관적 견해인 독사에 문제가 있다고 생각하지도 않는다. 또한, 독사는 나름대로 체계와 논리를 가지고 있을 뿐 아니라 경험으로 뒷받침되기 때문에 해체하기도 쉽지 않다. 견고한 독사를 해체하는 것은 먼저 타자를 인정하는 것이다. 그런 점에서 독사는 마르크스가 말한 허위의식false consciousness과 유사한 면이 있다. 또한, 독사는 과학

---

1 고대 그리스어 독사(δόξα, dóxa)는 의견, 판단, 믿음이다. 파르메니데스(Parmenides)는 독사를 감각과 현상을 믿는 인간의 잘못된 의견으로 규정하고 영원불변한 진리의 반대 개념으로 설정했다.

적 인식의 틀인 토머스 쿤의 패러다임paradigm이나 시대마다 다른 인식의 원리인 푸코의 에피스테메episteme와 대비된다. 현상학에서는 소박한 인식을 독사라고 하고 그 근거를 근원적 신념urdoxa이라고 한다.

타자를 인정하는 것은 타자에 대한 책임을 강조한 레비나스의 타자윤리와 같으며 불교에서 강조하는 각성과 비슷하다. 하지만 주관을 가진 감정적 동물인 인간이 독사를 해체하고 독선을 버리기는 쉽지 않은 일이다. 또한, 적당한 독사가 있어야 어떤 일을 성취할 수 있다고 믿는 사람들도 있다. 하지만 독사는 정확한 확신이라는 원래의 뜻과는 달리, 무엇인가 이상하고 잘못된 신념이라는 의미로 쓰이는 것이 보통이다. 대체로 독사는 자기중심적인 사람이나 라캉이 말한 유아기의 상상계에서 주로 나타난다. 독선적인 독사의 해체는 서양철학만이 아니라 불교와 도교를 포함한 모든 종교와 사상에서도 중요한 주제다. 독사를 해체하고 그릇된 확신과 독선을 넘어서서 합리성과 균형감각을 가지고 타자에 대한 이해와 상호인정을 하자는 것이 부르디외의 뜻이었다.

참고문헌 Pierre Bourdieu, *Outline of a Theory of Practice*, translated by R. Nice, Volume 16, Cambridge : Cambridge University Press, 1977.

참조 감정·정서, 거울단계, 문화자본〔부르디외〕, 상상계, 상징자본, 상징폭력, 아비투스, 에피스테메, 이성, 인식론, 자기 정체성, 주체·주체성, 천동설, 타자, 타자윤리, 패러다임, 허위의식

감정연금술

Emotional Alchemy | 感情炼金术

사람들은 '가장 기억하기 싫은 것은 무엇입니까'라는 질문을 받는다면 그 즉시 불편하고 불안한 감정이 들 것이다. 그리고 자신을 보호하려는 방어기제가 작동할 것이다. 하지만 누구든지 기억하기 싫은 어두운 감정 즉, 부정적 감정negative emotion은 있게 마련이다. 대체로 부정적 감정은 무의식 속에 잠재되어 있든지 상흔trauma으로 내재해 있다. 문제는 부정적 감정을 은폐하거나 억누르면 그 감정이 왜곡되거나 폭발하면서 자기를 파괴할 수도 있다는 것이다. 그래서 심리학자들, 특히 심리치료사들은 부정적 감정을 해소하는 한편 나쁘고 싫은 감정을 좋은 감정과 생산적 힘으로 바꾸어야 한다고 주장한다. 자신에게 어두운 기억과 깊은 상처가 있다는 것을 솔직하게 인정하고 자연스럽게 받아들여야 한다는 것이다. 특히 인간이 불완전한 존재라는 것을 인식하면서 감사와 은혜의 마음으로 살아야 한다는 것이다.

심리치료학자인 그린스팬M. Greenspan에 의하면 인간의 핵심감정 중 슬픔, 절망, 공포, 두려움이 특히 중요한 감정이다. 이들 감정이 은폐되거나 억압되면 인간 내면의 불안과 불만을 일으킨다. 따라서 이런 부정적 감정을 솔직하게 인정하고 정면에서 응시하면서 자연스럽게 받아들임으로써 평안과 긍정으로 역전시켜야 한다. 그러니까 감정연금술emotional alchemy은 감정을 조절하여 부정을 긍정으로 바꾸는 마음의 연금술이다. 감정연금술을 주장한 그린스팬은 칼 융C.G. Jung 1875~1961의 분석심리학을 토대로 어둡고 불안한 감정을 치유해야만 긍정적인 삶을 살 수 있다고 단언한다. 실제로 그린스팬 자신이 자녀를 잃은 절망적인 상황에서도 신비한 체험을 통하여 그것을 극복했으며 자신을 대상으로 심리치료와 임상시험을 행한 것으로도 유명하다. 그린스팬은 감정연금술의 일곱 단계를 제시한 바 있다.

첫째 단계는 영적인 의지의 집중, 둘째 단계는 긍정적인 태도의 계발, 셋째 단계는 감정을 느끼고 달래고 감정에 이름 짓기, 넷째 단계는 보다 넓은 세상 속에서 자신을 보는 것, 다섯째 단계는 속상하게 만드는 감정과 친구 되기, 여섯째 단계는 사회적 행동과 정신적 봉사, 일곱째 단계는 감정의 흐름에 내맡기기 등이다. 이런 과정을 통하여 감정을 조절하고 달래면서 고통에서 벗어나는 한편 자기 주체를 찾는다는 것이다. 그런데 불안하고 고통스러운 감정으로 금金을 만드는 이 방법은 조력자의 도움을 받을 수는 있지만 결국 자기 스스로 터득하고 실천해야 한다는 어려움이 있다. 뭉크E. Munch의 〈절규〉라는 작품에는 내면의 불안하고 어두운 무의식이 폭발하는 이미지가 담겨 있다. 환상적인 분위기 속에서 목 놓아 절규하는 이 그림을 보면 인간 내면의 감정과 상흔이 분출하는 것 같은 느낌을 받는다.

사람들은 무섭게 절규하고 극단적으로 절망하는 이 그림을 통하여 내면의 감정을 정화catharsis한다. 인간은 불안, 고독, 절망 속에서 살아가는 존재임을 깨우치도록 하는 것이다. 이처럼 예술가들은 감정의 고향인 육체를 정직하게 응시하고 부정적 감정을 창조적인 예술작품으로 표현한다. 그런 감정이 훈련되는 곳은 가정이다. 라캉에 의하면 사람들은 '아버지의 이름name-of-the-father'인 금지명령을 받아들이고 이를 통해서 사회를 익힌다. 그러므로 가정은 사회를 대리하여 감정을 조절하는 법을 가르치는 교육의 현장이다. 가정에서 감정을 조절하고 격정적 감정을 억누르도록 훈련받는다. 그러나 어둡고 고통스러운 감정은 부정적인 것만은 아니다. 감정을 잘 조절하면 긍정적인 것이 될 수 있다. 그러므로 감정연금술은 고뇌, 분노, 증오, 불안, 불만 등을 예술작품으로 표현하고 치료하는 예술치료藝術治療의 중요한 이론이다.

그린스팬의 감정연금술은 (무엇을 녹여서 금을 만들 듯이) 어두운 감정을 밝은 감정으로, 부정적 감정을 긍정적 감정으로, 나쁜 감정을 좋은 감정으로 바꾸는 융화작용이다. 만약 부정적 감정이 어떤 계기로 촉발되게 되면 '감정의 부메랑'인 회귀현상回歸現象에 의하여 큰 상처를 받는다. 이럴 때 자기파멸, 주체분열, 공격성, 파괴 충동, 정서불안, 우울증, 범죄, 정체성 상실 등의 더욱더 부정적인 방향으로 전개될 수도 있다. 그러므로 감정조절이 필요한데 그를 위해서는 감정연금술과 같은 훈련을 받아야 한다. 페미니즘의 각도에서 볼 때 감정연금술에서는 남성성으로 간주되는 이성/논리가 아니라 여성성으로 간주되는 감성/감정이 더 큰 의미와 가치를 지닌다. 제목이 비슷한 『감정의 연금술』이라는 책이 있는데, 명상과 성찰을 통하여 감정을 정화하고 조절한다는 점에서 그린스팬의 관점과 유사한 면이 있다.

참고문헌 Miriam Greenspan, *Healing Through the Dark Emotions : The Wisdom of Grief*, Fear, and Despair, Boston : Massachusetts, 2004.

참조 감성, 감정·정서, 마음, 무의식, 방어기제, 아버지의 이름, 연극성 인격장애, 예술치료, 우울증 우울장애, 이성, 자기 정체성, 존재론, 주체분열, 주체·주체성, 카타르시스, 트라우마

상징폭력

Symbolic Violence | 符号暴力

이라크의 한 마을에서 작은 소동이 있었다. 적십자 표시가 된 구호 물품이 배급되었기 때문이다. 착하게 생긴 일본인 적십자 회원이 마을 사람에게 인도주의적 차원의 구호 물품에 대하여 설명했다. 마을의 원로 한 사람이 '기독교의 상징인 구호 물품은 받을 수 없다'고 선언하자, 마을 사람 모두 이에 동조하고 적신월^{Red Crescent, 赤新月} 직원을 호출했다. 그 이유는 인도주의와 박애 정신을 표시하는 적십자일지라도 십자가는 기독교의 상징이기 때문이다. 따라서 이슬람교도에게 적십자 표시의 구호품을 전달하는 것은 상징권력^{symbolic power}을 폭력적으로 행사한 것이다. 이런 현상을 연구한 프랑스의 사회학자 부르디외^{P. Bourdieu,} ^{1930~2002}는 지배계급은 다른 계층/계급과 차별적인 취향, 취미, 감각을 가짐으로써 자신들의 우월감을 표시하며 계급적 동질성을 유지하면서 그 지배 권력을 자녀에게 상속한다고 보았다.

이 과정에서 중요한 기능을 하는 상징폭력은 상징을 통한 육체적 정신적 폭력이며, 오인^{misrecognition}이라는 특이한 과정을 거친다. 예를 들면 다음과 같다. 식탁에 빨강 사과가 놓여 있을 때 남성들은 무심코 여성에게 칼을 준다. 이때 여성은 무의식적으로 사과를 깎는데 그것은 '여성은 그렇게 해야 하는 것이 올바르며 정당하다'고 오인했기 때문이다. 이런 행위에 순응하게 되면 부르디외가 말하는 남성의 여성지배라는 권력 관계가 형성되고 남녀의 차별이 사회의 관습으로 정착된다. 이처럼 잘못된 것을 옳은 것으로 오인하고 그것이 신체에 각인된 아비투스와 의식에 각인된 독사^{doxa}로 체화^{embodiment}되면서 상징권력으로 바뀔 뿐 아니라 어떤 장field에서는 상징폭력이 자행된다. 이처럼 남성 우월의식이나 가부장 제도는 오랜 시간에 걸쳐 관습화된 다음 재생산되고 계승되기 때문에 큰 문제가 되는 것이다.

대부분 남성은 이것을 폭력이라고 생각하지 않는다. 가부장제 사회가 용인하는 무의식 속에서 아비투스로 작동하기 때문이다. 자동적인 행동의 방식인 아비투스habitus와 무의식적인 판단의 기준인 독사doxa가 상징권력과 결합하여 일상생활 속에서 무의식적인 상징폭력을 행사하는 것이 보통이다. 문제는 이런 무의식이 현실과 의식 그리고 육체를 지배한다는 점이다. 또한, 이런 상징폭력을 통하여, 그리고 상징자본의 힘으로, 차별과 차이가 강화되고 권력과 계급이 상속되는 것이다. 그는 지배계급이 어떻게 자기 계급의 이익을 유지하고 재생산하며 상속하는지, 그리고 피지배계급인 대중들은 왜 이것을 받아들이는지를 분석했다. 이런 분석과 비판을 통해서 '지배 권력의 신분상속을 차단해야 한다'고 주장한 부르디외는 자본주의와 신자유주의에 대하여 끊임없이 저항한 사회변혁운동가였다.

상징폭력은 지배계급이 자본, 계급, 신분, 권력 등의 상징으로 폭력을 행사하는 것을 비판한 부르디외의 개념이다. 무의식적으로 상징폭력을 가한 상류계급은 '우리는 너희들과는 다르다'면서 다른 사람들을 배제하고 차별한다. 반대로 상징폭력을 당한 사람들은 지배 권력을 인정하는 한편 상류계급의 욕망을 모방함으로써 신분 상승의 꿈을 키우면서도 깊은 상처를 받는다. 이 상징폭력은 가벼운 폭력soft violence인 것 같지만 육체적 폭력보다 강력하고 상처가 커서 정신치료를 받아야 하는 경우가 많다. 부르디외는 '이런 차별은 문화, 교육과 관계가 있다'는 점에 착안했다. 가령 와인 잔 잡는 방법을 보고 그 사람의 계급을 파악한 다음 자기와 다를 경우 구별 짓기와 차별하기를 행사한다. 이 과정에서 신체에 입력된 아비투스가 무의식적으로 작동하기 때문에 '어떤 교육을 받았고 어떤 가정에서 양육되었는지 단번에 알 수 있다'는 것이다.

와인 잔 잡는 올바른 방법이 없는데도 지배계급은 마치 옳고 그름이 있는 것처럼 각종 구별 장치를 만들고 차별 기제를 작동하면서 계급구조를 재생산한다. 이것이 경제자본, 사회자본, 문화자본이 결합한 상징자본이다. 교육을 통하여 계급과 신분이 재생산되고 아비투스와 독사^{doxa}를 통하여 드러나는 상징권력을 해체하려면, 먼저 대중들이 '상징폭력을 당하고 있다'는 것을 정확하게 알아야 한다. 하지만 대중들은 자신이 상징폭력을 당하고 있는지 모르는 경우가 많다. 부르디외의 이러한 구별 짓기, 문화자본, 상징권력, 상징폭력, 신분상속은 마르크스적 계급의식階級意識과는 다르지만, 계급결정론으로 비판받는 동시에 베버가 말한 신분으로 이해되거나 '사회를 구조주의적으로 보았다'는 비판을 받는다. 하지만 '자본주의 사회의 모순과 본질을 정확하게 보여준다'는 점에서 중요한 이론으로 꼽힌다.

참고문헌 Pierre Bourdieu, *A Social Critique of the Judgment of Taste*, translated by Richard Nice, Harvard University Press, 1984.

참조 결정론, 계급의식, 계급투쟁, 구조주의, 독사, 무의식, 문화자본, 문화적 헤게모니, 상징, 상징자본, 아비투스, 인간(신체), 자본주의

상상의 공동체
Imagined Communities | 想像的共同体

'와!' 하는 함성과 함께 사람들은 TV 앞에서 기뻐 뛰며 좋아했다. 드디어 이 작은 나라 B국에서 올림픽 금메달을 딴 것이다. 이처럼 사람들은 올림픽에서 자기 나라 선수가 승리하면 기뻐하고 전시 상황에서 군인이 죽으면 슬퍼한다. 그 이유는 그 선수나 군인을 알아서라기보다는 그들과 자기는 운명공동체라고 생각하기 때문이다. 국민과 선수/군인을 연결하는 것은 신문이나 방송과 같은 매체다. 한 국가의 국민은 여러 매체를 통하여 일체감을 형성하고 동지의식comradeship을 공유한다. 아픔과 기쁨을 같이하고, 이익과 손해를 함께하는 동지의식은 일체감을 형성하는 근원이다. '우리는 하나다'와 같은 일체감은 지리적 영토, 통치와 외교의 주권, 경제적 이익 등과 결합하면서 근대적인 민족/국민이라는 개념을 구성한다. 그렇다면 국가나 민족은 실재하는 것인가 아니면 상상된 것인가?

베네딕트 앤더슨B. Anderson은 근대의 국민국가나 민족은 현실 속에 있는 실제의 공동체actual communities가 아니라 마음속에 있는 상상의 공동체[1]라고 설명한다. 앤더슨에 따르면 아무리 작은 나라도 모두 함께 생활하는 실제의 공동체가 될 수 없다. 따라서 사람들은 상상을 통하여 자기 민족/국민을 인식하는 한편 국경 바깥의 다른 나라와 비교하여 자기 국가를 상상한다. 앤더슨이 말하는 상상의 공동체는 실제는 아니지만, 마음이 상상하고 구성하는 공동체 의식이다. 상

---

1   Benedict Anderson, *Imagined communities : reflections on the origin and spread of nationalism*, London and New York : Verso, 2003, p.6.

상의 공동체에는 문화공동체, 정치공동체, 경제공동체, 종교공동체 등이 있다. 앤더슨의 이론인 상상의 공동체는 에드워드 사이드의 심상지리imagined geographies 즉, 상상의 공간 지리적 인식과 유사하다. 하지만 상상의 공동체는 단순한 상상으로 민족이 구성되는 허구가 아니라 특정한 시기에 특정한 사람들의 경험을 통해 민족주의로 발전하고 국민국가/민족국가를 구성한다는 이론이다.

역사적으로 보면 민족이나 국민과 같은 상상의 공동체는 계몽주의와 산업혁명을 거친 서구 유럽에서 태동했다. 부르주아 즉 시민들은 19세기에 봉건제도와 기독교공동체를 해체하고 합리주의와 자본주의를 토대로 국민국가nation state를 만들었다. 이 국민국가의 주체가 바로 민족이고 그 민족을 중심으로 하는 이념이 민족주의다. 앤더슨은 상상의 공동체를 통하여 민족주의Nationalism가 출현하게 된 원인과 과정을 역사유물론에 따라 해석하면서 민족주의를 근대 자본주의의 발전과정에서 형성되고 마음에서 구성된 실체로 보았다. 한편 앤더슨은 계급투쟁의 관점에서 부르주아 근대 국민국가의 형성과 문화를 통한 상상의 공동체를 설명했다. 민족과 민족국가가 상상의 산물이라는 앤더슨의 이론은 민족에 대한 관점이 잘못되었으며 그 자체가 상상의 산물이라고 비판받기도 한다.

앤더슨에 따르면 민족적 일체감을 위해서는 역사적 사실事實보다 신화나 소설과 같은 허구가 더 적합invented narratives than real stories하다. 왜냐하면, 근대사회에서는 라틴어나 한자와 같은 공통문어script language가 아닌 자기 민족어로 상상을 할 수 있는 이야기가 필요하기 때문이다. 그래서 지역어인 민족어가 신성한 언어sacred language로 격상되었으며 그 신성한 언어로 무엇이든 상상을 하게 하는 문학이야말로 근대국가 성립에 결정적인 역할을 했다는 것이다. 언어를 통한 상상은 민족 개념을 완성해 주었고 금속활자 인쇄술의 발명은 지식의 대중화에 이바지했다. 이처럼 문화와 언어는 상상의 공동체의 핵심개념이면서 실제의 공동체에서도 필요한 문화적 동질성cultural homogeneity의 토대다. 민족은 상상의 공동체라고 하더라도 허구는 아니다. 왜냐하면, 상상의 공동체는 공간의 경계와 주권主權과 공동체적 일체감을 가졌기 때문이다.

여기서 인쇄자본주의Print Capitalism라는 개념이 성립하는데 인쇄자본주의란 자본주의와 산업혁명이 결합한 용어다. 특히 구텐베르크의 금속활자 인쇄술은 대량생산을 원리로 하는 자본주의 생산양식을 상징할 뿐 아니라 지식의 보급과 문해력literacy 증진을 가능케 했다. 그런 인쇄술을 통하여 지방어인 민족어가 민족주의를 촉발했고 민족을 탄생케 하여 문화적 통일cultural unification을 이루었다. 독자인 민족/국민은 상상된 이야기를 읽고 동질성을 확인하는 한편 민족적 정체성을 확립했다. 이처럼 계몽주의와 혁명의 시대를 거치면서 봉건체제를 전복하고 등장한 것이 상상의 공동체인 민족이다. 민족은 민족정신과 민족문화를 형성한다. 한편 상상의 공동체는 국가와 민족은 국토, 역사, 혈통, 환경, 생존을 공유하는 실제의 공동체라는 이론으로부터 신랄한 비판을 받으며 역사학으로부터는 사관史觀의 결여라는 비난을 받는다.

참고문헌 Benedict Anderson, *Imagined communities : reflections on the origin and spread of nationalism*, London and New York : Verso, 2003.

참조 계몽주의/계몽의 시대, 구텐베르크·금속활자, 국민국가/민족국가, 문화, 민족, 민족문화, 민족주의, 실제의 공동체, 심상지리, 언어 민족주의, 오리엔탈리즘, 인쇄자본주의, 자본주의

근대 · 근대성
Modern Age · Modernity | 現代 · 現代性

부스스한 머리칼을 뒤로 넘긴 교수는 칠판에 이렇게 썼다. '근대란 무엇인 가?' 그 노교수에 의하면 근대는 시민계급이자 도시에 사는 부르주아bourgeois가 세상의 주인이 된 자본주의 사회를 말한다. 이들은 중세의 왕족과 성직자 등 봉건사회의 지배계급과 달리 합리주의적 이성으로 세상을 보며 계약에 따라 서 사는 사람들이다. 또한, 이들은 분업화된 사회구조에서 전문성을 가지고 일 을 하는 시민이면서 주체성을 가진 자유주의자들이다. 이 부르주아 시민의 등 장은 과학과 기술을 혁신한 산업혁명과 프랑스대혁명 이후 등장한 신흥 계층 이다. 그의 강의는 사자후獅子吼처럼 펼쳐지고 있었다. 그는 한국 근대문학의 대 가大家 김윤식金允植 서울대학교 교수다. 여기서 말하는 근대近代는 라틴어 중세 이 후의 '지금modo'에서 유래한 시대구분의 개념이다. 그러니까 원시시대-고대사 회-중세사회-근대사회-현대사회로 이어지는 시간적 흐름에서 중세의 다음 시대가 근대다.

근대는 중세와 현대 사이의 역사적 단계를 말하며, 정치적으로 프랑스대혁 명 이후 자유주의와 민주주의 사상을 기반으로 형성되었다. 아울러 근대는 산 업혁명과 과학기술의 발전으로 성립된 자본주의 사회이다. 또한, 근대는 합리 주의철학과 근대과학을 바탕으로 하는데, 사회적으로는 도시화와 분업화된 사회구조를 의미하고, 예술에서는 개성과 자의식을 표현하는 모더니즘의 경 향을 보인다. 한편 근대성modernity, 近代性은 근대사회의 특징, 특질, 성격, 구조, 의 미를 뜻한다. 대체로 근대의 출발은 신중심주의에서 인간중심주의로 이행한

14C~17C의 르네상스 시대로 본다. 한편 근대의 종결에 대해서는 두 가지 관점이 있다. 첫째, 1960년대에 시작한 포스트모더니즘을 기점으로 근대가 종결되고 새로운 시대가 시작했다는 관점과 둘째, 포스트모더니즘은 후기 근대라는 의미이므로 21세기도 여전히 근대라는 관점이다.

역사학자 홉스 봄E. Hobsbawm, 1917~2012의 견해에 따르면 근대는 프랑스대혁명이 일어난 1789년부터 제1차 세계대전이 시작된 1914년까지의 중기 근대가 중요하다. 홉스 봄이 프랑스대혁명을 근대의 상징으로 간주한 것은, 시민계급이 역사의 주인공으로 등장했다는 사실과 그로 인하여 절대왕정과 봉건사회가 무너지고 평등, 박애, 자유를 근간으로 한 근대사상이 널리 퍼지게 되었다는 이유 때문이다. 이것은 서구사회의 정치경제를 포함한 사회구조가 근본적으로 변화했다는 뜻이다. 특히 근대는, 부르주아 계층이 국가의 주인이 되고 그들의 계약에 근거하여 국가가 구성되는 체제다. 아울러 근대에는 종교적 신성성divinity을 대신하여 이성적 합리주의Rationalism와 인간적 세속성secularity이 사회를 지배하게 되었다. 또한, 근대는 근대적 시민교육과 관료제도가 시행되고 국가의 감시와 통제가 강화된 시기다.

홉스 봄의 관점은 근대 초기14C부터 프랑스대혁명까지의 시대를 초기 근대로 보고, 1914년 이후를 후기 근대로 보는 시대구분이다. 특히 프랑스대혁명은 자유와 책임을 강조한 새로운 계급의 등장이라는 점에서 중요하다. 자유시민의 출현은 과학기술을 토대로 하는 산업혁명 및 인쇄술과 관계가 있다. 뉴턴의 『프린키피아Principia』로 상징되는 과학기술은 산업혁명으로 이어져서 생산력을 폭발적으로 증대시켰다. 이로 인하여 자본주의 경제가 발달했고, 세계는 시장으로 재편되었다. 이와 동시에 서구국가들은 제국주의가 되어 세계시장을 개척하고 식민지를 만들었다. 따라서 근대는 과학기술과 자본의 축적을 앞세워 약소국가를 침략한 패권주의와 제국주의의 시대이기도 하다. 그리고 근대는 제1, 2차 세계대전과 제국주의의 식민지배에서 보듯이 대립과 전쟁을 유발하기도 했다. 이로 인하여 탈식민주의Post-colonialism가 대두했다.

　단순하게 말하면 근대는 중세와 현대 사이의 시대다. 근대에 관한 견해는 서로 다른데, 마르크스는 계급의식과 계급투쟁에 주목하고, 베버는 합리주의에 초점을 맞추며, 뒤르켐은 산업혁명을 중시한다. 일반적으로 근대성近代性은 인간중심, 이성, 과학기술, 계몽주의, 합리주의, 휴머니즘, 자본주의, 종교개혁, 금속활자 인쇄술, 산업화industrialization, 국민국가/민족국가, 자유주의, 민주주의, 도시화, 세속화secularization, 분업, 이동성mobility, 효율성, 전문화 등의 제반 특징을 말한다. 한편 근대사회近代社會는 근대의 구조와 특징을 강조한 것이며, 근대성 즉 모더니티modernity는 근대의 특질과 성격을 말하고, 모더니즘Modernism 또는 근대주의近代主義는 근대의 이성주의 철학과 합리주의 사상을 말하며, 근대화modernization, 近代化는 근대적인 사회구조로 변화하는 것을 의미한다. 비서구 사회에서는 근대화를 서구화westernization로 보는 관점도 있다.

참고문헌 김윤식, 『한국근대문예비평사연구(韓國近代文藝批評史硏究)』, 일지사, 1979; Eric Hobsbawm, *The Age of Revolution : Europe 1789-1848*, Abacus and Vintage Books, 1962.

참조 계몽주의/계몽의 시대, 구텐베르크·금속활자, 국민국가/민족국가, 모더니즘(예술), 산업혁명, 시대구분(역사), 시대정신, 역사, 이성, 이성론/합리주의, 인쇄자본주의, 자본주의, 제국주의, 탈식민주의, 포스트모더니즘, 프랑스대혁명

만국의 노동자여 단결하라
Workers of the World, Unite! | 世界无产者,联合起来!

'노동자에게는 국경이 없다. 만국의 노동자여 단결하라!' 매년 5월 1일, 노동절 또는 메이데이^{May Day}에 노동자들은 이렇게 외친다. 그런데 이 구호는 단순한 노동절의 외침으로 이해되어서는 안 되고, 공산주의 철학 속에서 읽혀야 하며 노동자 계급의식과 정치적 당파성 및 공산주의 운동사 속에서 해석되어야 한다. 프롤레타리아혁명을 통하여 세상을 바꾸겠다는 이 선언은 인류 전체에 커다란 영향을 미친 사상인 동시에 공산주의 강령이었다. 이 강령과 사상에 따라서 노동자 계급의식과 노동자 당파성黨派性이 강화되었고, 노동자들은 자본가들과 때로는 협력하고 때로는 저항하면서 자신의 정체성과 주체성을 인식했다. 그리하여 노동자들은 부르주아지와 프롤레타리아를 계급투쟁의 대립적 관계로 설정한 후, 투쟁과 혁명을 통하여 봉건 잔재와 자본주의 제도를 전복해야 한다고 외친 것이다.

마르크스와 엥겔스는 「공산당선언」¹⁸⁴⁸에서 '만국의 노동자여 단결하라^{Workers of the world, unite! Proletarier aller Länder, vereinigt euch!}'고 선언했다. 원래의 문장은 '세계의 프롤레타리아여 단결하라!'였다. 따라서 '만국의 노동자여 단결하라!'는 노동계급만이 아니라 농민, 빈민, 인텔리겐치아 그리고 식민지와 반식민지의 피압박 민중이 모두 연대하여 프롤레타리아의 세계혁명을 이루어야 한다는 선전 선동의 구호다. 여기서 그들은 '프롤레타리아가 잃을 것은 사슬뿐'이라고 단언하는 한편 각 국가의 실정에 맞는 방식으로 공산주의 혁명을 해야 한다고 제안했다. 또한, 1920년 제2차 코민테른에서 식민지 반식민지 피압박 민중들의 해방을 위한 반제, 반봉건, 반식민 투쟁을 선동하는 구호로 사용되었다. 한편 1866년 마르크스가 제1차 인터내셔널에서 주장한 것에 따라서 시카고의 노동자들은 하루 8시간 노동을 요구하면서 총파업을 시작했는데 이때 많은 사람이 죽고 다치는 일이 벌어졌다.

이것을 기념하여 1890년 5월 1일 제1회 노동절대회가 열렸고 이것이 훗날 노동절의 기원이 되었다. 많은 사람은 이 구호가 21세기에도 유효하다고 믿는다. 세계화Globalization 또는 세계체제World System에 따라 초국적 자본이 민족국가의 국경을 허물어 버렸기 때문이다. '자본주의의 바깥은 없다'에서 보는 것처럼 세계는 자본과 노동의 투쟁현장이 되었으므로 인간 평등과 세계혁명을 위해서는 무산자계급과 제3세계의 인민이 단결해야 한다는 것이다. 이처럼 노동계급의 세계관과 노동계급의식을 가진 사람들은 노동이야말로 인류발전을 추동한 힘이며 노동자야말로 생산과 소비의 주체라고 주장한다. 또한, 공산주의자들은 공산주의 사회를 건설하는 것이 곧 이상적인 사회 즉, 유토피아에 이르는 인류의 마지막 목표라고 믿는다. 이것은 인간 평등을 이상적으로 표현한 역사적 전망으로 볼 수 있다.

선동적이고 선전적인 이 구호는 사회주의 국가 소련USSR, 1922~1992의 국가 모토motto였고, 21세기에도 여러 공산주의 국가에서 공식적으로 인용되고 있으며 문화예술에서도 중요한 소재나 주제로 사용되고 있다. '만국의 노동자여 단결하라'는 영국에 있는 마르크스의 묘비에 독일어Proletarier aller Länder, vereinigt euch!로 적혀 있기도 하다. 여기서 만국은 세계의 모든 나라를 의미하며 노동자는 잉여가치를 착취당하는 피지배계급이다. 어느 경우에도 노동자들은 자본가에게 착취당할 수밖에 없다. 평등하고 민주적인 사회가 아닌 한, 이 구호는 유효할 것이다. 이 구호의 진정한 뜻은 자본주의 국가는 계급적 불평등을 용인하므로 노동자 스스로 각성하여 계급의식을 가지는 한편 연대하여 세계혁명을 쟁취해야 한다는 것이다. 여기서 말하는 세계혁명이란 부르주아 민주주의를 혁파하고 프롤레타리아독재를 거쳐서 사회주의와 공산주의로 나가는 유물 변증법적 역사발전의 과정이다.

1990년대 초 소련이 해체된 이후, 프롤레타리아혁명은 유효하지 않다는 견해와 여전히 유효하다는 두 가지 견해가 대립하고 있다. 그것은 마르크스처럼 '자본주의가 망하고 공산주의가 된다'는 견해와 슘페터[J. Schumpeter]처럼 '자본주의가 발전하여 공산주의가 된다'는 견해의 대립과 유사하다. 계급투쟁의 선동인 이 선언은 '인간은 어떤 존재이며 어떻게 살아가야 하는가'라는 존재론적인 문제에서 출발한다. 그런데 민족문제나 종교, 문화 등이 배제된 세계혁명과 계급투쟁은 쉽지 않다. 가령 '노동자에게 조국이 없다'고 하더라도 민족적 이익과 상반되는 계급적 이익을 취하기는 어려우며 이슬람의 지하드[Jihad]에서 보듯이 종교적 신념을 넘어서는 계급의식도 불가능하다. 따라서 이 문제는 '노동자의 계급의식과 노동자적 정체성을 우선하는가? 아니면 민족, 지역, 종교 등을 우선하는가'의 문제로 환원한다.

참고문헌 Karl Marx and Friedrich Angels, *Communist Manifesto*, chapter 4, 1848.

참조 계급의식, 계급투쟁, 공산주의적 인간형, 노동가치설, 마르크스, 문화적 제국주의, 민족, 세계체제론, 유물론, 인정투쟁, 잉여가치, 자본주의, 제국주의, 지하드

대중문화이론
Critical Theory of Mass Culture | 大众文化批判理论

일본에 사는 D 씨는 '당신은 무슨 문화생활을 하고 있습니까'라는 질문에 4 번 '영화'라고 답했다. 이어 '그 문화 활동을 하는 이유는 무엇입니까'라는 다음 항목의 답은 3번 '재미있고 즐거우므로'를 선택했다. 한국인이나 중국인도 마찬가지일 것이다. 일본인 D 씨가 답한 영화는 현대인들이 즐기는 문화 활동으로 대중문화의 대표적인 양식이다. 이런 개념에서 대중문화大衆文化란 대중을 대상으로 생산되고 소비되는 문화이며 대중매체를 기반으로 형성된 근대문화의 한 형태로 볼 수 있다. 그런데 이 대중문화라는 개념은 첫째, 대중들의 대중적 오락행위로써 삶을 즐겁게 하는 건전한 대중의 문화와 둘째, 대중들을 수동적이면서 표피적으로 만드는 지배와 폭력의 문화라는 두 가지 의미가 있다. 이 중 두 번째 대중문화론을 이론적으로 정초한 것은 프랑크푸르트학파와 문화이론 학자들이었다.

프랑크푸르트학파Frankfurt School, 그중에서도 특히 일차원적 인간One-dimensional Man 을 이야기한 마르쿠제와 도구적 이성을 이야기한 아도르노T. Adorno, 1903~1969에 의하면 대중문화는 인간의 영혼을 빼앗아 가는 자본주의의 전략이다. 특히 자본주의 시대의 대중들은 상품에 포박당해 있을 뿐 아니라 대중매체가 쏟아내는 광고에 홀려 정신까지 잃어버린 존재다. 또한, 육체와 영혼이 모두 돈의 감옥에 갇혀 있고, 소비를 통해서만 자기 존재를 확인받는 대중들은 감각적 대중문화에 조종당하는 수동적 객체일 뿐이다. 가령 앞에서 예로 든 상업영화는 근대인들의 정신을 마비시키며 영혼을 탁하게 만드는 부정적인 기능을 한다는 것이다. 아도르노는 대중문화의 특징을 표준화^{standardization}라고 정의했다. 이때의 표준화란 자본주의 대량생산을 뜻하는 동시에 물신화된 소비주의^{Consumerism}와 규격화된 문화산업을 의미한다.

대중문화는 지배계급의 가치관과 이념을 대중들이 받아들이도록 세뇌한다. 대중문화의 철학적 의미를 분석한 아도르노에 의하면 문화는 이성의 도구로 쓰이면서 동일화시키고 표준화시키는 폭력에 이용된다. 주체와 대상의 고유성을 무시하고 표준화된 감성, 표준화된 생각, 표준화된 행위를 강요한다. 그 결과 획일적 대중문화가 널리 퍼진다. 이런 아도르노의 비판적 생각은 프랑크푸르트학파가 공유하고 있는 사상이다. 이처럼 프랑크푸르트학파에서는 대중문화가 '대중들을 사회의 권위에 순응하게 함으로써 자본주의의 모순을 용인하는 정치적 기능을 하고 있다'고 비판한다. 나아가 대중문화는 대중이 즐기는 문화라기보다는 오히려 통제와 억압을 강화하는 수단일 뿐이며 대중문화 뒤에는 파시즘과 전체주의라는 어두운 그림자가 드리워 있다고 본다. 그러므로 근대의 대중문화는 지배와 피지배의 정교한 계급 관계를 상징한다.

산업혁명 이후 자본주의 사회는 문화산업^{cultural industry}을 통하여 대량생산과 대량소비의 시장체제를 완성했다. 문화를 생산과 소비로 간주하고 시장의 상품으로 보는 문화산업은, 사람들을 수동적이고 무비판적인 자본주의형 인간으로 개조시켰다. 그리하여 사람들은 존재론적 고뇌와 정치적 비판의식을 잃어버리고 표피적 감각과 소비 욕망에 따른다. 이들은 철저하게 억압하고 통제하는 사이비 개인주의^{pseudo-individualism}나 사이비 자유주의에서 헤어나기 어렵다. 호르크하이머^{M. Horkheimer, 1895~1973}와 함께 펴낸 『계몽의 변증법^{Dialectic of Enlightenment}』에서 아도르노는 대중문화를 부정해야 할 자본주의 산업사회의 산물로 간주한다. 이들에 따르면 대중문화는 인간의 진정한 자유와 해방을 방해하는 동시에 허무주의^{Pessimism}를 조장하고 자기소외^{自己疏外}를 심화시킨다.

아도르노와 프랑크푸르트학파의 대중문화이론은 자본주의 사회의 대중문화를 보는 이론으로서, '문화산업과 대중문화가 인간을 종속시키고 마비시키며 사회변혁의 의지를 약화시킨다'는 비판이론이다. 이 비판의 핵심은, '대중문화는 취향에 의하여 선택된 오락이 아니라 인간을 노예로 만드는 억압의 기제'라는 것이다. 실제로 근대의 대중들은 수동적인 존재가 되어 타인들과 욕망을 경쟁하는 시장의 노예가 되어 버렸다. 따라서 인간은 도구화된 이성에 대하여 비판하면서 자기 존재에 대하여 깊은 성찰을 해야 한다. 그리고 사회적 모순에 대한 철저한 부정을 통하여 진정한 이성과 자유를 쟁취해야 한다. 우파 문화이론가들은 대중문화Popular culture가 섹스와 폭력을 통하여 대중을 도덕적으로 타락시킨다고 본다. 이와 다르게, 좌파 문화이론가들은 대중문화Mass culture가 생산되고 유통되는 방식 그 자체가 인간의 비판적 이성을 마비시킨다고 본다.

참고문헌 Max Horkheimer and Theodor Adorno, *Dialectic of Enlightenment : Philosophical Fragments*, edited by Gunzelin Schmid Noerr, translated by Edmund Jephcott, Stanford : Stanford University Press, 2002.

참조 문화, 문화산업(프랑크푸르트학파), 문화예술의 시장실패, 문화제국주의, 변증법, 부정변증법, 욕망기계, 이성, 인간소외, 자본주의, 포퓰리즘

국민국가/민족국가

Nation State | 民族国家

'국가와 국경을 나누는 최초 원시적인 그리고 진정한 의미의 자연적 국경이란 의심할 수 없는 내적인 국경입니다. 같은 언어를 쓰는 사람들은 모든 인위적인 것에 앞서서 자연적인 본성 그 자체에 의해서 이미 눈에 보이지 않는 무수한 관계로 연결되어 있습니다.' 연설문 형태인 이 글은 피히테Johann Gottlieb Fichte, 1762~1814의 「독일 민족/국민에게」1807~1808 또는 「독일 국민에게 고함Reden an die deutsche Nation」이다. 1806년 프랑스와의 전쟁에서 패한 독일인들에게 민족정신을 고취하기 위하여 작성된 이 글은 '국민국가/민족국가와 민족/국민이 무엇인가'를 생각하게 한다. 피히테에 의하면 절대자아 안에서 타자가 분리되어 비아非我가 성립한다. 또한, 피히테는 자아의 활동이 민족으로 퍼지며 자아自我는 비아非我에 대한 저항을 통하여 자유를 실현하는 것으로 보았다.

국민국가는 베스트팔렌조약1648 이후 18세기와 19세기에 유럽에서 출현했다. 국민국가는 자유시민인 국민이 만든 국가로서 국민, 영토, 주권의 삼 요소가 기본인 근대적 국가다. 근대 국민국가에서는 국민을 인종이나 종족이 아닌 민족nation으로 보며 백성이나 민중이 아닌 시민citizen으로 본다. 또한, 국민국가는 국민교육을 통해서 국민을 만들며 자국 역사를 통하여 공동체 의식을 고양한다. 국민국가의 기본이념은 '모든 주권은 국민에게서 나온다'. 그리고 '국가 위에 다른 권력은 존재하지 않는다'로 압축되며 '모든 국민은 평등한 권리와 의무가 있다'고 정리된다. 국민이 주권을 가지는 국민국가에서는 국민이 피통치자인 동시에 통치자가 되는 자치를 기본으로 한다. 그런데 국민국가는 정치공동체나 경제공동체이기도 하지만 민족어, 민족문화, 민족감정, 민족의식, 민족적 정체성 등을 토대로 하는 문화공동체의 성격이 짙다.

국민국가는 왕자와 공주가 결혼하여 나라가 통째로 교환되면서 사람들의 국적이 바뀌는 중세의 봉건국가도 아니고 지배자 또는 지배계급이 주권主權을 독점하는 전체주의 국가도 아니다. 원래 '국민natio'은 라틴어로 '일정한 영토에 사는 사람'이라는 의미였는데 신성로마제국과 비잔틴의 영토분쟁에서 처음 쓰였다. 인쇄술의 발달로 지식과 문해력literacy을 가지게 된 부르주아들은 프롤레타리아와 협력하면서 보수 세력에 도전하여 봉건 지배질서를 해체했다. 이것이 1789년 프랑스대혁명으로 상징되는 부르주아 시민혁명이다. 이를 기점으로 근대사회와 국민국가가 출현하게 되었고, 비서구 국가들은 유럽의 국민국가를 받아들여 근대적인 국가체제를 갖추었다. 하지만 국민국가國民國家에서 민족 개념을 배제하고 민족이 아닌 국민이 주체가 되는 국가로 보는 관점도 있다.

근대의 국민은 통치와 수탈의 대상이 아니라 스스로 통치하는 주체다. 과거의 봉건국가 또는 전제국가는 국민이 통치의 주체가 아니었다. 반면 근대에 성립한 국민국가는 중앙집권과 민족적 정체성을 중요한 특징으로 하는 국민의 국가다. 국민국가의 국민은 '국경 바깥에 타자가 있다'는 배타적 공간개념을 통하여 정치경제와 문화예술의 공동체 의식을 공유한다. 이런 이유 때문에 국민국가는 다른 국민국가와 대립하는 경우가 많고 국가 내의 소수자를 차별하는 경우가 많다. 또한, '조국의 주인은 나다'라는 것과 같은 강력한 주체의식으로 인하여 자민족중심주의Ethnocentrism와 민족적 우월감이 지나친 경우도 많다. 많은 사람은 국민국가를 국민문화 또는 민족문화를 토대로 하는 실제의 공동체라고 보는 경향이 있다. 반면 베네딕트 앤더슨B. Anderson은 근대의 국민국가와 민족은 현실 속에 있는 실제의 공동체actual communities가 아니라 마음속에 있는 상상의 공동체라고 설명한다.

다민족국가의 예에서 보듯이 국민國民과 민족民族이 다르다고 보는 견해도 있다. 국민은 국가를 구성하는 사람people의 개념에 가깝고 민족은 역사와 경험을 공유하는 종족種族에 가깝다. 가령 스위스와 미국처럼 다민족이 하나의 국민국가를 건설할 수도 있고, 공식명칭이 여전히 왕국인 영국The United Kingdom이나 전통적인 다민족국가인 중국, 그리고 이란이나 이라크와 같은 종교 국가 등이 국민국가와 혼재되기도 한다. 한편 국가소멸론과 세계국가론의 관점에서 보면 국민국가는 사라지거나 다른 체제로 바뀌어야 하는 근대의 산물이다. 특히 세계화가 가속화되면 국민국가의 국민national citizen, 지역적 정체성을 가진 지역 시민regional citizen, 세계의 세계시민global citizen이라는 삼중의 정체성이 더욱 강해질 것이다. 이 관점은 민족국가/국민국가로부터 세계(연방)국가로 이행할 것으로 보는 견해다.

참고문헌 Johann Gottlieb Fichte, *Addresses to the German Nation*, edited by Gregory Moore, Cambridge University Press, 2008.

참조 근대·근대성, 민족, 민족문화, 민족적 낭만주의, 민족주의, 민족지, 상상의 공동체, 세계체제론, 실제의 공동체, 언어 민족주의, 자본주의, 자아와 비아, 제국주의, 주체·주체성, 초민족주의, 프랑스대혁명

대화혼

Japanese Spirit | 大和魂

'덴노 헤이카 반자이天皇陛下 萬歲!' 가미카제神風 특공대들은 이렇게 외치고 비행기에 올랐다. 그리고 그들은 미군 전함에 부딪히면서 대일본제국의 이름으로 산화散花했다. 가미가제 특공대는 자살공격대였다. 또한, 일본군은 오키나와에서 패할 것이 분명한 열세에서도 만세 돌격을 감행하여 옥새玉碎했다. 그러면서 이들은 벚꽃처럼 화려하게 피었다가 장렬하게 죽는 무사도武士道를 실천한다고 믿었다. 제2차 세계대전 당시 이렇게 죽은 군인들은 일본 정신의 화신으로 추앙받고 있다. 이 특이한 죽음의 형식은 일본적인 것의 특질이자 특징이다. 일본인들은 이것을 대화혼 또는 일본 정신이라고 하는데 화혼和魂 또는 대화심大和心과 같은 뜻이다. 따라서 대화혼은 일본인의 전통적 생활, 문화, 예술, 역사에 내재하는 일본 특유의 정신이다. 대화혼은 일본인의 일상에서 잘 드러나지만, 근대 일본의 민족주의와 군국주의와도 관계가 있다.

일본인들의 집단의식인 동시에 집단무의식이기도 한 대화혼大和魂, ヤマトダマシ—, yamato damashii은 건국신화로부터 유래한다. 일본의 국조신 신무천황神武天皇은 대화나라 지방에 국가를 건설했다고 하는데 이것이 훗날 '나라奈良의 정신, 또는 나라를 중심으로 한 화합'이라는 의미의 대화혼 또는 일본 정신으로 진화했다. 원래 화和는 서로 조화하는 화목한 상태를 의미하고 대大는 큰 것이지만 이 조어에서는 가장 중요하고 큰 민족과 국가의 통일된 수준을 의미한다. 따라서 대화大和는 운명공동체인 일본의 정신과 영혼을 바탕으로 화합하자는 철학이자 사상이다. 그러므로 대화혼은 개인보다 일본이라는 집단을 우선하는 공동체 의식이며, 국가와 민족의 통일된 정신이면서 생물학적으로는 종족보존을 위한 이기적 유전자Selfish gene로 볼 수 있다. 또한, 화和는 만세일계萬世一系, ばんせいいっけい인 천황을 중심으로 화합해야 한다는 명목론이기도 하다.

중국 당나라로부터 영향을 받은 헤이안 시대平安時代, 794~1185에 중국에서 건너온 한학漢學과 달리 일본의 대화大和는 실생활에서의 지식, 지혜, 능력, 감각 등 일본인 고유의 의식과 언행을 가리키는 개념이었다. 이 말은 헤이안 시대의 장편소설 「겐지모노가타리源氏物語」 21장에 중국의 문물을 재才라고 하고 일본의 정신과 방법을 화和라고 한 것에서 찾아볼 수 있다. 여기서 유래한 화혼한재和魂漢才는 근대의 화혼양재和魂洋才에 상응하는 개념으로 일본을 테제로 놓고 안티테제에 당의 중국이나 서구를 놓으며 이 두 대립 항이 새로운 일본적인 것으로 통합된다는 변증법적인 개념이다. 한편 에도 시대江戶時代, 1603~1867의 모토오리 노리나가本居宣長는 유학자의 한학숭배와 중화사상에 대항하여 야마토고코로大和心를 강조함으로써 일본적 미의식과 일본문화의 특성을 주창했다.

1867년 시작된 메이지유신을 거쳐서 제국주의가 된 일본은, 패권을 행사하여 조선을 포함한 아시아 국가들을 침략하기 시작했다. 이 과정에서 대화혼은 불패의 정신, 무사의 용맹, 항복하지 않는 자세, 일본제국의 사상 등으로 잘못 쓰이면서 전투적인 개념으로 바뀌었다. 그리하여 일본 극우주의의 토대가 되었고 여기에 천황에 대한 충성과 일본 국토에 대한 사랑이 부가되었다. 전통적 사무라이와 근대초기의 낭인浪人들은 특히 야마토다마시이를 강조했다. 군국주의 체제에서 무를 숭상한 일본은 대화혼을 문화적 우월감과 인종적 우수성에 연결했고 패권주의와 침략주의를 미화하는 사상으로 이용했다. 비교적 유순하고 섬세한 일본인들이 대화혼을 바탕으로 호전적인 자세를 취했다는 것은, 할복자살하면서 일본 군국주의 부활을 주장한 여성적 기질의 소설가 미시마 유키오의 정신구조에서 잘 드러난다.

세계대전 직후 일본인의 정신구조를 분석한 베네딕트Ruth Benedict, 1887~1948는

『국화와 칼*The Chrysanthemum and the Sword: Patterns of Japanese Culture*』1946에서 평화를 은유하는 국화와 전쟁을 은유하는 칼을 대비하면서 일본인의 정신구조를 분석했다. 일본인의 이중성과 양면성을 역사와 정신으로 해석한 이 책에서 베네딕트는 공격적인 군국주의의 발흥을 대화혼으로 설명한다. 특히 대화혼은 칼이 상징하는 사무라이 정신에서 기원하는데 칼은 자기절제와 책임의식을 의미하는 것이면서 집단과 종족의 위험에 대해서는 용맹과 희생으로 여겨진다. 그런 점에서 많은 일본인은 화려한 벚꽃을 사무라이 정신과 함께 대화혼의 정수로 보기도 한다. 한마디로 대화혼, 야마토다마이시는 일본이 중국과 서구를 포함한 여러 민족과는 다른 정신구조와 문화특질이 있다는 것이면서 그것을 주체화하기 위한 개념이자 철학이다.

참고문헌 Ruth Benedict, *The Chrysanthemum and the Sword : Patterns of Japanese Culture*, Rutland, VT and Tokyo, Japan : Charles E. Tuttle Co, 1954.

참조 대정봉환, 무사도, 메이지유신, 이기적 유전자, 정신, 정한론, 제국주의, 중화주의, 집단무의식, 탈아입구 탈아론

문화사회

Cultural Society | 文化社会

집시 여인 카르멘의 치명적인 매력에 빠진 하사관 돈 호세는 결국 살인을 하고 말았다. 비극적인 이야기를 다룬 비제의 〈카르멘Carmen〉은 자유분방한 집시 사회를 상징적으로 보여주는 오페라다. 이처럼 집시gypsy들은 유랑하면서 살지만 독특한 문화적 공동체를 이루고 있다. 유대인猶太人 역시 세계 각지에 흩어져 살지만 강력한 문화적 유대감을 가지고 있다. 집시사회와 유대인 사회의 공통점은 '문화적 정체성, 동질성, 일체감, 단일성을 공유하고 있다'는 것이다. 일반적으로 문화culture, 文化란 인류가 축적한 유무형의 물질과 정신의 총체다. 한편 사회society, 社會는 정치, 경제, 문화의 고유성과 배타성을 가진 개인들의 집합체로서, 구체적으로 존재한다는 실재론과 명목상으로만 존재한다는 명목론에 따라서 정의되는 인간의 생존방식이다. 그렇다면 문화와 사회가 결합한 문화사회가 가능할까?

세계적으로 문화사회文化社會라는 개념은 21세기 초까지 정립되지 않았다. 하지만 문화사회는 인류가 지향해야 하는 역사적 전망이고 국가와 민족이 가진 배타성을 넘어선 열린 사회의 구성 원리라는 점에서 가능한 개념이다. 일찍이 독일은 1817년에 문화국가文化國家, Kulturstaat를 국가이념으로 설정한 이래 지속해서 국가의 문화적 가치를 강조했다. 여기서 말하는 문화국가는 경찰국가나 종교 국가 등과 다른 개념인데 '문화적 이상으로 국가를 설계한다'는 뜻이었다. 이 맥락의 문화국가는 민족주의 이후의 역사 단계를 지칭하는 개념이다. 간단히 말하여 문화국가는 문화사회를 국가 제도로 채택한 국가형태라고 할 수 있다. 한편 문화사회는 문화적 유토피아Cultural utopia와 관계가 있으며 '국가와 사회가 진보한다'라고 보는 역사철학에 바탕을 두고 있다. 또한, 문화사회는 경제결정론이나 정치 결정론이 아닌 문화 결정론의 성격이 있으나 문화만을 절대적인 것으로 보지 않는다.

이에 근거하여 문화사회를 정의해 보면 첫째, 문화가 사회구성의 원리인 사회이며 둘째, 문화적 가치가 다른 가치보다 중요시되는 사회이고 셋째, 문화를 통하여 사회변혁을 이루고자 하는 열망이며 넷째, 진정한 인간해방을 향한 의지이고 다섯째, 다양한 문화를 인정하는 열린 사회다. 그런 점에서 문화사회는 배타적 민족주의, 종족주의, 닫힌 사회, 종교적 폐쇄주의에서 벗어나서 다인종, 다민족, 다문화, 다종교 등의 이질성과 다양성이 혼재된 복합적인 사회를 지향한다. 또한, 문화사회는 문화를 중심으로 하는 이상적인 사회를 의미하는 동시에 그런 사회를 만들고자 하는 열망과 의지이다. 또한, 문화사회는 상상의 공동체가 아니라 문화를 통한 실제의 공동체Actual communities다. 문화사회와 가까운 개념은 문화 공동사회Kultur Gemeinschaft와 문화이익사회Kultur Gesellschaft다.

공동사회와 이익사회를 정초한 독일의 사회학자 퇴니에스F. Tönnies, 1855~1936는 공동사회를 혈족, 지역, 종교 등으로 이루어진 사회라고 설명했고, 이익사회를 각 개인의 이익에 의하여 자율적으로 결합한 사회라고 설명했다. 퇴니에스의 개념을 문화사회에 적용해 보면 문화 공동사회와 문화이익사회가 된다. 그런데 문화사회는 공동체라는 점에서 문화 공동사회의 성격이 있는 동시에 결사체라는 점에서 문화이익사회의 성격도 있다. 따라서 문화사회는 '문화적인 사회'를 부분집합으로 가지는 전체집합이다. 문화적인 사회는 '문화적이라는 것은 무엇인가'의 문제로 환원한다. 첫째, 문화적 사회Cultural society는 문화가 사회의 바탕이 되고 삶의 기준이 되는 사회를 말한다. 둘째, 문화적 사회는 긍정적인 물질문화와 정신문화를 사회의 토대로 삼는 민주주의 사회를 말한다. 따라서 문화적 사회는 문화와 사회를 결합한 합성명사가 아니라 문화적인 것에 의미를 두는 사회다.

문화사회와 문화적 사회는, 유사하지만 문화적 사회보다 문화사회가 더 강한 의미를 내포하고 있다. 왜냐하면, 문화사회는 문화적 사회현상을 넘어서 생태환경과 인권을 아우르는 문화운동인 동시에 인간을 주제로 한 문화철학文化哲學이기 때문이다. 한편 문화의 여러 요소나 문화의 성격을 객관적으로 연구하는 것을 문화사회학文化社會學이라고 한다. 문화사회학은 사회학의 하위영역으로 문화의 제도와 구조를 연구하는 학문이다. 한편 문화사회文化社會는 문화가 삶의 중심인 이상적인 사회라는 뜻의 보통명사이지만 (다문화주의와 문화다양성의 기조에 따르는) 차별 없는 평등사회라는 뜻의 대명사이기도 하다. 문화사회와 유사한 문화와 사회Culture and Society는 문화와 사회를 독립 영역으로 설정하고 두 영역의 관계를 문화적으로 이해하려는 관점이다.

참고문헌 Oliver Scheytt, *Kulturstaat Deutschland, Plädoyer für eine aktivierende Kulturpolitik*, transcript, Verlag : Bielefeld, 2008;「문화사회연구소 설립취지문」, 문화연대 부설 문화사회연구소, 2010.6.17.

참조 결정론, 다문화주의, 문명, 문예사조, 문화, 문화다양성, 문화상대주의, 문화생태계, 민족문화, 유토피아, 자기 정체성, 주체·주체성

죽음 충동

Death Drive/Thanatos | 死亡引擎

어느 날 P는 '죽어 버릴까'라고 중얼거린다. 발화되지는 않지만 '콱'과 같은 의성어와 의태어를 동반하여 죽음을 생각해 본 것이다. P의 마음에서 발화하는 이 심각한 문장의 '콱'이라는 단어는 죽음을 충동적으로 대한다는 것을 상징한다. 원래 인간은 삶과 죽음의 경계를 오가면서 살기 때문에 아차 하면 이승을 넘어 저승으로 들어선다. 잘살아야 하겠다는 욕망, 의지, 투쟁, 생산과 같은 생존의 본능 바로 곁에는 절망, 허무, 파괴, 망각과 같은 죽음의 본능이 있다. 모든 존재의 최종 결론은 죽음이다. 그래서 하이데거는 인간을 죽음을 향한 존재being-toward-death라고 했다. 인간을 포함한 모든 생물은 죽어야만 하는 존재이고 죽기 위해서 사는 존재다. 그러므로 죽음 충동은 죽고자 하는 의지, 죽음에 대한 충동, 죽음을 향한 욕망, 죽을 수밖에 없다는 체념, 빨리 죽어서 원래의 상태로 돌아가고자 하는 회귀본능回歸本能이다.

프로이트는 죽음 충동을 삶의 충동인 에로스Eros와 대비되는 타나토스thanatos로 설명한다. 생존욕망life drive인 성욕, 식욕, 갈증, 조화를 포함하는 모든 생산적인 행위와 반대되는 것이 타나토스의 심리다. 그리스신화에 등장하는 타나토스는 죽음을 의인화한 개념이지만 다른 신과 달리 인격화된 신은 아니다. 타나토스는 밤의 신 닉스와 어둠의 신 에레보스Erebus의 아들인데 밤의 정적과 적막이라는 의미로 쓰인다. 또한, 죽음으로 인도하는 저승사자使者 타나토스는 철의 심장과 청동의 마음을 가진 비정한 신으로 묘사된다. 이 개념을 심리학에 적용한 프로이트는 성 충동 또는 성적 본능인 리비도libido가 인간의 의식과 무의식을 지배하는 강렬한 생명의 힘이라고 보았으나 말년인 1926년경부터는 죽음 충동으로 인간의 마음을 이해하고자 했다. 인간은 강렬한 리비도에 지쳤을 때 리비도를 철수하고 타나토스를 통하여 휴식과 휴지의 시간을 갖는다는 점에서 리비도와 타나토스는 상보적이다.

라틴어 타나토스와 그리스어 모르스mors는 자기파괴, 절망, 부정, 공격, 망각 등을 의미하는 죽음의 신이다. 프로이트가 타나토스라는 어휘를 쓴 적은 없지만, 리비도와 타나토스로 인간의 양면적 속성을 설명하고자 했기 때문에 심리학의 용어로 여겨진다. 그는 인간의 속성 중 자기를 파괴하여 무기물로 환원시키려는 죽음 충동, 즉 '타나토스는 무의식에 내재하지만, 표면에 드러날 때는 충동적이다'라고 설명한다. 죽음 충동은 삶의 긍정적 힘인 리비도와 에로스의 대립을 유발하는 한편 그 반동으로 휴식과 평화를 추구하도록 한다. 또한, 쾌락원리와 현실원리에 따르지 않는 가학이나 피학被虐과 같은 자극적인 양태, 그리고 트라우마trauma처럼 부정적인 것을 반복하는 행위가 죽음 충동과 연결되어 있다. 그 죽음 충동의 내면에는 죽고자 하는 의지가 도사리고 있다.

죽음 충동은 쇼펜하우어A. Schopenhauer, 1788~1860의 철학, 특히 삶에 대한 해석으로부터 영향을 받아 성립된 개념이다. 쇼펜하우어는 존재하고자 하는 의지가 강할수록 고통이 심화되는 한편 부정적이고 부도덕할 수밖에 없다고 보았다. 아울러 존재하지 않고자 하는 의지가 강해야만 긍정적이고 도덕적일 수 있다고 주장했다. 한마디로 인간의 욕망을 잠재우려면 살고자 하는 맹목적 생존 의지를 정지시키거나 약화시켜야 한다고 보았다. 따라서 그의 염세주의厭世主義는 부정을 통한 긍정이지만, '삶을 고통으로 이해하는 한편 극복해야 할 실체로 보았다'는 점에서 불교적 세계관과 상통하는 면이 있다. 하지만 죽음 충동은 무의식에 존재하므로 '죽어야겠다'처럼 표면화되는 경우가 드물지만, 일단 죽음 충동과 의지가 결합하면 자살과 같은 형태로 실행된다는 점에서 현실적인 문제를 일으킨다.

그러나 종교적 순교殉敎나 만세 돌격과 같은 자살행위는 충동이 아니라 신념과 같은 정신적인 차원이므로 죽음 충동과는 다르다. 이런 죽음은 실제로 죽어야겠다는 죽음 충동이 아니라 그 반대인 생존본능, 즉 더 큰 삶을 위해서 죽는 이기적 유전자selfish gene의 이기적 죽음 또는 생산적 죽음이다. 그런 점에서 죽음 충동을 또 다른 상태로 변화하려는 무의식적 욕망으로 보기도 한다. 이 죽음 충동을 제어하고 조정하는 이성적인 자아ego나 도덕, 윤리와 같은 초자아super-ego가 작동하지 않을 때 충동적 죽음에 이를 수 있다. 어떤 경우에도 죽는 것은 대단히 중요한 의미가 있는 것이며 죽음은 인간을 포함한 유기체의 권리이자 특성이다. 그래서 그리스신화에 등장하는 여러 신은 죽을 수 있는 인간과 죽지 못하는 자신을 대비하여 죽음을 하나의 축복으로 여기기도 했다.

참고문헌 Sigmund Freud, *Beyond the Pleasure Principle*, translated by James Strachey, Create Space, 2010.

참조 거울단계, 니힐리즘/허무주의, 리비도, 맹목적 생존의지, 무의식, 방어기제, 성충동, 이기적 유전자, 자아, 죽음에 이르는 병, 트라우마, 현존재 다자인

문화자본[부르디외]

Cultural Capital | 文化资本

J는 베토벤의 피아노 협주곡 〈황제Piano Concert, 5 Eb Kaiser〉가 흘러나오자 불편한 표정을 숨기지 않았다. 대중가요를 즐겨듣는 그에게 고전음악은 어울리지 않았다. 이것을 한 사람이 가진 문화적 아비투스habitus라고 한다. 취향인 것처럼 보이는 이것은 사실, 계급과 신분이 표면으로 드러난 현상이다. '문화적 차이가 왜 계급적 차이인가'를 생각한 것은 프랑스의 철학자 부르디외P. Bourdieu, 1930~2002다. 그래서 그는 문화를 '인간을 차별하고, 권력을 부여하며, 사람을 지배하는 자본'으로 간주했다. 문화자본이라는 어휘는 1977년 부르디외와 장 클로드 파스롱Jean-Claude Passeron이 『교육, 사회 그리고 문화의 재생산Reproduction in Education, Society and Culture』에서 처음 사용했다. 이들이 말하는 문화자본은 아비투스習性와 같이 상징적으로 드러나는 취향을 포함하여 개인 또는 집단이 가지고 있는 문화예술과 관련된 능력, 자산, 가치 등이다.

문화는 경제나 권력 못지않게 신분과 계급에 결정적 영향을 미친다. 가령 상류계층의 부모는 자녀에게 예절, 행동 양식, 습관, 아비투스, 예술 감상능력, 외국 경험, 명문 학교 졸업장, 예술작품 등을 물려주는 것을 통하여 지배계급의 신분을 상속한다. 이런 불평등을 해소하고 싶었던 부르디외는 1973년 '지배계급이 신분을 상속하는 것을 차단해야 한다'라고 주장했다. 그리고 1986년, 자본의 형태를 다음과 같이 세 가지로 구분했다. 첫째, 경제자본economic capital은 현금, 주식, 토지, 각종 소유권 등 유무형의 자산이고 둘째, 사회자본social capital은 단체 회원이나 인간관계 등 집단과 관계된 사회자산이며 셋째, 문화자본cultural capital은 지식, 기술, 교육, 예술 등 문화와 예술에 관련된 자산이다. 훗날 부르디외는 넷째, 상징자본symbolic capital을 추가했는데 상징자본은 위신, 명예, 평판, 존경, 공로, 위엄, 가치 등의 추상적 비물질이면서 그것이 합법적으로 인정되는 자본이다.

위의 네 가지 자본 중 문화자본은 문화와 예술의 해독능력, 인지능력, 미적 취향, 감상능력, 적응능력 등이다. 또한, 문화자본은 문화예술에 대한 이해력과 향유능력인 동시에 이를 바탕으로 한 문화생산능력이다. 부르디외는 문화자본을 다시 세 가지 유형으로 구분했다. 첫째, 체화된 문화자본embodied cultural capital은 유전적으로 주어진 것은 아니지만 오랜 시간을 통하여 습득된 언어, 행동, 인식의 방법, 예술 감상능력 등이며 둘째, 객관적인 문화자본objectified cultural capital은 피카소의 그림이나 베토벤의 피아노 협주곡처럼 구체적인 실체이며 셋째, 제도화된 문화자본institutional cultural capital은 사회가 인정하는 명문 학교 졸업장이나 와인 테스트 자격증 등과 같이 경제자본으로 교환 가능한 잠재적 자본이다.

문화자본론에서 문화는 계급투쟁의 현장이다. 대체로 문화자본은 교육을 통해서 형성된다. 개인은 가정교육, 학교 교육, 사회교육 등의 특별한 교육을 받으면 자연스럽게 문화자본을 취득한 다음 상류 지배계급에 편입된다. 부르디외적 개념에서 사회적 관계들이 형성되는 영역을 장field이라고 한다. 공간적 장소를 넘어서 사회적 관계를 의미하는 장場은 인간이 처한 상황이면서 인간이 맺는 관계의 총체이다. 그러므로 사람들은 생활의 현장인 장에 사는 문화적 존재인 동시에 문화자본을 얻고자 쟁투를 벌이는 인정투쟁認定鬪爭의 주체이다. 문화자본의 쟁투 과정에서 차이와 구별 짓기가 행사되고 계급과 집단이 나뉜다. 그러므로 부르디외에 의하면 '교육을 통하여 공정하게 신분이 결정된다'는 주장은 허위이다. 왜냐하면, 상류 지배계급은 경제자본이나 사회자본은 물론이고 문화자본을 통해서 신분을 상속하기 때문이다.

마르크스주의 계보로 볼 수 있는 문화자본론의 핵심은 '상류 지배계급의 부당한 상속은 차단되어야 한다'는 것이다. 하지만 문화자본론은 '신분과 계급의 상속은 그렇게 기계적이지 않다'는 문제점이 있다. 또 다른 문제점은 문화자본론은 '지나치게 구조주의적이며 문화의 개념을 상류계급의 문화에 한정할 뿐아니라 교육과 문화 그리고 신분의 관계를 결정론으로 이해한다'는 점이다. 한편 문화자본은 문화적 자본이라는 자본주의資本主義 관점에서 사용되는 경우가많다. 자본주의의 관점에서 보면 문화도 화폐나 상품과 같은 자산 또는 자본이다. 자본주의 체계에서 문화자본은 자본의 한 종류일 뿐이며 문화산업이나 문화예술경영을 통하여 이익을 창출하는 생산적 도구다. 문화를 단순한 자본으로 보는 것은 이윤을 추구하는 자본주의 개념이기 때문에 부르디외의 문화자본론과는 거리가 있다.

참고문헌 Pierre Bourdieu and Jean Claude Passeron, *Reproduction in Education, Society and Culture*, Sage Publications, 2000.

참조 결정론, 계급투쟁, 구조주의, 독사, 문화, 문화산업[프랑크프르트학파], 문화상대주의, 문화제국주의, 상징, 상징권력, 상징자본, 상징폭력, 아비투스, 인정투쟁, 자본주의

의학적 시선

Medical Gaze | 医学凝視

의사들은 간혹 플라시보placebo라는 가짜 약을 처방한다. 환자를 한 번 '척' 응시한 의사는 환자의 생각과는 반대되는 진단을 내린다. 환자로부터 정신이나 감정을 배제하고 환자의 신체만을 과학적으로 분석하여 가짜 약을 처방하는 것이다. 실제 약이 필요하지 않은 때 처방하는 이 약은 심리적 효과를 내면서 인체에는 해가 없다. 플라시보 처방은 치료와 같은 의료행위를 넘어서 사람을 대하는 의학적 태도 즉, 근대사회와 의학의 관계를 설명하는 중요한 시선視線이다. 그 의학적 시선은 의사가 환자를 대하는 의사의 시선과 태도를 넘어서서 과학이 인간과 세상을 결정한다는 사회학 이론이다. 따라서 의학적 시선은 단순한 진찰과 처방을 넘어서 의학적 판단이 의학적 언어로 변화되어 사회적으로 기능하는 시선이다. 의학적 시선이 등장한 것은 근대 실험의학이 발달했기 때문이다.

계몽주의와 합리주의를 근거로 한 근대의 실험의학實驗醫學은 과학적 실험과 관찰을 근거로 인간의 몸을 해석했다. 특히 임상의학clinical medicine은 해부학의 도움을 받아서 인간의 신체를 과학의 이름으로 분해分解하기 시작했다. 그래서 신의 영역 또는 정신의 영역이었던 인간의 신체를 과학이라는 이름의 영역으로 이동시켰다. 그 결과 인간의 신체는 관찰의 대상인 동시에 치료의 대상으로 바뀌었는데 이를 통하여 의사는 사제司祭나 추장酋長이 하던 일을 담당하게 되었다. 이것을 푸코M. Foucault, 1926~1984는 임상의학의 탄생이라고 명명했다. 푸코에 의하면 임상의학은 단지 외적 요인을 주로 하는 계통의학系統醫學과 달리 인간을 실험, 해부, 관찰, 치료의 대상으로 삼는 동시에 지식의 대상으로 삼았다. 그리하여 사람들의 신체를 관리하는 의사들이 경찰과 유사한 권력을 행사할 수 있게 되었다.

근대국가에서 인간의 신체는 국가의 교육, 징병, 세금, 노동, 봉사 등의 대상이기 때문에 개인의 소유물이 아니다. 여기서 새로운 영역이 파생했다. '질병을 어떤 방식으로 말하는가'라는 담화방법이다. 이것을 푸코는 의학적 담화Medical discourse 즉 '어떤 질병을 말하는 방법'이라고 정의했다. 이렇게 하여 과학이라는 이름의 의학적 이성이 신체를 통하여 인간을 새롭게 해석하기 시작했다. 그 결과 '어떤 증상을 어떻게 표현하는가'가 중요해졌다. 가령 〈바보들의 배Ship of Fool〉가 상징하는 광인들에 대한 억압, 규율, 추방, 배제에서 보듯이 의학적 시선은 근대 이성의 중요한 담론이다. 아울러 '광기를 어떻게 다루어야 하는가'와 같은 의학적 시선에 의한 의학적 결정과 의학적 담화가 중요해졌다. 그러니까 질병을 계통으로 분류하여 치료하는 것을 넘어서서 인간의 신체에 사회적 담론과 국가 이데올로기가 개입하기 시작한 것이다.

의학적 시선에 따른 의학적 결정은 국민의 신체를 사회와 국가의 부속물로 간주하게 만든다. 근대사회에서 인간의 신체는 의학적 시선에 노출된 피사체와 같다. 예를 들어, '천벌을 받았다'라고 했던 비과학적 담화가 근대에서 '급성맹장염으로 죽었다'는 과학적 담화로 바뀔 때 이것을 판정하는 것은 의학과 이성이다. 그러므로 흉악한 살인자가 행한 행동을 정신적 이상증세라고 정신과 의사가 판정하게 되면 일반 살인죄 적용을 받지 않는다. 그리하여 인간의 신체를 왕의 권력, 사제의 기도, 무당의 기원, 어머니의 소망 등과 같이 비이성적으로 다루던 것을 대신하여 의학적 시선이라는 생체권력生體權力이 태동한 것이다. 고대 그리스의 히포크라테스는 「선서Hippocratic Oath」에서 의사는 '자신의 능력과 판단에 따라 환자에게 도움이 되는 치료만을 해야 하고 해가 되거나 상처를 주는 일은 하지 않아야 하며 전문인으로서 모범이 되는 삶을 살아가야 한다'고 선언했다.

고대의 의학적 시선이나 태도와 달리 근대의 의학적 시선은 과학적 사실에 상당한 의미를 둔다. 그래서 의학은 지식이 되는 것이다. '지식이 권력knowledge is power'인 근대사회에서 인간의 신체를 대상으로 하는 의학적 시선은 강력한 의학적 권력으로 작동한다. 근대의 의학은 생체권력과 미시권력micro-power이 된 것이다. 이때 의사는 질병을 치료하는 과학자인 동시에 권력을 행사하는 권력자가 된다. 그것은 공중보건의 중요성으로 인하여 모든 사람이 국가의 보건체제로 편입되기 때문이다. 이처럼 신체에 관련된 미시권력이 의학적 시선으로부터 출발한다는 고고학적 방법은 푸코의 탁월한 혜안이 찾아낸 인간에 대한 의미있는 해석이다. 이처럼 푸코가 말하는 의학적 시선이란 검증된 의사의 시선이자 근대의학의 실증주의적 시선이다.

참고문헌 Michel Foucault, *The Birth of the Clinic : An Archaeology of Medical Perception*, London, 1973.

참조 계몽주의/계몽의 시대, 과학주의, 광기, 권력의지/힘에의 의지, 근대·근대성, 논리실증주의, 생체권력, 실험의학, 원형감옥, 이성, 이성론/합리주의, 인간(신체)

일차원적 인간

One-Dimensional Man | 单向度的人

좋은 차를 타고 다니는 청년 P는 드디어 자신도 이런 소비를 할 수 있는 상류 계층이 되었다는 생각에 뛸 듯이 기뻤다. 마치 차가 자신인 것 같고 자신이 차인 듯했다. 얼마 후 P는 차車로 상징되는 상류사회에 진입하기 위하여 고급차클럽에 가입했다. 그런데 얼마 지나지 않아서 그들 중 대다수가 무리한 대출로 비싼 고급 차를 사고, 차를 매개로 상류사회를 동경한다는 사실을 알았다. 이것은 실제 생활에 필요한 것이 아니라 허영이 명령하는 가짜 욕망에 따른 결과였다. 타인의 욕망을 자기의 욕망으로 착각한 것이다. 이 우화에 등장하는 청년의 영혼은 차車라는 상품에 저당 잡혀 있다. 왜 이런 현상이 벌어질까? 자본주의 사회에서는 자신의 존재를 돈과 소비로 입증해야 하는데, '나는 이런 소비를 할 수 있는 사람이다, 또는 저런 소비를 하는 너는 저런 사람들과 어울려라'와 같은 차별로 자기 정체성을 확립하고 이것을 토대로 타자와의 관계를 설정한다.

물질을 통하여 자신의 존재를 입증하려는 이런 태도는 물신화된 현대사회의 특징이다. 진정한 가치인 사용가치使用價値가 아닌 거짓 가치인 교환가치交換價値를 추구하는 근대의 자본주의는 인간을 자본의 노예로 만들어 버린다. 그리하여 자본이 인간을 비인간화시키고, 수탈하며, 인간이 자본과 기술이 만든 상품의 노예가 되는 물신화 현상이 가속화된다. 자본주의에서 인간은 시장과 자본에 철저하게 길들어 있다. 그 결과 억압으로부터 해방되어야 하는 근대인들은 자본주의에 저항하지 않고 그에 순응하면서 자신을 잃어버린다. 모든 것은 자유를 가장한 선택이다. 또한, 교조적 마르크스주의 역시 계급투쟁과 프롤레타리아혁명을 통한 사회변혁을 철회하지 않는다. 프랑크푸르트학파는 이런 교조적 태도를 비판하고 데카르트와 칸트 그리고 프로이트를 접목하여 비판이론을 전개했는데 그런 사상사의 과정에 마르쿠제가 놓여 있다.

이런 현상을 독일의 철학자 마르쿠제^{H. Marcuse, 1898~1979}는 '고상한 노예'의 식민화된 선택이라고 규정했다. 그러니까 이들은 자유의지로 무엇을 선택했다고 믿지만, 사실은 보이지 않는 자본주의 통제구조에 의해서 피동적으로 선택한 것이다. 그러므로 (숨 막히는 체제 속에서는) 행복은 가상이고 허위일 뿐이다. 자본주의는 가상과 허위가 화려하게 포장된 표피적 사회다. 이 산업사회는 근본적인 성찰과 비판이 없는 닫힌 사회이고 따라서 '반대 없는 사회'다. 성찰과 비판과 반대가 없으므로 노예화된 인간의 해방은 요원하다. 그것은 미국과 같은 자본주의 사회의 병폐이며 돈이 인간의 신이 되는 물신화物神化 현상의 단면이다. 마르쿠제는 이런 현상은 사회적 저항과 비판이 부족한 사회에서 부정변증법이 성립하지 않기 때문에 생기는 것으로 본다.

마르쿠제가 말한 일차원적 인간은 오로지 자본주의적 소비와 욕망에 따라서 사는 표피적 인간이다. 마르쿠제에 의하면 일차원적 인간은 자본주의에 포박되어 있으면서 돈의 명령에 따라서 사는 인물이다. 근대 자본주의에서는 거의 대다수가 일차원적 인간으로 살고 있다. 일차원적 인간은 광고에 마음을 빼앗기고, 타자의 소비를 쫓아가며, 상품에 영혼마저 넘겨 버린 단세포적인 존재다. 그의 정신은 물질의 노예가 되어 자기 주체를 찾지 못한다. 사실 그는 후기 자본주의 또는 산업사회가 사용하고 버리는 도구일 뿐이다. 그런데도 자신이 무엇으로부터 억압당하고 있는지도 모른다. 자본주의가 인간을 비인간화시키고, 소외현상을 심화시키지만 정작 사람들은 그런 사실마저 부정한다. 심지어 표피적 향락만을 좇는 일차원적 인간은 자신을 자유로운 존재라고 착각하는 한편 자기가 돈의 노예라는 사실조차 깨닫지 못한다.

자본주의를 해체할 혁명의 기운을 찾고자 했던 마르쿠제는 노동자계급의 혁명, 즉 프롤레타리아혁명을 꿈꾸기는 했지만, 프랑크푸르트학파답게 실천만이 아니라 이론을 강조했다. 하지만 마르쿠제는 자본주의만 비판한 것이 아니라, 공산주의 사회인 소비에트의 관료주의도 신랄하게 비판했다. 공산주의 사회 역시 평등을 가장한 억압과 폭력의 구조라는 것이며 그것은 마르크스의 이론을 잘못 이해하고 적용했기 때문이라고 진단했다. 마르쿠제의 이런 생각은, '자본주의와 비자본주의를 극단적으로 이분화했다'는 비판을 받는다. 아울러 다른 프랑크푸르트학파의 학자들과 같이 그는 '호텔처럼 안전하고 안락한 공간에서 머리로만 비판하는 전형적 지식인 또는 인텔리겐치아'라는 비난도 받는다. 또 다른 자유주의자들은 마르쿠제의 분석과 달리 자본주의 체제하에서 노동계급勞動階級의 생활은 향상되었고 민중들은 자유를 누리고 있다는 것을 들어 마르쿠제를 비판한다.

참고문헌 Douglas Kellner, "Introduction to the Second Edition", *One-dimensional Man : studies in ideology of advanced industrial society*, London : Routledge, 1991.

참조 계급투쟁, 공산주의적 인간형, 대중문화이론, 도구적 이성, 문화산업(프랑크푸르트학파), 부정변증법, 열린 사회, 영혼, 의사소통이론, 자기 정체성, 자본주의, 자아, 자유의지, 정신, 타자, 프로이트, 허위의식, 혁명

지동설/태양중심설

Heliocentric Theory | 日心说

'지구가 정말 움직이는 것인가?' '만약 지구가 움직인다면 그것은 너무나 이상한 일이다.' 중세의 유럽과 아랍에서는 이 문제가 매우 중요한 주제였다. 왜냐하면, 지구는 고정되어 있고 하늘이 움직이는 것으로 보이기 때문이다. 지구가 스스로 움직이면서 한 바퀴 돈다는 것은 BCE 4세기경부터 알려진 사실이었다. 하지만 지구의 공전公轉, 즉 지구가 태양을 돈다는 태양중심설이 제기되고 이에 대한 과학적 증거가 발견되자 중세인은 큰 혼란에 빠졌다. 그러니까 지구가 자전하고 또 공전한다면 강한 바람이 불거나 속도가 무척 빠를 것이기 때문이다. 더구나 그것은 신이 창조한 세상 즉, 지구와 인간이 중심일 수밖에 없는 기독교와 이슬람의 교리에 반대되는 것이다. 더구나 프톨레마이오스 지구 중심 천동설은 별의 운행을 비교적 잘 설명하는 권위 있는 학설이었다. 이 인식을 바로잡은 것이 코페르니쿠스Nicolaus Copernicus, 1473~1543의 지동설地動說이다.

가톨릭 성직자였던 코페르니쿠스는 천동설天動說, 즉 우주의 중심인 지구를 모든 별이 돌고 있다는 아리스토텔레스와 프톨레마이오스의 학설이 틀렸다는 것을 발견했다. 하지만 지동설은 기독교의 교리에 어긋나는 것이어서 자신의 견해를 적극적으로 주장하지 못했다. 그래서 그는 타계하기 직전인 1543년에 『천구의 회전에 관하여On the Revolutions of the Celestial Spheres』를 출간했다. 그조차 자신의 서명을 하지 않은 판본이었다. 지동설은 혁명적 관점이었기 때문에 훗날 '코페르니쿠스적 혁명'이라는 이름이 붙여졌다. 지동설은 지구는 자전自轉하면서 태양의 주위를 공전公轉한다는 천문학 이론이다. 사실 지동설은 고대의 아리스타

<u>르코스</u>Aristarchos, BCE 310?~BCE 230?가 주장한 바 있으며, 오래전부터 인도와 이슬람 천문학자들도 제기한 학설이다. 하지만 코페르니쿠스의 학설이 중요한 것은 고대 자연철학과 신학의 오류를 바로잡았기 때문이다.

지동설을 더 체계적으로 정리한 것은 이탈리아의 갈릴레오Galileo Galilei, 1564~1642다. 그는 육안이 아닌 망원경으로 별의 운동을 관측하여 1610년 목성Jupiter의 위성 네 개가 목성을 도는 것을 확인했다. 이것은 천체의 모든 별이 지구를 돌지 않는다는 것을 의미한다. 또한, 달의 표면이 매끄럽지 않고 지구와 유사한 형태라는 사실도 발견했다. 그 외에 금성의 형상과 태양의 흑점도 관측했다. 그래서 갈릴레오는 지구가 천체의 중심이 아니라는 것을 주장하게 되었다. 그러나 로마가톨릭은 우주의 중심이 태양이라고 주장하지 말 것을 명령했고 갈릴레오는 이에 따랐다. 하지만 갈릴레오는 1632년『프톨레마이오스-코페르니쿠스 두 개의 주요 우주 체계에 관한 대화』를 출간하면서 코페르니쿠스의 지동설을 지지했다. 이로 인하여 갈릴레오는 1633년 교황청에 소환되어 가택연금을 명령받았다.

지동설을 조금 더 과학적으로 증명한 것은 케플러Kepler, 1571~1630다. 그가 정립한 행성운동의 제1법칙은 모든 행성은 태양을 중심으로 타원 궤도elliptical orbit로 돈다는 것이고, 제2법칙은 그 면적과 속도가 일정하다는 것이며, 제3법칙은 행성과 태양의 거리와 주기를 밝힌 것이다. 케플러의 학설은 티코 브라헤Tycho Brahe, 1546~1601의 연구를 바탕으로 한다. 덴마크 왕실의 적극적인 후원으로 훌륭한 천문대를 운영하던 브라헤는 방대한 관측 자료를 동료이자 제자인 케플러에게 물려주었다. 브라헤 역시 천동설의 오류를 잘 알고 있었다. 그래서 브라헤가 제기한 학설은 모든 별은 태양을 돌고 태양은 지구를 돈다는 특이한 견해였다. 이런 견해를 참고하고 또 축적된 관측 자료를 수학적으로 계산한 케플러는 지구의 운동과 별들의 운행에 관한 과학적 지동설/태양중심설을 수립할 수 있었다.

뉴턴^{Isaac Newton, 1642~1727}은 갈릴레오와 케플러를 비롯한 과학자들의 이론을 집대성하여 『프린키피아^{Principia}』로 불리는 『자연철학의 수학적 원리^{Mathematical Principles of Natural Philosophy}』1687를 발표하여 고전역학과 만유인력萬有引力의 법칙을 완성했다. 그리고 뉴턴은 『프린키피아』 제3편에서 코페르니쿠스의 지동설과 케플러의 행성운동 법칙을 증명했다. 지구의 중력^{gravity}과 모든 물체가 가진 인력引力을 만유인력^{universal gravitation}으로 정리한 뉴턴의 학설로 인하여 지구의 자전과 공전, 태양계의 천체운행 등이 완전히 입증되었다. 이런 과정을 거쳐서 완성된 지동설은 지구는 하루에 한 번 자전하며, 일 년에 한 번 태양을 공전한다는 천문학 이론이다. 그러나 지동설에서 주장하던 태양중심설太陽中心說도 틀렸다는 것이 곧 밝혀졌다. 하지만 지동설은 계몽주의와 이성주의 그리고 휴머니즘에 큰 영향을 미친 중요한 견해이다.

참고문헌 Nicolaus Copernicus, *De revolutionibus orbium coelestium*(On the Revolutions of the Heavenly Spheres), Nuremberg, 1543.

참조 계몽주의/계몽의 시대, 뉴턴역학·고전역학, 만유인력·중력, 이성, 이성론/합리주의, 천동설, 패러다임, 휴머니즘/인문주의

진화심리학

Evolutionary Psychology | 演化心理學

뉴욕 9번가를 지나던 Q는 노란 택시가 급정거하자, 한발 물러섰다. 하지만 크게 무섭지 않았다. 사실, 이 상황은 위험했으나 Q는 대수롭지 않은 일로 생각했다. 그중 대다수는 Q처럼 자동차를 보고 공포감을 느끼지 않는다. 현대사회에서 거미와 뱀에 의하여 다치거나 죽는 경우는 극히 드물어서 자동차 사고와는 비교가 되지 않는다. 그런데도 인간이 자동차보다 거미나 뱀에게 공포감을 느끼는 이유는 인류가 홍적세[Pleistocene, 200만 년 전~1만 년 전]를 거치면서 파충류에 대한 본능적 공포라는 심리적 유전인자를 가지게 되었기 때문이다. 이것은 약 200만 년 전에 출현한 인간이 진화하면서 얻은 심리적 요인이다. 인류 전체가 가진 이 심리를 집단무의식集團無意識이라고 한다. 이 진화심리학은 인간의 신경계와 두뇌에서 작동하는 진화 법칙을 마음의 관점에서 해석하는 심리학이다.

1973년 기셀린[M. Ghiselin]이 정초한 진화심리학은 1992년 『적응된 마음-진화심리학과 문화의 형성』[1]에서 논리와 체계를 갖추었다. 진화심리학에서는 동물 특히 인간의 마음, 의식, 정신, 생각 등의 심리가 어떻게 환경에 적응해 왔는가를 진화론의 관점에서 분석한다. 봉착한 문제점을 해결하기 위하여 신경계와 두뇌가 진화한다는 이 관점은, 본능에 가까운 말하기 능력으로 입증된다. 또한, 진화심리학에서는 기계적이고 반사적으로 작동되는 심리학적 기작[EPMs]이 오랜 시간에 걸쳐 진화하고 변이했다고 본다. 그 진화의 결과 인간의 심리/마음이

---

1   Jerome Barkow, Leda Cosmides, John Tooby, *The Adapted Mind : Evolutionary Psychology and The Generation of Culture*, Oxford University Press, 1992.

전문화된 분업을 할 수 있는 모듈module로 구성되어 있고 그 모듈이 어떤 상황에 놓였을 때 자동으로 작동된다는 것이다. 또한, 진화심리학에서는 그 유전자들이 결정적으로 작동한다는 점에서 유전자 환원론 또는 유전자 결정론과 그 적응이론을 중요하게 여긴다.

한편 초원에 사는 사람들은 먼 곳을 보는 시력이 발달하고, 에스키모처럼 추운 곳에 사는 사람들은 눈雪을 구분하는 지각능력이 발달하며, 티베트인들은 고산지대에 적응하는 심폐기능이 발달한다. 또한, 우수한 종을 남기기 위하여 근친상간을 피한다든가, 종족을 위험하게 만드는 사기꾼 색출의 직관이 발달한다든가, 실제적인 위험이 없는 거미나 뱀에 대하여 본능적 공포감을 느끼는 것 역시 진화된 심리. 진화심리학에서는 그렇게 진화해야만 하는 심리적 지향성과 진화된 결과로서의 심리적 특징에 주목한다. 일반적으로 진화란 생물, 사회, 자연, 사고, 감정 등이 시간이 흐르면서 발전, 분화, 변화하는 것을 말한다. 그런데 하나의 종種은 공통의 심리 진화 법칙을 가지고 있다는 것이 통설이다. 그러므로 진화생물학과 진화심리학 등 진화론적 관점에서는 인간을 포함한 동물의 유일하고 절대적인 욕망이 유전자 보존이라고 본다.

진화심리학에서 볼 때 인간의 마음은 여러 층위의 체계적인 구조로 짜여 있다. 그것은 오랜 기간에 걸쳐 형성된 것으로 환경에 적응한 결과다. 인간의 마음은 진화 과정에서 유전자로 형성된 것이라는 점에서, 유전자 환원주의나 유전자 결정론과 유사한 면이 있다. 반면 철학과 예술을 포함한 여러 영역에서는 인간을 생리적 본능을 제어하면서 살아가는 고상한 존재로 본다. 그런데 진화론에서는 생존본능과 유전법칙의 관점을 우선하므로 복잡하게 인간을 설명하지 않는다. 결국, 이 문제는 '인간은 본능에 따르고 상황에 적응하면서 사는 동물인가, 아니면 고상한 의식을 가진 이성적 존재인가'라는 근원적인 물음과 연결되어 있다. 진화심리학은 경제학, 철학, 법, 정신분석학, 정치학, 사회학, 문화예술을 포함한 다양한 분야에 광범위하게 적용되는 흥미로운 이론이다.

진화생물학이 생물의 진화 법칙을 중요하게 여기지만 진화심리학은 인간의 심리와 의지를 중요하게 여긴다. 진화심리학에서는 의지가 심리에 영향을 미친다고 본다. 특히 환경에 적응하고자 하는 심리에 따라 진화한 것은 시각, 청각, 지각, 기억, 운동 제어기능 등이 있다. 또한, 인간의 신경계가 진화하는 과정을 설명하는 진화심리학은 인간의 심리도 성性, 자연自然, 종족kin으로부터 선택받아서 진화한다고 설명한다. 다윈의 진화론에 근거하여 '인간이란 무엇인가'를 설명하는 이 이론은 수양론, 심성론, 도덕론으로 인간을 설명하는 동양의 이론과 상당히 다르다. 진화심리학은 무척 흥미롭고 유익하지만, 가설인 경우가 많으며 학설마다 논지가 다르므로 마음대로 상상하거나 적용하는 것은 위험하다.

참고문헌 Jerome Barkow, Leda Cosmides, John Tooby, *The Adapted Mind : Evolutionary Psychology and The Generation of Culture*, Oxford University Press, 1992.

참조 DNA/디옥시리보 핵산, 감정, 결정론, 기억, 돌연변이, 성리학, 수양론, 유전자, 이기적 유전자, 인물성동이론, 자연선택, 자유의지, 지각, 진화론, 호모 사피엔스/현생인류

집단무의식

Collective Unconscious | 集团无意识

마침내 11개월의 K는 뒤뚱거리다가 일어섰다. 아버지는 환한 웃음으로 K의 직립을 기뻐했다. 이처럼 호모 에렉투스[Homo erectus]이기도 한 인간은 생후 1년쯤 되면 두 발로 일어선다. 인류가 직립하는 데 걸린 수백만 년의 시간을 일 년으로 단축한 유아의 직립直立은 큰 의미가 있다. 인류는 처음에 네 발을 사용했지만, 적응과 변이를 통하여 직립의 유전자를 가지게 되었다. 이에 대하여 진화론자들은 직립하도록 진화한 것에 주목하고 문화인류학자들은 직립의 내면에 잠재하는 무의식에 주목한다. 반면 분석심리학에서는 직립이나 말하기를 신경계에서 자동으로 실행되는 인류의 집단무의식으로 본다. 그러니까 집단무의식은 '하나의 종에는 그 종이 공유하는 원형[archetype, 原型]과 공통의 심상心象이 무의식 속에 잠재해 있다'는 정신분석학의 개념[1]이다. 집단무의식은 분석심리학자 칼 융[Carl Gustav Jung, 1875~1961]이 창안했다.

칼 융은 스승 프로이트가 체계화한 무의식을 집단에 적용하여 인간 존재를 규명하는 데 이바지했다. 특히 융은 프로이트의 원초적 본능[id]과 다른 그림자라는 원형 개념과 자아[Ego]와 자기[Self]의 내면에 존재하는 무의식을 중요하게 여겼다. 인간에게는 종교적 성향이 있고 국가도 종교와 마찬가지 구조라고 믿었던 융은 무의식을 개인무의식과 이보다 깊고 강력한 집단무의식으로 나누었다. 이 관점에 따르면 유아乳兒일지라도 인류에 유전된 집단무의식이 작동하여 스

---

[1] Carl Jung, *Archetypes and the Collective Unconscious*, Pantheon, 1959, p.43.

스로 직립을 하는 것이다. 그리고 유아는 무의식의 영향을 받아서 가면을 쓴 존재이면서 외면적 인격인 '페르소나persona'로 일생을 살게 된다. 개인무의식個人無意識이 경험을 통하여 개인의 내면에 잠재하는 그림자와 같은 의식으로 한 인간의 생각, 감정, 행동에 영향을 주는 반면 집단무의식은 민족이나 종족 등에 유전되는 집단의 공통된 정신이며 심상이다.

집단무의식은 인식되거나 의식되는 경우가 거의 없지만 인격 전체를 지배할 뿐 아니라 집단으로 유전되므로 매우 강력하고 광범위하다. 집단무의식集團無意識은 상징으로 드러나며 무의식 속에서 전승된다. 그러므로 한 민족/종족/인종의 신화, 설화, 민담, 전설, 민요 속에는 그 집단무의식의 심상이 원형archetypes으로 남아 있다. 그런데 종족의 집단무의식, 민족의 집단무의식, 인류의 집단무의식은 각기 다르다. 가령 〈단군신화〉에서 보듯이 한국인은 곰의 신화를 무의식 속에 간직하고 있고 일본인은 섬의 민족이라는 신화를 무의식 속에 간직하고 있다. 이런 원형 개념을 창안한 융은 무의식의 원형原形을 페르소나, 아니마/아니무스, 그림자, 자기 등으로 구분했다. 이 중 가장 중요한 자기 원형은 여러 의식/무의식을 통합하면서 균형과 안정을 기하는 주체이자 중심이다. 융은 이런 관점을 통하여 인류 전체가 공유하는 원초적이고 보편적인 원형을 찾고자 했다.

한편 융은 '밤바다 모험'이라고 부른 정신적 위기와 환상체험을 통해서 인간에게는 시대를 초월하는 심상과 상징이 있다고 생각했다. 그것이 바로 인간 누구나 지닌 심리적 원형이면서 생물적 본능이다. 가령 인간에게는 귀소본능歸巢本能과 같이 정신과 육체의 고향으로 돌아가고 싶은 본능이 있다는 것이다. 이런 원형과 본능은 무의식에 잠재되어 있다가 누구에게나 유사한 방식으로 표출된다. 이것은 논리와 이성으로 설명할 수 없는 직관이자 감각이다. 그 원형은, 무의식 속에서는 잠재하는 추상이지만 의식 속에서는 심상이나 상징으로 나타날 수 있다. 그러므로 융은 원형인 그림자, 아니마, 아니무스와 같은 심상image과 상징symbol을 통해서 원형과 본능을 이해할 수 있다고 믿었다. 그러면서 융은 개인의 경험과 다른 집단의 심리 내면을 집단무의식으로 분석했다.

융의 집단무의식 이론은 프로이트와 결별하고 분석심리학을 창안하는 토대가 되었다. 프로이트와 융의 결별에 대해서는 여러 이야기가 있다. 융이 프로이트의 혼외정사를 폭로했기 때문이라는 이야기도 있고, 프로이트가 융을 과학자답지 않게 종교에 집착한다고 비판했기 때문이라는 이야기도 있다. 그러나 프로이트와 융이 결별한 결정적인 계기는 1912년을 전후하여 리비도libido와 무의식을 보는 관점이 달라졌기 때문이다. 특히 융은 프로이트가 모든 것을 성性의 관점에서 해석하는 것은 옳지 않다고 생각했다. 융은 어머니의 영향을 받아서인지 정신적 이상증세를 보이기도 했으며 힌두교, 불교, 도교, 연금술, 점성술, 문학 등 여러 분야를 분석심리학에 접목하여 인류의 보편적 무의식을 찾고자 했다. 꿈과 환상을 집단무의식 속에서 해석하고자 한 그의 이론은 정신분석학, 심리학, 예술치료, 인류학, 철학, 문화예술 등 여러 영역에 지대한 영향을 미쳤다.

참고문헌 Carl Jung, *Archetypes and the Collective Unconscious*, Pantheon, 1959.

참조 리비도, 무의식, 민족, 상징, 아니마 아니무스, 원형(칼 융), 의식, 정신분석, 정신분열증, 진화론, 진화심리학, 프로이트, 호모 사피엔스, 호모 에렉투스

열린 사회
Open Society | 开放社会

어느 날 아버지가 이렇게 말을 했다. '애들아, 우리 집은 참으로 행복하지? 먹을 것이나 입을 것도 많고 하고 싶은 것을 할 수 있으니 더 이상 바랄 것이 무엇이 있겠느냐?' 하지만 아들에게는 '하고 싶은 말을 못 하는' 억압이 있다. 풍요롭고 행복한 것 같지만 위계와 억압을 느끼는 아들은 자기가 자유롭다고 생각하지 않는 것이다. 이런 상황을 철학적으로 설명하는 칼 포퍼K. Popper, 1902~1994에 의하면 반대나 반론의 가능성 즉, 반증가능성falsifiability이 있어야만 어떤 명제나 이론이 참이다. 가령, '우리 집은 행복하지 않다'라고 자유롭게 말할 수 있어야만 '우리 집은 행복하다'를 입증할 수 있다는 것이다. 입증가능성verifiability과 대비되는 반증가능성은 '진리란 그것이 부정될 가능성이 있을 때만이 진정한 진리'라는 과학철학의 전설적인 명제로 주장의 진위를 판정하는 데 필요하다.

과학철학자 포퍼는 자유로운 토론과 비판을 중요시하면서 베르그송H. Bergson이 창안한 용어를 빌려 『열린 사회와 그의 적들』1945이라는 책을 썼다. 베르그송이 말한 닫힌사회Closed society는 가족과 국가를 포함한 대다수 사회의 인간관계는 의무를 강조하고 타자를 적대화하는 닫힌 관계이다. 닫힌사회에 대비되는 열린 사회는 무엇이든지 비판할 수 있고, 무엇이든지 이야기할 수 있는 개방적 사회다. 그런데 표면적으로 자유가 있더라도 어떤 이념이나 사상을 목표로 하면 닫힌사회가 된다. 민주와 자유를 보장하지 않고 필연과 절대를 강요하는 전체주의, 독재국가, 종교 원리주의는 인류가 반드시 극복해야 하는 닫힌사회다. 이처럼 포퍼에 의하면 '인간과 인간사회는 오류가 많으므로 비판과 토론이 중요하다'는 것이고, '그래야만 파시즘과 같은 절대주의를 방지할 수 있다'는 것이다.

닫힌사회는 규범, 전통, 권위를 강조한다. 그런데 규범과 전통은 고정불변한 것이 아니고 시대와 상황에 따라서 변할 수 있다. 이런 닫힌사회에서는 자유로운 비판과 역동적 사유가 불가능하므로 무엇이 옳고 무엇이 그른지 논의할 수가 없다. 그런 점에서 포퍼 사상의 뿌리인 헤겔과 마르크스 역시 폐쇄적인 전체론Holism이다. 요컨대 플라톤 이래 보편적 역사와 절대정신을 지향하는 것 자체가 전체주의라는 것이다. 유토피아 또한 단선적 역사를 상정한다는 점에서 위험한 사상의 독재다. 이처럼 열린 사회를 부정하는 모든 것은 열린 사회의 적이고 닫힌사회를 지지하는 모든 것 역시 열린 사회의 적이다. 이런 사회적 폭력을 제거하고 이상적인 사회를 만드는 것이 열린 사회의 목표겠지만 포퍼는 완전한 사회가 존재할 수 없다는 것을 잘 알고 있었다. 무엇이든지 부정을 할 수 있어야 한다는 그의 관점을 비판적 합리주의Critical Rationalism라고 한다.

반공주의자라는 오해를 받는 포퍼는 청년 시절 열렬한 공산주의자였다. 1918년 빈에서, 공산주의자들이 주도한 작은 소요가 있었는데 포퍼의 친구를 포함한 몇 명이 죽었다. 얼마 후 그는 투쟁을 주도한 사람에게 왜 그런 일이 있었는지 물었다. 그 혁명가는 '역사의 진보를 위해서 그런 희생은 피할 수 없다'고 답했다. 전형적인 혁명가의 답을 들은 포퍼는 깊은 생각에 잠겼고 경직된 마르크스주의와 역사주의Historicism를 부정하기 시작했다. 그리고 정치적 자유, 완전한 민주주의, 자기 의지, 인권 등이 망라된 열린 사회라는 개념을 고안했다. 아울러 포퍼는 '역사는 결정된 목표를 향해서 나가지 않는다'고 주장하는 한편 진화론進化論에서 말하는 발전 역시 추상적이고 사변적이라고 비판했다. 또한, 그는 프로이트와 융의 정신분석학이 흥미롭기는 하지만 비과학적일 뿐 아니라 닫혀 있으므로 의미가 없다고 혹평했다.

자유주의의 대명사 포퍼는 플라톤의 『국가』야말로 전체주의적 폭력의 철학이며 아리스토텔레스, 헤겔, 마르크스를 비롯한 많은 철학자 역시 이성적 압제를 자행했다고 비난했다. 또한, 유토피아를 건설한다는 관념적 이상주의는 오히려 비극을 잉태했다고 단언했다. 이념과 관념이 전체주의를 낳고 인간을 억압한다는 것이다. 이처럼 포퍼에게 열린 사회를 방해하는 모든 것은 적敵이었다. 국가의 관용과 책임을 강조했던 그의 사유는 히틀러 치하에서 뉴질랜드로 망명해야 했던 유대계 철학자의 존재론적 위기에서 나온 것이다. 이런 포퍼의 자유주의 사상은 다양성과 복수성Plurality을 중요시한다는 점에서 문화다원성 및 예술 창의성 이론의 바탕이 되고 있다. 인간은 자유의지와 도덕적 책임의식을 가지고 자기 운명을 개척하는 창조자가 되어야 한다는 것이 포퍼의 사유였다.

참고문헌 Karl Popper, *The Open Society and Its Enemies* Vol.1, Princeton : Princeton University Press, 1971.

참조 마르크스, 명제, 문화다양성, 부정변증법, 우리 안의 파시즘, 유토피아, 이성, 이성론/합리주의, 일차원적 인간, 절대정신, 정신분석

아니마 아니무스

Anima Animus | 阿尼玛 阿尼姆斯

세상의 남성들은 여성을 어떻게 대할까? 또 세상의 여성들은 남성을 어떻게 대할까? 각자 다른 방식으로 이성을 대하겠지만 분석심리학자 융에 의하면 남성이 여성을 대하는 태도는 네 가지가 있다. 비교적 단순하지만, 순차적인 이 태도는 첫째, 이브^{Eve}와 같은 성적 욕망의 대상 둘째, 헬렌^{Helen}과 같은 지적 대화의 대상 셋째, 마리아^{Maria}와 같은 경건한 숭배의 대상 넷째, 소피아^{Sophia}처럼 세상을 관조할 것 같은 지혜의 대상 등이다. 여성 역시 남성을 대하는 네 가지 태도가 있는데 첫째, 타잔과 같은 육체적인 남성 둘째, 시인 셸리와 같은 낭만적인 남성 셋째, 목사나 교수와 같이 논리적인 남성 넷째, 깊은 정신세계를 가지고 있는 현자^{賢者} 등이다. 남성이 가지고 있는 여성성이 단선적인 데 비해서 여성이 가지고 있는 남성성은 복합적이어서 선명하게 드러나지 않는다.

위와 같이 인간 내면의 성정을 분석한 분석심리학자 융^{Carl Gustav Jung, 1875~1961}에 의하면 남성의 무의식 내면에는 아니마^{anima}라는 여성성이 있고 여성의 무의식 내면에는 아니무스^{animus}라는 남성성이 있다. 이 그림자는 늘 자기를 따라다니지만 정작 자신은 거의 인식하지 못한다. 그런데 인간에 잠재된 무의식인 아니마와 아니무스는 자기 자아를 무의식의 깊은 곳으로 안내한다. 그래서 이것들을 그림자 원형^{shadow archtype}이라고 하는데 아니마/아니무스는 사회적이면서 외면적 인격인 페르소나^{persona}와는 다른 내면적 인격을 형성한다. 또한, 아니마/아니무스는 자율적이면서 독자적이어서 인지하거나 통제하기가 쉽지 않다. 특히 아니마/아니무스는 인류 전체가 가지고 있는 깊고도 강력한 집단무의식이기 때문에 모든 사람에게 큰 영향을 미친다.

아니마/아니무스의 어원은 바람을 의미하는 그리스어 anemoi와 숨을 의미하는 산스크리트어 aniti다. '모든 존재는 신적이고 영적'이라는 이 개념은 인도유럽어에서 영혼, 심령, 심혼, 마음, 정신 등을 의미한다. 융에 의하면 남성과 여성의 자아실현이 다른데, 그것은 인간의 마음속 깊은 곳에는 각기 다른 영적인 힘인 누미노제numinose가 있기 때문이고 또 사회와 역사가 규정한 남성과 여성의 역할이 다르기 때문이다. 가면을 쓴 존재라는 뜻이면서 외면적 인격을 의미하는 페르소나persona가 개인의 성정과 기질을 의미하는 것이라면 내면적 인격인 아니마/아니무스는 인류 전체가 가진 기질 중의 하나를 의미하는 원형으로서의 집단무의식集團無意識이다. 인간의 언행과 사고에 선험적인 구조가 있다는 원형이론은 인류가 동질적으로 가진 행동과 사고의 기본적 틀이다.

원래 아니마/아니무스는 프로이트가 말한 무의식으로 상징, 꿈, 욕망, 신화로 드러나지만, 간혹 돌발적인 언행으로 드러나기도 한다. 가령 내면의 무의식적 콤플렉스complex가 충동적으로 분출하면 점잖은 남성도 신경질적이거나 감상적인 태도를 보이며 조용한 여성도 강력하게 자기 의견이나 논리를 주장한다. 그런데 무의식적인 여성성이면서 비합리적 감정인 아니마와 무의식적인 남성성이면서 비합리적 논리인 아니무스가 부정적으로 작용하여 여러 가지 문제를 일으킬 수도 있다. 특히 외면적 인격과 내면적 인격의 차이가 크면 이중인격二重人格이 표면화된다. 반면 융의 분석심리학에서는 인간-자아/나-그림자-아니마/아니무스-자기 등으로 층위가 있는데 그중 인간의 숨겨진 그림자를 아니마/아니무스로 본다. 분석심리학의 관점에서 융은 사랑을 아니마와 아니무스가 상대에게 투사된 관계로 이해한다.

가령 처음에 인간 내면의 무의식인 원형이 작동하여 상대에게서 그 원형을 발견하고 사랑의 열정에 빠진다. 그러나 곧 의식으로 돌아와서 평범하면서 일상적인 삶을 살게 된다. 무의식 속에서 빠졌던 원형에 대한 환희는 의식으로 돌아와서 현실적 평범함으로 전환되는 것이다. 그런데 분석심리학에 의하면 한 인간에 대한 이해는 신체와 개인무의식만이 아니라 집단무의식까지 이해해야만 가능하다. 그러니까 생물학적 성^{sex}이나 사회문화적 성인 젠더^{gender}와는 다른 인간 내면의 성적 본질이 무의식에 존재한다는 것이고, 그 심연을 알아야만 진정한 자아를 실현할 수 있다는 것이다. 이처럼 아니마/아니무스는 자신을 자기 내면으로 안내함으로써 진정한 자기실현을 가능케 하는 매개자이다. 이 이론은 많은 비판을 받고 있으나 인간의 기질과 성정을 이해하는 하나의 방법으로 인정받고 있다.

참고문헌 Carl Jung, *Archetypes and the Collective Unconscious*, Pantheon, 1959.

참조 마음, 무의식, 상징, 원형(칼 융), 의식, 자아, 자아와 비아, 정신, 정신분석, 젠더, 집단무의식, 타불라 라사, 타자

연극성 인격장애

Histrionic Personality Disorder | 戏剧化人格违常

P가 나타나자 모두 일어섰다. 언제나 P는 '나를 칭찬하라praise me', '나를 주목하라', '나는 세상의 주인공이다'라는 것과 같은 태도로 주위 사람들을 피곤하게 한다. 정도의 차이는 있지만 모든 사람은 세상이라는 무대에서 기쁜 사람, 슬픈 사람, 화난 사람 등 여러 유형의 연기를 하는 주인공이다. 그런데 일상생활에서도 배우가 된 것처럼 행동하는 사람이 있다. 이런 인물을 연극적 상황의 연극적 인물이라고 할 수 있다. 그런데 이 성격이 장애의 수준에 이른 연극성 인격장애는 타인의 관심과 애정을 받기 위하여 과장되게 행동하거나 성적인 표현 등으로 자기를 극화劇化시키면서 다른 사람들의 관심을 요구하지만 다른 사람의 관심에 만족하지 못하는 이상심리다. 일반적으로 인격장애人格障碍 또는 성격장애性格障碍는 사고, 언행, 습관, 성격 등이 사회적 기준에 맞지 않아서 생활에 어려움이 있는 정신질환이다.

연극성 인격장애는 미국 정신분석학회가 발간한 『정신질환 진단 및 통계 편람』DSM과 세계보건기구WHO가 만든 『질병 및 관련 건강 문제의 국제적 통계 분류』ICD에 따른 이상 성격 유형 중 잘못된 생각을 잘못 표현하는 장애다. 정신질환에 관한 DSM의 분류에 따르면 인격장애의 종류에는 경계선borderline, 자기애적narcissistic, 반사회적antisocial, 연극성histrionic, 압박-강박성obsessive-compulsive, 회피성avoidant, 의존적dependent, 수동적 공격성passive-aggressive, 편집성paranoid, 정신분열성schizoid, 정신분열형schizotypal 장애, 그리고 여러 유형이 혼재하는 혼재성 인격장애Mixed personality disorders 등이 있다. 인격장애는 사고思考는 정상이지만 정신에 문제가 있는 신경증Neurosis, 사고에 문제가 있는 정신증Psychosis, 정신이 지체된 지적장애Intellectual disability, 신경발달 장애인 자폐증Autism 등과는 다른 유형의 정신질환이다.

연극성 인격장애는 민감한 성격의 여성, 그리고 어린 시절 가족에게 큰 문제가 있는 사람에게 나타날 가능성이 크다. 또한, 부모가 그 사람에게 과도한 기대를 했을 때 심화하는 것으로 알려져 있고 남성은 반사회적 장애로 드러나는 경우가 많다. 이 장애가 있으면 감정 표현이 과장되고 기쁨과 슬픔을 쉽게 표현하고 그 표현도 격렬하다. 연극성 인격장애의 특징은 자기 존재 부정, 정체성 불안, 감정적 불안정, 타자 의존성, 끊임없는 자기 존재 확인, 관용이 없고 인내가 부족함, 성급한 결정, 자기중심적이고 자기도취적인 경향, 자극적인 행동, 언행의 과장, 근거 없이 의심하는 이상심리와 히스테리, 왕자병/공주병과 같은 자기애적 인격장애와 유사한 증세, 성적인 표현이나 과감한 언행, 외모 중시, 심한 감정적 기복 등의 여러 요인이 복합적으로 드러나는 장애다.

연극성 인격장애가 있는 사람은 자기는 다른 사람에게 주의를 기울이지 않으면서 다른 사람은 자기에게 집중해 주기를 기대한다. 그 기대와 다르면 적대감을 보이거나 화를 낸다. 이들은 비현실적 망상을 하거나 근거 없는 불안에 싸여 있는 경우가 많다. 이런 인격장애는 주관적으로 진단될 수밖에 없으므로 약물투여와 같은 치료보다는 대화나 상담과 같은 심리적 치료가 중요하다. 한편 연극성 인격장애가 있는 사람은 내면적으로는 열등의식에 사로잡혀 있어서 지나치게 말이 많으면서도 다른 사람의 말을 민감하게 의식하는 피암시성被暗示性이 높다. 그것은 자기 주체성이 약하다는 뜻이며 자기 존재를 긍정하지 못한다는 의미다. 이런 인물은 다른 사람과 사물을 피상적이고 추상적으로 인지하기 때문에 주의력이 부족하고 탐구심이 떨어진다. 그뿐 아니라 (자기 정체성이 약하여) 자기 내면을 보지 않으려고 하면서 타인들도 자기 내면을 보지 못하도록 차단한다.

재미있는 것은 이런 인물일수록 감성적이고 인정이 많으며 협동심이 강하다는 점이다. 연극성 인격장애가 있는 사람은 낭만적으로 상대를 대하는 경향이 있어서 쉽게 이성에 빠져들고 또 쉽게 이성에 싫증을 낸다. 또한, 자신을 사교적인 인물로 오인하거나 높은 지위에 있는 것으로 착각하고 과장하여 행동하는 한편 자신보다 못한 사람들을 무시하는 경향이 있다. 아울러 자기가 처한 상황을 극단적으로 인식하며 쉽게 싫증을 내므로 직업을 자주 바꾼다. 히스테리를 동반하는 연극성 인격장애가 있는 사람은 쉽게 자극을 받고 변덕스러운 성격을 잘 드러내며 극단적인 경우에는 자살 소동으로 타인의 이목을 집중시킨다. 하지만 연극적 성격은 (자기중심적일 수밖에 없는) 인간 누구나 가지고 있는 성향이므로 연극성이 없는 사람이 좋다고 할 수 없으며 적당하면 오히려 긍정적으로 작용할 수도 있다.

참고문헌 WHO, *International Statistical Classification of Diseases sid Related Health Problems*, 10th Revision Version for 2007, Chapter V Mental sid behavioural disorders F60.4; American Psychiatric Association, *Diagnostic and Statistical Manual of Mental Disorders*, 5th Edition : DSM-5 5th Edition, Officers 2012~2013.

참조 감성, 감정·정서, 감정연금술, 불안장애, 신경증, 연극·드라마, 정신분석, 정신분열증, 정신증, 주체분열, 주체·주체성

아마추어 지식인

Amateur Intellectual | 业余知识分子

그는 이스라엘군 초소를 향해서 돌을 던졌다. 기자들은 이 상징적 사건을 중요하게 보도했고 많은 사람은 특이한 이 행동을 흥미롭게 바라보았다. 그가 아들과 함께 팔레스타인 구역에서 이스라엘 군인 초소로 던진 돌은 큰 사건으로 비화했다. 그는 팔레스타인 출신 미국인 에드워드 사이드E. Said, 1935~2003였는데, 2000년 7월 3일 그가 던진 돌은 이스라엘군 초소에 도달하지는 않았지만, 세계적으로 큰 논란을 불러일으켰다. 왜냐하면, 명문 컬럼비아대학의 교수이자 저명한 지성인이 시위현장에서 폭력적인 행동을 했기 때문이다. 그가 이런 상징적인 시위를 한 것은 그의 조국 팔레스타인의 독립을 위해서였다. 아라파트Yasser Arafat와 함께 팔레스타인 문제를 해결하기 위해 노력하던 사이드는 2003년 타계하는 날까지, 아랍의 목소리를 대변하면서 미국과 이스라엘의 폭력에 항거하는 활동을 멈추지 않았다.

잘 알려진 것처럼 그는 탈식민주의의 대표적인 명저 『오리엔탈리즘』을 쓴 영문학자이며 사상가였고 교수였으며 피아노 연주자이자 기독교인이었다. 하지만 사이드는 '지식인은 아마추어여야 한다'고 선언하고 현장의 대중들과 함께 패권 해체와 차별 철폐를 위해 노력했다. 그러니까 전문가들은 폐쇄성, 배타성, 협소한 이기심, 이익추구, 우월의식, 자기중심주의를 버리고 아마추어 정신Amateurism을 가진 평범한 아마추어 지식인이 되어야 한다는 것이다. 사이드에 의하면 전문가는 자신을 상품화하고 제도에 온존하면서 자기 이익을 극대화하는 사람이다. 또한, 전문가는 자기 국가의 이익을 위하여 지식의 이름으로 자행되는 폭력을 묵인하는 사람이다. 반면 아마추어 지식인은 이익을 생각하지 않고, 결과에 연연하지 않으며, 순수한 눈으로 세상을 비판하면서 주변부성^{marginality}을 가지고 중심부의 문제점을 지적하는 사람이다.

사이드는 예루살렘에서 태어나 이집트에서 교육받고 미국인이 된 지식인이다. 사이드에 의하면 국가주의나 민족주의 등의 이념에 빠지지 않는 경계인^{境界}人이면서 전체를 아우를 줄 아는 전인^{全人}이자 실수를 두려워하지 않는 아마추어야말로 세계의 진보를 추동할 수 있다. 일반적으로 아마추어는 예술, 운동경기, 기술, 지식 등의 영역에서 순수하게 취미로 즐기는 사람을 의미한다. 반면 분업화된 현대사회에서 전문가는 제도로부터 보호받는 특별한 존재이다. 특히 산업화한 자본주의 사회에서 전문가는 가치를 상실한 채 자기 전문성을 발휘하는 기계일 뿐이다. 대체로 전문가들은 진정한 가치나 삶의 의미보다는 전문적 기능과 기술을 우선한다. 따라서 사회적 모순을 보지 못할 뿐 아니라 자기성찰도 하지 않는다. 특히 사이드에 따르면, 전문가는 자기 집단의 이익을 지키는 데 골몰하기 때문에 비판적이기 어렵다는 것이다.

참지식인은 높은 전문성을 가지는 동시에 아마추어적 세속성도 가져야 한다. 왜냐하면 지식인의 가치는 고상한 학문이 아닌 현실의 구체적인 삶에서 빛나기 때문이다. 역설적이지만 지식인은 독립성을 지키기 위해 비전문가 즉 아마추어가 되어야 한다. 따라서 전문가가 아마추어와 같은 순수한 태도를 잃어버리면 전문가는 이론과 지식을 팔아서 사적인 이익을 취하는 장사꾼으로 전락한다. 반면 아마추어는 '그에 대한 애정과 정성을 가지고' 있는 존재이며, 전문적 지식인과 달리 순수성을 지킨다.[1] 한편 전문가는 한 분야에 종사하면서 급여를 받게 되므로 인식이 제한적일 뿐 아니라 이념과 제도에서 벗어나지 못한다. 그런 점에서 무엇에 얽매이지 않으면서 자유로운 존재인 아마추어 예술

---

[1]   Edward Said, *Representations of the intellectual*, New York : Pantheon Books, 1994, p.82.

가, 아마추어 운동선수, 아마추어 발명가, 아마추어 정치인 등의 아마추어 정신 Amateurism이 중요하다.

사이드는 아마추어의 진정성과 총체적 이해심을 가진 자유주의적 인문주의 Liberal Humanism를 옹호했다. 그러니까 사이드의 주장은 전문가가 중요하지 않다는 것이 아니다. 전문가는 사적 영역private sphere이 아닌 공공영역public sphere에서 사고하고 행동할 줄 알아야 하며 자기 이익을 취하지 않으면서 대중을 위하여 봉사할 줄도 알아야 한다는 것이다. 따라서 아마추어 지식인과 전문 지식인 모두 진정성과 순수성이 있어야 한다. 사이드는 현장에서 실천했으나 훗날 조국 팔레스타인으로부터 매국노라는 소리까지 들었다. 하지만 사이드는 국가와 민족 또는 학문과 지식 등 한곳에 함몰되지 않는 초월적 지식인이었고 진정한 세계주의자였다. 또한, 사이드는 이론으로 세상에 봉사해야 한다는 프랑크푸르트학파 아도르노와 반대 위치에 서서 현장의 아마추어가 되고자 했던 진정한 전문가였다.

참고문헌 Edward Said, *Representations of the intellectual*, New York : Pantheon Books, 1994.

참조 국가주의, 세계체제론, 실천이성, 오리엔탈리즘, 자본주의, 자유의지, 정신, 제국주의, 탈식민주의, 학문, 휴머니즘/인문주의

방어기제

Defense Mechanism | 心理防卫机制

올해 세 살 먹은 어린아이 A는 유리잔을 깨고 울음을 터트렸다. 그리고 아이는 자기에게 전지전능한 존재인 엄마를 쳐다본다. 아이가 이런 행동을 하는 이유는 무엇을 어떻게 해야 하는지 모르기 때문이다. 이처럼 어린아이는 어떻게 할 줄 모를 때 울음을 터트림으로써 자기를 방어한다. 가령, 주위 사람들이 자기를 비난하는 것이 분명한데도 다른 사람을 비난하는 것이라고 반대로 믿거나, 믿고 싶어 한다. 이처럼 사람들은 자아가 위험에 처하면 자신을 기만하거나 상황과 현실을 부정하고 또 왜곡하는 예도 있다. 프로이트와 다른 학자들은 이것을 방어심리防禦心理 또는 방어기제防禦機制라고 명명했다. 인간에게는 위험으로부터 자기를 보존하려는 방어의 본능이 있다. 이 방어기제는 자아ego를 지키려는 본능에 따라서, 위험하거나 불안한 상태에 놓이면 여러 가지 방법으로 이에 대응하여 자기를 보호하려는 심리적 방법이다.

사람들에게는 논리, 이성, 도덕, 규범이 작동하는 현실원리Reality principle와 본능, 욕망, 욕심, 충동, 이기심이 작동하는 쾌락원리Pleasure principle가 있다. 당연히 사람들은 불쾌하거나 고통스러운 것을 피하고 편안하고 즐거운 것을 찾는다. 하지만 이드Id라고 불리는 이기적 본능에 따르게 되면 즐겁기는 하지만 현실의 도덕이나 규범과 충돌하면서 문제가 발생한다. 그러므로 사회적 선악을 구별하는 초자아Super ego는 원본능Id을 억누르고 논리와 이성인 자아Ego는 균형을 유지해주면서 상황을 조정한다. 그런데도 본능, 욕망, 충동으로 인하여 실수가 생긴다. 하지만 이미 상황이 벌어진 다음이므로 초자아의 억압을 받지 않고 조정자인 자아도 작동되지 않는다. 이런 상황에서 인간은 자기Self를 보호하기 위하여 이드id의 본능과 욕구를 억압하는 한편 긴장을 해소하고 불안을 제거하는 등 외부현실에 대응하는 것이 바로 자기방어다.

이때 작동되는 것이 방어기제 즉, 기계적으로 자기를 방어하는 심리적 현상인데 이것은 자기를 파괴하지 않으려는 또 다른 본능이다. 자기방어라는 개념은 1894년 프로이트가 『방어의 신경정신학』에서 처음 사용했다. 자기방어는 프로이트의 여섯 번째 딸 안나 프로이트A. Freud, 1895~1982가 체계화한 이후 정신분석학과 교육학은 물론이고 예술과 사회학에서도 자주 인용되는 개념이다. 아이와 부모의 관계 그리고 어린 시절이 인격 형성에 결정적인 영향을 미친다는 것을 밝힌 안나 프로이트는 아동발달심리학에 크게 이바지했지만, 부친의 이론을 '방어防禦'하는데 평생을 보냈다는 비판도 받는다. 안나 프로이트는 특히 자아自我가 중요하다고 말하면서 불쾌와 불안으로부터 자아를 보호하는 방법으로 방어기제에 주목했다. 안나 프로이트에 의하면 귀신을 무서워하는 것은 자기를 지키려는 방어기제의 작동이다.

방어기제는 학자에 따라서 달리 분류되는데 일반적으로 나쁜 행동을 했으면서도 하지 않았다고 믿고 무의식 속에 숨기는 억압repression, 실제로는 좋아하면서 겉으로는 미워하는 것처럼 실제와 반대되는 언행인 반동형성reaction formation, 자기가 그를 미워하면서 거꾸로 '그가 나를 미워한다'고 오인하는 것과 상대에게 자기감정을 적용하는 투사projection, '저 신포도는 먹을 필요가 없다'는 것처럼 상황을 왜곡하여 자기 자존심을 살리는 합리화rationalization, 아버지에게 반항하기보다는 어머니에게 투정하는 전위displacement, 부정적인 욕망보다는 사회적으로 승인되는 가치를 향한 승화sublimation, 정신적 좌절로 성장을 멈추는 고착fixation, 어린아이처럼 행동하여 편안하고 즐거웠던 시절로 돌아가려는 퇴행regression, 뇌물로 받은 돈을 고아원孤兒院에 기부하여 속죄하는 것과 같은 취소undoing 등이 있다. 이런 억압 기제들이 병합하여 나타나는 경우도 많다.

그 외에 이타적 행동이나 고차원적인 유머, 부정을 긍정으로 역전시키는 것 역시 자기를 지키려는 방어기제이며 동일시, 격리, 역전, 직접적인 부정 등도 방어기제로 분류된다. 방어기제는 논리적이고 의식적인 상황대처coping strategies와는 다르다. 한마디로 방어기제는 심리적 갈등이 있지만, 그것을 통제할 수 없을 때 무의식 속에서 사실을 왜곡하려는 사고와 언행이다. 이 방어기제가 부정적으로 작동하면 자기를 파괴하는 현상이 나타나고 때로는 사회생활을 하기 어려워진다. 하지만 방어기제가 적절하거나 긍정적으로 작동하면 과도한 죄의식과 수치감에서 벗어나는 한편 사태를 해결할 뿐 아니라 심리와 정신에 안정감을 준다. 또한, 프로이트에 따르면 자아가 위험 상황에 놓였을 때, 방어기제의 작동 여부에 따라서 신경증Neurosis이나 정신증Psychosis과 같은 장애가 생길 수도 있고 생기지 않을 수도 있다.

참고문헌 Søren A. Kierkegaard, *Fear and Trembling*, copyright 1983 – Howard V. Hong.

참조 리비도, 무의식, 불안장애, 신경증, 원본능·자아·초자아, 자아, 자아와 비아, 정신분열증, 정신증, 죽음 충동, 쾌락원칙, 쾌락주의의 역설, 타자, 트라우마, 프로이트

무정부주의
Anarchism | 无政府主义

'민중은 우리 혁명의 대본영이다. 폭력은 우리 혁명의 유일 무기이다. 우리는 민중 속에 가서 민중과 휴수携手하여 부절하는 폭력—암살·파괴·폭동으로써 강도 일본의 통치를 타도하고, 우리 생활에 불합리한 일체 제도를 개조하여 인류로써 인류를 압박치 못하며, 사회로써 사회를 박삭치 못하는 이상적 조선을 건설할지니라.' 1923년 중국에서 활동하던 조선인 단재 신채호의 「조선혁명선언朝鮮革命宣言」에 나타난 무정부주의는 일본제국주의에 대한 비판인 동시에 국가 제도에 대한 부정이기도 하다. 이런 사상을 폭력적이며 집단적이고 민족적인 성격의 무정부주의라고 한다. 무정부주의는 무엇이 없는 형태인 무an와 정부archos를 의미하는 아나키즘Anarchism의 그리스 어원에서 유래한 사상이다. 여기서 정부는 정치와 행정의 제반 제도를 가리키는 것이며, 국가, 권력, 제도, 법, 정치, 행정, 조직, 통치, 감옥, 재산 및 소유형태, 지배구조 등 각종 형태의 제도를 포함한다.

아나키즘은 특히 자본주의적 소유구조와 국가를 부정하는데 그것은 국가를 지배와 착취의 형태로 보기 때문이다. 프루동은 이 점을 강조하여 '재산은 도둑질의 결과'라고 표현한 바 있다. 한편 19세기 러시아의 귀족 출신 미하일 바쿠닌Mikhail Bakunin, 1814~1876은 차르Tsar 체제의 러시아 전제군주를 부정하면서 '천 년간 이어온 봉건체제와 함께 국가 제도는 불필요하다'고 선언했다. 그는 '인간의 진정한 자유를 위해서는 모든 형태의 통치가 부정되어야 한다'고 단언했다. 이 관점은 토머스 홉스의 사회계약과 국가론에 반대되는 개념이다. 홉스에 의하면 자연상태에서는 동물처럼 만인에 대한 만인의 투쟁이 벌어질 수밖에 없으므로 국가를 구성하는 사회계약을 통하여 야만성을 억제해야 한다. 홉스는 개인들이 맺고 사회가 보장하는 계약으로 사회와 국가가 움직인다고 생각했다.

무정부주의는 세상의 평화와 상생의 조화를 바탕으로 모든 인간의 개성과 자유를 존중하는 사상이다. 왜냐하면, 인간은 자유의지를 가진 선한 존재이기 때문에 누구의 지배를 받거나 누구를 지배하거나 할 필요가 없기 때문이다. 근대사회에서는 개인들의 계약으로 국가가 성립되었다고 하지만 국가는 불평등의 원인이자 착취의 실체이므로 없어져야 한다. 그런 점에서 '국가는 필요 없다'고 한 노자老子, 모든 사람의 사랑을 강조한 예수 그리스도, 자연법을 지키면서 자연으로 돌아가야 한다고 주장한 루소, 사해동포주의를 강조한 톨스토이를 무정부주의자라고 할 수 있다. 다소 이상적이기도 한 무정부주의는 그 이념보다 실현하는 방법이 더 중요하다. 전설적인 무정부주의 혁명가 바쿠닌의 예에서 보듯이 무정부주의는 공산주의와 최종 목표는 같지만, 그것을 실현하는 방식은 다르다.

바쿠닌을 비롯한 공산주의적 무정부주의자들은 공산주의가 권력을 장악하면 프롤레타리아독재Dictatorship of the Proletariat를 자행할 것이라면서 공산주의를 신랄하게 비판했다. 철저한 무정부주의 혁명가였던 바쿠닌은 끔찍한 지하 감옥 생활을 감수하면서 관용을 베풀고자 하는 차르의 참회 요구를 거부했다. 그는 거꾸로 '나의 양심과 명예'를 걸고 봉건 전제군주체제를 반대하며 자유와 혁명 사상을 지키겠다고 선언했다. 바쿠닌의 예에서 보듯이 무정부주의는 인간의 선한 본성과 합리적 이성을 바탕으로 모든 지배와 피지배를 부정하고 억압의 주체인 국가를 해체하려는 혁명운동이다. 이 혁명의 두 가지 방법은 첫째, 무정부주의를 실현하기 위해서는 강력한 힘이 필요하므로 집단주의적 무정부주의 형태를 띠며 둘째, 개인의 자유와 개성을 존중하는 혁명이 필요하므로 개인주의적 무정부주의 형태를 띤다. 이와 달리 생디칼리즘Syndicalism은 노동조합운동을 통한 무정부를 지향한다.

역사적으로 보면 1871년 파리코뮌Paris Commune과 1930년대 스페인 내전 때의 인민전선이 무정부주의적 성격이 있다. 그런데 자유를 최고의 가치로 삼는 개인주의적 무정부주의는 부르주아 사상이라는 비판을 받고, 목표실현을 앞세우는 집단주의적 무정부주의는 폭력적이라는 비판을 받는다. 하지만 상호부조론을 주장한 크로포트킨P. Kropotkin, 1842~1921은 개인적 혁명운동보다 집단적 혁명운동을 통하여 무정부 사회를 만들어야 한다고 강조했다. 사실 무정부주의는 인류가 태초부터 가지고 있던 공동체 지향의식이다. 하지만 무정부주의와 레닌이 말한 국가소멸론Theory of state extinction은 다른 개념이다. 그런데 무정부주의는 '세상의 모든 사람은 평등하고 자유로워야 한다'는 이상주의理想主義이므로 반제反帝, 반자본反資本, 반세계화Anti-globalization의 성격을 가진 경우가 많다.

참고문헌 Michael Bakunin, *God and the State*, New York : Mother Earth Publishing Association, 1916.

참조 개성, 국가주의, 만인에 대한 만인의 투쟁, 상호부조, 아와 비아의 투쟁, 이성론/합리주의, 자본주의, 적극적 허무주의, 제국주의, 파리코뮌, 혁명, 혁명가의 교리문답

민족지

Ethnography | 民族志

민족을 그린다면 어떤 그림일까? 민족이라는 이름의 그림을 그릴 수 있을지 모르지만, 자연환경, 역사와 문화, 정치와 경제, 인구와 인종, 민속과 풍습 등이 들어간 그 그림은 그야말로 장관壯觀일 것이다. 그리고 그 민족의 그림은 추상적이거나 상징적이 아니고 구체적이고 사실적일 것이다. 이 그림을 민족지라고 할 수 있다. 민족지民族誌 또는 민족지학民族誌學은 어떤 민족에 대하여 그림을 그리고 여러 가지를 기록하는 것이다. 기본적으로 민족지는 과학적이지만 마음의 그림인 심상지리의 관점을 가지는 것이 보통이다. 학문적 연구를 강조하는 민족학民族學, Ethnology이나 동아시아와 같은 지역을 연구하는 지역학地域學과 달리 민족지는 객관적이고 사실적인 기록을 위주로 하며 비교인류학적 방법론을 토대로 한다. 이처럼 타자의 시선으로 어떤 민족을 조사하고 기록하는 것이 민족지民族誌의 기원이다.

근대 서구인들은 모든 민족은 동일한 발전과정을 거친다고 믿었다. 그러나 빠를 수도 있고 늦을 수도 있다. 그래서 자신들을 발전한 문화인으로 보고 다른 민족/종족을 후진국 또는 미개인으로 보았다. 그리고 서구의 기준에 따라서 세계를 지배했고, 미래를 설계했으며, 자신들의 패권을 강화했다. 중세 말기와 근대 초기에 서구인들은 지구의 여러 곳을 탐험하고 정복하면서 자신들보다 뒤떨어진 사람들을 연구하기 시작했다. 그리고 각기 다른 문화적 특성과 생활방식을 면밀하게 기술했다. 이 과정에서 생겨난 민족학의 핵심인 민족지는 독일과 오스트리아의 민족학자들이 처음 사용한 개념이다. 그들은 문화적으로 유사한 민족들의 문화가 하나의 문화권을 형성한다고 믿었다. 특히 독일의 민족학자 프로베니우스L. Frobenius, 1873~1938는 프랑크푸르트에 '문화형태학 연구소'를 설립하고1920, 유기체와 같은 문화가 하나의 문명에 도달한다고 보았다.

원래 민족지라는 개념은 문화인류학에서 현장조사와 현지 생활을 근거로, 민족이나 종족과 같은 대상을 객관적이고 구체적으로 기술하는 것에서 유래했다. 민족지의 어원은 그리스어 '사람/민족'을 의미하는 ethnos와 '쓴다'를 의미하는 graphia가 결합한 것인데 graphia는 단지 쓰는 것이 아니라 그리듯이 묘사한다는 의미가 들어있는 정확한 기록記錄이다. 그러므로 민족지는 한 민족의 생활, 언어, 역사, 문학, 예술, 문화, 정치, 경제, 자연환경 등을 정확하게 그리고 또 기록하는 것이다. 그런데 그 그림을 그릴 때 민족의 전통과 원형을 중시하기 때문에 민속지民俗誌라고 하는 예도 있다. 두 개념은 약간 차이가 있는데 민족지는 민족의 기록이고 민속지는 인종의 기록으로 볼 수 있다. 민족지나 민속지를 쓸 때는 오랜 기간의 현장조사와 사례연구가 필수적일 뿐 아니라 그 민족의 일상생활과 문화에 몰입해야 한다.

인간의 신체를 과학적으로 연구하는 형질인류학形質人類學과 구분되는 문화인류학Cultural Anthropology은 문화와 역사를 포함하여 인간을 종합적으로 이해하려는 학문이다. 민족지는 형질인류학의 도움을 받고 자연환경을 고려하면서 문화인류학적으로 기술한 민족에 대한 과학적 기록이다. 민족지를 기록할 때는 통사적인 맥락과 총체적인 시각을 가지고 객관성을 유지해야 한다. 특히 각 민족의 문화를 비교함으로써 과학성을 확보해야 하는데, 일반적으로 말리노프스키의 문화인류학적 연구를 민족지의 시원으로 삼는다. 『동방견문록』을 쓴 마르코 폴로와 달리, 폴란드 출신의 말리노프스키B. Malinowski, 1884~1942는 인간이 축적한 총체인 문화를 직접 조사하는 한편 정밀하게 기록했다. 그는 원주민들과 함께 생활하고 자신이 원주민에 동화한 상태에서 개인과 집단을 조사하고 관찰했다. 그는 '원주민의 시각native's point of view'[1]을 원칙으로 삼았다.

말리노프스키는 기능주의Functionalism의 입장에서 구체적이고도 경험적인 조사 연구를 통하여 문화의 기능과 본질을 파악하고자 노력했다. 그는 종교, 상징, 예술을 일차적인 생물적 만족으로 간주하고 그것을 제어하는 조직, 규범, 제도, 정치, 교육을 이차적인 제도적 장치를 구분했다. 말리노프스키의 조사방법론은 문화인류학과 민족지의 토대가 되었고 지역연구에 큰 영향을 미쳤다. 또한, 문화인류학적 민족연구 또는 종족연구는 민족학, 지역학, 국가연구의 토대가 되었다. 하지만 그의 문화인류학적 연구는 어떤 민족에 대한 과학적 기록이지만 타자의 시각을 넘어서지 못했으며, 민족이라기보다는 종족種族의 문화적 원형과 생활현장을 연구했다는 한계가 있다. 일반적으로 민족지 연구는 연구자 자신의 편견이 작용하고, 원주민의 문화에 무의식적으로 영향을 받으며, 연구자가 이질감과 적대감을 가지기 때문에, 객관성을 유지하기 쉽지 않다.

참고문헌 Bronislaw Malinowski, *Argonauts of the Western Pacific*, Dutton, 1961.

참조 구조주의, 민족, 민족문화, 민족주의, 본질, 심상지리, 역사, 예술, 오리엔탈리즘, 원형(칼 융), 탈식민주의, 한자문화권, 후기구조주의

---

1   Bronislaw Malinowski, *Argonauts of the Western Pacific*, Dutton, 1961, p.25.

적자생존
Survival of the Fittest | 适者生存

공룡에 관한 영화를 보고 Y가 과학 시간에 이런 질문을 했다. '선생님 세상에서 가장 크고 힘이 센 공룡은 왜 모두 사라졌을까요?' 좋은 질문이라고 칭찬을한 생물교사는 공룡의 멸종에 대한 몇 가지 학설을 설명한 후 '강자가 반드시살아남는 것은 아니고 환경에 적응하는 종이 살아남는 경우가 많다'고 덧붙였다. 실제로 크고 강한 공룡은 멸종했고 작고 약한 원숭이는 살아남았다. 중생대의 마지막 백악기^Cretaceous period까지 공룡은 먹이사슬과 상관없이 생존했고 공룡에 대적할 생물도 없었다. 하지만 공룡은 환경에 적응하지 못하여 멸종했다. 이처럼 적자생존適者生存과 자연도태自然淘汰는 '자연환경에 적응하는 것만이 생존하고 적응하지 못하는 것은 사라진다'는 생물학 이론이다. 특이하게 양서류처럼부적합한 종種이 살아남기도 하지만 일반적으로 환경과 상황에 적응하는 종이생존한다.

적자생존은 스펜서^H. Spencer, 1820~1903가 『생물학의 원리^Principles of Biology』1864에서처음 사용했다. 그는 적자생존을 다윈의 자연선택^natural selection과 유사한 개념으로 썼는데 그가 생각한 적자생존은 우수한 종족이나 개체가 살아남는다는 것이었다. 이후 스펜서는 『개인 대 국가^The Man Versus The State』1884에서 적자생존을 경제에 적용하여 좋은 물건과 서비스를 제공하는 회사는 시장을 장악하고, 그렇지 못한 회사는 경쟁 때문에 도태된다고 주장했다. 이처럼 스펜서는 사회와 문화도 생물과 같이 환경에 잘 적응하는 집단이나 체제가 살아남는다고 단정했다. 실제로 이 이론은 국가나 민족 간에도 약육강식과 우승열패가 가능하다는

것으로 오인되기도 했다. 또한, 적자생존이 자본주의와 자유방임주의Laissez-faire
의 경쟁을 뒷받침할 뿐 아니라 제국주의와 식민주의의 근거로 오용되면서 자
연과학계에서는 적자생존이 과학적이지 않다고 단정한다.

이처럼 스펜서는 사회를 설명하는 보편타당한 법칙을 찾는 과정에서 사회를
진화론적으로 이해하고자 노력했다. 사회를 진화의 관점에서 보는 스펜서의
사회진화론은 약육강식과 수탈의 논리에 이용되었다. 한편 다윈은 경제적인
관점에서 쓴 스펜서의 적자생존을 적극적으로 수용하여『종의 기원』4판1868에
서는 적자생존을 자연선택自然選擇과 같은 개념으로 사용했다. 심지어 다윈은 자
연선택Natural Selection을 적자생존으로 대신하고자 했는데 그것은 선택이라는 어
휘가 가지는 문제점을 피하고자 하는 의도였다. 하지만 적자생존은 인간을 포
함한 생물의 경쟁과 도태를 용인하는 또 다른 문제점을 낳는다. 그래서 다윈은
다시 자연선택이라는 개념을 썼고 자연선택이 진화론의 핵심개념으로 정착했
다. 하지만 적자생존과 자연선택은 여러 가지 이유로 논란이 끊이지 않았다.

적자생존은 경제, 정치, 사회도 유기체이므로 진화하고 진보한다는 사회진화
론Social Darwinism과 유전법칙을 통해서 인간을 개조시킬 수 있다는 우생학eugenics의
이론적 기반이 되는 한편 인종차별의 근거가 되었다. 특히 나치의 히틀러는 아
리안족의 우월성을 지키고자 유대인을 학살했다. 그러므로 생물학에서는 적자
생존의 원래 의미인 자연선택을 과학적 개념으로 보는 한편 개체 적응보다 포
괄적 적응인 번식 성공differential reproductive success을 더 중요하게 여긴다. 반면 크로
포트킨P. Kropotkin은 적자생존이 적합한 종족/개체가 살아남는다는 경쟁의 원리
보다는 종족/개체 간의 협동으로 보아야 한다고 주장했다. 그러니까 적자생존
의 '적합한fittest' 또는 '적응fitness'은 경쟁이 아니라 협동을 통한 적응으로 해석해
야 한다는 것이다. 좁은 의미에서 적자생존은 환경적응을 통한 번식과 생존의
성공reproductive success을 의미한다.

진화론에서 말하는 적자생존은 생태계의 먹이사슬을 표현한 약육강식弱肉强食

이나 승패가 있는 전투적 경쟁과는 다른 개념이다. 그러나 적자생존은 생존한 자를 적합한 자로 인정하는 승자勝者 중심 관점인 것은 분명하다. 또한, 적자생존은 기린麒麟의 목에서 보는 것과 같이 살아남은 종이 적자라고 보는 관점과, 적자이기 때문에 살아남았다고 보는 순환론에 빠질 염려가 있다. 적자생존과 유사한 용불용설用不用說 또한 진화를 잘 설명하지 못한다. 그런 점에서 적자생존은 부적자도태不適者淘汰를 정당화하거나 약자에 대한 강자의 지배를 용인하는 오류가 내포되어 있다. 한편 적자생존은 '가장 적합한 종이 생존한다'는 동어반복이기 때문에 그 자체로는 큰 의미가 없다는 비판적 관점도 있다. 그러나 스펜서의 실제 의도는, 맬서스의 인구론人口論이 지적하는 것처럼 (약자는 도태되므로) 약자를 보호하여 사회정의를 실현하려는 것이었다.

참고문헌 Herbert Spencer, *Principles of Biology*1864. New York and London : D. Apploten and Company, 1910.

참조 DNA/디옥시리보 핵산, 공통조상, 돌연변이, 생존경쟁, 유전자, 이기적 유전자, 자연선택, 진화론, 진화심리학

문화산업[프랑크푸르트학파]
Cultural Industry in Frankfurt School | 法兰克福学派文化产业

독재자 W는 이런 명령을 내렸다. '대중들의 귀를 막고 눈을 멀게 하라.' 이어 '문화와 예술로 대중을 기만하고 대중을 조작하라'고 지시했다. 독재자 W는 대중들은 문화와 예술을 무조건 좋은 것으로 생각하기 때문에 대중조작大衆操作이 쉽다는 것을 알고 있다. 그래서 W는 문화와 예술로 대중을 기만하면서 문화산업으로 경제를 발전시키겠다고 선전했다. 실제로 문화예술을 경제적 관점에서 보는 문화상품, 예술경영, 문화경제, 문화기획, 문화관광, 문화정책 등은 시대와 지역을 막론하고 강력한 힘을 발휘한다. 문화가 자본과 권력에 의해서 왜곡되는 현상은 문화산업에서 가장 잘 드러난다. 경제적으로 문화산업文化産業은 문화를 생산하는 산업이며 주로 대중문화에서 많이 쓰인다. '문화도 가치측정과 교환을 할 수 있다'는 것과 문화적인 생산물이 상품으로 판매될 수 있다고 보는 것이 자본주의 문화산업이다.

호르크하이머M. Horkheimer, 1895~1973와 아도르노가 펴낸 『계몽의 변증법Dialectic of Enlightenment』 중 '문화산업-대중 기만으로서의 계몽'에서는 문화산업과 대중문화를 비판받고 부정되어야 할 자본주의 산업사회의 산물로 간주한다. 이들에 따르면 문화산업과 대중문화는 인간의 진정한 자유와 해방을 방해하는 동시에 허무주의Pessimism를 조장하고 자기소외自己疏外를 심화시킨다. 특히 문화산업은 대중들의 취향을 철저하게 관리하고 감독하면서 거짓 욕망을 부추긴다. 가령 '어떤 뮤지컬이 유명하다든가, 어떤 책이 많이 팔린다든가, 어떤 그림이 비싸다든가' 하는 등의 현란한 광고는 예술적 감성을 마비시키고 건전한 비판의식을 가로막는다. 따라서 문화와 예술을 경제와 자본의 각도에서 바라보게 되면 본질을 망각할 수 있고 가치를 상실할 수 있으므로 매우 위험하다.

그 결과 근대의 대중들은 상품시장과 소비주의에 길들고 노예화되어 마침내 소비를 통해서만이 자기가 누구인지를 확인하게 된다. 그리고 마르쿠제가 말한 일차원적 인간one-dimensional man으로 전락하여 문화를 가장하고 예술을 표방한 문화상품의 노예가 되는 것이다. 그 결과 대중들은 자기가 무엇으로부터 관리되고 있는지 알지 못한 채 유혹에 빠져 자신의 영혼까지도 팔아 버린다. 또한, 대중들은 자신도 모르는 사이에 물신주의의 노예가 된다. 특히 대중들은 표피적 감각에만 의존하게 되므로 수동적인 인간이 되며 사회에 대한 비판이나 자기에 관한 성찰을 하지 않는다. 그래서 아도르노는 TV를 지배계급이 이념을 전파하는 도구로 간주하고 대중문화를 타락의 징조라고 통렬하게 비판했다. 이처럼 문화산업이라는 개념은 프랑크푸르트학파에서 처음으로 쓰였기 때문에 경제와 경영의 관점이 아니라 비판철학의 맥락에서 먼저 이해되어야 한다.

문화산업의 상징인 할리우드Hollywood 영화는 자본과 기술을 바탕으로 사람들의 취향을 바꾸어 놓았다. 그 결과 대중들은 섹스, 마약, 총격, 삼각관계, 살인, 음모, 스포츠, 환상 등을 내용으로 하는 자극적 영화와 첨단기술의 포로가 되었다. 그래서 대중들은 가족과 함께 디즈니월드Disney World와 같이 조작된 놀이동산에서 시간을 보내면서 그것이 즐겁고 행복하다고 착각한다. 그 결과 근대의 대중들은 수동적인 존재가 되어 광고가 지시하는 상품을 쫓아다니면서 타인들과 욕망을 경쟁하는 시장의 노예가 되었다. 이런 수동적인 사람들은 자기에 대한 성찰도 부족하고, 사회를 비판할 능력도 상실했을 뿐 아니라, 사회변혁 의지와 역사의식도 부족하다. 이런 이유로 문화예술이 지나치게 표피적이고 대중적이어서는 안 되고 적당하게 난해할 필요가 있다는 것이 프랑크푸르트학파의 관점이다.

프랑크푸르트학파의 문화산업론은 자본주의적 문화산업을 비판하고 부정하는 것을 넘어서서 문화를 통하여 사회를 바꾸고자 하는 문화혁명이다. 또한, 문화산업론의 토대인 프랑크푸르트학파의 비판철학批判哲學은 지식산업knowledge industry과 문화산업이 어떻게 자본과 권력에 봉사하는가를 밝히고 대중들의 욕망이 허위라는 것을 일깨운다. 한마디로 문화를 통해서 자기를 상실한 인간을 해방하려는 것이 프랑크푸르트학파의 문화산업론이라고 할 수 있다. 자본주의에서 문화를 산업으로 간주하는 것과는 달리 프랑크푸르트학파는 '문화가 산업이 됨으로써 많은 문제를 일으킨다'고 비판한다. 한편 문화산업을 문화적인 산업이라는 의미로 이해하는 사람도 있다. 유네스코UNESCO는 경제적인 목적을 가진 대규모의 문화적인 산업을 문화산업이라고 규정하는 한편 문화산업이 문화의 본질을 망각할 수 있다고 경고한다.

참고문헌 Theodor W. Adorno and Max Horkheimer, *Dialectic of Enlightenment*, translated by Edmund Jephcott, Stanford : Stanford UP, 2002.

참조 계급의식, 대중문화이론, 문화, 문화자본, 변증법, 본질, 부정변증법, 산업혁명, 예술, 예술노동자, 일차원적 인간, 자본주의

비잔틴제국

Byzantine Empire | 拜占庭帝国

성벽이 무너졌다는 소식을 들은 콘스탄티노플 사람들은 소피아성당에서 성찬식을 거행했다. 그리고 기도하면서 기적이 일어나기를 갈망했다. 성벽이 무너진 후 닥쳐올 죽음의 공포에 몸을 떨었다. 끝내 기적은 일어나지 않았고 오스만제국의 군대가 성벽을 파괴하고 궁전까지 진격했다. 마지막 공격은 기독교에서 이슬람으로 개종한 백인 부대 예니체리 군단이 맡았다. '새로운 병사들'이라는 의미의 예니체리^{Yeniçeri}는 오스만제국의 정예부대였다. 그들이 천 년을 방어한 견고한 방어 성벽을 무너뜨린 것이다. 승리한 오스만 군사들은 마음껏 약탈하고 살육했다. 1453년 5월 30일의 일이다. 이렇게 하여 천 년의 동로마제국, 즉 비잔틴제국이 멸망했다. 마지막 전투에서 베네치아와 제노바가 군대를 보냈다. 하지만 이교도에 대항하는 십자군이 파병되지 않았기 때문에 7천여 명의 군대만으로 방어할 수가 없었다.

게르만 역사학자 울프^{Hieronymus Wolf}가 1557년 처음으로 비잔틴제국이라고 명명했다. 공식적 명칭은 동로마제국^{Imperium Romanum}이고 수도는 콘스탄티누스 1세가 세운 이스탄불^{비잔티움}이다. 그는 기독교를 공인하여³¹³ 유일신체제를 정치에 접목했지만, 로마제국 동부의 황제 리키니우스^{Licinius, 270~325}와 대립하는 관계였다. 얼마 후 동방의 황제 리키니우스를 물리친 콘스탄티누스는 현재 터키의 보스포루스^{Bosporus} 해협에 비잔틴을 건설했다. 당시 로마제국은 훈족^{匈奴}의 침입으로 게르만족이 도나우^{Donau}강을 넘어 남하하여 로마가 위협받는 상황이었다. 이렇게 하여 330년 5월 1일, 새로운 로마^{Nova Roma}가 탄생했다. 이 도시가 콘스탄티노플, 즉 콘스탄티누스 황제의 도시라는 의미의 동로마제국 수도다. 그 후 테오도시우스 1세$^{Theodosius, 347\sim395}$가 죽은 후 두 아들을 동서 로마로 나누어 통치하게 함으로써 서로마와 동로마가 분열되었다.

비잔틴제국의 시작에 대해서는, 콘스탄티노플로 천도를 결정한 324년, 테오도시우스가 타계한 후 동서가 분할된 395년, 서로마가 멸망한 480년 등 세 기점설이 있다. 한편 유스티니아누스 1세$^{Justinianus, 482\sim565}$는 동로마를 부흥시킨 황제로 기록된다. 그는 전차 경기장에서 폭동이 일어났을 때 아내 테오도라의 말을 듣고 이를 평정했다. 그리고 예전 로마제국의 영토 대부분을 회복하여 대제국을 이루었으며 사각형과 거대한 돔을 가진 성 소피아 사원을 건설했다. 또한, 동로마제국은 비잔틴을 공격한 페르시아, 불가리아, 반달족에게 맞서 수많은 전쟁을 치렀다. 그러나 콘스탄티노플은 튼튼한 성벽과 해저 사슬로 방어가 잘되었기 때문에 쉽사리 함락되지 않았다. 특히 그리스의 불$^{Greek Fire}$로 불리는 특수한 화약은 큰 효과를 발휘했다. 이렇게 하여 비잔틴제국은 오랜 시간에 걸쳐 안정과 번영을 누릴 수 있었다.

동로마제국의 비잔틴은 실크로드$^{Silk Road}$로 상징되는 동서양 교역 중심지였다. 그래서 수도 비잔틴^{콘스탄티노플}에서 문화와 인종의 다양성을 존중하는 세계주의^{Cosmopolitanism}가 싹텄다. 시간이 가면서 동로마제국은 라틴어 대신 그리스어를 쓰면서 헬레니즘화 되었다. 726년 동로마제국 정교회는 우상이 필요하지 않다고 결정했고, 서로마 교황청에서는 야만인을 교화하기 위하여 우상이 필요하다고 결정하여 갈라지는 계기가 되었다. 1096년 동로마 황제의 청으로 십자군전쟁이 일어났다. 그러나 1204년 제4차 십자군전쟁 때 서유럽 연합군이 콘스탄티노플을 점령한 특이한 사건이 벌어졌다. 이후 어렵게 명맥을 유지하던 동로마제국은 1453년 강성한 오스만제국의 공격을 받고 멸망했다. 비잔틴제국은 330년 로마제국이 분열할 때 콘스탄티노플에 도읍을 세운 동로마제국으로 1453년까지 존속한 정교회 국가다.

동로마를 정복한 이슬람의 술탄^{Sultan} 메메드 2세^{Mehmed II, 1432~1481}는 로마 황제를 자처하였고 콘스탄티노플이라는 이름도 그대로 사용했다. 하지만 비잔틴제국은 1453년 끝났다고 보는 것이 일반적이다. 비잔틴의 동로마제국은 1453년 멸망할 때까지 정교일치의 중앙집권 정치체제를 유지했다. 아울러 동로마는 실크로드의 중심에 놓여 있어 중국, 인도, 이슬람 국가들과 교류하면서 경제적 부를 축적했다. 특히 동로마제국은 찬란한 비잔틴 문명을 꽃피웠고 황제는 그리스정교^{Greek Orthodox}의 수장을 겸했다. 또한, 동로마제국은 그리스의 영향을 많이 받았으며 예술, 학문, 기술, 공학이 크게 발달하였다. 동로마제국이 멸망하자 모스크바 공국의 이반 대제^{Ivan III, 1440~1505}는 모스크바를 세 번째 로마로 선포하고 동로마제국을 계승했다.

참고문헌 Edward Gibbon, *The History of the Decline and Fall of the Roman Empire*, London : Strahan & Cadell. Vol,I, 1776; vols.II · III, 1781; vols.IV · V · VI, 1788~1789.

참조 로마제국, 문명, 문화, 십자군전쟁, 역사, 오스만제국, 헬레니즘

시뮬라시옹 시뮬라크르
Simulation Simulacra | 仿象 虛拟

아내를 살해한 누명을 쓰고 쫓겨 다니는 코브Leonardo DiCaprio에게 흥미로운 제안이 들어왔다. 사이토의 제안은 세계적인 독점기업의 후계자인 피셔 스스로 기업을 분할하도록 만들라는 것이다. 흥미로운 제안이었다. 코브는 이 제안을 수락하고 실행에 옮기기로 했다. 후계자 피셔의 생각을 바꾸는 방법은 그의 꿈속으로 들어가서 새로운 생각을 심어놓는 인셉션inception이다. 이것은 가상인 꿈과 현실을 오고 가야만 가능한 작전이다. 정교하게 꿈을 설계한 코브 일행은 비행기에 동승하여 사투 끝에 피셔의 생각을 바꾸었고 그 대가로 코브는 아이들에게로 돌아간다. 세계영화사에 특별한 이름을 남긴 놀란C. Nolan 감독의 2010년 작품 〈인셉션〉은 가상과 현실의 문제를 다룬 철학적인 영화다. 이 주제가 철학적인 것은 현실과 비현실, 이데아idea와 현상의 분리된 선divided line을 넘나들면서 인간 존재와 세상을 사유했기 때문이다.

이 영화에서는 무엇이 사실이고 무엇이 거짓인지 불확실하다. 현실보다 더 현실적이고 극적일 뿐 아니라, 역동적인 가상현실이 현실을 지배하기까지 한다. 일찍이 장자는 「호접지몽」에서 꿈과 현실이 구분되지 않는다고 말한 바 있고, 플라톤은 본질인 이데아의 세계와 동굴의 벽에 비치는 허상을 나누었으며, 한유는 〈도원도〉에서 '세상이 사실인지 거짓인지 어찌 알리오?世俗寧知僞與眞'라고 쓴 바 있다. 이 사유는 장 보드리야르J. Baudrillard, 1929~2007와 움베르또 에코를 비롯한 포스트모더니즘 철학자들에 의해서, 가상과 현실이 구분되지 않으며 가상이 실재라는 특별한 개념으로 진화했다. 한편 들뢰즈는 차이 그 자체가 중요한 것이고 차이야말로 내적 유사성을 넘어서는 실재라고 보았다.[1] 그리고 보드리야르는 대중매체를 부정적으로 대했으나 대중매체의 발달에 주목하면서 시뮬라시옹이라는 단어에 특별한 개념을 부여했다.

시뮬라시옹은 자동차 가상 설계나 컴퓨터의 3D 작업과 같은 원리다. 보드리야르는 시뮬라시옹을 사실, 실재, 현실, 존재 등이 유사하게 재현된다는 뜻으로 썼다. 원래 시뮬라시옹은 유사성similarity이 시뮬라크르 된 것으로 '가상의 재현' 또는 모의실험이라는 뜻이다. 그런데 그 재현은 실재를 복사한 것이 아니고 그 자체로 독립적인 시뮬라크르의 하이퍼리얼hyperreal이다. 또한, 그는 사실성의 충실한 반영, 사실성의 개입, 사실인 것처럼 보이는 것, 시뮬라크르의 하이퍼리얼 등 네 단계로 구분하면서 이들은 모두 구조와 관계 속에서 의미를 획득한다고 주장했다. 하이퍼리얼에서는 현실과 가상이 구분되지 않고, 진품과 복제를 구별할 수 없다. 이것은 경계를 해체하는 포스트모더니즘의 가장 중요한 특징이다. 시뮬라크르는 가상이지만 현실보다 더 현실적인 실재다. 또한, 시뮬라크르는 존재하지 않지만 존재하는 것과 같고 현실보다 더 생생하게 인식되는 가상이다.

보드리야르는 과학기술의 발달로 인하여 인간은 실재보다 더 실재적이고, 현실보다 더 현실적이며, 사실보다 더 사실적인 세상에서 살게 되었다고 말한다. 그리하여 현실이 기호가 되고, 기호가 현실이 되며, 기호가 세상을 구성한다. 그 기호 중에서 실재가 없는 기호 그 자체가 시뮬라크르지만, 시뮬라크르는 가짜나 거짓은 아니다. 또한, 존재하지 않는 것을 존재하게 하는 시뮬라크르는 단순한 재현이나 모방은 아니다. 그리하여 현대인들은 답답하고, 척박하며, 재미없는 현실보다 디즈니랜드와 같은 환상적이고 화려하며, 황홀하고 자극적인 가상의 시뮬라크르를 더 좋아하게 되었다. 또한, 현대인들은 상품이 아닌 광고

---

1   Gilles Deleuze, *Difference and Repetition*, translated by Paul Patton, Columbia：Columbia University Press, 1968, pp.298~300.

를 소비하게 되면서 실재와 무관한 이미지인 시뮬라크르가 현실을 대치해 버렸다. 비록 보드리야르가 영화 〈매트릭스〉의 가상현실은 자신의 시뮬라시옹과 무관하다고 말했지만, 적어도 감독은 그의 이론을 토대로 상상력을 발휘했다는 것만은 분명하다.

'현실을 넘어서는 실재'가 있다는 보드리야르의 이론은 현실주의자들로부터 거센 비판을 받는다. 왜냐하면, '지금 여기의 현실'이 실재하는데, 그 실재를 호도糊塗하고 왜곡한다는 이유 때문이다. 특히 포스트모더니즘은 현실을 왜곡함으로써 사람들에게 건강하고 정직한 현실인식을 가로막는다는 비판을 받는다. 그런데 현실의 실재도 존재하지만, 가상이 창조하는 또 다른 현실과 실재도 가능하다. 가상의 실재를 실현하는 기계와 장치를 시뮬레이터simulator라고 하는데 군사, 소방, 설계 등 여러 영역에서 쓰이고 있다. 기호 그 자체인 시뮬라크르simulacrum의 복수형의 재현이 시뮬라시옹이다. 한편 데이빗 루이스D. Lewis와 스톨네이커R. Stalnaker는 서로 다른 시공간spacetime에 서로 다른 세계가 실재하고 있으며 인간의 현실 세계와 다른 가능세계possible world가 존재한다고 주장하였다. 이들이 말하는 가능세계는 가상의 실재와 상통한다.

참고문헌 Jean Baudrillard, *Simulacra and Simulation*, translated by Sheila Faria Glaser, Ann Arbor : The University of Michigan Press, 1994; Gilles Deleuze, *Difference and Repetition*, translated by Paul Patton, Columbia : Columbia University Press, 1968.

참조 가능세계, 공간, 기표·기의, 기호 가치, 동굴의 비유, 리얼리즘(예술), 리얼리즘/실재론(철학), 모더니즘(예술), 상징, 상징폭력, 시간, 시공간, 양상실재, 이데아, 재현, 증강현실, 포스트모더니즘

상징적 동물
Symbolic Animal | 符号的动物

서기 726년, 지금의 이스탄불에 있던 동로마제국의 황제 레오 3세^{Leo III}는 교회 내의 우상偶像을 모두 파괴하라는 명령을 내렸다. 이 명령은 즉시, 로마에 있는 서로마제국에 전달되었다. 하지만 로마에 있던 교황 그레고리우스 2세는 그리스도와 성모 마리아 성상聖像이 가진 기능과 의미를 강조하면서 우상파괴령^{Iconoclasm}을 거부했다. 이 우상파괴령은 유럽과 비잔틴의 정치적 이해관계가 얽혀 있고 기독교 교리가 충돌한 이정표적인 사건이다. 이 사건 이후 동로마제국의 그리스정교와 서로마의 가톨릭으로 분화되었고 서로 다른 기독교 체제로 이행했다. 그런데 이스탄불을 중심으로 하는 비잔틴제국^{Byzantine, 321~1453} 교회들은 십자가만은 그대로 두었다. 그렇다면 그리스도의 성상과 그리스도가 못 박혀 죽은 십자가는 무엇이 다른가? 그리스도의 성상은 구체적인 형상이고 십자가는 그리스도와 기독교 교리의 상징이다.

실레지아 출신의 유대계 철학자 카시러^{E. Cassirer, 1874~1945}는 다른 철학자와 마찬가지로 '인간이란 무엇인가'라는 고전적 주제에 천착했다. 그가 이 주제를 사유한 것은 과학과 이성의 발달에도 불구하고 세상이 광기와 폭력에서 벗어나지 못했기 때문이다. 그래서 그는 과학과 이성을 통해서 인간을 이해하기보다는 상징이 축적된 문화 속에서 귀납적으로 이해할 수 있다고 믿고, 직관과 상징 속에 담겨 있는 인간의 본질을 탐구했다. 그의 생각은 인간의 정신 활동은 기본적으로 상징이라는 것이며, 그 상징은 인간만이 창안할 수 있다는 것이다. 이런 이유로 카시러는 정신과 관념을 지나치게 강조하는 이상주의자이자 신비주의

자라는 비판을 받게 되었다. 그러나 카시러의 철학은 합리주의와 산업화의 길을 걸어온 인류에게 반성과 성찰을 제안한다는 중요한 의미가 있다.

카시러는 '상징적 인간관'이라는 개념을 창안했고, 상징에 담겨 있는 인간의 자기인식Self-realization이야말로 진정한 계몽의 방법이자 결과라고 말했다. 그러니까 인간만이 가지고 있는 상징형식symbolic form을 통해서 인간이 어떻게 살아왔는지, 어떤 존재인지, 무슨 본질을 가졌는지 알 수 있다는 것이다. 또한, 카시러는 이성, 과학, 합리주의, 법, 제도만으로는 인간을 이해할 수 없다고 말하면서 고도로 상징화된 예술, 종교, 신화, 언어, 역사 등을 통하여 인간의 본질을 인식하고 이해할 수 있다고 단언했다. 여기서 인간은 이성적 동물이 아니고 상징적 동물이라는 명제가 탄생했다. 그러니까 카시러가 말한 상징적 동물은 상징을 창조하고, 상징을 조작하며, 상징을 이용하는 인간을 의미한다. 특이한 점은 그가 아인슈타인의 상대성이론을 통하여 총체적 상징형식totality of symbolic form을 찾고자 했다는 점이다.

미국에 정착하여 스웨덴 시민으로 죽은 카시러는 나치에 쫓기면서 정신적 압박을 받고 있었다. 슈펭글러가 과학기술과 합리주의가 서구 문명을 몰락시키고 역사를 끝내 버렸다고 선언했을 때, 카시러는 인간만이 창조할 수 있는 상징, 그리고 문화 속에 존재하는 상징체계를 해석하고 있었다. 괴테로부터 영향을 받은 두 사람이 인간과 사회를 이해하는 방식이 달랐던 것은 첫째, 개인의 상징을 중요시하는 카시러의 주관적 인식 때문이고 둘째, 나치에 대한 위기의식이 서로 달랐기 때문이다. 카시러의 주장은 인간은 '상징적 동물象徵的 動物'이라는 것이고 가장 중요한 상징은 언어라는 것이며 인간만이 상징을 창조하고 축적했다는 것이다. 카시러는 고도의 추상성을 가진 언어는 모든 지각을 객관화objectification시키고 객관화된 상징은 교육과 문화를 통하여 축적된다고 보았다. 한편 인류학자 레비스트로스Lévi-Strauss 역시 인간은 상징을 통해서 자기를 표현하고 그 상징이 사회를 구성한다는 관점에서 인간을 상징적 동물animal symbolicum

로 명명했다.

　신칸트학파의 카시러에 의하면 인간을 이해하고 인식하는 것은 인간이 축적한 상징을 해독하는 것이고, 예술이나 종교와 같은 제도를 해석하는 것이며, 과거에 숨겨진 역사라는 이름의 언어를 분석하는 것이다. 그는 인간의 지각이 가상假想을 만든다고 간주하는 칸트적 관념 철학의 입장에 서서 인간 존재의 불완전성을 주장하는 하이데거와 논쟁을 벌이기도 했다. 카시러는 하이데거로부터 인간의 상상력에 초점을 맞추기 때문에 정신을 올바로 보지 못한다는 비판을 받는다. 한편 수학, 자연과학, 철학, 예술을 통섭하려 했던 그는 문화과학Cultural science과 문화철학의 기반을 수립하여 훗날 문화연구Cultural studies에 큰 영향을 미쳤다. 플라톤에서 헤겔에 이르는 전체주의적 사고가 바로 20세기 나치와 같은 파시즘을 잉태한 원리라고 비판하는 카시러는, 진정한 자유주의자였으며 고독한 이상주의자였다.

참고문헌 Ernst Cassirer, *An Essay on Man*, New Haven : Yale University Press, 1944.

참조 감각, 관념론, 내던져진 존재, 문화, 상징, 상징주의, 상징폭력, 순수이성, 역사, 예술, 인간(신체), 인식, 지각, 현존재 다자인, 호모사피엔스/현생인류

촘스키의 선전모델

Propaganda Model | 宣传模式

2001년 9·11 직후 촘스키는, '미국 정부가 원인 제공을 했으므로 근본적 책임은 미국 정부에 있다'고 주장했다. 그리고 자신의 조국인 미국을 사악한 제국주의라고 비판하고 악의 축이라고 비난했다. 그뿐 아니라 촘스키는 미국의 패권주의를 신랄하게 비판했다. 이런 위험한 발언 때문에 그는 재직하는 매사추세츠 공대^{MIT}와 애리조나대학 안에서도 경찰의 경호를 받는 상황이 되었다. 이전에도 촘스키는 '나는 미국이 무슨 일을 했는지 알고 있다'와 같은 자극적인 표현으로 미국 정부의 폭력성과 제국주의적 속성에 대하여 통렬하게 비판한 바 있다. 또한, 실천하는 지식인이자 행동하는 진보주의자로 알려진 촘스키는 지식인의 임무는 정부와 국가의 거짓을 폭로하는 것이라고 말해서 '세계의 양심'이라는 칭호를 얻었다. 이런 이유로 그는 당대 최고의 지성인으로 존경받기도 하고 좌충우돌하는 문제 인물로 매도罵倒되기도 한다.

21세기 전후의 촘스키^{Noam Chomsky}는 정치평론가 겸 행동주의자 그리고 진보적 무정부주의자로 기억될 것이다. 유대인 가정에서 유대식의 교육을 받은 그는 1953년 아내와 함께 이스라엘의 키부츠에서 생활하면서 극우 민족주의가 위험하다는 것을 본 이후 권력과 국가를 부정하는 무정부주의자로 평생을 일관했다. 하지만 그는 1950년대에 변형문법의 생성원리를 밝혀 언어학에 일대 혁명을 일으킨 위대한 언어학자로 출발했다. 그는 구조주의 언어학과 스키너의 행동주의를 비판하는 한편 언어의 기본원리와 규칙에 해당하는 보편문법_{Universal Grammar, UG}을 정초하여 명성을 떨쳤다. 촘스키는 행동주의 심리학의 대가

인 스키너의 상자이론을 비판하면서, 인간에게는 내적 언어, 즉 의미가 없지만, 문법에 맞는 통사구조를 만들 능력이 있다고 반박했다. 그러니까 인간에게는 후천적 경험을 넘어서는 선험적 능력이 있다는 것이다.

촘스키는 1967년 「지식인의 사명」이라는 글을 쓰는 한편 베트남 전쟁 반대 시위와 세금거부 운동에 참여하면서 정치, 사회, 국제문제로 관심 영역을 넓혔다. 그는 1988년 허먼과 함께 쓴 『조작된 동의: 대중매체의 정치경제Manufacturing Consent: The Political Economy of the Mass Media』에서 미국의 언론이 소수 엘리트 지배계층의 이익에 복무한다는 것을 여론조작의 선전모델로 설명한다. 선전모델은 언론을 통한 여론의 조작이다. 예를 들어, 캄보디아의 폴 포트Pol Pot, 1925~1998가 이끄는 크메르루즈Khmer Rouge 정권의 대량학살大量虐殺, Genocide은 미국의 이해관계에 따라서 보도되었다는 것이다. 이를 바탕으로 촘스키는 '가치 없는 희생'과 '가치 있는 희생'을 구분한 다음 이를 증거로 언론이 권력과 자본의 하수인이라는 것을 강조했다. 특히 미국의 주류언론은 자본의 거간 역할을 하는 한편 지배계층의 이념을 전파하는 도구로 기능한다.

언론의 대중조작은 근대 언론의 역사와 맥을 같이한다. 일부 언론은 권력이나 자본과 결탁하여 또 다른 권력 집단이 되었다. 주류언론은 이른바 '전통적인 제퍼슨의 역할Traditional Jeffersonian Role'인 정부에 대한 견제를 포기하고 미국의 세계지배전략과 자본가들의 이익에 따라서 보도한다. 문제는 보이지 않는 집단의 여론조작이 엘리트 지식인들의 동의, 동조, 묵인 등의 과정을 통하여 이루어지는데도 일반 대중들은 언론이 객관적으로 보도하며 정의를 수호한다고 착각한다는 점이다. 그러므로 촘스키는 여론조작의 선전모델과 전체주의의 폭력을 같은 것으로 간주하면서 이것은 다른 나라에도 그대로 적용될 수 있다고 주장한다. 한편 선전모델은 민주주의를 가장한 대중조작이라는 점에서 비운의 혁명가 그람시Antonio Gramsci, 1891~1937가 말한 '동의를 통한 헤게모니hegemony'와 유사한 면이 있다.

자본주의 체제에 기초한 근대 언론의 대중조작은 다섯 가지의 선전모델을 통해서 이루어진다. 첫째 언론의 소유구조와 그들의 이익, 둘째 광고주들의 영향력, 셋째 주로 정부와 지배계층으로부터 얻는 취재 자료, 넷째 다양하고도 정교한 관리, 다섯째 반공주의 등이다. 다섯째는 소련의 해체 이후 '공포를 통한 동의'로 바뀌었다. 여기서 유래한 신조어인 선전모델은 각종 언론과 매체가 왜곡된 보도를 하면서 '동의조작manufacturing consent'하는 여과filtering의 과정이다. 이것은 그람시가 말한 것처럼, 자발적 동의 뒤에 숨겨진 조작이다. 아울러 이들은 '주류언론의 문제점을 인터넷과 같은 전자매체와 대안 언론이 부분적으로 바로잡을 수 있다'고 주장한다. 하지만 '허먼E.S. Herman과 촘스키의 자료 선택과 분석이 잘못되었다'는 지적과 '언론은 권력과 자본에 의해서만 움직이지 않는다'는 비판적 견해가 제기되어 있다.

참고문헌 Edward S. Herman & Noam Chomsky, *Manufacturing Consent : The Political Economy of the Mass Media*, Pantheon Books, 1988.

참조 무정부주의, 문화적 헤게모니, 보편문법, 자본주의, 제국주의, 표현의 자유, 행동주의 · 파블로프의 개

분서갱유

Burning of Books and Burying of Scholars | 焚书坑儒

'이들 유학儒學을 공부하는 선비들은 개인적으로 학문을 가르치고 배우며, 나라에서 새로운 법령과 제도를 백성들에게 가르치고 깨우치는 일을 반대하고 있습니다. 이들은 나라에서 새로운 법령이 나왔다는 말을 들으면, 제각각 자신들이 개인적으로 익히고 배운 학문의 잣대를 들이대고 비판합니다.'[1] 비판적 유학자들을 비난하는 내용이다. 이 글은 진의 승상 이사李斯가 진시황에게 올린 「소서燒書」의 한 부분인데, 결론은 '유학 서적을 비롯한 거의 모든 서적을 불태워야 한다'는 내용이다. 이 말을 타당하다고 생각한 전설적인 황제 진시황은 기상천외한 명령을 내렸다. 그는 BCE 221년에 '진秦의 기록, 박사관博士官의 장서, 의서, 복서卜筮, 농업 서적 이외의 책은 모두 태울 것이며 이를 어기는 자는 극형에 처하라'고 명한 것이다. 과격한 절대군주였던 그의 명령에 따라서 460명의 선비가 산 채로 땅에 묻혔다.

분서갱유는 진시황이 실용적인 책을 제외한 모든 책을 불태우고 자기를 비판한 유가와 도가를 묻어 죽인 사건이다. 아방궁을 짓고, 만리장성을 쌓았으며, 병마용이 가득한 지하궁전을 건설한 그는 불로장생의 약을 찾던 중 횡사에 가까운 죽음을 맞이했다. 진시황秦始皇, 본명은 嬴政, BCE 259~BCE 210에 대해서는 중국을 통일하고 위대한 치적을 이룬 명군이자 최초 황제라는 긍정적 평가와 함께 포

---

[1] 丞相李斯曰：臣請史官非秦記皆燒之. 非博士官所職天下敢有藏詩書百家語者悉詣守尉雜燒之. 有敢偶語詩書者棄市. 以古非今者族. 吏見知不舉者與同罪. 令下三十日不燒黥為城旦. 所不去者醫藥卜筮種樹之書若欲有学法令以吏为.

악하고 무도한 절대군주로 백성을 탄압하고 분서갱유를 시행한 야만적 제왕이라는 부정적 평가가 있다. 이 중 분서갱유는 세계사에서도 유례가 드문 특이한 사건이었다. 사마천의 『사기史記』는 분서와 갱유를 기록하여 진시황에 대한 부정적 평가를 확고하게 만든 역사서다. 거세형벌인 궁형宮刑을 당한 사마천司馬遷, BCE 145 전후~BCE 85 전후은 온 힘을 다해서 『사기史記』를 완성했다. 『사기』는 본기本紀·세가世家·열전列傳·서書·표表로 구성되어 있는데 분서갱유는 진시황본기秦始皇本紀에 나온다.

진시황이 이룩한 천하통일, 문자통일, 경제통일, 제도통일은 사상통일이 없다면 무의미한 것이다. 진시황이 사상을 통일하는 과정에서 생긴 일이 분서와 갱유다. 『사기』를 쓴 사마천은 유가가 아니었다. 그리고 한고조 당대는 도가道家와 불가佛家 등 여러 사상이 혼재해 있었고 진시황에 대해서 비판적인 시각이 대세였으므로 분서갱유를 비롯한 그의 출생이나 치적에 대해서 부정적으로 기록했다는 학설이 우세하다. 한편 분서는 법가法家의 사상에 근거하여 다른 사상을 탄압한 것이라면 갱유는 진시황제의 감정적 분노에서 촉발된 것이다. 분서갱유의 야만성과 폭력성은 분서보다 갱유에 있다. 만약 분서갱방焚書坑方이라고 하여 방사方士, 신선의 술법을 닦는 사람들만을 땅에 묻었다면 역사적 평가는 달라졌을 것이다. 죽음을 무척 두려워했던 진시황은 불로장생을 장담한 방사들에 속은 것을 알고 방사를 포함한 학자 선비들이 명령을 위반하고 거짓 소문을 퍼뜨렸다는 이유로 이들을 생매장해 버렸다.

이후 2천 년 동안 유교와 유가 사상儒家思想이 한자문화권의 주류가 되면서 '유가를 땅에 묻었다'는 상징적인 사실에 큰 의미를 부여했고 그것이 갱유坑儒라는 개념으로 정착되었다. 분서갱유는 첫째, 진시황과 법가法家였던 재상 이사李斯가 실행한 역사적 사건이라는 층위와 둘째, 분서갱유에 대한 역사적 해석이라는 두 층위가 있다. 앞으로도 역사시대가 계속되는 한 분서갱유에 대한 다양한 해석이 있을 것이다. 가령 1930년대 국민당의 장제스蔣介石는 자신의 행적을 진시황에 비유하여 과장했고, 중화인민공화국 건설의 아버지 마오쩌둥毛澤东, 1893~1976은 문화대혁명1966~1976 당시 계급투쟁과 역사 유물론의 측면에서 진시황을 해석하면서 혁명의 정당성을 찾았다. 실제 역사에서, 분서는 제자백가諸子百家들의 학설과 사상을 상실하는 결과를 초래했고 갱유는 비인도주의적 학살의 세계적인 사례가 되었다.

역설적으로 진시황의 폭력적 탄압은 사상과 제도의 통일을 이루었다. 또한, 만리장성을 축조하고 도량형을 통일하였으며 중앙집권의 군현제를 비롯한 각종 제도를 개혁한 진시황에 의하여 중국의 천하관과 중화주의中華主義 그리고 천명사상天命思想이 확립되었다고 볼 수 있다. 역사적으로 진시황은 포악한 군주라고 비판받았으나 그가 이룩한 치적과 제도가 이천 년 동안 지속되었다는 것은 역사적 아이러니다. 이런 이유 때문에 진시황은 폭군의 상징으로 알려졌지만, 21세기의 중국은 진시황을 위대한 영웅으로 간주하여 애국심을 고양하는 상징으로 설정하였다. 한편, 진시황과 분서갱유를 통하여 '역사적 사실은 늘 새롭게 해석되는 미래의 거울'이라는 역사학자 카E.H. Carr의 교훈을 상기할 수 있다. 하지만 지식을 말살하고 인간을 산 채로 묻었다는 것은 비판과 비난의 대상이 될 수밖에 없다.

참고문헌 司馬遷, 『史記』.

참조 감정, 교훈주의, 문화혁명, 상징, 역사, 중화주의, 진시황, 천명사상, 학문, 한자문화권

천국은 꾸며낸 동화일 뿐이다

There is No Heaven. It's A Fairy Story | 天堂, 来世只是童话故事

'인생이란 어디에서 무엇을 하든지 비슷한 것^{人生到處知何似}, 날아온 기러기가 눈밭을 밟은 것과 같을 뿐이다^{應似飛鴻踏雪泥}. 우연히 눈밭 위에 새 발자국으로 남을지 모르지만^{泥上偶然留指爪}, 날아간 기러기가 어찌 동서를 따질 것인가?^{鴻飛哪復計東西}' 이 작품에서 시인 동파 소식은 인간을 우연히 이 세상에 태어나서 사는 존재로 묘사했다. 존재는 그저 현상일 뿐이다. 인간의 존재에 대한 주제는 철학, 종교, 사회학 등 모든 분야의 관심이다. 그러나 우주적 시간 구조에서 보면 인간의 삶은 찰나의 사건일 뿐이다. 스티븐 호킹^{S. Hawking, 1942~2018} 역시 인간은 우연히 인생을 사는 것으로 생각했다. 그러니까 인간은 신이 창조한 피조물이 아니고 자연선택^{Natural selection}에 따라서 진화하고 변화하면서 존재한다는 것이다. 나아가 호킹은 실존주의적으로 사유하면서 현재의 행동이나 생각 그 자체가 가치 있는 것이라고 단언한다.

이론물리학자 호킹에 의하면 전원이 꺼지면 컴퓨터의 기억장치가 사라지는 것처럼 죽음의 순간에 인간의 정신은 소멸한다. 하지만 많은 사람은 천국, 극락, 무릉도원, 천상계가 있다고 믿는다. 호킹은 이에 대해서 '천국은 없다. 그것은 동화일 뿐이다^{There is no Heaven. It's a fairy story}'라고 단언했다.[1] 뉴턴과 아인슈타인을 잇는 위대한 과학자 호킹이 신을 부정하는 발화를 했기 때문에 호킹의 발언은 큰 논란을 일으켰다. 이에 대해서 호킹은, 우주는 약 150억 년 전 태초^{太初}의 무에서 시작하여 팽창하거나 수축하면서 존재하는데 이 모든 것은 과학적 결정론^{Scientific Determinism}으로 설명될 수 있다고 주장한다. 호킹은 우주가 11차원으로 구성되었다는 M 이론을 제기하는 한편 외계인이 있을 것이라고 가정하면서 신의 존재를 입증할 수도 없고 또 입증할 필요도 없으며, 무無로부터 창조된 우주이므로 언젠가는 무로 돌아갈 수밖에 없다고 설명한다.[1]

그렇다면 우주와 인간은 어떤 관계인가? 호킹은 『위대한 설계*The Grand Design*』 2010에서 우주는 과학적으로 설계된 것이고 인간은 어떤 시간과 공간의 좌표에서 우연히 존재하는 것이라고 말한다. 그러므로 우주는 신이 창조한 것이 아니라 빅뱅과 같은 과학 작용의 결과이다. 신은 단지 상징이고 은유일 뿐이라는 호킹의 이 관점은 『시간의 간략한 역사*A Brief History of Time*』1988에서 이미 했던 설명을 심화한 것이다. 호킹은 아인슈타인의 상대성이론에 근거하여 절대의 시공간인 블랙홀black hole로 인하여 생기는 양자중력Quantum gravity 가설을 세운 바 있다. 양자중력가설은 중력을 양자역학으로 설명하려는 것이다. 이에 따르면 우주와 세상에는 과학적 규칙이 있고, 모든 물질은 기본 입자가 있으며, 수소와 헬륨으로 가득 찬 우주를 완결적으로 설명하는 통합이론이 존재한다.

아울러 시간과 공간의 중간마다 블랙홀들이 존재한다고 주장하는 한편 우주의 형상을 은유적으로 '북극에는 북쪽이 없다'라고 설명한다. 그러므로 신이 우주를 창조했다는 것은 오류이며 그 오류를 믿는 것은 죽음에 대한 두려움 때문이다. 이 문제는 '우주가 있고 신이 있는 것인가 아니면 신이 우주를 창조했는가'의 문제로 환원한다. 칸트와 니체가 신의 존재를 회의懷疑한 이후, 다윈과 도킨스는 생물학적으로 신을 부정했으며, 마르크스는 현실정치로 신을 부정한 것과 달리, 호킹은 물리학으로 신을 부정한 것이다. 일찍이 포이어바흐L. Feuerbach, 1804~1872는 이에 대해서 인간이 신을 만들고 죽음의 공포에서 벗어나 위안을 얻으려 한다고 단언했다. 그러니까 신은 인간의 희망이 만든 가상이다. 이처럼 신이 환상이므로 천국은 꾸며낸 동화가 되는 것이다. 이때 작동되는 것이 인간의

---

1   Stephen Hawking and Leonard Mlodinow, *The Grand Design*, New York : Bantam Books, 2010, p.171.

상상력과 이기심이다.

호킹은 '천국과 지옥은 꾸며낸 동화童話'라고 단언했다는 이유로 거센 비난을 받았지만, 그는 거듭해서 종교의 환상에서 깨어나 과학의 진리를 보라고 권고한다. 아울러 죽음 이후는 전원이 꺼진 컴퓨터와 같다고 설명한다. 당연히 창조론자나 아브라함계통 종교인들은 호킹의 이런 주장을 인정하지 않는다. 코페르니쿠스의 혁명에서 보듯이 새로운 사실이 발견되면 그 역시 신의 뜻이라고 교리教理를 바꾸면서 '이성理性이나 과학으로는 신을 알 수 없다'고 단호하게 단정하기 때문이다. 하지만 호킹은 데카르트와 칸트 이래 발전해 온 '이성의 위대한 승리'는 변하지 않는다고 재차 반박한다. 호킹의 이런 우주관과 인간관은 창조자가 없는 불교 그리고 세상을 브라흐만의 상호작용이라고 보는 힌두교와 상통하는 관점이며 '삶도 아직 모르는데 어찌 죽음을 알겠느냐?子曰 未能事人 焉能事鬼 敢問死 曰未知生 言知死'라고 말한 공자의 유교儒敎와 모순되지 않는다.

참고문헌 Stephen Hawking and Leonard Mlodinow, *The Grand Design*, New York : Bantam Books, 2010.

참조 결정론, 공/수냐타, 무, 브라흐만, 순수이성, 실존주의, 이기적 유전자, 이성, 이성론/합리주의, 적멸의 니르바나, 존재론, 제행무상, 창조론

지하드

Jihad | 圣战

이슬람 성경 『쿠란』은 이렇게 기록하고 있다. '침략하는 적들에 대항하는 투쟁이 너희들에게 허락되나니, 모든 잘못은 침략자들에게 있노라. 하나님/하느님은 전지전능하사 너희들에게 승리를 주노라.' 이 이슬람 성경 말씀은 자기를 방어하는 지하드聖戰가 정당한 행위라는 것과 성경은 선지자 마호메트Abūal-Qāsim Muḥammad, 570경~632 또는 무함마드가 전한 하나님/하느님의 뜻이라는 것이다. 원래 지하드는 적에 대한 성스러운 싸움이다. 그런데 서구 유럽이나 동아시아에서는 지하드를 성전holy war으로 번역하지만, 실제로는 이슬람교도의 공격적 전쟁이나 테러로 간주하는 것이 보통이다. 이런 인식의 차이로 인하여 지하드는 이슬람교도들이 얼굴에 복면하고, 광란의 총을 쏘며, 자살공격을 비롯한 테러를 의미하는 것으로 오인되는 경우가 많다. 이것이 사이드가 말한 이슬람에 대한 잘못된 인식인 오리엔탈리즘Orientalism의 전형적인 예다.

이슬람의 성경 『쿠란Kuran』에서 특히 강조하는 것은 평화, 은혜, 자비, 친절, 선행 등이다. 실제로 대다수의 이슬람교도들은 정직하고 성실하다. 또한, 이슬람은 다른 종교와 마찬가지로 언제나 상대를 존중하면서 검소하고 근면하게 살 것을 강조한다. 그리고 하나님/하느님의 뜻과 선지자 마호메트의 말씀에 따라 경건한 신앙생활과 정직한 삶을 권장한다. 그런데 이슬람 교리에 의하면 인간은 나약한 존재일 뿐 아니라 사악한 사탄Satyan에 둘러싸여 있어서 신앙심을 지키기가 쉽지 않다. 그런 점에서 이슬람교도들은 사탄에 대항하고, 자기를 지키며, 하나님/하느님의 뜻에 따라서 싸우는 지하드가 필요하다고 생각한 것이다.

회교도인 무슬림들에게 고투, 분투, 투쟁, 성전으로 불리는 지하드는 교파에 따라서 기본 의무이기도 하고 지켜야 할 교리이기도 한데 여러 가지의 지하드로 구분된다.

지하드는 이슬람의 교리와 이슬람을 지키기 위하여 싸우는 성스러운 저항이다. 다음 몇 개의 지하드가 있다. 마음의 지하드는 악마와 싸워 마음을 정화하는 것이고, 혀와 손의 지하드는 이슬람을 전파하는 것을 말하며, 칼의 지하드는 무력으로 이슬람을 지키거나 먼저 공격하는 적과 싸우는 것이다. 그 외에도 여러 가지 지하드가 있는데, 이 중 가장 중요한 것은 첫 번째 자기와의 싸움 즉 마음의 지하드다. 이것을 대지하드^{The Greater Jihad}라고 하며 적과의 싸움이나 기타의 지하드를 소지하드^{The Lesser Jihad} 또는 칼의 지하드라고 한다. 마음의 지하드가 칼의 지하드^{Jihad by Sword}보다 우선하는 것은 마음과 정신을 중요하게 생각하는 이슬람의 전통에서 유래했다. 사탄의 유혹을 이기고, 거짓말과 사기詐欺를 이기며, 이교도와 배교자를 이기는 계율이 이슬람의 율법인 샤리아^{Syria}다.

하지만 지하드를 어떻게 해석하느냐에 따라서 상당한 차이가 있고 또 수니파와 시아파 등 교파에 따라서 해석이 다르므로 오해가 시작되었다. 이슬람을 수호하는 행위는 박해에 대한 저항이거나 침략에 대한 방어라고 볼 수 있다. 저항과 방어가 곧 지하드이므로 지하드가 전투적인 개념으로 오인되는 것이다. 그런데 마호메트가 메카 시절에 남긴 전기 계시와 메디나 시절에 남긴 후기 계시가 다르며 이 두 계시에 대한 종파의 시각이 다르다. 하지만 공통적으로 '무엇에 대한 투쟁을 지하드'라고 하므로 지하드를 호전적 전투로 해석하는 경우가 많다. 하지만 이슬람은 먼저 공격하지 않는 것과 방어적 형태로만 전투하는 것을 원칙으로 한다. 그 외에도 글을 통한 지하드가 있다. 남성 이슬람교도에게는 지하드에 참가해야 하는 의무가 있으며 승리했을 때 전리품이 분배되고 순교하는 무슬림에게는 천국이 약속되어 있다.

이슬람은 정복지에서 이슬람을 받아들이거나, 그렇지 않으면 세금을 납부하도록 하여 평화를 유지했다. 하지만 종교 간의 갈등과 적대감으로 지하드가 선포되는 경우가 많았다. 마호메트 이후 대략 3억 명이 지하드로 죽었다. 현대에도 이슬람 근본주의자들은 지하드의 부름에 응답하는 형식으로 테러를 벌이기도 한다. 특기할 것은 같은 아브라함 계열의 종교Abramic religion인 기독교와 유대교를 상대로 지하드가 선포되었다는 사실이다. 또한, 2001년 9 · 11 자살공격이 기독교의 폭력적 압제에 대한 이슬람의 방어적 공격이라는 식으로 해석되면서 이것을 지하드로 간주하는 관점도 있다. 지하드를 수행하는 전사를 무자히드mujāhid라고 하고 복수를 무자헤딘mujahedin이라고 한다. 이 개념은 20세기 후반 이슬람 수호를 목적으로 투쟁 단체에서 싸우는 의용군을 가리키거나 테러리스트를 영웅화하는 개념으로 사용되기도 한다.

참조 무함마드/마호메트, 오리엔탈리즘, 정신

트라우마

Psychological Trauma | 心理创伤

남자는 여성을 잡아먹는 마귀이고 연애나 자유는 악마가 지어낸 소리라고 야단치는 사람은 B 사감이다. 특히 B 사감은 연애편지 이야기만 나오면 히스테리 증세를 보인다. 소설에 나오는 B 사감처럼 신경질적으로 반응하는 것을 히스테리라고 한다. 중세 유럽에서는 히스테리를 마귀의 장난으로 보았다. 원래 히스테리^{Hysterie}는 그리스어 자궁^{hystera}을 의미하는 것이었는데 히포크라테스가 히스테리의 원인이 자궁^{子宮}에 있으며 여성의 특이한 신경증세라고 잘못 해석한 것에서 유래했다. 히스테리에 주목한 것은 프로이트^{S. Freud, 1856~1939}였다. 그는 어린 시절 성과 관계된 충격적 경험이 트라우마로 잠재되었다가 히스테리와 같은 증상으로 표출된다고 설명했다. 그런데 히스테리는 마음에서 오는 불안과 반응이라는 점에서 불안의 실체를 의미하는 트라우마와 다른 개념으로 보아야 한다.

트라우마는 어떤 사건이나 상황이 의식에 깊이 각인되어서 계속하여 영향을 주는 심리적 충격이다. 가령 강간, 폭력, 학대, 배신, 인질, 참혹한 사고, 고문과 같이 수치심을 유발하는 행위, 지진이나 해일, 전쟁 등 고통스러운 경험을 겪은 후에 생긴다. 정신적 상처인 트라우마는 그리스 어원에서 '다친^{wound, injure}'이라는 뜻이고 의학적으로는 외면의 상처^{傷處}라는 뜻이다. 반면 심리학, 철학, 사회학, 예술 등에서 트라우마는 신체적 상처보다는 심리적 상처라는 개념으로 사용하는 것이 보통이다. 한편 영구적 장애 또는 일시적 장애를 일으키는 트라우마는 뇌의 신경세포가 손상되면서 생기는 정신적 상처다. 심리적 트라우마는 무의식無意識보다도 더 깊은 내면에 억눌려 있는 깊은 상처이기 때문에 논리나 감정으로 조절할 수 없고 쉽게 치유되지도 않는다. 대체로 선명한 이미지가 동반되므로 증상을 잊어버리기가 쉽지 않다. 특히 기억이 나거나 장면이 떠오르는 트라우마보다 잠재되어 기억이 나지 않는 트라우마가 더 나쁘다.

트라우마는 간헐적이지만 오랜 시간 동안 재생되는 특징이 있고 어린 시절의 경험에서 비롯되는 경우가 많다. 거의 모든 사람은 약간의 트라우마를 가지고 있다. 그런 점에 주목한 라캉J. Lacan은 정신적 상처인 트라우마를 상징으로 드러난 실재로 간주했다. 한편 트라우마의 유형은 연쇄살인과 같이 부정적이면서 공격적인 것, 실어증失語症과 같이 자폐적이거나 수동적인 것 그리고 단기적인 것과 장기적인 것으로 나뉜다. 트라우마는 자기부정, 정체성 상실, 각종 불안 증세, 공격적 행동을 유발한다. 가령 트라우마는 의식의 심연에 잠재되어 있다가 분출되는 과민반응hyper-arousal, 건망증, 의식 마비, 무관심, 공격적 행동, 절망, 우울증 등의 증상을 보이며 공포감, 악몽, 환상, 환각 등으로 표출되기도 하고 심리학자들이 주목한 것처럼 히스테리 증상으로 드러나기도 한다.

일반적으로 의학에서는 트라우마를 외상 후 스트레스 장애PTSD/Post Traumatic Stress Disorder로 명명하면서 강박관념과 압박심리로 인한 불안과 고통으로 설명한다. 또한, 정신분석학에서는 트라우마를 마음의 병적 상태로 인하여 고통을 느끼는 불안장애로 분류한다미국 정신분석학회 DSM-V, 1994. 대체로 트라우마가 있는 사람들은 비슷한 상황에 처하면 극도의 불안증세를 보이는 경우가 많다. 가령 성폭행을 당한 사람은 비슷한 용모나 인종을 본능적으로 피하고, 고문을 당한 사람은 유사한 상황에 처하면 무척 불안해한다. 하지만 고통스러운 기억이 재생되는 것은 트라우마를 극복하려는 자기 내면의 투쟁이므로 반드시 나쁜 것은 아니다. 자기 정체성을 부정하며 존재를 위협하는 트라우마를 극복하기 위해서는 언어로 표현할 수 있어야 한다. 왜냐하면, 표현을 통해서 '어떤 감정, 기억, 공포, 불안이 잠재해 있는가'를 정확하게 인지할 수 있기 때문이다.

트라우마는 개인마다 다른 고통과 아픔이라는 점에서 집단의 고통이나 아픔과도 다르고 집단무의식集團無意識과도 다르다. 사실 트라우마는 실제나 현실은 아니다. 트라우마는 단지 마음의 고통이고 정신의 교란이다. 하지만 트라우마가 의식을 지배하기 때문에 고통을 받게 되고, 그 고통을 이기고자 술, 약물, 마약을 복용하기도 한다. 또한, 트라우마는 슬픔, 고뇌, 원한, 증오, 통한을 포함한 한恨으로 전이되기도 한다. 진정한 인간의 자유와 해방을 위해서는 신체적, 물리적, 정신적 속박에서 벗어나야 한다는 점에서 트라우마 극복이 중요하다. 트라우마를 극복하려면 편안하고 안정된 상태에서 전문가의 치료를 받거나 자기 스스로 노력하여 극복해야 한다. 감정연금술Emotional Alchemy과 같이 부정적이고 고통스러운 기억을 긍정적이고 생산적인 힘으로 바꾸는 방법이 유용하다.

참고문헌 Judith Herman, *Trauma and Recovery : The Aftermath of Violence-from Domestic Abuse to Political Terror*, Basic Books, 1997.

참조 감성, 감정·정서, 감정연금술, 기억, 무의식, 방어기제, 불안장애, 신경증, 의식, 자기 정체성, 정신, 정신분석, 정신분열증, 정신증, 집단무의식, 프로이트

군자불기

Nobleman is not a Container | 君子不器

'꾸르륵 꾸르륵 관저새는 물가에서 놀고, 군자는 현명하고 정숙한 숙녀를 찾는다. 물가의 풀은 물길 따라 자라고, 군자는 아름다운 숙녀를 생각한다. 물가에 자란 나물을 캐는 아가씨와 군자는 금슬 좋은 짝이다.'[1] 이 시는 주周의 문왕이 태사를 배필로 맞았을 때 백성들이 불렀다고 하는 민간전승의 노래다. 민간에서 민중들이 부르던 노래이므로 민요다. 그러니까 창작자를 알 수 없으며 오랜 시간에 걸쳐서 완성되고 불리던 민요가 시의 기원인 셈이다. 위의 시는 공자가 편찬한 『시경』의 첫 번째 「주남周南」 즉, 남방의 제후국인 주나라의 민요에 실려 있는데, 공자孔子, BCE 551~BCE 479 이래 한자문화권에서 애송되고 있으며 이상적인 여성을 요조숙녀라고 하는 말이 여기에서 유래했다. 그런데 숙녀를 생각하는 주체는 군자다. 그렇다면 사랑의 주체인 군자는 어떤 존재인가?

이에 대한 답은 공자의 『논어論語』 「위정편」 12장에 나온다. 공자는 자공의 물음에 군자불기君子不器 즉 '군자는 (고정된) 그릇이 아니다'라고 답했다. 군자불기는 군자는 한 분야의 전문가나 기능인이 아니고 두루 섭렵하고 모두 포용하면서도 모든 것을 능히 실행할 수 있는 지혜로운 사람이라는 뜻이다. 특히 군자는 모두를 편안하게 대하는 덕德을 가진 대인이고 온고지신溫故知新으로 옛것을 지키면서도 변화할 줄 아는 명철한 존재이다. 한자문화권에서는 이상적인 인간형으로 성인군자聖人君子를 꼽는다. 이때의 성인은 공자나 맹자와 같은 완성된 인

---

1   關關雎鳩 在河之洲 窈窕淑女 君子好逑. 參差荇菜 左右流之 窈窕淑女 寤寐求之. 參差荇菜 左右采之 窈窕淑女 琴瑟友之.

간이면서 성스러운 존재로서 지혜와 덕망을 두루 갖추고 정신의 깨우침을 얻은 존재다. 이런 성인 다음에 세상의 지도자인 군자가 있다. 그러므로 학문과 덕망이 높은 유덕자有德者와 그 유덕자가 정치하러 관직에 나간 유위자有位者를 군자라고 했다.

『주역』의 「계사」에서는 '형이상학적인 것을 도라고 한다면 형이하학적인 것을 기라고 한다形而上者謂之道 形而下者謂之器'고 하여 도와 기의 관계를 설명한 바 있다. 이처럼 도를 바탕으로 기器를 실행하는 군자는 원만한 인품과 심원한 사상을 가졌으며 상황에 따라서 어떤 역할도 할 수 있는 유연한 존재다. 그런데 군자는 고착되지 않으며 고정적이지 않고 자유로워서 어느 곳이나 상통한다. 하지만 '군자는 그릇일 수도 있고 아닐 수도 있다器与不器都是君子'. 그런 점에서 '군자는 어느 것에도 매이지 않는다'는 뜻의 군자불기君子不羈를 내포하고 있다. 따라서 군자는 하나의 일을 하는 전문가가 아니라 모든 것을 총체적으로 대하면서 철학과 사상을 가지고 경륜을 펴는 보편적 존재다. 또한, 군자는 여러 일을 통섭하고 종횡하며 두루 살피면서 종합적으로 이해하고 실행하는 완결적 인간이다.

공자는 『논어』에서 이상적 인간형인 군자에 대해서 여러 가지로 언급했다. 여기서 공자가 말한 군자는 좁은 의미에서 상류계층을 의미했고, 전국시대에는 사대부士大夫를 지칭했으며, 일반적으로는 대인 또는 관인官人을 일컫는다. 공자의 말 중, '군자는 두루 살피지만 비교하지 않는다君子周而不比', '군자는 근심하지 않으며 두려워하지 않는다君子不憂不懼', '군자는 기본에 힘쓰는데 기본이 서면 도가 생긴다君子務本 本立而道生', '군자는 남의 장점을 완성하게 하지만, 남의 단점은 실현되지 않게 한다君子成人之美 不成人之惡' 등에서 보듯이 군자는 사사로운 소인小人이 아닌 공적인 일을 하는 대인大人이다. 또한, 군자는 일이관지一以貫之 즉, 하나의 이치로써 모든 것을 꿰뚫지만 고정불변하지 않고 끊임없이 변화를 추구한다. 이처럼 이상적인 인간형인 군자는 한 가지에 능숙하거나 한 가지만 정통하고 다른 것을 모르는 사람이 아닌 다양한 식견과 다양한 능력을 갖춘 지혜로운 사람이다.

군자불기에 드러난 공자의 사상은 중화주의 천하관과 관계가 있다. 가령 주의 문왕周文王이 제후이므로 주周는 제후의 나라가 되는데 이때의 군자는 바로 이 제후 또는 왕을 의미하는 것이다. 춘추전국시대의 공자는 제후가 다스리는 나라에서 인의예지仁義禮智를 바탕으로 덕치주의의 이상을 실현하고 싶어 했다. 따라서 군자는 수신제가치국평천하修身齊家治國平天下의 유교적 이상사회를 실천하는 존재이다. 이처럼 천하를 주유하면서 자기의 뜻을 펼치고자 했던 공자는 나라를 다스리는 제후를 교화의 대상으로 삼았던 것이고, 제후가 가져야 할 덕망과 능력을 군자라는 개념으로 상징화한 것이다. 따라서 군자불기는 군자를 묘사하고 설명한 것이 아니고, 군자는 무엇에 얽매이지 않아야 한다는 일종의 명제로 공자의 현실주의 정치사상이 집약된 개념이다. 이후 군자는 중국, 한국, 일본 등 한자문화권에서 이상적인 인간을 상징하는 개념으로 쓰였다.

참고문헌 孔子, 『論語』.

참조 공자, 격물치지, 사무사, 수양론, 인심도심, 중화주의, 천명사상, 한자문화권

게임이론

Game Theory | 博弈论

어미 여우는 소스라치게 놀랐다. 호랑이가 다가오고 있기 때문이었다. 순간 어미 여우는 소리를 내면서 동쪽으로 천천히 달린다. 호랑이가 어미 여우를 잡으러 동쪽으로 머리를 돌리는 순간 어미 여우는 힘껏 내달렸다. 이때 어미 여우는 새끼가 있는 곳과는 반대의 방향을 택한다. 호랑이가 어미 여우를 쫓아가는 사이에 어미 여우는 서쪽에 있는 새끼를 보호한다. 이처럼 어미 여우는 목숨을 걸고 호랑이와 게임을 벌인다. 생물학적 이타주의라고 알려진 이런 행위 그리고 개미와 같이 자기를 희생해서 종족을 살리는 종족선택Kin selection은 하나의 게임이다. 이처럼 유전자를 보호하기 위한 종족선택에는 포괄적 적응도라고 하는 일종의 공식이 있는데 해밀턴은 'C비용 〈 B이익 × R관계'라는 도식으로 정리했다. 즉, 희생하는 비용보다 종족보존의 이익이 크기 때문에 자기를 희생하는 이타적인 행위를 한다는 것이고 그것이 사실은 이기적이라는 것이다.

영국의 진화생물학자 해밀턴William D. Hamilton, 1936~2000은 이 원리를 진화론에 적용하여 유전 게임이론Evolutionary game theory을 완성했다. 그는 생물의 유전자가 이타주의에 어떤 영향을 미치는지를 연구하여 유전자선택설을 완성했다. 동물도 그렇지만 인간의 언행 역시 모두 상대와의 전략적 게임이다. 하루에도 수십 번씩 무엇을 선택해야 하는 인간의 삶은 게임으로 구성되어 있다고 해도 틀리지 않는다. 여기서 유래한 게임이론은 선택의 갈림길에 서 있을 때 경우의 수를 계산하고 확률을 따진 다음 승리를 위한 전략을 체계화한 이론이다. 게임이론은 카드놀이와 같은 수학적 계산에 주로 적용되었지만, 시간이 흐르면서 전쟁, 운동경기, 주식시장, 범죄 수사, 경제학, 경영, 정치, 경매, 선거, 재판, 남녀관계, 사유방법, 자연선택Natural selection을 포함한 과학기술 등 거의 모든 영역에 확대 적용되고 있다.

여러 학자가 게임이론으로 노벨상을 받았는데 특히 수학자 노이만J. Neumann, 1903~1957과 경제학자 모르겐슈테른O. Morgenstern이 체계적으로 이론화했다고 알려져 있다. 게임은 생존을 위한 전략이면서 승패와 관련된 인정투쟁이다. 게임의 목적은 유인 구조Incentive structure인 기회를 이용하여 승리하는 것이다. 하지만 상대 역시 이기고자 하므로 전략과 전술이 필요하고 상황판단과 정확한 실행이 중요하다. 당연히 참가자들은 예측 가능한 상황을 모두 계산해서 가장 유리한 쪽을 택한다. 이때 게임 문법Game semantics에 따라서 손실과 손해가 있더라도 피해가 적은 쪽을 택하는 것이 보통이다. 하지만 상대의 선택을 모르므로 불확실한 상태에서 선택하게 된다. 그러므로 양측이 모두 '최고의 선택을 했다'고 가정한 다음 자기 선택을 바꾸지 않으려고 하는 상황에 도달한다.

이처럼 불확실한 상태에서 자기 결심을 바꾸지 않을 때 생기는 양측의 접점을 내시균형Nash equilibrium이라고 하고 합리적인 결정의 폭을 최소최대 정리Minimax theory라고 한다. 내시John Forbes Nash Jr., 1928~2015는 지나친 경쟁은 전체의 이익에 도움이 되지 않으므로 모두가 승리하는 것이 중요하다고 주장했다. 게임이론에서는 모든 사람들이 합리와 이성을 바탕으로 판단하고 실행하는 것으로 가정한다. 상대방도 그러므로 상호의존적이 되는 것이고 그래서 전략이 필요하다. 일반적으로 게임을 구성하는 것은 경기자player, 전략strategy, 보수payoff라는 세 요소다. 대부분 게임은 제로섬 게임으로 한쪽이 이기면 한쪽이 지는 게임이지만 서로 이익이 되는 비제로섬 게임도 있다. 한편 자발적으로 규칙을 지키느냐에 따라서 협조적 게임Cooperative game과 비협조적 게임Non-cooperative game으로 나누어진다.

협조적 게임은 경기자의 일부 또는 전부가 자발적으로 규칙에 동의하고 협력하는 게임이다. 만약 게임 참가자가 합의한 규칙을 위반하면 협조적 게임은 파기된다. 비협조적 게임은 '죄수의 딜레마'처럼 상호협력을 하지 않기 때문에 불리한 결과를 선택하는 배타적 게임이다. 이처럼 비협조적 게임은 자신의 이익만을 추구하게 되는데 이것을 자기 구속적 행동self-enforcing behavior이라고 한다. 하지만 인간은 합리성rationality이나 이성으로만 무엇을 결정하는 것이 아니므로 게임의 결과는 예측 불가능한 경우가 많다. 게임이론에서는 인간이 언제나 이성적으로만 행동하지 않으며 의도적으로 패배하려고 하거나 감정적 오류를 범할 수도 있다는 점을 고려해야 한다. 한마디로 게임이론이란 게임을 할 때 상대의 반응을 전략적으로 탐색하여 가장 적합한 것을 결정하는 수학과 경제학의 이론이다.

참고문헌 John von Neumann and Oskar Morgenstern, *Theory of Games and Economic Behavior*, Princeton University Press, 1944.

참조 결정론, 딜레마, 불확정성의 원리, 빅데이터, 이기적 유전자, 이성, 이성론/합리주의, 인정투쟁, 자연선택, 자유의지, 적자생존, 죄수의 딜레마, 진화심리학

마녀사냥

Witch Hunt | 猎巫

혐의가 있는 사람을 물속에 집어넣었을 때 떠오르면 마녀魔女이므로 사형에 처한다. 물 위로 떠오르지 않아야 마녀가 아니다. 그러니까 마녀가 아니라고 증명하는 것은 물속에서 죽는 것뿐이다. 그래서 마녀로 지목된 여성이 물속에 떠오르지 않으려고 노력해야 했다. 물 위로 떠오르는 여성은 그것으로 마녀라는 사실이 입증되었기 때문에 처형될 수밖에 없었다. 이런 비이성적 행위는 중세 유럽에서 자행된 마녀처형魔女處刑의 한 장면이다. 이 잔인하고 비이성적인 처형 방식은 국가가 허용하고 로마교황청이 인정하면서 오랫동안 자행되었다. 당시 마녀의 기준은 보통 체중보다 가볍다거나, 눈물을 흘리지 못한다거나, 바늘로 찔러서 피가 나오지 않는다거나, 불로 달군 인두에도 화상을 입지 않는다거나 하는 것이었다. 마녀는 몸이 가벼워서 빗자루를 타고 다닌다고 잘못 알려졌는데 영화 〈해리포터Harry Potter〉에 나오는 마법사도 이 기준으로는 마녀사냥의 대상이 된다.

마녀사냥은 유럽 기독교 국가에서 14세기에서 17세기에 걸쳐 기독교 이단자를 색출하던 방법이다. 마녀사냥 초기에는 교회의 승인을 받지 못했다. 교회는 주로 이단異端을 심판하고 처벌했기 때문이다. 하지만 마녀가 기독교 교리를 어긴다는 죄목을 추가됨으로써 왕권이 개입하고 교회가 주관하는 마녀사냥이 벌어졌다. 마녀는 주로 여성으로 오인되었다. 마녀로 지목된 여성들은 잔인하게 취급되었고 무자비한 고문을 당했으며 마녀로 분류되면 화형과 각종 잔혹한 방법으로 공개처형을 당했다. 마녀를 처형하는 것은 특별한 장관壯觀, spectacle

이었기 때문에 수많은 사람이 처형 장면을 보고 싶어 했다. 산 채로 태워 죽이는 것과 같은 잔혹한 처형은 극도의 흥분을 자아낼 수밖에 없는데, 이것은 로마의 원형경기장에서 벌이는 검투사의 결투와 같은 오락의 기능을 했다. 특히 공개처형은 푸코^{M. Foucault}의 말처럼 사람들에게 공포감을 심어주고 교리나 체제에 대한 복종심을 내면화시켰다.

고발된 마녀들은 주로 여성이었고 희생자들은 돈이 많은 과부와 하층민이었다. 마녀로 지목된 이들은 악마惡魔의 하수인이고 자위를 하면서 악마와 교접을 하는 것으로 오인되었다. 원래 마법은 라틴어 마레피키움^{maleficium}으로 긍정적인 백마법白魔法과 부정적인 흑마법黑魔法이 병존했다. 그러나 함무라비법전 이후 고대와 중세 중기까지 마법은 무조건 나쁜 것으로 간주되었다. 마녀사냥이 시작된 중세 말기에 기독교는 사악한 사탄^{Satan}과 신성한 하느님 그리고 악마와 천사^{angel}를 대비했다. 사악한 악마를 퇴치해야 한다는 것을 '나 이외의 신을 섬기지 말라'는 십계명에서 찾았다. 이 계율을 절대화한 광적 기독교인들은 기독교를 수호한다는 명목으로 특이한 여성들을 마녀로 지목한 다음 조사를 거쳐서 잔혹하게 처형했다. 광신도들은 비밀집회를 여는 악마를 찾아낸다는 명목을 걸고, 마법을 수행하는 여성을 인위적으로 만들어 희생양으로 삼은 것이다.

스위스와 크로아티아에서 처음 시작되었다고 알려진 마녀사냥은 15세기에 이르러 더욱 강화되어 마녀 고문 기술자가 생겨났으며 재판 비용을 마녀에게 부과하고 마녀로 판명될 경우 재산을 몰수하는 등 마녀와 관련된 사업도 생겨났다. 성녀聖女 잔 다르크^{Jeanne d'Arc}도 마녀로 처형된 것과 같이 무고한 사람들이 마녀의 이름으로 처형된 경우가 많다. 하지만 문화인류학적으로 볼 때 희생양犧牲羊을 희생시키는 마녀사냥은 일정한 목적과 기능을 하고 있으며 이것은 여러 지역의 문화에서 발견되는 현상이다. 가령 공동체를 유지하려는 방편이라든가, 사상과 정신의 통일이라든가, 축제 형식을 통하여 카타르시스를 느끼게 한다는 것이다. 아울러 기근, 홍수, 화재 등의 재난과 흉사凶事가 있을 때 악마와 마녀의 장난으로 돌리려는 집단심리가 작동했다. 이것은 악마의 심부름꾼이자 원죄를 가진 여성을 희생양으로 삼으려는 광기의 소산이다.

　마녀사냥은 심리학적으로는 집단 히스테리이며 사회학적으로는 인격살인에 해당한다. 한편 미국의 문화인류학자 마빈 해리스^{M. Harris, 1927~2001}는 대략 15세기부터 18세기에 걸쳐 50만 명 정도의 마녀가 처형되었다고 보았지만, 역사학자들은 그보다 훨씬 적은 12,000명 전후로 추정하고 있다. 주로 독일, 스위스, 프랑스에서 벌어졌던 마녀사냥을 없앤 것은 나폴레옹이었고 유럽에서는 1950년 전후, 미국에서는 1970년에 법으로 금지되었으며 2003년 로마교황청은 공식적으로 잘못을 인정했다. 마녀사냥은 비이성적 폭력이지만 앞으로도 다른 형태의 마녀사냥이 자행될 가능성이 있다. 현대사회에서는 마녀사냥을 잘못이 없는 사람을 탄압하고 처벌하는 행위라는 뜻으로 쓴다. 한편 반공反共을 내세워 무차별 탄압을 자행한 매카시즘McCarthyism과 나치의 유대인학살도 마녀사냥과 같은 원리다.

참고문헌 Marvin Harris, *Cows, Pigs, Wars and Witches : The Riddles of Culture*, London : Hutchinson & Co, 1975.

참조 계몽주의/계몽의 시대, 나폴레옹, 문화, 에피스테메, 이성, 이성론/합리주의, 정신, 카타르시스

유토피아

Utopia | 乌托邦

그곳에서는 대다수가 농사를 짓는다. 하지만 철공, 목공, 면직을 포함하여 하루 6시간만 일하기 때문에 그렇게 힘든 것은 아니다. 노동하지 않는 사람은 공무원, 학자 등 특수한 일을 하는 사람으로 전체의 0.5%를 넘지 않는다. 식사 후 한 시간 정도 오락을 즐기고 저녁 8시에 잠을 자기 시작하여 8시간 잠을 잔다. 금과 은보다는 철이나 구리가 중요한 이곳은 요새要塞처럼 된 섬이어서 방어하기 쉬우므로 군대가 필요 없다. 하지만 그 섬에는 노예제도가 있는데 노예는 죄수나 다른 나라의 사형수다. 그 밖에 여행 통제, 인구관리, 주거 제한 등이 행해지지만 평화롭고 풍요하며 종교의 자유가 주어져 있다. 풍자적인 이 작품은 1516년 영국의 토머스 모어Thomas More, 1478~1535가 쓴 『유토피아』라는 소설이다. 이 작품은 대화체 형식의 스토리텔링이며 액자 서술frame narrative의 형태를 취하고 있다.

이 작품의 화자話者는 이상향인 섬 유토피아에 갔다 온 라파엘이라는 인물이고, 청자聽者는 이 작품을 쓴 토머스 모어 자신이다. 많은 액자소설이 자신이 하고자 하는 이야기를 가상의 인물이나 가상의 상황을 빌려 왔던 것처럼 이 작품 역시 '모어 자신의 사상과 이상을 기술했다'고 보아야 한다. 그는 이 작품에서 르네상스와 인문주의를 옹호했다. 대법관이면서 독실한 가톨릭주의자인 모어는 헨리 8세의 이혼에 동의하지 않았고, 반역죄로 1535년에 단두대에서 사형에 처했다. 중요한 것은 신학자이자 철학자였던 토머스 모어가 상상의 섬을 빌어 현실을 비판한다는 점이다. 그 현실은 마키아벨리가 『군주론』에서 말한 정치와 사회를 의미하는데, 토머스 모어는 그런 현실을 인정하고 직시하면서 이상사회를 제시했다. 유토피아는 『유토피아』에 묘사된 것처럼 범죄나 악행이 거의 없고 평화와 풍요를 누리면서 자유롭게 사는 이상적인 공간이다.

이곳에는 약간의 통제가 있지만, 사람들은 그것을 통제라고 생각하지 않는다. 또한, 고상한 인성人性을 가진 사람들은 규범을 잘 지키기 때문에 갈등과 불안이 생기지 않는다. 잘 통제될 뿐 아니라 갈등과 불안이 없는 사회는 당연히 좋은 사회다. 이런 완전한 사회perfect society는 플라톤이 지향하는 목표였고 공자와 노자가 꿈꾸던 세상이었다. 원래 유토피아는 그리스어로 '존재하지 않는 곳ou-topos'이라는 뜻과 함께 '좋은 곳eu-topos'이라는 어원과 관계가 있다. 따라서 유토피아는 희망이면서 절망이다. 왜냐하면 완전한 이상사회인 유토피아는 희망이자 목표일 뿐 결코 실현될 수 없는 역설이기 때문이다. 『유토피아』의 원제는 『국가의 최선 정체政體와 새로운 섬 유토피아에 관하여』다. 이 책은 당시의 유럽사회를 비판한 1권과 이상적인 사회를 묘사한 2권으로 구성되어 있다.

당시 영국과 유럽은 자본주의 체제로 이행하면서 큰 변동을 겪고 있었다. 그러나 왕은 전쟁을 통하여 부를 얻고자 했으며 지배계급은 자기 계급의 권리만을 수호하고 있었고 신흥 부르주아들은 경제적 이익만을 추구했다. 영국 국교와 가톨릭 또한 농민과 하층민들의 고통을 덜어주지 못했다. 이런 상황에서 토머스 모어는 현실을 비판하는 방법으로 유토피아를 상정上程했으며, 자본주의 체제의 위험을 경고했고, 유토피아라는 이상향을 설정함으로써 농민을 포함한 민중들에게 희망을 선사하고자 했다. 한편 프랑수아 라블레F. Rabelais는 『가르강튀아Gargantua』1534에서 통치자가 없는 수도원을 통해서 유토피아를 묘사했다. 토머스 모어의 『유토피아』는 공동생산과 공동소비를 한다는 점에서 공산주의 체제와 유사한 면이 있는데 실제로 마르크스는 이 개념을 공산주의에 접목했다.

플라톤의 이상국가, 르네상스의 휴머니즘, 수도원 공동체주의Monastery Communalism 등으로부터 영향을 받았다고 알려진 이 작품은 인간의 꿈과 이상을 그린 사상서의 성격이 짙다. 한편 칼 만하임[K. Mannheim, 1893~1947]은 '현실을 인정하는 이데올로기와 현실을 부정하는 유토피아를 대비'하면서 유토피아는 허위의식이라고 규정했다. 또한, 마르쿠제는 '유토피아를 단선적 역사관을 강요하는 폭력적이고 파시즘적인 이데올로기'라고 비판했다. 동양의 무릉도원[武陵桃源]이 평화와 풍요를 기대하는 낙원의식[樂園意識]이 강한 것과 달리 유토피아는 현실비판의 성격이 강하다. 이후 유토피아는 보통명사로 바뀌어 인류의 꿈과 희망을 상징하는 용어가 되었다. 유토피아 사상은 코케뉴[Cockaigne]와 아르카디아 또는 사라진 섬 애틀랜타 등과 유사하며 수많은 예술작품의 주제와 소재가 되고 있다. 또한, 나쁜 사회인 디스토피아[dystopia]와 대비되고 있다.

참고문헌 Thomas More, *Utopia*, The Project Gutenberg eBook, 2005, transcribed from the 1901 Cassell & Company Edition by David Price.

참조 관념론, 디스토피아, 르네상스, 무릉도원, 상상의 공동체, 실제의 공동체, 열린 사회, 예술, 이성, 휴머니즘/인문주의, 허위의식

보이지 않는 손
Invisible Hand | 看不见的手

'자, 어서 오라, 눈을 가리는 밤의 어둠이여, 연민의 정이 담긴 한낮의 부드러운 눈을 가려다오. 그리하여 피로 얼룩진 보이지 않는 손with thy bloody and invisible hand 으로 나를 위협하는 자의 목숨 증서를 모조리 찢어다오!' 셰익스피어의 명작 『맥베스』 3막 2장 중 한 부분이다. 스코틀랜드의 왕 맥베스의 성격을 묘사한 이 대목에는 '보이지 않는 손'이라는 어휘가 등장한다. 보이지 않는 손은, 개인은 사적 이익을 추구하지만 사회는 효율적으로 자원을 배분한다는 이론이다. 고전주의 경제학의 원리로 유명한 시장市場의 자유는 바로 이 말에서 빌려온 것이다. 고전주의 경제학은 시장경제를 바탕으로 자연 가격을 중시한 경제학 이론이다. 또한, 고전주의 경제학은 아담 스미스의 이론을 시초로 데이비드 리카도와 존 스튜어트 밀에 의해 완성된 자유방임과 자유경쟁의 경제사상이다. 자유방임Laissez-faire은 국가는 개인의 자유로운 경제활동을 최대한 보장하고 간섭을 하지 않아야 한다는 경제사상이다.

스코틀랜드의 사상가 아담 스미스Adam Smith, 1723~1790는 보이지 않는 손이 시장을 조절한다고 보았다. 아담 스미스가 말한 보이지 않는 손은, 개인의 사적 이익추구와 다른 시장의 균형기능을 말한다. 스미스는 '모든 사람경제주체은 이기심에 근거해서 행동한다'고 말했는데 이것은 개인과 사회의 이익은 자연스럽게 조화를 이룬다고 보았기 때문이다. 이것은 '시장이 혼란스러운 것 같지만 결국 조화를 이룬다'는 것이다. 가령 자본가는 영국보다는 폴란드, 폴란드보다는 인도에서 이익을 창출할 수 있다고 보기 때문에 자연스럽게 자본의 이동이 이루어진다. 이처럼 스미스는 수요와 공급은 물론이고 생산과 분배 또한 자기조절 능력을 의미하는 보이지 않는 손에 의해서 결정된다고 주장했다. 아울러 개인의 사적 이기심이 국가와 사회에 공적 이익을 준다고 보았다. 특히 스미스는 인간의 이기심은 불합리와 비능률을 제거하고 자유경쟁을 촉진하므로 존중되어야 한다고 주장했다.

평생 독신으로 살았던 스미스는 자유방임이야말로 사회가 재화를 축적하는 길이며 국가가 번영하는 방법이라고 생각했다. 자유방임은 '국가와 권력은 치안 유지에만 치중하고 경제에 대한 간섭은 최소화해야 한다'는 사상이다. 자유시장과 자유무역의 근거인 보이지 않는 손은 스미스의 『도덕감정론』1759에서 처음 쓰였다. 그는 이 책에서 '보이지 않는 손'을 도덕이 사회를 작동하는 힘이라는 뜻으로 썼다. 한편『국부론』1776 4편 2장에서 보이지 않는 손을 경제학에 적용하여 시장에는 신이 조절하는 것과 같은 자기조절 기능이 있다고 주장했다. 이 책에서 스미스는 '의도하지 않은 목적을 수행하는 보이지 않는 손an invisible hand to promote an end which was no part of his intention'이라고 함으로써 시장의 자유를 옹호하는 한편 시장에 대한 통제, 규제, 관리를 비판했다. 훗날 그는 『철학논문집』1795에서 '주피터의 보이지 않는 손the invisible hand of Jupiter'이라고 했다. 보이지 않는 손에 관한 여러 가지 표현은 자유경쟁과 균형원리를 강조한 개념이다.

이것은 보이지 않는 손의 예측 불가능성을 강화한 것이다. 무역을 중시하는 중상주의重商主義와 달리 노동을 중시하는 중농주의에서 출발한 보이지 않는 손은 자본주의 경제학의 원리로 지금까지 통용되고 있다. 사상적으로 볼 때 보이지 않는 손은 당시 서구에 풍미하던 자유주의와 자연법에 근거하고 있고, 산업혁명 초기에 나타난 자유시민의 계급의식과 자본주의 생산양식을 반영하고 있으며, 다윈의 자연선택설과 같은 맥락을 가지고 있다. 이 개념을 확산시킨 것은 저명한 경제학자 사무엘슨P. Samuelson으로 '시장의 보이지 않는 손the invisible hand of the market'이라는 개념으로 자본주의 자유시장의 원리를 완성했다. 반면 생산, 소비, 유통을 국가가 통제하는 사회에서는 신의 보이지 않는 손invisible hand of God 또는 하나님의 손이 작동되지 않는다. 왜냐하면, 계획경제이거나 통제경제이기 때문이다.

자유방임주의와 경찰국가론 나아가 신자유주의까지 영향을 미친 스미스는, 사회를 파멸시키는 무한 경쟁의 이기심보다는 상호존중의 이타심이 필요하다고 말했다. 특히 보이지 않는 손이 작동되려면 약육강식이 없고 독과점도 없는 자유경쟁, 외부요인의 차단, 투명한 정보, 생산요소의 자유로운 이동, 가격 결정의 신속성, 공정성 등이 보장되어야 한다. 그러나 보이지 않는 손은 여러 면에서 비판을 받고 있다. 촘스키N. Chomsky는 자본주의자들은 국가를 시장보호 장치로 간주하는 경향이 있으며 보이지 않는 손이 환경과 공동체를 파괴하는 것은 물론이고 인간의 존재론적 가치마저 교란한다고 신랄하게 비판한다. 이런 문제점은 국가와 사회의 개입을 통해서만이 완화될 수 있으며 시장의 실패는 세심하게 보정되어야 할 필요가 있다. 실제로 현대 자본주의 사회에서는 인권, 복지, 안전, 사회보장, 소득분배, 사회정의 등 여러 가지 이유로 국가의 시장개입이 강화되는 경향을 보인다.

참고문헌 Adam Smith, *An Inquiry into the Nature and Causes of the Wealth of Nations*, London : W. Strahan and T. Cadell, London, 1776.

참조 계급의식, 국가주의, 산업혁명, 자본주의, 자연선택, 적자생존, 존재론, 촘스키의 선전모델

개신교 윤리와 자본주의 정신

The Protestant Ethic and the Spirit of Capitalism | 新教伦理与资本主义精神

'하늘에 계신 우리 아버지, 온 세상이 아버지를 하느님으로 받들게 하시며, 아버지의 나라가 오게 하시며, 아버지의 뜻이 하늘에서와같이 땅에서도 이루어지게 하소서. 오늘 우리에게 필요한 양식을 주시고 우리가 우리에게 잘못한 이를 용서하듯이 우리의 잘못을 용서하시고 우리를 유혹에 빠지지 않게 하시고 악에서 구하소서.(나라와 권세와 영광이 영원토록 아버지의 것입니다. 아멘.)' 이것은 세계의 모든 기독교인이 암송하는 주기도문Lord's Prayer, 主祈禱文이다. 예수 그리스도가 시작했다고 전하는 '주님의 기도' 또는 천주경天主經, Oratio Dominica은 『마태복음』과 『루가복음』에 실려 있다. 유럽의 개신교도들이나 신대륙으로 건너간 청교도들 역시 성실하게 주기도문을 외우고, 일용할 양식을 주신 하나님께 예배를 드렸다. 이들의 태도는 경건하면서도 윤리적이었다.

독일의 정치경제학자 막스 베버Max Weber, 1864~1920는 『개신교 윤리와 자본주의 정신』에서 개신교도들의 경건한 신앙과 금욕적 생활이 자본주의 형성에 큰 영향을 미쳤다고 주장했다. 특히 예정설과 천명론天命論을 믿는 칼뱅교도Calvinist들은 철저한 금욕생활을 했다. 특히 칼뱅주의는 하나님의 은혜를 특별히 강조하는 한편 개혁적인 신앙생활을 했기 때문에 개혁주의로 불리기도 한다. 이들은 루터교도들과 함께 전통교회의 폐단을 개혁하면서 철저한 현실주의적 관점을 가지게 되었다. 한편 개신교도들은 '하나님의 뜻은 예정되어 있으며 돈으로 구원을 살 수 없다'는 예정조화설을 신봉했다. 그러므로 16세기의 개신교도들은 하나님이 주신 '필요한 양식'을 은혜와 감사로 여기면서 근면하고 성실하게 생활했고 열심히 일하면서 재화를 축적했다. 여기서 유래한 '개신교 윤리와 자본주의 정신'은 개신교의 윤리와 개신교도의 성실성이 자본주의의 기원이 되었다는 막스 베버의 이론이다.

개신교도들에게 직업은 하나님이 주신 은혜이자 명령이므로 열심히 일하는 것이 곧 하나님을 섬기는 것이다. 그리고 이윤을 얻는 것은 곧 구원의 양식을 쌓는 것이다. 또한, 개신교도들은 세속적인 성공을 중요하게 여겼으며 가난, 무지, 태만, 구걸을 나쁜 것으로 간주했다. 현대 사회학의 아버지로 불리는 베버는 기독교와 다른 종교를 비교한 다음 기독교사회에서 자본주의가 잉태할 수 있었던 역사적 맥락historical context을 역사주의적 시각에서 분석했다. 마르크스가 역사유물론의 관점에서 자본주의의 발흥과 본질을 분석한 것에 반하여 베버는 개인, 종교, 문화를 역사발전의 중요한 요소로 간주하면서 개신교 윤리와 연결하여 합리적 자본주의 정신을 설명했다. 베버에 의하면 가톨릭과 결별하고 중세의 미몽에서 깨어난 개신교도들은 금속활자로 인하여 증진된 문해력literacy과 합리주의 정신을 가질 수 있었다. 그리고 그 능력으로 근대 자본주의를 발전시켰다.

개신교도들은 금욕, 정직, 성실, 근면, 경건, 절제, 검소를 중요한 덕목으로 간주했고 사치, 거짓, 태만, 무질서, 방탕, 교만을 엄격하게 경계했다. 반면 한자문화권의 경우, 교육받은 상류계층은 정신적 가치만을 추구했으며 하층 민중계층은 신비하거나 세속적인 것을 추구했다. 이 두 계층을 통합할 수 있는 선지자prophet와 종교윤리가 부재했던 아시아에서는 자본축적을 통한 기업과 시장이 발달하지 못했다. 반면 서구의 개신교와 개신교 윤리는 교인들에게 현실주의적 의식을 가지도록 하는 한편 경건한 자세로 자기 직무와 직분에 충실하도록 했다. 아울러 개신교도들은 개신교 윤리에 따라서 계약을 성실하게 이행하는 관행을 완성했으며 재투자를 위하여 부를 축적했다. 경건한 칼뱅주의자였던 어머니의 영향을 받은 것으로 알려진 베버에 의하면 기독교 윤리는 개신교 윤리를 거쳐서 '직업윤리work ethics'라는 개념으로 발전했고 개신교도들은 물질과 이윤추구를 부정적으로 보지 않았다.

헤브라이즘에서 기원한 기독교 문화와 그리스에서 시작한 서구 문명의 합리적 전통이 과학기술과 만나서 산업혁명과 자본주의 경제 질서를 완성한 것이다. 이런 의식은 부르주아와 국민국가를 탄생시키는 데 큰 역할을 했으나 효율성에 근거한 관료주의와 보이지 않는 철장iron cage이라는 덫에 걸리고 말았다. '개신교도들에 의해서 자본주의가 가능했다'는 이 관점은 여러 면에서 비판을 받고 있다. 특히 경제학자 슘페터Joseph Schumpeter, 1883~1950는 14세기의 베니스, 피렌체와 같은 이탈리아의 도시국가에서 자본주의가 싹텄다는 사실과 개신교도가 많았던 스코틀랜드에서 자본주의가 발전하지 못했다는 것을 근거로 베버의 이론은 틀렸다고 주장한다. 또한, 루터와 칼뱅의 신학에서는 자본주의적 요소를 찾기 어려우며 경건함과 금욕주의는 근본적으로 반자본주의적이라고 비판한다.

참고문헌 Max Weber, *The Protestant Ethic and the Spirit of Capitalism*, Norton Critical Editions, 2009.

참조 구텐베르크·금속활자, 국민국가/민족국가, 돈의 철학, 문명, 본질, 산업혁명, 역사적 유물론/유물사관/사적 유물론, 유물론, 윤리·윤리학, 자본주의, 종교개혁, 헤브라이즘

문화혁명
The Cultural Revolution | 文化革命

'젊은이여, 당신은 아침 8시나 9시경 하늘에 떠 있는 태양처럼 찬란하고 열기가 넘친다. 모든 희망은 당신 청년에게 있다.' 이 말은 『마오쩌둥어록毛澤東語錄』에 나오는 청년예찬이다. 마오毛는 청년들을 태양에 비유했으며 청년들은 문화혁명의 주인공인 마오에게 홍태양紅太陽이라는 신성한 존칭을 부여하고 소리 높여 혁명가요를 불렀다. 그러니까 청소년들은 태양, 마오는 홍태양이었다. 이렇게 하여 마오쩌둥은 어린 청소년들에게 자신의 사상을 주입하여 홍위병운동이 일어나도록 만들었다. 수십만 명의 홍위병들이 천안문 광장에서 마오를 연호할 때 연단 위의 마오는 '끊임없이 낡은 것을 타파하고 끊임없이 새로운 것을 창조하라'라고 답했다. 이처럼 마오가 문화를 통한 혁명을 중요시한 것은 민중이 문화생산의 주체이며 문화를 통해서 정치, 경제, 사회를 변혁할 수 있다는 마르크스 철학에 근거한다.

일반적으로 역사적 사건인 문화혁명文化革命, 1966~1976은 중화인민공화국에서 벌어졌던 프롤레타리아계급 문화대혁명无产阶级文化大革命을 말하는 것으로 문혁文革으로 부르는 역사적 사건이다. 보통명사가 아닌 특수 명사인 중국의 문화혁명은 프롤레타리아 계급투쟁이었는데 문화예술, 정치, 경제, 사회, 교육의 제반 영역에서 총체적으로 실행되었다. 중국의 문화혁명은 1965년 상하이에서 상연된 역사극 비판으로부터 시작되었다. 발단은 1965년 11월 10일 상하이의 『문화보』에 실린 야오원위안姚文元의 비평 「신편 역사극 '해서파관海瑞罷官'을 평한다」라는 글이다. 이로 인하여 들불처럼 퍼진 문화혁명은 마르크스주의 계급혁명이면서 마오쩌둥毛澤東, 1893~1976의 권력투쟁인 동시에 유토피아 지향 운동이었다. 표면적으로는 파리코뮌의 이념을 실천하는 것이었지만 문화를 앞세워서 극좌 사회주의적 투쟁과 숙청으로 점철된 파괴적 대중혁명이었다.

당시 중국 건국의 주체인 마오쩌둥은 대약진운동1958~1960이 실패하고 주석에서 물러나는 등 권력이 위태로워지자 사회주의 계속 혁명이라는 명분을 내걸었다. 또한, 저항을 억압하고자 '조반造反하는 것에는 도리가 있다'는 조반유리造反有理를 내세워 대중 영합의 포퓰리즘Populism을 이용했다. 한편 마오는 류사오치刘少奇와 덩샤오핑邓小平 등의 수정주의자와 자본주의 세력을 제거하기 위하여 청소년들로 조직된 홍위병운동을 지지하고 지원했다. 당시 홍위병들은 붉은 소책자인 『모택동어록』에 근거하여 낡은 사상, 낡은 습관, 낡은 문화, 낡은 풍속을 혁파하고 문화혁명을 통하여 새로운 사회주의 이상사회를 건설하자고 외쳤다. 훗날 홍위병 활동은 이성으로 통제되지 못한 광적인 혁명 열기였다는 평가를 받는다. 20세기의 전제군주였다는 비판을 받기도 하는 마오쩌둥과 린뱌오林彪 등은 공산당 내의 반혁명주의자들을 숙청하는 한편 청소년들의 준군사조직인 홍위병紅衛兵, 1966~1967을 용인했다.

청화대학 부속학교에서 시작된 초기 홍위병 활동은 순수한 개혁의 열정을 가지고 있었다. 시간이 가면서 모든 구습을 타파한다는 명목으로 많은 사람을 처벌하거나 감금했고, 기독교는 물론이고 불교와 도교의 종교적 유산을 파괴하였으며, 서적과 문화재를 심각하게 훼손했다. 1967년 그 위험을 본 마오쩌둥이 홍위병 활동 종료를 선언하고 군부의 통제를 명령하면서 점차 진정되었다. 하지만 10년간 진행된 문화혁명은 중국 사회를 극도의 혼란과 위기에 빠뜨렸고, 찬란한 문화유산은 파괴되었으며, 지식인 계층의 몰락을 초래했다. 또한, 인민복으로 상징되는 마오쩌둥은 장칭江靑, 왕홍원王洪文, 장춘차오張春橋, 야오원위안姚文元 등 4인방을 등용하여 권력을 유지하고자 했으나 1976년 사망하면서 문화혁명은 공식적으로 끝났다. 이후 덩샤오핑이 주도하는 개혁개방을 통한 자본주의 경제로 선회했다. 중국공산당의 공식적 평가는 1981년 6월 27일, 「건국 이래의 몇 가지 역사적 문제에 대한 당의 결의建国以来党的若干历史问题的决议」에 나타나 있다.

이 결의에서 '문화대혁명은 마오쩌둥의 잘못된 지도하에서 행해졌으며, 이것은 다시 린뱌오와 장칭 등의 반동 세력에게 포섭되어 당과 인민에 수많은 재난과 혼란을 범했다'고 명시했다. 이것은 중화인민공화국 건설의 주역인 혁명가 마오가 아닌 문화혁명의 지도자 마오 개인을 비판하는 것이다. 문화혁명에 대한 평가는 첫째, 문화혁명으로 봉건 잔재와 부르주아 모순이 척결되었으므로 그런 문화혁명이 필요했다는 긍정적 평가 둘째, 무별하고 과격한 혁명으로 인하여 50만 명 이상이 죽었으며 소중한 문화유산이 파괴된 문명사적 악몽이었다는 부정적 평가 셋째, 부작용과 문제가 심각하고 결과적으로 문명과 문화가 후퇴했지만, 노동자와 농민을 해방했으며 빈부격차를 해소하고 각종 구습을 타파함으로써 발전의 도약을 마련했다는 중도적 평가 등이 있다. 문화대혁명은 중국만이 아니라 세계 여러 나라에 지대한 영향을 미친 사건이다.

참조 계급의식, 계급투쟁, 마르크스, 문화, 분서갱유, 유토피아, 자본주의, 중화주의, 진시황, 파리코뮌, 포퓰리즘, 혁명

체 게바라

Che Guevara | 切格瓦拉

'쏴라, 겁쟁이야!^{Shoot, coward!} 방아쇠를 당겨라!' 체 게바라^{Che Guevara, 1928~1967}는 형형한 눈빛으로 사형집행인에게 소리쳤다. 군인들이 방아쇠를 당겼고 그는 피를 흘리며 죽었다. 그가 다친 채 포로로 잡히자 미국 CIA의 지원을 받던 볼리비아의 대통령 바리엔토스^{René Barrientos}가 사형을 명령한 직후의 일이다. 이렇게 하여 1967년 10월 9일 오후 1시 10분 전설적인 혁명가 체 게바라는 9발의 총탄을 맞고 숨졌다. 당시 그는 남미혁명을 목표로 볼리비아에서 해방운동을 전개하고 있었다. 그러나 볼리비아 민중들의 지지를 받지 못한 체 게바라가 50여 명 정도의 소수 병력으로 정부군을 상대하기는 무리였다. 이 소식을 접한 쿠바의 카스트로는 애도의 음성으로 체 게바라가 볼리비아의 라이게라^{La Higuera}에서 전투 중에 사망했다고 발표했다. 체 게바라는 쿠바를 비롯한 중남미 혁명에 기여한 아르헨티나 출신의 혁명가다.

아르헨티나의 부유한 가정에서 태어나 유복한 생활을 하고, 부에노스아이레스 의대를 다니던 그는 1951년 친구와 함께 남아메리카의 여러 국가를 모터사이클로 여행했다. 그는 이 경험을 『오토바이 남미 여행일기』로 기록했는데 훗날 영화 〈모터사이클 다이어리^{The Motorcycle Diaries}〉로 제작되었다. 여기서 그는 남아메리카 원주민들이 아무리 정직하고 성실하게 살더라도 결코 가난과 압제에서 벗어날 수가 없으며, 그 원인은 미국을 포함한 서구 제국주의와 자본주의에 있다고 생각했다. 평생을 천식으로 고생한 체 게바라의 운명은 1955년 멕시코시티에서 동지 라울 카스트로와 그의 형 피델 카스트로를 만나면서 바뀌었다.

밤새 토론을 하던 끝에 그는 쿠바혁명에 가담하기로 했다. 마침내 1956년 11월 25일, 멕시코에서 출발한 작은 배 그란마Granta에 탄 82명의 병사는 쿠바에 상륙했다. 하지만 정부군의 공격을 받은 직후 그는 의사의 배낭을 던지고 총을 들고 전투원으로 싸웠으며 단 12명만이 살아남아서 쿠바혁명을 성공시킨다.

유명한 산타클라라Santa Clara 전투에서 보듯이 그는 성실하면서 전투적인 병사이자 사령관이었다. 그리고 독서하고 사유하던 명상가였으며, 열정적으로 목적을 완수하는 혁명가였다. 어렵게 쿠바혁명을 성공시킨 후 카스트로 다음의 실력자가 되어 토지 무상분배 등의 사회개혁을 주도했으며 국립은행 총재와 산업부 장관으로 일했다. 동시에 그는 '돼지나 늑대와 같은 부르주아'와는 다른 도덕적이고 철학적인 새로운 인간형New Man and New Woman을 꿈꾸었으며 이상적인 사회주의 공동체를 열망했다. 1962년 쿠바 핵미사일 배치 실패 이후, 체 게바라는 소련을 수정주의라고 격렬하게 비난했고 1964년 뉴욕의 유엔 회의장에서 미국을 양키독점 자본주의와 수탈의 제국주의로 신랄하게 비판했다. 그때 체 게바라가 군복을 입고 제국주의와 자본주의를 공격하는 장면은 깊은 인상을 남겼다.

1966년 4월, '쿠바에서는 모든 일이 끝났다'고 선언하고 홀연히 쿠바를 떠난 그는 콩고와 볼리비아 혁명을 시도했으나 실패를 거듭했다. 그의 사상은 세계혁명World Revolution으로 함축된다. 그러니까 한 국가, 한 지역, 한 민족의 혁명보다 중요한 것은 지구 전체의 불평등과 착취 구조를 해체하는 것이다. 특히 세계 대다수 민중과 인민을 고통스럽게 만드는 자본주의와 제국주의를 전복시키는 것과 서구 유럽의 대리자 역할을 하는 종속과 매판 정권을 척결하는 것이 그의 목표였다. 그런데 그는 레닌이나 마오쩌둥毛澤東과 달리 프롤레타리아 계급혁명보다 비정규 게릴라전을 위주로 했다. 정규군 형태로 전쟁할 수 없었던 상황에서 택한 민중해방의 방법이었다. 20세기 반항과 저항의 상징인 그의 이러한 혁명 장정은 스페인 통치하의 남아메리카 해방에 이바지한 시몬 볼리바르Simón Bolívar,

1783~1830의 정신을 계승한 것이다.

'자본주의가 끝나는 날까지 투쟁하겠다', '잠에서 깨어 역사의 수레바퀴를 돌리자'라고 선언한 체 게바라는 문학, 음악, 미술, 영화를 비롯한 여러 형태로 재현되고 있으며 문화 현상인 컬트cult로 자주 등장한다. 아울러 그는 긴 머리를 한 그리스도와 유사한 성자聖者로 묘사되기도 한다. 동시에 그는 냉혹한 사형집행인, 낭만적 혁명가, 교조적 공산주의자, 폭력 그 자체를 목적으로 하는 테러리스트라는 비난을 받기도 한다. 여러 면에서 그는 20세기 가장 영향력 있는 세계사적 인물 중의 한 사람으로 꼽히고 있으며 멕시코의 사파티스타Zapatista 저항운동과 반제 반미운동에 큰 영향을 미쳤고 세계혁명의 전형적 인물로 여겨진다. 한마디로 체 게바라는 그 자체로 하나의 개념이자 사상이고 혁명이다. '혁명가는 사랑에 의해서 인도된다'는 말을 남긴 체 게바라는 죽은 후 30년이 지나 쿠바에 안장되었다.

참고문헌 Che Guevara, *The Motorcycle Diaries : A Journey Around South America*, London : Verso, 1996.

참조 공산주의적 인간형, 계급의식, 계급투쟁, 문화, 세계체제론, 시몬 볼리바르, 예수 그리스도, 역사적 유물론/유물사관/사적 유물론, 유물론, 자본주의, 전형적 인물과 전형적 상황, 제국주의, 하얀 가면

무사도

武士道, ぶしどう | Buschido

그는 '천황폐하 만세'를 부르면서 자신의 배를 찔렀고, 동료 모리타가 그의 목을 쳤다. 1970년 11월 25일의 사건은 많은 사람에게 충격을 주었다. 이 죽음의 예식을 거행한 사람은 『금각사』1956를 쓴 일본의 소설가 미시마 유키오三島由紀夫, 1925~1970였다. 그는 〈다테노카이楯の會, 방패의 모임〉 회원 네 명과 함께 일본 육상자위대 동부방면 총감부에서 총감을 감금하고 일본 자위대의 각성과 궐기를 외치며 할복을 했다. 자기가 쓴 소설과 똑같이 죽는 장면은 많은 사람을 경악시켰고 세계적으로 일본 정신에 관한 관심을 불러일으키는 계기가 되었다. 여성적인 성격이었던 미시마 유키오는 죽음의 예식을 치르면서 그것이 야마토 다마시이 즉, 사무라이의 무사도라고 믿었다. 그는 현실을 부정하고 법을 어기면서도 정신적 가치를 찾고 국가에 대한 자신의 의무를 다하고자 특별한 죽음의식을 거행한 것이다.

일본 특유의 무사도武士道는 1899년 니토베 이나조新渡戸稲造가 명예, 용기, 충성, 그리고 당당한 죽음을 강조한 것에서 유래한다. 그에 따르면 무사는 충忠, 의義, 용勇, 인仁, 예禮, 성誠과 같은 유교의 덕성을 근간으로 하며 주군에 대하여 죽음으로 복종을 해야 한다. 또한, 무사들은 무사만이 할 수 있는 고결한 행위와 의식을 실천해야 한다고 강조했다. 무사도는 무사의 도덕과 윤리, 특히 막부시대의 무사들이 중요한 덕목으로 여겼던 책임의식과 지배계급이 가져야 할 태도가 응축된 일본 특유의 개념이다. 이들은 '칼은 허리와 마음과 정신에 차는 것이다'라고 말했다. 그러므로 이들은 단순히 무예를 연마하는 전사가 아니라 교양과 도덕을 소중히 여겼고 절제와 검약을 자랑스럽게 생각했다. 그러므로 일본에서 무사도는 명예와 용기, 효도, 친절과 정직, 희생정신을 가진 무사의 도덕으로 존중된다.

무사의 관례 또는 궁마弓馬의 도는 대략 9세기로 거슬러 올라가지만, 체계적인 무사도는 에도 막부江戸幕府, 1603~1867의 도쿠가와德川家康 쇼군 시대에 시작되었다고 보는 것이 보통이다. 쇼군將軍과 일종의 계약관계에 있던 무사들은 유교, 불교 그리고 일본의 신토神道를 무사의 정신에 결합했다. 특이한 점은 도쿠가와 시대德川時代, 1603~1867에 강조된 무사도가 전통적인 유교의 철학과 결합했다는 것이다. 무사 계급인 사무라이들은 공자가 말한 유교의 이상적 군자君子가 되어야 한다는 목표를 가지고 있었다. 그러므로 수기치인修己治人과 인의예지를 바탕으로 하면서 도덕적으로 완결된 인간을 지향하는 한편 주군主君에 대한 철저한 복종을 중요한 덕목으로 여겼다. 이처럼 중세 무사들은 12세기 이후 메이지유신까지 칠백 년간 문화와 철학을 학습하는 무사 계급을 형성했다.

근세의 무사도는 무조건 군주에게 충성하는 것이 아니라 틀린 것을 간언하는 것도 충절로 여겼다. 화려하게 피었다가 장렬하게 떨어진다는 벚꽃이 무사도를 상징하는데 일본인들은 무사도가 유럽의 기사도와 유사하다고 설명한다. 하지만 일본의 무사도는 중일전쟁과 러일전쟁을 거치면서 군국주의와 결합하여 호전적이면서 공격적인 쪽으로 발현하게 된다. 가령 장렬하게 할복할지언정 구차하게 죽지 않는다든가, 만세돌격萬歲突擊을 감행할지라도 항복은 하지 않는다는 등의 전투적 무사도가 일본 정신으로 내면화된 것이다. 가미카제 공격이나 모든 국민이 옥쇄玉碎하자는 식의 파멸적 집단의식도 무사도로부터 유래하지만 원래 무사도는 지배계층이 가졌던 진정한 무사의 정신이었다. 또한, 무사도는 무예를 존중하는 상무 정신과 의리와 예절을 지키는 엄격한 자세였다.

검신劍神으로 추앙받는 전설적인 존재 미야모토 무사시宮本武蔵, 1584?~1645는 '칼을 쓰는 것은 마음을 다스리는 것으로 반드시 선과 같은 도道에 근거해야 한다'

고 주장했다. 검술은 기술이 아니며 정신의 도라고 생각한 그는 자기를 완전히 버렸을 때 비로소 칼이 움직인다고 말했다. 한편 무사도 정신이 일본인의 정신 구조라고 분석한 베네딕트Ruth Benedict, 1887~1948는 『국화와 칼The Chrysanthemum and the Sword: Patterns of Japanese Culture 』1946에서 평화를 은유하는 국화와 전쟁을 은유하는 칼을 대비했다. 여기서 칼은 무사도를 상징하는 것이며 자기절제와 책임의식을 포함하는 것으로 보았다. 이런 일본 정신은 국수주의적이고, 민족주의적이며, 극우적이어서 많은 문제를 일으킨다. 일부 무사들은 제국주의와 침략주의의 선봉이었다. 특히 중일전쟁, 러일전쟁, 조선 병탄, 중국점령 등을 일으킨 사상이 바로 대화혼大和魂이었고 그것을 실행하던 방법이 무사도였다.

참고문헌 Ruth Benedict, *The Chrysanthemum and the Sword : Patterns of Japanese Culture*, Rutland, VT and Tokyo, Japan : Charles E. Tuttle Co., 1954.

참조 대화혼, 도, 러일전쟁, 메이지유신, 민족주의, 쇼군과 바쿠후(일본), 의식, 이기적 유전자, 정신, 정한론, 제2차 세계대전, 제국주의, 중일전쟁/청일전쟁, 중화주의, 탈아입구 탈아론, 한자문화권

자기 땅에서 유배당한 자들
The Wretched of the Earth | 大地上的受苦者

1961년 한 사람이 백혈병으로 타계했다. 정신과 의사였지만 제국주의의 압제와 식민의 고난을 타파하고자 했던 그는『자기 땅에서 유배당한 자들』을 어렵게 탈고하던 중이었다. 훗날 탈식민주의와 제3세계 해방운동에 지대한 영향을 미친 이 책의 결론인 6장 첫머리는 이렇게 시작한다. '가자 동지여. 우리의 길을 지금 바꾸기로 하는 것이 좋다. 그간 우리가 처했던 무거운 어둠을 떨쳐버리고 또 뒤로 하자. 지금 우리 손에 있는 새날은 확고하고 분명하고 또 결정적이다.' 36년의 짧은 일생을 산 그는 프란츠 파농^{Frantz Fanon, 1925~1961}, 반제투쟁을 통하여 식민지 민중해방운동에 이바지한 전설적인 혁명가다. 파농은 1953년 알제리 정신병원 의사로 근무하다가 알제리 민족해방전선^{FLN}에 가입한다. 알제리는 1830년 프랑스의 식민지가 되어 1954년 알제리 민족해방전선이 무장투쟁을 시작하고 1962년 독립하기까지 식민통치의 고통을 겪은 나라다.

민중해방의 전사^{戰士}였던 그가 가진 생각은 '폭력에 대항하는 폭력'이다. 파농에 의하면 프랑스를 포함한 서구의 제국주의는 그 자체가 폭력이고, 그 폭력에 의해서 설정된 법과 제도는 혁명으로 전복해야 한다. 폭력에 대한 폭력은 정당한 것이다. 프랑스 식민지인 알제리의 예에서 보듯이 서구제국주의가 식민지를 지배하는 방법도 폭력이다. 그런데 식민지 민중들의 내면에는 식민지배자들이 심어준 폭력에 순응하는 심리가 내재한다. 이 폭력에 대항하는 폭력은 파농의 사후에, 사르트르가 서문을 쓴 다음 출간된『자기 땅에서 유배당한 자들』¹⁹⁶¹에 잘 드러나 있다. '자기 땅에서 유배당한 자들'은 파농의 저서이면서 제국주의의 식민지 상태에 놓인 식민지 민중들을 의미하는 사회학적 개념이다. 「인터내셔널가」를 은유한 이 책의 첫 장 「폭력에 관하여Concerning Violence」에서 파농은 이렇게 말했다. '서구 식민지배자들은 식민지 원주민들을 착취하고, 억압하고, 고문하고, 살해하는 등 온갖 폭력을 자행한다.'

식민지배의 폭력을 내면화한 식민지 민중은 자기 피부를 증오하고, 자기 민족을 멀리하며, 가장 중요한 자기 언어를 포기한 다음 최종적으로 자기 문화마저 버린다. 이런 현상에 주목한 파농은 역설적 개념으로 식민지 민중을 '자기 땅에서 유배당한 존재'라고 명명했다. 파농에 의하면 식민지 민중들은 자기 내면의 폭력성을 정확하게 인지하고 그 폭력을 혁명의 힘으로 바꾸어야 한다. 그것이 자기 내면의 상흔trauma을 치료하는 길이며 정신의 정화淨化를 통한 자기 주체를 확립하는 방법이다. 따라서 자기가 폭력적 존재라는 것을 인식하는 순간 그는 해방의 주체로 다시 태어나고, 그 폭력을 실천하는 순간 그는 해방의 주역으로 다시 태어난다. 그러므로 파농은 식민지 민중의 수동적 폭력을 능동적 폭력으로 바꾸는 것이야말로 식민지해방운동의 첫걸음이라고 단언한다. 파농에 의하면 그것이 정의다.

파농은 제국주의와 더불어 민족주의에 대해서도 신랄하게 비판하면서 지식인들의 임무는 현실을 정확하게 인식하고 대중에게 올바른 가치를 심어주는 일이라고 강조했다. 이 해방의 주체는 계급의식을 가진 프롤레타리아와 더불어 저주받은 자들, 즉 완전히 자기의 땅을 빼앗기고 쫓겨난 농민들이다. 또한, 할 일도 없고 무엇을 할 의지도 없어 보이는 부랑자, 실업자, 유랑자, 범죄자, 사기꾼들인 룸펜프롤레타리아Lumpenproletariat도 해방 전선의 한 축이 될 수 있다. 이들이야말로 아무것도 가진 것이 없고 잃을 것도 없는 최하층의 민중 즉, 자기 땅에서 유배당한 빈민이기 때문이다. 파농은 탈식민주의의 교과서라고 불리는 『검은 피부 하얀 가면Peau Noire, Masques Blancs』1952에 이어 이 책에서 식민지 민중이 자신의 피부를 증오하는 현상을 식민지배의 왜곡된 내면화로 해석했다. 따라서 식민지 민중은 자기 스스로 자기를 정화하고 또 집단으로 정화하여 스스로 억압과 절망에서 벗어나야 한다.

모든 혁명가가 그렇듯 파농 역시 새로운 세상과 새로운 인간을 꿈꾸었다. 그가 꿈꾼 세상은 지배와 억압 그리고 인종차별이 없는 평등한 세상이고, 그가 꿈꾼 인간은 생각과 노동이 일치하는 사람이며 자기 목적을 분명하게 인식하는 사람이다. 또한, 새로운 인간은 자율적이지만 타자와 원활하게 소통하는 사람이며 검소하면서도 사랑을 할 줄 아는 사람이다. 그러므로 인간은 다른 인간을 억압하지 않아야 하고, 국가는 다른 국가를 억압하지 않아야 하며, 민족은 다른 민족을 탄압하지 않아야 한다. 이런 파농의 급진적인 혁명론은 제국주의, 민족주의, 자본주의, 사회주의, 공산주의와는 다른 제3세계 해방운동을 대표하는 이론이다. 그의 인간해방론은 계급적 혁명과 민족적 혁명을 결합한 것이었다. 그런 그의 혁명론은 『아프리카 혁명을 향하여』에 잘 드러나 있다. 아쉽게도 파농은 조국의 해방을 보지 못하고 타계했다.

참고문헌 Frantz Fanon, *The Wretched of the Earth*(1961), translated by Constance Farrington, New York : Grove Weidenfeld, 1963.

참조 계급의식, 계급투쟁, 룸펜 프롤레타리아, 민족주의, 인정투쟁, 자기 정체성, 자본주의, 정신분열증, 제국주의, 주체분열, 카타르시스, 탈식민주의, 트라우마, 포스트모더니즘, 하얀 가면, 혁명

동물해방
Animal Liberation | 动物解放

'돼지가 느끼는 고통과 굴이 느끼는 고통은 차이가 있지 않겠는가?' 이렇게 묻자 피터 싱어는 '물론 차이가 있겠지만 돼지나 굴은 분명히 고통을 느끼기 때문에 함부로 죽여서는 안 된다'는 논지를 이어갔다. 토론의 공격적 자세를 취한 리처드 도킨스는 '인간, 돼지, 굴, 상추의 아픔과 고통을 구별하고 측정하는 것이 무슨 의미가 있는가'라는 유전학자다운 이론을 폈다. 피터 싱어가 인간의 동물에 대한 평등한 자세를 강조한 것과 달리 리처드 도킨스는 모든 생물의 존재는 다르고 '인간의 윤리를 동물에게 적용하는 것은 큰 의미가 없다'는 논지였다. 이 토론은 '종차별Speciesism이 무엇인가'로 끝나는 동물해방론자 피터 싱어와 이기적 유전자로 유명한 리처드 도킨스Richard Dawkins의 대담이다. 이것은 21세기 초 가장 유용한 전자매체 중의 하나인 유튜브Youtube에 게시된 것으로, 영국 The Channel 4 UK TV에서 만든 다큐멘터리다.

이 논쟁은 실천윤리實踐倫理를 토대로 하여 인간과 비인간의 관계에 대한 물음으로 환원한다. 여기서 강조된 주제는 '인간과 다른 종의 차이가 무엇이며, 그 차이를 어떻게 측정하고 또 적용할 것인가'였다. 싱어의 관점은 인간이 다른 동물을 착취하거나 살해할 권리까지 가지고 있지 않다는 것이다. 아울러 그는 벤담의 공리주의의 관점에서 최대다수의 최대행복과 최대소수의 최소불행을 동물에게까지 적용해야 한다고 주장한다. 또한, 싱어는 인간과 동물이 평등하다는 것이 아니라 인간은 의식, 인지, 정신, 영혼, 직관 등을 가진 특별한 존재이므로 환경생태에 대한 책임과 의무를 다해야 한다는 것이다. 그 책임과 의무는 인간이 탐욕을 절제하고 다른 종을 존중하는 것이다. 일찍이 쇼펜하우어는 '동물도 사람과 같이 의지will를 가진 존재이므로 학대해서는 안 된다'는 관점을 피력한 바 있다.

동물해방은 피터 싱어Peter Singer의 저서 『동물해방Animal Liberation』1975을 통하여 광범위하게 사용되기 시작한 개념으로 인간의 약탈과 억압으로부터 동물을 해방해야 한다는 평등의 이념이다. 지난 수만 년간 인간은 인간중심주의를 근거로 독재를 자행했고 휴머니즘 또는 인간주의의 명목으로 다른 종種을 공포와 불안에 떨게 했다. 이제 위대한 원숭이Great Ape인 인간은 이에 대한 책임을 지고 동물학대, 무자비한 폭력, 살해와 고문, 육식주의, 동물 비하, 동물 오락 등의 행위를 중지해야만 한다. 이것을 동물해방이라고 하는데 인류의 역사는 노예해방 – 민족해방 – 여성해방 – 민중해방 – 인종해방 – 성 해방 – 동물해방 등의 발전적 과정에 있다. 여기서 다시 모든 종과 존재가 평등하게 공존하는 방향으로 갈 것이다. 왜냐하면, 환경과 자연의 파괴는 인간의 죽음이고, 물질적 행복은 행복이 아니라는 쾌락주의 역설Hedonistic paradox이 성립하기 때문이다.

채식주의菜食主義자 피터 싱어는 이 문제에 대한 해답으로 채식을 권고한다. 그는 인간이 채식하면 많은 문제가 해결될 수 있고 우유를 먹지 않고, 가죽을 사용하지 않으며, 닭으로부터 알을 빼앗지 않고, 고기라는 이름의 동물시체屍體를 거래하지 않는다면 더 평화로운 세상이 될 것이라고 단언한다. 특히 이윤만을 추구하는 동물농장과 잔인하게 동물을 살해하는 도축장은 폐쇄되어야 하며, 시장에서 동물시체를 거래하는 것 역시 금지되어야 한다. 이들과 노선을 달리하는 과격한 동물해방 전선은 인간이 동물을 약탈한다는 점을 강조하여 동물살해를 테러로 규정한다. 이들은 테러에 대한 테러가 용인된다는 견해를 가지고 있다. 한편 동물 보호론과 동물 애호론은 인간을 우선하고 동물을 대상화하고 서열화한다는 점에서, 동물해방전선Animal Liberation Front은 전투적인 행동을 동반한다는 점에서, 동물해방론과 다르다.

동물도 감각이 있으므로 편안하게 살고 고통 없이 죽을 수 있어야 한다는 동물해방의 관점에서 볼 때 낚시, 사냥, 동물 운동경기 등은 비윤리적인 범죄다. 나아가 마지막 수단이라면 모르지만 그렇지 않다면 실험실의 해부와 대학의 동물실험도 금지되어야 한다. 따라서 '나 인간은 너 동물의 고통을 이해할 필요가 없다'는 인간중심주의를 폐기하고 인간 도덕이 아니라 보편도덕Universal moral 으로 세상을 설계해야 한다는 것이 그의 주장이다. 그의 문제 제기는 힌두교와 불교에서 말하는 모든 존재의 원론적인 평등과는 다르다. 그의 이론은 근대 자본주의 대량생산과 산업사회의 문제를 비판하고 생명과학의 윤리를 강조하며 보편과 평등을 동물에까지 적용한 실천윤리라는 점에서 큰 의미가 있다. 하지만 싱어의 동물해방이론은 인간의 고유성을 부정하며 인간에게 죄책감을 강요할 뿐이고 생명과학과 의학의 발달을 어렵게 하는 비현실적인 운동이라는 비판을 받는다.

참고문헌 Peter Albert David Singer, *Animal Liberation : A New Ethics for our Treatment of Animals*, Harper Perennial Modern Classics : New York, 2009.

참조 맹목적 생존의지, 윤리·윤리학, 의식, 이기적 유전자, 인종차별, 자유의지, 존재·존재자, 주체·주체성, 진화론, 쾌락주의의 역설, 타자, 타자윤리, 휴머니즘/인문주의

이기적 자살

Egoistic Suicide | 自負型自殺

그의 곁에는 이런 유서가 남겨 있었다. '부모님께 눈물로 용서를 구합니다. 그리고 영희 누나 정말 미안해요. 나는 이제 가지만 부디 꿋꿋하게 사세요. 저는 짧은 인생을 살다 가지만 후회는 없습니다.' P의 유서는 시신과 함께 화장터로 갔다. 그의 자살에 대해서 삼촌은 그가 평소에 우울증이 있었다는 것을 근거로 개인의 심리적 문제로 해석했으며, 그의 지도교수는 질식할 정도로 빠른 삶의 속도와 첫 직장에서 마주친 성과주의라는 사회적 문제로 해석했다. 평소 조카에게 신경을 쓰지 못했다고 느끼는 삼촌의 죄책감을 덜어주는 지도교수 K의 진단은 사회의 구조적인 문제와 현대사회의 분업과 연결되어 있다. 개인적인 요인과 사회적인 요인이 결합하여 자살 사건이 벌어진 것이다. 여기서 시작하는 또 다른 문제는 '인간은 왜 자살을 하는 것인가'와 같은 존재론적 물음과 '자살의 원인은 무엇인가'라는 인과적 물음이다.

자살은 인간의 특이한 행동 양식 중 하나다. 인간 이외에도 자살하는 동물들이 있지만 깊은 사유와 논리적 계산을 하고서 자살하는 것은 인간뿐이다. 그중에서도 위와 같은 이기적 자살은 자기만 생각하는 극단적 이기심의 소산이다. 사회학에서는 이런 자살을 구체적 행위로 표출된 사회적 사실로 간주하고, 그 원인이 어디에 있으며, 어떤 유형으로 드러나는가를 분석한다. 여러 가지 자살의 유형이 있으나 자살의 과정은 비슷하다. 일반적으로 자살은 자살 생각suicidal ideation, 자살 시도attempted suicide, 자살행위suicide behavior로 이어지는 일련의 과정이다. 근대사회학을 정초한 에밀 뒤르켐Émile Durkheim, 1858~1917은 『자살Suicide』1897에서 구체적인 행위로 드러난 자살의 사회학에 관해서 연구했다. 그는 가톨릭과 유대교의 자살률이 낮고 개신교의 자살률이 높다는 통계를 근거로 사회적 유대감, 통합과 결합, 일체감, 가치관 등이 자살에 영향을 미친다고 진단했다.

유대교 랍비의 집안에서 태어났으나 학자의 길을 걸었던 뒤르켐은 사회학의 구조기능주의Structural Functionalism를 토대로 과학적이고 실증적인 연구를 진행했다. 뒤르켐은 전통사회에서 근대사회로 이행하면서 나타나는 규범의 부재를 병리적 현상인 아노미로 설명한 바 있다. 그는 산업사회 이후 도시화와 개인주의가 심화하면서 전통적 규범과 종교의 권위가 하락하는 한편 사회구조가 바뀌었다는 점에 주목했다. 그중 자살에 관한 연구는 인간은 물론이고 사회에 관한 과학적 연구에 크게 이바지한 저서로 정평이 있다. 뒤르켐은 이 책에서 자살에는 병리적 사회구조가 관계하기 때문에 표면적으로는 자살이지만 실제로는 타살이라는 관점을 취한다. 또한, 그는 실증주의자 콩트A. Comte의 방법을 발전시켜서 표면적으로 드러난 사회적 사실social fact로서의 자살을 네 가지 유형으로 설명한다.

첫째, 이기적 자살은 사회적 유대감과 가치 부재가 그 원인이며 자기 자신만을 생각하는 이기적 생각에서 결행되고 둘째, 이타적 자살altruistic suicide은 사회적 유대감이 강하고 확고한 가치가 그 원인이며 자기를 희생하고 공동체의 타인을 위하고자 하는 이타적 생각에서 결행된다. 셋째, 아노미적 자살anomic suicide은 가치가 붕괴하고 기준이 없는 상태에서 규율과 연대감이 없을 때 결행되며 넷째, 숙명적 자살fatalistic suicide은 지하드Jihad처럼 억압이 강하고 규율이 강력하며 연대가 튼튼할 때 결행된다. 이 네 유형의 자살은 모두 사회의 구조적인 문제와 연결되어 있고 또 서로 결합하기도 한다. 이 중 이기적 자살은 자신이 가족이나 친구와 가까이 가지 않고 사회에 적응하려 하지 않으면서 거꾸로 자신은 소외되었다고 믿거나 쓸모없는 인간이라고 착각하면서 이기적인 선택을 하는 자살 유형이다.

뒤르켐은 남성이 여성보다 자살비율이 높으며, 도시가 농촌보다, 고학력자가 저학력자보다, 전문가가 비전문가보다, 군인이 민간인보다, 결혼하지 않은 사람이 결혼한 사람보다, 자녀가 없는 사람이 자녀가 있는 사람보다, 평화 시기가 전쟁 시기보다, 여름이 겨울보다 각각 자살비율이 높다고 분석했다. 특히 전통 사회의 기계적 연대mechanical solidarity가 산업사회의 유기적 연대organic solidarity로 바뀌면서 연대감을 상실한 사람, 특히 유기적 연대를 하지 못하는 사람의 자살률이 높다고 주장했다. 뒤르켐의 자살 연구는 인간의 본질을 설명하는 특이한 행동 양식이라는 점과 자살이 사회의 구조적인 문제라는 점을 밝혔기 때문에 큰 의미가 있다. 또한, 뒤르켐은 자살을, 개인의 심리, 정신, 감정이 아니라 사회문제로 보고 현대사회의 구조적 본질을 추출하려 했다는 점에서 높이 평가받는다.

참고문헌 Emile Durkheim, *Suicide : a study in sociology*, The Free Press, 1997.

참조 구조주의, 근대·근대성, 논리실증주의, 본질, 산업혁명, 아노미, 인간소외, 자본주의, 정신, 죽음 충동, 지하드

카리스마

Charisma | 超凡魅力

그의 연설은 힘이 넘쳤고 사람들을 황홀하게 만들거나 열광의 도가니로 몰아넣었다. 합리적인 독일인들이 그의 연설에 심취한 것은 정말 특이한 일이다. 그는 타고난 선동가인 동시에 뛰어난 정치가였다. 또한, 그는 강압적 독재로 국민을 탄압하지 않고 국민이 자발적으로 자기에게 복종하도록 만들었다. 그의 이름은 히틀러A. Hitler, 1889~1945, 인류사에 영원히 기록될 역사적 인물이다. 1930년대 히틀러의, 신비하면서도 불가사의한 권위를 카리스마라고 할 수 있다. 당시 독일은 제1차 세계대전에서 패배한 후 전쟁배상금으로 경제적 고난을 겪고 있었고 정신적 패배감으로 상실감에 젖어 있었다. 이때 히틀러는 독일인들의 욕망에 불을 지펴 자기가 독일을 구원할 메시아라고 선전하는 한편 특유의 언행으로 독일인들에게 희망을 주면서 동의를 얻었는데 이것을 일반적으로 카리스마의 일상화routinization of charisma라고 한다.

독일의 사회학자 막스 베버M. Weber, 1864~1920는 카리스마를 비범하고, 신성하며, 신비한 절대적 권위라고 규정한다. 카리스마의 그리스 어원인 Kharisma는 우아, 미, 은혜의 여신인 카리테스Charites에서 유래했다. 이와 연관된 카리스마는 신의 계시를 받거나 신이 인정하는 신성한 인물의 신성한 권위라는 뜻이다. 기독교의 성경에도 여러 차례 언급되는 카리스마는 예수 그리스도의 산상수훈과 같이 절대적이면서 신비한 권위 또는 베드로의 행적과 같이 신의 계시를 받은 사도師徒의 신성함과 동의어다. 또한, 성령으로 드러나는 하나님의 특별한 은총, 기적으로 입증되는 신의 영광, 머지않아 실현될 예언 등도 종교적 카리스마다.

또한, 기독교 성경 「고린도전서」에는 카리스마의 징표인 신의 하사품으로 지혜로운 언어, 지식의 언어, 깊은 신앙심, 병의 치유력, 기적을 행하는 능력, 예언의 힘, 영靈을 구분하는 힘, 다른 언어를 말하는 능력을 예로 들고 있다.

사회학적이면서 세속적인 카리스마는 특별한 사람이 가지고 있는 경이적인 능력 또는 상대방이 무의식적으로 동의하도록 만드는 힘이다. 막스 베버는 『경제와 사회Wirtschaft und Gesellschaft』1921에서 전통사회의 관습적 지배나 근대의 합법적 지배와 달리 카리스마적 지배는 자발적인 동의와 정신적 권위라고 설명한다. 그런데 마음으로부터 우러나는 존경은 카리스마를 가진 인물이 대중들의 내면에 지각perception을 심어준 일종의 조작이다. 이런 그의 견해는 훗날 게오르그 루카치에 의해서 비판을 받지만, 논리적으로 설명하기 어려운 특별한 권위라는 점에서 사회학적 의미를 획득했다. 사람들은 카리스마를 가진 인물의 언행에 대하여 도전을 하지 못하고, 의문을 품지 않으며, 예측하지 못할 뿐 아니라 저항도 불가능하다고 믿는다. 하지만 카리스마의 신비성을 상실하는 순간 권위는 이슬처럼 사라진다.

정치가와 사회지도자들이 카리스마를 가지고 싶어 하는 이유는 정신적 능력이자 강력한 권위가 필요하기 때문이다. 그래서 일부 정치가나 지도자들은 카리스마는 무조건 좋은 것으로 오인한다. 카리스마가 어떤 것인지 밝혀지지 않았지만 불가사의한 요소X-factor라는 것은 분명하다. 타인을 지배하고자 하는 욕망과 자신감의 상징적 인물인 나폴레옹은 자유주의 사상을 전파하면서 시대정신을 구현한 긍정적 카리스마로 알려져 있다. 문화혁명文化革命 당시 절대적인 권위를 행사한 마오쩌둥毛澤東 역시 시대정신을 주도한 카리스마의 전형으로 본다. 하지만 카리스마는 히틀러나 스탈린의 예에서 보듯이 부정적인 권위와 무의식적 폭력을 의미하기도 한다. 이와 반대로 자기도 모르게 이끌리는 매력을 가진 섬세하고도 부드러운 카리스마는 긍정적인 권위를 상징한다.

대체로 사람들이 혁명적인 변화를 기대할 때 카리스마를 가진 인물이 출현한다. 사람들이 카리스마를 열망하여 어떤 인물에 카리스마를 부여하고 자발적으로 복종하는 것이다. 그런 점에서 히틀러와 같은 부정적인 카리스마는 상황과 조건에 의해서 다시 출현할 수도 있다. 왜냐하면, 인간의 내면에는 영웅의 출현과 메시아의 귀환을 희구하는 심리가 있기 때문이다. 이 경우 자발적 복종과 같은 불가항력적 주종관계가 카리스마의 심리적 마력魔力으로 작용한다. 따라서 카리스마는 권위를 넘어서 권력의 심리적 토대가 되고 대중문화와 일상 영역에서 행사되는 감성의 근거가 된다. 그런 점에서 카리스마는 지도자가 가져야 하는 능력과 덕목으로 간주되기도 한다. 한편 종교적 카리스마를 가진 인물로는 티베트의 지도자 달라이 라마Dalai Lama와 미국의 인권운동가 마틴 루터킹 목사Martin Luther King Jr. 등이 있다.

참고문헌 Max Weber, *The Theory of Social and Economic Organization*, translated by A. M. Henderson and Talcott Parsons, Free Press, 1924.

참조 감성, 권력의지/힘에의 의지, 나폴레옹, 무의식, 문화혁명, 생체권력, 시대정신, 아우라, 인정투쟁, 지각

경국지색
Fatally Beautiful Woman Causing the Downfall of a Country | 倾国之色

'북쪽에 미인이 있어, 세상에 나오지 않고 홀로 있는데, 한 번 돌아보면 성이 기울고, 다시 돌아보면 나라가 기운다北方有佳人 絕世而獨立 一顧傾人城 再顧傾人國.' 천하의 미인을 묘사한 노래였다. 이것은 음악의 관원인 이연년李延年이 한무제漢武帝 앞에서 부른 노래 가사다. 그러자 황제의 누이 평양 공주가 지금 노래를 하는 이연년의 동생 이연李姸이 천하 미인이라고 알려주었다. 이연년이 동생을 황후로 만들고자 꾸민 연희인 것이다. 그런데 실제로 이연은 천하일색이었으므로 창기였던 이연은 황제의 사랑을 받아 이 부인이 되었고 여기서 유래한 이야기가 진황후陳皇后와의 갈등인 한무지련漢武之戀이다. 이것이 강대한 국가를 만든 한무제 유철漢武帝 劉徹, BCE 156~BCE 87과 관련된 미녀에 관한 '경국' 일화다. 여기서 유래한 경국지색은 국가가 기울 정도의 미인이라는 뜻으로 『한서漢書』 「외척전外戚傳」에 나온다.

이후 경국지색은 당 현종과 양귀비의 사랑 이야기로 더욱 유명해졌다. 원래 당 현종玄宗, 685~762, 재위 712~756은 지혜롭고 영특한 황제였다. 713년에 연호를 개원開元으로 고치면서 '개원의 치'를 열었고 태평성대를 구가했다. 그런데 737년 어느 날 현종은 양귀비를 보고 마음을 빼앗겨 버렸다. 본명이 양옥환(양귀비)은 현종의 아들 이모李瑁의 첩이므로 현종에게는 며느리였지만 어느날 갑자기 황제의 사랑을 받게 된 것이다. 이후 현명했던 현종은 양귀비의 여색에 빠져 국사를 돌보지 않았고 국가가 기울 정도의 변란을 당한다. 반면 양귀비의 친척인 양국충楊國忠은 승상이 되어 권력을 장악하고 국정을 휘둘렀기 때문에 양국충을 시기하고 미워하는 신하들이 많았다. 그러나 현종은 양귀비에 대한 사랑이 깊어 충신의 말을 듣지 않았다. 현종과 양귀비의 사랑을 주제로 한 작품 중 백거이의 「장한가長恨歌」가 으뜸이다.

「장한가」에서 백거이는 '여산의 궁궐은 높이 솟아 구름 속에 있고, 신선의 음악은 바람 타고 들려온다. 부드러운 노래와 느린 춤은 관현악에 어우러지고, 종일 양귀비를 바라보건만 부족하였다驪宮高處入靑雲 仙樂風飄處處聞 緩歌慢舞凝絲竹 盡日君王看不足'라고 묘사했다. 이처럼 황제가 미인에게 취하여 국사를 돌보지 않는 사이에 북방의 절도사 안록산이 봉기한다. 대장군 안록산은 야심을 가진 인물이었다. 그는 자기보다 나이가 어린 양귀비의 수양아들이 되었는데 양귀비는 서역 혼혈인이자 늠름한 안록산을 사랑했다. 안록산安祿山은 사사명史思明과 함께 755년 양국충을 타도하겠다는 명목으로 난을 일으켰다. 장안을 떠난 황제 일행이 마외파馬嵬坡에 머물 때756 군사들은 양귀비와 양씨 일족 참수를 강력하게 요구했다. 어쩔 수 없던 현종은 양귀비에게 자결을 명령하자 38세의 양귀비는 역관 옆 나무에 목을 매 죽었다.

백거이의 「장한가」는 현종과 양귀비의 사랑을 낭만적으로 다루었는데, 그 첫 번째 문장이 '한나라의 황제는 경국의 미녀를 찾았으나漢皇重色思傾國'이다. 아울러 '구름 같은 머리와 꽃 같은 얼굴과 금장식 흔들릴 때, 부용 휘장 안의 따뜻한 봄밤은 깊었다. 봄의 밤이 짧음을 괴로워하며 해가 떠야만 일어나니, 이로부터 황제는 아침에 조회를 보지 않았다雲鬢花顔金步搖, 芙蓉帳暖度春宵. 春宵苦短日高起, 從此君王不早朝'고 서술했다. 이처럼 현종이 양귀비에게 취해서 국사를 돌보지 않자, 안사安史의 난이 일어났고 국가는 기울어 갔다. 한편 양귀비로부터 미움을 받았던 이백은 「청평조淸平調」에서 '아름다운 꽃과 경국 미인이 서로 기뻐할 때 왕은 미소를 머금고 바라본다名花傾國兩相歡, 長得君王帶笑看'라고 읊었다. 이 시의 '경국' 역시 경국지색 양귀비를 지칭한 것이다. 이처럼 백거이와 이백은 미녀를 국가의 존망에 대입했는데, 미녀 자체를 비판하거나 비난한 것이 아니라 색에 취하여 정사를 돌보지 않는 군왕과 영웅을 비판한 것이 특징이다.

경국지색은 경성지색傾城之色, 절세미인絶世美人, 무비일색無比一色, 천하일색天下一色 과 유사한 말로 전설적인 미녀를 일컫는다. 단지 아름답다고 해서 경국지색이 되는 것은 아니다. 세상에는 수많은 미녀가 있겠지만 경국지색에서 보는 것처럼 역사적 사건과 연결되어야 의미가 부여된다. 그런 미녀로, 물고기가 숨었다는 침어沈魚 서시西施, 기러기가 날다가 땅에 떨어졌다는 낙안落雁 왕소군王昭君, 달도 부끄러워서 구름 속에 숨어 버렸다는 폐월閉月 초선貂蟬, 꽃도 부끄러워서 고개를 숙였다는 수화羞花 양귀비楊貴妃 등이 있다. 이 네 미녀를 중국의 4대 미녀라고 한다. 그 밖에도 제비와 같이 날씬하다는 조비연趙飛燕을 비롯한 수많은 미녀가 있었고 그 시대와 연결되었기 때문에 역사에 기록되었다. 그러므로 미인의 기준은 시대, 민족, 상황, 사건에 따라서 다르다. 경국과 반대되는 의미로 태평성대를 의미하는 평국平國이 있으나 평국지색이라고 하지는 않는다.

참고문헌 班固, 『漢書』.

참조 낭만주의, 팜므파탈

춘추대의
Justice of the Spring and Autumn Annals | 春秋大义

'여름, 강씨 부인이 제의 군사에게로 갔다^{夏 夫人姜氏如齊師}. 가을, 예의 이레가 내조했다^{秋 郳犁來來朝}. 겨울, 장공이 제송 진채와 함께 위를 공격했다^{冬 公齊人宋人陳人蔡人伐衛}.' 이 글은 『춘추』 34 「장공편」 5의 서술로 장공 5년에 일어난 일을 춘하추동으로 나누어서 간결하게 기술한 대목이다. 『춘추』는 공자가 BCE 722년부터 죽기 직전인 BCE 479년까지 중원의 역사를 『노춘추』를 참고하여 연대기적으로 기술한 역사서다. 편년체로 기술된 『춘추』는 1만 6,500여 자^字와 1,800여 조^條의 간결하고 함축적인 내용으로 엄격하게 기술되어 있다. 편찬자이자 사관인 공자는 『춘추』를 기술하면서 모국 노^魯나라를 중심으로 춘하추동으로 나누어 기술하면서 도덕적으로 평가한 다음 이상사회에 대한 기준을 제시했다. 이후 『춘추』는 오경에 포함되었다. 『춘추』를 해설한 『좌씨춘추』와 같은 저서가 여러 권 있다.

춘추시대^{春秋時代}란 동주^{東周, BCE 771~BCE 256} 시대의 전반기를 말하는데, 공자는 이 시대의 역사를 편찬하고 기술함으로써 주^周의 전통을 계승하는 한편 대의명분에 근거하여 새로운 질서를 구축하고자 한 시대다. 춘추를 기술하는 공자^{BCE 551~BCE 479}의 사관은 존왕양이^{尊王攘夷}와 인의정치다. 가령 '예의 이레가 방문했다'는 주어와 서술어로 구성된 문장은 존칭을 생략함으로써 아직 예^郳가 국가체제를 갖춘 왕이 되지 못한 것을 기술했고, '내조했다'는 의미는 정치적 위계질서를 나타낸다. 한편, 패덕한 군주에 대해서는 존칭을 생략하거나 부정적인 면을 강조하여 무엇이 대의이고 무엇이 불의인지를 구별했다. 이처럼 『춘추』에는 시비, 선악, 사정邪正, 포폄褒貶을 분명히 하겠다는 비판 정신과 중앙집권을 강화하면서 삼강오상三綱五常을 세우려는 뜻이 들어있다.

『춘추』는 사마천의『사기』의 준거가 되었고 이후 중국, 한국, 일본, 베트남 등 한자문화권의 역사서술과 사관에 큰 영향을 끼쳤다. 공자의 이런 역사서술은 대의와 명분에 관한 기준이다. 이것은 일반적으로 춘추필법과 술이부작으로 알려져 있다. 한편 춘추를 해설한『춘추좌씨전春秋左氏傳』의 「성공成公」에서 '춘추의 말수는 적지만 그 뜻은 분명했고, 사실이지만 의미를 담았으며, 우회적이지만 조리가 있고, 자세하면서도 틀리지 않았으며, 악을 징계하고 선을 권장했다. 성인이 아니라면 누가 이와 같이 지을 수가 있겠는가?春秋之稱 微而顯 志而晦 婉而成章 盡而不汙 懲惡而勸善. 非聖人 誰能脩之'라고 썼다. 여기서『춘추』의 기술방법을 간략, 분명, 함축, 완곡, 철저와 함께 권선징악을 꼽았다. 그런데 공자는 권선과 징악 중에서 '악을 징계하는 징악懲惡'을 앞세웠다. 이것은 맹자가「등문공」에서 말한 것처럼 왕도정치를 실현하기 위한 대의였다. 따라서 춘추필법은 실증주의에 도덕적 가치를 가미한 역사서술의 방법으로 볼 수 있다.

춘추대의는 공자의 역사관으로, 추상같이 엄격한 역사서술이면서 역사의 정의를 실천하는 하늘의 뜻이다. 원래 공자가 말한 대의는 패자인 주周의 왕을 중심으로 천하의 명분을 지킨다는 뜻이다. 이것은 왕도정치를 실현하기 위한 존왕론尊王論인데 시비선악의 정명사상正明思想을 바탕으로 하는 초기 중화주의의 근간이다. 그러므로 춘추대의는, 주 왕실의 근거지인 낙양洛陽과 그 일대의 문명화된 지역을 존왕의 중화라고 하고 그 바깥을 양이의 이夷라고 이분화한 다음, 주를 중심으로 하는 대의를 권선징악으로 실현한다는 명분이다. 이것은 존왕양이尊王攘夷 또는 존중화양이적尊中華攘夷狄으로 표현되는 천하관을 형성한다. 이 천하관은 중화주의와 모화사상慕華思想의 토대가 되었으며 중국의 화이관華夷觀이 동아시아 전체에 적용되는 결과를 낳았다. 하지만 금金, 원元, 청淸 등 이적으로 간주했던 민족의 중원지배는 중화사상의 근간을 흔들었고 근대 이후에는 새로운 천하관으로 대치되었다.

춘추 이후 모든 사람이 추상같은 춘추필법을 두려워했다고 한다. 선악善惡과 정사正邪를 냉철하면서도 통렬하게 비판하고 역사의 대의를 객관적으로 기술하기 때문이다. 이후 공자의 사상과 학문을 연구하는 춘추학이 융성하게 되었고 춘추삼전으로 불리는 『춘추좌씨전』, 『춘추공양전』, 『춘추곡량전』 등이 생겨났다. 한편 한무제 시대의 저명한 유학자 동중서董仲舒는 공자의 사상에서 유가만이 아니라 법가의 사상도 중요하다고 주장했다. 하지만 양계초梁啓超는 『중국역사연구법』에서 '사가의 신용이 땅에 떨어졌는데史家之信用乃墜地', 그것은 '공자의 역사를 무리하게 해석하는 폐단으로부터 시작되었다'고 통렬하게 비판한 바 있다. 그는 '공자의 『춘추』는 지배계층을 중심으로 하고 외교와 정치만 기술했다'는 부정적인 평가를 했는데 이것은 중국현대사회의 정신을 반영하는 비판적 해석이다.

참고문헌 孔子, 『春秋』.

참조 공자, 문명, 사무사, 사실, 소중화주의, 술이부작, 역사, 조선중화주의, 존왕양이, 중화주의, 천명사상, 초원의 사상, 한자문화권, 화이관

대타자·소타자
Big Other & small other | 大他者和小他者

이철수는 1981년 '판화가 이철수'로 상징계에 등록했다. 어린 시절 이철수가 상징적 거세를 당하고 자신을 세상에 등록한 이후 두 번째 등록이다. 이렇게 하여 이철수는 '인간 이철수'와 '판화가 이철수'라는 두 가지 상징기호로 세상을 산다. 만약 판화가 이철수가 이 상징질서를 부정하고 '시인 이철수'처럼 다른 상징기호를 가지면 '판화가 이철수'라는 상징기호는 사망한다. 어린 시절의 이철수가 자기를 거세하고 상징기호 이철수가 되고 판화가 이철수가 된 것을 라캉과 지젝S. Žižek 식으로 말하면 상징질서를 받아들여서 상징기호를 획득했다고 한다. 이 상징기호 즉 언어를 통하여 얻은 것이 바로 자기의 대타자인 기호 '이철수'다. 대타자는 상징계에 등록된 자기인 동시에 현실원칙에 따라서 살고자 하는 자기이고, 소타자는 자아의 내부에 억압되고 은닉된 자기의 타자인데 쾌락원칙에 따라서 살고자 하는 자기다.

정신분석학에서 대타자는 자기 욕망을 거세하여 무의식 속에 숨겨두고, 세상에 등록하여 상징기호로 존재하는 타자다. 대타자는 대체로 기표와 기의를 얻은 다음 상징계에 위치하는데 상징계는 상징이 작동되는 공간을 말한다. 처음 상상계에 속했던 유아는 거울 단계를 거치면서 자기를 언어상징에 등록하고 기표를 얻는다. 이때 어린 주체는 자신의 욕망이 실현될 수 없다는 것을 깨우치고 아버지의 이름인 법과 제도에 순응하는 주체가 된다. 이와 동시에 성적 욕망을 무의식 속에 위치시킴으로써 자기를 거세하고 세상 즉, 아버지의 질서/이름에 따르는 것이다. 이 점에서 라캉과 프로이트는 같은 관점을 취하는데 라캉은 이런 상징적 존재를 대타자^{Big Other}라고 명명했다. 그러니까 대타자는 원래의 주체가 상징화된 주체를 볼 때 생기는 타자 인식이다. 결국, 자기가 자기의 타자가 되는 셈인데 이 주체의 분열로 인하여 심각한 결핍이 생긴다.

결핍은, 자기로부터의 소외와 분리를 거친 주체와 소타자^{小他者}의 분열로 인하여 생긴다. 그러니까 처음 유아가 세상에서 살기 위하여 자기 욕망을 억제하고 상징질서에 등록하면서 잃어버린 것이 있었다. 그것이 바로 무의식에 숨겨둔 욕망이다. 그러니까 인간은 무의식의 주체와 의식의 주체가 분열된 병든 존재다. 이처럼 인간의 무의식에는 상실한 것이 숨겨져 있는데 이것을 지젝은 '대상소타자^{object other}'라고 했다. 대상화된 자기라는 뜻의 이 소타자는 원래 자기의 한 부분이었으나 주체가 세상의 상징질서에 등록하고 대타자로 존재하기 위하여 상실한 존재이다. 이 소타자는 무의식 속에 있지만 스스로 발견하기가 어렵다. 예를 들면 이철수가 두 번의 등록으로 인하여 원래 자기인 어떤 부분을 상실했지만 스스로 무엇을 상실했는지 알 수 없으며 타자인 도종환 시인을 보고서 결핍과 상실을 인식하는 것과 같다.

라캉은 의식과 무의식, 주체와 대타자 사이에 결핍과 분열이 있다고 보았고, 지젝은 상징계의 언어 자체에 결핍이 있어 분열이 생긴다고 보았다. 한편 지젝은 소타자는 억압되고 은닉되어 있어서 드러나지 않지만, 드러난 대타자의 상징질서가 파괴되는 순간이 실재계^{The real}에 진입하는 과정이라고 설명한다. 하지만 이런 파괴가 쉽지 않다. 왜냐하면, 대타자들의 세상에는 법과 제도와 윤리가 견고하고도 체계적이기 때문이다. 그런데 주체가 이런 상징질서를 부정하고 저항하면서 사회질서와 법을 어긴다면 처벌이나 죽음과 같은 고통이 뒤따른다. 그러므로 자기를 상실한 인간에게는, 안티고네가 오빠의 장례를 치르고 죽은 것과 같이, 사회의 법과 윤리를 부정하고 파괴하는 욕망윤리 주이상스^{Jouissance}가 작동된다. 그리고 현실에 따르려는 의식과 욕망에 따르려는 무의식이 충돌하면서 주체분열이 생긴다.

지젝이 주목하는 라캉의 이론은 주이상스라는 모반의 성적 충동이다. 이 충동은 반역과 파괴의 열정이고 혁명의 욕망이다. 앞에서 본 것처럼 자기를 상징계에 기표로 등록한 상징기호가 대타자이고 그 등록을 위해서 상실한 무의식이 소타자인데, 그 내면의 욕망이 분출하여 실재계로 나가고자 하는 힘이 바로 주이상스다. 이것이 욕망의 윤리라고 하는 정신분석, 더 정확하게는 정신 내면의 욕망에 따르는 윤리다. 그런데 그 내면의 윤리는, 신의 이름과 결합된 현실원칙이 쾌락원칙Pleasure principle과 사회질서를 전복하려는 힘이다. 지젝에 따르면 진정한 자유와 자기 존재를 추구하는 파괴의 힘이야말로 세상을 다시 설계하는 동력이다. 이처럼 대타자와 (대상)소타자는 라캉과 지젝의 정신분석학 이론 중, 인간 내면의 서로 다른 주체들 간의 관계와 주체분열을 설명하는 중요한 개념이다.

참고문헌 Slavoj Žižek, *The Ticklish Subject; Absent Centre of Political Ontology*, New York : Verso, 2000.

참조 거울단계, 무의식, 병든 동물 인간, 상상계, 상징, 상징계, 상징적 거세, 실재계, 실재의 사막, 욕망기계, 윤리·윤리학, 자아, 정신분열증, 주이상스, 주체분열, 쾌락원칙, 타자

화이관

Hua-Yi Distinction | 华夷观

　‘선생의 학업은 부지런했다先生之業 可謂勤矣. 이단을 배척하고 불교와 도교를 물리쳤으며 틈이 새는 곳을 막고 이치를 확대하여 밝혔다觝排異端 攘斥佛老 補苴罅漏 張皇幽眇. 미약하고 쇠퇴한 서업을 홀로 널리 찾아 이었다尋墜緖之茫茫 獨旁搜而遠紹. 온갖 내를 막아 동쪽으로 흐르게 하고 엎어진 곳에서 힘찬 물결을 회복했다. 선생은 유자로 힘을 다했다障百川而東之 廻狂瀾於旣倒 先生之於儒 可謂勞矣. 훌륭하고 아름다운 글에 푹 젖어서沈浸醲郁 그 묘미를 머금고 씹으며含英咀華 문장을 지으니作爲文章 그 책이 집에 가득하다其書滿家.’ 이것은 한유의 「진학해進學解」 중 한 대목이다. 당송 8대가의 한 사람인 퇴지退之 한유韓愈, 768~824는 성당 시대의 문장가이며 정치가이고 사상가였다. 한유는 이 글에서 중원中原의 유교를 사상과 정치경제의 원리로 표현했으며 허무한 불교와 초월적인 도교를 이적夷狄에서 온 이단이라고 통렬하게 비판했다.

　맹자의 사상을 계승하고자 했던 한유는 송의 성리학에 영향을 미쳐 엄숙주의풍의 정통론 또는 도학관으로 계승된다. 그리고 그 정통론에 근거하여 중화와 이적을 나누고 도학이 살아있는 중화를 중심으로 놓았다. 한유의 이런 사상을 화이사상華夷思想이라고 한다. 그의 유교 중심의 도통사 상 또는 사상적 화이관은 전국시대의 혈연적 화이관과 문화적 화이관을 통합하고 계승한 것이다. 화이관의 시초는 고대의 주周, BCE 1122~BCE 249였다. 일찍이 봉건제도를 확립한 주는 혼인을 통한 혈연으로 중화체제를 형성하면서 주변의 종족을 이적夷狄으로 간주했다. 한편 공자는 역사서 『춘추』에서 대일통사상大一統思想에 근거하여 주왕실의 적통을 존중해야 한다는 존주의리尊周義理와 존왕양이尊王攘夷를 세웠다. 그리고 사방의 민족을 문화와 예의가 없는 이적夷狄으로 간주했다. 여기서 화이분별華夷分別의 화이관이 정립되었다.

춘추전국시대에 이르러 혈연적 화이관은 문화와 예절을 기준으로 한 문화적 화이관을 통하여 이족을 동화시키려는 정책으로 발전했다. 화이관은 화華인 중화와 이夷인 다른 민족을 구분하고, 중화를 중심으로 세계를 이해하는 중국의 역사인식이다. 한편, 송宋이 금金과 대립하면서 중화의 문화적 우월성과 사상적 정통성을 강조하는 중화주의가 완성되었다. 특히 주자朱子는 성리학을 중심으로 신유학을 부흥하여 중화사상의 철학적 기반을 마련했다. 주자의 성리학을 토대로 화이관이 더욱 체계화되고 대장군 악비岳飛, 1127~1279와 같은 중화 영웅이 등장하면서 이적에 대한 적대감도 증대되었다. 그런데 중국의 민족 영웅 악비는 양자揚子와 회하淮河 사이의 중원을 회복한 다음 북진을 주장하다가 주화파에 밀려 처형당하고 만다. 이 사건으로 인하여 악비는 중화의 민족 영웅으로 칭송되었고 중화와 이적을 구분하는 화이관과 중화사상은 더욱 강고해졌다.

황하와 양자 사이의 중원지역은 중화사상과 화이관의 지리적 중심이다. 이처럼 남송과 금을 나누는 지리적 화이관은 중심주의 사상이면서 민족주의 사상이고 문화 우월의식이기도 하다. 중화를 중심으로 하고 그 바깥에 지방이 있고, 그 바깥의 사방을 남만南蠻, 북적北狄, 서융西戎, 동이東夷 등 이족으로 설정하는 한편, 내번과 외번을 구분하면서 중화주의中華主義 화이관 또는 화이사상華夷思想으로 확대된다. 이 중화질서는 중앙－지방－토사土司－번부藩部－조공국－호시국互市國－화외지지化外之地의 층위로 체계화되어 있다. 그러니까 중원의 화이관은 초기의 혈연과 문화적 화이관으로부터 문명과 야만의 관계를 상호협력으로 설정한 사상적 화이관 그리고 위계질서의 정치적 화이관에 이르기까지 중화 문명 중심의 천하관이다. 하지만 원래 화이관은 인도와 천리를 위주로 하는 존중화尊中華 양이적攘夷狄의 대일통사상이므로 민족과 지리를 넘어서는 문화적 개념이다.

신라, 고려, 조선, 일본, 베트남, 유구, 몽고 등은 발달한 중국의 문화와 문물을 적극적으로 수용하고 학습했다. 특히 한자를 사용하면서 중국과 함께 한자문화권을 형성한다. 아울러 이들 민족은 사대주의事大主義 정책을 통해서 중국문화를 적극적으로 수용했는데 중국은 이런 민족의 동화를 양면적으로 대했다. 즉, 정치경제적으로는 중화주의에 편입시키지 않았으나 문화나 사상적으로는 중화질서의 영향에 놓았다. 화이사상을 중화 문화에 의한 평등주의와 대일통사상大一統思想으로 보는 견해가 있으나 중국 중심주의라는 비판이 우세하다. 그 결과 이들 민족은 중화를 흠모하는 존화주의尊華主義 또는 모화사상慕華思想의 경향을 보이거나 소중화주의에서 보듯이 중화 세계에 편입되기를 희망하기도 했다. 그러나 고구려에서 보듯이 이들 민족 역시 독자적인 천하관을 가지고 중국과의 관계를 설정했다.

참고문헌 韓愈, 『進學解』.

참조 대일통사상, 문이재도, 민족, 사대주의, 소중화주의, 술이부작, 중화주의, 천명사상, 초원의 사상, 춘추대의

주이상스

Jouissance | 绝爽

오이디푸스가 죽고 안티고네^{Antigone}가 테베로 돌아온 후, 두 오빠는 왕위 계승을 놓고 싸우다 죽는다. 테베의 왕 오이디푸스가 신탁의 예언에 따라 일생을 마친 후에 생긴 일이다. 그래서 테베의 왕이 된 외삼촌 크레온^{Creon}은 에테오클레스의 장례만 허락하고 폴리네케스의 장례는 금지한다. 하지만 안티고네는 그 명령을 위반하고 폴리네케스의 장례를 치르다가 감옥에 갇힌 후 스스로 목숨을 끊는데 이 소식을 들은 그녀의 연인이자 크레온의 아들인 하이몬도 자결한다. 또 아들이 죽었다는 소식을 들은 크레온의 아내 에우리디케도 자결한다. 그러자 '지배자'라는 뜻을 가진 왕 크레온은 현실의 국법을 고집한 자신의 우매함을 한탄한다. 이처럼 안티고네가 왕명^{王命}을 거역한 결과는 비극적 죽음이었다. 여기서 왕의 명령은 법으로 상징되는 아버지의 이름이며 죽은 자에 대한 경배는 신성성으로 상징되는 신의 이름이다.

안티고네가 아버지의 이름인 법을 거부한 것은 저항과 전복의 숨은 욕망 때문이다. 이것을 라캉은 프랑스어 주이상스^{jouissance}라고 명명한다. 라캉의 주이상스는 무의식에 잠재하는 욕망이면서 성적 쾌락인 동시에 그 쾌락원리^{pleasure principle}를 넘어서고 언어상징도 넘어서는 전복^{顚覆}의 충동이다. 향유, 향락, 희열의 의미를 포함하는 주이상스의 강렬한 쾌락이 현실원칙을 파괴하기 때문에 결국 고통이 된다. 그런데 무의식에 잠재한 주이상스는 법과 제도를 파괴하여 처벌을 받더라도 금기를 깨고 싶어 한다. 여기서 현실에 따르려는 의식의 주체와 욕망에 따르려는 무의식이 충돌하면서 주체분열이 생긴다. 말하는 요구와 원하는 욕망이 다르고 '나는 거짓말을 한다'에서 보듯이 말의 주어와 행동의 주어가 다른 현상이 발생하는 것이다. 하지만 주체는 무의식에서 분출하는 욕망을 철회하지 않는다. 그래서 주체는 위험하면서도 불온하게 아버지의 이름이자 대타자Big Other인 법을 파괴하는 과감한 전복을 감행하는 것이다.

모든 사람에게는 잉여 주이상스가 있다. 그것은 사회와 현실을 전복하고 새로운 질서를 갈망하는 강렬한 힘이다. 사회의 법과 질서 속에서 허용되는 정도를 넘어서는 잉여 주이상스는 주이상스 그 자체가 목표다. 과잉된 힘이기 때문에 분출될 수밖에 없다. 잉여의 주이상스가 분출하면, 안티고네에서 보듯이, 아버지라는 이름의 법을 과감하게 파괴한다. 그런데 에피쿠로스가 쾌락주의의 역설에서 말한 것과 같이, 지나친 쾌락은 쾌락이 아니라 불쾌와 불행을 초래한다. 원래 모든 주체는 상징기호를 얻기 위하여 거세당한 존재이고 그래서 소외와 결핍이 생긴다. 대타자로 등록하면서 내면에 숨겨둔 욕망인 소타자가 있는데 이것이 주이상스의 원천이다. 이 충동적 주이상스가 언어의 사슬상징 기표, 법을 끊고 강렬한 파괴의 힘으로 작동하면 실재계에 도달하는 놀라운 일이 벌어진다.

인간은 타자들과 끊임없이 소통하고 자기 내면의 소타자를 억제하면서 산다. 그래서 기호이고 상징이고 법인 대타자를 설정하는 것이 일반적이다. 그러므로 잉여 주이상스가 없다면 소타자와의 관계를 적당하게 조절하면서 현실원칙에 맞추어 사는 것이다. 이에 대하여 라캉은 세미나 '정신분석학의 윤리 The Ethics of Psychoanalysis'1959~1960에서 현실원칙은 본능이면서 욕망윤리인 쾌락을 제한하기 때문에 인간 내면에는 그것을 깨트리려는 충동 즉, 주이상스가 있다고 보았다. 자기를 기표로 등록한 상징기호가 대타자이고 그 등록을 위해서 상실한 무의식이 소타자이고 그 내면의 욕망이 분출하여 실재계로 나가고자 하는 힘이 주이상스다. 하지만 현실원칙과 쾌락원리를 넘어서는 순간 주체가 감당을 못하고 파괴될 수 있다. 그렇게 되면 충동적인 주이상스는 죽음의 타나토스thanatos로 변화한다.

주이상스는 남근중심이지만 생물학적 남녀나 사회적 젠더와 다른 정신적 남녀로 구분된다. 그런데 사회질서를 인정하는 남성적이고 순응적인 주이상스가 아니라 사회질서를 거부하는 여성적이고 보조적인 주이상스가 대타자를 전복하는 주이상스의 원천이다. 이때 생물학적 성을 넘어서는 여러 형태의 성도착 polymorphous pervert이 일어나는데 잉여 주이상스가 지나치게 강렬하게 작동하면 결국 파괴와 죽음에 이른다. 앞에서 예를 든 안티고네가 아버지의 이름, 법과 제도, 상징기호, 상징질서, 언어의 사슬을 파괴하고 감옥에 갇힌 것은 주이상스의 욕망윤리에 따른 결과다. 지젝S. Žižek은 이런 라캉의 이론을 빌어 혁명적인 주체를 상정했는데, 그 혁명적 주체는 보편적 쾌락원리를 넘어서서 대담하고도 과감하게 대타자에게 도전하는 힘이다. 그때 주이상스의 강렬하면서도 폭발적인 힘이 필요하다.

참고문헌 Jacques Lacan, *ECRITS*, translated by Bruce Fink, New York · London : Norton & Company, 2006.

참조 거울단계, 대타자 · 소타자, 병든 동물 인간, 비극, 상징, 상징계, 상징적 거세, 실재계, 실재의 사막, 안티고네, 안티고네와 이스메네, 욕망기계, 자기 정체성, 정신분열증, 주체 · 주체성, 죽음 충동, 쾌락주의의 역설, 타자, 혁명

소중화주의

Little Sinocentrism | 小中华主义

10년을 준비하고 10만 병사를 양성하여 청淸을 정벌하겠다. 이것은 1649년 즉위한 조선朝鮮 왕 효종孝宗이 청을 정벌하고자 북벌론北伐論을 수립하면서 남긴 말이다. 효종은 척화론자인 송시열과 김집金集을 등용하여 군비를 정제하는 한편 토지제도를 정비했다. 이처럼 병자호란 패배 후, 청淸에 볼모로 잡혀갔던 효종은 북벌정책을 추진했으나 실현되지는 못했다. 한편 송시열은 존왕양이尊王攘夷와 춘추대의春秋大義를 내세운 정신적 북벌론을 주장했다. 왜냐하면, 조선이 청을 공격할 때 명의 후예인 한족이 호응하더라도 강성한 청과의 전쟁은 무리라고 보았기 때문이다. 그래서 먼저 인의정치와 군주의 수신이 필요하다고 주장하면서 그 논리를 공자의 존왕양이에서 찾았다. 이 북벌론에서 보듯이 조선인들은 이미 멸망하여 사라진, 명明을 숭배했는데 그것은 중화 중심의 천하관에 토대를 두고 있다.

공자는 역사서 『춘추』에서 주周 왕실을 중심으로 문명과 야만을 이원화했다. 그래서 주의 왕실을 존중하는 패자들의 패권 즉, 대의명분을 내세워 춘추시대의 역사를 기술한다. 이로부터 문명한 중화中華와 그 주변의 미개한 이적夷狄을 구분하는 화이관華夷觀이 생겨났다. 여기서 비롯된 중화주의는 천하를 인식하는 세계관이었으며 역사를 기술하는 역사관이었다. 그 중심의 상징적 존재가 천명을 받은 천자天子인데 천자를 둘러싼 제후인 내신內臣, 더 바깥의 외신外臣 그 바깥에 조공朝貢과 책봉冊封으로 관리하는 조공국 그리고 화외지지化外之地 즉, 중화 질서 바깥의 야만족과 오랑캐가 있다. 중화주의에서 오랑캐는 남만南蠻, 북적北

狄, 서융西戎, 동이東夷로 구조화되어 있는 동심원의 체제다. 이 중화사상은 중국 중심의 세계관이자 역사관인데 공자 이후 1911년까지 지속되었다.

1644년 후금인 청이 중화의 명明을 멸망시키는 사건이 벌어지자 중화사상과 화이관에 심각한 문제가 생겼다. 물론 그 이전에 금金이 송을 굴복시켰고, 원元이 중원을 지배한 바 있다. 그러나 당시 중원의 중국인들은 중화주의와 화이관에는 변화가 없다고 믿고 있었다. 그런데 야만의 이적인 만주족이 청을 건설하고 중화의 적통인 명이 멸망했기 때문에 중화주의 천하관은 수정이 불가피하게 되었다. 이때 조선, 일본, 베트남 등에서는 중화의 적통이 단절되었으므로 그 적통을 소중화인 조선, 일본, 베트남이 계승한다는 각 민족 중심의 중화주의 천하관이 생겨났다. 그 과정에서 조선은 병자호란을 맞아 치욕적으로 항복하는 사건을 겪었다. 당시 송시열은 중화 정신을 조선이 계승한다는 소중화주의와 조선중화주의를 철학적으로 정초했다. 그의 그런 사상은 동방예의지국東方禮義之國으로 상징된다.

소중화사상의 위계적 층위는 대중화, 소중화, 이적夷狄, 금수禽獸로 짜여 있다. 이중 대중화 즉 중화中華를 중심으로 화내지지化內之地와 화외지지化外之地를 나누며 중원—내번內藩—외번外藩—이적夷狄의 층위로 구조화되어 있다. 이것을 중화주의의 관점에서만 본다면 중원을 중심으로 하는 대중화와 이 바깥에 중화질서에 따르고 문명과 문화가 있는 소중화가 중화의 세계를 형성한다. 1600년대 청의 중원 진출로 중화가 훼손되자 조선의 유가들은 소중화주의를 제창했다. 이런 역사적 배경에서 성립된 소중화주의는 중화의 영향을 받았으면서도 중국에 편입되지 않고 민족적 주체성을 유지하고자 했던 전근대의 사상이다. 소중화주의는 중화인 중국을 섬기는 사대주의와 연결되어 있다. 그런데 중원의 중국인들이 자신을 문명개화한 곳으로 간주했던 것처럼 소중화주의를 신봉했던 조선, 일본, 베트남 역시 주변의 야만족에 비해 자기들의 문명이 높다고 생각했다.

소중화사상은 주자의 성리학과 존화주의存華主義 또는 모화주의慕華主義를 토대로 한다. 주위에 다른 문명권이 없었던 동북아시아에서는 황하 유역에서 시작된 중화 문명이 절대적인 기준이었으며, 이 중화 문명을 학습하고 모방하는 한편 중화 문명과의 관계를 통해서 자기 주체를 확립해 나갈 수밖에 없었다. 이런 역사적 배경에서 명의 멸망과 청의 대두로 구체화된 것이 바로 소중화주의다. 소중화주의는 고려 시대부터 시작되었는데 조선의 경우, 송시열에 의해서 체계화된 동시에 극복되어 조선중화주의朝鮮中華主義로 발전했다. 그는 주자朱子의 사상을 정치와 사회의 기준으로 설정하고 조선이 중화의 적통이어야 한다고 주장했다. 이것은 사대주의事大主義로 비판을 받지만 나름대로 논리를 가진 민족주의 사상이었고 문화적 자존심의 근거가 되었던 한국 중심의 천하관이었다.

참조 동도서기, 문명, 문화, 사대주의, 자아와 비아, 주체·주체성, 중화주의, 천명사상, 초원의 사상, 춘추대의, 한자문화권, 화이관

실재계

The Real | 实存

어느 날 왕비는 소스라치게 놀랐다. 편지를 도둑맞았기 때문이다. 왕비는 그 편지를 찾고자 경찰에게 특별한 지시를 했다. 그 편지를 훔쳐 간 사람은 D 장관이었다. 장관은 왕비가 편지를 읽으면서 놀라는 모습을 보고 중요한 편지임을 알고 훔쳐 간 것이다. 편지를 훔쳐 간 D 장관은 왕비를 이용하여 자신의 권력을 강화한다. 한편 경찰은 왕비가 도둑으로 지목한 D 장관의 집에 잠입하여 편지를 찾으려 했으나 번번이 실패한다. 그러자 경찰은 유능한 탐정에게 그 편지를 찾아오도록 의뢰한다. 탐정 뒤팽은 장관의 집 벽난로 위에 놓인 편지를 쉽게 찾는다. 장관은 편지를 아무나 볼 수 있는 곳에 놓아둔 것이다. 이것은 앨런 포Edgar Allan Poe, 1809~1849의 소설 「도둑맞은 편지The Purloined Letter」의 줄거리다. 프랑스의 정신분석학자 라캉J. Lacan, 1901~1981은 앨런 포의 「도둑맞은 편지」를 실재real에 비유한다. 여기서 유래한 실재계는 라캉의 정신분석학 용어로 진실과 실재의 영역을 의미한다.

라캉에 의하면 진리 또는 실재는 우리 곁에, 아무렇지도 않게 놓여 있지만, 인간은 쉽게 인지하지 못한다. 여기서 라캉은 소설의 서술을 의미하는 기표시니피앙가 편지의 내용을 의미하는 기의시니피에보다 중요하다는 것을 상기시킨다. 이처럼 '도둑맞은'에 주목한 라캉은 도둑맞아 잃어버린 것은 의식의 내용이 아니라 의식의 형식 즉 기표임을 강조한 것이다. 그러니까 이 소설의 독자와 같이 인간은 말하는 방식인 기표에 갇혀 있으므로 언어가 지시하는 것 이외에는 생각하지 못한다. 예를 들어 벽난로 위의 편지를 의미하는 실재/진리를 보지 못하는 것과 같다. 이처럼 인간에게 언어는 법, 질서, 문화, 원리, 현실, 실체를 상 징하는 기표이고 세상을 구성하는 원리다. 라캉의 실재와 실재계는 상상의 상 상계와 현실의 상징계를 전제로 성립하는 개념이다. 라캉은 인간의 의식 층위 를 상상계, 상징계, 실재계로 나누어 설명한다. 의식의 첫 번째 단계인 상상계는 유아기의 의식 층위다.

생후 6개월에서 18개월의 유아는 상상 속에서 거울을 보고 자기 주체를 형성 한다. 그러면서 유아는 '아버지의 이름Name-of-the-Father'인 금지명령을 받아들이 는 한편 자기 주체 형성의 고독한 길을 떠난다. 이후 유아는 사회의 구조인 상 징질서 속에서 상징기호로 존재한다. 한편 상징계로 진입하면서 생긴 억압과 결핍을 복원하려는 욕망이 분출하는 그 순간 실재계가 모습을 드러낸다. 그리 하여 무의식 속에 잠재하는 욕망이 상징계 너머의 '언어로 표현할 수 없는 본 질'임이 밝혀지고 사람들은 무지개나 신기루 같은 실재계를 꿈꾼다. 이 실재계 는 절대의 영역이자 초월하고 편재遍在하는 본질이다. 그렇다면 왜 인간은 실재 계에 도달할 수 없는가? 라캉은 이에 대해 실재계는 언어로 표현될 수 없는데 인간은 언어로 무엇을 인식하고 표현하려고 하기 때문이라고 설명한다.

실재계에 대한 라캉의 이론은 프로이트의 심리학과 소쉬르의 구조주의 언어 학에 기반을 두고 있다. 프로이트는 욕망이 오이디푸스 콤플렉스에 의해서 억 압된 후 무의식 속에 잠재한다고 했는데, 라캉은 이것을 발전시켜서 무의식속 의 욕망은 언어처럼 구조화되어 있다고 보았다. 무의식 속의 욕망과 힘인 주이 상스jouissance는 상징계의 질서에 의해서 관리되고 억압되어 있다. 그런데 유아 가 상상했던 상상계와 현실원칙인 상징계 사이에는 거대한 틈이 있다. 그런데 도 인간의 욕망은 도달할 수 없는 실재계를 지향한다. 라캉이 말하는 실재實在는 플라톤 이래 추구한 초월적 진리를 말하는 것으로 사실이나 실제와 다른 개념 이다. 오히려 라캉의 실재는 중세 보편논쟁에서 치열하게 추구했던 실재와 명 목 중의 실재와 유사한 개념이다. 이에 대해서 지젝S. Žižek은 상상계와 상징계의 중간 어디에 실재계가 위치하는 것으로 간주하는 한편 인간이 도달할 수 있는 영역으로 보았다.

이처럼 사실성reality과 다른 실재계는 현상이 아니라 실재하면서 존재하는 고유한 본질이므로 부재不在가 없다. 실재는 어머니의 자궁과 같은 원초적 근원이며, 주체와 대상이 분리되지 않으면서 절대적이고 무한한 것이다. 또한, 실재계는 상징계의 단면이므로 간혹 환각, 트라우마trauma, 예술적 영감으로 드러난다. 그런데 실재계는 은유, 환유, 전치의 작용으로 인하여 왜곡될 뿐 아니라 인간은 사회의 현실원칙인 법과 언어에 갇혀 있으므로 실재계에 도달하지 못한다. 이처럼 실재계는 인간이 상징질서 즉, 언어에 갇혀서 더 이상 나가지 못하는 지점에서 시작하고 언어의 바깥에 위치한다. 하지만 라캉의 이런 사유는 '소칼의 날조Sokal's Hoax'로 유명한 소칼Alan David Sokal에 의하여 '지적知的 사기詐欺'라는 비판을 받는 한편 욕망을 생산으로 보는 들뢰즈에 의해서도 비판을 받고 있다.

참고문헌 *The Seminar of Jacques Lacan Book* Ⅱ, edited by Jacques-Alain Miller, translated by Sylvana Tomaselli, New York : W.W. Norton & Company, 1988.

참조 거울단계, 기표·기의/소쉬르, 까다로운 주체, 대타자·소타자, 리얼리즘[예술], 리얼리즘/실재론[철학], 병든 동물 인간, 상상계, 상징계, 상징적 거세, 실재의 사막, 안티오이디푸스, 욕망기계, 은유, 존재론, 주이상스, 주체분열, 주체·주체성, 차연. 트라우마, 현실원칙

문화적 헤게모니

Cultural Hegemony | 文化霸权

어렵게 회사에 취직한 P는 깜짝 놀랐다. 옆의 동료 K도, 앞의 동료 Q도 루이 뷔통 명품 가방을 들고 있었기 때문이다. 자신만 그런 명품 가방이 없는 것 같았다. 심리적 불편함을 견디지 못한 P는 월급의 2배가 되는 그 가방을 사고야 말았다. 현대사회의 여성이라면 그래야 할 것 같았다. 그런데 P가 과도한 소비를 한 것은 의식이 식민화되었기 때문이다. P의 의식이 식민화되어 있으므로 P는 자기가 어떤 행동을 할지 스스로 결정하지 못한다. 왜냐하면, 세상 사람들의 생각과 기준에 따르기 때문이다. P의 이런 식민화된 의식과 소비행태는 지배계급과 자본주의가 설계한 덫에 걸린 결과다. 그러니까 P는 부자들의 부르주아 취향을 사회적 기준이라고 오인하고 그 기준에 떨어지는 자기를 부끄러운 존재로 설정한 다음 적절하지 않은 행위를 한 것이다. 이것이 그람시가 말하는 동의의 가면masks of consent을 쓴 강제와 억압 즉, 자발적 동의다.

이탈리아의 사상가 안토니오 그람시A. Gramsci, 1891~1937는 타율적인 행위를 문화적 헤게모니로 설명한다. 헤게모니는 자본주의 사회의 대중들은 상류계급의 지배를 받으면서도 그 지배 방식에 동의하는 아이러니에 놓여 있다는 뜻이다. 어린 시절 병을 앓아 작고 약한 신체로 일생을 살았던 혁명가 그람시는 자본주의 사회에서 부르주아가 어떻게 지배력을 행사하는가에 대한 답으로 문화적 헤게모니를 제시했다. 문화적 헤게모니는 대중과 노동계급이 구조적 모순을 보지 못하고 지배계급에 자발적으로 동의하는 것이다. 지배와 피지배를 문화적으로 강조한다는 점에서 문화적 헤게모니는 문화제국주의Cultural Imperialism나 문화적 제노사이드cultural genocide와 같은 개념이고 문화재생산이론에서 말하는 은폐된 폭력이다. 그람시는 이런 현상을 미디어와 교육을 통해서 확산되는 문화의 지배력이라고 설명한다.

이탈리아의 사르데냐에서 출생하고 생활하여 하층민들의 고난을 잘 알고 있던 그람시는 자연스럽게 공산주의자가 되었다. 이후 산업이 발달한 토리노의 대학에 다니면서 노동자와 노동계급에 관한 탐구를 지속하고 1921년 이탈리아 공산당을 창건한다. 그리고 그는 부르주아 독재가 심각하고 프롤레타리아 노동계급이 고통을 느끼는 이탈리아에서 공산주의 혁명이 성공할 수 있다는 확신을 실천에 옮긴다. 하지만 그람시는 이탈리아 노동계급이 자기 계급의 이해를 반영하는 공산당을 선택하지 않고 파시스트 무솔리니를 선택하는 상황에 직면했다. 얼마 후 파시스트 정권에 체포되고 투옥되었는데 여기서 그람시는 『옥중수고The Prison Notes』1929~1935라는 글쓰기를 계속하여 문화적 헤게모니를 분석했다. 그에 의하면 문화적 헤게모니가 행사되면 피지배계급은 자발적으로 지배계급의 문화를 수용한다.

원래 헤게모니는 러시아의 혁명가 레닌V. Lenin이 말한, 프롤레타리아가 행사하는 정치적 주도권을 의미하는 개념이었다. 그람시는 이 개념을 전유appropriation하여 이탈리아 사회를 설명한다. 이탈리아는 러시아보다 자본주의 모순이 심각하고 경제공황으로 대중과 노동계급의 삶이 어려운데도 노동자들은 현재의 상태에 안주한다. 그람시는 그 원인을 부르주아 지배계급의 문화적 헤게모니라고 설명했다. 대다수의 서구 사회西歐社會에서 노동계급은 자신을 억압하는 상류계층과 부르주아 문화를 동경한다. 특히 부르주아들이 행사하는 문화적 헤게모니는 교육, 민속, 민족, 종교와 연결되어 있고, 지식과 가치관을 통제하기 때문에 육체는 물론이고 정신과 영혼까지 속박한다. 이런 이유로, 시민사회civil society가 발달한 선진 서구사회보다 '허위의식虛僞意識이 없는 차르Tsar 독재체제에서 혁명이 성공할 수 있었다'는 것이다.

반면 지배계급과 부르주아의 관점에서 보면, 문화적 헤게모니는 대중과 계급의식을 마비시키고 자신들의 지배 이념을 주입한 결과다. 대중과 노동자들은 언제 어디서 어떻게 자신들의 생각이 형성되었는지 모른다. 이처럼 지배계급은 문화적 헤게모니를 통하여 민주적 지도력과 정당성을 확보한다. 그래서 그람시는 가면으로 위장된 헤게모니는 지배와 피지배의 모순을 은폐하는 부르주아의 지배전략이라고 단언한 것이다. 한편 헤게모니에 포획된 대중과 노동계급은 사회구조를 바꾸는 저항과 혁명보다 현재 상태status quo를 인정하고 그 안에서 신분 상승을 도모하거나 지위 투쟁을 벌이게 된다. 이처럼 문화적 헤게모니 즉, 문화를 통한 고상한 지배는 자본주의 체제를 유지하는 지배계급의 전략이다. 이런 그람시의 사상은 경제결정론과 역사유물론을 기계적으로 해석하지 않고 역사적 맥락과 인간의 자유의지를 중요하게 고려했다는 특징이 있다.

참고문헌 *Selections from the Prison Notebooks of Antonio Gramsci*, edited by Quentin Hoare and Geoffrey Nowell Smith, Int. Publ., 1971.

참조 결정론, 계급의식, 계급투쟁, 공산주의적 인간형, 리얼리즘(예술), 문화제국주의, 상징폭력, 실존주의, 역사적 유물론/유물사관/사적 유물론, 유물론, 자본주의, 자유의지, 제국주의, 하위주체, 허위의식, 혁명적 낭만주의

의사소통행위이론
The Theory of Communicative Action | 沟通行动理论

회의를 시작하면서 사장 P는 이렇게 말했다. '우리 회사의 문제점에 대해서 허심탄회하게 토론해 봅시다.' 노조위원장은 이 말에 이어 작업반장의 권위적인 태도가 생산력 증대에 장애가 된다면서, 수평적인 노사관계가 필요하다고 강조했다. 다들 여기에 동의하면서도 말은 이어지지 않았다. 그것은 사장과 경영진이 권위적이기 때문에 작업반장도 권위적이라고 생각하기 때문이다. 회의가 끝나자 노동자들은 이런 형식적인 대화는 필요 없다고 생각한 것과 달리 사장은 노동자들과 의미 있는 대화를 했다고 평가했다. 만약 푸코라면 '이 토론의 현장에는 권력 관계가 작용하기 때문에 민주적인 토론이 불가능하다'고 진단했을 것이다. 반면 하버마스라면 '이런 불평등구조를 없애고 열린 공론의 장에서 평등한 토론이 이루어져야 인간해방이 가능하다'고 말했을 것이다. 이 두 견해 모두 자유로운 의사소통의 필요성을 강조하고 있다.

의사소통행위이론은 사람들 간의 의사소통에 관한 하버마스의 이론이다. 독일의 사회학자 하버마스J. Habermas는 역작 『의사소통이론』1981에서 인간해방의 방법으로 의사소통의 합리성Communicative rationality을 제안했다. 그리고 그는 합리적인 의사소통이야말로 자본과 기술이 지배하는 근대사회에서 휴머니즘을 회복하는 길이라는 것을 특별히 강조했다. 하버마스에 의하면 근대 자본주의는 삶의 현장인 생활세계life world가 훼손되는 한편 자본과 권력의 횡포가 심해지고, 과학기술로 인하여 기계적인 생존이 강화된 사회다. 그 결과 공공영역public sphere까지 사적 욕망 때문에 왜곡되고 자본과 권력의 체계가 생활세계를 식민화했다.

이런 왜곡된 사회구조를 전복하고 생활세계를 회복하려는 하버마스는 인간해방의 최종 목표를 의사소통의 합리성으로 실현할 수 있다고 믿었다. 그러니까 가정과 같은 사적 영역과 대비되는 공공영역은 국가, 사회, 역사와 같은 공적인 영역이다.

프랑크푸르트학파 2세대를 대표하는 하버마스는 도구적 이성이 아닌 진정한 이성으로 생활세계의 건강성을 회복해야 한다고 주장했다. 하버마스에게 인간해방 즉 자유는 권위로부터의 해방된 자유이면서 이상적 의사소통의 자유다. 무엇보다도 인간은 서로 소통하고, 인정하며, 평등하게 사는 방법을 찾아야 한다. 이에 대한 대안이 바로 열린 의사소통이다. 그런데 선진 자본주의 사회에서는 자본과 권력의 체계System가 생활세계를 식민화하고 의사소통의 왜곡 현상이 심각하며 사람들은 문화적 빈곤에 허덕인다. 이 문제를 해결하는 것은 전통 마르크스주의에서 말하는 계급투쟁과 혁명이다. 그리고 종교적 초월성이 아니라 건강한 생활세계의 복원과 평등한 의사소통이다. 이를 위해서는 자유로운 비판이 허용되어야 하고 공론의 규칙이 성립되어야 한다.

하버마스가 말하는 이상적 의사소통은 담화의 언어적 방법을 넘어서서 사회구조의 재편과 평등한 상호주관성을 말한다. 이를 위해서 왜곡된 이념의 재생산구조를 해체하는 한편 자유롭고 창의적인 의사소통과 담화윤리discourse ethics가 확립되어야 한다. 그런데 하버마스가 제시한 의사소통의 합리성은 베버가 말한 목적 합리성이 아니라 (언어와 행위에 의미를 부여하는) 행위 합리성이다. 그 경우에도 자기 주체 중심을 넘어서 평등, 상호동의, 진정성, 자유로운 반론, 의견 수정의 자유, 상대방을 수용하는 열린 자세와 같은 공론의 장이 보장되어야 한다. 이것은 열려있는 자유로운 사회에서 진정한 의사소통이 가능하다는 뜻이다. 억압이 없는 완전한 자유의 이상적 담화상황에서 합리적 의사소통이 가능하다. 그리고 이성에 근거한 합리적이고 자유로운 토론이 가능한 공론의 장이 바로 하버마스가 말하는 의사소통의 합리성이다.

의사소통의 합리성은 칸트의 도덕론인 실천이성에 근거하는 한편 타자를 존중하는 상호주체의 인정으로부터 출발한 사회변혁의 패러다임이다. 한편 하버마스는 가다머와 논쟁하면서 철학적 해석학을 비판했지만, 프랑크푸르트학파의 해석학 부재도 반성하면서 모든 것은 역사적 맥락^{historical context}에서 해석되어야 한다고 주장했다. 하버마스는 이런 여러 가지 방법을 통해서 의사소통의 합리성을 회복하고 불평등한 사회구조를 개선하며 이성의 자율성을 통한 인간해방을 꿈꾼다. 하지만 하버마스의 이론은 인간의 감성적 측면과 불합리한 모순을 고려하지 못했고 후설의 생활세계를 축소했다는 비판과 함께 계급, 성, 인종, 종교 등의 문제를 소홀히 했다는 비판을 받는다. 하지만 민주적 공론의 장을 통하여 건강한 사회를 설계하고 인간해방과 진정한 자유를 추구했다는 의미는 부정할 수 없다.

참고문헌 Jürgen Habermas, *The Theory of Communicative Action*, translated by Thomas McCarthy, Cambridge : Polity, 1984.

참조 감성, 계급투쟁, 논리실증주의, 문화산업(프랑크푸르트학파), 생활세계, 실천이성, 열린 사회, 이성, 이성론/합리주의, 일차원적 인간, 커피하우스, 혁명

세계체제론

World System Theory | 世界体系理論

중국은 2013년 현재 어디에 속합니까? 이렇게 묻는 K의 질문에 사회학 강사 P는 '중국은 2013년 현재 반주변半周邊에 속한다'고 답했다. 그러자 K는 이해할 수 없다는 표정을 지으면서 '중국은 미국과 함께 G2로 불리는 세계의 정치경제 대국인데, 어떻게 반주변일 수 있느냐'고 따지듯이 물었다. 현재 중국은 미국과 더불어 양극체제를 구성하는 세계의 핵심이라는 것이다. 사실 P도 그렇게 생각하지만, 자본과 기술을 중심으로 하는 세계체제의 관점에서 보면 중국은 인도와 함께 반주변이다. 이 논쟁은 세계체제론을 둘러싸고 벌어진 토론이다. 결론적으로 P는 1980년을 전후하여 자본주의 세계체제가 소멸하기 시작했고 21세기 중에 사회주의로 이행할 것이라고 말하고 강의를 마쳤다. 인류의 역사발전 단계를 체제system로 보는 이 관점은 역사학과 사회학의 중요한 논제 중 하나다.

그렇다면 자본주의 세계체제는 언제 시작되었을까? 월러스틴Immanuel Wallerstein, 1930~2019은 15~16세기 유럽에서 자본주의가 태동했다고 본다. 하지만 그 이전의 역사를 살펴볼 필요가 있다. 13~14세기의 유럽에 페스트가 창궐한 후 생산력이 현저하게 저하되었으며 인구도 많이 줄어 봉건제 생산구조에 큰 변화가 생겼다. 한편 1492년 아메리카 대륙 발견은 유럽의 정치경제에 큰 변화를 일으키면서 자본주의 생산양식을 촉진했다. 특히 네덜란드, 영국, 프랑스 등 유럽 국가들에서 생산양식의 변화가 생겼고 산업혁명을 통하여 자본주의 근대화가 이루어졌다. 그리하여 중심이 반주변과 주변의 자원과 노동력을 착취하고 시장을 확대함으로써 불균등과 악순환이 구조화되었다. 월러스틴은 이런 이론을 전개하면서 20세기 자본주의 세계체제와 달리 유럽과 같은 한 지역을 자본주의 소체제Minisystem라고 명명했다.

자본주의 세계체제世界體制, World-system는 월러스틴이 정초한 개념이며 자본주의로 인하여 세계가 하나의 체제로 작동한다는 이론이다. 월러스틴에 의하면, 세계체제는 18~19세기에 이르러 지구 전체로 확대되었다. 월러스틴은 아민Samir Amin과 아리기G. Arrighi, 1937~2009 등과 함께 자본주의 세계 경제와 자본주의 세계체제Capitalist World System라고 개념화하면서 국가를 세계체제의 하부구조로 간주했다. 이 관점은 폭넓은 지지를 받으면서 세계체제이론 또는 세계체제분석 등과 같은 사회학 개념으로 정착되었다. 이 이론의 특징은 중심Core, 반주변Semi-periphery, 주변Periphery, 그 외의 지역 등으로 구분하는 것이다. 20세기 말 자본주의 세계체제의 중심은 서구 유럽과 미국, 캐나다 등 북아메리카 국가들과 일본, 반주변은 중국, 인도, 멕시코, 한국, 브라질, 동구 유럽 등 자본과 기술이 중간인 국가들, 주변은 사하라사막 이남과 중부 아프리카국가들과 라틴아메리카 등이다.

자본주의 세계체제의 중심 국가에는 효율적인 중앙정부와 발달한 사회기반시설이 있고 기술과 자본이 집적되어 있다. 따라서 중심은 주변과 반주변의 시장을 장악하고 기술을 독점하는 한편 이들의 노동력을 이용하여 잉여가치를 획득하는 국가들이다. 반주변은 어느 정도의 산업화가 이루어져 있으며 중심으로부터 지배받지만, 주변의 자원과 노동력을 이용하는 중간적 지위의 국가다. 반면 주변은 자본과 기술이 빈약하며 농민계층이 주류이고 자원을 수출하지만, 주변의 상류 지배계급과 다른 계급 사이의 빈부격차가 심한 국가들이다. 이 월러스틴의 세계체제론은 세계 전체가 단일 분업 경제체제인 역사 단계를 의미한다. 이런 관점은 프랑스의 역사학자 브로델이 장기지속사, 국면사, 사건사로 나누면서 전체사를 기술하고자 하는 아날학파의 역사학 개념에 따르고 있다.

세계체제론은 기본적으로 마르크스주의 정치경제학 그리고 종속이론과 관계가 있다. 앞의 두 이론에서는 '가진 자Have'인 부르주아와 '못 가진 자Have-not'인 프롤레타리아, 지배와 피지배, 제국주의와 식민지 등의 이분법을 취하는 데 반하여 세계체제론은 중심, 반주변, 주변의 삼분법을 취한다. 또한, 앞의 두 이론이 수탈과 저항의 계급투쟁 이론인 것과 달리 세계체제론은 잉여가치의 불균등 분배를 통하여 중심이 이익을 취하는 것으로 본다. 아울러 월러스틴은 자본주의 체제로 단일 분업화가 완성되었지만 각 국가와 민족은 다양한 정치체제를 유지하는 한편 다문화주의적 지구문화Geoculture의 양상을 보인다고 분석한다. 반면 세계체제론은 자본주의 정치경제만을 부각하기 때문에 문화적인 측면을 소홀히 하고 한 국가 내의 상황을 무시하는 등 과학적 분석이 모자란다는 비판을 받는다.

참고문헌 Immanuel Wallerstein, *The Modern World-System, Vol.I:Capitalist Agriculture and the Origins of the European World-Economy in the Sixteenth Century*, New York/London : Academic Press, 1974; Immanuel Wallerstein, *Geopolitics and Geoculture : Essays on the Changing World-System*, Cambridge : Cambridge University Press, 1991.

참조 계급의식, 계급투쟁, 근대·근대성, 마르크스, 다문화주의, 만국의 노동자여 단결하라, 문화다양성, 민족주의, 산업혁명, 잉여가치, 자본주의, 장기지속, 제2차 세계대전, 제국주의, 탈식민주의

아버지의 이름

Name of the Father | 父亲之名

'우리 두 자매도 법을 무시하고 왕의 명령과 권리에 맞서다가는, 누구보다도 가장 비참하게 죽고 말 거예요. 아니 우리는 명심해야 해요. 첫째, 우리는 여자들이며 남자들과 싸우도록 태어나지 않았어요. 그다음 우리는 더 강한 자의 지배를 받는 만큼, 이번 일들과 더 쓰라린 일도 복종해야 해요.' 이것은 오빠의 시체를 함께 묻어주자는 언니 안티고네의 제안을 거부하면서 이스메네[Ismene]가 한 말이다. 비극의 주인공 안티고네와 그의 동생 이스메네는 서로 다른 선택을 했다. 이스메네는 테베의 왕 크레온의 명령에 복종하고 국법에 따르는 길을 택한 것과 달리, 안티고네는 전복의 주이상스에 따라서 국법을 어기는 길을 택했다. 그래서 이들의 운명은 달라졌다. 고대 그리스의 소포클레스 작 〈안티고네 Antigone〉의 한 부분이다. 여기서 크레온은 현실의 법, 질서, 사회를 상징하고 안티고네는 인간, 신, 초월을 상징한다.

라캉[J. Lacan, 1901~1981]은 1955년과 1956년의 정신병[The Psychoses] 세미나에서 '아버지의 이름'이라는 개념을 사용했다. 아버지의 이름은 유아가 받아들이고 동화해야 하는 세상의 질서와 세상의 명령이다. 아직 세상을 모르는 어린 시절의 유아는 어머니 품 안에서 성적 만족을 느낀다. 이때 아버지는 유아의 성적 충동을 꾸짖고 그런 근친상간은 사회의 법이 용납하지 않는다는 것을 가르친다. 이처럼 아버지와 남근[Phallus] 경쟁을 시도하던 유아는 세상을 대리하는 무서운 존재 아버지를 만난다. 자기가 가진 남근을 거세[castration]당할지 모른다는 거세공포에 시달린 다음 아버지에 대한 열등의식이 오이디푸스 콤플렉스로 내면화된다.

그러면서 어머니를 포기하고 아버지의 명령을 받아들이는 한편 고독한 자기 존재를 깨우친다. 라캉은 이것을 내면의 상상계를 지나서 외부의 상징계로 가는 주체 형성으로 해석하는 한편 '아버지의 이름'이라고 명명했다.

라캉의 정신분석이 근거하고 있는 프로이트 심리학에서 아버지는 이마고 imago의 형태로 내면화된 상징적 아버지다. 이 아버지는 (사회를 대리하여) 인간이 지켜야 하는 법을 가르치는 존재인 동시에 욕망을 조절하는 방법도 가르치는 교사다. 이 과정에서 유아는 기표인 언어를 획득하면서 자기 이름을 세상에 등록한다. 그런데 유아는 상징계의 기호를 얻는 대신 욕망의 결핍을 느낀다. 그래서 욕망을 무의식 속에 은폐하지만, 욕망은 충동의 힘 주이상스Jouissance로 남아 있다. 이처럼 인간은 유아 시절에 각인된 아버지의 법을 상기하고 자기 욕망을 조절하면서 사는 존재다. 만약 유아가 어머니와 분리되지 않고 아버지의 이름을 받아들이지 않으면 정신병Psychosis이 되거나 신경증을 앓는다. 반면 유가가 어머니와 분리되고 아버지의 이름을 받아들이면 자기 주체를 가진 성인으로 자란다.

라캉의 정신분석학에서 아버지는 실제 아버지가 아니고 남성도 아니다. 그 아버지는 세상의 법과 질서를 은유하는 아버지다. 또한, 이 상징적 아버지는 주체 형성을 도와주면서 명령하고 감독하는 존재다. 라캉의 아버지는 세 형상으로 나타난다. 첫째, 상상의 아버지the Imaginary Father는 이상적인 아버지와 같이 상상계의 이마고imago이고 둘째, 상징의 아버지the Symbolic Father는 사회의 법과 질서를 대리하는 상징계의 타자이며 셋째, 실재의 아버지The Real Father는 입법자로서의 권위를 가진 실재계의 대상이다. 이 중에서 상징계의 상징적 아버지를 '아버지의 이름'이라고 하는데 유아가 6~18개월 사이의 거울단계를 거치면서 내면화되는 상징질서를 말한다. 여기서 '이름'은 상징기호로 인간이 세상이라는 무대에서 살고자 할 때 받아들여야 하는 명령, 법, 문화, 규칙 등이다. 앞에서 본 안티고네는 이 이름을 거부한 것이고 이스메네는 이 이름을 받아들인 것이다.

프로이트는 『토템과 타부*Totem and Taboo*』1913에서 '권력자 아버지를 살해한 아들도 결국 아버지의 법을 받아들였다'라고 분석했다. 이것이 오이디푸스 콤플렉스가 반복되는 과정이다. 라캉은 이 이론을 발전시켜서 '무의식 속에 내면화된 아버지의 이름'으로 명명한 것이다. 하지만 라캉은 훗날 '아버지의 이름'을 아버지 은유*Paternal Metaphor*로 새롭게 설명한다. 유아는 '아버지의 이름은 세상의 법이다'와 같은 은유를 거쳐서 자기 주체를 형성한다. 이 과정을 거친 인간은 상상과 현실이 충돌할 때 '본질적이고 절대적인 그 무엇'인 실재계를 희망하지만 대체로 아버지의 이름이 작동하는 상징계로 돌아온다. 한편 라캉은 이런 사회화 과정을 거부하고 즉, '아버지를 부정*The No of the Father*'하고 상징적 기만에 갇히지 않으려는 것을 아버지의 이름과 반대되는 개념으로 설명한다.

참고문헌 *The Seminar of Jacques Lacan Book* Ⅲ *: The Psychoses 1955~1956*, edited by Jacques-Alain Miller, translated by Russel Grigg, New York : W.W. Norton & Company, 1988.

참조 거울단계, 나르시시즘, 대타자·소타자, 무의식, 병든 동물 인간, 상징적 거세, 실재계, 실재의 사막, 안티 오이디푸스, 오이디푸스 왕, 욕망기계, 원본능·자아·초자아, 은유, 이마고/자아영상, 정신분열증, 주이상스, 주체분열, 쾌락원칙, 타자, 프로이트

주체재분열

Subject Re-Split | 主体再分裂

노인 라캉은 소스라치게 놀랐다. 거울 속의 존재는 전혀 '나, 라캉' 같지 않았기 때문이다. '저것은 누구인가'라는 생각마저 들었다. 그 순간 유아 시절 거울 속의 자기를 응시^{Gaze}한 순간이 떠오른다. 라캉만 그런 것이 아니다. 수많은 라캉이 저 거울에 비쳤던 '그것'을 회상해 본다. 그리고 인간 라캉과 정신분석학자 라캉으로 수십 년이 지난 '지금, 이 순간', 다시 한 번 거울을 보고 자기처럼 생긴 수상한 존재를 응시하고 있다. 유아 시절의 첫 번째 응시는 라캉에게 주체분열을 일으키게 하면서 동시에 주체를 형성하게 해준 응시였다. 그때 '자크 라캉'이라는 기표를 얻기 위해서 욕망을 무의식 속의 소타자에 은폐하고 대타자이자 기표인 자크 라캉으로 살기 시작했다. 그런데 지금의 두 번째 응시는 라캉에게 또 다른 주체분열을 일으키면서 '자기-라캉'은 이미 자기로부터 소외되어 있었다는 것을 알려주었다.

그러니까 라캉은 상징기호인 기표 '라캉'을 등록한 그때 이미 상징기호로부터 소외되고 분리된 것이다. 히틀러의 나치를 인류 공공의 적이라고 비판했던 라캉$^{J.\ Lacan,\ 1901\sim1981}$은 '사물은 언어 속에서 사라진다'는 유명한 말을 남겼다. 또한, '사물은 재현되기 위해서 상실되어야 한다', '주체는 언술 행위로 나타난다'고 말했다. 이것은 언어가 아니면 인간과 사물은 표현될 수 없고 언술 행위가 아니면 주체는 존재하지 않는다는 뜻이면서 '주체는 현존하는 동시에 부재한다'는 뜻이다. 가령 인간 라캉은 '라캉'이라는 시니피앙의 상징기호를 얻은 대신 실제 주체 라캉은 그 상징기호 속으로 사라져 버렸다. 이것을 라캉은 주체^{S}

가 상징기호 즉, 언어에서 분리되고 분열되었다는 뜻에서 분열된 주체$라고 명명했다. 이 주체의 분열 과정에서 분열된 주체가 겪는 소외^{alienation}와 원래 자기 존재로부터 분리되는 현상이 발생한다.

라캉은 이것을 기호와 상징의 세계인 상징계로 이입한다고 설명한다. 상상계 다음의 상징계에는 언어가 있는데 상징계는 법으로 통제되고 아버지가 감시하는 세상이다. 이때 주체는 욕망이 그대로 실현되는 이상적 자아$^{Ideal I}$를 포기하고 아버지라는 대타자의 명령에 복종한다. 그리고 그 욕망을 무의식 속에 은폐한다. 세상은 이런 상징기호들이 정연하게 질서를 지키면서 존재하는 텅 빈 공간이다. 여기서 말하는 상징기호는 기표$^{記標, Sinifiant}$와 기의$^{記意, Sinifie}$로 구성된 언어다. 인간은 말하는 존재$^{Speaking Being}$가 되기 위하여 원초적 욕망을 무의식 속에 가두어 버리고 자기를 대리하는 기호 속으로 들어간다. 이것이 라캉이 말하는 (인간에게 언어가 있으므로 무의식이 생겼다는) 무의식 이론이면서 주체 형성과정에서 겪는 일차 주체분열이다. 일차 주체분열에 이어 이차 주체분열이 일어난다.

무의식이 형성되는 것을 주체와 연결하여 설명한 라캉은 비과학적이라는 이유로 1952년 세계정신분석학회로부터 제명당한다. 그 즉시 라캉은 프로이트주의를 재천명하면서 무의식은 언어 때문에 생기는 것이라고 단언하고 소쉬르와 레비스트로스의 이론을 무의식에 대입했다. 아울러 라캉은 주체가 언어 속에 종속된다는 소쉬르의 이론에 따라 '사물은 언어 속에서 사라진다' 즉, '주체는 기표에 종속된다'고 말했다. 그것은 의미를 대체하는 은유와 의미를 변경하는 환유를 거치면서 일어나는 현상이다. 또한, 라캉은 프로이트의 개념을 인용하여 욕망을 무의식에 은폐하고 주체로부터 분리^{separation}되는 것이 주체의 분열$_{splitting of the subject}$이라고 말했다. 이것은 오이디푸스 단계에서 어머니에 대한 욕망을 무의식에 가둔 다음 일차 분열적 주체$^{$1}$가 되었다가 다시 상징질서가 작동하는 세상에서 기호로 존재하기 위하여 이차 분열적 주체$^{$2}$로 변화한다는 중층적 의미다.

주체재분열^{la refente}은 라캉의 정신분석 용어로, 욕망의 주체와 욕망을 제어하는 주체가 분열되는 일차주체분열 이후, 그리고 거의 동시에 자기 대리인을 남겨놓고 사라지면서 주체가 분열되는 것이다. 가령 언어에 의해서 주체가 소외되면 상징기호인 언어만 남고 주체는 사라지는 현상^{fading}이 발생한다. 그러니까 기표를 얻기 위해서 주체가 분열되었던 것이고(일차 주체분열), 그 주체가 기표 속으로 사라지면서 다시 주체분열을 일으키는 것(이차 주체분열)이다. 이 재분열은 일차 분열로 형성된 주체분열과 동시에 일어난다. 그리하여 인간은 상징기호로 세상에 존재하지만, 그 상징기호인 언어는 상징질서를 유지하기 위하여 주체를 소외하고 분리한다. 그러므로 거울단계에서 겪은 주체분열의 순간에 주체의 재분열이 일어났으며 그때 이미 주체가 사라지고 텅 빈 주체가 된 것이다. 이처럼 언어 때문에 주체가 사라지지만 사실은 언어 때문에 주체가 존재할 수 있다는 것이 라캉의 주장이다.

참고문헌 Jacques Lacan, *ECRITS*, translated by Bruce Fink, New York · London : Norton & Company, 2006.

참조 거울단계, 기표 · 기의, 까다로운 주체, 나르시시즘, 대타자 · 소타자, 상징적 거세, 실재의 사막, 안티 오이디푸스, 오이디푸스 왕, 욕망기계, 원본능 · 자아 · 초자아, 자아, 정신분석, 정신분열증, 존재론, 주이상스, 주체분열, 주체 · 주체성, 타자

국가주의

Statism | 国家主义

'안녕 바니나. 다시는 나에게 편지를 쓰지 마세요. 다시는 나를 보려고 하지도 마세요. 나를 온전히 조국에 남겨 두세요.' 그리고 혁명당 당원 미시릴리는 돌아섰다. 이것은 스탕달본명 Marie-Henri Beyle, 1783~1842의 단편소설 「바니나 바니니」의 한 부분인데 마지막 문장은 이렇다. '신문은 바니나가 사벨리 공작과 결혼했다는 소식을 전했다.' 이렇게 하여 바니나가 사랑했던 이탈리아 혁명당원 미시릴리는 감옥의 동지들에게 돌아갔고 두 사람의 사랑은 비극으로 끝났다. 그렇다면 왜 미시릴리는 로마에서 가장 아름다운 여성이고 또 부자이면서 신분이 높은 집안의 바니나와 이별했을까? 그 답은 조국이다. 미시릴리는 조국에 목숨을 걸었기에 사랑에 목숨을 건 바니나와 이별한 것이다. 그는 이렇게 말했다. '나의 몸과 마음은 조국의 것입니다.' 그는 조국 이탈리아의 해방과 통일을 위해서 자기 정열을 불태운 국가주의자였다.

이 소설의 주인공은 국가를 절대이념으로 설정하고, 조국의 한 부분인 자기는 전체인 조국을 위해서 희생하겠다는 생각을 하고 있다. 여기서 볼 수 있는 국가주의國家主義는 운명공동체인 국가를 우선하는 사상이고 국가가 정치와 경제를 관장해야 한다는 이념이다. 따라서 국가주의는 국가의 이익을 개인, 기타 집단보다 우선한다. 아울러 국가주의는 종교국가, 봉건국가, 국민국가, 복지국가, 도시국가 등의 국가가 아니고 국가이익과 국가철학을 개인보다 앞세우는 이념과 정책이다. 이렇게 볼 때 국가주의는 일반적인 윤리나 도덕과 다른 국가윤리나 국가도덕과 같은 특수한 의식이며, 법과 규칙을 넘어서는 절대이념이자, 다른 가치를 압도하는 절대가치다. 하지만 국가폭력에서 보듯이 국가는 국가장치를 유지하기 위해서 권력을 행사하는 한편 다른 국가와 전쟁을 수행하는 주체이고 애국자, 국가 영웅, 순국열사, 정치가, 독재자를 낳는 토양이다.

플라톤은 『국가』에서 이상적인 사회를 묘사한 바 있으나 그것은 국가주의와 다르다. 또한, 독일의 사회주의자 라살레F. Lassalle, 1825~1864는 노동자의 삶을 개선하기 위해서 국가가 적극적으로 간섭해야 한다는 국가사회주의를 제창했다. 국가는 영토, 국민, 주권으로 구성된다. 국가를 절대화하는 국가주의는 부분보다 집단을 우선한다는 점에서 집단주의Collectivism이고, 개인보다 국가를 우선한다는 점에서 전체주의Totalitarianism이며, 강력한 법과 중앙정부를 통한 권위 행사라는 점에서 권위주의Authoritarianism다. 한편 국가 이데올로기가 강력하고 그에 동의하는 국민이 많으면 국가가 파시즘Fascism에 이를 수 있다. 하지만 경찰국가와 같이 최소한의 기능만 하는 최소국가에 머물거나 민족의식이 강화된 민족주의Nationalism도 국가주의적 성격이 있는 국가형태다. 그 외에 근대 자본주의와 결합한 국가자본주의State Capitalism와 국가독점자본주의도 국가주의의 일종이다.

정치 철학적 개념인 국가주의 의식은 개인주의를 억제하고 자유주의를 통제하며 정부의 기능을 극대화한다. 그리고 무정부주의를 부정한다. 그러니까 정부와 국가는 언제나 존재해야 한다는 것이다. 그런 생각은 신념의 체계를 갖춘 국가주의로 발전한다. 특히 국가주의는 행정의 기능을 극대화하고 정치와 경제를 국가가 지배하는 한편 국가의 이념을 국민에게 강요하고 전파한다. 국가주의와 대척적인 무정부주의나 반국가주의Anti-statism는 국가를 착취와 수탈의 수단으로 보기 때문에 국가, 국가주의, 정부 등을 부정한다. 반면 홉스T. Hobbes, 1588~1679는 국가를, 계약으로 성립된 공동체로 간주하면서 국가 제도가 필요하다고 주장했다. 특히 홉스는 자연상태의 인간은 본능에 따르거나 자기 이익에 몰두하는 동물과 같은 야만적 존재이기 때문에 국가가 동물성을 통제하여 인간사회를 보호해야 한다고 말했다.

근대사회학에서는 전체를 우선하는 국가주의와 자유를 우선하는 시장주의를 비교하는 것이 보통이다. 그것은 첫째, 조지 오웰의 『동물농장』에서 보듯이 국가가 개인의 자유를 통제하는 국가주의와 둘째, 모든 것은 보이지 않는 손에 의해서 조정된다는 자유 시장주의로 나뉜다. 그런데 국가주의는 국가가 개인의 자유와 재산을 보호하므로 국민에게 좋은 것이고 국가주의를 통해서 국민 공동의 목표를 달성할 수 있는 제일 나은 방법으로 여긴다. 또한, 경제발전, 번영, 복지실현, 마약퇴치, 재해방지, 사회 안전, 범죄소탕, 테러대처, 환경오염 등은 국가가 해결해야 할 사안이고 그를 위해서 국가주의가 필요하다고 본다. 그런 점에서 국가를 유기체有機體로 보는 국가주의는 개인을 희생하는 이타주의에 가깝다. 하지만 국가는 대통령, 왕, 종교지도자, 수상, 장관, 국회의원, 정치가 등 개인이 권력을 행사할 수밖에 없는 엘리트주의이기 때문에 계급과 계층이 대립한다.

참고문헌 Thomas Hobbes, *Leviathan*. http://www.gutenberg.org/ebooks/3207.

참조 국민국가/민족국가, 만인에 대한 만인의 투쟁, 무정부주의, 민족, 민족주의, 보이지 않는 손, 상상의 공동체, 실제의 공동체, 언어 민족주의, 윤리·윤리학, 자본주의, 자유의지

종교개혁
Protestant Reformation | 宗教改革

'금화가 면죄부 헌금함에 딸랑 떨어지는 소리가 나는 순간 영혼은 천국으로 향한다. 이미 죽어 연옥에 있는 영혼도 면죄부를 통해서 하늘나라의 천국으로 갈 수 있다.' 이것은 교황 레오 10세가 베드로 대성당 개축 자금을 마련하고자 할 때 성직자들이 설교한 내용이다. 교황의 설교로 많은 돈이 모금되었으나 교회의 권위가 추락하기 시작했다. 하지만 구원과 천국이 최종 목표였던 기독교인들에게 면죄부Indulgence, 免罪符는 간단하면서도 빠른 속죄의 방법이었고 끔찍한 지옥의 공포에서 벗어나는 길이었다. 이처럼 세속화된 교회가 경건한 신앙생활을 권장하기보다 면죄부 판매와 같은 일에 앞장서 기독교 신앙을 훼손했다. '고백과 참회가 아닌 방법으로도 구원救援이 가능하다'는 면죄부는 십자군전쟁 시대에도 있었지만 14~15세기에 특히 만연했다. 당시 면죄부 외에도 성직을 매매하고 헌금을 강제하는 등 여러 가지 폐단이 있었다.

이 타락한 현상을 보고 문제점을 깊이 인식한 신학 교수이자 수사였던 독일의 마르틴 루터Martin Luther, 1483~1546는 1517년 10월 31일, 비텐베르크 성당 문에 95개 조의 반박문을 게시했다. 교황과 주교를 비판하는 전형적인 방법이었지만 루터의 95개 조 반박문은 큰 영향을 미쳐서 종교개혁의 물결로 이어졌다. 「면죄부의 힘과 효력에 대한 95개 조문」이면서 항의문이기도 하고 논제이기도 한 루터의 반박문은 1조 '우리 주님이자 주인인 예수 그리스도께서는 회개하라고 하셨다. 주님은 신자의 평생 회개하기를 희망하신 것이다'로 시작하여 95조 '그러므로 잘못된 편안함보다 수많은 고난을 통해서만 천국에 갈 수 있다'로 끝난다. 루터의 비판으로 시작된 종교개혁은 16~17세기에 유럽 전역에서 일어난 사건이며 가톨릭을 비판하고 개혁하려 했던 종교운동이었고 개신교 탄생의 계기였다.

종교개혁은 에라스무스Desiderius Erasmus, 1466~1536의 『우신예찬』에서 교회와 성직자를 풍자적으로 비판한 것에서 전조를 보였다. 에라스무스는 신중심주의가 아닌 인간중심주의의 관점에서 교회의 타락상을 특이한 문체로 조롱했다. 또한, 유럽 전역을 휩쓴 흑사병으로 인하여 현실과 인생에 대한 집착이 커졌다. 그리고 르네상스의 물결로 인하여 인간주의와 인본주의인 휴머니즘Humanism이 대두했다. 특히 천동설이 지동설로 교체되면서 기독교 교리에 대한 회의가 일어났다. 이런 상황에서 교회의 상징인 교황이 기도와 청빈을 권고하는 대신 면죄부를 판매하고 타락한 성직자들이 성직을 매매하자, 루터의 반박문을 계기로 분노가 폭발하고 개혁의 목소리가 높아진 것이다. 루터 이전에도 영국의 위클리프와 보헤미아의 후스J. Hus는 가톨릭을 개혁하고자 했으나 본격적인 종교개혁은 루터에서 시작되었다고 할 수 있다.

이런 역사적 배경을 가진 종교개혁은 독일에서 시작하여 프랑스와 영국을 포함한 유럽 전역에 퍼졌다. 하지만 영국은 헨리 8세의 이혼문제로 가톨릭에서 성공회로 바뀌었다. 곧이어 칼뱅과 츠빙글리도 교회개혁의 대열에 합류했으며 루터교, 장로교, 침례교, 성공회 등 여러 개신교가 생겨났다. 이들은 오직 성경 Sola Scriptura, 오직 그리스도Solus Christus, 오직 은혜Sola Gratia, 오직 믿음Sola Fide, 오직 주만 영광Soli Deo Gloria을 기본 신앙으로 삼았다. 구교인 가톨릭이 부패한 것으로 보는 기독교인들은 개신교로 개종하고 개신교의 교리에 따랐다. 하지만 개신교에 대한 반종교개혁이 일어나서 프랑스 개신교도인 위그노huguenot 대학살 즉, 성 바르톨로메오 축일 학살Bartholomew's Day massacre, 1572과 같은 비극적 사건이 일어났다. 한편 독일의 프레데릭 선제후는 왕권의 강화를 목적으로 루터를 보호했는데 이로 인하여 30년 전쟁이 발발했다.

종교개혁이 시작된 이후 아우구스부르 화의, 1545년부터 20년에 걸친 트리엔트 공회公會, 30년 전쟁의 결과인 1648년 웨스트팔리아조약 등을 거치면서 각 지역의 독자성과 종교의 자유를 허용하는 것으로 막을 내린다. 루터의 95개조 반박문이 서구사회 전체를 뒤흔든 종교개혁으로 이어진 것은 금속활자 인쇄술 때문이다. 당시 구텐베르크Johann Gutenberg, 1394~1468 금속활자 인쇄술이 급속히 전파되면서 사람들은 대량 인쇄 방식을 이용하여 루터의 개혁 운동을 전달했고 지식을 대중에게 전파했다. 동시에 라틴어가 아닌 민족어로 문학작품이 창작되면서 민족의식이 고양되었으며 교황 권력에 저항하는 공화제와 자유시민 의식이 생겨났다. 서구 역사에서 가장 큰 사건 중 하나로 평가되는 종교개혁은 르네상스의 휴머니즘과 함께 인간 존재에 대한 새로운 인식과 과학기술의 발달, 국민국가의 탄생, 예술과 철학의 진흥, 신대륙의 발견과 이주, 자유시민의 등장 등에 큰 영향을 미쳤다.

참고문헌 Martin Luther, *The Ninety-Five Theses*, 1517.

참조 개신교 윤리와 자본주의 정신, 공포와 전율의 아브라함, 구텐베르크·금속활자, 국민국가/민족국가, 르네상스, 민족주의, 산업혁명, 삼위일체, 신이 존재하는 다섯 가지 이유, 예수 그리스도, 인쇄자본주의, 존재론, 죽음에 이르는 병, 휴머니즘/인문주의

악의 평범성

Banality of Evil | 平庸无奇的恶

'나는 누구를 죽이라고 지시한 적이 없다. 단지 상부에서 내려오는 명령을 수행했을 뿐이다. 따라서 나는 무죄다.' 이것은 독일군 나치 친위대^{SS} 중령이었던 아이히만의 법정 진술이다. 아르헨티나에 숨어 살던 아이히만^{Adolf Eichmann}은 1960년 이스라엘 정보기관 모사드에 납치되어 이스라엘의 법정에 섰다. 세계적인 이목을 집중시킨 이 재판에 특파원으로 참관한 철학자 한나 아렌트는 놀라운 사실을 발견했다. 한나 아렌트가 보기에 아이히만은 악마적 심성을 가진 사람도 정신이상자도 아니었다. 더구나 그는 반유대주의자도 아니며 이념적 편견도 없었다. 그저 평범한 인간이었다. 오히려 아이히만은 바람직한 품성을 가진 도덕적인 사람이었다. 단지 상부의 명령을 수행한 군인이었다. 이를 바탕으로 한나 아렌트는 전체주의를 분석한 『예루살렘의 아이히만』을 썼는데 책의 부제가 '악의 평범성에 대한 보고서'다.

이 재판을 보고 한나 아렌트^{Hannah Arendt, 1907~1975}가 강조한 개념은 '악의 평범성'이다. 악의 평범성은 평범한 인성과 평범한 언행에서 악이 자행될 수 있음을 주장한 한나 아렌트의 개념이다. 평범한 사람도 가공한 악행을 저지를 수 있다는 것이다. 사람들이 아이히만을 반유대주의에 젖은 광포한 성격의 악마일 것으로 기대한 것과 반대로 아이히만은 정상적이고 평범한 사람이었다. 더구나 법정에서 아이히만은 칸트의 정언명령인 도덕률이 자기 생활의 신조였다고 주장했다. 물론 아이히만은 모든 개인이 입법자가 되어 이성적으로 판단하고 행동해야 한다는 칸트의 도덕률을 이해하지 못한 것은 분명하다. 그리고 아이히만은 파시즘과 관료주의의 명령을 '생각 없음thoughtlessness'과 '판단하지 않음'으로 대했다. 이렇게 볼 때 아이히만은 도덕적이고 평범한 인간 아이히만, 그리고 인종차별적이고 잔혹한 인간 아이히만의 두 가지 인간성을 가진 존재였다.

아이히만은 히틀러가 내리는 명령 또는 괴벨스가 만든 '독일 민족을 위한 운명의 전투'라는 선전과 선동에 따랐을 뿐이며 독일 패망 이후 언어규칙이 달라져서 재판을 받는다고 주장했다. 그가 주장한 언어규칙은 법과 제도를 통칭하는 것이다. 그러니까 아이히만에 의하면 폭력적 전체주의인 '나치의 명령에 따라서 더 많은 유대인을 수용소로 보내는 것이 더 도덕적인 사람'이라는 뜻이다. 이에 대해서 한나 아렌트는 '악은 사탄과 같은 초월적인 것이 아니라 현실에 실재한다'는 사실을 강조했다. 그러니까 가스실 같은 지옥을 제작하고 또 작동한 것은 아이히만과 같은 평범한 인간이다. 그러므로 누구나 작은 아이히만이 될 수 있다. 이처럼 한나 아렌트는 아이히만을 통해서 인간의 본성을 분석하는 한편 나치에 협력한 유대인 지도자들을 비판했으며 시온주의Zionism의 문제점도 적시했다.

제3 제국의 총통 히틀러는 독일국민의 지지를 받고 집권한 다음 정신이상자, 집시, 동성연애자, 장애인 그리고 유대인을 필요 없는 존재이자 '해결해야 할 문제'로 설정했다. 그리고 많은 독일 사람들은 당시 제3 제국의 법이라는 이름으로 유대인과 타자를 야만적으로 살해했다. 그 살해는 인간이 자행한 가장 극악한 홀로코스트Holocaust였다. 여기서 한나 아렌트는 아이히만이 관료주의의 톱니바퀴와 같은 부품이라는 것 그리고 '도덕과 양심에 따랐다'라고 주장하는 자기기만을 발견했다. 아이히만은 1962년 5월 31일, 교수형을 당했다. 1963년 발간된 『예루살렘의 아이히만』의 마지막 문장은 '악의 평범성'에 관한 것이었다. 이 재판을 참관하고 분석하면서 한나 아렌트가 발견한 것은 근원적인 악은 나치와 같은 정치제도이고, 평범한 악은 인간의 악행이며, 역사적 사실은 서구사회가 인간과 이성을 살해했다는 것이다.

철학자보다 인류사회의 문제를 다루는 정치학자로 불리기를 원했던 한나 아렌트가 말한 '악의 평범성'은 세계적인 논쟁을 불러일으켰다. 특히 함께 참관했던 역사학자 세사라니[D. Cesarani]는 아이히만을 철저한 반유대주의라고 분석했다. 그리고 많은 유대인은 홀로코스트가 평범한 인간의 기계적 행위였다는 그녀의 해석을 격렬하게 비난했다. 만약 인간이 파블로프의 개와 같은 타율적 존재라면 악행에 대하여 반성할 수도 없고 교정도 할 수 없기 때문이다. 이로 인하여 한나 아렌트는 독일인 하이데거와의 사랑 때문에 아이히만의 거짓 증언을 보지 못했다는 비판을 받았다. 한편 예일대학의 밀그램[S. Milgram]은 밀그램 실험[1961]을 통하여 평범한 인간이 상황에 따라서 악한 행위를 할 수 있는지 실험했다. 밀그램은 평범한 사람을 교사와 학생으로 나누고 학생이 틀릴 때마다 전기충격을 가하도록 하는 실험에서, 평범한 사람도 상황에 따라서 악한 행동을 한다는 것을 증명했다.

참고문헌 Hannah Arendt, *Eichmann in Jerusalem : A Report on the Banality of Evil*, 1963, Rev. edited by New York : Viking, 1968.

참조 만인에 대한 만인의 투쟁, 성선설, 성악설, 실천이성, 이성, 이성론/합리주의, 인정투쟁, 자아, 전체주의의 기원, 정신분석, 제2차 세계대전, 존재론, 존재론적 해석학, 타인의 얼굴, 타자, 타자윤리, 행동주의·파블로프의 개

결혼동맹

Marriage-Alliance | 婚姻联盟

한 아름다운 여인이 이렇게 탄식을 했다. '춘래불사춘春來不似春, 봄이 왔지만 봄 같지 않구나.' 이 여인이 탄식한 춘래불사춘은 이백의 「왕소군 2」에 나오는데 그는 「왕소군 1」에서 '소군이 옥안장을 떨치고昭君拂玉鞍, 말 위에서 울어 뺨이 붉어졌네上馬啼紅頰. 오늘은 한의 궁녀지만今日漢宮人, 내일 아침에는 호의 첩이어라明朝胡地妾'라고 읊었다. 이 시의 화자는 자신의 신세를 한탄하면서도 조국에 대한 깊은 사랑을 표현하고 있다. 그녀는 흉노의 황제인 칸의 아내가 된 절세미녀 왕소군王昭君이다. 전한 원제의 후궁이었던 왕소군은 흉노 호한야선우呼韓邪單于에게 시집갔다가BCE 33, 그가 죽자 호한야의 아들인 복주루선우復株累單于의 아내가 되어 두 딸을 낳았다. 양귀비, 서시, 초선과 함께 중국 고대 4대 미녀로 알려진 왕소군은 한漢과 호胡의 동맹을 위하여 희생된 여성으로 국가와 민족의 결혼동맹이 이루어진 전형적인 사례다.

인류학자 레비스트로스Levi-Strauss, 1908~2009에 의하면 결혼동맹은 결혼을 통하여 집단과 집단이 동맹을 맺는 제도다. 세계 어디서나 존재했다는 점에서 인류의 보편적인 양식 중 하나라고 할 수 있다. 결혼동맹이 맺어지는 것은 생존에 위협이 될 수 있는 상대 종족과 동맹하면 자기 종족의 안전이 보장되기 때문이다. 결혼동맹의 기본구조는 여성을 선물로 주는 집단과 여성을 받는 집단으로 이루어져 있고 목적은 상호결연을 통하여 호혜적인 관계를 유지하는 것이다. 이 결혼동맹은 쉽고 빠르고 또 확실한 동맹의 방법이기 때문에 인류 대부분 지역과 민족에서 발견된다. 이것을 레비스트로스는 인간이 가진 일반 법칙universal law이라고 명명하면서 인류 공통의 생존 구조와 형식이 있다고 주장했다. 레비스트로스는 브라질에서 원주민과 함께 생활하면서 발견한 결혼동맹의 사례를 바탕으로 구조인류학을 창안하고 문화에도 그런 보편법칙이 적용될 수 있다고 보았다.

결혼동맹은 근친상간 금지규칙과 연결되어 있다. 만약 근친결혼을 하면 선물로 주고받을 여성이 없어지기 때문에 다른 종족과 동맹이 어려워지고 약탈과 전쟁으로 인하여 생존에 위협이 될 수 있다. 그래서 사람들은 근친결혼을 타부taboo로 설정했다. 근친결혼 금지는 생존을 위한 거래와 교환 구조를 낳는다. 만약 근친결혼 금지의 규칙이 없다면 남성들은 종족 내에서 여성을 쉽게 찾을 것이다. 이런 이유로 생긴 근친상간 금지규칙은 인류의 무의식에 잠재하여 인지에 영향을 미친다. 또한, 이 규칙과 금지는 남성이 여성을 찾는 방법, 남녀가 노동을 분담하는 구조, 집단이 관계를 맺는 형식으로 진화한다. 하지만 그의 여성 주고받기 구조는 (여성을 사물로 간주하는) 남성중심주의와 가부장제라는 비판을 받는다. 한편 친족 구성에 대한 설명은 동맹이론alliance theory이 아니라 혈통이론descent theory이 더 타당하다는 관점이 많은 지지를 받는다.

레비스트로스는 문화의 이항대립 구조를 정리하는 한편, 로만 야콥슨과 소쉬르로부터 영향을 받아 구조주의 이론을 정립했다. 그에게 큰 영향을 미친 러시아 출신의 언어학자 야콥슨R. Jacobson은, 언어를 과학적인 관점에서 분석하면서 인류의 문화 현상과 사회현상에는 일정한 규칙과 구조가 있다고 주장했다. 구조주의 언어학자 소쉬르 역시 통시적diachronic이 아닌 공시적synchronic 시각에서 언어를 '기호와 기호가 구조화된 관계'로 이해해야 한다고 주장했다. 그러니까 '사과'라는 단어는 하나의 기호일 뿐이고 '사과'라는 기호는 '배'나 '수박'이라는 기호와 관계를 맺으면서 '여기 사과가 있다'와 같은 문장 구조 안에서 의미가 형성된다는 것이다. 레비스트로스는 인간의 행위와 문화 전반에도 그런 구조가 있으며, 그 기본구조는 무의식에 잠재되어 있다고 가정하고 개인과 개인, 집단과 집단의 소통이 이루어지는 과정과 구조를 증명하고자 노력했다.

한편 레비스트로스는 사촌 간의 교차 결혼이나 여성을 주고받는 형식, 그리고 다음 세대의 중층 결혼 등 다양한 형식에 대해서 논의하면서 친족 구성의 원리, 결혼동맹의 의식구조, 신화의 심층구조, 대중문화분석, 인간의 행동 양식 등을 연구했다. 결혼동맹에서 보듯이 행위의 표면적인 의미와 심층적인 의미는 다를 수 있다. 결혼동맹의 심층구조와 표면구조가 다른 것은 파롤과 랑그가 다른 것과 같다. 구조언어학에서 실제 발화되는 언어인 파롤parole보다 내면의 랑그langue가 중요한 것처럼 문화인류학에서도 무의식에 잠재한 심층구조가 중요하다. 그는 『슬픈 열대』1955를 비롯한 평생의 연구를 통하여 문명과 야만은 본질에서 차이가 없다고 말하면서 '인간은 근본적으로 같다'는 보편이론을 제기했다. 문화인류학의 아버지로 불리는 그의 구조주의는 지나치게 기계적이며 '구조가 인간의 의식을 지배하는 결정론'이라는 비판을 받는다.

참고문헌 Claude Lévi-Strauss, *Structural Anthropology*, 1958, translated by Claire Jacobson and Brooke Grundfest, Schoepf, 1963.

참조 결정론, 구조주의, 기표·기의, 기호 가치, 무의식, 문명, 문화, 민족지, 보편문법, 본질, 변증법, 의식, 이항대립, 집단무의식, 호모 사피엔스/현생인류, 화자/서술자

상호부조론 – 진화의 요인

Mutual Aid | 互助

제정 러시아 황제 알렉산더 2세가 물었다. '그럼 그대는 시베리아로 가고자 하는가? 그렇게 먼 곳으로 가는 것이 두렵지 않은가?' 그러자 그는 '아닙니다' 라고 말했고 곧이어 황제는 '그럼 가라, 거기서 유용한 사람이 될 수 있겠지'라고 말했다. 이렇게 하여 1862년 7월 27일, 황제 친위대의 장교 한 사람이 시베리아로 떠났다. 그는 러시아 귀족 출신이고 청소년 시절부터 혁명적 심성을 가진 크로포트킨P. Kropotkin, 1842~1921이었다. 크로포트킨은 공화주의 사상을 가지고 있었으며, 당시 러시아의 진보적 지식인들처럼 새로운 곳을 개척하고 싶어 했다. 시베리아에 도착한 그는 혹독한 기후와 열악한 근무 조건에서도 지질을 탐사했으며, 생태를 연구했고, 지리를 조사했다. 그의 시베리아 근무는 개인적으로는 자기 인생을 바꾼 사건이었고, 과학적으로는 인간의 진화에 대한 새로운 학설이 완성되는 여정이었다.

크로포트킨이 시베리아에서 관찰하고 경험한 것은 거의 모든 생물은 서로 협동하면서 진화한다는 사실이다. 일찍이 다윈의 진화론에 심취했던 그는 생물의 진화를 흥미롭게 여기면서 어떻게 자연선택natural selection을 거쳐 진화가 일어나는지 탐구했다. 시베리아에서 그가 본 것은 영하 수십 도의 혹독한 기후 속에서도 사람들은 서로 협동하면서 생활하는 것이었다. 그뿐 아니라 크로포트킨은 다른 종 사이에도 서로 협동하고 연대하는 것을 관찰할 수 있었다. 다윈의 진화론을 발전시킨 헉슬리는 『생존투쟁The Struggle for Existence』1888에서 투쟁과 경쟁을 통해서 진화한다고 주장했지만 크로포트킨은 인간을 포함한 생물은 협력과 협동을 통해서 진화한다고 주장했다. 그의 관점은 진화가 경쟁 때문에 일어난다는 헉슬리T. Huxley, 1825~1895의 주장과 반대되는 것이다. 여기서 유래한 상호부조론은 사회 진화는 서로 돕는 상호부조에서 시작된다는 크로포트킨의 이론이다.

선악을 종교나 법이 아닌 자연적인 시각에서 바라본 크로포트킨에 의하면 대다수 생물은 자발적 협동을 통해서 생존을 영위하고 상호협력을 통해서 진화한다. 그는 인간과 사회를 생태학적 관점에서 이해하고 수평적 자유 연대를 주장했다. 그런 그에게 국가는 자발적 협동을 방해하고 수탈과 착취를 하는 제도일 뿐이었다. 그래서 그는 다윈의 적자생존과 홉스T. Hobbes, 1588~1679의 '만인에 대한 만인의 투쟁'으로 인간을 이해하는 것을 거부하면서 프루동과 바쿠닌의 사상을 받아들였다. 홉스에 의하면 자연상태의 인간은 동물과 같이 본능에 따르거나 자기 이익에 몰두하는 야만적 존재다. 따라서 상호약탈을 금지하는 사회계약을 맺어야 했고, 그 사회계약의 결과가 바로 국가다. 그런데 크로포트킨이 보기에, 국가와 정부는 인간의 존엄과 생존을 방해할 뿐이므로 필요가 없다.

그는 무정부주의 혁명운동에 가담한 죄로 1874년 감옥에 갇혔으나 1876년 극적으로 탈출하여 영국으로 건너갔고 오랜 연구를 거쳐서 1902년 『상호부조론』을 출간했다. 사십여 년을 유랑과 망명으로 보낸 그가 러시아로 돌아온 것은 1917년 러시아혁명이 성공한 직후였다. 수만 명의 환영 인파가 그를 맞이했고 농노와 민중의 편에 섰던 그를 칭송했다. 하지만 그는 레닌을 중심으로 하는 권위적이고 폭력적인 볼셰비키의 집권을 공개적으로 반대하다가 1921년 타계했다. 그는 볼셰비키가 집권하면 프롤레타리아독재와 강력한 국가주의 때문에 압제와 폭력이 일어날 것으로 보았다. 그는 죽는 날까지 국가의 강제 없이 자급자족하는 생존이 인류 평화와 번영의 길이라고 굳게 믿었다. 크로포트킨은 민중에 대한 애정으로 인하여 공산주의적 무정부주의자가 된 것이다. 물론 레닌은 혁명가 크로포트킨을 관대하게 대했다.

한편, 크로포트킨은 인류 역사가 왕이나 장군과 같은 특별한 존재의 승리, 영웅적 사건, 정복과 확장 등 투쟁 중심으로 기술되었다고 비판했다. 하지만 중요한 것은 개인적 요인individual factor이 아니라 상호협동의 요인mutual-aid factor이다. 그의 희망은 평화와 협력, 이해와 연대였고, 수탈과 압제가 없는 유토피아였다. 한편 그는 과학과 기술이 발달하면 기아, 질병, 빈곤이 사라질 것으로 믿으면서 무정부주의와 상호부조를 인간사회가 나가야 할 방향으로 설정했다. 또한, 크로포트킨은 투쟁과 경쟁을 진화의 중요한 동인으로 꼽았다. 하지만 그는 적자생존에서 보는 투쟁보다는 상호협력이 더 중요한 동인이라는 것을 강조하고 있다. 생물학과 정치학을 연결하여 인간과 사회를 이해한 그의 사유는 머레이 북친M. Bookchin, 1921~2006으로 계승되어 생태적인 생존이론으로 이어지고 있다.

참고문헌 Petr Alekseevich Kropotkin, *Mutual Aid : A Factor of Evolution*(1902). http : //www.gutenberg.org/ebooks/4341

참조 계급투쟁, 국가주의, 러시아혁명, 만인에 대한 만인의 투쟁, 무정부주의, 유토피아, 윤리·윤리학, 이기적 유전자, 자연선택, 적자생존, 중립진화, 진화론, 진화심리학

집합

Set | 集合

'한국인은 모두 여기로 집합!' 이 문장에서 '집합'은 모두 모이라는 뜻이다. 그렇다면 모두 모이는 기준은 무엇인가? 그 기준은 한국인이다. 이처럼 무엇을 집합시키고자 하면 기준이 명확해야 하고 다른 것들과 구별되어야 한다. 일반적인 의미에서, 집합은 명확한 조건에 따라서 구별할 수 있도록 설정된 특정한 원소의 모임이다. 이와 유사하지만 약간 다른 수학에서, 집합은 명료한 조건을 충족하는 원소들의 모임이다. 집합의 정의는 단순하지만, 집합의 의미는 단순하지 않다. 그런데 집합을 구성하려면 이미 조건에 따라 구별했어야 가능하므로 집합에는 순환적 오류가 내재한다. 하지만 집합은 수학을 넘어서 세상 모든 것을 이해하는 매우 중요한 방법이자 원리다. 집합을 표시하는 방법에는 두 가지가 있다. 집합표시 중 원소나열법roster notation은 {2, 3, 4, 5, 6, 7, 8}처럼 그 집합의 원소를 열거하는 것이고, 조건제시법set-builder notation은 {x | 2 ≤ x ≤ 8, x는 정수}처럼 그 집합의 조건을 제시하는 것이다.

원소나열법과 조건제시법을 이용하면 모든 것을 집합으로 표시할 수 있다. 가령 수, 사람, 동물, 식물, 물건, 공간 등 실재적인 것은 물론이고 용, 봉황, 블랙홀, 상상 등 실재하지 않는 것도 표시할 수 있다. 다만 집합으로 표시하려면 셀 수 있는 존재(자)여야 한다. 어떤 원소가 어떤 집합에 속할 때 ∈ 또는 ⊂로 표시한다. 가령 K∈A로 표시한 다음 'K는 한국인 집합 A의 원소'라고 읽는다. 집합에는 여러 종류가 있다. 부분집합은 한 집합이 다른 집합에 속하는 것인데 {A} ⊂ {B}로 표시하고, 합집합은 어떤 집합이 다른 집합과 합하는 것인데 {A} ∪

{B}로 표시하고, 교집합은 어떤 집합과 다른 집합이 겹치는 것인데 {A} ∩ {B}로 표시하고, 차집합은 어떤 집합에서 다른 집합을 제외한 것인데 {A} \ {B}로 표시한다. 전체집합Universal set을 가정할 때는 '집합 U'라고 하고, 이 전체집합 안에서 {A}의 집합이 아닌 여집합 또는 보집합을 Ac 또는 A'로 표시한다.

전체집합을 근거로 한 멱집합power set은 전체집합의 모든 부분집합이다. 가령 집합 C = {2, 3, 4}의 멱집합은 {ø, {2}, {3}, {4}, {2, 3}, {2, 4}, {3, 4}, {2, 3, 4}}로 모두 8개다. 집합의 원소가 n개라면 멱집합은 2n이다. 같은 집합이 아니라는 것은 ≠, 어떤 집합의 원소에 속하지 않는다는 것을 ⊄, ⊉로 표시한다. 원소가 없어도 집합으로 표시할 수 있다. 원소가 없는 집합은 공집합인데 ø 또는 { }로 표시한다. 그런데 집합은 추상적 상징기호이므로 내용이나 의미를 따지지 않는다. 따라서 집합은 일종의 규칙이고 공리이며 정의라고 할 수 있다. 집합으로 모임을 만드는 이유는 원소가 가진 특질을 명확하게 하는 한편, 같은 특질을 가진 것들을 찾아내고 다른 특질을 가진 것들을 구별할 수 있기 때문이다. 그렇다면 집합을 누가 왜 만들었을까? 집합은 독일의 수학자 칸토어Georg Cantor, 1845~1918가 수의 무한성을 규명하기 위해서 만들었다.

칸토어는 수의 무한성에 대하여 사고하던 중, 자연수natural number, 정수integer, 유리수rational number는 아무리 많고 또 무한하다고 하더라도 무한집합으로 표시하면 크기가 같다는 것을 알았다. 그러나 $\sqrt{2}$ 즉 1.414213562373095… 와 같은 무리수는 자연수, 정수, 유리수보다 큰 집합이다. 칸토어는 일대일 대응을 해 보고, 무리수가 더 크다는 것을 알아냈다. 칸토어는 이 과정에서 집합을 특정한 원소의 모임으로 가정한 다음 같은 원소 하나만 기수cardinality로 표시했다. 가령 {2, 2, 3, 4, 4, 5}의 원소는 {2, 3, 4, 5}로 표시하여 4개의 기수가 있는데 이것을 집합의 농도라고 한다. 그런 다음 칸토어는 '집합은 인간의 직관과 사고로 대상을 확정하고 서로 명확하게 구별되는 것들을 하나로 모은 것'이라고 말했다. 한편 칸토어는 초한수transitive number와 알레프ℵ, aleph number를 고안했다. 이를 바탕으로 N_0알레프 제로와 N_1알레프 원 사이에 다른 무한 기수가 없다는 연속체 가설^{Continuum Hypothesis}을 제기했다.

마침내 칸토어는 '자연수 전체의 집합과 실수 전체의 집합은 크기가 다르다'라고 주장하기에 이르렀다. 집합으로 무한의 본질을 알아낸 것이다. 하지만 칸토어의 주장은 다른 학자들의 동의를 얻지 못했다. 더구나 칸토어는 절대무한을 찾으려는 고통 때문에 정신이상 증세를 보였다. 한편 프레게^{G. Frege}는 성질이 집합을 결정하는 것으로 간주하고 이를 바탕으로 수와 집합을 설명했다. 그리고 체르멜로^{E. Zermelo}는 집합 A는 원소 중 P의 성질이 있는 것을 모은 것이라고 말하고, 이것을 {x∈A|P(x)}로 표시했다. 이렇게 하면 이발사의 역설로 알려진 러셀의 역설을 피할 수 있다. 러셀의 역설은 자기 자신의 원소가 아닌 집합의 집합을 정의할 때 '이 집합이 자기 자신의 원소인지 원소가 아닌지'의 여부를 결정할 수 없다는 주장이다. 이후 집합은 수학, 기하학, 과학, 기술 등 여러 영역에 큰 영향을 미쳤고 매우 유용하게 쓰이고 있다.

참고문헌 Georg Cantor, *Contributions to the Founding of the Theory of Transfinite Numbers*1915. edited by Philip Jourdain, New York : Dover, 1955.

참조 개념, 논리·논리학, 대당사각형, 딜레마, 무한, 상징, 역설, 원자, 이발사의 역설, 존재·존재자, 존재론

젠더수행성
Gender Performativity | 性別操演

어느 날 주디 버틀러는 늙고 꾀 많은 헤겔을 향해서 '여성은 없다'고 말했다. 헤겔이 무슨 뜻인가를 생각하는 사이에 버틀러는 다시 '동성애도 없다'고 선언했다. 버틀러가 '이 세상에 여성도 없고 동성애도 없다'라고 선언한 근거가 헤겔이었지만 헤겔은 이 선언을 긍정할 수가 없었다. 하지만 헤겔은 자신의 『정신현상학』이 그렇게 읽혔다는 것 역시 부정하지 않았다. 잘 알려진 것처럼 헤겔 철학은 보편의 역사, 절대정신, 변증적 역사철학, 부르주아를 전제로 하면서 인간의 주체성과 정체성을 강화한 존재론이자 인식론이다. 그런데 주디 버틀러는 헤겔이 말한 주체를 '형성되는 주체'로 보고, '고정된 정신과 고정된 주체는 존재하지 않는다'고 선언하면서 아리스토텔레스 계보의 본질주의 Essentialism를 거부했다. 주디 버틀러는 헤겔의 형이상학을 헤겔의 말로 부정하고 여성의 존재를 새롭게 조명했다.

후기구조주의와 해체주의의 이론에 근거한 주디 버틀러는 『젠더트러블 Gender Trouble』 1990에서 인간의 고정된 주체와 정체성을 부정하는 한편 남성과 여성으로 구분하는 이분법을 거부했다. 그 이유는 생물적 본질주의와 남녀이분법은 인간에 대한 폭력이고 이성애자들이 정치적 헤게모니 hegemony를 행사한 결과다. 또한, 버틀러는 프로이트의 오이디푸스 콤플렉스가 이성애를 강화했다고 말하는 한편 라캉의 거울단계가 주체 형성의 과정을 고정화했다고 보았다. 이런 젠더의 계보학에서 보면 성정체성 형성은 정체성 정치학 identity politics이라고 하는 지배 담론과 연결되어 있다. 그래서 버틀러는 성 sex, 젠더 gender, 섹슈얼리티 sexuality는 모두 정치적으로 구성되고 사회적으로 제도화된 개념으로 보았다. 버틀러는 이렇게 형성된 젠더정체성gender identity을 저항과 해체의 출발점으로 삼고 있다.

인간의 젠더적 정체성과 연관된 젠더수행성gender performativity이란 첫째, 이성애 이념, 이성 중심주의, 남성중심주의와 같은 제도 담론을 인정하는 젠더 행위 gender performance이고 둘째, 문화적이고 사회적으로 주어진 젠더의 역할을 언어, 행동, 사유를 통하여 반복적으로 수행하는 것이다. 그렇다면 성적 역할과 젠더 수행성을 구별할 필요가 있을까? 있다. 대체로 인간은 자신에게 주어진 사회적 젠더를 수행하면서 동성을 사랑하지 않는 관습을 받아들인다. 그리하여 동성을 사랑할 수 없는 우울증을 간직한 채 (사회가 지시하고 제도가 억압하는) 고정된 젠더 정체성을 가지게 되는 것이다. 그리고 젠더 수행을 거쳐서 '나는 이성애자 남성이다, 나는 이성애자 여성이다'와 같은 젠더 정체성이 형성된다. 그러면서 원래 인간은 그런 정체성을 가지는 것이라고 오인하게 된다.

주디 버틀러Judith Butler에 의하면 인간을 남성, 여성, 이성애자, 동성애자와 같은 단일정체성에 고정할 수 없다. 그러면서 버틀러는 그런 폭력적 제도 담론을 전복해야 한다고 단언한다. 또한, 버틀러에 따르면 이성과 합리주의가 설계한 이항대립의 이분법이야말로, 인간의 자유를 억압하는 폭력적 담론이다. 이런 억압을 통하여 지배계급과 남성 중심의 책략이 성공하는데, 문제는 여성, 동성애자들, 성소수자들도 이에 따른다는 점이다. 그러므로 전통적 페미니즘이 남녀의 평등을 주장하고 여성의 권리를 요구하는 것은 제도 담론의 책략에 빠진 것이다. 마찬가지로 동성애, 중성애, 무성애無性愛, 양성애와 같은 성소수자들 또한 폭력적으로 구성된 그런 담론에 포획될 필요가 없다. 반대로 성소수자들은 '그래 나는 퀴어다'라고 당당하게 선언해야 한다. 이것을 버틀러는 '젠더에 앞서는 어떤 존재there is the one who is prior to the gender'가 있기 때문이라고 주장한다. 그 존재는 인간 자체의 고귀한 가치다.

이처럼 주디 버틀러는 인간 존재를 끊임없이 형성되는 주체라고 가정하고 주체의 유연성과 복잡성에 주목했다.[1] 이를 위해서는 인간에게 행위의 주체성 agency 즉, 능동성이 필요하다. 소수자들이 자기 주체성과 능동성을 가져야만 행위의 수행성이 발현된다. 그와 함께 잘못된 정체성에서 필연성과 고정성을 걷어내면 변화 가능성이 생기고 진정한 자유의 눈으로 자기를 응시할 수 있다. 그러면 복수의 자기 존재가 나타나고 변화와 재의미화再意味化가 시작된다. 가령 트랜스젠더transgender의 예에서 보듯이 젠더는 변할 수 있다. 이처럼 인간은 단 하나의 정체성만 가지고 세상을 사는 것이 아니라 다양한 정체성을 가지고 살 수 있다. 인간을 새롭게 해석한 주디 버틀러의 젠더수행성은 퀴어이론, 페미니즘, 포스트모더니즘을 풍부하게 만들었다. 하지만 젠더수행성은 윤리적 문제가 있는 공허한 이론이라는 비판을 받는다.

참고문헌 Judith Butler, *Gender Trouble : Feminism and the Subversion of Identity*, New and London : Routledge, 1990; Judith Butler, "Critically Queer", *GLQ : A Journal of Lesbian and Gay Studies 1*, 1993.

참조 거울단계, 결정론, 문화적 헤게모니, 오이디푸스 콤플렉스, 이항대립, 인식론, 자기정체성, 젠더, 존재론, 주체·주체성, 퀴어이론, 페미니즘, 포스트모더니즘

---

1   Judith Butler, "Critically Queer", *GLQ : A Journal of Lesbian and Gay Studies 1*, 1993, p.21.

사회학적 상상력

The Sociological Imagination | 社会学的想像力

'아들아, 딸아, 미안하다. 이 못난 아버지를 용서해다오. 이제 더는 견딜 수 없어 세상을 떠난다. 부디 행복하게 살아라.' 50대 중반의 B는 이런 유서를 써 놓고 스스로 목숨을 끊었다. 직장에서 해고당한 후 비정규직으로 일을 하던 B는 그 일도 어려워지자 극단적인 선택을 한 것이다. '이 남성의 죽음은 개인적인 것인가? 아니면 사회적인 것인가'는 논란의 여지가 있다. 이것을 두고 논쟁이 벌어졌는데 대학 강사 P는 개인의 이기적 자살이라고 규정하면서 사회가 그를 죽인 것이라고 진단했다. 그러나 또 다른 강사 Q는 사회의 구조적 모순이라고 규정하면서 15%가 넘는 실업으로 인하여 학력과 자본이 없는 B가 희생될 수밖에 없었다고 진단했다. 한 노동자의 죽음을 이기적 자살로 분석한 P의 관점과 달리 사회적 문제로 분석한 Q의 관점은 밀즈^{C. Wright Mills, 1916~1962}의 이론에 가깝다.

미국의 사회학자 밀즈는 개인의 행위는 사회구조 속에서 분석되어야 한다고 주장했다. 가령 앞에서 본 B의 자살은 자살할 수밖에 없는 사회의 구조적 모순이라는 덫에 걸렸기 때문이라는 것이다. 그러나 개인은 자신의 문제를 사회와 연결하여 사유하기 어렵다. 그러므로 밀즈는 사회학자의 임무를 '개인의 문제를 공공의 사안으로 해석하는 것^{translate private problems into public issues}'이며 '공공의 사안이 어떻게 개인에게 적용되는가'를 연구하는 것으로 규정했다. 따라서 사회학자는 개인이 처한 사회적 상황^{milieu}을 사회학적 상상력과 역사적 층위를 통해서 객관적이고 과학적으로 분석할 수 있어야 한다. 이 사회학적 상상력은 사회연구의 방법론이며 하나의 관점에서 다른 관점으로 옮겨가면서 개인과 사회구조를 연결하여 해석하는 것이다. 여기서 밀즈는 사회적 상상력이 아니라 '학學'의 객관성과 과학성이 중시된 사회학적 상상력이라는 개념을 썼다.

패기만만하고 논쟁적이던 사회학자 밀즈는 기존의 구조기능주의와 행동주의를 통렬하게 비판하고, 사회학자는 과학적이고 중립적으로 사회를 분석해야 한다고 단언했다. 밀즈가 보기에 당시 사회학은 거대이론grand theory에 의거하여 공허한 이론분석만 하거나 추상적 경험주의Abstracted Empiricism에 빠져 통계와 방법론을 중시하기 때문에 현실의 문제를 해결하지 못한다. 당시 밀즈는 사회학의 주류였던 파슨스T. Parsons의 사회학이 개인의 사회화를 통하여 단일사회구조를 추구하는 거대이론일 뿐이라고 비판하면서 사회적 다양성과 이질성을 존중해야 한다고 주장했다. 동시에 밀즈는 현실과 경험보다 통계와 방법론에 의존하는 라자펠트P. Lazarsfeld 이론의 추상성을 비판하고 종합적이고 객관적인 분석을 제안했다. 그러니까 밀즈는, 사회학을 구체적이고 객관적인 동시에 상상이 필요한 학문이라고 생각한 것이다.

사회학의 교과서로 알려진 밀즈의 『사회학적 상상력The Sociological Imagination』1959은 미시와 거시를 연결하고 역사적 맥락에서 고찰하는 방법이다. 그리고 개인의 전기적 사실과 사회구조를 비교하는 사회학적 과학성을 핵심으로 삼는다. 이 이론에 의하면 개인과 사회의 관계는 역사, 개인의 전기, 사회구조의 세 영역이 유기적으로 연결되어 있다. 따라서 사회학적 상상력은 첫째, 역사는 어떻게 현재 사회에 이르렀는가에 대한 고찰이고 둘째, 개인의 전기biography는 사람들이 어떻게 자신이 속한 사회에 적응하는가에 대한 고찰이며 셋째, 사회구조는 사회적 기능이 어떻게 유지되고 변화하는가에 대한 고찰이다. 밀즈에 의하면 사회학자는 개인의 문제를 사회적으로 해석하고 사회적 문제를 개인적으로 해석하여 사회구조를 밝혀야 한다. 이를 위해서 사회학자는 부단히 사회학적 상상력을 발휘하는 지적 장인匠人이어야 한다.

휴머니스트이면서 마르크스주의자였던 밀즈의 사회학적 상상력은 현대 자본주의 사회를 비판적으로 보는 그의 관점에 근거한다. 그는 다원화되고 복잡한 현대사회를 거시이론으로 보거나 마르크스처럼 결정론으로 보는 것에 반대한다. 동시에 개인의 문제를 개인에 한정하는 심리적 관점과 미시이론도 반대한다. 밀즈에 의하면 마르크스주의와 거시이론은 사회를 정확하고 섬세하게 분석하지 못한다. 그러므로 다양하고 복잡한 현대사회와 개성적이고 개별적인 개인을 연결하여 유기적으로 해석해야 한다. 다시 말해서 밀즈는 (존 듀이의 창조적 민주주의 이론을 받아들여서) 민주주의 사회의 사회학적 상상력을 제시한 것이다. 이런 이유로 밀즈는 '사회학은 합리주의와 실용주의를 토대로 해야 하며 민주주의의 시녀 역할을 해야 한다'고 단언했다. 1960년대 신좌파New Left 운동에 참여했던 밀즈는 마르크스, 막스 베버, 칼 만하임의 이론을 바탕으로 사회학적 상상력을 창안했다.

참고문헌 C Wright Mills, *The Sociological Imagination*, Oxford University Press, 1959.

참조 개성, 결정론, 경험론/경험주의, 구조주의, 마르크스, 상상, 아노미(뒤르켐), 이기적 자살, 이성론/합리주의, 자본주의, 휴머니즘/인문주의

아노미[뒤르켐]
Durkheim's Anomie | 失范

이제 농부 W는 크게 고민하지 않고 3일 후 시장에서 팔릴 딸기에 살충제를 뿌린다. 이전에는 허용량보다 더 많은 살충제를 뿌리는 것에 마음 아팠던 W는 이제 검사관에게 돈을 건네는 것도 부끄럽지 않다. 하지만 W는 자기 가족이 먹는 딸기에는 살충제나 화학비료를 주지 않는다. 그러니까 같은 농부가 생산한 두 종류의 딸기는 의미와 가치가 다른 것이다. 가족이 먹을 예정인 딸기는 사용가치使用價値를 지닌 자연적인 딸기이고, 살충제를 준 상품인 딸기는 교환가치交換價値를 지닌 자본주의적 딸기다. 그 W가 죄책감을 느끼지 않는 것을 가치가 붕괴하고 규범이 사라진 아노미Anomie라고 한다. 아노미는 프랑스의 뒤르켐과 미국의 사회학자 머튼R.K. Merton, 1910~2003에 의해서 중요한 사회학의 개념으로 정립되었다. 머튼과 뒤르켐이 말한 아노미는 문화적 목표와 사회적 수단 사이의 괴리와 일탈이면서 사회적 규범의 붕괴로 일어나는 혼돈이다.

에밀 뒤르켐Émile Durkheim, 1858~1917은 가치의 교란과 탐욕을 아노미로 설명한 바 있다. 그리스어 아노미ἀνομία, anomia는 법이 없는 상태를 말한다. 법νόμος, nomos, law 앞에 부정관사 A를 붙여 Anomie가 되었고 '규범이나 법이 없는normlessness/lawlessness 상태'라는 의미로 쓰인다. 간단히 말해서 아노미는 공동의 가치가 붕괴하고 윤리와 도덕의 기준이 무너졌으나 새로운 규범이 정립되지 못한 상태다. 따라서 아노미는 무규범, 이중규범, 무규제, 규범 불일치mismatching로 인한 혼돈의 상태이며 그 혼돈이 개인과 사회에 혼란과 갈등을 일으키는 원인이다. 아노미적 일탈은 인격 파탄이나 이중성격 등 비정상의 형태로 나타나거나 목적상실,

무력감, 자포자기, 자기부정, 고독감 등의 증상을 보이거나 심하면 자살에 이르기도 한다. 이 아노미적 자살^{anomic suicide}은 규율이 없고, 통제가 되지 않으며, 도덕과 윤리가 붕괴한 무질서 상태의 자살을 말한다.

뒤르켐은 지배 규범이 작동하던 전통사회에서 근대사회로 이행할 때 생기는 병리 현상에 주목하면서 그 원인을 사회구조에서 찾고자 했다. 사회학을 학문으로 정초하는 데 결정적으로 기여했기 때문에 사회학의 아버지로 불리는 뒤르켐은 심리학이나 철학과 달리 사회의 구조와 기능에 주목했다. 그는 유대교 랍비^{Rabbi} 집안에서 태어났으나 학문연구를 천직으로 생각하고 사회가 구조와 기능으로 작동한다는 것을 입증하기 위하여 객관적이고 과학적인 연구방법을 택했다. 그가 주목한 것은 자본주의가 가져온 도시화와 산업화가 경제적 공황과 물신주의 그리고 상품화를 강요한다는 현실이다. 그는 대도시의 범죄 발생률과 자살, 비행, 매춘, 싸움이 일어나는 것을 유의미한 현상으로 간주하고, 범죄를 분석하면서 아노미 이론을 정초했다.

근대 산업사회 이후 인간은 종교와 도덕의 붕괴로 혼돈상태에 놓인 한편, 자유주의 사상으로 개인주의가 심화하면서 유대감, 일체감, 공동체 의식이 약화되기 시작했다. 또한, 농업생산구조에서 산업생산구조로 바뀌고 분업화로 인하여 사람들은 하기 싫은 일을 해야만 했다. 특히 전통사회 붕괴 이후의 도시화와 개인주의화는 인간의 소외감과 고독감을 증진하는 동시에 가족, 직장, 종교적 유대감을 해체해 버렸다. 근대사회는 기능과 합리주의에 따라서 작동되므로 인간의 감정, 정신, 사랑, 우정 등을 약화하는 결과를 초래했고 여기서 아노미라는 사회병리적 현상이 발생한다. 특히 사회가 발전하면서 무조건적인 규율의 기계적 연대^{Mechanical solidarity}에서 자발적 규율의 유기적 연대^{Organic solidarity}로 변화해야 하는데 그렇지 못하면 아노미 현상이 심화된다. 한편 규율과 규제가 지나치게 엄격하거나 높을 때도 병리 현상과 아노미가 발생한다.

세계 최초로 사회학 교수가 된 뒤르켐의 아노미는 현대사회를 설명하는 중요한 개념으로 사회학은 물론이고, 범죄학과 정신분석학 등에도 큰 영향을 미쳤다. 특히 자살에 관한 연구는 부정확한 통계처리라는 비판을 받지만, 아노미를 과학적으로 분석한 사례연구$^{case\ study}$의 전범으로 꼽힌다. 뒤르켐의 연구에 의하면, 집단의식$^{collective\ consciousness}$이 없고 의지할 곳을 상실한 사람들이 일종의 정신적 공황상태를 느끼게 되면 아노미적 자살에 이를 수 있다. 아노미는 진화된 현대사회의 불안, 절망, 실의, 고독, 일탈, 심리 붕괴, 무기력, 자기부정, 자아상실, 정체성 위기, 퇴행 현상 등과 연결되어 있다. 그의 관점은 인간을 사회적 존재로 보면서 여러 문제를 사회의 구조 속에서 이해하고 해결하려 한다는 점에서 지지와 비판을 동시에 받는다. 머튼과 뒤르켐이 말한 사회적 아노미는 무정부적 상태나 정신분열과 다른 개념이다.

참고문헌 *Émile Durkheim : Sociologist and Moralist*, edited by Stephen Turner, Routledge : New York, 2005; Emile Durkheim, *The Division of Labor in Society* 1893. The Free Press : New York, 1997.

참조 공황장애, 기호 가치, 사회학적 상상력, 원본능·자아·초자아, 이기적 자살, 인간소외, 자기 정체성, 자본주의, 자아, 정신, 정신분석, 정신분열증, 존재론, 주체·주체성, 집단기억

양자역학

Quantum Mechanics | 量子力学

'아니, 이것이 어떻게 된 것일까?' 과학자 영은 이해할 수 없는 현상을 발견했다. 그는 한 줄기의 빛이 두 개의 구멍을 통과했는데 파장처럼 퍼지면서 서로 간섭하는 현상을 발견한 것이다. 그래서 영[T. Young, 1773~1829]은 1803년, 뉴턴이 빛을 입자라고 생각한 것과 달리 빛은 파동이라는 이론을 정립하여 학계에 보고했다. 이것은 단순한 것처럼 보이지만 사실은 양자역학의 출발점이고 인간의 실존, 신의 존재, 우주 창조의 비밀, 시간과 공간의 문제, 자기 자신과 연관된 중요한 문제다. 한마디로 양자역학은 '더 이상 쪼갤 수 없는[atom]' 미시적 소우주[microscopic university] 즉, 원자를 포함한 입자들의 물리량이 달라지는 양자[quantum, 量子]의 구조와 운동에 관한 이론이다. 양자역학의 대상인 원자가 양성자[proton]와 중성자[neutron]로 결합된 핵[nucleus], 그리고 핵 주위를 도는 전자[electron]로 구성되었다는 원자구조론[1913]을 발표한 사람은 덴마크의 닐스 보어[Niels Bohr, 1885~1962]다.

1900년 막스 플랑크는 양자가설[Quantum hypothesis]을 밝히면서 플랑크 상수를 제시했다. 그것이 원자의 진동은 허용된 에너지 값만 가진다는 양자가설이다. 한편 1905년 아인슈타인은 상대성이론에 근거한 광양자설을 제기하면서 광자의 개념을 설정했으나 원자의 존재 양상이나 운동방식을 밝히지는 못했다. 이 문제를 해결한 과학자는 원자와 소립자론을 접목한 하이젠베르크[W. Heisenberg, 1901~1976]다. 그는 행렬역학[Matrix mechanics]에 근거하여 불확정성의 원리[Uncertainty principle]를 발표했는데 이 이론은 물질을 구성하는 가장 작은 단위 입자인 전자의 위치 x와 속도인 운동량 p를 동시에 알 수 없다는 것이다. 그의 이론은 입자의 위치와 속도인 운동량을 알면 세상과 우주를 알 수 있다는 결정론인 고전역학인^{식론적 확률}을 부정하는 것이다. 또한, 존재를 새롭게 설명하는 확률론적 결정론^{존재론적 확률}이어서 많은 논란이 일었다.

확률론적^{probabilistic} 입장이란 첫째, 현재를 잘 알고 원자의 구성을 알더라도 그것만으로 결정된 결과를 알 수 없다는 것과 둘째, 결정된 것은 확률적 가능성만 있다는 것이다. 그러므로 전자의 위치와 운동량은 관측량과 관측값으로 나타낼 수 없고 함수의 연산으로 표시될 뿐이다. 또한, 전자의 위치와 운동량을 동시에 알 수 없으므로 모든 것은 가능성으로만 존재할 뿐 객관적이고 실재적으로 확정할 수가 없다. 이것이 원인과 결과를 결정론적으로 이해하는 고전역학과 다른 관점이다. 한편 슈뢰딩거는 어떤 영역에서 전자가 발견될 확률을 파동역학^{Wave mechanics}의 파동방정식으로 표시했다. 이처럼 입자의 행렬역학과 파동의 파동역학이 상치되지 않는다는 것이 밝혀진 후, 양자역학은 원자탄, 핵발전, 반도체, 별의 구조, 초전도체, 자석, 컴퓨터, 인지과학 등에 광범위하게 적용되었다.

코펜하겐 학파에서 발전시킨 양자역학은 네 가지 기본 특징이 있는데 첫째, 어떤 물리적 물질은 양화^{quantization}할 수 있다는 것, 둘째 파동과 입자의 이원론으로 나뉘지 않는 것, 셋째 불확정성의 원리를 바탕으로 한다는 것 넷째, 서로 떨어진 양자는 서로 연동되어 있다는 것 등이다. 이 중 양자얽힘^{quantum entanglement}은 아무리 멀리 떨어진 양자라도 양자가 서로 연동되어 있으며 인간의 관찰 때문에 운동의 방식이 달라진다는 이론이다. 이것을 과학적으로는 설명할 수 없는데, '보어 아인슈타인 논쟁'에서 아인슈타인은 숨은 변수가 있어서 그런 현상이 생긴다고 주장했다. 그래서 아인슈타인은 양자얽힘이란 유령 같은^{spook} 현상이며 '신은 주사위 놀이를 하지 않는다^{God doesn't play dice with the world}'라고 단언하면서 불확정성의 원리를 부정했다. 그런데 머지않아서 아인슈타인이 틀렸음이 밝혀졌다.

디락^{P. Dirac, 1902~1984}에 의하여 상대성이론과 장이론으로 발전한 양자역학은 불확정성不確定性과 불연속성에 토대를 두고 있다. 그리고 원자를 구성하는 전자의 위치와 운동량을 정확히 알 수 없다는 것을 재확인했다. 가령 양자얽힘은 측정하기 전까지 알 수 없는 양자의 상태를 측정하여 다른 쪽의 양자를 결정할 수 있다. 하지만 모든 것은 확률적이고 통계적으로만 알 수 있으므로 결정론과 인과율은 성립하지 않는다. 따라서 모든 존재의 고정된 본질은 없고 가능성만 확률적으로 있을 뿐이다. 이것을 발전시키면 인간의 순간이동이나 공간이동도 가능하고 과거나 미래로 여행할 수도 있다. 그래서 세상과 우주를 결정론적으로 연구하는 고전역학과 달리 미시의 세계를 연구하는 양자역학으로 인하여 모든 현상과 존재에 대한 해석이 달라졌고 객관적 세계 역시 불확실하다는 것이 밝혀졌다. 하지만 현실 세계의 거의 모든 현상은 고전역학으로 설명할 수 있으므로 양자역학만이 중요한 것은 아니다.

참고문헌 John Neumann, *Mathematical Foundations of Quantum Mechanics*(1932), Princeton Univ. Press, 1996.

참조 가능세계, 결정론, 공간, 뉴턴역학·고전역학, 라플라스의 악마, 복잡계, 본질, 불확정성의 원리, 생물중심적 우주, 시간, 시공간, 원자, 역사적 유물론/유물사관/사적 유물론, 유물론, 인과율·인과법칙, 일반상대성이론, 자유의지, 특수상대성이론

동일성의 폭력[레비나스]
Violence of Identity | 正体性暴力

독일 병정 R은 사람을 죽였다. 하지만 죄책감이 들지 않았다. 상관의 명령을 수행한 것일 뿐, '살인했다'는 것을 생각하지 못하기 때문이다. 그날 저녁 R은 수용소의 교회에 가서 하나님에게 기도했고, 경건한 자세로 성경을 읽었다. 그리고 성경의 가장 중요한 십계명을 암송했는데 여섯 번째 계율은 '살인을 하지 말라You shall not murder. Thou shalt not kill'였다. R의 살인행위는 십계명을 어긴 죄악이지만 R은 십계명을 암송하면서도 죄를 범했다는 생각을 하지 않는 것이다. 왜 그랬을까? 이 답은 교황 우르반 2세Urban II의 연설문에 있다. 우르반 2세는 1095년 십자군의 필요성을 역설하면서 성지 예루살렘을 더럽히는 이슬람교도들을 '깨끗이 청소하자'고 말했고 그 말은 오랜 전쟁으로 이어졌다. 교황 우르반 2세의 십자군 선동 연설문에서 십계명의 여섯 번째 '살인을 하지 말라'는 계명은 이교도에게는 적용되지 않는다.

이런 기독교 세계의 전통 때문에 독일 병정 R은 양심의 가책을 느끼지 않는다. 이처럼 제2차 세계대전 중 독일 점령지에서 유대인은 죽여도 괜찮은 타자였을 뿐이다. 이것을 철학과 윤리로 비판한 사람은 유대계 프랑스인 레비나스E. Levinas, 1906~1995였다. 그는 리투아니아에서 태어나서 프랑스에서 교육을 받고 프랑스군 장교로 2차 대전에 참전하던 중 포로로 잡혀 5년을 보냈다. 그 사이에 그의 아버지와 동생은 나치에 학살당했다. 그리하여 레비나스는 개별 존재자의 실존에 대하여 깊이 생각했다. 레비나스에 의하면 플라톤 이후의 서구철학은 동일자를 추구하는 존재론이 중심이었다. 이 존재론은 '자기'를 중심으로 하는 (자기)존재론이다. 여기서 레비나스의 동일성의 폭력 개념이 도출되는데, 동일성의 폭력은 동일한 주체들이 연합하여 자신들과 다른 타자에게 폭력을 행사하는 것이다.

유대인 레비나스는 이 참담한 상황을 '존재와 존재자'를 구분한 하이데거에 적용한다. 그리고 존재보다 어떤 상황에 놓인 존재자를 우선한다. 나치에게 죽여도 되는 타자 레비나스에게 절박하면서 절망적인 상황에 놓여 있는 실존주의적 존재자가 필요했던 것이다. 포로수용소의 장교작업반에서 그는 끊임없이 기록하고 사유했다. 이것이 『시간과 타자*Time and the Other*』인데, 여기서 레비나스는 나치의 타자인 유대인의 존재자를 구체적인 상황이라는 시간 속에서 해석한다. 모든 사람은 일정한 시간과 구체적인 상황에서 육체인 물질로 존재한다. 그러므로 한 인간은 시간과 공간에 매인 주체이고 존재이면서 존재자다. 그런데 자기성自己性과 주체성主體性이 있는 인간은 다른 인간에게는 타자다. 모든 인간은 서로 타자가 되는 셈이기 때문에 '서로의 관계를 어떻게 설정하는가'가 중요하다.

레비나스는 타자를 고려하고, 배려하며, 존중하고, 이해하는 타자윤리를 제시한다. 인간으로서 자기에 대한 윤리와 타자에 대한 윤리가 같아야 한다는 것이다. 독일의 나치가 그랬던 것처럼 타자를 억압하고, 살해하고, 무시하는 관계는 바람직한 윤리가 아니다. 그런데 독일의 나치는 동일한 주체를 주인으로 놓고 동일하지 않은 타자를 노예로 놓은 다음, 홀로코스트의 살인을 저질렀다. 그 책임은 파시즘의 폭력성과 전체성에도 있으나 철학의 동일성同一性과 자기성自己性에도 있다. 동일성으로 연대한 '우리'는 타자에 대한 윤리를 지키지 않을 수 있다는 것이다. 여기서 유래한 동일성의 폭력은 동일한 의식을 가진 주체가 동일하지 않은 타자에게 폭력을 가한다는 이론이다. 그래서 레비나스는 윤리학을 제일철학이라고 명명했으며, 자유와 권리보다 윤리와 도덕이 더 중요하다고 강조했다.

'나는 다른 사람들은 다 이해할 수 있으나 하이데거는 이해하기 어렵다'라고 말한 레비나스는 나치의 동일성 추구는 서양철학의 근본적인 문제라고 진단했다. 그러니까 플라톤 이후, 서구 형이상학은 존재론에 치중하면서 같은 존재의 동일성을 강요했다는 것이다. 그리고 동일자가 아닌 타자에 대해서는 배제와 억압을 행사하면서 자기 주체를 강화했다. 그 결과 실재하는 타자의 외재성exteriority을 무시하고 타자를 자기화하고 자기동일성의 세계에서 인식하고 대했다. 레비나스는 스승 후설 밑에서 함께 공부한 하이데거가 『존재와 시간』을 출간했을 때 찬사를 보냈지만, 얼마 후 하이데거가 나치주의자가 되었을 때 그의 존재론에 문제가 있음을 간파했다. 레비나스의 생각은 옳았다. 동일성을 강조하면 결국 나치와 같은 전체성totality으로 나갈 수밖에 없다는 것이 레비나스의 타자 윤리학이다.

참고문헌 Emmanuel Levinas, *Time and the Other* 1948. translated by Richard A. Cohen, Pittsburgh : Duquesne University Press, 1987 ; Emmanuel Levinas, *Totality and Infinity : An Essay on Exteriority* 1961. translated by Alphonso Lingis, Pittsburgh : Duquesne University Press, 1969.

참조 내던져진 존재, 대타자·소타자, 불안(하이데거), 이성, 이성론/합리주의, 자기 정체성, 전체주의의 기원, 존재(개념), 존재(하이데거), 존재·존재론, 주체·주체성, 타인의 얼굴, 타자, 타자윤리, 현존재 다자인, 형이상학

불확정성의 원리

Uncertainty Principle | 不确定性原理

'신은 주사위 놀이를 하지 않는다God doesn't play dice with the world.' 이것은 천재과학자 아인슈타인이 한 말이다. 그런데 이 선언으로 인하여 위대한 아인슈타인의 시대가 끝났다. 이 사건을 유발한 것이 바로 20세기 물리학의 핵심인 양자역학이다. 애석한 것은 초기 양자역학의 토대인 광양자설光量子說을 제기한 아인슈타인이 양자역학에서 말하는 원자구조를 잘못 이해했다는 점이다. 그런데 '신은 주사위 놀이를 하지 않는다'는 선언은 종교적이어서 의미가 왜곡되는 현상이 발생한다. 즉, 과학이 종교의 차원으로 이해되면서 아인슈타인을 지지하는 경우가 생기는 것이다. 보어-아인슈타인 논쟁을 거치면서 아인슈타인의 선언은 틀렸다는 것이 입증되었고 물질과 존재에 대한 혁명적인 양자물리학 또는 양자역학의 세계가 시작되었다. 아인슈타인이 잘못 이해한 것은 원자의 구조를 구성하는 전자의 운동이다.

덴마크의 과학자 닐스 보어Niels Bohr, 1885~1962는 1913년 원자의 구조가 양성자proton와 중성자neutron로 결합된 핵nucleus, 그리고 핵의 주위를 도는 전자electron로 구성되었다는 원자구조론을 발표했다. '더 이상 나눌 수 없다'는 뜻의 원자atom는 화학 원소의 특성을 잃지 않는 물질의 최소입자이고 모든 존재를 구성하는 최소단위다. 한편 원자를 포함한 모든 것은 에너지와 속도에 의한 운동량과 운동 방향의 작용으로 존재한다. 따라서 원자의 운동을 이해해야만 존재를 이해할 수 있다. 그런데 뉴턴역학 또는 고전역학은 일반적이고 거시적인 물질이나 존재는 설명하지만, 미시적 세계와 원자는 설명하지 못한다. 이 문제를 해결한 불확정성의 원리는 1926년 하이젠베르크[W. Heisenberg, 1901~1976]와 슈뢰딩거[E. Schrödinger]가 주장한 것으로 '원자를 구성하는 핵과 전자의 관계는 확률적으로만 표시된다'는 양자역학의 핵심이론이다.

고전역학에서는 전자의 위치와 운동량을 동시에 측정할 수 있고 에너지의 운동과 방향도 예측할 수 있다고 보았다. 양자역학에서는 그것을 불확실한 확률로 간주한다. 그러므로 입자의 위치 x와 운동량 p는 플랑크 상수[Planck's constant]인 h에 의하여 제약된다. 따라서 입자의 위치를 알면 운동량을 알 수 없고 운동량을 알면 입자의 위치를 알 수 없다. 또한, 입자의 위치와 운동량은 관측량과 관측값으로 나타낼 수 없으며 단지 함수의 연산으로 표시할 수 있다. 이것은 전자의 위치를 발견할 가능성만 알 수 있다는 뜻이다. 그 가능성이 확률로 표시되기 때문에 아인슈타인은 주사위 놀이라고 한 것이다. 한편 원자 내부의 양성자, 중성자, 전자의 관계는 객관적이다. 그런데 인간의 주관적 개입이 가능하다고 주장하는 학자도 있지만, 이것은 옳지 않다. 아니 현재로서는 알 수가 없다.

불확정성의 원리는 입자와 파동은 서로 제약을 받는 상보적 관계이면서 입자성과 파동성이 공존한다는 이론이다. 이것을 증명한 실험이, 관측행위가 관측대상에 영향을 주는 이중슬릿 실험[double slit experiment]이다. 이 실험에서는, 하나의 입자가 어떤 때는 파동이 되지만 입자와 파동이 동시에 관측되지 않는다. 즉 인간의 관찰에 의하여 파동이 입자로 변한다는 것은 놀라운 사실이지만 그 이유는 밝혀지지 않았다. 한편 슈뢰딩거는 방사능과 독가스가 들어있는 상자에 고양이를 넣은 다음 고양이의 상태를 파동으로 표현하여 '살아 있으면서 동시에 죽은 고양이'라고 하는 것은 불완전한 설명이라고 주장했다. 이처럼 양자역학은 불확정성의 원리에 근거하고 있지만, 불확정성의 원리는 관찰에 대한 이론이 아니고 입자와 파동의 관계에 대한 이론이다.

뉴턴역학과 아인슈타인의 상대성이론을 의미하는 고전역학은 실재와 본질을 알 수 있다는 결정론과 실재론의 입장이고, 양자역학은 불확정성의 원리에 근거하여 실재와 본질을 알 수 없다는 확률론의 입장이다. 그런데 '원자의 구조에서 전자의 위치를 확정할 수 없다'는 불확정성의 원리는 창조의 비밀과 우주의 존재 그리고 인간의 실존과 연관이 있다. 가령 '확률로만 표시되는 불확정성의 원리는 객관적 실체가 없다'는 것이므로 인간을 포함한 모든 존재는 단지 확률적으로만 실존하는 셈이다. 그리고 우연히 존재하는 셈이다. 그런 점에서 불확정성의 원리는 과학인 동시에 우주 창조의 비밀과 존재의 본질을 이해하는 원리라고 할 수 있다. 이 양자역학은 철학, 사회학, 예술을 비롯한 여러 영역에 큰 영향을 미쳤다. 한편 입자의 위치와 운동량을 동시에 측정할 수 있다는 주장이 제기되어 있다.

참고문헌 Werner Heisenberg, *The Physical Principles of the Quantum Theory*, Courier Dover Publications, 1949; John von Neumann, *Mathematical Foundations of Quantum Mechanics* 1932. Princeton Univ. Press, 1996.

참조 과학주의, 결정론, 뉴턴역학·고전역학, 라플라스의 악마, 심신이원론, 양자역학, 원자, 역사적 유물론/유물사관/사적 유물론, 유물론, 일반상대성이론, 자유의지, 존재론, 창조론, 특수상대성이론, 패러다임

빅뱅이론 / 우주팽창이론
Big Bang Theory | 大爆炸

감격스러운 어조로 그는 이렇게 말했다. '여러분이 종교가 있다면 지금 신을 보고 있는 것입니다.' 1992년 4월 23일, 인류 역사에 기록될 놀라운 사실을 발표한 사람은 나사^NASA의 조지 스무트^George Smoot였다. 스무트가 '지금 신을 보고 있다'고 말한 것은, 모든 사람이 알고 싶어 하는, 우주의 생성과 변화를 정리하여 과학적으로 보여주었기 때문이다. 그가 보여준 것은 우주가 폭발하고 팽창하는 광경이었다. 근대의 과학자들은 세상이 신에 의하여 창조된 것이 아니라 스스로 존재하고 진화하는 것으로 믿었고, 그것을 빅뱅이론 즉 우주팽창이론으로 증명한 것이다. 하지만 기독교인을 포함한 종교인들은 우주팽창은 신의 뜻과 섭리가 실현된 것으로 본다. 따라서 스무트의 아이러니한 표현은 인간과 우주는 창조된 것이기도 하고 진화한 것이기도 하다는 이중의 의미가 있다.

빅뱅이론은 최초의 강력하고 거대한 폭발로 우주가 시작되었다는 물리학 이론이다. 빅뱅이론과 같은 개념인 우주팽창이론에 의하면 우주는 대략 138억 년 전에 한 점에서 갑자기 폭발했다. 그 점은 무한한 밀도와 온도가 응축된 특이점이다. 그 이후 우주는 계속하여 팽창했고, 지금도 팽창하는 중이며 무한히 팽창할지 수축할지 아직 모른다. 그런데 대폭발 이후의 1초 사이에 현재 우주에 존재하는 거의 모든 원리가 만들어졌다. 따라서 우주에는 중심이 없고 거의 균질한 상태의 우주원리가 생겼다. 그 1초는 프랑크 시간 1초의 10^{-43}인 순간적 찰나를 말한다. 이때 물질을 생성하는 원리인 중력과 원자가 분리되었다. 바로 우주생성의 원리 때문에 별도 있고, 시간과 공간도 생겼으며, 산이나 강, 사람이나 식물이 존재하게 된 것이다. 이후 빅뱅이론 역시 진화하여 급팽창inflation 후에 빅뱅이 있었고 그 이후에 '우주는 계속하여 팽창하고 있다'는 것이 정설로 인정받게 되었다.

빅뱅이론의 우주 폭발과 팽창 이론이 제기되었을 때 많은 사람들이 이것을 조롱했다. 사람들에게, 팽창하고 폭발하여 우주가 생긴다는 이론은 터무니없는 상상에 불과했다. 왜냐하면 그것은 종교에서 말하는 천지창조와 유사할 뿐 아니라 빅뱅이론을 제기한 사람 중의 하나가 벨기에의 신부 르메르트G. Lemaître였기 때문이다. 그래서 정상우주론을 주장하던 호일F. Hoyle은 '이유도 없이 갑자기 폭발했다'는 경멸적인 의미로 빅뱅이라고 한 것이 정착된 것이다. 이처럼 빅뱅이론은 (당시의) 정상우주론Steady State Theory에서 볼 때 비정상적이고 또 기이한 개념이다. 아인슈타인의 지지를 받았던 정상우주론은 우주가 팽창하는 것은 맞지만 고정된 구조와 원리 속에서 팽창하는 것이며 우주는 시작과 끝이 없이 존재하는 것으로 보았다. 1927년에 제안되었고 1947년에 가모G. Gamow가 더 구체적인 가설을 세운 이후, 두 가지 중요한 발견이 있었다.

첫째, 허블E. Hubble, 1889~1953은 천체망원경을 이용하여 별들이 멀어진다는 것을 밝혔다. 어느 별에서 보아도 서로 멀어진다면 그것은 팽창이며 그 팽창은 한 점에서 시작되었다는 것을 의미한다. 이 발견은 적색편이redshift라는 빛의 분광 현상과 도플러 효과를 적용한 결과다. 허블에 의하면 빛은 파장이 짧은 푸른색과 파장이 긴 붉은색의 분포가 일정한데 멀고 먼 별에서 온 빛일수록 파장이 긴 붉은색 쪽이다. 그것을 거리와 속도 공식인 허블상수V=Hr로 표현했다. 둘째, 스무트와 그의 동료들은, 빅뱅 이후 퍼져나간 빛에 의하여 생긴 우주배경복사cosmic microwave background가 2.7k의 극초단파로 존재한다는 것을 입증했다. COBE를 비롯한 여러 우주선이 밝힌 것은 모든 방향에서 들리는 우주배경복사에는 미세한 차이가 있다는 것이다. 이것은 폭발 초기의 온도 요동 때문에 밀도의 차이가 생겼고, 그 때문에 중력에 의한 물질의 결합이 가능해졌으며, 그로 인하여 별과 은하가 생겼다는 것을 증명한다.

대폭발 후 38만 년경 핵이 생긴 후 대략 백만 년 동안 소립자^{quark}와 경입자 ^{lepton} 그리고 양성자와 전자 등이 결합하여 분자가 생겼다. 하지만 우주의 물질은 4.6%에 불과하고 암흑물질$^{dark\ matter}$이 23%, 암흑에너지$^{dark\ energy}$가 72% 존재한다. 그런데 물질 중 3/4은 수소, 1/4은 헬륨이므로 이 구조가 가능한 1천만 도의 핵융합이 있었을 것이다. 이것이 대폭발의 출발점이었고 그 이후 우주에 존재하는 물질은 반물질$^{anti-matter}$을 이겨내고 결합하고 진화하여 마침내 세상과 생물 그리고 인간이 태어났다. 이 우주에는 아인슈타인의 일반상대성이 통용되는 우주적 보편성과 원리가 있다. 21세기의 표준우주론 또는 우주진화론으로 불리는 빅뱅이론은 여전히 풀리지 않은 점이 많다. 그러나 빅뱅이론은 과학적으로 인간과 세상을 설명하고, 시간과 공간의 문제를 풀었다는 점에서 큰 의미가 있다.

참고문헌 Edwin Hubble, "A RELATION BETWEEN DISTANCE AND RADIAL VELOCITY AMONG EXTRA-GALACTIC NEBULAE", *Proceedings of the National Academy of Sciences* Volume 15 : March 15, 1929 : Number 3.

참조 공간, 뉴턴역학·고전역학, 만유인력·중력, 물리주의, 분자, 불확정성의 원리, 시간, 시공간, 양자역학, 원자, 일반상대성이론, 존재론, 진화론, 특수상대성이론

젠더

Gender | 性別

'그리고 한밤에 12번을 치는 시계 소리; 자정의 12번째 종, 목요일, 10월 11일, 1900 그리고 28년.'[1] 이것은 영화로 만들어지기도 한 버지니아 울프의 환상소설 『올란도*Orlando*』의 마지막 문장이다. 미소년 올란도는 1600년대 어느 날 남성으로 태어났다. 영국 여왕 엘리자베스의 사랑을 받다가 궁전에서 나온 후, 17세기에 이르러 비극 시인을 꿈꾸다가 터키 대사가 되었다. 반란군에 쫓기던 중 여성으로 변하여 영국으로 돌아와서 결혼하고 아이를 낳는다. 그리고 20세기를 살다가 36세 되던 1928년에 여성으로 죽는다. 버지니아 울프Virginia Woolf, 1882~1941가 자신의 동성애 성향을 그렸다고 평가받는 이 작품은 여성의 존재론을 묘파했기 때문에 페미니즘에서 주목하는 작품이다. 또한, 이 작품은 인간은 남성성과 여성성을 동시에 가지고 있는 양성적 인간이 이상적이라는 것을 보여준다.

성경은 하나님/하느님이 남성 아담과 여성 이브를 만들었다고 기록하고 있으며 동양에서는 음과 양의 기운이 여성과 남성이 되었다고 본다. 플라톤은 『향연』에서 남성, 여성, 양성의 세 가지 성이 있다고 기록하고 있고 동서양의 많은 서적은 소수 성의 문제를 증언하고 있다. 하지만 인류는 수천 년간 지배하는 남성과 종속된 여성의 이분법을 유지했다. 이런 남성중심주의는 이성적이고 능동적인 남성과 감성적이고 수동적인 여성이라는 남녀의 이분법을 심화시켰고, 이것을 바탕으로 윤리와 도덕을 확립했다. 잘못된 남녀이분법과 남성지배

---

1   And the twelfth stroke of midnight sounded; the twelfth stroke of midnight, Thursday, the eleventh of October, Nineteen hundred and Twenty Eight.

구조를 비판한 것은 근대의 페미니스트들이다. 이들은 남근을 가진 남성과 유방을 가진 여성의 생물적 차이인 섹스^{sex}가 남성의 우월성과 여성의 열등성을 의미하는 젠더^{gender}를 만들었고, 그 결과 생물적 성^性이 계급이 되는 불평등을 조장했다고 주장한다.

그리스어 '생산하다^{gen}'라는 뜻에서 파생한 젠더는 '태어날 때 결정된 성'으로 쓰이다가 20세기에 새로운 의미로 쓰이기 시작했다. 20세기의 젠더는 남녀 차별을 했던 과거에 대한 반성의 단어이면서 여성의 고통을 제거하려는 여성운동의 개념이다. 한편 1955년 미국의 머니^{John Money, 1921~2006}는 의학적으로 성을 구분할 수 없는 아이에게 젠더라는 새로운 개념을 부여했다. 이후 여성들은 남성이 우월한 지위를 이용하여 여성을 억압한다고 비판하면서 여성해방의 페미니즘운동을 벌였다. 이때 여성주의자들이 불평등하게 주어진 성적 역할과 성적 정체성이라는 의미로 젠더를 쓰기 시작했다. 그리고 1995년 9월 5일 베이징에서 열린 제4차 세계여성대회에서 섹스^{sex} 대신 젠더^{gender}를 사용하기로 결정했다. 이런 과정을 거친 젠더는 사회적 성이자 문화적 개념이며 생물학 또는 해부학의 신체적 특성과 차이를 존중하면서 불평등한 남녀의 지위와 역할을 평등하게 만들자는 의지가 낳은 어휘다.

인류는 역사적으로 남녀의 분업을 통하여 생존해 왔으며, 제한된 자원을 분배하는 과정에서 남성의 독점과 지배를 강화했다. 그 결과 우월한 남성과 열등한 여성으로 차별한 다음 사회적 역할을 고정함으로써 남녀의 불평등을 법과 제도로 고착시켰다. 아울러 신의 권위를 빌어 남녀의 위계를 설정했다. 근대 이후에도 정치, 경제, 사회, 문화, 교육, 종교에서 남성 지배구조는 변하지 않았다. 이 문제점을 깊이 인식한 여성해방주의자들은 사회문화적 젠더로 인한 차별을 철폐해야 한다고 주장했다. 또한, 이들은 약자의 관점에서 여성만이 아니라 중성, 양성, 무성, 불확실한 성 등 다양한 성소수자들의 권리와 존재를 위하여 노력했다. 한마디로 남녀의 평등이 우선되어야 한다는 것이고, 사회에 만연한 성적차별을 제거해야 한다는 것이며, 사회가 기대하는 젠더 역할gender role과 젠더 정체성을 없애야 한다는 것이다.

성sex이 '어떻게 태어났는가'를 의미하는 남녀의 신체적 특징이라면 젠더는 '어떻게 살아갈 것인가'를 의미하는 남성성masculinity과 여성성feminity의 심리적 지향성이다. 따라서 페미니즘에서는 강제로 구성된 성차性差인 젠더를 넘어서 주체적인 자기 존재를 확립하는 것을 인류의 해방이라고 본다. 나아가 젠더는 유동성fluidity이 있는 개념이므로 고정된 것이 아니라고 말한다. 페미니즘운동은 1960년대에 전개된 흑인과 약자의 인권운동과 맥을 같이 한다. 한편 1980년대 이후 전투적인 페미니스트들은 조안 스콧과 주디 버틀러Judith Butler의 이론에 근거하여 (문화적인 사건이고 제도적인 언술인) 젠더를 폐기하거나 해체해야 한다고 주장한다. 젠더 개념이 없는 사회가 진정 평등한 사회라는 뜻이다. 이처럼 젠더는 사회적 성性인 동시에 남녀의 차별을 극복하고 소수의 성을 포함한 모든 성적 평등을 지향하는 시대적인 저항 담론이다.

참고문헌 Virginia Woolf, *Orlando : A Biography*, Hogarth Press, 1928; John Money and Patricia Tucker, *Sexual Signatures on Being a Man or a Woman*, Little Brown & Co, 1975.

참조 개념, 모더니즘(예술), 문화, 오이디푸스 콤플렉스, 이항대립, 인간(신체), 자기 정체성, 젠더수행성, 존재론, 주체·주체성, 퀴어이론, 페미니즘

실제의 공동체

Actual Communities | 实际的共同体

사전에서는 미국을 다음과 같이 설명한다. '북아메리카대륙의 가운데를 차지하는 연방공화국. 영국의 식민지였으나 1776년 13주가 독립을 선언하고 독립전쟁에 승리하여 1783년 각국의 승인을 받았다. 이후 영토를 확장하고 급속한 경제성장을 이루었다. 50개의 주와 하나의 특별자치구로 구성되어 있으며, 주민은 백인이 다수이고 약 30%가 혼혈이나 다른 인종이며 주요언어는 영어이다. 수도는 워싱턴, 면적은 937만 5,720km².' 이것은 미국을 실재하는 하나의 공동체로 보고 기술한 것이다. 이처럼 역사, 사회, 행정, 정치, 산업의 영역에서는 작은 마을 단위에서 국가나 대륙에 이르는 단위를 실제의 공동체로 본다. 이 실제의 공동체는 공동의 정체성communal identity을 가지고 있고 문화적 유대감으로 묶여 있으며 생활의 유사성과 공통의 관심사를 가지는 현실에 존재하는 집단이다.

서구 유럽의 민족주의를 실재實在하는 실체實體로 본 한스 콘Hans Kohn, 1891~1971은 민족을 혈통, 언어, 역사의 경험, 영토, 관습, 종교, 정치 등에 의해서 현실에 객관적으로 존재하는 실제의 공동체로 정의한다. 한스 콘에 의하면 서구의 계몽주의, 합리주의, 자유주의가 실제의 공동체인 민족주의를 잉태했다. 한편 구체적이고 객관적으로 존재하는 민족에 대한 의식인 민족주의는 개인이 국가와 민족에 충성해야 한다고 믿는 심리다. 이 실제의 공동체는 실제로 존재하면서 소속감, 영향력, 욕구충족, 사건의 공유와 정서적 결합 등을 토대로 하는 객관적 공동체다. 또한, 한스 콘에 의하면 근대의 민족은 원민족proto-nation에 정치·경제적 결사체의 성격이 가미되어 실제의 공동체인 민족국가nation state가 완성되면서 생긴 집단이다. 실제의 공동체는 베네딕트 앤더슨이 말한 상상의 공동체와 반대되는 개념이다.

베네딕트 앤더슨B. Anderson은 근대의 국민국가와 민족은 현실에 있는 실제의 공동체가 아니라 마음에 있는 상상의 공동체imagined communities라고 설명한다. 실제의 공동체가 현실에 존재하는 공동체라면 상상의 공동체는 상상에 존재하는 공동체다. 사전적인 개념에서 실제의 공동체共同體는 믿음, 자원, 경험, 기억, 문화, 취향, 위험 등을 공유하므로 구성원의 동질성과 결속력에 영향을 미친다. 이 실제의 공동체에는 가족공동체로부터 농촌공동체, 도시공동체를 포함하는 지역사회에 이르기까지 다양한 공동체가 존재한다. 규모가 크고 강력한 공동체는 민족과 국가다. 국가의 국민인 개인은 이 민족국가에 소속되어 자기 정체성을 확립한다. 한편 유럽연합European Union과 같은 초국가적이고 초민족적인 지역공동체도 있고 이슬람 사회와 같은 초지역적인 종교공동체도 있다.

민족은 생활공동체이자 운명공동체이므로 민족 구성원의 자유와 행복을 추구하는 정치공동체인 민족국가nation state를 형성한다. 이 민족국가는 언어, 역사, 정치, 경제, 지리와 같은 객관적 실체에 민족감정, 민족 정서, 민족의식, 민족정신, 민족주의 등 주관적 인식이 결합한 형태다. 실제의 공동체인 민족국가는 산업사회와 자본주의 체제 이후 부르주아를 중심으로 구성된 근대국가다. 또한, 민족국가는 산업혁명과 자본주의의 발달로 촉발되었는데 자기들만의 일체감을 가지면서 실제의 공동체를 완성하고자 민족운동을 벌였다. 그러므로 민족이 국가와 결합하면서 국민이 생기고 국민國民과 민족民族은 국가와 민족을 지키고자 자신을 희생하는 것이다. 그러니까 민족은 민족감정과 민족의식을 동반하는 주관적 실체인 동시에 언어, 문화, 혈연관계, 역사의 공동경험, 정치경제적이해, 지역 등을 바탕으로 하는 객관적 실체다.

공동체는 유사성으로 분류되는 '같은 범주category와 같은 소속감을 느낀 집단group'이다. 독일의 사회학자 퇴니에스F. Tönnies, 1855~1936는, 공동사회Gemeinschaft와 공동체共同體는 혈족, 지역, 종교 등의 관계로 이루어진 사회이고, 이익사회Gesellschaft 또는 결사체結社體는 각 개인의 이익에 의하여 사람들이 자율적으로 결합한 사회라고 설명했다. 전자가 자연스럽게 형성된 실재의 혈연공동체라면 후자는 계약과 동의에 근거하여 성립되는 관념적 결사공동체라고 할 수 있다. 그 외에 혈연 씨족공동체, 지연地緣의 촌락공동체, 정신적 결사공동체, 종교로 결속하는 종교공동체 등도 있다. 한편 마르크스는 원시 공동체/원시 공산사회(무계급)-고대 노예사회-중세 봉건사회-근대 자본주의-공산주의라는 발전과정을 통해서 실제의 공동체에 대한 중요한 개념을 정립했다.

참고문헌 Hans Kohn, *The Idea of Nationalism : A Study in Its Origins and Background*, Transaction Publishers, 2005.

참조 감정·정서, 개념, 국가주의, 국민국가/민족국가, 문화, 민족, 민족적 낭만주의, 민족주의, 상상, 상상의 공동체, 심상지리, 언어 민족주의, 인쇄자본주의, 자기 정체성, 자본주의

내성 / 분트의 자기성찰

Self Introspection | 內省

심리학 교수 K는 칠판에 이렇게 썼다. '여기를 보지 마시오.' 학생 P는 순간적으로 여러 가지를 생각하게 되었다. 보라는 것인가? 보지 말라는 것인가? 대체 이것은 무슨 뜻인가, 왜 이런 글을 썼을까, 이미 보았는데 어떻게 할까, '여기'가 어디일까, 왜 나에게 명령을 하는 것인가 등 수많은 생각을 하면서 다시 '여기를 보지 마시오'를 보고 또 보았다. 그러자 K는 P를 향해서 '보지 말라는데 왜 자꾸 보는 것인가'라고 반문했다. 그리하여 P는 저 문장을 보고 있는 자기의 내면과 칠판에 씌어 있는 문장의 관계를 또다시 생각하지 않을 수 없었다. 이때 P의 보는 행위 즉 감관感官의 감각을 통해서 문장의 의미를 인식하고 이해하는 지각이 작동한다. 그런데 이 순간 다른 모든 감각 즉, 시각 이외의 청각, 촉각, 후각, 미각 등은 모두 하나의 감각에 통일되는 현상이 발생한다. 이것이 통각apperception, 統覺이다.

근대 실험심리학의 아버지로 일컬어지는 독일의 분트Wilhelm Wundt, 1832~1920는 당시의 시대정신에 따라 존재의 문제를 심리학에 연결했다. 라이프치히 철학과 교수로 재직 중이던 분트는 1875년 심리학실험실을 개설하고 『생리학적 심리학』을 펴내면서 과학적인 실험심리학의 토대를 쌓았다. 특히 인간 존재의 본질과 존재의 방식을 알고자 한다면 인간 내면의 의식을 이해하는 것이 필요하다고 보았다. 또한, 인간을 분석하는 심리학자는 의식의 내용과 의식이 구성된 방식을 알아야 한다고 믿었다. 이를 위하여 생리학의 내면 성찰 방법을 이용한 분트는 인간의 의식을 화학의 분자식으로 표현할 수 있어야 한다고 확신하고, 의식이 구성되는 방법을 연구했다. 분트에 의하면 의식이 구성된 것을 통합하여 이해하면 의식의 내용이 된다. 이런 연구를 위해서는 감정과 감각을 종합적으로 이해하면서 다른 것과 연결하여 사유하는 통각 능력이 필요하다.

통각 과정에서 의식의 내면을 성찰하는 내성이 실현된다. 분트가 말한 내성 introspection, 內省은 자기 생각과 감정을 돌아보는 내면 성찰이다. 그런데 정신의 내면을 관찰하려면 외부적인 조건을 차단해야 하며, 기존 지식의 영향을 받지 않도록 유의해야 한다. 일찍이 칸트는 내성을 다양한 감성과 지각을 통일하는 주관적 자기의식으로 보았다. (칸트와 달리) 분트가 주목한 것은 주관적인 내면 성찰이 아니라 객관적이고 과학적인 내면 성찰이다. '의식의 내면이 어떻게 구성되어 있는가'를 분석하기 위해서는 의식을 정확하게 읽고 분석한 다음 다시 통합하는 통각적 인지의 과정이 있어야 한다. 그래서 분트는 (종교적인 내면 성찰과 다른 내성을 위하여) 복잡한 의식을 감각과 경험의 요소로 분해한 다음 다시 통합하여 이해하는 내성실험을 했다. 그의 내면 성찰과 내성실험은 의식을 새롭게 이해하는 중요한 계기였다.

이 실험의 방법에는 순간적으로 문자를 기억하는 능력 측정, 자극을 가했을 때 통증을 느끼는 정도 측정, 단어의 암기 능력 측정 등이 있다. 그의 방법은 형이상학적이고 주관적일 수 있는 철학과 다른, 객관적이고 과학적인 심리학을 독립학문으로 발전시키는 계기가 된다. 분트는 마음 또는 정신을 구성하고 있는 요소를 찾고, '그 배열을 이해하면 마음의 운동을 파악할 수 있다'면 '마음과 정신을 과학적으로 알 수 있다'고 보았다. 그래서 분트는 실험의 과정을 과학적으로 확정하고 실험을 통해서, 마음과 정신을 객관적으로 측정하고자 노력했다. 그리고 실험의 주체이자 대상인 학생들을 훈련해서 내면 성찰의 전문적 경험을 쌓도록 했다. 무엇보다도 분트는 심리학이 과학이어야 한다고 강조하고, 인간의 내면 즉 마음도 과학으로 이해될 수 있다고 믿었다. 그래서 그의 심리학은 마음의 구성요소를 찾는다는 의미에서 구성주의Structuralism 심리학의 원조로 여겨진다.

이처럼 분트는 인간의 내면을 깊이 성찰하고 그 의식 내면에서 어떤 작용이 일어나고 있으며, 그 과정이 무엇인가를 탐구했다. 그의 이런 내면 성찰의 내성법과 구성주의는 분트의 제자였던 미국 코넬대학의 티치너^{E.B. Titchener}에 의해서 계승된다. 하지만 티치너는 인간 내면을 보는 개인심리학에 주목한 나머지 발생의 과정에 주목하는 민족심리학을 개인심리학에 한정하는 오류를 범했다. 하지만 분트의 내성법과 구성주의는 티치너에 의해서 더 과학적인 학문으로 발전할 수 있었다. 분트와 비슷한 시기에 살았으며 또 다른 심리학의 아버지로 불리는 제임스^{William James, 1842~1910} 역시 마음, 의식, 정신의 흐름에 주목하면서 내성의 방법을 이용했다. 이처럼 내성으로 인간 의식을 연구하려는 방법은 많은 비판을 받았지만, 인간 심리를 과학적으로 연구하는 출발점이었다.

참고문헌 Wilhelm Wundt, *Principles of Physiological Psychology*, translated by Edward Bradford Titchener, New York : Macmilan, 1904.

참조 감각, 감성, 객관·객관성, 구조주의, 마음, 무의식, 민족, 원형(칼 융), 의식, 의식의 흐름, 이성, 정신, 주관·주관성, 주체·주체성, 지각, 진화심리학, 프로이트

혁명

Revolution | 革命

'포락지형!' 이 말이 떨어지자 죄인은 흐느껴 운다. 포락지형炮烙之刑은 기름을 바른 구리 기둥을 걷는 형벌인데 이 형을 받은 사람들은 거의 다 기둥에서 미끄러져 숯불에 타 죽었기 때문이다. 죄인도 구리 기둥을 걷다가 타죽을 운명이다. 이 끔찍한 형벌은 상/은의 31대 왕인 주왕紂王 제신帝辛, ?~BCE 1046이 사용했다고 전한다. 하지만 이 전설은 상/은을 멸망시킨 주周의 기록이고 역사에서는 회하 유역의 동이족 국가 인방人方과 전쟁하던 중 무왕의 반란으로 주왕이 나라를 잃은 것으로 기록되어 있다. 또한, 은주왕의 고사에는 하夏의 말희末喜와 함께 악녀형 인물로 분류되는 달기妲己가 등장한다. 주지육림酒池肉林을 즐겼다는 은주왕의 귀비였던 달기는 복숭아 꽃잎으로 홍분紅粉의 연지臙脂를 만든 미녀였지만 충신 비간을 죽이고 그 심장을 보면서 웃었다고 전한다.

이런 과정을 거쳐서 중국 역사에서 이상적인 국가로 기록되는 주周, BCE 1046~BCE 256가 성립되었다. 이것을 『주역周易』「혁괘상전革掛象傳」에서 '하늘과 땅이 바뀌어 네 철을 이루듯 탕, 무의 혁명은 하늘의 뜻에 사람들이 호응한 것天地革而四時成 湯武 革命 順乎天而應乎人'으로 설명한다. 탕무의 혁명이란 하나라의 마지막 왕 걸桀을 추방한 탕왕과 상/은을 타도한 주무왕 희발周武王 姬發을 의미한다. 한자어 혁명이라는 말은 여기서 유래했다. 서구어에서 혁명은 라틴어 '전환하다revolutio'가 어원이고 '바뀐다, 회전하다, 반전하다'의 뜻이 있다. 혁명의 사전적인 의미는 국가의 체제, 사회제도, 경제, 조직 등을 완전히 바꾸는 것 또는 전통적 관습이나 제도, 방식 등을 단번에 깨뜨리고 질적으로 새로운 것을 급격하게 세우는 일이며 변화의 양태를 표현한 개혁改革을 포함한다.

혁명의 시간성과 공간성이 중요하다. 산업혁명이나 정보혁명과 같이 오랜 시간에 걸친 변화도 혁명이라고 하지만 대체로 급격히 변화시키는 것이 혁명이다. 공간적으로 보면 세계혁명이라는 말에서 보듯이 혁명은 인류 전체를 포함하기도 하지만 대체로 한 국가와 민족의 영역에서 이루어지는 것이 보통이다. 혁명이 긍정적인 의미로 쓰이는 것은 정치와 권력의 변화만이 아니라 삶의 전반에 걸친 변화이기 때문이다. 그런데 혁명의 과정이 강제적일 때 죽음과 투쟁이 동반되지만 순조로우면 동의에 의한 평화혁명도 가능하다. 그런 점에서 모순과 시대적 사명에서 비롯한 혁명은 정치적 반역, 민중/시민봉기, 군사적 의미의 반란을 의미하는 쿠데타coup 등과는 다르다. 또한, 혁명은 사회 정치경제의 변화만이 아니라 과학, 문화, 철학 등의 근본적 변화를 가리키는 말로도 사용한다.

1789년의 프랑스대혁명은 정치경제만이 아니라 교육, 사회, 제도, 과학, 종교, 문화를 근본적으로 바꾸었기 때문에 대혁명이라고 한다. 프랑스대혁명은 프랑스를 넘어서 서구 유럽을 새로운 체제로 변화시켰고 산업혁명과 과학혁명에도 영향을 미쳤으며 인류 역사를 새로운 방향으로 이끌었다. 이 프랑스대혁명을 주도한 것은 부르주아들이었으며 이들이 내세운 자유, 평등, 박애의 사상은 근대의 중요한 가치가 되었다. 이것을 (헤겔과 마르크스주의자들은) 전제군주의 봉건제도를 해체한 부르주아혁명이라고 명명한다. 이들은 전 자본주의－초기 부르주아－부르주아－부르주아 민주주의－초기 프롤레타리아－사회주의의 혁명, 또는 봉건주의－자본주의－사회주의로 혁명의 단계로 설명한다. 그러므로 1917년 레닌이 주도한 러시아혁명을 중요하게 여기는 것은 러시아혁명이 인류 보편의 역사에서 필연적으로 거친다는 역사철학의 단계이고 또 변증법적 통합이기 때문이다.

혁명은 사회의 모순과 갈등에서 촉발되는 것이 보통이다. 이것을 맹자는 '군주에게 대과가 있으면 간하고 이를 반복하여도 듣지 않으면 군주를 바꾼다君有

大過則諫反覆之而不聽 則易位'『맹자』「萬章句」下고 하여 역성혁명의 정당성을 강조하고 있다.

'민중이 군왕을 바꾼다'는 것은 맹자의 천명사상天命思想에서 유래한다. 하늘의 뜻에 따르지 않는 군왕은 하늘의 뜻에 따라서 민중이 바꿀 수 있다는 것이다. 이런 원리는 서구를 비롯한 다른 사회에서도 적용된다. 한편 혁명의 양태는 위로부터의 혁명과 아래로부터의 혁명으로 나눌 수 있고 혁명을 대비하여 미리 사회를 개혁하거나 반혁명으로 혁명을 차단하는 때도 있다. 근대사회에서 군주와 권력자의 포악무도한 학정에 저항하는 것은 천부인권이라는 사상이 싹텄고 이를 바탕으로 근대민주주의가 확립되었다. 하지만 이런 혁명의 정당성과는 달리 어떤 시대나 어느 사회에도 여러 가지 이유로 혁명이 일어나는 것이 보통이다.

참고문헌 『周易』, 「革掛象傳」.

참조 러시아혁명, 문화혁명, 변증법, 산업혁명, 유토피아, 자본주의, 천명사상, 프랑스대혁명, 한자문화권, 혁명가의 교리문답

제국주의

Imperialism 帝国主义

영문학 교수 J는 이렇게 말했다. '셰익스피어와 인도를 바꾸지 않겠다고 할 정도로 셰익스피어는 중요하다.' 그러자 인도계 미국인 학생 A가 '인도와 셰익스피어는 비교하거나 바꿀 대상이 아닌 것 같은데요?'라고 반박했다. 그러자 J 교수는 놀랐다는 듯이 토머스 칼라일^{Thomas Carlyle, 1795~1881}이 한 말은 '만약 그들이 우리에게 묻는다면, 당신은 인도제국을 포기할 것인가 아니면 셰익스피어를 포기할 것인가'였고 더 정확하게는 '인도제국은, 어떤 경우에도, 언젠가 갈 것이다; 하지만 셰익스피어는 가지 않을 것이고, 그는 우리 곁에 영원히 있을 것이며; 우리는 우리의 셰익스피어를 포기할 수 없다'[1]고 설명을 덧붙였다. 이 대화에서 보듯이 칼라일은 영웅숭배론의 관점에서 셰익스피어의 의미를 강조한 것인데, 이것이 '셰익스피어를 인도와 바꾸지 않겠다'와 같이 잘못 쓰이게 된 것이다.

1805년 트라팔가르 해전에서 스페인 프랑스 연합군에 승리한 영국은 해가 지지 않는 대영제국을 건설했다. 그리고 세계 여러 곳에 식민지를 만들고 부국강병을 바탕으로 제국주의의 길을 걸었다. 영국 제국주의가 이전의 제국주의와 다른 것은 산업혁명 이후 과학기술의 발달과 연관되어 있다는 점이다. 영국은 발달한 과학기술을 이용하여 산업혁명을 완성한 다음 생산능력을 증대하고

---

1   Consider now, if they asked us, Will you give–up your Indian Empire or your Shakespeare, you English–Officials would answer doubtless in official language; but we, for our part too, should not we be forced to answer : Indian Empire, or no Indian Empire, we cannot do without Shakespeare! Indian Empire will go, at any rate, some day; but this Shakespeare does not go, he lasts forever with us; we cannot give–up our Shakespeare!

자본을 축적했다. 세계 최초로 봉건적 생산양식에서 자본제 생산양식으로 변화한 영국은 원료를 조달하고 상품을 판매할 해외 식민지가 필요했다. 이처럼 경제적 이유에서 제국주의가 완성되고 정치적 이유에서 팽창주의와 침략주의가 널리 퍼진 18~19세기를 제국주의의 시대Age of Imperialism라고 부른다. 이런 정치경제적 제국주의와 달리 문화적 제국주의나 안보와 안전을 위한 제국주의도 있고 군사적 침략을 하지 않고 착취하는 신제국주의도 있다.

원래 제국주의는 황제가 통치하는 영토라는 의미imperium였는데 근대사회에서는 힘이 강한 국가가 약한 국가를 지배하거나 수탈한다는 비판적인 뜻으로 쓰인다. 고대에도 여러 형태의 제국주의가 존재했지만, 일반적으로 제국주의는 선진 자본주의를 완성한 국가들의 정치경제적 이념과 자민족중심주의의 패권적 제도를 의미한다. 특히 영국, 프랑스, 네덜란드 등 자본주의 국가들은 활발하게 식민지를 건설했고 서로 경쟁하면서 자국의 영토를 확장했다. 서구인들은 프랑스대혁명의 정신인 계몽주의를 전파한다는 명분과 서구 이외의 국가는 '백인의 짐Burden of White'이기 때문에 그들을 개화시켜야 한다는 사명의식을 가지고 있었다. '이성의 빛으로 어둠을 밝힌다'는 문명개화 사상이 긍정적 제국주의론의 이론적 근거가 된 것이다.

제국주의의 방법인 식민주의는 정치경제적 이유로 생기지만, 인간의 본능과 환경으로 설명하는 때도 있다. 히틀러의 제3제국에서 보듯이 강한 국가가 약한 국가를 지배하는 것이 당연하다는 것이다. 한편 제국주의자들은 환경에 의해서 결정된 우등한 인종, 민족, 국가가 열등한 인종, 민족, 국가를 지배하고 개화시키는 것을 사명으로 오인했다. 자유주의적 관점을 취하는 홉슨J. Hobson은 한 국가에서 상품과 자본의 독점과 잉여가 제국주의의 원인이라고 설명한다. 반면 마르크스주의자인 레닌은 역사철학적 관점에서 제국주의를 자본주의의 최후 단계로 설정한다. 레닌은 산업화 이후의 자본주의가 독점단계에 이르면 그 폐해로 인하여 프롤레타리아혁명이 일어나서 사회주의로 이행한다고 보았다.

그래서 그는 자본주의가 심화된 제국주의를 이해하지 못하면 아무것도 알 수 없다고 단언한다.

레닌V. Lenin, 1870~1924은 『제국주의: 자본주의 최고 단계』1916에서 자본을 통한 독점과 수탈의 정치경제적 지배를 강조했다. 그는 헤겔의 변증법과 마르크스의 공산주의 이론에 근거하여 인류의 역사는 필연적으로 사회주의 체제로 이행할 수밖에 없다고 보았다. 그는 제1차 세계대전을 제국주의 국가들의 패권전쟁으로 규정하고 민족주의에 근거한 전쟁 참여를 반대했다. 그러니까 세계대전이란 선진제국주의가 자본과 패권을 확장하다가 후진 제국주의와 충돌하여 생기는 필연적인 전쟁이므로, 프롤레타리아계급은 계급해방에 매진해야 한다는 것이다. 이처럼 자본주의와 민족주의가 결합하면 정치 군사적 권력을 가진 제국주의가 완성된다. 하지만 제국주의의 내재적 모순이 심화되고 외부와 충돌이 일어나면, 다음 단계인 사회주의와 공산주의로 이행할 수밖에 없다는 것이 제국주의 이론의 핵심이다.

참고문헌 V. Lenin, *Imperialism : The Highest Stage of Capitalism*, New York : International Publishers, 1997.

참조 계급투쟁, 노동가치설, 만국의 노동자여 단결하라, 문화제국주의, 민족주의, 변증법, 산업혁명, 세계체제, 심상지리, 오리엔탈리즘, 역사적 유물론/유물사관/사적 유물론, 유물론, 잉여가치, 자본주의, 제1차 세계대전, 제2차 세계대전, 탈식민주의, 프랑스대혁명

호모루덴스

Homo Ludens | 游戏的人

놀기 좋아하는 베짱이는 겨울이 올 때까지 놀기만 했다. 어느덧 겨울이 오자 베짱이는 개미의 집에 찾아갔다. 그것은 베짱이는 노래를 부르고 한가하게 놀았기 때문에 겨울에 먹을 것이 없었기 때문이다. 하지만 개미는 식량을 얻으러 간 베짱이의 청을 거절한다. 이것은 『이솝우화Aesop's Fables』에 나오는 「개미와 베짱이」라는 이야기다. 「개미와 베짱이」는 일종의 교훈으로, 앞날을 준비하면서 성실하게 일하는 개미와 현재를 즐기면서 재미있게 노는 베짱이를 대비했다. 이솝우화를 정리한 페리 목록 373번인 「개미와 베짱이」의 원전과 이야기 구조에 대해서는 이견이 있다. 한편 프랑스의 『라퐁테인 우화』에서는 베짱이 대신 음악가를 상징하는 매미가 등장한다. 「개미와 베짱이」 이야기는 일의 가치와 노동의 의미를 강조하는 동시에 놀이와 유희를 비판한 인류의 교훈으로 널리 알려져 있다.

네덜란드의 역사학자 하위징아J. Huisinga, 1872~1945는 노동과 유희를 대비하면서 인간의 존재론적 의미와 인류의 문명사적 발전을 논했다. 1933년 놀이와 진지함의 경계를 구분한 후 1938년 『호모루덴스』에서 놀이/유희하는 인간의 존재를 분석했다. 생각하는 인간이라는 의미의 호모사피엔스Homo sapiens와 유사한 조어법으로 하위징아가 만든 호모루텐스는 유희하는 인간이다. 라틴어 어원 ludo는 '놀다play'이며 명사형인 lūdus는 게임game, 스포츠sport, 놀이, 스펙터클, 재미 등의 의미로 쓰인다. 그러니까 호모루덴스는 하위징아가 창안한 개념이며 '놀이하는 인간, 게임을 하는 인간, 운동하는 인간, 재미를 즐기는 인간'이다. 하위징아가 인간의 유희에 주목한 것은 인류문명의 발전에 중요하다고 보았기 때문이다. 그러니까 놀이/유희는 문화의 범주 안에 있는 하위영역이 아니라 문화 그 자체를 형성하는 핵심이라는 것이다. 하위징아에 의하면 문화에는 놀이적 요소가 내재play element of culture하고 있는 것이지 문화 안에 놀이가 있는 것이 아니다.

원래 놀이는 놀이 그 자체가 목적이지만 놀이의 결과는 생산적이고 창의적이다. 물론 놀이는 소비적이고 무의미한 경우도 많다. 하지만 하위징아는 놀이가 재미, 흥분, 영감, 각성을 주는 유익한 행위이며 정신적 자유와 해방의 방법이라고 했다. 다른 동물도 놀이하지만, 인간은 놀이에 규칙을 만들고 예술적 의미를 가미하는가 하면 게임과 경쟁을 즐긴다. 또한, 인간은 동물과 달리 상상을 하고 상징을 만들어서 고도의 복잡한 놀이를 만들거나 자동차경주처럼 목숨을 건 게임을 한다. 하위징아에 의하면 인간의 고유한 특성인 놀이/유희는 첫째, 구속이 없는 자유이고 둘째, 일상적이거나 현실적인 것이 아니며 셋째, 놀이가 행해지는 장소와 방법도 일상적이 아니고 넷째, 놀이에는 일정한 질서와 원칙이 있으며 다섯째, 놀이는 물질적인 것도 아니고 이익을 추구하지도 않는다.

하위징아는 세계 여러 나라의 유희를 통하여 놀이의 창의성을 밝힌 다음 놀이가 정치, 법, 전쟁, 예술, 종교, 철학에 영향을 미쳤다고 분석했다. 특히 사냥과 전쟁이 (대결형식으로) 진화한 것이 스포츠와 게임이고 문화적으로 표현된 것이 축제와 예술이다. 인간은 유희 과정에서 복잡한 규칙을 만들어 내고, 상징과 도구를 창안하며, 용기와 모험을 즐긴다. 그러므로 놀이/유희는 허구적이면서 목적이 없는 무관련성disinterestedness의 행위이고 긴장과 실험과 경쟁이 재미있게 전개되는 형식이다. 이 중 무관련성은 '아름답다고 판단할 때 다른 무엇으로부터 간섭을 받지 않으며, 내용보다는 형식 때문에 미적 자극이 일어난다'는 칸트 미학을 호모루덴스에 적용한 것이다. 이렇게 볼 때 놀이/유희는 비생산적이고 부정적인 것이 아니라 생산적이고 긍정적이며 창의적인 활동이다.

호모루덴스는 호모파베르Home Fabre 즉, 만드는 인간과 대비된다. 앙리 베르그송^{H. Bergson}과 한나 아렌트^{H. Ardent}가 말한 호모파베르는 창조하는 인간^{Man the Creator} 즉 도구를 통하여 환경과 조화하는 인간을 말한다. 호모파베르가 일하는 인간 ^{working man}이라면 호모루덴스는 노는 인간^{playing man}이다. 여기서 개미처럼 일하는 노동과, 베짱이처럼 노는 유희가 선명하게 대비된다. 그런데 인류는 근면, 성실 의 의미인 노동을 찬양하고 태만, 방탕의 의미인 놀이/유희를 비판하거나 놀이 를 '노동을 위해서 필요한 것'으로 규정하기도 한다. 이와 다르게 하위징아는 놀이/유희 그 자체가 생산적이며 창의적이라고 보고 놀이가 인류 문화와 문명 형성에 중요한 역할을 했다고 말함으로써 놀이/유희의 의미와 가치를 확장했 다. 한마디로 노는 것과 놀이 정신이 인간의 본질과 본능이라는 것이다.

참고문헌 Johan Huizinga, *Homo ludens; a study of the play-element in culture : Proeve Ener Bepaling Van Het Spelelement Der Cultuur*, Groningen : Wolters-Noordhoff cop, 1938. *Homo Ludens : A Study of the Play-Element in Culture*, London : Routledge & Kegan Paul, 1949.

참조 게임이론, 교훈주의, 노동가치설, 무목적의 목적, 문명, 본질, 상징적 동물, 유미주 의, 유희충동, 인간[신체], 정신, 진화론, 판단력비판-미[美]란 무엇인가?

성찰적 근대화
Reflexive Modernization | 省察的 近代化

환경학을 전공하는 P가 물었다. '교수님, 대기가 오염되면 부자들은 비행기를 타고 알래스카로 가겠지요?' 그러자 교수는 '부자라도 대기 오염을 피할 수는 없고, 재화를 이용하여 잠시 피신할 뿐'이라고 말했다. 그러자 P가 부자와 빈자의 불평등이 재난의 불평등이 되는 사례라고 단언했다. 그런데 교수는 '그렇지 않다'고 답했다. 교수가 말한 것은 부자는 작은 규모의 재난을 피할 수 있지만, 세계적인 규모의 재난을 피하기 어렵다는 것이다. 그리고 이어서 '빈곤은 위계적이지만 스모그는 민주적이다'고 썼다. 독일의 사회학자 울리히 벡Ulrich Beck, 1944~2015의 이 말은 근대 산업사회와 자본주의의 불평등을 상징적으로 표현한 문장이다. 울리히 벡은 과학기술의 발전으로 인하여 인류는 풍요의 시대를 살게 되었고, 번영과 편리의 기쁨을 누리게 되었으나 위험, 재난, 불안, 고통, 범죄도 더불어 증가하게 되었다고 주장했다.

울리히 벡이 말한 것은 '산업혁명 이후의 근대사회는 과학기술의 발전 때문에 위험이 급속도로 증가하여 인류의 생존을 위협하게 되었다'는 위험사회 이론이다. 그것은 산업혁명과 자본주의 이후 계속 증가하여 인류를 위협하고 있는 근대의 산물이다. 이것이 1차 근대화라고 하는 산업사회 또는 자본주의적 근대화다. 그 결과 불평등이 심화하는 한편 계급의 위계화도 심각해졌다. 아울러 교회나 마을과 같은 전통적 공동체가 붕괴하고 개인화와 파편화가 가속화되어 근대사회의 문제점이 개인에게 전가되었다. 그러니까 '과학기술의 승리로 인하여 부정적인 면이 적나라하게 노출되었고, 과학기술은 자기를 부정하고 파괴할 수밖에 없는 막다른 골목에 이르렀다'는 것이다. 이 사실을 정확하게 직시하고 깊이 반성하면서 새로운 계몽의 시대를 열어야 한다는 것이 울리히 벡이 말하는 성찰적 근대화다.

과학기술문명과 자본주의로 상징되는 근대사회가 1차 근대화이고 이에 대한 반성과 성찰을 거쳐 새로운 근대화를 이루는 것이 2차 근대화다. 이렇게 볼 때 벡의 관점은 근대화 자체를 부정하는 것이 아니라 '근대사회가 자기 혁명을 통하여 갱신해야 한다'는 후기 근대 이론과 유사하다. 하지만 그는 2차 근대화를 포스트모더니즘으로 보지는 않는다. 벡에 의하면 이제 인류는 과학이 과학을 파괴하고, 근대가 근대를 부정하며, 자본이 자본을 극복한 다음 인류를 구제할 새로운 시대를 열어야 한다. 이를 위해서는 근대가 초래한 위험의 심각성을 일깨우고, 인류의 파멸을 경고하는 비판철학과 계몽운동을 해야 한다. 이것은 과거 합리주의와 이성이 전통사회를 극복하고 1차 근대화를 기획한 것과 유사한 과정이다. 그것을 위한 2차 근대화는 근대 과학기술의 파멸적 재앙을 강조하는 한편 인류의 미래를 조망하려는 것이다.

울리히 벡에 의하면 근대는 재난을 균등하게 분배하는 위험사회이며 인간에 의하여 제조된 위험manufactured risk이 인류와 지구를 위협하는 재난사회다. 그 원인인 자본과 과학은 세계화와 초민족주의 환경을 만들었다. 국가와 민족을 중심으로 하는 국가주의와 자민족중심주의는 성찰적 근대화를 어렵게 만든다. 따라서 대의민주주의로 상징되는 근대사회의 정치체제는 대중의 진정한 직접민주주의로 변환되어야 한다. 간단히 말하면 1차 근대화를 통하여 획득한 자유시민 중심의 민주주의를 해체하고 2차 성찰적 근대화를 통하여 (대중이 중심이 되고 주체가 되는) 새로운 민주주의를 만들어야 한다. 이를 위해서 과학의 독점을 해체하고 자본의 폭력을 무력화해야 한다. 그런데 국가주의와 민족주의의 틀에 갇히게 되면 세계화된 세상을 보지 못한다. 따라서 세계화의 시대에 세계적 위험과 위기를 극복하려면 새로운 근대의 주체인 세계시민world citizen이 2차 근대화를 주도해야 한다.

울리히 벡이 말하는 성찰적 근대화는 자본주의 근대화에 대한 진지한 반성이며 인류에게 희망을 주는 제2의 근대화다. 따라서 이 성찰적 근대화 기획이 실패하지 않도록 범세계화Cosmopolitanization를 이루어야 한다. 특히 정보와 지식이 넘치는 사회 속에서 개인화와 소외를 극복할 공동체가 복원되어야 한다. 아울러 과학기술에 대한 근거 없는 낙관에서 벗어나야 하지만 그렇다고 비판하거나 절망할 필요는 없다. 이처럼 울리히 벡은 다원성, 복합성, 혼종성, 유연성을 가진 근대 자체를 부정하지는 않는다. 그러므로 성찰적 근대화는 근대 안에서 미래의 희망을 찾는 것이고 부정적 근대성을 긍정적 근대성으로 전환하는 것이다. 근대의 과학기술로 인하여 인류는 풍요를 누리고 있고, 질병과 기아로부터 해방되었으며, 좋은 환경과 생태를 지킬 수 있다는 관점에서 위험사회와 성찰적 근대화를 비판하는 학자도 있다.

참고문헌 Ulrich Beck, *Risk Society : Towards a New Modernity*(1986), New Delhi : Sage, 1992.

참조 국가주의, 근대·근대성, 도구적 이성, 모더니즘〔예술〕, 문화산업〔프랑크푸르트학파〕, 위험사회, 이성, 이성론/합리주의, 자본주의, 제국주의, 포스트모더니즘

나폴레옹

Napoleon | 拿破仑 · 波拿巴

'선생님, 베토벤은 나폴레옹을 영웅으로 존경하여 교향곡을 작곡했다고 하던데 그런가요?' 이런 질문을 하는 총명한 학생 Q에게 선생은 이렇게 답했다. '사실은 확인되지 않지만 많은 사람은 베토벤의 교향곡 3번의 표제가 보나파르트 나폴레옹이었다고 말한다.' 그러자 평소 영웅숭배론에 심취해 있던 Q는 '나폴레옹은 위대한 장군이고 정치가였으며 프랑스대혁명의 정신인 자유 평등 박애의 민주주의를 전파한 영웅입니다'라고 답했다. 그러자 평소 전체주의에 비판적인 K는 '나폴레옹은 한갓 정치가이고 군인이며 정복자였고 프랑스 국수주의를 신봉한 독재자'라고 반박했다. 이들의 주장을 흥미롭게 듣고 있던 교사는 '두 사람 말이 모두 맞다'고 말한 다음 역사적 인물이나 사건은 그것을 이해하는 관점 즉, 사관史觀에 따라서 다를 수 있다고 부연했다. 나폴레옹은 인류역사상 가장 영웅에 가까운 인물로 묘사되는 경우가 많다.

1769년 코르시카에서 태어난 나폴레옹 1세Napoléon Bonaparte, 1769~1821는 시대의 흐름을 잘 읽는 군인이었다. 10세가 되던 1779년 프랑스에 건너간 다음, 1784년 프랑스육군사관학교에 입학했다. 졸업 후 포병 장교로 임관한 그는 1789년 프랑스대혁명 때 코르시카 독립운동에 가담하여 실직한다. 하지만 1795년에 유능한 포병장교를 찾고 있던 혁명파의 국민공회에 발탁되어 반란군에 대한 과감한 포격으로 국민공회를 지켰다. 군인의 명성을 얻은 그에게 주어진 다음 과제는 봉건 왕정의 주체인 오스트리아와 전쟁하여 혁명 정신을 전파하는 것이었다. 험난한 알프스를 넘어 이탈리아 공격에 성공한 나폴레옹은 곧이어 이집트 정벌을 완수[1798]하여 프랑스 시민들로부터 절대적인 지지를 받게 되었다. 그는 이를 바탕으로 제1 통령으로 등극한 후 군사독재를 펼치는 한편 유명한 『나폴레옹 법전』을 편찬하는 등 각종 제도를 개혁했다. 그는 트라팔가르 해전[1805]에서 패배했지만 실권하지는 않았다.

연설과 선동에 능했던 나폴레옹을 사로잡은 여성은 파리 사교계의 꽃으로 불리던 이혼녀 조세핀이었다. 서인도 제도의 마르티니크섬 출신인 조세핀은 뛰어난 미모와 교양으로 많은 남성을 설레게 했는데, 그녀는 정부情婦와 헤어지고 나폴레옹과 결혼했다. 조세핀은 나폴레옹의 야망과 능력을 알아보고 별로 잘 생기지도 않고 배경도 좋지 못한 변방 코르시카 출신의 군인을 선택한 것이다. 나폴레옹과 조세핀의 일화는 많은 사람을 놀라게 했지만 1796년 결혼 이후 두 사람은 서로 도우면서 야망을 실현해 나갔다. 낭비벽이 심하고 허영에 찬 조세핀과 강직하면서도 총명한 나폴레옹은 1804년 교황이 보는 앞에서 자기 스스로 면류관을 쓰면서 황제와 황후로 등극하여 제1 제정을 열었다. 이후 나폴레옹의 조카인 나폴레옹 2세가 그의 후광을 입고 황제로 등극하여 제2 제정을 열었지만, 독일과의 전쟁에서 패한다.

'나의 사전에 불가능은 없다'고 자신했던 나폴레옹의 몰락은 1812년 러시아 침공 때문이다. 그는 영국 봉쇄 명령을 내렸는데 유일하게 러시아가 영국과 관계를 지속한다는 것을 이유로 40만 대군을 이끌고 러시아를 침공했다. 기대와 달리 나폴레옹의 프랑스군은 러시아의 초토화 작전과 혹독한 추위로 1,500명만 살아서 돌아왔다. 톨스토이의 『전쟁과 평화』 그리고 차이코프스키의 〈1812년〉과 같은 작품에 잘 나타나는 이 전쟁의 패배로 인하여 나폴레옹은 항복 이후 엘바섬에 유폐되었다. 하지만 그는 엘바섬을 탈출하여 1815년 다시 황제로 복귀했다. 그리고 영국과 대결전을 준비하여 드디어 워털루에 진을 쳤다. 하지만 웰링턴 장군이 이끄는 연합군에 패하여 대서양의 외로운 섬, 세인트헬레나의 감옥에 갇히고 말았다. 세상을 뒤흔든 그가 쓸쓸하게 타계한 것은 1821년 5월 5일이었다. 그의 임종을 지킨 것은 끝까지 그를 따르면서 그의 자서전自敍傳을 받아 쓰던 부하 한 사람뿐이었다.

많은 역사학자가 비판적으로 평가하는 나폴레옹은 수많은 사람으로부터 영웅으로 간주되고 있다. 이와 관련된 철학자는 헤겔이다. 잘 알려진 것처럼 헤겔은 자유를 향한 보편의 역사 즉 절대정신을 믿었다. 헤겔은 총체성totality과 전체주의Totalitarianism의 시각에서 인류사의 행정行程은 신의 뜻에 의해서 결정되어 있으므로 '인류 보편의 역사가 있다'고 믿었다. 헤겔의 역사철학에서 보면 나폴레옹은 그 인류 보편의 역사를 구현하는 위대한 존재였으며 자유시민이 지지하는 반봉건적 군주였다. 실제로 나폴레옹은 프랑스대혁명의 정신을 전파하고 봉건체제를 해체하고자 노력했다. 이처럼 나폴레옹은 프랑스 민족주의를 선동하여 자신의 권력 욕망을 채우는 정복자로 비판받기도 하고 자유, 평등, 박애의 프랑스대혁명 정신을 전파하는 영웅으로 칭송받기도 한다.

참고문헌 Georg Wilhelm Friedrich Hegel, *Lectures on the History of Philosophy* Volume 1 : *Greek Philosophy to Platon Lectures on the History of Philosophy* Vol.1, translated by E.S. Haldane, Bison Book, 1995.

참조 계몽주의/계몽의 시대, 민족주의, 산업혁명, 세계정신, 시대정신, 에피스테메, 역사, 이성, 이성론/합리주의, 절대정신, 정신, 프랑스대혁명, 혁명, 휴머니즘/인문주의

십자군전쟁

Crusades War | 十字军东征

'예루살렘과 콘스탄티노플로부터 슬픈 소식이 전달되었습니다. 하느님을 적대하는 이교도 무리가 우리 기독교 성지를 폭력적으로 침탈했습니다. 그들은 약탈과 방화, 그리고 살육을 자행합니다. 이교도들은 포로로 잡힌 우리 동포들을 자기 나라로 끌고 갑니다. 혹은 잔인하게 고문해서 죽이기도 합니다. 그들은 더러운 손으로 성스러운 제단을 모독하며 파괴합니다. 이 극악무도한 원수들을 무찌르고 성지를 탈환하는 성스러운 임무를 수행할 사람이 여러분이 아니면 누가 있습니까?' 이것은 당시 서로마의 교황 우르반 2세Urban II의 선동적 연설문이다. 1095년 11월 27일, 우르반 2세는 클레르몽 공의회Council of Clermont에서 이교도와 싸우는 성전聖戰에서 죽으면 하느님이 구원해 줄 것이라고 말했다. 그리고 교황은 넓고 비옥한 성지를 찾자고 선동하였다. 그것이 곧 하나님의 뜻이며 예수 그리스도가 흘린 피의 가치라고 역설했다.

이 연설을 시작으로 유럽의 기독교 국가들은 성지를 탈환하고자 십자군전쟁을 일으켰다. 십자군전쟁은 11세기 말부터 13세기 말까지, 유럽의 기독교 국가들이 성지 예루살렘을 정복하고자 일으킨 8차례의 전쟁이다. 이 전쟁에 참전한 기독교인들은 십자가 표시를 하고 있었기 때문에 십자군으로 불린다. 그리하여 신앙심으로 무장한 제1회 십자군 5만 명이 동로마제국의 콘스탄티노플에 모여 예루살렘을 향하여 진군했다. 이들은 질병과 전투에 시달리면서도 1099년 7월 예루살렘에 입성하여 처참한 살육과 약탈을 자행한 다음 십자군 국가를 세웠다. 이후 템플기사단을 중심으로 하는 기사단이 방위를 맡았지만 1144년 이슬람군의 공격이 시작되자 프랑스와 독일을 중심으로 제2차 십자군이 파견되었다. 하지만 영국의 사자왕 리처드가 이끄는 제3차 십자군이 이슬람의 명장 살라딘에 패배한 이후 십자군운동은 변질되었다.

십자군전쟁의 원인은 기독교인의 성지순례였다. 앞에서 본 우르반 2세의 선동은 이슬람교도와 유대인에 대한 증오심을 부추겼다. 이보다 더 중요한 이유는 비잔틴의 동로마제국이 이슬람 수니파 셀주크제국Seljuk Empire의 위협을 받고서 서로마에 도움을 요청했기 때문이다. 이것을 계기로 서로마의 우르반 2세는 교황권의 강화와 기독교 내부의 문제를 해결하는 한편 330년 분리된 동로마와 서로마를 서로마 중심의 기독교 세계로 만든다는 목표를 가지고 십자군운동을 제창한 것이었다. 이처럼 십자군전쟁은 중세 유럽의 사회적인 문제와 종교적인 신념 그리고 동서양 교역 등 복합적인 문제가 얽힌 세계적 사건이다. 그런데 이 전쟁은 시간이 가면서 이상하게 변질되었다. 제4차 십자군은 1204년 동로마제국을 공격하여 콘스탄티노플을 함락하고 약탈하였고 1212년 제5차 소년십자군이 출정하였다.

기독교도의 입장에서는 성지 탈환의 목적이 있었으나 이슬람교도와 유대교도의 입장에서는 침략당하는 전쟁이었다. 이들은 예수 그리스도가 태어난 곳에 살고 있다는 이유로 공격과 살육을 당했다. 특히 유대인들은 그리스도를 죽였다는 이유로 천 년 전의 사건에 의하여 삶의 터전을 빼앗기거나 살육을 당했다. 이것은 훗날 반유대주의Anti-semitism의 원인이 된다. 한편 초기 십자군은 시리아와 투르크, 이집트 등 이슬람 세력이 분열되어 있었기 때문에 성공하였지만 이후 살라딘Saradin, 1137~1193과 같은 위대한 지도자가 출현하여 십자군은 패배하거나 협상할 수밖에 없었다. 또한, 십자군 내부의 갈등과 반목 그리고 출신 국가와 민족 간의 불화가 기독교군을 괴롭혔다. 그리하여 1270년, 제9회에 걸친 십자군은 로도스와 몰타의 요새를 남기고 모두 철수하여 2세기에 걸친 전쟁은 막을 내렸다. 그 결과 종교적 권위가 쇠퇴하였고 각 지역의 왕과 제후의 권력이 강화되었다.

십자군전쟁은 동서양의 교류에 크게 기여했다. 당시 유럽보다 과학과 기술이 발전했던 이슬람과 동양의 문물이 십자군전쟁을 통하여 유럽에 전파되었다. 특히 십자군전쟁 중 베네치아와 제노아를 비롯한 이탈리아 도시국가의 상인들은 부와 권력을 얻었고 선진 기술을 받아들여 르네상스의 기반을 이루었다. 이처럼 인류 역사에서 십자군전쟁의 의미는 매우 크다. 한편 제왕과 제후의 권력이 강화되자 그를 기반으로 하는 민족의식이 싹텄다. 하지만 십자군에 대한 분석과 비판은 기독교와 유럽의 시각이 주류를 이룬다. 한편 이슬람군의 위대한 장군이자 술탄인 살라딘은 상대를 존중하는 관용을 베풀어서 인류 역사에 영웅으로 기록되고 있다. 그리고 이슬람은 이에 대항하는 지하드[Jihad]를 전개했다. 따라서 십자군전쟁은 원인, 과정, 결과, 영향에 따라서 달리 해석되어야 한다.

참고문헌 Jonathan Riley-Smith, *The Crusades : A History* 2nd ed.. Yale University Press, 2005 ; Urban II, Speech at Council of Clermont, Fulcher of Chartres, 1095.

참조 르네상스, 민족, 민족주의, 비잔틴제국, 예수 그리스도, 종교개혁, 지하드, 패러다임, 헬레니즘, 휴머니즘/인문주의

콜럼부스

Christopher Columbus | 克里斯托弗·哥伦布

콜럼부스가 신대륙을 탐험한 이야기를 듣던 어떤 사람이 이렇게 물었다. '그런 일은 누구나 할 수 있지 않겠소?' 그러자 그는 조용히 웃으면서 '그렇다면 달걀을 세우는 것도 아무나 할 수 있는 일이란 말씀이신가요'라고 물었다. 몇 사람은 생각에 잠기고 몇 사람은 이리저리 시도를 해 보았지만, 달걀을 세울 수 없었다. 그럼 당신이 해 보라는 표정을 짓자 그는 탁자 모퉁이에 달걀을 조금 깬 다음 책상에 세웠다. 그중의 한 사람이 '그런 것은 누구나 할 수 있다'고 반박하자, 그는 '어떤 일을 처음 하는 것은 쉬운 일이 아니지요'라고 답했다. 그는 콜럼부스Christopher Columbus, 1450~1506, 신대륙을 발견하여 인류의 역사를 바꾼 상징적 인물이다. 콜럼부스의 달걀 세우기는 그의 '신대륙 발견'에 비유되지만, 사실 콜럼부스가 한 것은 신항로 개척과 식민지 건설 그리고 잔인한 원주민 학살이었다.

그가 탄생하고 자랐으며 항해의 기술을 익힌 곳은 이탈리아의 제노아였다. 야심 찬 선원이었던 그는 지구가 둥글기 때문에 계속 항해를 하면 다시 그 자리로 돌아올 수 있다고 생각했다. 당시 이런 생각은 천문학과 항해술의 발달로 사실로 인정되고 있었다. 그러나 이 사실을 실천하는 것은 쉬운 일이 아니었다. 그는 제노아와 포르투갈의 왕에게 지원을 요청했으나 거절당했다. 실망한 콜럼부스는 스페인으로 건너가 선원 일을 계속하는 한편 동생 바르톨로메오와 함께 인도에 이르는 항해를 기획했다. 그는 다시 그라나다의 이슬람 세력과 전쟁 중인 스페인의 페르디난드 대공과 이사벨라 여왕에게 지원을 요청했지만 역시 거절당했다. 그러자 콜럼부스는 가톨릭의 주교와 사제들을 움직였다. 신대륙에 기독교를 전파하자는 그의 제안을 들은 주교와 사제들은 왕과 왕비를 움직여서 마침내 신대륙 탐험이 실행되었다.

1492년 8월 3일, 산타 마리아, 핀타, 니냐 등 3척의 범선에 탄 120명의 원정대는 스페인을 출발했다. 그들은 인도와 중국을 오가는 실크로드를 대신하고 기독교를 전파한다는 사명을 가지고 서쪽으로 항해하기 시작했다. 그러나 두 달이 지나도 육지가 보이지 않자 선원들이 동요했다. 이들은 하나님이 창조한 지구는 우주의 중심이며 지구는 평평하다고 믿고 있었다. 그러므로 계속 항해하면 거대한 폭포에 떨어져 죽는다고 생각했다. 이미 코페르니쿠스를 비롯한 많은 과학자가 밝힌 지동설도 종교적 믿음을 완전히 이기지 못한 것이다. 동요하는 선원들에게 금과 재화가 기다린다고 설득한 콜럼부스는 마침내 1492년 10월 12일, 서인도의 바하마 제도^{Bahamas}에 도달했다. 이것이 구대륙의 유럽인들이 신대륙의 발견이라고 주장하는 역사적 사건이다. 사실 그곳에는 사람이 살고 있었으므로 새로 '발견發見'한 것은 아니다.

콜럼부스는 인도에 도착했다고 믿고 그들을 인디언^{Indian}/인디오로 명명하고 금은보화와 향신료를 찾았다. 하지만 기대와 달리 그곳에는 많은 금은보화와 향신료가 없었다. 자신들의 성공을 입증해야 하는 탐험대는 약간의 금과 인디언을 데리고 1차 항해를 마쳤다. 성대한 귀국환영 축제가 열렸고 이사벨라 여왕의 칭찬을 들었다. 이로 인하여 2차 항해¹⁴⁹³를 준비할 때는 많은 사람이 지원하여 17척의 배에 1200여 명이 참가했다. 그러나 재화에 혈안이 된 이들은 찬란한 문화와 문명을 이루고 평화롭게 살던 원주민을 대량 학살하거나 영혼이 없는 동물로 취급했다. 콜럼부스는 3차 항해^{1498~1500}와 4차 항해^{1502~1504}에서 현재의 중남미를 탐사하고 몇 곳에 식민지를 건설했지만, 스페인 왕실의 신임을 잃었다. 그리하여 콜럼부스는 식민지의 부왕副王이라는 신분과 재화를 얻어 부자가 되겠다는 욕망을 달성하지 못하게 된다.

그 사이 포르투갈의 지원을 받은 바스코 다 가마$^{Vasco\ da\ Gama}$가 1497년 인도를 항해하여 원래 콜럼부스가 목표했던 동방항로를 개척했다. 결국 콜럼부스는 1506년 스페인 바야돌리드에서 쓸쓸하게 임종할 때까지 자신이 발견한 곳을 인도라고 믿었다. 이후 아메리고 베스푸치$^{Amerigo\ Vespucci,\ 1454~1512}$의 이름에 따라서 신대륙은 아메리카^{America}로 명명되었다. 한편 1519년 출항한 마젤란$^{Ferdinand\ Magellan}$이 최초로 대서양, 태평양, 인도양을 항해하여 지구가 둥글다는 것을 입증했다. 이후 제국주의와 식민주의의 시대가 펼쳐졌다. 구대륙의 전염병과 문물이 신대륙에 전파되었으며 신대륙의 감자와 옥수수가 구대륙에 전파된 콜럼부스의 교환$^{Columbian\ Exchange}$이라는 용어도 생겼다. 이런 인류 역사의 변화를 상징하는 인물이 바로, 스페인 세비야 대성당에 잠들어 있는 크리스토퍼 콜럼부스다.

참고문헌 Samuel Eliot Morison, *Admiral of the Ocean Sea : A Life of Christopher Columbus*, Boston : Little, Brown and Company, 1942.

참조 문명, 문화, 비단길, 산업혁명, 시대정신, 자본주의, 절대정신, 제국주의, 지동설/태양중심설, 천동설, 체 게바라

산업혁명

Industrial Revolution | 产业革命

'시속 46km, 우승 스티븐슨!' 1829년 영국 맨체스터와 리버풀을 주파한 기차의 시속 46km는 놀라운 속도였다. 우승한 스티븐슨G. Stephenson, 1781~1848은 1814년에 증기기관차 제작에 성공했고 그가 1825년에 만든 로커모션호가 스톡턴과 달링턴을 달렸다. 이렇게 하여 가난한 기술자였던 스티븐슨이 증기기관차를 발명한 것으로 알려졌지만 사실은 스톡턴이 1814년 이전에 이미 증기기관차가 제작된 바 있다. 그 후 스티븐슨의 증기기관차는 유럽과 아메리카를 포함한 세계의 가장 중요한 교통수단 중 하나가 되었다. 이 증기기관차 제작과 운행은 세계의 역사를 바꾼 산업혁명의 상징적인 사건이면서 공업화와 기계화의 신호다. 간단히 말해서 산업혁명은 18세기 영국에서 시작되어 세계로 퍼져나간 사회적 변화이며 과학기술을 바탕으로 한 공업화와 기계화의 상징이다. 산업혁명을 1차, 2차, 3차, 4차로 나누기도 한다.

18세기 중반에 산업혁명이 영국에서 시작된 이유는 다음과 같다. 첫째, 사회적으로 권리장전1689에서 싹튼 시민의식과 자유정신이 상당히 고양되어 있었고 둘째, 어느 정도 공장제수공업manufacture이 발달한 바탕에서 수익성이 높은 면직물 생산이 기술의 발전을 촉진했으며 셋째, 목축지 확보를 위한 인클로저enclosure로 인하여 농민들이 도시의 임금노동자가 되었으며 넷째, 고갈되어 가는 목재를 대신할 석탄이 풍부했고 석탄 갱도의 물 퍼내는 기술과 철을 이용한 기계와 금속 산업이 발달했고 다섯째, 트라팔가르1805 해전 승리 이후 해외 식민지를 만들어 지하자원과 노동력을 확보하고 상품판매의 시장을 확장했으며, 여섯째 다원과 뉴턴을 포함한 과학자들의 성과가 기술혁신의 바탕이 되었다. 그 외에도 여러 가지 이유가 있으나 당시 영국은 자본과 노동력에서 유리한 입장이었다.

산업혁명 초기에 직물 분야에서 우수한 방적 방직 기계들이 발명되었다. 특히 제임스 와트가 다목적 증기기관을 발명한 후 스티븐슨이 증기기관차를 완성했으며, 1807년 미국의 풀턴이 증기선蒸氣船을 발명하여 기술이 비약적으로 발전했다. 그러나 한편으로는 노동문제, 도시 빈민, 환경문제가 대두했고 가족구조와 사회구조가 크게 변했다. 농민이 분화하여 노동자가 되었고 노동자들은 많은 시간 노동에 얽매였다. 1819년 이후 개정을 거친 영국의 공장법에 9세 이하 아동의 고용금지와 하루 12시간 이하의 노동을 규정한 것을 통하여 산업혁명 당시의 노동조건을 알 수 있다. 산업혁명이 진행되면서 자본가와 노동자로 계급이 분화되었으며 이에 따라 유산자有産者와 무산자無産者의 갈등이 심화되었다. 그런데 산업혁명은 자본주의 및 근대화와 연결되어 있으므로 서구에서는 같은 개념이지만 국가와 민족에 따라서 다른 개념이다.

역사에서 산업혁명은 1760년 시작되어 1830년경 가속화되었으며 1851년 런던박람회에서 절정에 이르렀다고 기술된다. 하지만 그것은 영국과 스코틀랜드 지역의 변화였고 1870년대 이후에는 프랑스, 독일, 이탈리아를 비롯한 여러 국가에서는 조건에 따라 산업혁명이 진행되었다. 뒤이어 미국과 러시아 그리고 비서구 국가에서는 일본이 최초로 산업혁명을 시작했다. 이처럼 산업혁명은 19세기의 단기사건이 아니라 15세기에서 21세기까지, 수 세기에 걸친 지속적인 변화로 보아야 한다. 시대구분의 기준에서 볼 때, 산업혁명은 고대와 중세를 지나 근대의 시작인 동시에 그로 인한 식민지배와 저항의 출발점이었다. 한편 마르크스의 역사유물론적 관점에서 보면 산업혁명은 자본제 생산양식으로 인한 지배와 착취가 세계적으로 실현되는 과정이다. 산업혁명은 농업혁명 이후 인류가 겪은 가장 큰 변화다.

산업혁명은 영국의 역사학자 아널드 토인비Arnold Toynbee, 1852~1883가 1881년 처음 사용하고 그가 타계한 다음 해 그의 강의록을 정리한『영국 산업혁명 강의』
[1884]에서 완성된 것으로 알려져 있다. 산업혁명은 자연과학과 기술의 발전을 가
져왔을 뿐 아니라 정치, 경제, 철학, 예술을 포함한 인간 생활의 모든 분야에 지
대한 영향을 미쳤다. 특히 생산력이 폭발적으로 증가한 산업혁명 결과, 인류는
이전과는 전혀 다른 생활을 하게 되었으며 지구地球 또한, 미증유의 변화를 겪게
되었다. 그러므로 산업혁명은 자본주의적 근대화이며 제국주의와 자유주의의
출현인 동시에 계급투쟁 및 식민저항과 연결되어 있다. 산업혁명은 자본의 확
장으로 인하여 민족의식을 고양해서 민족국가의 출현에 영향을 미쳤고 세계화
또는 국제화를 촉진하기도 했다.

참고문헌 Arnold Toynbee, *Lectures On The Industrial Revolution In England*, A Short
Memoir by B. Jowett, London, Rivington's, 1884; Whitefish, *Montana : Kessinger*,
Publishing, 2004.

참조 4차 산업혁명, 과학주의, 구텐베르크·금속활자, 국민국가/민족국가, 근대·근대성,
뉴턴역학·고전역학, 르네상스, 마르크스, 민족, 민족주의, 세계체제론, 역사적 유물론/
유물사관/사적 유물론, 인쇄자본주의, 자본주의, 종교개혁, 장기지속, 제국주의, 혁명

칭기즈 칸

Chinggis Khan | 成吉思汗

'나의 죽음을 알리지 말라. 적이 알지 못하도록 하고 울거나 슬퍼하지 말라. 탕구트의 왕과 백성들이 약속한 시각에 밖으로 나오면 그들을 모조리 죽여야 한다!' 1227년 8월 15일, 그의 유언에 따라서 항복한 서하인들은 잔인하게 학살당했다. 서하西夏 즉, 탕구트phiow bjij lhjij lhjij, 大白高國, 1032~1227 사건은 피가 내처럼 흐르고 뼈가 산을 이루던 인류역사상 가장 잔인한 학살 중의 하나로 기록된다. 탕구트의 처참한 학살은 칭기즈 칸1155~1227의 잔혹하고 단호한 성격 때문이다. 이 사건의 발단은 호라즘 때문인데, 당시 강성한 대제국 호라즘Khwarezm이 몽고의 강화요청을 거부하고 사신을 죽였다. 이것을 응징하고자 하는 정복 전쟁에서 탕구트가 칭기즈 칸의 파병 요청을 거부한 것이다. 칭기즈 칸은 먼저 호라즘을 정복한 다음 자신의 명령에 따르지 않은 서하를 궤멸시킨 것이다. 이런 칭기즈 칸의 철저한 복수는 정주민들의 도덕이나 윤리로 해석하기 어렵다.

인류역사상 뛰어난 정복자로 기록되는 칭기즈 칸의 어린 시절은 불우했다. 9세 때 아버지 예스게이가 타타르인에 의해서 독살당한 후, 어머니 호에룬과 그의 형제들은 오논강 강가에서 죽을 고비를 넘겼다. 혹독한 추위의 벌판에서 쥐와 물고기를 잡아먹고 겨우 살아남은 테무친鐵木眞, Temüjin은 갖은 고생 끝에 자기 부족을 중심으로 여러 부족을 연합했다. 그런데 용감한 장군이었던 아버지 예수게이가 메르키트족에게서 그의 어머니 호에룬을 납치한 것에 대한 보복으로 메르키트족은 테무친의 아내 보르테를 납치했다. 이를 복수하고자, 테무친은 당시 몽고의 가장 강성한 부족장인 옹 칸과 연합하여 메르키트와 타타르를 정벌했다. 그 후 후원자이자 동맹자였던 옹 칸이 자신을 죽이려 하자, 가까스로 도망친 다음 그를 꺾고 칸으로 추대되어[1206] 몽고를 통일한 제왕이라는 의미의 칭기즈 칸이 되었다.

한편 유럽은 십자군전쟁으로 지쳐 있을 때 동방의 기독교 왕 프레스터 존 Prester John이 이슬람을 격파하고 기독교 세상을 만들 것이라는 전설이 퍼져있었다. 그 구원의 사제로 오인된 사람이 바로 세계를 공포에 떨게 만든 정복자 칭기즈 칸이었다. 실제로 칭기즈 칸은 1221년, 루시로 불리던 러시아를 공격하여 서구인들을 두려움에 떨게 했다. 한편 칭기즈 칸의 뒤를 이은 칸 오고타이 [1229~1241]의 명령으로 바투가 1236년 러시아의 모스크바를 점령하고 폴란드와 헝가리를 침략하여 유럽 일부가 초토화되었다. 어느 날 그들은 홀연히 사라졌지만, 동방의 정복자에 대한 공포는 황화론yellow peril과 같은 트라우마가 되었고, 몽고 유목민 전사를 대표하는 칭기즈 칸은 그 상징적인 인물로 기록되고 있다.

격정적이지만 명석하고 검소했던 그는 전쟁만 하는 장수가 아니라 지혜와 지략도 갖춘 탁월한 통치자이기도 했다. 그는 종교의 자유를 허용했고 문호를 개방하여 능력이 있으면서 충성스러운 이민족을 기용했다. 칭기즈 칸과 그의 후예들은 항복하고 협력하는 곳은 비교적 관대하게 다루었지만 저항하고 배신하는 곳은 초토화했다. 그래서 잔인하다는 악명도 얻었다. 당시 중국 북쪽은 여진족이 세운 금金이 초원 지역까지 영향을 미치고 있었고, 항주를 중심으로 하는 남송南宋이 북방의 금과 대립하고 있었다. 칭기즈 칸은 남송과 연합하여 1215년 금을 멸망시켰다. 얼마 후 남송도 몽고에 정복당했고 그의 손자 쿠빌라이忽必烈, Khubilai Khan, 1215~1294는 원元을 건설하고 칭기즈 칸을 태조太祖로 칭했다. 칭기즈 칸의 정복사업은 그의 뒤를 이은 자손들과 충성스럽고 용맹한 몽고인들에 의해서 수백 년간 계속되어 세계 역사를 바꾸었다.

칭기즈 칸에 대해서는 위대한 정복자라는 평가와 잔인한 학살자라는 상반된 평가가 있다. 하지만 그를 영웅으로 칭하지는 않는다. 그가 용기와 지혜를 가진 위대한 제왕이었고 이성적인 면모도 있기는 하지만 사상과 철학을 실천한 것은 아니기 때문이다. 당시 몽고와 중앙아시아는 세상의 중심이었으며, 동아시아와 유럽은 세상의 변방이었다. 넓은 초원을 집으로 삼고 푸른 하늘을 보고 말을 달리면서, 약탈과 유목으로 생활하는 유목민들의 관점에서 정주민들은 교활하고 나약한 존재일 뿐이다. 반면 정주민의 관점에서 유목민들은 교화되지 않는 야만적 오랑캐였으며 그들의 전쟁은 처참하고 잔인한 살육이었을 뿐이다. 하지만 칭기즈 칸이 위대한 정복자로 기록되는 이유는 그와 그의 후계자가 정복한 땅이 대단히 넓기 때문이다.

참고문헌 『蒙古秘史』, 『元朝秘史』, 1240.

참조 내재의 평면, 노마디즘, 리좀, 십자군전쟁, 중화주의, 천명사상, 초원의 사상, 탈영토, 탈주의 비상선(들뢰즈), 탈중심주의, 한자문화권

공통조상
Common Ancestor | 共同祖先

모기에 물린 Y가 '나는 모기가 싫어, 세상에서 모기가 없어졌으면 좋겠어'라고 불평을 했다. 그러자 K가 'Y 네가 싫건 좋건 모기와 인간은 같은 존재였다'라고 말했다. 그러자 Y는 '아니, 어떻게 모기와 인간이 같은 존재라고 말을 할 수가 있니?'라고 반박하고, 고상하고 특별한 인간을 모기에 비유한 K를 무척 못마땅한 표정으로 바라보았다. 이튿날 과학 시간에 Y가 이에 대해서 선생님에게 질문했다. 그런데 Y의 기대와 달리 모기와 인간이 같은 존재였다고 말하는 선생님의 설명을 듣고 Y는 매우 실망했다. 이 말을 잘 이해하지 못하는 학생들에게 교사는 인간을 포함한 지구의 모든 생물은 하나의 조상에서 분화했다는 공통조상 이론을 자세하게 설명했다. 이 이론에서 말하는 공통조상은 어떤 범주의 식물과 동물 전체 또는 모든 생물의 어머니와 같은 조상이다. 넓은 의미의 공통조상은 최초의 생물과 최초의 세포를 말한다.

공통조상 이론을 최초로 제기한 사람은 다윈이다. 그는 『종의 기원Origin of Species』에서 하나의 생명체로부터 다양한 종으로 진화하고 분화했다는 진화론을 과학으로 증명했다. 다윈은 공통조상 이론을 제기하면서 '아마 지구상에 살았던 모든 유기적인 존재에는 처음 살았던 원시적인 형태가 존재할 것'이라고 추측했다. 공통조상 이론은 약 38억 년 전에 모든 생물의 공통조상인 단세포생물micro organism이 생겼고 약 10억 년 전에 다세포생물multicellular organism이 생겼으며 '그로부터 모든 생물이 분화되었다'는 이론이다. 따라서 여러 단계의 공통조상이 있다. 그 이론의 핵심은 모든 종은 진화한다는 것과 그 진화의 과정에서 다양한 종의 분화가 이루어지며, 적응과 변이를 거쳐서 하나의 종과 개체로 진화한다는 것이다. 이것을 다윈은 '인간의 손에 해당하는 부분이 다른 동물들에도 유사하게 발견된다'는 상동성homology으로 설명했다.

인간의 손, 박쥐의 날개, 고래의 앞 지느러미, 말의 발굽은 기본적으로 같은 구조다. 이런 계통의 집단전승 기록은 계통분류학에 의해서 밝혀진 바와 같다. 지구에서는 약 38억 년 전에 공통조상인 최초 생물이 출현했다. 그 생물은 박테리아와 고세균古細菌이었는데 산소의 증가로 인하여 진핵생물이 생겨났고 17~18억 년 전에 세포 분화가 가능한 생물이 출현했다. 그리고 그 세포들이 자연선택과 적응, 변이, 돌연변이를 거쳐서 다양한 종으로 분화했다. 이런 과학적 사실은 인간과 모기를 포함한 모든 생물의 종은 약 38억 년 전에 출현한 하나의 미생물로부터 분화된 것임을 증명한다. 따라서 지구상에 존재하는 모든 생물의 조상은 같다. 그리고 거의 대다수 생물에 공통으로 존재하는 염기서열의 호메오박스 유전자Homeobox gene 또는 혹스 유전자Hox gene가 공통조상으로부터 분화되었다는 증거도 있다. 이것을 (인간의 경우) 모계의 미토콘드리아 유전자 mitochondria DNA로 확인할 수 있다.

생물 계통분류학에 의하면, 공통의 조상에서 다른 종으로 분화되기 때문에 공통조상의 대비 개념인 '다른 후손'의 종과 개체가 존재하는 것이다. 가령 모기와 인간을 포함한 모든 생물은 기본적으로 같은 세포로 이루어져 있다. 그 세포가 환경에 적응하여 다른 종으로 분화했고, 그 이후에도 진화와 변이를 통하여 서로 다른 형질과 형태를 가지게 된 것이다. 이것은 생물이 환경에 적응하여 진화한다는 의미도 있지만, 자연이 환경에 적응하는 생물을 선택한다는 의미도 있다. 따라서 생물의 환경적응과 동시에 자연의 선택을 의미하는 것이다. 적응하지 못하는 종과 개체는 자연스럽게 도태되거나 자연이 강제로 도태시킨다는 자연도태自然淘汰도 같은 의미다. 이와 유사한 적자생존適者生存은 부적격자가 생존하고 적격자가 도태되는 것이므로 자연선택과 구분되어야 한다.

한편 다윈 이후의 생물학자들은 지구에 존재하는 생명체의 최근 조상most recent common ancestor, MRCA과 현존하는 모든 생물의 공통조상 또는 근원적 생명체인 최고공통조상Last universal common ancestor, LUCA 이론을 완성했다. 모든 생물의 공통조상이 있다는 것이다. 공통조상에서 종이 분화되는 것은 이소적 종분화allopatric speciation, 異所的種分化, 이동적 종분화, 근소적 종분화Peripatric speciation, 생리적 종분화의 네 종류로 구분한다. 그런데 종분화 이전의 공통조상이라는 개념은 과학적 사실이지만 상당한 논란을 불러일으키고 있다. 특히 창조론이나 창조과학에서는 신이 창조한 '인간이 동물과 같이 미생물이었다'라고 주장하는 진화론과 유전학에 대하여 적극적인 반론을 제기한다. 하지만 과학은 비과학적 추론이나 종교적 신념과는 다르다. 인간이 미생물과 같은 공통조상에서 진화되고 변이되었다고 해서 인간 존재의 고유성과 특별성이 훼손되는 것은 아니다.

참고문헌 Charles Darwin, *On the origin of species by means of natural selection, or the preservation of favoured races in the struggle for life*, London : John Murray, 1859.

참조 DNA/디옥시리보 핵산, 돌연변이, 분자, 세포, 유전자, 인간(신체), 자연선택, 적자생존, 중립진화, 진화론, 진화심리학, 창조론

히틀러

Adolf Hitler | 阿道夫 · 希特勒

역사는 승리한 자의 기록이라는 글을 읽은 Y가 역사교사에게 이런 질문을 했다. '선생님, 만약 히틀러가 제2차 세계대전에서 이겼으면 히틀러가 긍정적인 인물로 기록되었을까요?' 역사교사는 즉각 '그렇지는 않을 것이다'라고 답한 다음, 승리자로 기록될 수는 있겠지만 독재자, 파시스트, 광적 망상주의자, 인종 차별주의자, 대량학살자라는 평가가 내려질 것이라고 설명했다. 그러자 Y는 다시 이런 질문을 했다. '히틀러는 민주적인 선거에 따라 총리가 되었고 의회의 결정에 따라 대통령을 승계했으며, 상당수 독일인의 지지를 받고 나치당을 이끌었는데 왜 히틀러에게만 책임을 전가하는 것인가요?' 곤란한 질문을 받은 역사교사는 히틀러는 자신에 반대하거나 자기 이상과 맞지 않는 사람과 집단을 탄압하고 학살했으며, 교묘한 방법으로 여론을 조작하여 독일인들을 조종했기 때문이라고 설명했다.

히틀러는 오스트리아 출신 독일의 군인 정치가다. 히틀러의 등장은 제1차 세계대전 이후 독일의 정치경제 상황과 직결되어 있다. 독일은 전쟁 협약인 베르사유조약1919에 의하여 알자스 로렌Alsace-Lorraine을 프랑스에 넘겨주고, 거액의 배상금을 승전국에 납부해야 했으며, 군대와 사회체제를 감시받게 되었다. 패전한 독일인들은 전쟁 배상금을 갚기 위해서 노력했지만 역부족이었다. 아울러 패배의 치욕과 황폐해진 국토에 더하여 현실적으로 불가능한 배상 액수는 독일인으로 하여금 분노와 적개심을 품게 했다. 히틀러는 바로 이 분노와 적개심에 불을 지르고 독일재건의 욕망을 부추긴 것이다. 그는 탁월한 선동과 연설로 독일의 영광을 재현하자고 제안하여 대중적 지지를 끌어냈다. 그리고 경제번영과 강력한 아리안족 중심의 게르만 독일재건의 전망을 제시했다. 이처럼 히틀러는 대중들을 현혹했고 많은 독일인 역시 자발적으로 적극적인 지지를 보냈다.

1889년 오스트리아 부라우나우에서 태어난 히틀러는 엄격한 부친과 갈등을 빚었으나 자애로운 어머니의 사랑 속에서 자랐다. 평범한 중산층 가정에서 자란 그는 화가가 되고 싶었다. 히틀러는 비엔나 미술학교에 두 번 낙방한 이후 거리의 화가로 생계를 유지하면서 아리안족의 영광이라는 신화적 욕망을 가지게 되었다. 이때 바그너의 악극에 영향을 받았으며 니체의 위버멘쉬/초인의 망상을 가지게 되었다. 히틀러는 순수한 아리안족의 혈통이 보존되었다고 믿는 독일의 뮌헨으로 이주한 후[1914] 제1차 세계대전 당시 바바리아군으로 참전하여 철십자훈장을 받았다. 이 과정에서 히틀러는 '유대인이 자본주의와 공산주의를 창안했으며 향후 세계를 지배할 것'이라는 생각을 바탕으로 반유대주의와 반슬라브주의를 적극적으로 표방한다. 당시 유대인들은 근면하고 성실한 삶의 자세로 많은 부를 축적했다.

술과 담배를 멀리했고 성실하고 근면했던 히틀러는 독일노동자당에 가입한 다음 뮌헨에서 테러를 자행했지만[1923] 실패하여 수감되었을 때 구술한 『나의 투쟁*Mein Kampf*』에 자신의 목표와 사상을 남겼다. 거친 문장의 『나의 투쟁』에는 히틀러의 독일민족주의와 인종적 배타주의가 드러나 있다. 6개월의 수감 후 풀려난 히틀러는 정권쟁취의 방식을 바꾸어 의회주의와 선거제도를 이용했다. 독일을 위한 참전용사라는 상징자본을 활용하고 가난과 분노에 허덕이는 독일 국민을 선동하면서 민족감정과 애국심을 자극했다. 대중의 지지를 바탕으로 1932년 대통령 선거에 출마하여 36.8%라는 높은 득표율을 보였으나 86세의 힌덴부르크에게 패했다. 하지만 노령의 대통령은 히틀러의 나치당과 연립정부를 구성하고자, 1933년 그를 총리로 임명했다. 이듬해[1934] 힌덴부르크가 죽자 의회의 승인을 거쳐 대통령을 계승했고 반노동자적이고 반사회주의적인 국가사회주의 독일노동자당Nationalsozialistische Deutsche Arbeiterpartei, NSDAP 즉, 나치Nazi를 중심으로 파시즘 일당독재 획일 체제를 구축했다.

세계제국건설의 파시즘적 야망은 1939년 폴란드 침공으로 시작되었다. 이탈리아의 파시스트 무솔리니와 연대하고 일본 군국주의와 제휴한 히틀러는 체코, 네덜란드, 프랑스를 차례로 침공하고 아우스슈비츠와 비르케나우의 수용소에 유대인, 동성애자, 집시 등을 가둔 다음 수백만 명을 학살했다. 그러나 미국이 제2차 세계대전에 참전하고 히틀러의 러시아 침공이 실패하면서 독일군은 후퇴를 거듭했다. 패색이 짙어진 1945년 4월 30일, 히틀러는 전날 결혼한 에바 브라운과 베를린의 지하 참호에서 자살한다. 인류사 전체를 통하여 히틀러처럼 악인惡人으로 평가받는 사람은 없다. 그는 인간 존재, 국가 제도, 정치, 경제, 사회, 전쟁의 기술, 심리조작, 영화예술의 선전선동 등 수많은 문제를 남겼으며 국가폭력과 제노사이드의 해악을 보여주었고 반인도주의와 파시즘의 전형으로 기록되고 있다.

참고문헌 Adolf Hitler, *Mein Kampf : Eine Abrechnung*, F. Eher Nachfolger, München, 1932.

참조 감성, 국가주의, 민족주의, 상징자본, 악의 평범성, 이성, 자본주의, 적자생존, 제1차 세계대전, 제2차 세계대전, 제국주의, 포퓰리즘

진시황

Qin Shi Huang | 秦始皇

'시신을 살아있는 것처럼 꾸며서 황성까지 간다!' 이 결정을 한 사람은 승상 이사李斯와 환관 조고趙高였다. 시신을 수레에 싣고 수십 일이 걸리는 길을 간다는 것은 쉽지 않은 일이었다. 이사는 시신이 부패하여 냄새가 진동하자 생선 수레를 앞뒤로 배치하여 썩은 냄새를 은폐했다. 그리고 먼 길을 돌아 황궁에 도착했다. 황궁에 돌아온 그들은 황제의 유서를 위조하여 18번째인 막내아들 호해胡亥를 황제로 옹립했으나, 노력한 보람도 없이 중원을 통일한 제국은 곧 멸망하고 말았다. 오랫동안 진시황이 어디에 어떻게 묻혔는지 알려지지 않았다. 그것은 지하궁전에서 작업한 사람들을 다 죽이고 철저하게 비밀로 했기 때문이다. 1974년 한 농부에 의하여 그의 묘가 발견되었을 때 거대한 병마용은 세상을 다시 한번 놀라게 했다. 살아서나 죽어서나 세상을 놀라게 한 이 군주는 진秦의 시황 영정嬴政, BCE 259~210 즉 진시황제다.

그의 출생에 관해서 진 장양왕莊襄王 영자초의 아들이라는 견해와 대상인이자 『여씨춘추呂氏春秋』를 남긴 재상 여불위呂不韋의 아들이라는 견해가 있다. 공식적 아버지인 장양왕이 타계한 후 영정은 13세 때 진나라 제31대 왕이 되었지만, 나이가 어려서 신하들의 섭정을 받아야 했다. 하지만 진시황은 10년간 섭정을 하던 여불위를 제거하고 직접 통치를 시작했다. 그는 뛰어난 군주이자 용맹하고 또 지혜로운 제왕이었으며 외교와 전략에 능했다. 천하 제패의 포부를 실현하고자 전국시대의 칠웅인 한韓, 위魏, 초楚, 연燕, 조趙, 제齊를 차례로 격파하고 황하와 장강에 이르는 중원을 통일했다. 그리고 왕 중의 왕이라는 의미에서 삼황

오제三皇五帝를 축약하여 황제로 등극했다. 그는 태산에 올라 하늘에 제사 지내는 '봉'과 땅에 제사 지내는 '선'의 봉선의식封禪儀式을 집행했다. 이것은 하늘과 땅의 뜻에 따라서 살아야 한다는 믿음이면서 철학에 근거한다.

진시황은 천하의 제왕이라는 개념을 더욱 확대하여 절대군주의 위엄을 과시하고 권력을 강화했다. 이후 진시황은 법가이자 훌륭한 재상인 이사의 건의를 수용하여 제후 분봉제分封制의 봉건제도 대신 관리를 직접 파견하여 36개 군을 직접 통치하는 중앙집권의 군현제郡縣制를 시행했다. 이어 문자와 도량형을 통일하고 도로와 세제를 정비하는 등 각종 개혁을 단행했다. 또한, 대장군 몽염蒙恬을 시켜서 수십만의 양민들로 하여금 연, 진, 조가 구축한 북방의 성을 이어 초기 만리장성을 개축하는 한편 수도 함양에 아방궁阿房宮 건설을 시작했다. 한편 진시황은 생전에 전국을 여러 차례 순행하면서 자신의 업적을 금석문에 새기고 위업을 과시했다. 이 순행 중에 진시황은 산동에서 신기루를 보고 불로초와 불사약을 찾겠다는 방사 서복徐福과 함께 수천 선남선녀를 동쪽으로 보냈지만 50세 때 수은중독으로 갑자기 타계했다.

진시황제 영정은 천하의 폭군으로 기록된다. 폭군으로 기록되는 가장 큰 이유는 의약서와 농서 등 실용적인 서적을 제외한 책을 태운 분서焚書와 유가를 산 채로 매장한 갱유坑儒 때문이다. 분서갱유가 일어난 원인은 춘추전국시대의 정치경제 상황에서 이해되어야 한다. 춘추시대春秋時代, BCE 8세기~BCE 3세기에는 주왕조가 쇠퇴하고 봉건제도가 유명무실해 지면서 지방의 제후들이 패자를 자처했고 전국시대戰國時代, BCE 3세기~BCE 221에는 전국칠웅이 패권을 다투었다. 이 시기에 철기문화가 발달하여 농업 생산성이 높아졌고 상업이 촉진되었으며 사상과 문화가 꽃피었다. 이 과정에서 진시황은 예절을 바탕으로 덕치주의를 표방한 유가儒家, 겸애설을 주장한 묵가墨家, 농업을 중시한 농가農家를 배척하고 엄격한 법과 행정을 중시한 법가法家를 통치의 근본으로 삼았다.

진시황이 폭군으로 불리는 또 다른 이유는 절대군주인 그의 개인적 감정 때문이다. 도가의 방술사들은 영생불사永生不死를 갈망하는 진시황제를 속이다가 황궁에서 도망친 사건이 일어났다. 이에 분노한 황제는 자신을 속인 도가와 함께 평소 법가와 대립 관계에 있던 유가들을 죽여 통치체계를 재확립하고 자신의 권위를 과시하고자 했다. 이것 때문에 한漢대 이후 중국의 사상과 정치를 지배한 유가들은 그를 폭군으로 간주한 것이다. 한편 사마천도 『사기史記』에서 진시황을 인민을 폭압으로 통치한 폭군이며 지하궁전에서 영생을 욕망하던 제왕으로 서술했다. 반대로 진시황은 최초로 중원을 통일한 다음 각종 개혁을 단행한 진취적이고 위대한 군주라는 평가가 있다. 그가 실시한 각종 제도는 오랜 시간 동안 중국에서 그대로 지켜졌다. 훗날 그의 언행과 생각은 천명사상天命思想과 중화주의中華主義의 근간이 되었다.

참고문헌 司馬遷, 『史記』.

참조 도, 분서갱유, 소중화주의, 역사, 중화주의, 천명사상, 초원의 사상, 춘추대의, 한자문화권, 화이관

중립진화
Neutral Theory of Molecular Evolution | 中性演化

'선생님, 인간의 꼬리가 퇴화한 것은 꼬리가 없는 것이 유리했기 때문일까요?' 인간은 어떻게 하여 지금과 같은 모습을 가지게 되었을까 궁금했던 Y가 생물 시간에 던진 질문이다. 교사는 개체個體와 종種은 생존에 유리한 형질로 진화하는 것을, 적응과 자연선택이라고 설명한 후 또 다른 진화의 관점을 알려주겠다고 말했다. 다음 생물 시간에 교사는 럭비공을 가져와 Y에게 던져 보라고 권했다. Y가 던진 럭비공은 앞으로, 옆으로, 뒤로 튀어 오르다가 다시 앞으로 굴렀다. 교사는 어리둥절한 학생들에게 '럭비공이 어디로 튈 것인지 알 수 있을까'라고 물었다. 학생들은 '알 수 없다'라고 답하자 생물교사는 럭비공을 예로 들어 '진화는 생존환경에 유리한 쪽으로 진행되지만 어떤 목표나 방향이 있는 것은 아니다'라고 설명했다. 생물교사의 이 설명은 진화론을 한 단계 발전시킨 중립진화 이론이다.

인간을 포함한 모든 생물은 진화한다. 그 변화와 진화의 결과 생물의 개체와 집단은 서로 다른 표현형질과 표현형태를 가지게 된 것을 변이라고 한다. 이 변이 과정에서 새로운 염기체 서열이 고착되는 돌연변이가 발생한다. 일찍이 다윈은 생존환경에 적응하면서 유리한 쪽으로 진화를 거듭했다는 자연선택自然選擇 Natural selection을 주장했다. 그런데 이 자연선택에 의문을 가진 일본의 기무라 모토木村資生, Moto Kimura, 1924~1994는 1968년, 분자의 중립설에 근거하여 진화에는 목표나 방향이 없다는 중립진화론을 발표했다. 교토대학에서 식물학을 전공한 기무라의 중립진화론은 종이 변하는 것은 체계적인 것도 아니고 목적지향적인 것도 아닌 중립적 변이라는 것이다. 따라서 중립돌연변이^{Neutral mutation}는 개체나 종의 생존과 번식에 유리하거나 불리한 쪽으로 진행되지 않는 변이다.

기무라는 진화의 과정이 돌연변이 때문이라는 것을 전제로, 유전자는 떠다니기 때문에 대립형질의 발현 빈도가 중립적인 것으로 보았다. 그러므로 유전자 정보를 가진 유전체 게놈^{Genome}은 생존에 유리하지도 않고 불리하지도 않은 중립적 선택을 한다. 간단히 말해서, DNA가 환경에 적응하고자 할 때 어떤 목표나 방향을 가지지 않는다는 것이다. 이를 근거로 기무라는 확산 방정식을 만들어 돌연변이 한 유전형질의 고착 가능성을 계산했다. 기무라가 창안한 중립진화는 다윈의 자연선택^{Natural selection}을 부정하는 것으로 보였기 때문에 큰 논란을 빚었다. 하지만 1986년 기무라는, 진화는 중립적이지만 결과적으로 자연선택으로 나타나며 중립진화가 자연선택을 부정하는 것은 아니라고 주장했다. 그 후 종의 진화는 자연선택이 정설이며 분자생물학의 차원에서 중립진화도 성립한다는 견해로 정리되었다.

돌연변이의 우연성을 말하는 중립진화론은 유전자 부동^{Genetic drift or Random drift,} 遺傳子 浮動과 무작위 행보^{Random walk, 無作爲行步}라는 두 가지 원리에 근거한다. 체세포와 생식세포의 유전자는 고정되어 있지 않고 끊임없이 움직이면서 예측 불가능한 행보를 한다. 가령 공이 멈추지 않고 굴러다니는 것이 유전자 부동이라면 럭비공이 어떻게 튈지 모르는 것이 무작위 행보다. 유전자는 럭비공처럼 불규칙적으로 행보한다. 그리고 돌연변이를 할 때 생존에 유리하지도 않고 불리하지도 않은 중립적 선택을 한다. 이것은 유전자가 중립적 선택을 한다는 것이므로 돌연변이의 중립성을 말하는 것이지 진화의 중립성을 말하는 것이 아니다. 이처럼 유전자의 무작위적 결합인 중립진화는 생존에 적합한 방향으로 진화하는 적응진화^{適應進化}나 생존에 부적합한 방향으로 진화하는 부적응진화^{不適應進化}와 달리 그런 목표와 방향이 없다는 것이다.

중립진화론에서 말하는 대립형질의 발현 빈도는 병甁 안의 공에 비유된다.

병 A에 빨강 공 10개와 파랑 공 10개가 있고, 병 B에 든 공을 무작위로 A 병에 넣고, A 병의 공을 B 병에 담는 과정을 반복하게 되면, 어떤 때에는 A 병에 빨강 공이 사라지고 파랑 공만 남게 될 수도 있다. 이처럼 특정 유전자가 사라지고 새로운 유전자 배열이 고착되면 종의 유전형질이 완전히 변화한다. 이때 종의 개체 수가 적으면 돌연변이의 가능성이 커지는데 개체 수가 많더라도 방사능이나 특별한 조건에서 유전자의 형질변화로 인한 돌연변이가 가능하다. 이런 유전자 대립형질 고착의 중립적 우연성에도 불구하고 자연선택은 부정되지 않는다. 그것은 유전자의 무작위 행보와 부동은 중립적일 수 있으나 생존에 불리한 변이가 일어날 때 자연선택에 따라서 돌연변이한 유전자를 제어하거나 제거하기 때문이다.

참고문헌 Motoo Kimura, "Evolutionary rate at the molecular level", *Nature* 217, 1968, pp.624~626.

참조 DNA/디옥시리보 핵산, 공통조상, 돌연변이, 분자, 유전자, 자연선택, 적자생존, 진화론, 진화심리학, 창조론

공자

Confucius | 孔子

어느 날 제자 계로가 귀신을 섬기는 것에 대해서 스승 공자에게 물었다. 그러자 공자는 이렇게 답했다. '아직 사람도 섬기지 못하는데 어찌 귀신을 섬기겠느냐?季路問 事鬼神 子曰 未能事人焉能事鬼' 이처럼 공자는 괴력난신怪力亂神 즉, 괴이하고 초월적인 것을 배격하는 한편 인간을 중시하는 인본주의 사상을 설파했다. 그러자 다시 계로가 '감히 죽음에 관해 묻고 싶습니다'라고 하자 공자는 '아직 삶도 모르는데 어찌 죽음을 알겠느냐?敢問死 曰 未知生焉知死'라고 답하여 현실을 중시하는 생사관을 알려주었다. 『논어』「선진先進」에 나오는 이 문답은 첫째 인간에 대한 존중인 휴머니즘 사상이며 둘째 현재에 충실해지려는 현실주의 세계관이다. 이런 공자의 인본주의 사상과 현실주의 세계관은 단지 사상에 머물렀던 것이 아니고 정치와 사회에 실현되었다는 점에서 큰 의미가 있다.

춘추시대 말기 노魯의 취푸曲阜에서 태어난 공자孔子, BCE 551~BCE 479는 가난하고 힘든 어린 시절을 보냈다. 무사 출신의 아버지 숙량흘叔梁紇이 늦은 나이에 아들을 얻고자 소녀 안정재顏徵在를 취하여 낳은 아들이 공구다. 그의 얼굴 모양 때문에 구丘라는 이름이 붙여졌으며 한 살 때 아버지가 죽었고 젊은 시절에 어머니마저 타계했다. 그 후 창고지기와 같은 일을 하면서도 역사와 예법을 공부하여 점차 학자로 명성이 높아졌다. 그는 송宋의 왕족 미자微子의 후예라는 자부심을 품고 주와 노의 정통과 질서를 회복하겠다는 뜻을 세웠다. 또한, 공자는 도가사상의 창시자인 노자老子에게 배우고 노자와 토론을 한 후 현실주의 사상을 더욱 체계화할 수 있었다. 그리하여 공자는 춘추시대의 어지러운 사회 속에서 법이 아닌 인의와 도덕으로 세상의 질서를 회복하는 것을 학문과 경세의 목표로 삼은 다음 춘추 열국의 여러 군주에게 자신의 정치철학을 설파했다.

공부자孔夫子는 지혜로운 인물이었지만 그를 등용하는 군주가 적었다. 공자의 고향인 노魯에서 역시 그의 높은 경륜을 인정하면서도 사회를 개혁하겠다는 공자를 중용하지 않았다. 이때BCE 517 평소 공자를 흠모하는 제齊의 경공이 천하 패자의 길을 묻자, 공자는 '군주는 군주다워야 하고 신하는 신하다워야 하며 부친은 부친다워야 하고 자식은 자식다워야 한다君君 臣臣 父父 子子, 「顔淵」'고 답했다. 이런 공자의 명분 중시의 정명론正名論은 세상의 순리가 곧 질서라는 현실주의의 핵심이다. 그 철학적 원리는 인의예지仁義禮智이고 그 방법은 예절이다. 하지만 인의仁義를 중시했던 재상 안영晏嬰은 '공자의 덕치로 세상을 다스릴 수 없고 패자覇者도 될 수 없다'고 반대하여 제에서도 등용되지 못했다.

노의 정공定公이 52세BCE 499의 공자를 대사구大司寇로 등용했을 때 그의 능력과 지혜로 사회가 일신되어 갔다. 하지만 노의 융성과 공자의 지략을 두려워한 제의 노력과 정공의 태만이 원인이 되어 공자는 55세에 직책을 사직했다. 그 후 위衛, 조趙, 송宋, 진陳, 채蔡, 초楚 등을 14년간 주유하면서 자신의 정치철학을 유세했다. 공자가 어렵게 중원의 여러 나라를 주유한 것은 인의 덕치주의를 현실에서 실현하고자 했기 때문이다. 당시에는 백가가 쟁명하고 백화가 제방하던 시대였으므로 공자는 경륜을 펴기가 쉽지 않았다. 하지만 공자는 춘추시대의 혼란한 사회일수록 인의예지仁義禮智와 덕치가 필요하다고 역설했다. 그 이상적인 사회를 완성하는 방법은 수기치인修己治人과 극기복례克己復禮 즉, 자기 자신을 수양하여 군자와 대인이 되는 것과 인仁과 예禮를 실천하는 것이었다. 그러나 공자는 현실정치를 통한 이상사회 건설의 뜻을 이루지 못했다.

67세에 고향 취푸에 돌아온 공자는 교육에 진력하는 한편 『시경詩經』, 『서경書經』, 『역경易經』 등을 편찬했다. 또한, 춘추대의에 근거하여 『춘추春秋』를 집필하면서 제자를 양성하던 중 73세BCE 479에 타계했다. 그의 언행은 『논어』로 정리되었고 사상은 공문십철孔門十哲로 불리는 제자 안회顔回, 민자건閔子騫, 염백우冉伯牛, 중궁仲弓, 재아宰我, 자공子貢, 염유冉有, 자로子路, 자유子有, 자하子夏와 손자인 자사子思에게 계승되었다. 당 현종이 공자를 문선왕文宣王으로 추종한 이후 공자는 유가와 유학의 태두이자 성인聖人으로 존경받았다. 공자의 현실주의와 인본주의는 맹자, 순자, 한비자, 정자, 주자, 송자를 거치면서 동아시아의 정치와 사회에 절대적인 영향력을 행사했다. 이런 공자의 정치철학은 주周와 노魯의 봉건체제를 이상으로 설정한 복고주의라는 점에서 비판을 받으며 문화혁명 시절 봉건 적폐로 대대적인 배척을 받았다.

참고문헌 孔子, 『論語』.

참조 거경궁리, 격물치지, 군자불기, 극기복례, 무극이태극, 문화혁명, 사단칠정, 수양론, 유토피아, 이기론(주희), 인물성동이론, 인심도심, 중용지도, 중화주의, 춘추대의, 휴머니즘/인문주의

대동아공영권
Greater East Asia Co-Prosperity Sphere | 大东亚共荣圈

'10억의 운명이 달린 결전. / 거룩한 우리 향토 / 아세아의 성역聖域을 / 짓밟아 더럽히던, / 적을 쫓으라―하옵신 결전. // 이 싸움 이기고 나서 / 아세아 사람의 아세아로 / 천 년의 태평이 있을 때 / 그 어떤 문화가 필 것인가. / 아세아는 세계의 성전聖殿 / 세계의 낙원, 이상향 / 신앙과 윤리와 예술의 원천 / 그러한 아세아를 세우려고 / 맹수 독충을 몰아내는 성전聖戰.' 화자는 「조선의 학도여」 1943라는 제목의 이 시에서 '10억 아시아인들은 맹수와 독충을 몰아내는 전쟁에서 이겨야 한다'라고 부르짖는다. 이 시는 조선의 유명한 계몽주의자이자 한국에서 문호文豪로 불리는 춘원 이광수가 썼다. 이처럼 조선인 이광수李光洙, 1892~1950는 일본인 가야마 미쓰로, 향산광랑香山光郎으로 변신하여 굳은 신념을 가지고 적극적인 친일활동을 전개하면서 대동아공영권을 선전했다.

'아세아 사람의 아세아'는 아시아인들의 대동단결을 상징하는 정치적 표현이다. 이 세계관에서 성역 아시아는 낙원이자 이상향인 황국皇國이고 미국과 영국 등 서구열강은 그 낙원을 침공하고 짓밟는 맹수와 독충이다. 이 대립적 이분법은 아시아의 새로운 질서를 표방한 일본 군국주의의 대동아공영권을 그대로 표현한 것이다. 아시아주의라고 할 수 있는 대동아공영권은 일본 군국주의자들이 주장한 것으로 제2차 세계대전 또는 태평양전쟁을 수행하면서 일본을 중심으로 아시아의 여러 국가와 민족이 단결하여 서구열강의 침략과 지배에 대항하자는 정략政略이다. 이 정략이 구체화된 것은 1940년 8월 1일 일본 외상 마쓰오카 요스케松岡洋右가 발표한 담화문이다. 미국에서 대학교를 마치고 일본에 돌아와 외교관이 된 마쓰오카는 제2차 세계대전 중 강렬한 반미주의자가 되어 대동아공영권과 미영＊英 격멸의 논리를 폈다.

대동아공영권은 동아시아를 넘어서 싱가포르, 인도네시아, 필리핀, 베트남, 버마, 라오스를 포함하는 권역이고 인도까지 영향권에 두는 범아시아주의Pan-asianism였다. 범아시아주의는 중국의 대일통사상인 중화주의 천하관과 다른 일본중심주의 사상이다. 일본 제국주의는 중화의 적통을 계승하려는 생각은 없었으나 중화를 대신하여 패권을 수립하려는 기획은 있었다. 일본의 이 정략은 오족협화론五族協和論에서 체계화된 바 있다. 오족협화론은 1931년 중국 동북부의 만주지방을 일본의 반식민지로 만들기 위하여 일본인, 조선인, 만주인, 중국인, 몽고인들이 화합하자는 정략이었다. 동북아시아에 한정된 오족협화론과 달리 미국과 영국을 주축으로 하는 연합국과 전쟁하면서 내세웠던 대아시아주의가 바로 대동아공영권이다. 하지만 당시 대동아공영권과 대아시아주의는 일본의 패권과 일본 제국주의를 강화하는 일본 중심주의였다.

일본 군국주의는 중일전쟁의 와중인 1938년 11월 3일 일본, 중국, 만주가 협력하고 공존하는 동아신질서건설이라는 성명을 발표하고 선린우호善隣友好, 공동방공共同防共, 경제제휴를 선언했다. 아시아의 신질서를 위한 대동아공영권의 정점은 1943년 11월 5일과 6일에 일본 도쿄에서 열린 대동아회의大東亞會議, The Greater East Asia Conference다. 이 회의는 1941년 영국과 미국이 발표한 대서양헌장에 대응하는 유색인종의 회의라는 명분으로 개최되었다. 영어를 공식 언어로 사용한 대동아회의에는 일본 수상 도조 히데키東條英機, 중국 친일정권의 왕자오밍汪兆銘, 필리핀의 J.P.라우렐, 만주국滿洲國 수상 장징후이張景惠, 타이의 왕와이다야콘, 미얀마의 바 마우, 자유인도 임시정부의 찬드라 보스Chandra Bose 등이 참석했고 조선은 내선일체內鮮一體 정책으로 참가하지 않았다. 이와 더불어 일본은 대동아문학자대회를 비롯한 각종 회의와 대회를 통하여 대동아공영권을 선전했다.

중일전쟁1937이 일어나자 미국은 중국의 장제스蔣介石 정권을 지지했기 때문에 일본과 적대적인 관계가 되었다. 일본은 미국과 전쟁을 준비하는 한편 일본 국가독점자본의 활동을 위하여 남아시아로 진격했다. 일본 군국주의자들은 1941년 12월 7일, 진주만 폭격을 시작으로 태평양전쟁 또는 '대동아전쟁'을 일으켰다. 그리고 전쟁의 명분을 서양의 침략으로부터 아시아를 지키기 위하여 일본이 맹주가 되어야 한다는 대동아공존공영을 이념으로 설정했다. 그리고 천황 중심의 파시즘 이데올로기를 위하여 '세계는 하나의 집'이라는 팔굉일우八紘一宇 이론을 제시했다. 대동아공영권은 제2차 세계대전 이후 소멸하였지만, 그 후에도 일본의 우익은 일본과 독일이 승리했다면 세계질서는 달라졌을 것이고 대동아공영권은 패권과 침략의 이데올로기가 아니라 긍정적인 아시아의 이념과 사상이 되었다고 주장했다.

참고문헌 鹿島守之助, 『帝國の外交と大東亞共榮圈』, 翼贊圖書刊行會, 1943.

참조 국민국가/민족국가, 대정봉환, 대화혼, 메이지유신, 무사도, 왕정복고, 정한론, 제국주의, 제2차 세계대전, 중일전쟁/청일전쟁, 중화주의, 탈아입구 탈아론

운명의 수레바퀴
Wheel of Fortune | 命运之轮

'오 운명이여! 달과 같이, 그대는 변덕스럽게, 차오르고, 이지러진다. 증오스러운 인생으로, 처음에는 억압하고, 다음엔 부드럽게 달래주니, 가난과 권력은 얼음처럼 녹는다. 운명, 기괴하고 허무한 운명, 그대는 운명의 수레바퀴를, 악독하게 굴리면서, 그대는 한가하게, 희미하게, 그늘에 숨은 채, 베일에 가린 채, 그대 나를 괴롭히네, 나는 벗은 등을, 그대의 사악함에 맡기네.'[1] 지휘자의 손이 힘차게 움직이자, 오백 명의 합창단과 백 명의 교향악단이 장엄한 연주를 시작한다. 그 순간 관객들은 자기 뜻대로 되지 않는 자기 운명을 생각하면서 전율을 느낀다. 그리고 '나의 운명은 누가 관장하는 것인가'라고 묻는다. 불완전한 존재인 인간의 운명을 표현한 이 작품은 독일의 카를 오르프^{Carl Orff}가 작곡한 칸타타 〈까르미나 부라나^{Carmina Burana}〉1937 중 〈아, 운명이여^{O, Fortuna}〉다.

운명의 수레바퀴는 바빌론과 그리스 시대의 천동설 세계관에서 천구좌표의 황도대^{Zodiac}를 움직이는 별자리다. 고대 인도에서는 모든 존재와 현상을 변화의 수레바퀴^{Wheel of becoming}라고 표현했으며 대승불교와 티베트불교에서는 인과법칙에 의하여 윤회한다는 사상을 생명의 바퀴^{Wheel of life, Bhavacakra}로 명명했다. 운명의 수레바퀴를 기독교적으로 해석한 것은 보에티우스^{Boethius, 480~524}다. 그는 운명의 여신이 수레바퀴에 얹힌 인간을 희롱한다고 보았다. 그러므로 인간

---

1   O Fortune, like the moon you are changeable, ever waxing and waning; hateful life first oppresses and then soothes as fancy takes it; poverty and power, it melts them like ice. Fate, monstrous and empty, you turning wheel, you are malevolent, your favor is idle and always fades, shadowed, veiled, you plague me too. I bare my back for the sport of your wickedness.

이 운명의 여신이 굴리는 수레바퀴에서 내려오고자 한다면 완전한 신에 귀의해야 한다. 인간이 완전한 신의 말씀에 따라서 살 때 운명의 수레바퀴는 멈춘다. 실제로 보에티우스는 신에 대한 경건한 자세를 권장하면서 현세의 쾌락을 비판했다. 이런 신학적 해석은 불완전한 인간과 완전한 신을 대비하면서 도덕적으로 살 것과 종교적으로 경건하게 살 것을 권고한다.

운명의 수레바퀴는 신비한 이야기로 감성을 자극하기 때문에 예술작품에 자주 등장한다. 그리스의 영향을 받은 유럽에서 운명의 수레바퀴는 인간의 불행과 비극을 상징한다. 이것은 불완전하고 불확정적인 인간의 운명이 불행과 좌절을 통하여 극적으로 드러나기 때문이다. 특히 고대 그리스의 비극에서는 운명의 힘 때문에 패배하는 주인공이 자주 등장한다. 그렇다고 해서 주인공은 자신을 운명에 맡기지는 않는다. 왜냐하면, 자신을 운명에 맡기면 패배라는 비극적 상황에 놓이기 때문이다. 비극적 상황에 놓인 인간이 운명의 힘을 깨우칠 때 고결한 존재가 될 수 있다. 셰익스피어도 『헨리 5세*Henry V*』1599에서 '운명은 눈먼 것 같이, 그녀의 눈에 스카프를 가린 것같이, 눈이 먼 것을 상징한다네. 그리고 운명은 그녀가 끊임없이 돌리는 수레바퀴와 같아서, 항상 변화하고 변덕스럽지. 그녀의 발밑에는 이리저리 구르는 돌 판이 놓여 있다네'[2]라고 표현했다.

운명의 여신이 돌리는 수레바퀴는 인간의 운명을 결정한다. 그런데 눈먼 운명의 여신이 멋대로 운명의 바퀴를 돌리기 때문에 그 수레바퀴에 얹힌 인간은 운명을 예측할 수 없다. 운명의 수레바퀴를 돌리는 여신은 아주 변덕스럽다. 게다가 눈까지 멀어서 어느 방향으로 어떻게 돌릴지 아무도 모른다. 그러므로 어떤 사람은 우연히 행운을 얻으며 어떤 사람은 우연히 불행에 처한다. 이렇게 볼 때 운명의 수레바퀴는 첫째, 운명을 관장하는 수레바퀴라는 의미 둘째, 자유의

---

2   Fortune is depicted as blind, with a scarf over her eyes, to signify that she is blind. And she is depicted with a wheel to signify–this is the point–that she is turning and inconstant, and all about change and variation. And her foot, see, is planted on a spherical stone that rolls and rolls and rolls.

지free will가 없는 인간은 예측할 수 없는 수레바퀴에 얹혀 있다는 의미 셋째, 인간은 초월적인 힘으로 관장되는 불완전하고 불확실한 존재라는 의미 넷째, 인간과 세상은 초월적 존재의 영향을 받는다는 결정론Determinism이다. 그리고 개별사건은 결정된 것이 아니라는 비결정론Indeterminism이다. 기독교에서는 인간의 운명은 (신에 의해서 결정된 것으로 보기 때문에) 결정론인 동시에 비결정론의 성격을 지닌다.

운명의 수레바퀴는 인간이 불완전하고 불확실한 운명에 놓여 있다는 교훈과 함께 변화무상한 인생의 역정을 상징한다. 그런데 인간이 자신의 운명을 결정하지 못한다고 하더라도 운명이 결정되어 있다는 것을 의미하지는 않는다. 왜냐하면, 눈이 멀고, 미쳤으면서, 변덕스러운 운명의 여신 자신도 무엇을 어떻게 하는지 모르는 채 수레바퀴를 돌리는 것이기 때문이다. 따라서 운명의 수레바퀴는 인간의 불완전성과 함께 운명의 불확정성을 강조하는 것이다. 한편 카발라 신비주의를 상징으로 만든 타로Tarot에서 운명의 수레바퀴는 정해진 운명, 행운, 전환점을 의미한다. 반면 동양에서는 하늘의 명령에 순응하는 천명天命을 강조했다. 동양의 운명론은 하늘의 이치에 의하여 만사가 순행한다는 인과적 법칙성이 강하며 운명의 수레바퀴는 곧 천명사상天命思想의 우주 순행에 해당한다.

참고문헌 Boethius, *The Consolation of Philosophy*, translated by P.G. Walsh, Oxford World's Classics, 2001.

참조 감성, 결정론, 불확정성의 원리, 비극, 비극의 탄생, 운명론, 윤회사상, 자유의지, 정신, 쾌락원칙, 천명사상

탈아입구 탈아론

Datsu-A Ron | 脱亜入欧 脱亜論

'내가 보기에 이대로 중국과 조선이 독립을 유지하는 것은 불가능하다. 만약 이 두 나라에 개혁의 지사가 나타나 메이지유신과 같은 정치개혁을 달성하면서 위로부터의 근대화를 추진할 수가 있으면 이야기는 다르겠지만, 그렇지 않으면 망국과 국토의 분할과 분단이 기다리고 있는 것은 의심할 여지가 없다. 왜냐하면, 독감과 같은 근대 문명의 물결에 씻기면서도, 그것을 피하려고 밀실에 두문불출하여 공기가 흐르는 것을 막고 있으면, 결국은 질식해 버릴 수밖에 없기 때문이다.' 이 글의 필자는 중국의 청과 한국의 조선은 스스로 질식할 것이며 머지않아 식민지가 될 것이라고 단언했다. 이 글은 동아시아만이 아니라 세계적으로도 의미가 있는 일본의 탈아론脫亞論인 동시에 일본은 아시아를 넘어서고 벗어나서 서구와 같은 국가가 되어야 하고, 실제로 그렇게 되고 있다는 탈아입구脫亞入歐의 사상이다.

1885년 3월 16일 『시사신보時事新報』에 익명으로 실린 이 글의 저자는 후쿠자와 유키치福澤諭吉, 1835~1901로 밝혀졌다. 그는 저명한 계몽주의자이며 자유주의자로 명망이 높았지만, 일본의 양이배척洋夷排斥 운동으로 여러 차례 암살의 위기를 넘긴 바 있다. 친서양주의자인 후쿠자와 유키치가 쓴 이 글의 논조는 아시아의 국가들은 서구문명을 수용하여 자력갱생과 부국강병의 길을 걷지 않으면, 서구 열강의 침략을 받아서 식민지가 된다는 것이다. 이 글에 의하면 일본은 1867년부터 시작한 메이지유신으로 정치와 사회를 개혁했으며 경제와 산업을 부흥시킨 결과 자주독립의 강한 국가가 되었다. 하지만 유교적 신분제도와 같은 보수적 체제를 고수하고 있는 중국과 조선에는 문명개화의 전망이 보이지 않는다. 그러므로 일본은 나쁜 이웃의 친구들을 버리고 탈아脫亞 즉, 아시아를 넘어서고 벗어나서 입구入歐 즉, 서구와 같은 국가가 되어야 한다.

이 글에서 그는 중국, 한국, 일본이 과거에는 한자문화권으로 동질성이 있지만, 근대에 들어서 이질성이 심화되었다고 진단한다. 일본은 서구문명을 받아들이는 한편 유교를 극복하고 중세를 해체했지만, 중국과 조선은 고루한 전통에 갇혀 세계의 흐름을 알지 못한다. 이것은 서로 도움이 되는 보거순치輔車脣齒도 아닐뿐더러 일본에 불행이므로 같은 아시아라는 환상을 버리고 두 나라와 관계를 끊어야 한다. 이런 그의 역사관은 보편적 진보사관이다. 인류의 역사는 서구식 발전이 보편적이므로 아시아 국가들은 서구의 발전과정을 학습하고 답습해야 한다는 것이다. 이것은 아시아 자체로는 근대화를 이룰 수 없다는 역사 인식이기도 하다. 하지만 탈아입구론과 탈아론은 단지 문장과 의미로만 해석되면 안 되고 역사적 맥락에서 이해되어야 한다.

후쿠자와 유키치는 자신을 찾아온 김옥균, 박영효, 윤치호 등 조선의 개화파를 지지하면서 메이지유신과 같은 혁명이 조선에서 실현되도록 지원했다. 하지만 그가 지지한 조선의 갑신정변甲申政變, 1884은 조선 수구파와 청의 무력에 의해서 3일 만에 제압되고 말았다. 혁명의 주역들은 일본과 중국으로 피신했으나 김옥균은 홍종우에게 암살당한 후 시체는 조선으로 보내져서 능지처참陵遲處斬된 후 목이 거리에 걸렸다. 이것을 봉건적 악습으로 간주한 그는 조선조정의 행위에 분노하여 1885년 탈아론을 글로 표현한 것이다. 그에게 김옥균을 비롯한 갑신정변 주역들이 처참하게 사형당한 사건은 충격일 뿐 아니라 갑신정변을 지지한 자신도 실패한 것을 의미한다. 하지만 자유라는 한자어를 만든 자유주의자 후쿠자와 유키치는 민주주의를 주창한 의회주의자이며 민권을 존중한 계몽주의자로 명망이 높아졌다.

탈아론은 (막을 수 없는 전염병을 피하고자) 쇄국정책을 펴는 중국과 조선을 버리고, 일본은 서구와 가까워지고 또 서구가 되어야 한다는 것이다. 하지만 탈아론은 중국과 조선에 대한 비판에도 불구하고 지정학적으로 아시아에 속한 일본인의 각성을 촉구하고 있다. 하급 무사 집안 출신의 후쿠자와 유키치의 탈아론적 사상은 『서양사정』과 『학문의 권장』과 같은 독립사상과 자유주의에 근거한다. 상당히 논란이 있는 탈아론은 일본이 중국, 조선을 포함한 아시아 국가와는 다른 국가이며 세계적으로도 유일하게 서구와 대등한 국가가 되었다는 일본 역사의 특수성으로 정리되었다. 난학蘭學에서 출발하여 영국과 미국을 비롯한 서구를 학습한 후 서구문명을 절대적으로 신봉했던 그의 탈아론은 메이지 시대는 물론이고 현대에 이르기까지 일본인에게 큰 영향을 미쳤고 근대초극이론으로 이어지는 일본 특유의 사상이다.

참고문헌 福澤諭吉, 『西洋事情』, 慶應義塾出版局, 1872.

참조 국민국가/민족국가, 대동아공영권, 대정봉환, 대화혼, 메이지유신, 무사도, 문명, 소중화주의, 왕정복고, 정한론, 제국주의, 중화주의, 학문, 혁명

메이지유신

Meiji Restoration | 明治維新 めいじいしん

'제1조 대일본제국은 만세일계萬世一系의 천황이 이를 통치한다. 제2조 황위는 황실전범이 규정하는 바에 따라 황남 자손이 이를 계승한다. 제3조 천황은 신성하여 침해하여서는 안 된다. 제4조 천황은 국가의 원수로서 통치권을 총람하고, 이 헌법의 조항에 따라 이를 행한다. 제5조 천황은 제국의회의 협찬을 거쳐 입법권을 행한다. 제6조 천황은 법률을 재가하며 그 공포 및 집행을 명한다.' 이것은 1889년 2월 11일 공포된 「대일본제국헌법大日本帝国憲法」 제1장의 천황에 관한 조문이다. 17조로 구성된 천황에 관한 조문에 의하면 천황이 절대 권력을 행사하는 것처럼 보이지만 이 헌법은 민주적인 법률로 알려져 있다. 메이지유신의 산물인 「대일본제국헌법」은 이토 히로부미伊藤博文가 중심이 되어 독일 헌법을 연구하여 만든 아시아 최초 근대헌법이다. 이렇게 하여 일본은 식민지를 겪지 않고 근대국가로 이행할 수 있었다.

「대일본제국헌법」은 중세 일본을 개혁하고 유신하여 근대국가로 나아가는 메이지유신의 핵심이다. 이 헌법은 메이지 천황이 총리대신에게 하사한 형식으로 발표되었는데 이것은 위로부터의 개혁을 상징한다. 그 개혁이 바로 1867년 1월 9일 메이지 천황의 즉위로부터 시작된 메이지유신이다. 위로부터의 혁명이 성공할 수 있었던 직접적인 계기는 사카모토 료마坂本龍馬가 주재하고 사쓰마 번의 사이고 다카모리西郷隆盛와 조슈 번의 기도 다카요시木戸孝允가 맺은 삿초동맹의 성립이다. 그 결과 '큰 정사大政를 천황에게 돌린다奉還'는 뜻의 대정봉환大政奉還, 1867이 이루어졌으며 곧이어 반막부 동맹군이 왕정복고1868를 선포했다.

이후 반막부 동맹군은 1868년 5월 3일 에도에 무혈 입성하여 도쿠가와 쇼군의 에도막부江戸幕府, 1603~1867가 끝남과 동시에 메이지유신이 시작되었다.

메이지유신明治維新은 메이지 천황이 즉위한 1867년 시작되어 대일본제국헌법이 공포되고1889 제국의회가 개원하여1890 민주적 국가체제를 갖춘 25년에 걸친 일본 사회의 총체적이고 근대적인 개혁을 말한다. 유신維新은 '오로지 새로운 세상이 된다'는 뜻이지만 실제로는 천황체제로 복귀하는 왕정복고restoration였다. 이런 메이지유신은 막부세력의 저항을 받았고 세이난 전쟁西南戦争, 1877을 겪는 등 여러 난관이 있었다. 그럼에도 불구하고 메이지 천황明治天皇과 개혁적 사상가들은 서양을 배우면서 일본정신을 지킨다는 화혼양재和魂洋才의 명분으로 근대 국민국가 건설을 강력하게 추진했다. 이처럼 일본은 메이지유신을 통해서 폐번치현廃藩置県, 1871으로 중앙집권체제를 갖추었으며 사농공상士農工商의 봉건적 신분제도를 타파하는 한편 정신적으로 유교 전통을 극복했다.

메이지유신은 단기 사건이 아니라 수십 년에 걸친 역사적 변화였다. 그 계기가 된 개항은 1854년 미국의 페리 제독에 의해서 행해졌다. 이후 사무라이계급을 중심으로 존왕양이尊王攘夷와 더불어 친서양주의가 활발하게 전개되었다. 한편 일본 정부는 이와쿠라사절단岩倉使節団, 1871~1873을 파견하여 서양을 학습하고 본받았다. 특히 후쿠자와 유키치福澤諭吉는 『서양사정』과 『학문의 권장』을 써서 독립사상과 자유주의를 고취하고 시민의식을 고양시켰다. 이 과정에서 「대일본제국헌법」을 기초한 이토 히로부미를 비롯하여 유신삼걸로 불리는 기도 다카요시木戸孝允, 일명 가쓰라 고고로(桂小五郎), 사이고 다카모리西郷隆盛, 오쿠보 도시미치大久保利通를 비롯한 개혁가들은 문명개화, 자유민권, 자력갱생, 부국강병 등의 방향을 제시했다. 이 결과 근대 화폐제도를 도입1871하고 토지제도로 지조地租를 개정1873하였으며 식산殖産의 흥업이 활발해졌고 우편, 전신, 전화, 철도, 항만 등이 서구식으로 바뀌었다.

메이지유신으로 인한 사회변혁의 결과 많은 공장이 설립되어 생산력이 획기적으로 증대되었고, 자본가계급과 노동자계급을 비롯한 도시 중산층이 형성되었다. 서구 유럽과 유사한 도시화, 산업화, 전문화, 분업 등 근대사회의 제반 양상이 나타나기 시작했다. 하지만 국민교육, 징병제도, 사법제도, 조세제도, 단발령 등은 사족士族, 무사, 농민의 저항에 부딪혔다. 그것은 메이지유신이 서구의 보편적 역사발전과 달리 지배계급 간의 권력투쟁이면서 사무라이가 주도한 위로부터의 혁명이었기 때문이다. 하지만 25년에 걸친 일본 사회의 총체적 개혁은 비서구 국가에서는 유례가 없이 성공하여 일본은 단기간에 근대 자본주의 국가로 변화했다. 이처럼 메이지유신은 입헌군주제와 의회 제도를 도입하여 민주주의의 기반을 마련한 계기인 동시에 천황절대주의와 전체주의 및 군국주의와 제국주의로 나가는 시발점이기도 하다.

참고문헌 William G. Beasley, *The Meiji Restoration*, Stanford : Stanford University Press, 1972.

참조 국민국가/민족국가, 근대·근대성, 대동아공영권, 대정봉환, 대화혼, 무사도, 소중화주의, 왕정복고, 자본주의, 정한론, 제국주의, 중화주의, 탈아입구 탈아론, 한자문화권

한자문화권

East Asian Cultural Sphere | 汉字文化圈

동아시아 다국적 교실의 교사 K는 칠판에 국어라고 쓰고 한자로 國語라고 함께 적었다. 그리고 여러 학생에게 '국어國語는 어떤 언어인가'라고 물었다. 그러자 일본인 학생은 일본어라고 답했고 중국인 학생은 중국어라고 답했으며 한국인 학생은 한국어라고 답했다. 그다음에 교사 K는 중체서용中體西用, 동도서기東道西器, 화혼양재和魂洋才라고 쓰고 이 세 용어의 공통점과 차이점을 설명했다. 중국의 중체서용은 중국 학문을 본체本體로 하고 서양 학문을 방법으로 사용使用하자는 것이고, 한국의 동도서기는 동양의 도리를 바탕으로 서양의 기술을 수용하자는 것이며, 일본의 화혼양재는 일본의 정신인 화혼을 가지고 서양의 기술을 접목하자는 것이다. 이처럼 표기는 같지만, 의미가 다르거나 의미는 유사하지만 달리 표기되는 한자어는 한자문화권의 바탕이다.

문화권文化圈 또는 문화권역은 역사적, 지리적 공간개념으로 문화적으로 다른 지역과 구별되면서 문화적 동질성을 가진 공간 범위다. 문화권은 독일과 오스트리아의 민족학에서 처음 쓰였는데 독일의 민족학자 프로베니우스L. Frobenius, 1873~1938는 프랑크푸르트에 '문화형태학연구소'를 설립하고1920, 문화는 생명을 가진 유기체라고 보았다. 그리고 그는 여러 민족의 문화가 하나의 문화권을 형성한다는 문화권 이론을 수립했다. 하지만 문화권은 고정된 것이 아니고 역사적으로 변화하고 지리적으로 유동적인 개념이다. 문화에서 언어는 그 언어사용자의 정신과 생활을 규정하는 가장 중요한 요소이면서 문화권의 분류 기준이 된다. 이 이론에 비추어 볼 때 한자문화권은 한자와 한문을 공용하면서 사회

전반에 문화적 동질성을 형성한 동아시아중국, 한국, 일본 지역문화의 권역이다. 한자문화권은 문화적 동질성을 바탕으로 하나의 문화생태계를 이루고 있다.

한자는 5000여 년 전 삼황오제三皇五帝 시절에 황제黃帝의 사관史官 창힐蒼頡이 창안했다는 학설이 있지만, 일반적으로는 은대殷代의 갑골문자甲骨文字를 기원으로 삼는다. 이 표의문자表意文字가 한대漢의 한자漢字가 되었고 이것을 주변의 여러 민족이 사용하면서 한자문화권이 형성되었다. 이후 중원의 문화와 문명을 적극적으로 수용한 한국, 일본, 베트남에서 한자는 공동문자로 쓰였다. 그리고 근대에 들어서 싱가포르, 말레이시아, 인도네시아에 중국인들이 진출하여 한자문화를 전파했다. 이렇게 볼 때 협의의 한자문화권은 중국, 한국, 일본이고 광의의 한자문화권은 베트남, 몽골, 티베트를 포함하며, 한자문화권의 영향을 받은 곳은 인도네시아, 싱가포르 등이다. 한편 한자문화권은 토인비가 극동 문명Far Eastern Civilization과 유사한 의미로 사용했으며 황하 및 장강 문명黃河長江文明으로 간주하는 견해도 있다.

한자문화권은 유교, 불교, 도교의 종교적 공통성을 가지고 있고, 정주민의 농경문화적 특징을 보이며, 쌀을 주식으로 하고 젓가락을 사용하는 공통의 생활방식을 가지고 있는 중국, 한국, 일본, 베트남 등 동아시아 지역의 문화권이다. 하지만 한자문화권이 문화의 권역이 될 수 있는 것은 문자인 글의 특성에 기인한다. 문자적 동질성同質性은 하나의 문화권을 이루고 글로 공유하는 사상과 정신의 공통성이기 때문이다. 이런 동질성 때문에 한자문화권은 영문으로 East Asian Cultural Sphere로 표현되는데 이것을 다시 번역하면 동아시아문화권역東亞細亞文化圈域, 줄여서 동아시아문화권이 된다. 한자문화권은 문자의 동질성을 의미하는 역사적인 개념이고 동아시아문화권은 문화의 동질성을 의미하는 지리적 개념이다. 한편 한자문화권은 유교문화권儒敎文化圈과 동일시되는 예도 있지만, 사상과 철학인 유교와 언어인 한자는 다른 개념이므로 두 문화권은 구별되어야 한다.

동아시아 지역에서 수천 년간 공유된 한자의 전통과 기반은 여러 민족의 문화적 자산이면서 문화유전자Cultural gene, meme의 기능을 한다. 문화유전자 밈meme은 생물유전자 진gene과 마찬가지로 후대로 유전되면서 진화한다. 그 결과 공동문어인 한자를 기반으로 형성된 한자문화권의 문화적 동질성은 정치, 경제, 사상, 감정, 생활, 역사, 법률, 제도, 교육, 예술, 종교 등 사회 전반에 기층을 이루고 있다. 하지만 근대 초기에 각 민족은 자의식을 가지고 자국의 민족어와 민족문화를 발전시켰다. 그 결과 중국문화, 한국문화, 일본문화, 베트남문화, 몽골문화 등 다양한 근대 민족문화가 탄생했다. 따라서 한자문화권은 문화적 동질성을 가지고 있으면서 문화적 이질성도 가지고 있는 다원적이면서 다양한 문화생태계다. 하지만 세계적으로 볼 때 한자문화권은 중화문화권Sinosphere으로 간주되거나 중국중심주의Sino-centrism의 성격이 있으므로 근대적이고 공간적 개념인 동아시아문화권東亞細亞文化圈과 구분해야 한다.

참고문헌 Arnold J. Toynbee, *A Study of History*, Oxford University Press, 1934~1961.

참조 감정·정서, 국민국가/민족국가, 문명, 문화, 문화생태계, 문화순혈주의, 문화유전자 밈, 문화적 기억, 민족, 민족문화, 민족지, 예술, 유전자, 의식, 정신, 중화주의, 한시/중국고전시

불안장애

Anxiety Disorders | 焦慮症

P의 손이 가늘게 떨렸다. 호흡도 가빠졌다. '냉정하고 침착하자'고 다짐하는 P를 비웃듯, 손은 계속 떨렸고 땀은 더 흘러내렸다. 왜 그런지 잘 모르지만 일이 손에 잡히지 않았고 안절부절못하다가 실수를 연발했다. 이유를 묻는 아내에게 버럭 화를 내기도 했다. P는 자신에게 이렇게 물었다. '내가 왜 이렇게 불안해할까?' 이처럼 이성적으로 보면 전혀 불안해할 이유가 없는데도 심리적으로는 불안한 때가 있다. 이런 현상을 불안장애不安障碍 또는 불안증이라고 한다. 일찍이 프로이트는 이를 신경 이상 증세라는 의미에서 신경증神經症으로 보았으며, 노이로제Neurosis 또는 신경쇠약으로 불리기도 한다. 이후 정신분석학계에서는 불안과 관련된 정신장애를 불안장애로 명명하고DSM-III, 1980 여러 하위영역으로 분류했다. 이처럼 불안장애는 신체와 기질에서 오는 신경 이상을 제외하고 상황과 심리에서 오는 신경 이상을 일반적으로 지칭하는 개념이다.

대부분 어린 시절에 시작되는 불안장애[1]란 구체적 이유가 없이 두려운 상태가 심해지면서 정신적으로 고통스러운 인격장애다. 그런데 거의 모든 인간이 느끼는 정상적 불안Normal anxiety과 달리 불안장애는 이유 없이 불안이 계속되면서 조절할 수 없는 정도에 이르러 생활에 문제가 생기는 증상이다. 불안장애는 첫째, 실제적인 위협이 없이 마음이 편하지 않은 상태인 불안과 둘째, 현실적이고 실제

---

[1] American Psychiatric Association, Diagnostic and Statistical Manual of Mental Disorders, 5th Edition : DSM-5 5th Edition. Officers 2012~2013; Anxiety disorders include disorders that share features of excessive fear and anxiety and related behavioral disturbances. Fear is the emotional response to real or perceived imminent threat, whereas anxiety is anticipation of future threat.

적인 위협 때문에 생기는 공포라는 두 가지 증세가 나타나는 정신장애다. 권태, 무감정, 안심, 휴식 등과 반대의 의미인 불안은 걱정, 근심, 초조, 불쾌, 긴장과 유사한 의미다. 그런데 불안은 위험에 대처하고 위협을 방어하는 긍정적인 면도 있지만, 정신적 안정을 저해하고 생활의 불편을 야기하는 부정적인 면이 많다. 이처럼 불안장애는 미래의 어떤 것에 대한 불안과 당면하고 있는 현재의 어떤 것에서 오는 공포가 중첩되거나 한 가지가 심각해지는 주관적 경험이다.

불쾌와 고통을 느끼는 수준의 불안으로 인하여 여러 문제가 발생하는데 이 것을 의학적으로 병적 불안Pathological anxiety이라고 한다. 인간은 누구나 어느 정도 불안을 느낀다. 하이데거가 말한 것처럼 존재론적 불안일 수도 있고 현실적 불안일 수도 있다. 불안이 어느 정도를 넘어서면 불안장애와 정신질환의 단계에 이른다. 그런데 불안장애는 두뇌와 신경계의 이상 때문에 생기는 정신장애 Psychiatric disorder와 달리 실제적인 위협이 없거나, 있다고 해도 과도하게 느끼거나, 위협이 없는 때에도 계속되는 심리적, 정신적 증상이다. 하지만 불안장애는 망상, 이상행동, 환각, 판단력 상실 등을 보이는 정신병은 아닌 정신적 장애이다. 불안장애의 증상은 안절부절못하는 초조함, 신경질적 반응, 가슴 두근거림, 심장박동 증가, 긴장, 피로감, 회피, 집중불가능, 진공처럼 느껴지는 현상, 과도하게 민감한 반응, 근육 이완, 수면장애, 복통과 두통, 발한發汗 등이 있다.

정신분석학에서는 불안장애를 다음과 같이 분류한다. [미국정신분석학회 DSM-V, 1994] 가장 일반적인 불안장애Generalized anxiety disorder는 불안이 6개월에 걸쳐서 계속되는 정신장애이고 여성이 남성보다 두 배 정도 많이 나타난다. 공포증 Phobia 또는 공포장애는 실제적인 위협이 없는데도 특정 대상과 상황에 대하여 불안과 두려움을 느끼는 정신장애다. 공황장애Panic disorder는 곧 무슨 일이 일어날 것 같은 극도의 불안감과 갑작스러운 발작을 동반하는 정신장애다. 강박장애Obsessive Compulsive Disorder는 어떤 것에 쫓기는 생각과 특이한 행동을 반복하는 정신장애다. 외상 후 스트레스 장애Post traumatic stress disorder는 전쟁, 인질, 강간, 재해,

놀림 등 충격적 사건 이후 불안이 계속되는 정신장애다. 사회적 불안장애Social anxiety disorder는 타인과 접촉할 때나 사회생활에서 불안을 느끼는 정신장애이다.

많은 경우 불안장애는 어떤 장소와 상황에 놓였을 때 느끼는 광장공포증 Agoraphobia과 흥미와 재미를 상실하고 우울한 상태가 지속되는 우울증 또는 우울 장애Depressive disorder를 동반한다. 이런 불안장애의 원인은 유전적 요인과 후천적 요인으로 나뉘는데 후천적이면 약물복용으로 인한 후유증이나 스트레스에서 오는 것으로 알려져 있다. 특이한 점은 '불안장애는 신체적 요인보다는 심인성 心因性 또는 정신적 요인이 더 많다'는 점이다. 한편 진화심리학에서는 문화와 실제가 조화하지 못하면서 정신적 불화를 느낄 때 심리적 고통과 정신적 장애를 유발하는 것으로 분석한다. 물론 변화에 따른 반응과 대처 능력도 진화했지만, 전통의 해체와 현대사회의 복합성으로 인하여 생기는 불안장애가 현저하게 증가했다는 것이다. 안절부절하는 불안은 인간에게 자연스러운 현상이라는 관점도 있다.

참고문헌 *American Psychiatric Association, Diagnostic and Statistical Manual of Mental Disorders*, 5th Edition : DSM-5 5th Edition, Officers 2012~2013.

참조 공포증 포비아, 멜랑콜리(프로이트), 방어기제, 불안장애, 신경증, 우울증, 의식, 정신, 정신분석, 정신분열증, 정신증, 진화심리학, 트라우마

공포증 포비아

Phobia | 恐懼症

J의 얼굴이 하얗게 변했다. 비둘기 한 마리가 J의 앞에 앉았기 때문이다. J는 얼굴을 돌리고 가쁜 숨을 몰아쉰 다음 뒤로 돌아서 빠른 걸음으로 도망치는 것이 아닌가? 애인 P는 영문을 알 수 없었다. 단지 비둘기 한 마리가 J 앞에 앉았을 뿐인데 저렇게 반응하는 것은 이상하다고 생각했다. 황급히 J를 쫓아가 왜 그러느냐고 물었지만, J는 말도 하지 않은 채 걷기만 했다. 그날, J의 이상한 행동에 관하여 P가 들은 것은 비둘기 공포증이라는 생소한 개념이었다. J처럼 비둘기를 직접 보거나 비둘기 그림을 대하거나 비둘기라는 단어를 들으면 논리적인 이유가 없이 불안과 공포를 느끼는 것이 조류공포증^{Ornithophobia}의 일종인 비둘기 공포증이다. 이처럼 공포증^{恐怖症} 포비아^{Phobia}는 어떤 것을 대했을 때 실제로 위협이 되지 않는데도 불구하고 생기는 불안하고 고통스러운 정신적 장애다.

공포증은 심리학과 정신의학의 용어로 어떤 대상이나 상황에 대하여 지나친 두려움을 느끼는 한편 그 증상이 불쾌하고 고통스러워서 생활에 문제가 생기는 병적 불안이다. 이것을 제어할 수 없을 때 발작, 초조, 심장박동 증가, 긴장, 회피, 두뇌의 진공 현상, 민감한 반응, 수면장애, 복통과 두통, 발한^{發汗} 등의 증세가 보인다. 공포증은 직접적인 요인뿐만 아니라 학습과 관찰 등 간접적인 요인에 의해서 생길 수 있고 상황과 환경에 의해서 촉발되며 환경맥락이 바뀌면 사라진다. 한편 공포^{恐怖}는 첫째, 실제적인 위험으로 인하여 느끼는 공포와 둘째, 실제적인 위험이 없이 느끼는 공포로 나뉜다. 이 중 공포증^{恐怖症}인 포비아는 둘째의 실제적인 위험이 없이 느끼는 공포다. 한편 공포감恐怖感은 인간을 포함한 동물이 느끼는 두렵고 무서운 감정이며 공포증은 공포의 여러 가지 증상을 말하는 것이고, 공포장애恐怖障碍는 공포감으로 인하여 두려움을 느끼는 정신적 장애다.

심리적으로 볼 때, 공포증은 대상과 조건이 비이성적으로 결합하면서 뇌리에 각인된 이상증세다. 가령 어린 시절 비둘기가 자기를 공격한다고 오인하여 도망친 경험이 있는 사람은 비둘기 공포증이 있을 수 있다. 한 번 공포감이 든 사람이 그것을 극복하지 못하면 공포증으로 발전하게 되는 것이다. 이것을 고전적 조건화Classical conditioning라고 하는데, 가령 대상비둘기이 조건공격과 결합하여 생기는 것이 바로 고전적 조건화이다. 그런데 '비둘기'는 사람을 '공격'하지 않으므로 고전적 조건화의 결합은 논리적이지 않다. 그럼에도 불구하고 대상을 조건과 분리하지 못하여 불안이 생기고 그 불안을 제어하지 못하면 불안 증상이 심각해진다. 이와 같은 공포증은 대상과 상황을 회피하지 못했을 때 생기는 정신의 동요다. 한편 프로이트는 공포증을 불안이 공격으로 변하면서 일어나는 히스테리로 보았다.

정신분석학미국정신분석학회 DSM-Ⅴ, 1994에서는[1] 특정한 대상과 상황에서 오는 특정 공포증Specific phobia과 사회적인 요인에서 오는 사회공포증Social phobia으로 나눈다. 특정 공포증은 동물Animal, 자연환경Natural environment, 피-주사-상해Blood-Injection-Injury, 어떤 상황Situational, 그 외의 것Other 등 5가지로 분류된다. 사회적 불안장애Social Anxiety disorder라고 불리기도 하는 사회공포증은 사회와 관계된 공포증으로 대중 앞에서 말을 하지 못하거나 감시받고 있다고 오인하는 것과 같은 공포증이

---

1   It is common for individuals to have multiple specific phobias. The average individual with specific phobia fears three objects or situations, and approximately 75% of individuals with specific phobia fear more than one situation or object. In such cases, multiple specific phobia diagnoses, each with its own diagnostic code reflecting the phobic stimulus, would need to be given; American Psychiatric Association, *Diagnostic and Statistical Manual of Mental Disorders*, 5th Edition : DSM-5 5th Edition. Officers 2012~2013, p.198.

다. 그런데 공포증은 실제적인 위험이 없는데도 고통스러워하는 정신장애이므로 실제 공포恐怖 fear가 아닌 포비아空怖 phobia, 고대 그리스어 phóbos다. 정신분석에서 공포 장애는 불안장애의 일종으로 분류되는데, 불안장애는 구체적 이유가 없이 두려운 상태가 심해지면서 심리적으로 불안하고 고통스러운 신경증Neurosis이다.

생리적으로 볼 때, 공포증은 뇌의 신경전달체계와 자율신경계의 이상에서 생긴다. 인간의 뇌에는 아몬드 모양의 편도체Amygdala가 있다. 이 편도체는 불안과 공포의 감지, 반응, 학습, 기억, 감정조절 등의 기능을 한다. 이곳에서 불안의 감정을 받아들이고 내보낼 때 이상이 생겨 공포증이 되는 것이다. 따라서 공포증은 정신질환은 아니지만, 신경계의 이상증세다. 가장 효과적인 인지행동치료Cognitive behavioral therapy는 공포증이 잘못된 인지였다는 것을 이해하도록 하고 극복의 행위를 통하여 치료하는 방법이다. 그 과정은 ①공포증이 무엇인가를 이해하게 한 다음 ②지속적 노출을 통한 둔감화Desensitization나 집단참여방식 등의 방법을 채택하고 ③점진적이거나 급격한 노출을 통하여 대상과 상황에 대처하게 하며 ④그런 극복의 경험이 축적되고 유지되도록 하는 것이다.

참고문헌 American Psychiatric Association, *Diagnostic and Statistical Manual of Mental Disorders*, 5th Edition : DSM-5 5th Edition. Officers 2012~2013.

참조 감성, 감정·정서, 멜랑콜리[프로이트], 방어기제, 불안장애, 신경증, 우울증, 정신, 정신분석, 정신분열증, 정신증, 진화심리학, 트라우마, 프로이트

정신분열증

Schizophrenia | 精神分裂症

P의 집에는 특별한 공간이 있다. 집의 가장 안쪽에 있는 이 방은 항상 조용했다. 가족 이외에는 아무도 모르는 그곳에는 그의 아들 L이 살고 있었다. 오늘도 L은 몇 시간째 방 한구석에 웅크리고 앉아 있는 중이다. L의 이 이상한 행동을 처음 눈치챈 것은 그의 어머니였다. 대학 2학년이 되던 어느 날, 총명했던 L은 '나를 따라와라'는 소리가 들린다고 하소연을 했다. L은 학교에 가지 않았다. 귀신이나 악마가 아닐까 염려하던 어머니는 믿음이 부족해서 그렇다고 단정하고 열심히 기도할 것을 권했다. 하지만 L의 이상한 증세는 날이 갈수록 악화되었고, 이를 감지한 아버지 P가 정신과 의사에게 받아온 진단은 조현병調絃病, 즉 정신분열증精神分裂症이라는 정신질환이었다. 정신분열증은 뇌에 이상이 생겨서 통합적인 사고를 하지 못하고 현실과 비현실을 구분하지 못하며 그런 이상증세가 6개월 이상 지속하는 정신질환이다.

정신은 인간의 능력 중 인식, 지각, 사고, 기억, 비교, 해석, 판단, 고려, 평가, 결정하는 통합적이고 고차원적인 기능이자 실체다. 그런데 정신spirit은 주관적이고 감정적인 내면 활동인 마음mind과 달리 위와 같은 기능들이 작동하도록 하는 종합적이고 객관적인 능력이다. 이 정신이 기능하지 못하는 분열증상, 즉 자아와 현실의 괴리를 정신분열증이라고 한다. 정신분열증은 고대 그리스어 '분열, 분리, 절단skhízo'이 '마음, 두뇌, 횡경막phrén'과 결합하여 만들어진 개념이다. 따라서 정신분열증은 종합적이고 통합적인 기능이 정상적으로 작동되지 않는 마음이나 정신의 병적 상태다. 정신질환 또는 정신병Psychosis의 일종인 정신분열증은 생래적인 정신장애, 치매, 뇌의 손상 등에서 생기는 정신질환과 달리 부분적인 인지는 정상일 수 있지만, 정신의 종합능력이 비정상인 정신장애다.

정신분열증은 의학적으로는 정신질환의 일종이고 심리학적으로는 정신증의 일종이다. 정신에서 생기는 심리적 신체적 기능장애인 정신증Psychosis은 마음에서 생기는 심리적 장애인 신경증Neurosis과 대비되는 개념으로 정신의 이상 증세를 말한다. 이 정신증은 감정과 기분의 이상증세인 우울증憂鬱症, 양극성장애/조울증躁鬱症, 정동장애情動障碍, 편집증Paranoid 등과는 다른, 사고思考와 통합기능의 장애다. 일반적으로 정신분열증은 ① 정신적 편향과 함께 망상과 환각 증상을 보이는 편집증형Paranoid type, ② 사고가 비정상적이고 무감각적인 비조직형Disorganized type, ③ 움직임도 없고 의도나 목적도 없는 육체적 긴장형Catatonic type, ④ 위의 세 유형이 혼합된 미분화형Undifferentiated type, ⑤ 약한 강도로 양성적 증상을 보이는 잔여형Residual type 등 다섯 개로 분류된다.

한편 양성적Positive 정신분열증은 환상, 환청, 환영, 환취, 환촉 등의 환각과 과대망상, 부정망상, 피해망상과 같은 망상의 증상을 보이며 사고와 언행의 분절 현상을 보인다. 음성적Negative 정신분열증은 언어장애, 무표정 무기력 등, 정서 이상과 감정둔화, 특이한 행동 등의 이상 증세를 보인다. 이런 정신증이 심화되는 시기에는 자아가 원시 상태로 퇴행하여 여러 정신작용이 심각하게 손상되며 현실과 불협화음이 증대된다. 그 결과 사회생활과 직업수행이 어려워지고 대인관계가 원활하지 못하게 된다. 그리고 개인적 생활도 어려울 수 있다. 다중인격과 다른 정신분열증의 원인은 유전적 요인을 포함하는 생물학적 요인, 사회 환경적 요인, 심인성 요인 등으로 알려져 있고 주로 20대에 발병률이 높다. 한편 사고, 지각, 감정, 행동을 조절하는 뇌의 이상은 도파민Dopamine이나 세로토닌Serotonin과 같은 신경전달물질의 이상 때문에 발생하는 것으로 알려져 있다.

미국정신분석학회에서는DSM-V, 1994[1] 정신분열증을 망상, 환각, 와해된 생각과 언어, 와해되거나 정상이 아닌 행동, 부정적 증상 중 하나 이상의 증세를 보이는 것으로 정의했고, 세계보건기구WHO의 『질병 및 관련 건강 문제의 국제적 통계 분류』ICD-10에서는 「정신 및 행동 장애Mental and behavioral disorders」 중, 기분장애Mood disorder가 아닌 분열적 증세로 진단하고 있다. 많은 경우 정신장애psychotic disorder나 인격장애schizotypal/personality disorder와 연결되어 있다. 동서고금을 막론하고 인구의 0.3~1%가 걸린다고 하는 정신분열증의 미친 증상은 사회적 고립과 자살, 폭력, 가족관계 와해 등의 문제를 일으킨다. 한편 프로이트는 정신분열증의 정신증을 리비도Libido가 철회되고 자아가 퇴행하면서 초자아의 통제를 받지 않는 원시적 혼란으로 간주했다. 특별한 것에 대한 편향성이 있는 사람이 정신분열증에 걸릴 확률이 높다고 알려져 있다.

참고문헌 American Psychiatric Association, *Diagnostic and Statistical Manual of Mental Disorders*, 5th Edition : DSM-5 5th Edition. Officers 2012~2013.

참조 감성, 감정 · 정서, 공포증 포비아, 리비도, 마음, 멜랑콜리(프로이트), 방어기제, 불안장애, 신경증, 우울증, 자아, 정신분석, 정신증, 조울증, 트라우마, 편집증, 프로이트

---

1   Schizophrenia spectrum and other psychotic disorders include schizophrenia, other psychotic disorders, and schizotypal (personality) disorder. They are defined by abnormalities in one or more of the following five domains : delusions, hallucinations, disorganized thinking (speech), grossly disorganized or abnormal motor behavior (including catatonia), and negative symptoms; American Psychiatric Association, *Diagnostic and Statistical Manual of Mental Disorders*, 5th Edition : DSM-5 5th Edition. Officers 2012~2013, p.87.

커피하우스

Coffee House | 咖啡店

'커피를 세례한다.' 교황 클레멘스 8세[Pope Clemens VIII, 1536~1605]는 이렇게 결정하면서 '마셔본 결과 이 악마의 음료는 너무나 맛이 있다'고 선언했다. 이 선언은 '이슬람교도만 마시는 커피를 기독교인들도 마실 수 있도록 세례를 한다'는 뜻이다. 교황의 이 결정은[1600년 전후] 사탄의 흉악한 발명품인 커피를 금지해 달라는 청원에 반대되는 것이었다. 반대 청원은 커피가 사람을 유혹하는 특이한 맛이 있다는 것을 의미한다. 이 이야기의 사실을 확인하기는 어렵지만, 이 무렵 무슬림이 주로 마시던 커피가 유럽에 전파되었음은 분명하다. 9세기경 에티오피아의 목동이 발견했다고 알려진 커피의 공식적 기록은 15세기 중반 예멘의 수피즘 사원에서 나왔다. 당시 커피는 음료라기보다는 이상하고도 특별한 물질이었을 것이다. 이렇게 하여 처음에 종교의식과 질병 치료에 사용되던 커피는 차츰 기호식품으로 바뀌면서 와인 그리고 차茶와 함께 인간 생활에 중요한 기능을 하게 되었다.

최초 커피하우스로 알려진 것은 오스만투르크의 콘스탄티노플에 문을 연[1475] 키바 한[Kiva Han]이다. 커피하우스는 그 이후 다마스쿠스[1530], 베니스[1629], 런던[1652], 비엔나[1683], 보스턴[1689]에 생겼다. 카페[Cafe]로 불리기도 하는 커피하우스는 커피를 마시는 장소라는 일반적 의미도 있지만 다양한 계층이 다양한 주제를 가지고 대화와 토론을 하던 공공영역[Public sphere]이라는 역사적 의미로 쓰인다. 커피하우스가 중요한 개념이 된 것은 영국의 커피문화 때문이다. 1650년, 영국의 대학도시 옥스퍼드에서 천사[Angel]라는 이름의 커피하우스가 처음 문을 열었다. 이곳은 페니대학$^{Penny\ university}$이라는 별칭이 붙었는데, 그 이유는 대학생들이 학습하거나 토론을 하고 과학과 철학 등의 지식을 공유하는 장소였기 때문이다. 이 커피하우스에는 지식인들과 학생을 포함하여 다양한 계층의 다양한 사람들이 모여들었다.

곧이어 생긴 런던의 커피하우스는[1652] 옥스퍼드와 달리 무역, 사업, 정치, 사회, 예술, 문화와 관련된 사람들이 주류를 이루었다. 커피하우스에서는 자유로운 대화와 토론을 할 수 있었고 신문과 잡지를 볼 수 있으며 최근의 소식을 들을 수 있었다. 술과 달리 정신을 맑게 하는 커피를 앞에 놓고 교양과 예절을 갖춘 신사들이 지성적 대화를 나누었다. 그런 점에서 커피하우스문화는 자유, 시민정신, 계몽주의, 청교도 등과 관련이 있다. 한편 커피가 유럽에서 유행할 무렵 계몽주의는 서구사회의 주요한 시대정신이었다. 어둠에 '빛을 비춘다^{Lumieres,} ^{enlighten}'는 뜻의 계몽주의 사조는 르네상스 이후 대략 1650년부터 1800년 전후까지 유럽을 지배한 철학과 사상이다. 계몽주의는 이성에 근거한 자유와 비판을 중요한 덕목으로 삼고 있었으므로 계몽주의의 영향을 받은 커피하우스에서 자유로운 토론과 신랄한 비판이 가능했다. 그 비판의 대상은 정치와 권력이었다.

커피하우스에 모이는 사람들의 정치적 비판이 심각하다고 판단한 찰스 2세는 1675년, 커피하우스 폐쇄령을 내렸으나 곧 철회했다. 그것은 커피를 좋아하는 대중과 시민의 저항 때문이었다. 볼테르와 루소가 즐겨 찾던 프랑스의 커피하우스 역시 계몽과 자유의 공간이었다. 한편 영국의 여성들은 「커피에 반대하는 여성들의 청원」[1674]을 발표하여 남성 중심적 공간에 대하여 비판했다. 커피하우스는 독일, 이탈리아, 북유럽에서도 유행하게 되었는데 형태와 기능은 조금씩 달랐다. 이에 대해서 하버마스는 가정과 같은 사적 영역$^{Private\ sphere}$과 대비되는 국가, 사회, 역사, 정치와 같은 공공영역이 커피하우스와 관계있다고 보았다. 프랑크푸르트학파의 비판정신을 가진 하버마스는 커피하우스에서 민주주의의 평등과 자유를 발견했다. 그것은 커피하우스에서 자유시민인 부르주아들이 모여 봉건제도와 절대군주를 비판하던 것을 말한다.

자유로운 공공영역은 민주주의의 태동에 기여했고 과학, 예술, 학문의 발전을 가져왔으며, 계몽주의 사상의 전파를 가능케 했다. 커피하우스에서 자유를 누리던 계층은 계몽주의와 합리주의로 형성된 자유시민이 주류였다. 커피하우스에서 계몽주의와 자유주의가 전파될 수 있었던 것은 신문, 책, 잡지를 접할 수 있었던 인쇄문화와 관계가 있다. 커피하우스에서 보험, 계약, 경매 등의 사업을 하던 로이드Lloyd 보험회사에서 보듯이 커피하우스는 경제와 경영의 공간이기도 했다. 하지만 커피하우스가 담당하던 경매, 영업, 예술, 토론 등은 전문영역으로 이행했다. 한편 영국의 동인도회사는 인도와 중국에서 차를 들여와 차tea를 장려하고 차 문화를 전파했다. 이렇게 하여 커피하우스는 1780년경 급속히 쇠퇴했다. 하지만 커피하우스는 중세를 해체하고 근대의 자유주의와 민주주의를 촉진하는 계몽의 공간이었다.

참고문헌 Brian Cowan, *The Social Life of Coffee : The Emergence of the British Coffeehouse*, Yale University Press, 2005.

참조 개념, 계몽주의/계몽의 시대, 로마제국, 르네상스, 문화, 산업혁명, 시대정신, 예술, 의사소통이론, 이성, 이성론/합리주의, 자본주의, 휴머니즘/인문주의

신경증

Neurosis | 神経症

'아아 이것이 무슨 병이냐? 그러나 과연 병은 병이로다. 속일 수 없는 병이로다.' 이처럼 마음의 병이 든 P는 무슨 병인지 알 수 없는 병에 걸렸다. 명석한 P는 정상적인 생각을 하고 정상적인 행동을 하는 것이 분명하다. 그뿐 아니라 판단이나 분석 등 고차원적인 정신 능력도 정상이다. 그런데 무슨 병인지 모르나 마음은 병들어 있다. 그러니까 마음속에 '병든 나'와 '병들지 않는 나'가 동시에 공존하는 것이다. P는 이로 인하여 무척 괴로웠다. P는 그 병이 무슨 병인지 알아보기 위하여 정신과의 진찰을 받았다. 그를 관찰하고 진찰한 정신과 의사는 '신경증神経症'이라는 진단을 내렸다. 정서장애를 강조하는 노이로제Neurosis나 신경 이상을 강조하는 신경장애Neurotic disorder인 신경증은 신경neuron의 병osis이며, 신체의 기질 때문에 생기는 것이 아니라 신경계에 문제가 생겨서 정신장애가 일어난 이상증세이지만 망상이나 환각을 동반하지는 않는다.

일반적으로 신경은 동물의 신경세포와 신경 다발을 말하는데, 신경 정보를 통합하고 조절하는 중추신경인 뇌신경과 척추신경, 감각과 자극을 중추신경으로 전달하는 말초신경, 장기와 조직의 기능을 조절하는 자율신경인 교감신경과 부교감신경 등이 있으며 이를 통틀어 신경계와 신경망이라고 한다. 신경은 빛, 온도 등을 지각한 다음 이것을 여러 신경과 기관에 전달하여 신체의 활동을 조절하는 기능을 한다. 한편 신경계는 인체의 적응을 비롯하여 인체 활동의 조정과 경험의 축적 및 본능적인 행동을 계획한다. 따라서 신경증이란 여러 신경계와 신경망의 기능에 이상이 생긴 것이고, 그 이상의 원인이 내부인 마음에서 생기거나 마음에 영향을 미치는 것이다. 이것을 야스퍼스는 심인반응^{心因反應}이라고 명명한 바 있는데 마음이 무엇에 반응하여 장애가 생기고 병적 상태가 되었다는 뜻이다.

신경증 개념을 정립한 컬린^{W. Cullen, 1710~1790}은 신경증을 신경계가 원인이 되어 생기는 감각과 행동의 장애로 보았지만 이후 신경 그 자체의 문제인 기질성 신경증을 제외하고 기능성 신경증만 신경증으로 간주하였다. 그러니까 신경증은 마음으로 인하여 신경계에 병적 이상증세와 심적 장애가 생긴 상태를 말한다. 그런데 신경증은 신경계의 기능 이상으로 정신에 문제가 생겼다는 뜻에서 정신신경증^{Psychoneurosis}으로 불린다. 정신^{spirit}은 인간이 가진 고차원적 능력으로 인지, 사고, 기억, 비교, 해석, 판단, 고려, 평가, 결정하는 통합적인 기능이자 실체인 데 반해서 마음^{mind}은 개인의 사적이고 주관적인 측면을 말한다. 따라서 야스퍼스가 말한 것과 같이 주관적이고 개인적인 마음이 변화하거나 심적 고통의 대상이 사라지면 신경증도 사라지며 신경증은 상황에 따라서 변한다.

의학에서 신경증은 사고, 행동, 감각의 이상인 정신증, 인격장애, 지적장애, 자폐증과 함께 정신질환/정신병으로 분류된다. 신경증은 내적 갈등과 외적 스트레스를 대하는 신경 기능에 문제가 생겨서 인격변화^{人格變化}로 나타나는 이상증세다. 하지만 신경증 환자는 현실감각은 유지하고 있으므로 생활에는 문제가 없는 심리적 장애다. 따라서 위기, 위험, 불안한 상황 등에 대처할 때 생기는 신경증은 개인적이면서 사회적이고 문화적인 차원에서 이해되어야 한다. 일반적인 신경증은 불안, 슬픔, 우울, 분노, 짜증, 정신적 혼란, 자기 가치의 저하, 행동이상, 인지능력 이상증세, 의존증, 공격성, 완벽주의, 분열증 등의 증상을 보인다. 대체로 인간은 심리적으로 긴장한 다음 내적 갈등과 외적 스트레스를 조절하면서 위기를 극복한다. 그 극복과정에서 히스테리, 불안장애, 우울증, 공포증 포비아^{Phobia}, 강박관념 등의 신경증이 신체적 기능 이상으로 나타난다.

신경증과 정신증을 연구한 프로이트는 신경증을 (자아가 불안에 대처하는 과정에서 갈등이 생기지만) 방어기제가 어느 정도 작동된 이상증세로 보았다. 이 말은 현실원칙에 의해서 움직이는 자아^{Ego}와 초자아$^{Super\ ego}$가 원본능^{Id}과 리비도^{Libido}를 제어했다는 뜻이다. 그러니까 윤리적인 초자아와 현실적인 자아가 성적 욕동의 리비도를 억압한 것이다. 초자아와 자아가 성적 욕동慾動을 억압하면 억압 회귀$^{Return\ of\ repression}$ 현상이 발생한다. 억압의 회귀는 의식 내면에 이상증세를 일으킨다. 그 이상증세가 바로 프로이트가 말하는 신경증이다. 한편 융$^{C.\ Jung,}$ $^{1875\sim1961}$은 신경증을 (생존에는 문제가 없지만) 실존에 문제가 생긴 것으로 정의한 바 있다. 하지만 신경증神經症과 정신증精神症이 내적 심리라는 이유로 의학에서는 쓰지 않으며 심리학, 철학, 예술에서 주로 쓰인다.

참고문헌 Joseph Breuer and Sigmund Freud, *Studies in Hysteria*, translated by A. A. Brill, N*ervous and Mental Disease Monograph Series* No.61, Nervous and Mental Disease Publishing : New York, 1937.

참조 공포증 포비아, 리비도, 마음, 멜랑콜리[프로이트], 방어기제, 병든 동물 인간, 불안장애, 심인반응, 우울증 우울장애, 원본능·자아·초자아, 정신, 정신분열증, 정신증, 프로이트

심인반응

Psychogenic Reaction | 心因反应

저 멀리 경찰서가 보였다. 그 순간 P의 머리는 어지러워졌고 속은 답답해졌다. 호흡도 빨라지고 바닥에 넘어질 뻔했다. 똑바로 걷기는 했지만 두근거리는 가슴을 진정할 수가 없었다. 자신이 왜 그런지 잘 아는 P는 빠른 걸음으로 도망치듯이 경찰서가 안 보이는 곳으로 사라졌다. P가 이런 행동을 하게 된 것은 대학교에 다닐 때 경찰서에 갇혀 구타와 심문을 당했기 때문이다. 그 기억이 가동되면 P는 갑자기 불안해지면서 공포감을 느낀다. P의 이런 히스테리적인 불안은 마음의 갈등이 신체로 표현된 결과다. 지금은 경찰서와 어떤 연관도 없고 죄를 지은 것도 아닌 P의 불안 증상은 마음에서 오는 이상 반응이다. 그러니까 P의 내면에서 기억이 재가동되는 계기경찰서를 보는 순간, 두려워할 것이 없다는 이성적 판단과 과거의 아픈 고통이 갈등을 일으킨다. 이때 갈등을 억압하는 방어기제가 작동되지 않으면 신경증적 불안이 신체 언어히스테리로 표현되는 것이다.

심인반응心因反應은 마음으로 인하여 일시적으로 이상한 반응을 보이거나 정신과 신체가 이상한 상태에 이른 현상이다. 그런데 마음psycho이 원인이 되거나 마음에서 생기는genic 어떤 현상은 심인성心因性이다. 그러니까 심인성은 신체적physiological인 것이 아니고 심리적psychological인 이상증세다. 이것을 인간의 정신과 실존의 관점에서 사유한 철학자는 야스퍼스K. Jaspers, 1883~1969다. 철학은 최고의 지적 암호 읽기이며 한계상황에서 인간의 실존이 극명하게 드러난다고 해석한 야스퍼스는 심인반응을 마음의 체험으로 설명한다. 그는 마음이 무엇을 체험하여 일어나는 것이 심인반응이며, 그 심인반응心因反應은 원인이 있으며, 원인이 없어지면 반응도 사라진다고 보았다. 그런데 그 반응은 신경증적인 이상 반응이기 때문에 병적 상태인 것이다. 이런 그의 관점은 이상심리학에서 말하는 이상 심인반응과 같다.

야스퍼스는 마음의 반응reaction을 진행progress과 구별한다. 그러니까 심인반응은 마음이 차례대로 진행되는 것이 아니라 마음이 무엇에 반응하는 것이다. 심인반응은 첫째, 원인과 과정이 명확하면서 정상적인 신경증과 둘째, 원인과 과정이 명확하지만, 병적 상태인 정신질환으로 나뉜다. 마음이 반응하는 심인성은 신경증, 정신증, 정신질환과 결합할 수 있는데 마음의 반응을 강조하거나 그 현상을 기술한 개념이 바로 심인반응이다. 그런데 야스퍼스는 심인반응을 '이해되는 관계Comprehensible connection' 또는 '요해了解가 가능한' 이상 상태로 보았다. 이상하지만 요해가 가능하다는 것은 반응의 원인, 과정, 결과가 이해된다는 것이며 따라서 그로부터 생기는 심적 장애 역시 이해되고 설명될 수 있다는 것이다.

야스퍼스에 의하면 마음은 신체의 기질과 다르기 때문에 마음에서 오는 현상과 증상은 마음을 이해하는 것에서 출발해야 한다.[1] 그런데 야스퍼스가 말한 바와 같이 심인반응의 상황에서 정신이 균형과 통합 능력을 상실하면 비정상적인 상태에 이른다. 이 상태가 발전하여 정신질환의 상태가 된 것을 반응정신병Reactive psychosis이라고 한다. 이런 병리적 반응Pathological reaction은 첫째, 마음의 경험과 내용이 일치하지 않는 이상 반응과 둘째, 마음의 경험과 내용이 일치하는 정상반응으로 나뉜다. 첫 번째의 이상 반응은 마음이 체험하고 경험한 것과 실제 내용이 일치하지 않는 것인데, 이것이 바로 병적인 이상 상태다. 이런 이상 상태는 신체에는 이상이 없는 데 고통을 느끼는 신경증Neurosis과, 그 이상 상태가 신체의 병적 이상을 만들어 신체를 병들게 하는 심인성 질환Psychosomatic의 원인이 된다.

---

1   Karl Jaspers, *General Psychopathology — Volumes 1 & 2*(1913), translated by J. Hoenig and Marian W. Hamilton, Baltimore and London : Johns Hopkins University Press, 1997, p.384.

심인성 즉, 마음이 원인인 질환의 경우에는 심리치료와 약물치료를 동반해야 한다. 왜냐하면 심인성 질환이라도 (마음이 원인이 되어) 몸에 질환이 생기기 때문이다. 가령, 심인성 간질癎疾은 마음의 내적 갈등이 격렬하게 표현된 특이한 신체 언어다. 간질 발작을 치료하려면, 심리의 구조적 '기계성Mechanism'을 알아야 한다. 그런데 심인적 간질Psychogenic epilepsy, 더 정확하게 말하면 '심인성 비간질 발작'은 뇌의 이상으로 인하여 생긴 것이 아니므로 마음 치료를 우선해야 한다. 따라서 심인성 두통, 심인성 위장장애, 심인성 정신병 역시 마음에서 생긴 원인을 찾아 치료해야 한다. 그런데 이미 병적 상태로 진행되었기 때문에 약물치료를 병행해야 하는 것이다. 하지만 심인성 증상과 심인성 질환 그리고 일시적 심인반응과 병적 심인반응을 구별하여 치료할 필요가 있다.

참고문헌 Karl Jaspers, *General Psychopathology* Volumes 1&2(1913), translated by J. Hoenig and Marian W. Hamilton, Baltimore and London : Johns Hopkins University Press, 1997.

참조 공포증 포비아, 마음, 멜랑콜리(프로이트), 방어기제, 불안장애, 신경증, 우울증 우울장애, 정신, 정신분열증, 정신증, 표현

자연선택
Natural Selection | 自然选择

동생과 함께 동물원에 다녀온 B는 순하고 조용한 기린의 긴 목이 신기했다. 그래서 생물 시간에 이런 질문을 했다. '선생님, 기린의 긴 목은 생존에 유리한 것인가요?' B는 이미 기린의 긴 목이 생존에 유리하다는 것은 알지만 그 이유가 궁금했다. '맞다'라고 답한 생물교사는 '기린麒麟 중에서도 긴 목을 가진 기린이 환경에 적응하여 살아남은 것이며 목을 자꾸 써서 길어진 것은 아니다'라고 설명했다. 교사의 설명은 진화론을 과학적 학문으로 한 단계 발전시킨 라마르크의 용불용설用不用說을 부정하고 다윈의 자연선택설自然選擇設을 강조한 것이다. 그러자 B는 '생존에 유리한 것이 살아남는다면, 생존에 도움이 되지 않을 것 같은 공작의 긴 털과 화려한 모양은 왜 그런 것인가요'라고 물었다. '생존에 유리한 것도 중요하지만 번식도 중요하기 때문인데, 수컷 공작은 암컷의 선택을 받기 위하여 긴 털과 화려한 모양으로 진화했다'는 성선택설을 자세하게 설명했다.

모든 생물은 생존과 번식의 본능이 있다. 그러자면 한정된 자원과 변화하는 환경에 적응해야만 한다. 이 과정에서 개체와 종 사이에 생존과 번식을 위한 투쟁이 벌어진다. 생존경쟁에는 생태환경과의 경쟁, 같은 종 내에서 개체 간의 경쟁, 종種과 종의 집단적 경쟁 등이 있다. 생존경쟁에서 살아남는 것이 자연선택自然選擇이고 살아남지 못하는 것이 자연도태自然淘汰다. 또한, 자연선택은 주체인 자연이 타자인 개체와 종을 선택하는 것을 강조하는 것이고 자연도태는 개체와 종을 주체로 보고 경쟁에서 탈락하는 것을 강조하는 것이다. 그러므로 자연선택은 첫째, 자연이 적응하는 종을 선택한다는 것과 둘째, 그렇게 될 수밖에 없는 자연의 법칙이라는 것 등 두 가지 의미가 있다. 위대한 과학자 다윈^{Charles} Robert Darwin, 1809~1882은 자연선택 또는 자연도태의 과정에서 진화가 이루어진다고 생각했다.

다윈이 조부 에라스무스 다윈^{Erasmus Darwin}의 진화론을 발전시키고 당시 광범 위하게 퍼져있던 진화의 개념을 과학적으로 논증하면서 제기한 자연선택설이 '환경에 적합한 변이 형질의 보존과 계승'이다. 이것을 다윈은 『종의 기원』 최종판에서 모든 생물은 선택과 도태가 반복되면서 진화가 진행된다고 가정하고 그 과정에서 변이가 일어나서 적응하는 개체와 종이 살아남는다고 설명하고 있다. 다윈은 『종의 기원』 4장에서 '유용하다면 작은 변이라도 보존되는데 나는 인간의 선택능력을 고려하여 '자연선택'이라는 용어를 쓴다each slight variation, if useful, is preserved, by the term of Natural Selection, in order to mark its relation to man's power of selection'고 썼다.

그런데 다윈은 『종의 기원』 4판1868에서 경제적인 관점에서 쓴 스펜서의 적자생존을 적극적으로 수용하여 적자생존適者生存을 자연선택自然選擇과 유사한 개념으로 사용했다. 아마도 다윈의 자연선택설은 할아버지의 연구가 없었으면 정립되기 어려웠을 것이다.

하지만 다윈은 『종의 기원』 6판1872에서 적자생존을 제외하고 자연선택을 강조한 이후 자연선택을 진화론의 핵심개념으로 설정했다. 이처럼 다윈은 자연선택을 인위선택Artificial selection에 대비되는 개념으로 사용했다. 당시 다윈은 자연선택 때문에 생존과 번식에 유리한 형질이 보존되고 그 변이가 자손에게 전해지고 축적되면 종이 진화한다고 믿었다. 다윈은 돌연변이突然變異, Mutation를 생각하지 못했기 때문에 진화의 근본적인 과정을 자연선택에 의한 변이의 축적과 계승으로 이해한 것이다. 그런데 생물의 표현형질Phenotype은 개체의 변이일 뿐이다. 유전형질Genotype 즉, 유전자 DNA의 암호와 염기서열이 변화해야 진화가 이루어진다. 따라서 다윈의 자연선택 중심의 진화론은 오류가 있다. 또한, 다윈은 멘델G.J. Mendel의 유전학을 고려하지 않아서 진화론과 유전학의 관계를 설명하지 못했다.

다윈은 진화의 원인을 자연선택으로 규정했지만, 번식繁殖을 강조한 성선택도 중요하게 여겼다. 앞에서 본 것과 같이 기린의 목이 자연선택이라면 수컷 공작의 화려한 꼬리는 성선택Sexual selection이다. 하지만 성선택은 부분적이고 자연선택은 일반적이라는 차이가 있다. 비판적 생물학자들은 다윈이 주장한 나방의 자연선택은 예외적인 경우라고 단언했다. 그들은 또한 자연선택은 '자연이 선택한 것이 살아남는 것이고, 살아남은 것이 선택된 것이다'라는 동어반복tautology의 수사법에 불과하다고 비판한다. 그 외에 진화에서 자연선택이 결정적인 것이 아니고 이종교배異種交配로 인한 유전자 변이가 더 중요하다는 학설도 제기되었다. 하지만 다윈의 자연선택은 진화론의 정설로 인정받고 있다. 자연선택은 생존과 번식에 유리한 변이가 보존되고 환경에 적합한 종이 살아남으며, 종은 환경에 적응하고 진화한다는 이론이다.

참고문헌 Charles Darwin, *On the origin of species by means of natural selection, or the preservation of favoured races in the struggle for life*, London : John Murray, 1859.

참조 DNA/디옥시리보 핵산, 결정론, 공통조상, 돌연변이, 수사, 유전자, 적자생존, 중립진화, 진화론, 진화심리학

정신증
Psychosis | 思觉失调

영리하고 똑똑했던 L이 이상한 행동을 시작한 것은 지난해부터다. 가을 무렵 L의 이상한 행동이 더욱 심해졌다. L의 어머니는 그것이 약간의 이상증세인지 정신병인지 알고 싶었으나 알 길이 없었다. 귀신이나 악마가 아닐까 염려하던 어머니는 믿음이 부족해서 그렇다고 단정하고 열심히 기도할 것을 권했다. 얼마 후 마을 사람들에게 L이 정신 이상증세를 보인다는 소문이 퍼졌다. 친구들 역시 L이 정신의 이상증세 곧 정신증精神症을 앓고 있다는 이야기를 들었지만, L이 워낙 총명하고 이성적이었기 때문에 그 말을 믿기 어려웠다. 하지만 몇 달 후 친구들에게 들려온 소식은 정신증으로 알려진 L이 더 정확하게 정신병精神病 즉 정신질환으로 병원에 입원했다는 것이었다. L의 이상행동은 주로 뇌의 이상증세를 의미하는 정신증이고 그런 사람을 정신증환자Psychotic라고 한다.

정신의 이상증세라는 뜻의 정신증은 1841년 칸스타트K. F. Canstatt가 고대 그리스어 정신psyche과 질병osis을 결합하여 정신신경증이라는 의미로 처음 사용했다. 이후 정신증은 정신이나 마음의 이상증세라는 뜻으로 쓰이게 되었다. 정신증은 어의 그대로 정신에서 그 의미를 찾아야 한다. 정신은 인간이 가진 고차원적 능력으로 여러 가지의 사고능력 즉 생각, 인지, 기억, 비교, 해석, 판단, 고려, 평가, 결정 등을 하는 통합적인 기능이자 실체다. 또한, 정신은 이런 종합적 기능들이 총체적으로 작동하도록 하는 객관적 능력이다. 이 정신에 이상이 생기면 생각을 통한 고차원적 능력과 통합적인 기능을 상실한다. 이런 정신증은 현실인식의 손상으로 나타난다. 이것을 정신증 또는 정신병精神病이라고 하는데 첫째, 어느 정도 현실감각은 유지하고 있는 이상증세인 정신증과 둘째, 그 이상증세가 심각하여 현실감각을 상실한 정신병이라는 두 가지 의미로 쓰인다.

정신증은 사고와 행동이 비정상적이면서 정신적 장애가 있는 병적 상태다. 일반적으로 정신증은 신경증과 대비되는데 정신증Psychosis은 사고에도 문제가 있고 정신에도 문제가 있는 병적 상태이고, 신경증Neurosis은 사고는 정상이지만 정신에 문제가 있는 병적 상태이다. 한편 신경증은 이상증세를 자각하고 원인이 해소되면 이상증세가 사라지지만, 정신증은 사고의 이상이기 때문에 자각증세가 없는 정신병에 가깝다. 이런 병적 상태인 정신증에는 사고, 언행, 습관, 성격 등이 사회적 기준에 맞지 않아서 생활에 어려움이 있는 인격장애人格障碍 또는 성격장애性格障碍, 정신이 지체된 지적장애Intellectual disability, 신경발달 장애인 자폐증Autism 등이 포함된다. 한편 병리학적으로 정신증은 도파민Dopamine의 이상 분비이며 환각, 망상, 이상행동 등 현실감각을 상실한 정신장애다.

뇌의 기능에 이상이 생긴 기능적 정신증은 기분과 감정에 문제가 있는 정동장애조울증와 생각과 인식에 문제가 있는 정신분열증인 사고장애思考障碍 그리고 편집증Paranoid이 주류를 이룬다. 또한, 정신증은 망상, 인격장애, 약물과 알코올 남용에서 오는 정신이상, 기질성 정신장애, 매독으로 인한 정신병, 간질, 지적장애, 치매와 같은 노인성 정신장애, 자살이나 범죄와 관련된 정신장애 등을 포함하지만 일정한 기준이 없다. 그래서 정신분석학미국정신분석학회 DSM-V, 1994에서는 격론을 거쳐 정신증Psychosis을 질병분류에서 제외했고 국제보건기구WHO, ICD-10 2010 Version에서도 정신증이라는 개념을 사용하지 않는다. 이처럼 정신증이라는 개념이 포괄적이고 애매하며 비과학적이라는 이유로 의학에서는 쓰지 않으며 심리학, 철학, 예술에서 주로 쓰인다.

심리학자 프로이트는 정신증과 신경증을 나누고 정신증을 리비도Libido와 자아의 원시적 퇴행으로 보았다. 또한, 프로이트는 정신증을 자아가 리비도를 억압하지 못하여 원시적 원본능이 분출된 상태로 보았다. 이때 원본능이 분출하면 현실은 파괴되고 도덕은 작동되지 않는다. 반면 원시적 퇴행이 일어나면 자기에 집착하는 자기애가 강화된다. 그리고 프로이트에 의하면 정신증이 약화되는 시기에는 원시 상태의 사고를 회복하고 어느 정도의 정상적인 생활을 한다. 이것이 프로이트가 말한 (정신증의) '퇴행−출현'의 반복이다. 이 과정에서 불안을 감지한 자아 Ego의 방어기제가 실패하면 정신증이 되고 성공하면 신경증이 된다. 이처럼 프로이트는 유아기의 자아발달 중 아버지의 이름으로 명명되는 현실원칙 습득의 과정에서 내면화된 갈등이 정신증을 유발하는 것으로 본다.

참고문헌 American Psychiatric Association, *Diagnostic and Statistical Manual of Mental Disorders*, 5th Edition : DSM-5 5th Edition, Officers 2012~2013.

참조 감정 · 정서, 리비도, 마음, 방어기제, 불안장애, 신경증, 심인반응, 아버지의 이름, 우울증 우울장애, 원본능 · 자아 · 초자아, 자아, 정신, 정신분석, 정신분열증, 프로이트

우울증 우울장애

Depressive Disorder | 抑郁障碍

오전 8시 10분, 등교하던 여중생 L은 얼굴을 돌렸다. 곧이어 사람들이 모여들었고, 아파트 경비원이 뛰어왔다. 어린 소녀 L에게 그런 놀라운 광경이 바로 눈앞에서 펼쳐질 줄 몰랐기에 충격이 컸다. 여중생이 본 것은 언뜻 스치는 옷자락과 이내 들리는 '쿵!' 소리, 그리고 화단에 떨어진 어떤 사람의 모습이었다. 그날 저녁 L이 들은 것은 40대 초반의 여성이 우울증으로 자살했다는 것과 일곱 살, 두 살의 아이들을 남겼다는 이야기였다. 어린 시절부터 총명했고 인간관계나 사회생활에서 특별한 문제가 없었던 여성 변호사가 우울증으로 자살한 사건은 오래도록 화제가 되었다. 이처럼 우울증은 예측 불가능한 마음의 질병이면서 우울한 감정으로 인하여 생기는 병적 심리상태다. 우울증은 남성보다 여성에게서 많이 나타나고, 동서고금을 망라하고 인구의 10% 전후 우울증세가 있다고 한다.

우울증의 어원인 멜랑콜리^{melancholy}는 고대 그리스어 '검은^{melan}'과 '기질'인 담즙^{kholé}의 합성어다. 그러니까 인간의 기질 중, 흑담즙의 기질을 가진 멜랑콜리는 어둡고, 음울하며, 무겁고, 움직임이 적은 기질이면서 질환으로 여겨진다. 질병으로 취급되던 멜랑콜리가 르네상스 시대에 와서 애수와 비애에 젖은 긍정적 감성이라는 의미가 생겼다. 이때부터 멜랑콜리는 이유를 알 수 없는 슬픈 감정이거나 사색과 지혜라는 뜻으로 바뀌었다. 한편 의학에서는 멜랑콜리와 달리 우울憂鬱, Depression, 우울증憂鬱症, 우울장애憂鬱障碍를 구분하고 체계적으로 분류했다. 의학적으로 우울장애는 슬픔, 절망, 비애, 우수, 비관, 자기부정, 자기비하,

소화 장애, 수면장애 등의 이상 증상을 말한다. 우울증/우울장애의 원인은 스트레스와 정신적 충격, 사회 심리적 원인, 생화학적 불균형인데 세로토닌^Serotonin과 같은 생화학적 물질의 이상에서 오는 것으로 알려져 있다.

우울증의 근원인 마음은 객관적인 정신과 달리 주관적이고 개인적이며 감정이 작용하는 영역이다. 일반적으로 감정은 마음 내외의 자극을 받아서 변화가 생긴다. 이것을 심리학에서는 정동情動, Appective 즉, 감정의 이동과 변화라고 설명한다. 정동은 스피노자가 말한 아펙투스와 유사한 개념이다. 스피노자는 아펙투스Affectus를 어떤 존재에 영향을 미쳐서 변화시키는 힘이며, 자기보존의 원리인 코나투스Conatus와 대비되는 개념이라고 말했다. 대체로 어떤 힘이 영향을 미쳐서 기분의 변화를 일으키면 감정의 변화가 오게 된다. 그 감정의 변화가 자기 내면이 조절할 수 있는 정도를 벗어나고, 감정의 표현이 사회적으로 용인될 수 없는 상황에 이르면 내적 외적 충돌이 일어난다. 이중 우울한 감정을 조절하지 못하여 자존감을 상실하고 늪에 떨어진 듯한 마음의 병적 상태가 되는 것이 우울증이다.

감정의 측면에서 보면 우울증은 기분mood의 이상증세다. 어느 정도의 우울은 누구나 있는 정상적인 감정이다. 그런데 마음이 우울한 증세를 제어할 수 없게 되면 우울병이라는 정신질환이 된다. 그 병적 질환이 바로 의학에서 말하는 우울장애憂鬱障碍다. 그러니까 우울증은 우울한 기분과 이상증세를 말하는 것이고 우울장애는 우울에서 오는 신경과 정신의 병적 장애를 말하는 것이다. 세계보건기구WHO와 미국정신분석학회에 따르면 우울장애는 슬픔, 공허함, 죄책감, 짜증스러운 기분, 신체적 인지적 변화를 동반한다.[1] 이 우울장애는 감정과 기분 그리고 약물이나 치료에서 오는 여러 가지의 하위영역으로 구분된다. 이런 우

---

1   The common feature of all of these disorders is the presence of sad, empty, or irritable mood, accompanied by somatic and cognitive changes that significantly affect the individual's capacity to function. What differs among them are issues of duration, timing, or presumed etiology.

울증/우울장애의 반대 증세는 들뜬 기분, 과대한 망상, 조급한 증상, 지나친 행복감을 느끼는 조증躁症, Mania과 조증보다 가벼운 경조증輕躁症, Hypomania이다.

우울장애는 우울증과 조증/경조증이 동시에 나타나는 양극성 장애Bipolar disorder와 함께 설명되는 것이 보통이다. 우울한 감정이 생기는 직접적인 원인은 감정의 변화인 정동情動 때문이고 간접적인 원인은 마음 내적 자극과 마음 외적 자극이다. 내외적 자극으로 생긴 슬픔, 절망, 비애, 애수가 지나치면 자존감을 상실하고 자기를 부정하는 현상이 발생한다. 그 울화의 감정이 자신에게 향하면 자기비판을 넘어 자기를 공격하고 처벌하는 단계로 나간다. 이 자극을 조절하지 못하는 사람은 자살을 선택한다. 양심적이고 예술적이며 사색적인 사람에게 많이 나타난다고 하는 우울장애 치료에는 항우울제와 같은 약물치료, 내면의 증세를 이해하는 정신치료, 긍정적 사고를 하도록 하는 인지 치료, 가족이나 타인과의 인간관계를 개선하는 대인관계 치료 등이 있다.

참고문헌 American Psychiatric Association, *Diagnostic and Statistical Manual of Mental Disorders, 5th Edition* : DSM-5 5th Edition, Officers 2012~2013; WHO, ICD-10 Version : *2015 International Statistical Classification of Diseases and Related Health Problems 10th Revision*.

참조 감정·정서, 멜랑콜리(프로이트), 병든 동물 인간, 불안장애, 신경증, 심인반응, 아펙투스(스피노자), 우울증 우울장애, 정신증, 코나투스, 트라우마, 프로이트

아시아적 생산양식

Asiatic Mode of Production | 亚细亚生产方式

‘중국 사회는 어떤 사회인가?’ 러시아에서 먼저 제기된 이 문제는 ‘중국공산 당은 어떤 관점을 취해야 하는가’에서 시작되었다. 논쟁 초기인 1925년, 중국은 아시아적 생산양식이 남아 있는 사회라는 견해가 있었지만 1926년 코민테른은 이를 부정했다. 당시 코민테른이 내린 중국 사회는 반봉건반식민半封建半植民 사 회였다. 따라서 중국공산당은 반봉건근대화, 반제자주화反帝自主化를 위한 혁명을 해야 한다. 코민테른Comintern의 이 결정이 타당한가에 대해서 중국공산당 내부의 격렬한 토론이 있었지만, 중국공산당이 내린 결론은 중국은 반봉건반식민사회 이며 그 과제인 반봉건반제半封建反帝 혁명에 역량을 집중해야 한다는 것이었다. 한편 1925년 유진 바르가Eugen Varga는 「중국혁명에 있어서의 경제적 제 문제」라 는 글에서 중국은 특수한 사회적 성격이 있다고 주장하여 아시아적 생산양식 논쟁에 불을 지폈다.

중국혁명에서 촉발된 아시아적 생산양식은 마르크스, 엥겔스, 레닌을 비롯한 서구사상가들의 아시아관과 관련이 있다. 근대 초기에 서구인들은 이집트로부 터 아랍, 인도, 남아시아, 중국, 일본에 이르는 거대한 공간을 아시아라는 단일 공간으로 인식했다. 사상적 오리엔탈리즘이라고 할 수 있는 이 역사관에서 아 시아는 서구 유럽 이외의 사회를 통칭하는 개념이었다. 이 전통적 견해를 역사 유물론歷史唯物論으로 해석한 것은 마르크스였다. 마르크스Karl Marx, 1818~1883는 1859 년 『정치경제학비판Kritik der Politischen Oekonomie』에서 아시아적 생산양식, 고대·봉건 적 생산양식, 근대 자본주의적 생산양식으로 삼분했다. 이 책에서 마르크스는 아랍, 인도, 중국, 러시아 일부를 아시아라는 포괄적 공간개념으로 기술하면서 이 지역은 서구와 다른 경제구조와 사회성격을 가지고 있다고 보았다.

마르크스와 엥겔스가 말한 유물론적 역사발전은 원시 공산주의 사회, 고대 노예제 사회, 봉건사회, 근대 자본주의, 사회주의^{공산주의}로 이행한다는 것이며 이 사회발전과정은 아시아를 비롯한 다른 사회에서도 유사하다고 보는 견해다. 그러나 마르크스는 이런 서구적 역사발전 단계가 서구 이외의 사회에 적용될 수 없다는 것도 잘 알고 있었다. 그래서 그는 『정치경제학비판』에서 원시 공산주의 사회가 해체되고 고대 노예제 계급사회가 형성되는 과도기에 아시아적 생산양식이 나타난다고 보았다. 이렇게 볼 때 마르크스가 말한 아시아적 생산양식은 첫째, 독자적인 역사발전 단계라기보다 말 그대로 아시아에 존재했던 생산의 양식이며 둘째, 아시아에서 원시 공동체가 해체되고 계급사회가 출현하기 전의 특수한 생산양식이다. 이 관점은 마르크스가 아시아적 정체성과 국가 노예를 강조한 것으로 오인되기도 한다.

마르크스가 포괄적으로 설정한 아시아에서는 척박한 기후와 지리적 조건 때문에 국가가 대규모 공공사업의 주체가 되었고, 토지의 사적 소유나 자유주의 사상은 존재하지 않았다. 생산은 주로 농업과 수공업에 의존하고 있었고, 중앙집권적 통제로 인하여 생산양식은 수천 년간 정체되어 있었다. 이처럼 국가가 사회를 관장하는 전제군주제도에서 자본축적과 생산적 노동은 생겨날 수 없었다. 그리하여 아시아에서는 원시 공동체가 변형된 종족공동체가 19세기까지 이어졌다. 그리고 국가가 생산수단과 생산관계를 독점하는 특수한 형태가 지속되었다. 가령 피라미드^{Pyramid}나 만리장성^{萬里長城}의 축조는 국가가 생산수단과 생산관계를 지배할 때만이 가능하다. 이처럼 1920년대 중국 사회를 봉건사회로 보는 관점에 대비되는 견해가 바로 아시아적 생산양식을 가진 특수한 중국 또는 독자적인 역사발전의 과정을 걸어온 중국이었다.

한편 1939년 마르크스의 유고 「자본주의 생산에 선행하는 제 양식」[1858]이 발견되어 아시아적 생산양식에 대한 보완이 이루어졌다. 그는 이 글에서 아시아 공동체적 토지 소유, 고전공동체적 토지 소유, 게르만공동체적 토지 소유를 구분했다. 이 중 아시아에서는 국가가 토지를 소유하고 일부 지주와 관료가 토지를 점유하기 때문에 토지의 사적 소유가 없는 아시아 특유의 생산양식이 지속될 수 있었다. 하지만 이 '아시아'는 중국, 인도, 아랍을 포함하는 광범위한 지역이고, 그 광활한 지역을 단일한 공간으로 볼 수가 없으므로 아시아적 생산양식에 대한 일치된 견해는 없다. 한편 일본에서도 아시아적 생산양식 논쟁이 활발하게 벌어졌다. 그 논쟁의 핵심은 중국과 한국은 아시아적 생산양식에 머물러 정체되었다는 것 그리고 일본은 봉건사회에서 근대 자본주의 사회로 이행한 과정에 대한 것이었다.

참고문헌 Karl Marx, *Kritik der Politischen Oekonomie, A Contribution to the Critique of Political Economy*, 1859.

참조 마르크스, 메이지유신, 민족, 민족주의, 오리엔탈리즘, 역사적 유물론/유물사관/사적 유물론, 유물론, 자본주의, 제국주의, 한자문화권, 혁명

돌연변이

Mutation | 突変

공원을 걷던 그는 특이한 달맞이꽃을 발견했다. 지금까지 보지 못했던 꽃이었다. 그는 꽃을 실험실로 가져와서 자가수정^{自家受精, self-fertilization}을 계속한 결과 원래의 꽃과 다른 꽃을 만들었다. 그는 이 실험을 통하여 같은 종^種에서 근본적으로 다른 형질의 종이 생길 수 있다는 것을 입증했다. 그의 관찰과 실험은 종의 생존과 번식에 관한 것이었다. 이 실험은 종의 변이 연구에 크게 공헌했으며 그는 변종 생성의 과정을 통하여 돌연변이라는 개념을 정초했다. 그는 네덜란드 암스테르담대학의 교수인 드브리스^{Hugo De Vries, 1848~1935}다. 죽는 날까지 연구에 몰두한 그는 실험생물학과 유전학을 한 단계 발전시켰고 세포생리학을 근거로 '식물의 잡종에 관한 연구'를 발표하여 돌연변이 이론을 완성했다. 드브리스의 연구는 다윈의 견해와 달리 '종은 누적되어 변이^{變異}하는 것이 아니다'라는 견해에서 출발한다.

근원적인 기본종^{基本種}은 쉽게 변하지 않는다. 또한, 후천적으로 획득한 형질은 유전되지 않는다. 그런데 다윈은 '생물은 생존환경에 적응하면서 유리한 쪽으로 진화를 거듭한다'는 자연선택설^{自然選擇說, Natural selection}을 주장했다. 이것은 '변이에서 우수한 것이 반복적으로 선택되면서 진화가 이루어진다'는 뜻이다. 그런데 드브리스는 '새로운 종은 돌연한 변화 또는 비약에 의하여 발생한다'고 주장했다. 그는 '이미 존재하고 있는 단위에 새로운 단위가 추가되어 비약이 생기며, 원래의 종에서 독립한 여러 형태의 종으로 분리된다. 그래서 새로운 종이 돌연히 발생한다'고 정리했다. 한편 드브리스는 멘델^{Mendel}이 성공한¹⁸⁶⁵ 완두콩을 통한 유전법칙의 가치를 입증하여 진화론과 유전학이 결합하는 계기를 마련했다. 그러니까 드브리스가 다윈의 진화론과 멘델의 유전학을 결합하여 생물의 진화를 과학적으로 설명한 것이다.

생물의 진화에는 중간 단계를 거치는 방황변이彷徨變異와 중간 단계를 거치지 않는 돌연변이가 있다. 돌연변이突然變異는 갑작스럽고도 근원적인 종의 변화이면서 형질의 변화가 유전되는 현상이다. 대체로 돌연변이는 자연발생적이거나 방사선 또는 화학물질 등에 의하여 생긴다. 생물학적으로 보면 돌연변이는 유전암호의 단위인 코돈codon이 변화하여 단백질의 합성을 바꾸고 그것이 유전형질에 고착되는 것을 말한다. 그런데 유전자 본체인 DNADeoxyribo Nucleic Acid의 구성요소인 아데닌A, 티민T 그리고 구아닌G, 시토신C의 4가지 염기가 당과 결합하는 과정에서 변이가 생긴다. 그것은 유전자가 중복하여 복제되는 중복, 유전자의 위치를 바꾸는 치환, 유전자가 없어지는 소실 등으로 나뉜다. 그런데 유전자 전체에 영향이 적은 치환 돌연변이와 달리 염기의 첨가 및 소실은 전체 유전자 구조를 바꿀 수 있다.

돌연변이는 유전자의 본체인 DNA 구조가 변화하여 발생하는 유전자 돌연변이Gene mutation, 염색체의 수와 구조의 이상으로 발생하는 염색체 돌연변이Chromosome mutation, 그리고 생식세포 돌연변이와 달리 유전되지 않는 체세포 돌연변이Somatic mutation가 있다. 이런 자연적 돌연변이 이외에 인간이 조작하여 일어나는 인위적 돌연변이Artificial mutation도 있다. 돌연변이가 진화에서 중요한 이유는 유전정보를 다음 세대에 전달하는 생식세포gamete의 근원적인 변화 때문이다. 가령 생식세포가 돌연변이하면 유전인자의 암호가 바뀐 것이고 생식生殖에 영향을 주어 유전인자로 고착될 수 있다. 이렇게 하여 개체와 종이 근본적으로 변화하고 그 근본적인 변이로 인하여 새로운 종이 출현하게 되는 것이다. 이처럼 한 종의 개체가 서로 다른 특성을 보이는 변이variation, 變異와 종의 근본적인 변화인 돌연변이는 생물 진화에서 가장 중요하다. 하지만 돌연변이가 일어날 확률은 매우 적어서 종의 변화를 통한 진화는 자주 일어나지 않는다.

대체로 돌연변이는 무질서하고 갑작스럽게 일어난다. 기무라 모토木村資生, Moto Kimura, 1924~1994는 종의 진화가 이루어지는 돌연변이의 과정에서 종과 개체의 생존에 유리한 형질이 자연선택 되는 것이 아니라고 주장했다. 이것은 '생물이 진화할 때 자연선택의 규칙을 잘 지키지 않는다'는 뜻이기도 하다. 그래서 그는 끊임없이 움직이는 유전자의 불규칙성으로 인하여 (유리한 것도 아니고 불리한 것도 아닌) 중립적인 방향으로 진화가 이루어진다는 중립진화Neutral evolution를 주장했다. 실제로 생존과 번식에 유리한 돌연변이나 중립적 돌연변이도 발생하지만 불리하거나 해로운 쪽으로 돌연변이가 발생하는 경우가 많다. 생존에 불리한 변이가 일어날 때 자연선택Natural selection, 自然選擇에 의하여 스스로 돌연변이 유전인자를 제어하거나 제거한다.

참고문헌 *Hugo de Vries, Die mutationstheorie versuche und beobachtungen über die entstehung von arten im pflanzenreich*, Leipzig : Veit & comp., 1901.

참조 DNA/디옥시리보 핵산, 공통조상, 유전자, 자연선택, 적자생존, 중립진화, 진화론, 진화심리학

전체주의의 기원

The Origins of Totalitarianism | 极权主义的起源

'나폴레옹은 일주일에 한 번씩 동물농장의 투쟁과 승리를 축하하는 것을 목적으로 자발적인 시위를 해야 한다고 지시했다. 지정된 시간이 되면 동물들은 하던 일을 중지하고 돼지들을 선두로 말, 소, 양 등 가축과 동물의 순서로 군대처럼 열을 지어 농장의 마당을 빙빙 행군했다.' 이처럼 동물농장의 독재자 나폴레옹은 모두가 일치된 행동과 생각을 해야 한다고 명령하는 한편 단결하여 적을 물리쳐야 한다고 선동했다. 이것은 조지 오웰의『동물농장 *Animal Farm* 』중의 한 부분이다. 이 작품은 수퇘지 나폴레옹이 공포와 억압으로 동물농장을 통치한다는 정치풍자소설로 유명하다. 이 작품은 포악한 나폴레옹은 스탈린을 풍자한 것이며, 소련을 동물농장에 비유했다는 이유로 소련에서 판금되었을 뿐 아니라, 소련과 영국의 외교 문제로 비화하기도 했다. 이와 똑같은 이유로 소련에서 문제가 된 책이 있는데 그것은 한나 아렌트 H. Arendt, 1907~1975가 쓴『전체주의의 기원』1951이다.

한나 아렌트는 독일계 유대인인데 대학생 시절 하이데거의 학생이었다. 나치에 체포되어 죽을 고비를 넘기고 미국으로 탈출한 그녀가 역사적 맥락에 대한 정확한 이해理解 Understanding가 필요하다는 생각으로 쓴 책이『전체주의의 기원』이다. 한나 아렌트에 의하면 과거 전체주의인 전제군주 시대와 달리 근대의 전체주의는 국가가 정치권력을 장악하는 것을 넘어서서 개인의 일상까지 통제한다. 또한, 공적 영역에서 정치적 논쟁이 폐쇄된 전체주의에서는 오로지 국가와 집단만 중요하며 개인은 부품이나 원소로 취급될 뿐이다. 그러므로 전체주의는 개인과 개인주의를 폭력과 공포로 억압하고 자유와 창의성을 말살한다. 그 결과 인간의 존재 자체가 위협받게 된다. 역사상 수많은 전체주의가 있었고 긍정적인 측면도 없지 않지만, 근대전체주의는 악惡일 뿐이다.

전체주의는 무솔리니가 '국가가 유일한 목적이자 실제'라고 한 말에서 유래했다. 일반적으로 전체주의는 폭력과 공포로 자유를 억압하고, 자유와 창의성을 제한하며, 개인을 합집합인 전체의 원소로 간주한다. 한나 아렌트에 의하면 전체주의 체제에서는 (모든 것이 결정되어 있으므로) 새로운 것을 시작할 수 없고 창의적인 것도 의미가 없다. 이런 사례는 나치당이 장악한 독일 제3제국과 스탈린이 통치하는 소련에서 볼 수 있다. 이어서 아렌트는 극단적인 파시즘으로 인하여 반유대주의Anti-semitism와 인종차별이 용인되었다고 지적했다. 그러니까 전체주의가 사회적 악의 가장 큰 근원이라는 것이다. 특히 한나 아렌트는 히틀러의 파시즘과 스탈린의 독재체제를 전체주의의 상징으로 놓고, '왜 이런 전체주의가 발생하는가'를 분석했다. 소련은 이 책을 금서로 지정했는데 그 이유는 소련을 히틀러의 나치와 동일시했기 때문이다.

이 책에서 한나 아렌트가 주목한 것은 전체주의가 대중들의 강력한 지지를 받고 성립한다는 점이다. 정치적인 면에서 보면 히틀러나 스탈린은 대중들의 지지를 받아서 통치자가 되었다. 그런 다음 법과 제도를 이용하여 개인을 통제하고 억압하는 독재체제를 강화한다. 경제적인 면에서 보면 자본주의의 생산력이 폭발적으로 증가하면서 잉여가치가 축적되어서 잉여 인간들이 생겼다. 그리고 공황과 같은 위기가 조성되었을 때 대중들이 자발적으로 전체주의를 택한다. 정신적인 면에서 보면 개인의 소외와 외로움이 전체주의를 초래하는 원인이다. 이런 역사적 맥락에서 성립된 전체주의는 거대한 기계와 같이 작동되며 감옥監獄이나 지옥地獄과 유사하다. 이처럼 획일성, 단일성, 효용성을 중요시하는 전체주의는 (히틀러의 예에서 보듯이) 미디어로 대중을 조작한 다음 홀로코스트Holocaust와 같은 야만적 학살을 자행할 수 있는 구조다.

한나 아렌트는 '전체주의는 근본적인 악을 잉태하고 있다'라고 분석한다. 근본적인 악의 가장 극단적인 형태는 아우슈비츠의 가스실이다. 특히 야만적 학살이 자행된 아우슈비츠의 가스실은 현실에서 제작된 지옥이다. 이처럼 전체주의가 인간도살장인 지옥을 설계했으며 그 현실의 지옥에서 자기와 주체만 있고 타자他者는 인정되지 않는다. 전체주의에서 개인은 부품이기 때문에 학살에 동원되었다고 하더라도 근원적이고 절대적인 악이라고 할 수 없다. 그러므로 유대인 600만 명을 학살한 나치의 전체주의가 근본적인 악이며 나치의 친위대 중령이었던 아이히만Otto Adolf Eichmann과 같은 관료들은 전체주의의 명령에 따르는 평범한 악이다. 20세기의 가장 중요한 책 중 하나로 선정된 이 책에서 한나 아렌트는 전체주의가 다시 도래할 수도 있다는 통찰적 예언을 한 바 있다.

참고문헌 Hannah Arendt, *The Origins of Totalitarianism*(1951), Revised ed., New York : Schocken, 2004.

참조 만인에 대한 만인의 투쟁, 악의 평범성, 윤리 · 윤리학, 이성론/합리주의, 인간소외, 인정투쟁, 잉여가치, 자본주의, 자아, 자아와 비아, 제2차 세계대전, 타인의 얼굴, 타자, 타자윤리, 포퓰리즘

신해혁명

Xinhai Revolution | 辛亥革命

'만약 혁명군이 베이징에 진격하면 황제와 당신들에게 어떤 일이 있을지 모릅니다.' 이렇게 말한 그는 황제 퇴위를 강요했다. 실제로 그의 말에 따르지 않으면 어떤 일이 생길지 모르는 긴박한 상황이었다. 용유대후를 비롯한 청 제국의 귀족과 관리들은 숙고를 거듭한 끝에 그의 제안을 받아들였다. 그는 청조의 흠차대신欽差大臣으로 임명되어 혁명군을 토벌하라는 임무를 수행하던 사령관 위안스카이袁世凱, 1859~1916다. 그런 그가 자신을 총통으로 추대하겠다는 혁명군의 제안을 받고 베이징에 돌아와서 한 일이 바로 황제 퇴위 압박이었다. 그리하여 여섯 살의 12대 황제 푸이溥儀, 1906~1967는 영문도 모른 채 퇴위식에 참석했다. 이처럼 신해혁명은 1911년에 중국에서 일어난 혁명이며, 이 혁명으로 이천여 년 유지된 봉건군주제가 폐지되고, 만주족 제국인 청조淸朝가 끝나면서 공화제로 바뀐 사회적 변혁이다.

신해혁명의 도화선은 1911년 5월 발표된 청조의 철도 국유화였다. 1900년 의화단사건 이후 청조는 열강의 침탈에 시달리자 차관을 통하여 재정문제를 타개할 목적으로 철도 국유화를 선포했다. 이로 인하여 쓰촨四川에서 폭동이 일어났다. 이 폭동을 제압하기 위하여 청조가 후베이湖北 신군을 파견하는 과정에서 우창의 신군 사관과 생도들이 1911년 10월 10일 혁명을 일으켰다. 우창봉기武昌蜂起라고 불리는 혁명에 다른 성이 호응하고 한 달이 지나자 13개의 성이 독립을 선언했다. 곧이어 혁명세력은 난징정부南京政府를 선포하고 여러 영역 대표들이 중산中山 쑨원孫文, 1866~1925을 대총통으로 선출했으며 이듬해1912 8월 국민당을 결성했다. 한편 혁명자금을 모으러 유럽에 가 있던 쑨원이 1911년 12월 25일 귀국하여 혁명정부의 내각을 구성했고 1912년 1월 1일 대총통에 취임했다.

혁명세력과 쑨원은 위안스카이에게 황제 퇴위를 조건으로 대총통을 양보하겠다는 제안을 했다. 위안스카이는 이것을 받아들였다. 당시 위안스카이는 개인적 욕망이 있었고 혁명세력 안에도 그를 지지하는 기류가 있어 남쪽의 혁명정부와 북쪽의 위안스카이 세력이 타협의 길을 찾은 것이다. 또한, 중국의 내전과 혼란을 바라지 않는 영국과 열강들은 남북화의南北和議를 중재했다. 이 화의가 성립하여 위안스카이는 청조에, 대청황제 존칭 유지, 중국 정부는 매년 400만 위안을 제공, 퇴위 이후에도 자금성紫禁城에 거주하다가 이화원으로 옮기는 것, 청조의 종묘와 사적 유지 등의 조건을 제시하여 황제를 퇴위시켰다. 청조는 이 조건을 받아들여 자금성에 머물렀지만 양저우楊州를 비롯한 중국 전역에서 만주족 학살의 참극이 벌어졌다. 이렇게 하여 1636년부터 중국을 지배한 청조가 끝나고 공화제 정부가 세워졌다.

신해혁명은 역사적 인과관계에서 이해될 필요가 있다. 1851년 홍수취안洪秀全은 반청복명反淸復明의 기치를 내걸고 태평천국을 선포했다가 실패한 바 있는데 그의 사상은 쑨원을 비롯한 한족에게 큰 영향을 미쳤다. 반편 의화단사건과 청의 정치개혁인 신정운동을 거치면서 부청멸양扶淸滅洋과 입헌군주제와 같은 주장도 있었다. 하지만 한족에게는 중화 회복이 더 큰 과제였으므로 1900년 초부터 수많은 반청봉기가 일어났다. 이 과정에서 봉기에 실패한 쑨원은 일본으로 건너가서 중국혁명동맹회1905를 결성했다. 이들 혁명세력은 캉유웨이康有爲와 같이 청조를 유지하면서 개혁하자는 변법자강과 입헌민주제와 달리 반청반만反淸反滿과 민주적 공화제를 목표로 했다. 그리고 쑨원이 제창한 민족, 민권, 민생의 삼민주의三民主義를 근간으로 삼았다. 이런 과정에서 우창봉기를 계기로 신해혁명이 성공했고 각종 개혁을 추진했지만, 중국 사회를 근본적으로 변혁하지는 못했다.

대총통에 취임한 위안스카이는 입헌파와 지방의 신사紳士 및 상공인들 그리고 베이양 군벌北洋軍閥의 지지를 바탕으로 유교를 부흥하는 한편 왕정복고를 꿈꾸었다. 그리하여 혁명파를 탄압하고 스스로 황제로 등극하는[1916] 시대착오적인 사건을 벌였다. 각지에서 그를 타도하자는 운동이 거세지자 위안스카이는 황제를 포기했으며 곧이어 사망했다. 이로 인하여 각지의 군벌이 횡행하게 되었고 중국은 다시 혼란에 빠졌다. 이런 과정에서 1913년, 1915년, 1917년의 연이은 혁명 그리고 신문화운동과 문학혁명 등이 전개되면서 1919년 5·4운동에 이르렀다. 이런 이유로 신해혁명을, 실패한 혁명 또는 부르주아혁명으로 보는 견해가 생겼다. 하지만 신해혁명은 아시아 최초로 공화제를 성립시켰다는 점에서 의의를 찾을 수 있다. 한편 중국공산당과 중국국민당 모두 혁명의 대표이자 상징인 쑨원孫文을 국부로 존경한다.

참고문헌 『孫中山与辛亥革命』上·下, 社会科学文献, 1912.

참조 문화혁명, 아시아적 생산양식, 중일전쟁/청일전쟁, 중화주의, 혁명

공황장애
Panic Disorders | 恐慌症

갑자기 P가 방문을 잠갔다. P는 언제부터인가 극심한 공포와 불안에 시달리고 있는데 그 증세가 시작되었기 때문이다. 간헐적이지만 이 증세를 겪을 때 P의 얼굴은 창백해지며 가련할 정도로 괴로워하고 고통스러워한다. 물론 이 고통은 얼마 후에 사라질 것이다. 하지만 공포에 빠진 아들을 보는 P의 어머니는 무척 마음이 아팠다. 이 증세가 나타나고부터 명석하고 활발하던 아들은 직장도 그만두었을 뿐 아니라 모든 생활이 엉망이 되었기 때문이다. P를 진단한 정신과 의사 B는 공황장애라고 판정했다. 유전적, 환경적 요인을 포함한 파국적인 인간관계, 경제적 고통, 신체적 질병, 상황의 변화, 스트레스 등에서 시작된다는 공황장애恐慌障碍의 중요한 증상은 예기치 않은 상황에서 나타나는 갑작스러운 발작의 유무다. 앞에서 본 P처럼 공황발작Panic Attack, 恐慌發作은 실제적인 위협이 없는데도 당장 큰일이 일어날 것 같은 극도의 불안한 병적 상태이다.

공황발작의 증상은 심장이 두근거리거나 빨라짐, 손발 혹은 몸이 떨림, 숨이 막히거나 답답한 느낌, 질식할 것 같은 느낌, 가슴이 아프거나 압박감, 메스껍거나 뱃속이 불편함, 어지럽거나 쓰러질 것 같은 느낌, 비현실적인 느낌 또는 자신이 아닌 것 같은 느낌, 미쳐 버리거나 자제력을 잃어버릴 것 같은 두려움, 죽을 것 같은 두려움, 지각 이상(둔감한 느낌이나 시각 청각 등의 이상증세), 몸에서 열이 오르거나 오한이 나는 것 등이다. 그런데 사람들은 가끔 이유가 없이 느끼는 불안의 정도가 반복적이고 심각한 지경에 이르는 경우가 있다. 위와 같은 증세가 있다고 하더라도 공포의 원인이 있지만 불확실한 것은 불안이다. 이와 달리 공황장애는 이유와 근거가 없이 심각한 불안과 공포감을 느끼는 장애다. 공황장애는 발작 증세를 동반한다. 한편 프로이트는 공황장애를 신경증이라고 했으며 자기를 보호하는 방어기제가 실패한 것으로 보았다.

1980년 정신분석학계에서는 불안과 관련된 정신장애를 불안장애로 명명하고 미국정신분석학회의 DSM-III 공황장애를 불안장애의 하위영역으로 분류했다. 이 기준에 의하면 공황장애의 발작은 가슴 두근거림, 심장박동 증가, 발한, 떨림, 숨 막힘, 질식감, 흉부 통증, 메스꺼움, 어지럼증, 비현실 감각, 자제력 상실, 죽음에 대한 공포감, 감각 이상, 오한 중 4가지 이상의 증상이 보이는 것을 말한다. 한편 1994년 정신분석학에서는 DSM-V 발작이 있는 공황장애와 발작이 없는 공황장애를 구분했다. 예기치 못한 상황에서 발생하는 공황발작은 10분 전후에 극도의 상태에 이르며 대체로 한 시간 이내에 사라진다. 하지만 공황장애가 있는 사람들은 발작을 통제할 수 없으므로 심각한 공포감과 극도의 불안감을 느끼는 것이다. 특히 위험한 상황이나 폐쇄적인 공간에서는 공황장애의 증세가 더 심각하다.

공황恐惶, 恐慌은 한자어로 공포가 겹친 극심한 불안상태이며 그리스어 팬Pan이라는 나무의 신과 관계가 있다. 제우스와 님프 사이에서 태어난 팬은 팬파이프를 가지고 다니는 염소를 닮은 신이다. 신들이 올림포스를 건설할 때 거인들이 이 목신木神의 기괴한 소리에 떨었다는 이야기와 같은 상태가 바로 극한적 공포인 패닉panic이다. 패닉에 이르는 공포와 불안으로 인하여 정신적 장애가 생긴다. 이 공황장애는 특정한 장소와 상황에서 느끼는 불안감인 광장공포증Agoraphobia이 있는 공황장애와 광장공포증이 없는 공황장애로 구분한다. 일반적으로 불안은 알 수 없거나 닥쳐올 것에 대한 두려움이고 공포는 현재 직면한 위험에 대한 두려운 반응이다. 그 두려운 상태가 무척 고통스러워서 생활에 장애가 있는 것이 바로 공황장애다. 그런데 일반적인 공포감은 공포의 대상이 사라지면 공포감도 사라지는 데 반하여 공황장애의 불안감은 대상을 알 수 없기 때문에 쉽게 사라지지 않는다.

공황장애는 '공황상태에 빠질 수 있다'는 불안감이 잠재하는 정신장애이고 우울증과 합병될 수 있는 만성적 질병이다. 그래서 공황장애를 앓는 사람들은 아무런 위험이 없는데도 갑자기 고통스러워하는 등 심각한 발작 증세를 보인다. 일반적으로 공황장애는 ① 신체의 신경전달체계나 자율신경계의 이상 또는 신경전달물질인 세로토닌Serotonin의 이상 때문에 생기거나 ② 의식 무의식에 억압되었던 불안과 공포가 급격히 발현되어 생기는 경우로 나눈다. 하지만 공황장애는 증상의 심각함에 비하여 비교적 치료가 쉽다고 알려져 있다. 따라서 공황장애 환자는 그것이 신체적 문제가 아니라 정신적 증상이면서 심리적 이상이라는 것을 이해하는 한편 많은 사람이 공황장애를 앓고 있다는 것을 인지할 필요가 있다. 공황장애의 치료방법은 심리치료, 약물치료, 인지행동치료, 호흡법이 있으며 운동과 낙천적 태도 등도 효과가 있다.

참고문헌 American Psychiatric Association, *Diagnostic and Statistical Manual of Mental Disorders*, 5th Edition : DSM-5 5th Edition, Officers 2012~2013.

참조 감각, 멜랑콜리(프로이트), 무의식, 방어기제, 불안장애, 신경증, 심인반응, 우울증 우울장애, 의식, 인간(신체), 정신, 정신분열증, 정신증, 지각, 프로이트

리비도

Libido | 力比多

‘함께 도망가자!’ 이렇게 애원하는 P를 보고 있던 그녀는 ‘혼자서 가라’고 냉정하게 말했다. 극도로 분노한 P는 ‘우리는 서로 사랑하지 않느냐’라고 물었다. 그러자 그녀는 ‘이제는 마음이 변했다’고 쏘아붙이고서 돌아섰다. 이성을 상실한 P는 ‘여우 같은 년’이라고 내뱉고 칼을 꺼내 그녀의 옆구리를 힘껏 찔렀다. 그리고 P는 그 칼을 빼 들어 자기 가슴을 찌르고 그녀 위에 엎어졌다. 이런 이야기는 어느 나라에나 있는 사랑과 증오의 남녀관계다. 그런데 단지 사랑한다는 것만 가지고 이런 일을 벌이지는 않는다. 사랑하는 사람에 집중하는 에너지가 최고의 상태에 이르러 있으면서 이성을 상실하고 증오가 극에 달해야만 이런 일이 벌어진다. 이와 같은 정열의 범죄가 일어나는 이유는 성적 에너지가 집중되는 카섹시스^{cathexis} 때문이다. 프로이트가 말한 카섹시스는 정신과 신체의 성적 욕망^{sexual desire}과 성적 충동^{sexual drive}이 사랑의 대상에 집중되는 현상이다.

인간의 욕망은 대체로 어떤 대상을 향하는 것이 보통이다. 사랑하는 대상을 욕망하고 그래서 성적 충동이 생기는 욕동^{慾動}은 인간이 존재하는 근원이자 동력이다. 이것을 프로이트는 리비도라고 불렀다. 프로이트는 리비도를 성적 욕망과 성적 충동으로 보았지만 1915년 이후에는 인간이 가진 정신과 신체의 에너지 총량으로 간주했다. 그러므로 리비도는 성적 에너지에서 나오는 사랑, 애정, 생존본능, 표현 욕망, 배고픔, 갈증, 성욕 등 인간의 모든 욕망이다. 특히 리비도는 성 접촉이나 성행위와 같은 것만 의미하는 것이 아니라 정신과 신체의 에너지, 생존의 의욕, 삶의 동력, 죽음과 안일 지향 등을 포괄하는 개념이다. 성적 에너지인 리비도는 측정할 수 없는 역동적 힘이다. 이 개념을 창안한 프로이트 또한 리비도의 개념을 정의하지 않았기 때문에 여러 가지로 해석되고 있으며 비과학적이라는 비판을 받기도 한다.

프로이트는 유기체를 보는 생리학의 관점에서 리비도와 무의식의 개념을 창안했다. 무의식 속의 원본능id과 유사한 리비도는 성적 욕망 및 섹슈얼리티sexuality와 관계가 있다. 잠재하는 에너지의 근원인 리비도는 어떤 대상에 대하여 집중하고 애착하도록 한다. 앞에서 본 것처럼 그 대상을 리비도적 대상이라고 한다. 그런데 대상에 집중하는 리비도만큼 자기 내부에도 리비도가 투여되고 집중되는데 그것이 자기 리비도다. 누구를 깊이 사랑한다든가, 증오한다든가, 무엇에 애착한다든가, 무엇을 희망한다는 것, 어떤 일을 열심히 하는 것 등은 모두 리비도가 발현된 것이다. 리비도가 집중되고 욕망이 극대화되면 리비도적 충동libidinal drive으로 발산된다. 가령 P가 좌절된 리비도를 승화sublimation하지 못하고 증오와 분노에 가득 차 살인에 이르는 것은 리비도적 충동의 부정적 결과다.

프로이트는 정신분석과 임상 치료를 목적으로 리비도를 성격 형성과 연결하여 해석했다. 구순기oral에는 입을 통하여 리비도를 조절하고, 항문기annal에는 배설을 통하여 리비도를 발산하며, 남근기phallic에는 리비도의 성적 에너지가 성기에 집중된다. 이후 성적 에너지는 잠복했다가 사춘기에 이르러 다시 강렬한 성적 욕망으로 드러난다. 그런데 이 발달단계에서 리비도의 지나친 만족은 현재에 고착fixation하도록 하고 불만족은 퇴행regression하도록 하여 신경증이나 이상 성격을 유발한다. 정신증을 포함한 정신병도 생길 수 있다. 또한, 이 성적 에너지가 자기에 집중되면 자기를 사랑하는 나르시시즘으로 진행된다. 무의식에 잠재하는 리비도는 원본능id에서 나오는 성적 에너지이지만 자아Ego와 초자아Super ego를 움직이는 원천이자 동력이기도 하다. 이 관계에서 도덕의 세계에 있는 초자아超自我가 본능과 본능의 성적 욕망인 리비도를 억압하고 자아가 현실원칙을 지키면서 존재하도록 조절한다.

프로이트는 성적 본능인 리비도가 인간의 의식과 무의식을 지배하는 강렬한 힘이라고 보았으나 말년인 1926년경부터는 죽음도 욕망이자 충동이라고 보았다. 그러니까 인간의 내면에는 살고자 하는 충동과 죽고자 하는 충동이 공존한다는 것이다. 삶의 충동인 에로스Eros와 대비되는 것이 죽음 충동인 타나토스thanatos다. 강렬한 에로스적 리비도가 지나칠 때 리비도를 철수시키는 타나토스가 작동하여 안일과 휴식을 취하도록 한다. 그것은 곧 죽음이다. 그러니까 무엇을 하고자 하는 리비도와 무엇을 하지 않고자 하는 에너지가 관성적inertia으로 작동하는 것이 인간의 존재 방식이다. 하지만 프로이트의 리비도와 타나토스는 포괄적이면서 신체와 정신을 아우르는 개념이기 때문에 많은 비판을 받게 된다. 한편 리비도를 성적 욕망으로 해석하는 프로이트의 견해와 달리 융은 리비도를 정신적 에너지psychic energy로 보았다.

참고문헌 Sigmund Freud, Vol.VII, *A Case of Hysteria, Three Essays on Sexuality and Other Works*, London : Hogarth Press, 1905.

참조 나르시시즘, 맹목적 생존의지, 무의식, 신경증, 안티 오이디푸스, 에로티즘(바타이유), 욕망기계, 원본능·자아·초자아, 의식, 자아, 정신증, 죽음 충동, 쾌락원칙, 프로이트

원본능·자아·초자아

Id · Ego · Superego | 本我 · 自我 · 超我

어느 날, 인품이 훌륭하다고 알려진 P는 아내로부터 이혼 소송을 당했다. P는 당황했고 친척들도 왜 그런 일이 벌어졌는지 알 수가 없었다. P의 아내 L은 '숨 막힐 것 같다. 나도 내 인생을 살고 싶기 때문에 늦었지만, 새로운 길을 가고자 한다'고 선언했다. 이어서 '남편 P는 여러모로 훌륭한 사람이지만, 지나치게 완벽주의자이고 결벽증이 있는 도덕주의자여서 함께 살기가 쉽지 않았다'라고 하소연했다. 이 말을 들은 그녀의 친구이자 정신과 의사인 K는 '너의 남편은 초자아가 너무 발달해 있어서 자기 자신도 힘들 것'이라고 진단했다. 그 말은 사실이었다. 정신과 의사의 말 그대로 남편 P는 모든 일을 도덕과 윤리의 관점에서 보는 특별한 성격이다. P와 같은 사람을 초자아가 발달했다고 하는데 초자아超我는 원본능인 이드id를 제어하고, 현실적이고 사회적인 존재인 자아Ego를 통제하는 자기 위의 자기다.

심리학자 프로이트는 『현실원칙을 넘어서Beyond the Pleasure Principle』1920와 『자아와 본능The Ego and the Id』1923에서 인간의 심리를 원본능, 자아, 초자아로 설명했다. 인간이 태어나서부터 가지고 있는 원본능原本能은 '싫다'를 피하고 '좋다'를 추구한다. 그 원본능id, 原本能은 인간 의식 기저에 있는 동물적 본능이며 주로 성적 욕망과 공격성으로 드러난다. 여기서 공격이라는 것은 자기만족을 위한 적극적 행동이며 성욕은 실제 성욕을 포함한 생존의지다. 그런데 원본능은 기수 없는 말처럼 통제되지 않고 시간과 공간에 구애되지 않으면서 쾌락원칙Pleasure principle 또는 쾌락원리를 추구한다. 하지만 쾌락은 원래의 상태로 돌아가려는 욕망이라는 점에서 긴장 없는 수면이나 죽음과 같은 상태이기도 하다. 또한, 프로이트가 '이것id'으로 불렸던 원본능에서 성적 에너지인 리비도libido가 생성되며 사랑의 에로스eros로 드러난다.

자아ego, 自我는 이성과 감성의 주체이면서 일관성과 항상성을 가지고 자기를 성찰하는 자기의 주체다. 따라서 자아는 판단, 조절, 종합, 분석, 기억 등 각종 정신작용이 일어나는 공간이다. 프로이트 심리학에서 자아Ego, I는 원본능과 초자아를 중재하는 합리적인 존재다. 그런데 자아는 외부세계와 관계하므로 현실원칙現實原則, Reality principle에 따라서 본능의 격정과 충동을 조절한다. 자아는 유아가 사회적 규칙을 학습하거나 규칙을 어겼을 때 처벌받는 경험을 통하여 발달한다. 또한, 자아는 이성과 상식으로 원본능과 초자아를 연결한다. 하지만 자아는 원본능이 공급해주는 에너지를 받아서 존재하기 때문에 때로는 원본능에 끌려 현실원칙을 어기기도 한다. 의식적인 자아는 무의식과 전의식에 걸쳐있지만 대체로 구조화되어 있어서 위기가 생기면 기계적으로 방어기제를 작동한다.

초자아superego, 超自我는 무의식적으로 자기를 통제하고 감시하는 자기 위의 자기다. 초자아는 성격발달과정에서 부모와 동일시하면서 얻어지고 자기 스스로 훈련하면서 강화된다. 가령 초자아는 원본능이 성적 욕망을 추구할 때 문화적 규칙과 사회적 가치를 알려주고 그 욕망을 철회하도록 강제한다. 이처럼 초자아는 무의식에 내재하면서 윤리와 도덕으로 원본능과 자아를 통제하고 억압한다. 이것을 프로이트는 윤리와 도덕을 상징하는 양심良心과 현실보다 더 높은 가치를 추구하는 이상理想의 이상적 자기ideal I가 바로 초자아를 구성한다고 보았다. 초자아가 발달한 사람은 도덕적 기준이 높아서 죄책감과 수치심에 괴로워하는 경우가 많고 끊임없이 자존심과 경건함을 고양하고자 노력한다. 이렇게 볼 때 초자아는 중간적 존재인 자아가 현실원칙에 따르도록 하는 통제의 원리인 동시에 자아를 평가하고 처벌하는 근원이며 원본능의 무질서를 정리하는 힘이다.

정신구조로 불리는 이 모델에서 원본능은 구조화되지 않은 원시적 본능이고, 자아는 현실 영역에 있는 조직화한 자기의 핵심이며, 초자아는 비판과 성찰을 하는 자기 위의 자기다. 따라서 문화를 대리하는 아버지의 명령을 통하여 자아와 초자아가 형성되는 동시에 원본능은 억압된다. 이 과정에서 오이디푸스 콤플렉스가 초자아로 대치되고 성적 욕망과 공격성은 무의식에 은폐된다. 이렇게 하여 형성된 무의식unconscious은 의식conscious, 의식화가 가능한 전의식preconscious과 함께 정신을 구성하지만 억압된 상태로 내면에 잠재한다. 한편 원본능과 자아가 충돌하면 신경증이 되고, 자아와 외부세계가 충돌하면 현실적 불안이 증가하며, 자아와 초자아가 충돌하면 도덕적 갈등이 심화된다. 프로이트는 이것을 빙산의 은유로 설명했는데 그의 견해는 비과학적이라는 비판을 받는다.

참고문헌 Sigmund Freud, Vol.XIX, *The Ego and the Id and Other Works*, London : Hogarth Press, 1923~1925.

참조 나르시시즘, 맹목적 생존의지, 무의식, 방어기제, 불안장애, 신경증, 안티 오이디푸스, 윤리·윤리학, 의식, 이마고/자아영상, 자기 정체성, 자아, 정신분열증, 정신증, 주체·주체성, 죽음 충동, 쾌락원칙

프로이트

Sigmund Freud | 西格蒙德 · 弗洛伊德

'중세였다면, 아마 그들은 나를 불에 태워 죽였을 것이다. 그들은 내 책을 불에 태웠다.' 이렇게 말한 그는 오스트리아를 점령한 히틀러의 제3제국에서 탈출하기로 결심했다. 특히 훗날 저명한 심리학자가 된 딸 안나 프로이트가 게슈타포의 조사를 받은 후, 심각한 위기를 느낀 그는 여러 사람의 제안에 따르기로 한 것이다. 그의 제자를 포함한 많은 사람의 도움, 그리고 나폴레옹 황제의 증손녀이자 정신분석학자였던 마리^{Marie Bonaparte}의 노력으로 그와 그의 가족은 1938년 6월 4일 기차를 타고 파리를 거쳐 영국 런던에 도착했다. 하지만 그의 건강은 급속도로 악화되었다. 그는 자기 존엄성을 지키고자 의사인 친구의 도움을 받아 1939년 9월 23일 안락하게 생을 마감했다. 그의 유해는 화장되어 그가 소중하게 여기던 그리스 항아리에 담겨 골더스 그린 화장장에 안치되었다.

그는 1856년 오스트리아-헝가리제국의 프라이베르크^{Freiberg}에서 태어난 지그문트 프로이트^{S. Freud, 1856~1939}, 인간에 대한 새로운 해석을 남긴 위대한 과학자이자 사상가였다. 어려서부터 총명했던 프로이트는 김나지움을 우등으로 졸업한 후 17세에 빈^{Wien}대학에서 공부를 시작했다. 아버지의 뜻에 따라 법을 공부하려다가 의학으로 바꾸었고 1881년 생리학으로 박사가 된 후 1886년 마르타^{Martha}와 결혼했다. 그는 1885년 파리의 병원에서 최면술로 히스테리를 치료하는 임상시험에 참가하면서 이성과 의식이 작동하지 않는 영역이 있음을 확신했다. 이런 그의 생각은 의과대학 시절, 유기체의 에너지 역학과 생리적 특성을 공부한 것이 바탕이 되었다. 그는 훗날 독일문예학에 기여했다는 이유로 괴테상을 받기도 했는데, 그것은 그가 괴테의 자연에 대한 사상과 다윈의 진화론적 인간관에 심취했기 때문이다.

프로이트는 빈대학에서 강의하는 한편 1886년 정신과 의사로 임상시험을 하면서 독창적인 심리학 이론을 정립했다. 1896년 아버지가 타계한 후, 자신을 대상으로 정신분석을 시도하여 오이디푸스 콤플렉스와 성적 욕망이론을 완성했다. 1902년을 전후하여, 초기의 주축이었던 유대인 그룹 이외에도 그의 학설을 지지하는 학자가 많아졌다. 프로이트는 1910년 융C. Jung을 회장으로 한 국제정신분석학회IPA를 창설하여 의학과 심리학에 새로운 영역을 개척했다. 하지만 아들러Adler가 그와 결별하여1911 개인심리학을 창시했고 융도 처제와의 염문을 폭로하는 등 그를 비판하기 시작했다. 그런데도 그는 유아기에 시작되는 성충동 리비도Libido가 근본 에너지라는 견해를 바꾸지 않았다. 이후 1938년 영국으로 망명하기까지 그는 무의식과 성충동 이론을 비롯한 자신의 학설을 체계화하는 데 심혈을 기울였다.

프로이트에 의하면 리비도는 원본능Id에서 나오지만 자아Ego와 초자아Super ego와도 관계하는 에너지의 원천이다. 그는 이 견해를 중심으로 쾌락원칙에 따르는 원본능을 도덕적인 초자아가 통제하고 조절하여 자아가 현실원칙에 따르도록 한다는 학설을 정립했다. 당시 프로이트는 신경증과 정신증 즉, 정신이상의 치료방법을 찾고 있었다. 그는 신경증과 정신증이 무의식에서 비롯된다고 보고 무의식이 무엇인가를 연구한 것이다. 이처럼 프로이트는 치료를 목적으로 자신의 학설을 발전시키면서 임상의 경험과 실험을 위주로 했다. 또한, 프로이트는 개업한 정신과의사로 환자를 치료하면서 자신의 학설을 체계화한 다음 인간에 대한 보편적 이론으로 확장했다. 그가 제시한 중요한 학설은 인간의 무의식과 성충동이다. 프로이트는 유아기의 성충동을 억제하는 과정에서 무의식이 형성된다고 단정했다.

프로이트의 인간에 대한 이해는 거센 비판이 따랐다. 오랫동안 이어진 비판의 핵심은 그의 학설이 과학적이지 않다는 것, 모든 것을 성적 욕망으로 설명한다는 것, 남성중심주의라는 것, 교주의 교리와 같다는 것 등이었다. 특히 그의 동료였던 융은 모든 것을 성적 욕망으로 보는 프로이트의 견해에 반대하여 분석심리학Analytical psychology을 창시했다. 이런 비판에도 불구하고 그는 인간에 관한 심층적인 탐구로 불후의 이론을 남긴 심리학과 정신분석학의 태두임이 분명하다. 프로이트는 죽음의 공포에 시달리면서도 일생을 엄격한 학자, 교수, 의사로 살았다. 유대인이었지만 무신론자였고 애연가이자 평화주의자였던 프로이트는 20세기의 가장 중요한 인물 중 한 사람으로 꼽힌다. 그의 대표적인 저작인 『꿈의 해석』1900, 『성에 관한 세 편의 에세이』1905, 『정신분석 강의』1917 등은 여러 언어로 번역되었다.

참고문헌 Sigmund Freud, *Three Essays on the Theory of Sexuality*(1905), translated by James Strachey, New York : Basic Books, 1962.

참조 리비도, 무의식, 신경증, 안티 오이디푸스, 원본능·자아·초자아, 오이디푸스 콤플렉스, 의식, 이성, 이성론/합리주의, 자아, 정신, 정신분석, 정신증, 죽음 충동, 쾌락원칙

원죄 [기독교]
Original Sin | 原罪

'하나님/하느님께서 독생자 예수 그리스도를 이 땅에 보내셨고, 주 예수 그리스도는 우리를 대신하여 십자가에 못 박혀 죽으셨습니다. 인간은 그리스도의 피로 구원받았으니 우리 주 예수 그리스도를 경배하고 주님의 은총에 따라 살면 영생할 수 있습니다.' 이런 기도를 마친 목사는 '주 예수님의 이름으로 기도합니다'라고 끝을 맺었다. 이어지는 설교 시간에 목사는 인간은 원래 지은 죄 즉, 원죄가 있으므로 죄를 사면받아야 하는 존재이며 그 원죄를 씻어주고 하나님의 은총을 받는 것은 오로지 예수 그리스도를 통해서 가능하다고 강조했다. 「창세기創世記, Genesis」에 나오는 원죄는 인간의 조상인 아담과 그의 아내 하와가 에덴동산에서 선악과를 따 먹은 죄 때문에 모든 인간은 태어날 때부터 죄가 있다는 교리다. 개신교, 천주교, 유대교에서 인간은 아담Adam과 이브Eve의 죄악으로 인하여 원죄를 지었다고 하는 반면 이슬람교는 이로 인한 원죄는 없다고 한다.

이에 대하여 성경은 '여자가 그 나무를 본즉 먹음직도 하고 보암직도 하고 지혜롭게 할 만큼 탐스럽기도 한 나무인지라 여자가 그 열매를 따 먹고 자기와 함께 있는 남편에게도 주매 그도 먹은지라'(「창세기」 3장 6절)고 기록하고 있다. 그러니까 기독교를 비롯한 아브라함계통 종교에서 말하는 원죄는 하나님의 명령을 어겼기 때문에 받은 처벌이다. 그 처벌은 에덴동산에서 추방되는 것과 '고통을 받는 존재와 죽어야 하는 존재 인간'이 되는 것이며 여성은 해산의 고통을 받아야 하고 남성은 노동과 노력으로 살아야 하는 존재가 되는 것이다. 이처럼 첫 번째 인간인 아담으로 인하여 생긴 원죄가 모든 인간에게 상속되어 태어나는 순간 원죄를 받아야 한다. 이렇게 하여 인류라는 집단이자 집합은 연대하여 책임져야 하는 원죄가 생겼지만 신은 인간을 사랑하시어 그리스도를 통하여 그 죄를 사면해주었다.

「창세기」에 '사람'이라고 표현했는데 그 사람은 인간 전체를 의미하는 집합 개념이다. 한편 정욕으로 상징되는 욕망으로 인하여 인간은 타락의 길을 걸었다. 특히 타락한 인간이 죄를 짓지 않고 선행을 할 수 있는 것은 오로지 그리스도를 통하여 하나님의 은총을 회복할 때뿐이다. 그래야만 심판의 날 부활하고 신의 나라에서 영생할 수 있다. 이 원죄의 개념은 사도 바울이 처음 말했고, 아우구스티누스^{Aurelius Augustinus, 354~430}와 토마스 아퀴나스, 마르틴 루터, 칼뱅이 해석하여 정통 교리로 인정받았다. 이런 신학적 해석은 (그리스도의 역할을 중시하여) 성스러운 그리스도의 성성成聖에 의해서 신의 사랑을 회복할 때 원죄가 씻어진다는 것이 핵심이다. 그러나 성모 마리아만은 (하느님의 은총을 받아) 원죄 없는 순결한 여성으로 그리스도를 잉태한 것으로 여겨진다.

선악과를 따먹은 인간의 행위는 원죄의 과정이고, 그로 인하여 인간이 원죄를 받았다는 의미는 인간의 한계와 조건을 말하는 것이다. 그런데 하나님께서 형벌을 내린 이유는, 인간이 선과 악을 구별한 다음 '우리와 같이' 영생하는 생명의 과일을 따 먹을까 염려해서였다. 하나님은 스스로 존재하고 시작과 끝을 주관하는 절대자이며 세상에 존재하는 모든 것을 창조한 창조주다. 하지만 인간은 자유의지로 하나님의 말씀을 거역했고 타락의 길을 걸어 신의 은총을 잃어버린 죄인이 되고 말았다. 이것을 기독교『신약성경』「로마서」 5장 12절에서 사도 바울^{바오로}은 '한 사람을 통해 죄가 이 세상에 들어왔고, 그 죄로 죽음이 생겼고, 모든 사람이 죄를 얻어 그 죽음은 모든 사람에게 이르렀다'¹고 진술했다. 이 과정에서 하나님의 의지와 인간의 의지가 다를 수 있음이 확인되었다.

---

1   Therefore, just as sin entered the world through one man, and death through sin, and in this way death came to all men, because all sinned.

원죄$^{Peccatum\ originale}$의 기원과 유전에 대해서는 하나님/하느님의 명령을 받은 아담의 죄, 아담에게 선악과를 먹도록 한 이브의 죄, 이브를 유혹한 뱀의 역할 등에 대한 해석은 교파와 시대에 따라서 조금씩 다르다. 특히 아담의 행위를 기원죄起源罪라고 한다. 한편, 기원죄와 인간이 하나님의 은총을 잃어버린 원죄原罪를 구분해야 한다는 주장이 제기되었다. 이 원죄는 그리스도가 십자가에 피를 흘림으로써 대속代贖 되었으므로 그리스도의 이름으로 세례를 받음으로써 씻어지고, 본죄 역시 고백성사와 참회의 기도를 통하여 씻어지는 것으로 본다. 그리고 개인이 짓는 죄를 본죄$^{Peccatum\ personale}$로 구분한다. 그런데 '본죄를 짓지 않은 유아가 세례를 받지 않았다면 어떻게 되는 것인가'의 문제가 생겼다. 그 유아는 원죄로 인하여 지옥에 갈 수밖에 없다는 견해와 지옥의 변방인 림보^{Limbo}에서 구원을 기다린다는 견해가 있다.

참고문헌 Aurelius Augustinus, Volume I - *Prolegomena : St. Augustine's Life and Work, Confessions, Letters*, Christian Classics Ethereal Library : Calvin College.

참조 공포와 전율의 아브라함, 결정론, 구원, 삼위일체, 신이 존재하는 다섯 가지 근거, 예수 그리스도, 운명론, 자유의지, 종말론

학문
Wissenschaft/Science | 学门

'학문이란 무엇인가?' 칠판에 이렇게 쓴 K 교수는 그 옆에 진리와 논리라고 썼다. 매우 난해하고 무거운 주제여서, 학생들 모두 깊은 생각을 하고 있을 때 총명하기로 소문난 P가 이렇게 말했다. '교수님, 학문이란 어떤 진리의 체계를 논리적으로 증명한 결과 아닐까요?'라고 답했다. K 교수는 '정말 훌륭한 답'이라고 칭찬을 한 다음 학습과 논리가 중요하다고 말했다. 한마디로 학문이란 어떤 것을 연구하고, 증명하여 체계적으로 정리한 지식과 논리다. 학문의 출발은 '이것이 무엇일까'라는 물음이다. 이에 대하여 학자들은 '이것은 무엇이다' 또는 '그 무엇에 이르는 방법과 과정이다'라는 등의 명제로 정의를 내린다. 결론에 이르는 과정에서 체계적이고 과학적인 방법론이 있어야 한다. 이처럼 학문은 논리로 증명되어야 하는데, 같은 사유를 하고 같은 과정을 거쳤다면 같은 결론에 이르러야 한다.

동양의 학문과 서양의 학문은 개념이 조금 다르다. 한자문화권에서 학문은 배우는 학學과 묻는 문問의 합성어로 배우고, 묻고, 익히는 것 즉 지식에 이르는 과정을 강조한다. 학문의 목적은 자기를 수양하는 수기치인修己治人이었다. 공자는 『논어論語』에서 '배우고 익히면 기쁘지 아니한가?學而時習之不亦悅乎'라고 하여 '배우고 익히는 것'을 강조했다. 그러니까 학문은 학습과 유사한 의미이고 그 학습의 목표는 성인과 군자가 되는 것이었다. 또한, 공자는 『논어』의 「학문편學問篇」에서 인의예지신仁義禮智信의 도덕적 인격을 학문으로 보았다. 반면 서양의 학문은 과학과 논리라는 의미가 강하다. 학문은 영어로 Science이며 독일어는

Wissenschaft인데 Wissenschaft는 자연과학, 인문사회과학, 구조과학을 아우르는 넓은 개념으로 학문적 체계와 논리를 강조하는 것이다.

통상 학문을 의미하는 Science는 과학인데 가설-관찰 및 실험-증명-진리 확정-지식체계로 이어지는 논리적 구조로 되어 있다. 자연과학과 대비되는 인문과학Humanities에서는 자연과학이 강조하는 객관성, 보편성, 일반성, 반복 가능성 이외에 주관성과 상대성을 인정한다. 그런 점에서 자연과학인 Science와 인문과학인 Humanities는 다르다. 그런데 인문학을 인문과학으로, 사회학을 사회과학으로 쓰고 이 둘을 합쳐서 인문사회과학이라고 하는 때도 있다. 일반적으로 사회과학은 Social Science로 표기되기 때문에 자연과학과 인문과학의 중간 개념으로 볼 수 있다. 그 밖에 수학과 컴퓨터학 등은 구조과학Structural science으로 분류된다. 이처럼 학문은 그리스어 이성, 합리, 논리를 의미하는 logiké와 맥이 닿아 있다. 논리 체계를 강조하는 학문의 개념은 탈레스Thalês, BCE 624~BCE 545로부터 시작되었다.

탈레스는 신화적이고, 종교적이고, 권위적인 지식보다 이성logos적 지식을 추구하면서 이에 대한 비판과 반론의 가능성을 열어두었다. 탈레스는 유물론의 관점에서 세상은 물*로 구성되었다고 주장하는 과정에서 자연과학적인 학문의 개념을 정초했다. 이후 아리스토텔레스는 학문의 갈래와 체계를 분류하고 과학적으로 이해했다. 당시 학문의 개념은 지혜를 사랑하는 Philosophia와 논리적 체계Logy 또는 아카데미Academia였다. 그러니까 철학은 지혜와 지식을 좋아하고 사랑하면서 논리적이고, 이성적이며, 합리적인 지식이라는 뜻이었다. 이런 철학적 학문의 전통은 자연과학Natural science이 분리되기 이전까지 사용되었다. 18세기에 이르러 관찰과 실험을 위주로 하면서 실증주의의 관점을 취하는 자연과학과, 일반적인 현상을 비교적 객관적으로 설명하는 인문사회과학으로 분리되었다.

학문은 진리와 진리의 체계Disciplines라는 의미 외에 진리를 추구하는 과정과 방법이라는 뜻Research, Study, Learning도 있다. 학문의 과정과 방법은 과학적이고 체계적인 연구를 의미한다. 가령 지역학을 Area studies라고 하고 동아시아학을 East Asian studies라고 하는데, 이것은 학문을 연구와 학습으로 보기 때문에 생긴 개념이다. 따라서 고정불변하고 절대적인 진리의 학문은 없다. 이에 대하여 헤겔은 학문을 무엇에 대한 사유가 그 실재와 일치하는 절대지絶對知, Absolutes wissen 라고 했으며 '학문은 실재, 방법, 체계가 삼위일체여야 한다'고 정의했다. 한편 칸트는 학문을 인식과 이성의 체계적 통일로 정의했다. 반면 칼 포퍼는 신념, 감정, 감탄, 의문과 달리, 틀렸을 수 있다는 반증가능성falsifiability이 없다면 과학적 의미에서 학문의 진리가 될 수 없다는 견해를 피력했다.

참고문헌 Patricia F O'Grady, *Thales of Miletus : The Beginnings of Western Science and Philosophy*, Western Philosophy Series 58, Ashgate, 2002.

참조 감정, 객관·객관성, 과학주의, 논리·논리학, 논리실증주의, 명제, 순수이성, 유물론, 인문학, 철학, 한자문화권

제2차 세계대전
World War II | 第二次世界大战

1939년 8월 23일, 독일은 전격적으로 소련과 조약을 맺었다. 당시 나치의 히틀러는 대규모 전쟁을 준비하고 있었기 때문에 독소불가침조약Deutsch–sowjetischer Nichtangriffspakt이 필요했다. 그리고 일주일 후인 1939년 9월 1일, 폴란드를 침공했다. 다급해진 폴란드는 동맹국인 영국과 프랑스에 지원을 요청했다. 머뭇거리던 두 나라는 9월 3일 독일에 선전포고하였으나 직접 폴란드를 지원하지는 않았다. 폴란드군이 서부전선에서 고전하던 9월 17일 놀라운 소식이 들려왔다. 동부전선에서 '소련이 폴란드 국경을 공격한다'는 소식이었다. 소련은 일본과 은밀하게 몰로토프–도고 조약Molotov–Togo agreement을 맺은 다음 날 폴란드를 침공했다. 협공한 독일과 소련은 10월 16일, 폴란드를 분할했다. 하지만 폴란드인들은 항복하지 않고 지하 정부를 세워 끈질기게 저항했다.

1931년 일본이 중국을 침공한 것을 제2차 세계대전의 출발점으로 보는 견해가 있지만, 일반적으로 나치가 폴란드를 점령한 사건을 제2차 세계대전의 출발점으로 간주한다. 히틀러의 나치가 전쟁을 일으킨 직접적인 원인은 제1차 세계대전 이후 체결한 베르사유조약과 강화조약이었다. 전쟁의 패배로 인하여 독일은 군비 억제, 영토할양, 식민지상실과 같은 굴욕과 더불어 1,320억 마르크의 배상금을 지불해야 했다. 독일이 감당하기 어려운 금액이었다. 독일인의 고통과 분노를 자극하여 정권을 잡은 히틀러는 비밀리에 군비를 증강한 다음 전쟁을 일으킨 것이다. 이렇게 하여 시작된 제2차 세계대전은 1939년 9월부터 1945년 8월까지 6년간 독일, 이탈리아, 일본을 중심으로 한 주축국Axis powers, 主軸國과 영국, 프랑스, 중국, 미국, 소련을 중심으로 하는 연합국Allied powers, 聯合國이 싸운 세계적 규모의 전쟁이다.

선제공격을 감행한 독일은 전격적Blitzkrig으로 신속하게 움직여서 약 35만 명의 영국, 프랑스, 네덜란드, 벨기에군을 덩게르크Dunkirk에 포위했다. 그런데 뜻밖에 독일군은 진격을 멈추었고 연합군은 영국으로 탈출할 수 있었다. 하지만 독일은 1940년 파리를 점령했고 프랑스 남쪽에 비시정권Vichy France을 수립했다. 한편 독일의 동맹국 일본은 1937년 중일전쟁을 일으키고 난징대학살 등의 만행을 저질렀다. 그로 인하여 미국을 중심으로 대일본 봉쇄가 실행되자 일본은 이에 반발하여 싱가포르와 인도차이나를 점령했다. 또한, 일본은 1941년 12월 7일 하와이 진주만을 급습했는데 이로 인하여 미국이 참전하게 되었다. 이렇게 하여 유럽, 아프리카, 아시아 전역으로 전선이 확대되었다. 한편 이탈리아는 1940년 9월 영국이 지배하던 이집트에 진격한 다음 10월에 그리스로 진격했다. 영국으로 망명한 드골De Gaulle은 자유프랑스군을 창설하여 연합군의 일원으로 전투에 참여했다.

독일은 1941년 6월 20일, 전격적으로 소련을 침공했으나 소련은 레닌그라드 전투에서 독일군을 패퇴시켰다. 하지만 이탈리아와 협동하여 유럽대륙 대부분을 지배하게 된 독일은 영국을 폭격하는 한편 영국 해안을 봉쇄했다. 그런데 미국이 연합군으로 참전하면서 독일, 이탈리아, 일본의 주축국은 불리한 상황에 놓이게 되었다. 그리고 연합국은 1944년 6월 6일 D데이에 노르망디 상륙작전을 감행했다. 동부전선에서는 소련이 진격하여 1945년 4월, 엘베강에서 미군과 소련군이 만나 승리를 자축했다. 패배를 예상한 히틀러는 애인 에바 브라운Eva Braun과 결혼식을 올리고 베를린의 참호에서 자살했다. 한편 태평양전쟁을 일으킨 일본은 미드웨이 해전에서 패배한 후 고전을 거듭했다. 이때 미국은 히로시마와 나가사키에 원자폭탄을 투하했고 1945년 8월 15일, 일본은 무조건항복을 선언했다.

대략 6년에 걸친 제2차 세계대전은 인류역사상 가장 큰 전쟁이었고, 사상자도 가장 많았다. 군인과 시민을 합하여 8,000만 명이 죽었고 수많은 부상자가 생겼다. 재산상의 손실도 측정하기 어려울 정도로 컸다. 특히 나치에 의해 자행된 유대인학살과 일본 731부대의 생체실험은 잔학한 만행으로 기록된다. 승전한 연합군을 중심으로 1945년 10월 24일, 유엔UN이 설립되었으며 브레튼우즈협정Bretton Woods System으로 미국 달러가 세계의 기축통화가 되었다. 미국은 전후 복구사업을 펼치는 한편 패전국인 독일, 이탈리아, 일본의 재건을 도와주면서 세계정치경제의 주도권을 쥐게 되었다. 또한, 이스라엘이 건국되었으며 중국공산당이 승전국인 중화민국을 타이완臺灣으로 밀어냈다. 아울러 제국주의 시대를 지나서 아프리카, 아시아 등 여러 국가가 독립했다. 제2차 세계대전으로 인하여 공산주의 맹주 소련과 자본주의 맹주 미국이 대립하는 냉전시대Cold war가 시작되었다.

참고문헌 Woodrow Wilson, "Final Address in Support of the League of Nations", Sept, 25, 1919.

참조 러시아혁명, 자본주의, 제1차 세계대전, 제국주의, 중일전쟁/청일전쟁, 탈식민주의

하데스 음부

Hades | 哈得斯 冥界

'죽은 자가 스틱스^{Styx}강을 건너려면 동전 하나를 내야 한다. 그런데 그 전에 레테^{Lethe}를 건넜기 때문에 세상의 일은 이미 모두 잊어버렸다. 망각의 강 레테의 물을 마신 망자^{亡者}는 자기가 누구였는지, 어디에서 어떻게 살았는지 모른다. 그리고 슬픔을 잊는 아케론^{Acheron}, 탄식을 잊는 코키투스^{Cocytus}, 불을 잊는 플레게톤^{Phlegethon}도 건넜으므로 인간의 감정은 모두 사라졌다. 그리고 사공 카이론^{Charon}에게 입에 물고 있던 오볼루스^{obolus} 동전을 건네고 스틱스를 건너면 명계^{冥界}를 지키는 머리가 셋인 개 케르베로스^{Cerberos}를 만난다. 이렇게 하여 올바르게 장례가 치러진 망자는 헤르메스의 안내에 따라 지하의 명계/음부^{陰府} 하데스에 도착하여 영원히 지하세계에 머물게 된다.' 이것은 그리스신화 중, 하데스가 다스리는 지하세계로 가는 길을 묘사한 것이다.

이처럼 고대 그리스인들의 세계관은 산 자들이 거주하는 지상의 하늘과 바다, 그리고 지하의 세 영역으로 구성되어 있었다. 하늘을 다스리는 제우스^{Zeus}, 바다를 다스리는 포세이돈^{Poseidon}과 형제이면서 지하를 다스리는 하데스는 티탄족의 신 크로노스^{Cronos}와 레아^{Rhea}의 아들이다. 티탄족의 제왕 크로노스는, 자신이 그랬던 것처럼, 자기 아들이 아버지와 대결하여 지배권을 갖는다는 예언을 믿고 아내 레아가 낳은 자식들을 모두 뱃속에 넣어 버렸다. 그런데 레아의 지혜로 살아남은 막내 제우스가 가이아^{Gaia}가 준 약으로 크로노스 뱃속의 형제자매를 꺼낸 다음, 힘을 합쳐 10년간 전쟁을 하여 크로노스와 티탄족^{Titan}을 물리쳤다. 그리하여 올림포스 12신의 세계가 열렸고 제왕 제우스는 형 하데스에게 지하세계를 맡겼다. 어느 날, 티탄족과 함께 지하에 봉인되어 있던 다른 부족의 반란으로 지진이 나서 하데스의 영토가 세상에 노출되는 일이 벌어진다.

그리하여 하데스는 자신의 영토 시찰에 나섰다. 그때 꽃을 따는 아름다운 페르세포네Persephone를 보고 순식간에 납치하여 지하로 데려왔다. 그것은 에로스가 사랑의 화살을 쏘았기 때문이라고 한다. 한편 딸을 잃은 대지의 신 데메테르Demeter는 제우스에게 딸을 찾아줄 것을 청원한다. 하지만 페르세포네는 이미 석류 몇 알을 먹었기 때문에 완전히 세상으로 돌아올 수는 없고 일 년에 네 달은 하데스의 집인 지하에 머물러야 했다. 이렇게 하여 페르세포네는 하데스와 함께 지하세계를 다스리게 되었다. 그리스신화에서 하데스는 죽은 자를 관장하는 지하의 신이지만 죽음을 의미하는 타나토스Thanatos와 다르다. 한편 하데스의 집인 지하에는 보통 영혼들이 머무는 아스포델Asphodel, 영웅과 의인이 머무는 엘리시엄Elysium, 시시포스나 탄탈로스처럼 범죄자가 머무는 타르탈로스Tartarus가 있다.

지하는 원래 대지의 여신이자 만물의 근원인 가이아Gaia의 땅이었는데 하데스가 다스리게 되었다고 한다. 이처럼 하데스는 지하세계를 다스리는 올림포스 신의 이름이면서 지상 세계에 대비되는 지하세계를 지칭하는 한편 산 자들의 공간과 대비되는 죽은 자들의 공간을 의미한다. 로마신화에서는 디스페이터Dis Pater와 오르쿠스Orcus로 불리는 하데스가 지하를 관장한다는 점에서 '보이지 않는' 신으로 불리기도 한다. 고대 그리스어에서 '보이지 않는Awides'은 산 자들에게는 보이지 않는 죽음의 그림자라는 뜻이다. 여기서 유래한 하데스Hades는 지하세계와 죽음을 상징하고 공포를 불러일으키기 때문에 나중에 플루토Pluto로 바뀌었고 로마신화에서는 플루톤Pluton으로 등장한다. 플루토/플루톤은 지하의 풍요로운 자원과 재화를 의미한다. 이처럼 음울한 하데스의 형상에 강력하고 풍요로운 플루토가 결합하여 지하의 제우스라는 의미가 완성되었다.

유대교, 기독교, 이슬람 등 아브라함계통 종교에서 지하의 신 하데스에 심판審判과 지옥의 개념이 추가되었다. 하데스는 죽은 자들이 머문다는 점에서 감옥인 동시에 지옥이다. 한편 하데스는 유대인들의 히브리어에서 음부 스올Sheol이고, 죽은 영혼이 심판을 받기 위해 잠시 머무르는 공간이다. 반면 기독교 신약 성경에서 하데스는 처벌과 고통이라는 의미의 지옥地獄이지만 그리스도의 사랑이 미쳐서 구원받을 수 있는 공간으로 묘사되기도 한다. 이처럼 하데스는 죽음과 관련된 무서운 신이면서 냉정하고 냉혹한 신이다. 하지만 하데스의 힘을 통하여 지상 세계의 균형이 유지될 수 있다. 그래서 정의의 신으로 불리기도 한다. 하데스의 음부에서 풀려난 것은 헤라클레스Heracles와 테세우스Theseus 등 몇 영웅뿐이라고 한다. 하데스는 그리스신화가 기독교 교리와 결합한 지하의 존재이면서 공간이다.

참고문헌 Thomas Bulfinch, *Bulfinch's Greek and Roman Mythology : The Age of Fable*, edited by John Berseth, Dover publication, 2000.

참조 신화·전설, 원죄(기독교), 자유의지, 종말론, 죽음 충동, 헬레니즘

사대주의
Ideology of Serving the Great | 事大主義

고구려가 아닌 신라가 한반도를 통일한 것을 한탄하면서 김부식을 통렬하게 비판한 사람은 단재 신채호였다. 이에 대해서 신채호는 이렇게 썼다. '그 실상은 이 전역戰域이 즉 낭郎·불佛 양가 대 유가儒家의 싸움이며, 국풍파國風派 대 한학파漢學派의 싸움이며, 독립당 대 사대당의 싸움이며, 진취 사상 대 보수 사상의 싸움이니, 묘청이 곧 전자의 대표요 김부식은 곧 후자의 대표였다. 이 전역에 묘청 등이 패하고 김부식이 이겼으므로 조선사가 사대적·보수적·속박적 사상-유교 사상에 정복되고 말았거니와', 이처럼 신채호는 「조선역사상 일천년래 제일대사건」『동아일보』, 1925에서 김부식을 유교와 중화사상의 노예이자 사대주의자로 낙인을 찍었다. 신채호의 이 관점으로 인하여 『삼국사기』를 편찬한 고려의 김부식은 신라중심주의자이자 사대주의자라는 비판을 받게 되었다. 사대주의는 작고 약한 나라가 크고 강한 나라를 섬기는 정치적 이념이다. 사대事大는 『맹자』「양혜왕」하권에서 맹자가 말한 '작은 나라가 큰 나라를 섬긴다'는 뜻의 이소사대以小事大에서 유래한다. 맹자는 제 선왕이 주변 국가와 교류하는 데 어떤 도가 있느냐고 질문하자 다음과 같이 답한다. '큰 것이 작은 것을 사랑하는 것은 하늘을 즐겁게 하는 것이고, 작은 것이 큰 것을 섬기는 것은 하늘을 두려워하는 것이다以大事小者 樂天者也 以小事大者 畏天者也.' 또한, '오직 너그러운 자만이 작은 것을 사랑할 수 있고, 오직 지혜로운 자만이 큰 것을 섬길 수 있다'고 답한다. 맹자의 이 말은 인의예지를 바탕으로 하는 왕도정치王道政治를 말한 것이다. 그런데 사대를 예의로 규정한 것은 동주 시대 노魯의 좌구명左丘明이다.

일찍이 좌구명은 『춘추』의 해설서 『춘추좌씨전』에서 공자의 말을 빌려 '예라는 것은 작은 것이 큰 것을 섬기고, 큰 것은 작은 것을 사랑하는 것이다禮也者. 小事大 大字小之謂'라고 말했다.

사대는 작은 것이 큰 것을 섬기는 유교의 예의를 말하는 것이다. 그런데 대大는 단지 규모의 크기를 말하는 것이 아니라, 문화와 문명이 있고 예의가 있으며 의리가 있는 대국을 의미한다. 동아시아에서 중화의 대국大國은 원래 중원의 패자를 말하는데, 하상주夏商周를 거치고 춘추전국시대와 한당송漢唐宋을 지나면서 그 의미가 달라졌다. 주변의 소국이 문화가 있는 중원의 대국을 섬긴다는 사대의 명분은 천명사상天命思想에 근거한다. 천명을 받은 중원의 천자는 예로 백성을 다스리고 주위 국가를 교화하며 야만이적野蠻夷狄을 물리쳐야 하는 사명이 있다. 그런데 주변 국가 중에서 중원의 중화를 인정하고 받아들인 조선, 일본, 베트남, 몽고 등은 타율적이거나 자발적으로 중원의 천자 국가를 사대하기 시작했다.

동아시아에서 사대주의는 주로 중국을 사대하는 것이고 그 방법은 예의를 갖추어 대국과 소국이 상호 외교 관계를 지속하는 것이다. 그 관계는 소국의 조공朝貢, Tribute과 대국의 회사回賜로 구성된다. 무역의 형태인 조공과 회사는 경제적 상호관계를 유지하고 안전을 도모하려는 방법이었다. 조공회사와 아울러 왕의 책봉冊封, Investiture 역시 사대 관계의 핵심적인 방법이다. 원래 봉封은 '나라의 경계를 삼는다'는 의미였으며 주의 봉건제도에서 보듯이 중원의 제왕이 제후를 영토의 주인으로 봉하는 것이다. 그런데 봉건제도의 변형인 독립 국가에 대한 책봉은 천자의 권위로 소국을 인정한다는 뜻이다. 대국은 주변 국가와 선린관계를 유지함으로써 안전을 도모하고 소국은 정통성과 권위를 인정받음으로써 정치적 안정을 기할 수 있었다. 이렇듯 이대사소이소사대以大事小以小事大에서 조공회사朝貢回賜와 책봉은 정치·경제적 상호관계이며 문화적 선린관계를 말한다.

사대는 원래 중원의 정치적 개념이었으나 화내지지化內之地인 조선과 일본의 경우 한족의 중국과 사대 관계를 유지했다. 고대의 고구려, 백제, 신라는 외번

外蕃의 번국蕃國으로 당唐과 사대 관계를 맺고 교류했다. 이후 고려는 송宋과 사대 관계를 유지했으며 조선朝鮮은 명에 대한 사대事大를 표방하면서 만주의 여진女眞과 일본의 왜倭와는 교린관계를 맺었다. 조선의 법률인『경국대전經國大典』「예전禮典」「사대조事大條」에 명에 대한 조공 방식을 규정하고 명과 왜/여진의 사신을 맞이하는 대사객待使客을 설명하고 있다. 이처럼 조선은 중원의 중화를 존중하면서 실제로는 주체적인 소중화小中華를 자처했으며 병자전쟁 이후 조선중화주의 천하관을 가지게 되었다. 일반적으로 사대주의는 대일통 천하관이고, 중화주의 체제이면서, 국제정치 질서를 의미하는 역사적 개념이다.

참고문헌『經國大典』.

참조 문명, 소중화주의, 송시열, 인물성동이론, 조선중화주의, 존왕양이, 중화주의, 천명사상, 한자문화권, 화이관

러시아혁명
Russian Revolution | 俄国革命

'나는 4월 3일 밤늦게 페트로그라드에 도착했으며, 그래서 4월 4일의 모임에서 단지 나의 명의로 된 혁명적 프롤레타리아트의 임무에 관해 보고할 수밖에 없었는데, 그것도 불충분한 준비로 말미암아 유보조항들이 있었다.'[1] 이 글은 1917년 4월 3일, 스위스 취리히에서 기차를 타고 페테르부르크에 도착한 다음 날 볼셰비키 회의에 제출한 「4월 테제」다. 「4월 테제」의 핵심은 '임시정부 타도, 모든 권력은 소비에트로!'다. 또한, 독일과의 전쟁 종결 및 평화협정 체결, 지주의 토지 몰수 및 국유화, 사회민주노동당을 공산당으로 바꿈, 제3인터내셔널 창립 등을 주장했다. 레닌의 「4월 테제」는 '대머리의 헛소리'라는 플레하노프G. Plekhanov의 조롱을 받았고 대다수의 민중들도 이것을 지지하지 않았다. 반면 케렌스키가 이끄는 임시정부와 사회혁명당 및 멘셰비키가 주장한 모든 세력의 통일이 좀 더 설득력이 있었다.

이것은 러시아혁명의 가장 핵심적인 사건이지만 대체로 러시아혁명은 1905년의 1차 혁명과 1917년 2월의 부르주아혁명을 거쳐 1917년 10월 완성된 프롤레타리아혁명과 1922년 소련 건설을 총칭하는 혁명이다. 1917년 당시, 레닌과 스탈린 등 혁명적 다수파를 의미하는 볼셰비키들은 '평화, 토지, 빵'으로 구호를

---

[1] Vladimir Ilyich Lenin, *The Tasks of the Proletariat in the Present Revolution, Lenin's Collected Works*, translated by Isaacs Bernard, Progress Publishers, 1964, Moscow, Volume 24, pp.19~26; I did not arrive in Petrograd until the night of April 3, and therefore at the meeting on April 4, I could, of course, deliver the report on the tasks of the revolutionary proletariat only on my own behalf, and with reservations as to insufficient preparation.

단순화하고 민중을 설득했다. 볼셰비키가 외친 평화는 오랜 전쟁에서 지친 러시아인들의 마음을 움직였으며, 토지는 1861년 농노해방 이후에도 여전히 지주들이 독점하는 토지의 재분배를 의미하는 것이었고, 빵은 극도의 가난과 고통에 시달리던 민중들의 현실적 욕구를 충족시키는 것이었다. 그 결과 실천적인 레닌주의^{Leninism}의 프롤레타리아혁명은 광범위한 지지를 받기 시작했다. 그러나 케렌스키^{A. Kelensky}가 이끄는 임시정부가 볼셰비키들을 체포하려 하자 1917년 7월, 레닌은 검거를 피하여 핀란드로 도피했다.

러시아혁명의 시초는 1905년 피의 일요일 사건으로 거슬러 올라간다. 1905년 1월 22일 가폰 신부는 황제 니콜라이 2세에게 쓴 탄원서를 들고 민중들과 함께, 황제의 거처인 겨울궁전으로 행진했다. 황제는 겨울궁전에 없었고, 경비대는 경고를 무시하고 접근하는 인민들에게 발포하여 1,000여 명의 사망자와 많은 부상자가 발생했다. 이로 인하여 러시아 전역에서 파업과 봉기가 일어났으며 오데사에서는 전함 포템킨^{Potemkin} 수병들이 반란을 일으켰다. 그 결과 러시아식 의회인 두마^{Duma}가 설립되었고 약간의 자유가 허용되었다. 하지만 러시아인들에게 황제는 여전히 절대적인 존재였으며 동로마제국의 종교적 정통성을 상징하는 아버지였다. 특히 절대군주인 황제 니콜라이 2세는 고양된 민주화의 열망을 무시하고 차르 중심의 봉건질서를 유지했다. 하지만 당시 러시아는 여러 가지 면에서 혁명의 조짐이 보였다.

1900년대 제정 러시아는 유럽의 여러 나라에 비해서 산업화가 늦은 후진 농업국가였다. 반면 차르 체제의 전제군주적 통치와 대지주들의 가혹한 수탈로 인하여 민중들의 생활은 극도로 피폐해 있어 혁명의 열기가 고조되었다. 농노해방과 산업화로 생겨난 노동자와 도시 빈민은 농민과 더불어 프롤레타리아계급을 형성하고 있었다. 레닌을 비롯한 볼셰비키 혁명가들은 헤겔의 유물변증법적 역사철학과 마르크스의 공산주의 이론을 바탕으로 러시아혁명을 준비했다. 한편 1905년 피의 일요일 사건과 같은 민중봉기는 실패로 끝났으나 부르주아 계급이 부상하는 계기를 마련할 수 있었다. 혁명의 조건이 어느 정도 갖추어진 1914년, 러시아는 제1차 세계대전에 참전했고 독일과 전쟁하는 사이에 민중들의 생활은 더욱더 어려워졌다. 1917년 2월 혁명이 일어났고 이로 인하여 3월 15일 니콜라이 2세가 퇴위했으며 로마노프Romanov 왕가가 몰락했다.

이 과정에서 1917년 8월, 군대, 부르주아지, 자유주의자, 기회주의자의 지지를 받고 군사령관 코르닐로프가 반혁명으로 봉기했다. 하지만 소비에트의 조직적인 저항으로 반혁명은 실패했고 멘셰비키였던 트로츠키Leon Trotsky가 볼셰비키로 전향하여 혁명에 가담했다. 1917년 10월 혁명의 지도자였던 레닌은 다시 페테르부르크에 입성하여 혁명을 주도했다. 1917년 11월 7일러시아역 10월 26일 새벽 2시, 적군 병사와 민중들은 임시정부가 있는 겨울궁전을 점령하고 무혈혁명을 성공시켰다. 당시 황제지지파인 백군은 영국, 프랑스, 일본의 협력과 잘 훈련된 장교들을 중심으로 적군을 공격했지만, 1918년 7월 16일, 예카테린부르크에서 황제와 가족이 처형됨으로써 백군의 상징이 사라졌다. 하지만 1921년까지 적군과 백군의 러시아내전으로 인하여 많은 사상자가 발생했다. 이 혁명과 내전을 거쳐 1922년 12월 30일 세계 최초로 공산주의 국가인 소비에트 사회주의공화국연방USSR, 소련이 탄생했다.

참고문헌 Vladimir Ilyich Lenin, *The Tasks of the Proletariat in the Present Revolution*, translated by Isaacs Bernard, Moscow : Progress Publishers, 1964.

참조 계급의식, 계급투쟁, 마르크스, 변증법, 역사적 유물론/유물사관/사적 유물론, 유물론, 자본주의, 제1차 세계대전, 제2차 세계대전, 제국주의, 프랑스대혁명, 혁명

거울단계
The Imaginary/Mirror Stage | 鏡子阶段

어느 날 어린 K는 소스라치게 놀랐다. '저 수상한 것은 무엇인가?' K가 고개를 좌로 움직이면 거울 속의 수상한 저것도 고개를 좌로 움직이고, K가 웃으면 따라 웃는 거울 속의 저것은 대체 무엇인가? 이튿날도 K는 거울을 응시하면서 찡그리기도 하며, 손으로 잡아보기도 한다. 자기가 어떤 존재인지 모르는 유아는 거울도 자기의 일부라고 생각하면서 거울을 보고 또 본다. 마침내 K는 이렇게 생각했다. '저것이 혹시 나라는 존재인가?' 그럴지 모른다고 느낀 순간 10개월의 유아 K에게는 공포가 밀려들었다. 만약 저것이 나라면 나 K는 외로운 존재이기 때문이다. 어렴풋이 상상했던 '나 자신'이 나의 앞에 나타난 것이다. 그렇다면 나는 대체 누구이고 무엇인가?' 이것이 바로 거울을 통해서 자기를 찾아가는 인간의 길이고 그 응시를 통해서 발견한 자기인 동시에 주체의 분열이 시작되는 순간이다.

거울단계는 프랑스의 정신분석학자 자크 라캉J. Lacan, 1901~1981이 창안한 정신분석 개념이다. 라캉이 말한 거울단계는 생후 6개월에서 18개월 사이의 유아가 거울을 통하여 자기 존재를 인식하는 단계로 상상계에 해당한다. 태어난 후 유아는 자기와 세상, 자기와 어머니를 구분하지 못한다. 자기 몸을 마음대로 움직이지 못하며 무엇을 인식하지도 못하므로 자기가 세상이고 세상이 자기라고 오인한다. 조각난 몸의 각 부분을 움직여 보지만, 여전히 자기 뜻대로 되지 않는다. 이 유아는 거울을 통해서 자기를 인지하고 서서히 자아ego를 형성한다. 이 과정을 통해서 언어 즉 문화를 인지하고 대상을 식별하는 주체가 형성되는 것이다. 이것이 이른바 자기^{自己}이고 이 개별자 '자기^{自己}'는 다른 자기 즉 타자^{他者}들과 관계를 형성한다. 이처럼 인간은 사회질서 속의 상징기호인 대타자^{Big Other}를 등록하고 대타자로 살게 된다.

유아가 거울 속의 자기를 인식하는 것은 놀랍고도 기쁜 환희의 순간이다. 하지만 그것은 고독하고 힘든 인간의 길을 가는 순간이기도 하다. 독립적인 자기는 분명히 놀라운 기쁨이지만 세상과 어머니로부터 분리되고 고립된 자기는 고통과 아픔을 느낀다. 이때 실현될 수 없는 것을 강렬하게 욕망하는 주이상스^{jouissance} 즉 분열적 욕망이 생겨난다. 그 욕망이 동반하는 환희는 '이상적인 자기^{ideal I}'에 대한 나르시시즘의 쾌감인 동시에 인간의 법과 문화에 순응해야 하는 고통이기도 하다. 이렇게 하여 유아는 자기와 타자를 구분하며, 자기와 세상을 나누고, 또 자신은 고독하고 외로운 존재라는 것을 받아들이면서 자기^{self}라는 주체를 거듭 인식한다. 이것이 라캉이 말하는 주체 형성^{formation of the subject}이다. 이 과정을 통해서만이 인간은 주체성을 가진 개별자, 단독자, 진정한 자기가 될 수 있고 언어가 작동하는 문화의 질서인 상징계에 등록할 수 있다.

유아가 처음에 머무는 곳이 상상계^{the imaginary}다. 6개월 전후의 유아는 인식은 하지 못하고 인지는 한다. 유아의 관점에서 보이는 '어른거리는 저 물체'에 대하여 아무렇게나 상상하는 것이다. 그것은 자기의 부분이다. 그런데 유아는 경험도 없고 판단력도 없으므로 대상을 파악할 수 없다. 그렇게 자기를 응시^{gaze}하다가 자기 전체를 발견하는데, 이 응시는 자기가 타자로부터 분리되면서 주체분열을 시작하는 출발점이다. 이것을 지젝은 '생각하기 때문에 나는 존재한다'라고 말하지 않고 '나는 생각하지 않는 곳에 존재하고, 존재하지 않는 곳에서 생각한다'라고 말한다. 그것은 이상적인 나^{ideal I}만을 상상하기 때문이다. 한편 유아 단계인 상상계에 머무는 사람은 자기와 타자, 주체와 객관, 이것과 저것을 분리하지 못하고 눈으로는 다른 것을 보지만 마음으로는 보지 못하기 때문에 정신증을 앓는다.

유아는 거울단계의 상상계를 지나 타자와 세계를 인식하는 상징계로 진입한다. 상징계the symbolic는 주체의식과 언어와 문화가 있는 세계다. 또한, 상징계는 욕망하는 주체가 도달하고자 하는, 현실로부터 소외된 분열적 주체다. 대부분은 상상계를 지난 상징계 속에서 분열적 주체로 살게 된다. 상징계를 넘어서 진정한 타자와 실재를 인식하는 순간, 인간은 실재계the real로 진입한다. 그것은 타자와 세계를 이해하는 각성覺醒이다. 그런데 거의 모든 인간은 실재계로 진입하기 어렵다. 감각과 감정 등 본질을 이해하기 어렵게 만드는 요소가 많기 때문이다. 일찍이 프로이트가 상상과 표상의 관계를 상징체계라고 한 것과 달리 라캉은 상징으로 존재하는 세계에 의미를 두었다. 무의식 속의 언어구조를 해석하고자 했던 라캉 정신분석방법은 문학예술은 물론이고, 철학 사회학 등 여러 분야에서 광범위하게 활용되고 있다.

참고문헌 Jacques Lacan, *The Language of the Self : The Function of Language in Psychoanalysis*, Baltimore : The Johns Hopkins University Press, 1968.

참조 나르시시즘, 대타자·소타자, 무의식, 병든 동물 인간, 상상, 상상계, 상징, 상징계, 상징적 거세, 실재계, 원본능·자아·초자아, 인식론, 자아, 자아와 비아, 자기 정체성, 자아, 주이상스, 주체분열, 주체·주체성, 주체재분열, 타자, 호명

티베트 사자의 서
Tibetan Book of the Dead | 中阴间教得度密法

죽어가고 있는 사람 곁에서 한 사람이 이렇게 속삭이고 있었다. '그는 이 세상을 떠나고 있으며 죽어 새로운 곳으로 가고 있습니다. 그는 피난처도 보호자도 협력자도 없습니다. 생의 빛은 꺼졌고 다른 세상으로 가고 있습니다. 그는 짙은 어둠으로 들어가고 있습니다. 그는 깊은 계곡으로 떨어지고 있습니다.'[1] 얼마 후 그가 죽자 다시 이렇게 속삭였다. '지금은 죽음의 바르도가 / 나에게 밝아오는 때 / 모든 집착과 갈망을 버리고 / 정신을 잃지 않고 가르침의 / 선명한 자각 안으로 들어가 / 의식을 태어나지 않은 마음의 / 공간 속으로 보내리라.' 이 글은 죽음의 순간과 죽음 직후에 낭송한다는 「티베트 사자의 서」 앞부분이다. 티베트에서 바르도Bardo는 '현재와 다음인 두do 생존 사이bar의 중간'을 의미한다. 하지만 현재의 생존도 바르도이며, 꿈이나 명상의 시간 또한 바르도로 여겨진다.

티베트불교의 경전 중 하나인 「티베트 사자의 서」는 죽음의 의미, 죽음의 과정, 죽음 이후의 존재, 해탈과 열반에 이르는 길, 재생과 윤회, 존재의 목적, 수행과 명상 등을 기록한 책이다. 이 책의 제목은 『바르도 퇴돌Bardo Thodol』인데 '사후세계의 중간 상태에서 듣는 것만으로도 영원한 자유에 이르는 가르침'이라는 뜻이고 한자로는 『중음문교득도밀법中陰聞教得度密法』이다. 불교의 중관사상과 죽음의 의식을

---

[1] He is leaving this world. He is taking a great leap. No friends [hath he]. Misery is great. [He is without] defenders, without protectors, without forces and kinsmen. The light of this world hath set. He goeth to another place. He entereth thick darkness. He falleth down a steep precipice. He entereth into a jungle solitude. He is pursued by Karmic Forces.

중요시하는 티베트의 본교本敎, Bon를 결합하여 이 글을 쓴 사람은 7세기에 '연꽃에 서 태어난 연화생Lotus-Born, 蓮華生' 파드마삼바바Padmasambhava다. 그는 불교를 전하고 자 티베트로 가서 티베트인들의 '소중한 스승Guru Rinpoche'이 되어 최초 사원을 건립 했다. 파드마삼바바는 서방극락세계西方極樂世界의 아미타불阿彌陀佛 또는 무량수불無 量壽佛의 화신이고 석가모니가 환생한 것으로 여겨지기도 한다. 그는 불교의 교리 를 100여 권에 정리하여 비전되도록 숨겨 놓았다고 한다.

히말라야 산속의 책을 찾은 것은 파드마삼바바가 환생했다는 카르마 링파Karma Lingpa, 1326~1386다. 신통력을 가지고 있는 그는 계시에 따라서 이 책을 찾았다고 한 다. 그 후, 이 책이 널리 알려지게 된 계기는 미국의 문화인류학자 에반스 웬츠W.Y. Evans-Wentz, 1878~1965가 1927년 옥스퍼드대학에서 영어번역본을 편집 출간했기 때 문이다. 웬츠는 이집트인들의 생명관인 『사자의 서』와 비교하여 『티베트 사자의 서』라는 제목을 붙였다. 이 책이 출간되자 기독교의 생사관生死觀을 가지고 있던 서구인들은 큰 충격을 받았다고 한다. 서구인들이 충격을 받은 이유는 죽음을 특 별한 관점에서 기술하고 인간의 구원을 새롭게 해석했기 때문이다. 이 책은 불교 의 윤회사상에 근거하고 있으면서 현재와 육체의 무의미를 강조한다. 윤회의 개 념은 브라흐만교, 힌두교, 불교, 시크교, 자이나교, 도교道敎 등 종교마다 다르지만 어떤 것이 다른 존재로 유전하거나 변화한다는 점은 같다.

윤회輪廻, samsāra의 인과법칙에 의한 생과 사의 반복은 고통이다. 그러므로 윤 회의 굴레에서 벗어나 근본/본질로 돌아가서 진정한 자유에 이르는 것이 최종 목표다. 이것을 열반의 니르바나Nirvana, 涅槃라고 한다. 니르바나는 물질적 육체인 색色, 감정인 수受, 지각이나 표상 등의 의식인 상想, 의지인 행行, 마음의 활동인 식識 등 오온五蘊을 완전히 버린 자유다. 어떤 존재가 니르바나와 같은 진정한 자 유를 얻지 못하면 전생의 업보에 의하여 신, 반신, 인간, 축생, 수라, 아귀 등 여 섯 형태로 전이한다. 이 영원한 허무의 굴레에서 벗어나려면 현생에서 부단히 기도하고 명상하고 고행하여 현재의 존재가 허상이라는 것을 진정으로 깨우쳐야 한다. 그렇지 않고 환상, 자만, 욕망, 분노, 집착, 질투 등이 남아 있으면 그 사자死者는 윤회의 굴레에서 벗어날 수 없다. 그러므로 이 글은 사자의 명복을 비는 종교적 의미와 함께 죽음을 준비하는 수양의 지침이다.

죽음의 서사인 「티베트 사자의 서」는 인간이 윤회의 굴레를 벗고 근원으로 돌아가는 길을 탄트라Tantra 사상으로 설명하고 있다. 첫 번째 단계Chikai Bardo인 죽음의 순간에서 3일까지, 인간의 영혼이 정수리를 빠져나가는데 이때 생전에 기도와 명상으로 깨우쳐 해탈한 사자死者는 자유와 근원으로 돌아간다. 두 번째 단계Chonyid Bardo에서, 근원으로 돌아가지 못한 사자는 2주 동안 평화의 42신과 분노의 58신으로부터 시험을 받고 근원으로 돌아갈 수 있다. 세 번째 단계Sidpa Bardo에서, 나머지 사자들은 32일 동안 각종 시험과 시련을 겪으면서 윤회의 굴레에 들어가 다시 태어난다. 이 죽음의 과정은 사람마다 다르지만 대체로 49일이 걸린다. 그런데 죽음의 순간과 시험의 과정에서 스승인 포외頗瓦, Phowa가 이 글을 읽고 도와주면 사자가 자유를 얻을 수 있다. 윤회의 사슬을 끊으면 완전한 무가 되어 적멸의 니르바나에 이를 수 있다.

참고문헌 *The Tibetan Book of the Dead*, translated by and edited by W.Y. Evans-Wentz, Oxford University Press, 1927.

참조 공/수냐타, 교외별전, 마야 환영, 무, 본질, 브라흐만, 색즉시공, 아트만, 영혼, 유식사상, 윤회사상, 인과율·인과법칙, 적멸의 니르바나, 제행무상, 중관사상, 집단무의식, 카르마

인류의 출현
Origin of the Homo Sapiens-Sapiens | 人类的出现

2016년 3월 서울^{Seoul}에서 세기의 대결이 벌어졌다. 인간과 기계의 바둑 대결이었다. 예상과 반대로 구글^{Google}이 만든 인공지능^{AI, Artificial Intelligence}은 세계챔피언을 4대 1로 이겼다. 인간대표가 패배하는 것을 본 사람들은 인류의 종말을 구체적으로 예견할 수 있게 되었다. 우주적 시간에서 보면 어떤 생물이라도 사라진다. 그러나 생태환경에 따라서 변화하거나 진화하면 다른 존재가 될 수도 있다. 그런데 인간이 만든 기계는 머지않아 감정과 정신까지 가질 것이고 인간을 대신하는 새로운 종^{Species, 種}으로 변신하여 세상을 지배할 것이다. 이처럼 인간은 자연과학을 이용하여 새로운 인간의 종을 탄생시킬 수도 있고 스스로 변화하여 새로운 종으로 바뀔 수도 있다. 이 문제는 '인간 즉 현생인류는 언제 어떻게 생겨나서 언제 어떻게 사라질 것인가'라는 피할 수 없는 물음을 환기했다.

진화론자들에 의하면 현생인류의 최고 조상은 작은 세포다. 약 38억 년 전에 생물의 공통조상인 단세포생물^{Micro Organism}이 생겼고 10억 년 전에 다세포생물^{Multicellular Organism}이 생겼다. 그리고 진화와 변이를 거듭하면서 척추동물^{Vertebrates} – 양서류^{Amphibian} – 영장류^{Primates} – 유인원^{Anthropoid, 類人猿}에 이르렀다. 유인원과 호모의 중간 단계인 호미닌^{Hominin} 오스트랄로피테쿠스^{Australopithecus}는 500만 년 전에서 50만 년 전 사이에 아프리카에 존재했다. 그리고 유인원에서 다시 사람과^{Hominidae}로 진화했는데 척추동물문 포유류강^{Mammalia}인 사람과에는 사람/호모, 침팬지, 고릴라, 오랑우탄이 속한다. 사람과에서 사람족^{Hominini} – 사람속^{Homo} – '슬기로운' 사람^{Homo sapiens}을 거쳐 '슬기롭고 슬기로운 사람'인 호모 사피엔스 사피엔스 즉 현생인류로 진화했다. 현생인류가 어디에서 어떤 과정을 거쳐 출현했는가는 매우 중요한 문제다.

인류의 출현은 첫째, 척추동물문 포유류강 영장류 사람과가 출현한 것이고 둘째, 약 20만 년 전에 현생인류 호모사피엔스가 출현한 것이다. 현생인류가 에티오피아에서 출현했다는 아프리카기원설Out of Africa은 원숭이에 가까운 인간이며 '루시Lucy'로 불리는 250만 년 전의 화석 오스트랄로피테쿠스 아파렌시스 Australopithecus afarensis로 증명된다. 반면 계통분류학에서 사람과Hominidae는 영장류 중 대형 유인원류great apes에 속한다. 사람과에는 침팬지속Pan과 사람속Homo이 있으며 사람속의 인간/호모가 바로 호모 사피엔스다. 그런데 호모 사피엔스 이달투Homo sapiens idaltu는 멸종되었고 3~5만 년 전에 출현한 현생인류 호모 사피엔스 사피엔스는 '같은'의 호모Homo와 '슬기로운'이라는 의미의 사피엔스sapiens가 결합한 유개념類槪念의 집합이다. 현생인류의 탄생 지역에 관해서는 아프리카 단일지역기원설과 다지역기원설이 있다.

문화사에서 중요한 점은, '손을 쓸 줄 아는 인간'이라는 의미의 호모 하빌리스Homo habilis가 약 233만 년~140만 년 전에 도구를 만들어 사용했다는 사실이다. 고고학에서 중요한 점은, 구석기시대 – 중석기시대– 신석기시대 – 청동기시대–철기시대를 거쳤는데 현생인류의 생존 기간 중 석기시대가 99% 이상을 차지한다는 점이다. 지질학에서 중요한 점은, 최근세인 홍적세Pleistocene, 약 258만 년 전~약 1만 년 전 중 190만 년~7만 년에 존재한 호모 에렉투스Homo erectus가 직립보행을 했고 불을 다룰 줄 알았으며 간단한 언어를 사용했다는 것이다. 호모 에렉투스는 아프리카뿐만 아니라 아시아와 시베리아, 인도네시아까지 퍼져나갔는데 자바원인, 베이징원인, 아프리칸트로푸스, 메간트로푸스 등이 있다. 한편 현생인류와 가장 유사한 호모 네안데르탈렌시스Homo neanderthalensis는 호모 사피엔스보다 뇌가 컸으며 아프리카, 유럽, 아시아에 분포하다가 멸종되었다.

현생인류는 오스트랄로피테쿠스–호모 하빌리스–호모 에렉투스–호모 사피엔스-호모 사피엔스 사피엔스로 진화했다. 이처럼 현생인류는 빙하기를 포함한 생태환경의 변화에 적응하면서 지구의 모든 지역에 분포하게 되었다. 현생인류는 높은 수준의 언어를 사용하고, 상상하거나 판단하며, 게임과 놀이를 하는 등 고차원적 인지능력을 가진 존재다. 또한, 군집 생활, 사회와 국가 형성, 종교적 삶의 영위, 과학기술의 발전, 윤리와 도덕을 가진 문화와 문명생활 등의 특징을 가지고 있다. 특히 현생인류는 교육과 협동을 통해서 문명을 발전시켰다. 하지만 현생인류는 바로 그 영리함 때문에 생태환경을 파괴한다. 또한, 인간은 재미로 성적 쾌락을 즐기며, 다른 사람을 속이는 고도의 사고능력이 있고, 매우 선량할 수도 있고 극도로 잔인할 수도 있으며, 과학기술의 힘으로 새로운 종을 만들 능력까지 가지고 있다.

참고문헌 Charles Darwin, *The Descent of Man, and Selection in Relation to Sex*, London : John Murray, 1871.

참조 감정, 공통조상, 문명, 문화, 석기시대, 신석기혁명·농경사회, 이성, 인간(신체), 인공지능 AI, 자연선택, 적자생존, 진화론, 진화심리학, 현생인류 아프리카기원설, 호모루덴스, 호모 사피엔스/현생인류, 호모 에렉투스

창조론
Creationism | 创造论

'[1] 태초에 하나님이 천지를 창조하시니라 [2] 땅이 혼돈하고 공허하며 흑암이 깊음 위에 있고 하나님의 영은 수면 위에 운행하시니라 [3] 하나님이 이르시되 빛이 있으라 하시니 빛이 있었고 [4] 빛이 하나님이 보시기에 좋았더라 하나님이 빛과 어둠을 나누사 [5] 하나님이 빛을 낮이라 부르시고 어둠을 밤이라 부르시니라 저녁이 되고 아침이 되니 이는 첫째 날이니라' 이후 실제 창조는 다음과 같다. '[6] 하나님이 이르시되 물 가운데에 궁창이 있어 물과 물로 나뉘라 하시고 [7] 하나님이 궁창을 만드사 궁창 아래의 물과 궁창 위의 물로 나뉘게 하시니 그대로 되니라 [8] 하나님이 궁창을 하늘이라 부르시니라 저녁이 되고 아침이 되니 이는 둘째 날이니라.'[1] 창조자가 우주, 자연, 생명을 창조하는 과정을 묘사한 이것은 기독교 성경의 「창세기Genesis」 첫 부분이다. 기독교인들은 「창세기」를 창조의 신화가 아닌 실제 사실로 믿는다.

아브라함계통 종교Abrahamic religions인 기독교, 이슬람교, 유대교에서는 이 세상의 모든 것은 전지전능한 하나님이 창조한 것으로 간주한다. 천지와 생명의 창조는 여러 민족의 신화에도 기록되어 있다. 하지만 일반적으로 창조론은 창조에 대한 이론을 말하지만, 아브라함계통 종교의 신학적 교리인 창조주의創造主義로 인식되

---

1   [1] In the beginning God created the heavens and the earth. [2] The earth was without form and void, and darkness was upon the face of the deep; and the Spirit of God was moving over the face of the waters. [3] And God said, 'Let there be light"; and there was light. [4] And God saw that the light was good; and God separated the light from the darkness. [5] God called the light Day, and the darkness he called Night. And there was evening and there was morning, one day.

고 있다. 이 창조론은 이집트의 라^{Ra} 신 설화, 메소포타미아의 창조 서사시 에누마 엘리쉬^{Enuma Elish}, 수메르의 에아^{Ea} 신화 등에서 단서를 볼 수 있다. 창조론은 인간을 포함한 모든 생물은 신에 의해서 창조되었다는 종교의 교리다. 창조론은 첫째, 절대자인 신이 우주와 만물 그리고 그 안에서 일어나는 모든 일의 원인이고 결과라는 총체적 창조론과 둘째, 우주와 시공간은 이미 존재하는 상태에서 어떤 것을 새롭게 만든다는 부분적 창조론으로 나뉜다. 그런데 창조론에서 신은 완전하고 무한하며 모든 것의 최초 원인^{Prima causa}이자 최후 결과다.

「창세기」에 의하면 하나님께서 6일 동안 만물을 창조한 다음 최초 인간인 아담과 이브를 만들었다. 그리고 아담과 이브는 낙원인 에덴동산^{Garden of Eden}에서 살다가 계율을 어기고 선악과를 따먹어 인간 세상으로 추방된다. 이런 교리를 해석학적으로 이해하면 세상은 대략 6,000년에서 1만 년 전에 하나님이 창조한 피조물이다. 이것이 젊은 지구 창조론^{Young earth Creationism}이다. 따라서 「창세기」에 나오는 6일간의 창조는 상징적인 표현으로 보아야 한다. 창조는 하나님의 섭리^{providence}가 세상에서 구현된 것이며 성부, 성자, 성령의 일체에서 그 근거를 찾는다. 이런 이유 때문에 창조론자들은 하나님의 창조에 대한 사실을 의심할 수 없으며 창조주이신 하나님께 감사하고 영광을 올려야 한다고 믿는다. 한편 노아의 방주^{Noah's Arch}는 새로운 세상이 시작되는 제2의 창조로 여겨진다. 과학적으로 타당한 것으로 보기 어려운 이 기록을 은유와 상징으로 해석하는 학자들이 많다.

창조론에서는 신 이외의 다른 창조자를 인정하지 않으며, 창조의 가치와 의미를 특별한 것으로 간주하고, 본질적인 악은 없다고 하며, 피조물인 인간의 책임을 강조한다. 성경의 완전함에 근거한 이 교리는 신이 창조한 이후에 진화가 이루어졌다는 진보적 창조론^{Progressive Creationism}으로 발전한다. 특히 창조론은 과학적인 측면을 수용하여 지적설계^{Intelligent design} 이론을 정립했다. 지적설계는 (만물을 신이 설계하여 창조한 피조물로 보지만) 진화론을 부정하지 않고, 지구상 생물의 공통조상Common ancestor도 인정한다. 이와 유사한 진화적 창조론Evolutionary Creationism 또는 유신적 진화론Theistic Evolutionism은 생물의 공통조상을 인정하고, 신이 창조한 영장류에서 인간이 진화했다고 본다. 이 이론은 일부 개신교에서 주장하는 창조과학Scientific Creationism을 낳았지만, 과학에서는 인정하지 않는다.

이슬람의 창조론은 기독교와 유사하다. 이슬람 경전 『쿠란Quran』에 의하면 알라가 인간과 우주를 창조khalq한 신이다. 알라는 창조주와 심판자이며 전지전능한 절대자다. 브라흐만교와 힌두교의 『리그베다Rigveda』에서는 무에서 유가 창조된다기보다 원래 존재하는 것에 새로운 질서가 부여된 것으로 본다. 그 외에 여러 가지로 우주 만물과 인간의 기원에 대하여 설명하고 있으나, 그것은 신화나 전설일 뿐 아브라함계통 종교의 창조론과는 다르다. 종교나 신화를 막론하고 창조론은 전지전능한 절대자의 자유의지와 목적에 의해서 우주 만물이 창조되었다고 믿는 공통점이 있다. 창조론 신봉자들은 진화론에서 말하는 진화과정이 불충분하다는 것을 근거로 창조론의 타당성을 주장한다. 하지만 창조론은 종교적 교리나 형이상학으로 간주되는 것이 일반적이다.

참고문헌 Genesis.

참조 공통조상, 과학주의, 물리주의, 본질, 브라흐만, 신은 죽었다, 신화·전설, 인간(신체), 자연선택, 자유의지, 적자생존, 존재론, 진화론, 진화심리학, 창조론, 호모 사피엔스/현생인류

빙하기

Ice Age | 冰河期

역사교사 K가 '잉카제국을 건설한 사람들은 어디에서 왔을까'라고 질문하자 총명한 학생 P는 '아프리카에서 왔다'고 답했다. 이 말은 현생인류의 아프리카 기원설을 말하는 것이면서 인류가 끊임없이 이동했다는 사실을 설명한 것이다. 지구에는 약 38억 년 전에 처음 단세포생물이 나타난 후 진화를 거듭하여 약 3~5만 년 전에 현생인류인 호모 사피엔스 사피엔스Home sapiens-sapiens가 생겨났다. 이 현생인류는 생물학적 변이를 하는 한편 환경에 적응하면서 오랜 시간을 아프리카에서 보냈다. 그런데 생존환경이 변화함에 따라서 아프리카에서 출발하여 다른 지역으로 퍼져나갔다. 그중 한 무리가 중앙아시아와 동아시아를 거쳐 빙하시대에 베링해협을 건너 북아메리카에 정착했다. 여기서 다시 한 무리는 남하하여 라틴아메리카를 지나 남아메리카에 이르렀다. 이들이 페루에서 잉카제국을 건설할 수 있었던 것은 빙하시대 때문이다.

빙하시대 또는 빙하기의 개념과 명칭은 1837년 스위스의 지질학자 아가시가 발표한 빙하이론Agassiz's Theory of Ice Age에서 유래한다. 당시 많은 학자는 (노아 시대의) 대홍수로 지질과 지표의 구조가 변한 것으로 알고 있었기 때문에 아가시의 이론을 부정했다. 하지만 고기후학古氣候學과 고생물학古生物學 그리고 지질학地質學 등에 의하여 빙하가 지구의 지질에 큰 영향을 미쳤다는 사실이 밝혀졌다. 이렇게 하여 정립된 빙하시대氷河時代는 지구의 상당 부분이 빙하로 덮여 있던 기간을 의미한다. 이와 유사한 빙하기氷河期는 역사적 개념이 아니고 빙하가 발달한 것을 강조하는 개념이다. 반면 빙기氷期는 '얼음을 강조하지만, 하천과 같이 흐르는 않는' 기간이다. 한편 만년설이 굳어진 방대한 규모의 평평한 얼음은 빙상氷上, ice sheet, 계곡을 흐르는 얼음은 빙곡氷谷, 산꼭대기의 빙하는 빙모氷帽라고 한다.

빙하는 수분을 흡수하기 때문에 빙하시대의 해수면은 낮다. 빙하기의 원인은 지질구조tectonic와 기상의 변화, 밀란코비치 주기Milankovitch cycles로 알려진 지구 자전축의 기울기(23도 30초) 즉 세차운동의 이상, 지구의 태양 공전 변화, 태양 에너지의 증감 등으로 알려져 있다. 빙하는 확장과 수축을 거듭하면서 지구의 지질과 생태환경에 큰 영향을 미쳤다. 그리고 한 번의 빙하기에 대체로 3~5번의 간빙기Interglacial age가 존재한다. 간빙기는 빙하기 사이의 비교적 온난한 기간을 말하며 소빙하기little ice age는 대빙하기와 간빙기 사이의 작은 빙하기를 말한다. 가장 큰 빙하기에는 지구의 30%가 눈과 얼음으로 덮여 있었고 기온은 현재보다 5~10도 낮았다. 그러나 고지대와 고위도에서는 더 낮았고 적도 부근에서는 2~3도가 낮았다. 따라서 빙하기라도 생물이 살 수 없는 조건은 아니었다.

빙하기는 지구 생성 이후 여러 차례 존재했고 특히 다섯 차례의 큰 빙하기가 있었다. 휴로니안 빙하기The Huronian, 약 24억 년 전~21억 년 전, 안데스-사하라 빙하기 The Andean-Saharan, 약 4억 6천만 년 전~4억 2천만 년 전 등이 있었고 지구가 완전히 눈과 얼음에 덮인 기간도 있었다. 이것이 눈덩이지구Snowball earth 가설이다. 빙하기약 8억 년 전 ~6억 년 전에 많은 종이 없어지거나 돌연변이 등을 통하여 진화하는 등 큰 변화가 있었다. 그런데 만약 지구가 눈과 빙하로 덮여 있어서 '눈덩이지구' 상태였다면 빛의 반사율albedo 때문에 빙하가 영원히 녹지 않았을 것이다. 하지만 빙하기에 일어난 '화산의 폭발과 이산화탄소의 증가 등으로 지구가 온난화되었고 그래서 현생인류가 출현했다'는 견해가 일반적이다. 현생인류의 생존과 직접 관계가 있는 마지막 빙하기Last glacial period는 플라이스토세Pleistocene, 약 258만 년 전~1만 년 전 또는 홍적세洪積世, 更新世 후기인 11만 년 전부터 약 1만 년에 걸쳐있다.

현생인류Homo sapiens-sapiens는 약 20만 년 전에 출현했으므로 인류는 반 정도를 빙하기에 산 셈이다. 마지막 빙하기에 인류는 도구를 사용할 줄 아는 호모 하빌리스^{Homo habilis}와 직립하는 호모 에렉투스^{Homo erectus}의 단계를 거쳤고 불을 사용할 수 있었다. 손으로 도구를 만들고 불을 사용할 수 있었던 현생인류는 동굴과 천막에서 생활하면서 추위를 견딜 수 있었고 높은 위도의 지역에서도 살 수 있었다. 한편 빙하기였던 시기^{약 14,000년 전}에 베링해협이 연결되자, 중앙아시아 또는 동아시아에서 살던 무리가 아메리카로 건너가 인디언이 되었다. 또한, 마지막 빙하기가 끝나는 1만 년 전쯤에 신석기시대가 시작되었다. 이 시기에 인류가 정착하여 농경과 목축을 했으며 마을을 형성하거나 문자를 사용했다. 지질학과 기후학에서는 21세기인 현재를 빙하기 중 온난한 간빙기로 간주한다.

참조 공통조상, 석기시대, 신석기혁명·농경사회, 인간(신체), 자연선택, 적자생존, 진화론, 호모 사피엔스/현생인류, 호모 에렉투스

로마제국

Roman Empire | 罗马帝国

'주사위는 던져졌다The die has been cast!' 이렇게 말한 시저/카이사르Gaius Iulius Caesar, BCE 100~BCE 44는 1개 군단과 함께 강을 건넜다. 이 사실을 들은 로마의 원로원들은 '돌이킬 수 없다'는 뜻으로 이렇게 말했다. '루비콘강을 건넜다.' 시저는 BCE 49년 1월 10일 로마 영토로 진격하여 원로원을 해산하고 동쪽으로 도망한 폼페이우스Pompeius를 그리스에서 격파했다. 그리고 BCE 47년 9월 '왔노라, 보았노라, 이겼노라Veni, Vidi, Vici'라는 유명한 말을 남긴 소아시아 전투에서 승리했다. 계속 진격한 시저는 이집트 정치에 개입하여 클레오파트라 7세Kleopatra VII를 왕위에 오르게 한 다음 그녀와 사랑에 빠져 이집트 왕 프톨레마이오스 15세를 낳았다. 그리고 BCE 45년 로마로 돌아온 시저는 각종 개혁정책을 실행했다. 하지만 시저는, 로마의 공화정을 지켜야 한다고 생각한 브루투스Brutus의 칼에 찔려 BCE 44년 3월 15일 원로원 회의장에서 죽었다.

시저의 유언에 따라 그의 양자인 19세의 옥타비아누스아우구스투스, Octavianus Gaius Julius caesar, BCE 63~BCE 14가 시저를 계승하게 되었다. 원래 평민이었던 그는 고난을 이기고 마침내 BCE 27년 제정帝政을 시작했다. 처음에 로마는 BCE 753년 늑대의 젖을 먹고 자란 로물루스와 레무스가 테베레강 주변에 있는 7개의 팔라티노Palatino 언덕에 세운 작은 나라였다. 그로부터 700여 년 후 민주적인 공화정보다 일인 지배체제인 제정이 효율적이라고 생각했던 시저와 옥타비아누스에 의해서 로마제국이 세워졌다. 로마제국의 첫 번째 황제 옥타비아누스는 개혁적인 정치를 했다. 그래서 원로원Senatus, 元老院은 그에게 신성한 자인 아우구스투스

Augustus라는 존칭을 헌정했다. 이후 아우구스투스의 명칭은 11명의 황제에게 계 승되었으나 그중 칼리굴라Caligula와 네로Nero는 폭군으로 불린다.

초기의 로마제국은 다신교와 다문화 체제였고 이탈리아반도를 중심으로 하 는 직접통치지역과 그 외의 속주로 나누었다. 속주Provincia, province, 屬州는 원로원 출신의 법무관이나 집정관Console, 執政官이 다스리는 이탈리아 바깥의 간접통치지 역이다. 속주는 296년 사두정치체제 이전까지의 통치방식이다. 사두체제인 테 트라키아Tetrarchia는 로마제국을 네 명이 나누어 통치하는 정치체제였다. 한편 로 마제국의 황제는, 호민관Tribunus, 護民官 특권potestas tribunicia과 대행집정관 권한imperium proconsulare을 가지고 절대 권력을 행사했다. 그럼에도 불구하고 로마제국은 민주 적인 공화정共和政을 유지했고 원로원과 민회가 적절한 역할을 했다. 원로원은 주로 귀족으로 구성되며 최고의결기구인 상원의 기능을 했다. 민회民會는 시민 이 직접민주주의를 실행하는 체제였으나 시간이 가면서 기능을 하지 못했다.

로마제국은 235년부터 284년까지 50여 년 동안 25명의 황제가 난립하는 등 혼란기를 겪으면서 쇠퇴했다. 그러자 콘스탄티누스 황제는 기독교를 공인했 고[313] 일요일을 설정하였으며[321] 지금의 이스탄불로 로마제국의 수도를 옮긴다 고 결정했다[324]. 그것은 북동쪽 초원 지역의 훈족흉노, 匈奴이 중부유럽을 압박하 자 게르만족이 로마제국의 영토로 몰려들었기 때문이다. 그리하여 한때 지중 해 지역의 전체와 영국 중남부에 이르렀던 영토는 상당히 줄어들고 로마제국 의 유지마저도 쉽지 않았다. 한편 테오도시우스 황제는 392년 기독교를 국교로 선포하고 죽으면서[395] 두 아들에게 나누어 맡김으로써 로마제국은 서로마와 동 로마로 나뉘었다. 그때 훈족 출신의 오도아케르Odoacer, 435~493가 로마를 정복하 고 480년 이탈리아 왕이 됨으로써 서로마제국은 멸망했다. 하지만 콘스탄티노 플의 동로마제국은 1453년 오스만제국에 의하여 멸망할 때까지 번성을 구가하 였다.

로마제국은 고대 로마인들이 세운 제국으로 첫째, BCE 27년부터 서로마제국이 멸망한 480년까지로 보는 견해와 둘째, BCE 5세기부터 동로마제국이 멸망한 1453년까지로 보는 견해가 있다. 로마제국은 헬레니즘을 토대로 로마문명을 이룬 대제국이었다. 특히 아우구스투스 황제 이후 대략 2백 년간 '로마가 통치하는 평화와 번영의 세계'라는 의미의 팍스로마나Pax Romana를 이루었다. 한편 어느 도시에나 존재했던 광장 포럼Forum은 로마시민들의 공공 대화 장소였다. 특히 로마제국은 뛰어난 군사제도와 정치체제를 바탕으로 지중해 전역을 지배했다. 로마인들은 체계적인 법과 교육제도를 가지고 있었고 라틴지역의 언어인 라틴어를 공용어로 사용했다. 또한, 학문과 예술을 존중했으며 뛰어난 건축을 남겼다. '모든 길은 로마로 통한다'에서 보듯이 로마제국은 통신과 교통 그리고 교역을 중시한 대제국이다.

참고문헌 Edward Gibbon, *The History of the Decline and Fall of the Roman Empire*, London : Strahan & Cadell. Vol.I, 1776; Vols.II, III, 1781; Vols.IV, V, VI, 1788~1789.

참조 문명, 비잔틴제국, 십자군전쟁, 역사, 예술, 제국주의, 철학, 학문, 헤브라이즘, 헬레니즘

신석기혁명·농경사회
Neolithic Revolution | 新石器革命

'인류의 삶을 근본적으로 바꾼 혁명은 무엇일까?' 역사교사 K가 이렇게 물었다. 그러자 학생들은 '산업혁명, 프랑스대혁명, 러시아혁명, 정보혁명' 등 여러 가지로 답했다. 그러나 역사교사는 '지금으로부터 약 12,000년 전후에 일어난 농업혁명'이라고 답했다. 학생들은 어리둥절했다. 그러자 역사교사는 아주 긴 시간 동안의 수렵 채집hunting-gathering, 狩獵採集이나 유목nomad을 하면서 자연상태에서 살던 인류는 농업혁명을 통하여 정주민이 되었고 문명사회에서 살기 시작했다고 설명했다. 사람속homo의 인간이 대략 260만 년 전에 출현했으므로 99.5%의 시간을 수렵 채집과 유목민으로 생존했고, 0.5%의 짧은 시간인 12,000년 동안 정주하여 살았다. 이처럼 농업혁명은 그 어떤 변화나 혁명보다 중요한 인류사의 대사건이다. 이로부터 인간은 자연과의 관계를 재정립하고 인간중심의 생존방식을 시작했다. 신석기혁명은 농경사회를 가능케 했다.

인간은 유목생활을 하면서도 간단한 도구를 만들어 사용했는데 고고학에서는 구석기시대, 중석기시대, 신석기시대로 구분한다. 처음에 인류는 나무, 뼈, 돌과 같은 원시적인 도구를 사용했다. 그 도구 중 단단한 돌을 떼어서 만든 뗀석기打製石器가 주로 사용된 시기를 구석기시대260만 년 전~BCE 1만 년라고 한다. BCE 1만년 전후 빙하기가 물러나는 시기의 중석기시대는 세석기細石器가 발달했다. 그리고 BCE 1만년 이후 돌을 갈아서磨製石器 사용하거나, 토기土器를 만들어 사용하던 신석기시대가 시작되었다. 이때 이 신석기시대에 농업혁명이 일어났다. 농업혁명은 식물경작의 농업과 가축사육의 목축을 의미하는 것이면서 문명의 조건인 정주의 생활형식, 계급의 분화, 일의 전문화, 예술 행위, 문자와 기록, 체계적인 종교의 출현, 도시와 통치구조, 법이나 군대와 같은 제도, 도덕과 윤리적 규범 확립 등 일련의 변화를 일컫는 개념이다.

농경과 사육이 처음 시작된 곳은 현재 이라크와 레반트Levant인 시리아, 요르단, 이스라엘, 팔레스타인 일대의 비옥한 초승달Fertile crescent 지역으로 알려져 있다. 대략 BCE 1만 년 전에 빙하기가 쇠퇴하고 온난한 기후가 형성되면서 이 일대의 자연환경이 바뀌었다. 그때 수렵 채집인의 한 무리가 정주하여 농경과 목축을 하면서 농경생활을 시작했다. 사람들은 밀, 보리, 귀리 등을 경작하였으며 개, 양, 염소, 소, 돼지 등을 사육하였다. 이 사실은 자그로스Zagros산맥에서 집단 거주지가 발굴됨으로써[1] 입증되었다. 비옥한 초승달 지역은 농경만이 아니라 사회의 형성이나 문화적 수준에서 찬란한 메소포타미아문명Mesopotamia Civilization을 이룬 것으로 알려져 있다. 하지만 농경과 사육은 이 지역만이 아니라 지구 여러 곳에서 자연적으로 시작되었다고 보는 것이 타당하다.

'농경이 왜 시작되었는가'에 대한 일치된 학설은 없지만, 인간이 자연스럽게 농업과 사육을 시작했다는 견해, 인구증가에 의한 인구압demographic pressure 때문이라는 견해, 오아시스 기능을 하는 비옥한 초승달 지역의 특수한 환경 때문이라는 견해가 주류를 이룬다. 그 외에 축제와 권력 유지의 수단, 털 코끼리 같은 대형동물의 멸종을 이유로 꼽기도 한다. 농경과 목축 이후 식량이 안정되면서 인간의 영양 상태가 좋아졌고 다산多産이 가능해졌다. 아울러 관개시설, 도구, 용기 등 기술적 진보가 진행되었고 다양한 종교가 출현했다. 아울러 직업의 분화로 전문가가 생겼고 계급과 신분이 나누어졌으며 남성과 여성의 역할도 달라졌다. 또한, 잉여생산물을 교역하기 시작했고 방어와 공격의 전쟁도 생겼으며 빈부의 격차가 커지고 계급 간의 갈등도 생겼다. 그리고 유희와 오락을 즐기

---

1   Central Zagros Archaeological Project (CZAP).

기 시작했고 그에 따라 지식과 예술도 발전했다.

농업혁명의 고고학적 개념인 신석기혁명^{Neolithic revolution}은 영국의 고고학자 고든 차일드^{Gordon Childe}가 1923년에 처음 사용했다. 그는 신석기시대의 시작과 동시에 농업경작과 가축사육이 이루어졌다고 보고, 인간생존의 획기적 변화를 신석기혁명으로 명명했다. 하지만 농업혁명 또는 신석기혁명은 1,000여 년에 걸친 오랜 시간의 변화와 발전일 뿐 혁명^{革命}은 적절치 않다는 반론도 있다. 한편 농업경작과 가축사육을 포함한 농업혁명은 한 지역에서 일어난 것이 아니라 중국의 황하 유역, 인도의 갠지스강 유역, 이집트의 나일강 유역, 남미 안데스산맥 일대 등 여러 지역에서 전개되었다고 보는 문명사적 학설도 많은 지지를 받는다. 또한, 농업혁명/신석기혁명은 민족과 지역에 따라서 다른 특성이 있으므로 선적^{linear, 線的} 발전의 시간으로 볼 수 없다는 견해도 있다.

참고문헌 Gordon Childe, *Man Makes Himself*, Oxford university press, 1936.

참조 노마디즘, 문명, 문화, 빙하기, 산업혁명, 석기시대, 인간(신체), 인류의 출현, 잉여가치, 자연선택, 호모루덴스, 호모 사피엔스/현생인류, 호모 에렉투스, 혁명

복잡계

Complex System | 复系数

　K는 화가 났다. 이번에도 일기예보가 틀렸기 때문이다. 그가 본 일기예보에는 비가 올 확률이 80%로 적혀 있었다. 하지만 온종일 비는 오지 않았다. K는 슈퍼컴퓨터와 여러 첨단과학기술을 가지고 날씨를 예측하지 못하는 것을 이해할 수 없었다. 왜 이런 일이 벌어지는 것일까? 간단히 말해서 자연현상의 변화는 매우 복잡해서 예측가능성predictability이 떨어지기 때문이다. 설령 예측한다고 해도 '몇 %의 강수확률'로 표시된다. 이것은 확률적probabilistic이기 때문에 정확하지 않다. 그렇지만 이 확률은 주사위와 같이 무작위적 확률이 아니라 내적 질서가 있는 확률이다. 이런 문제를 과학적으로 다루는 영역이 복잡계複雜系 연구다. 나비효과로 상징되는 카오스이론이 초기의 원인을 강조하는 반면 복잡계 이론은 '오늘 비가 오지 않았다'는 결과를 통하여 복잡성을 강조하는 총체적 개념이다. 복잡계는 현상이 단순하건 복잡하건 실제로 복잡한 것을 의미한다.

　여러 가지 자연현상이나 사회관계는 복잡하고 예측 불가능하다. 그 이유는 이질적 요소들의 다양한 상호작용 때문이다. 그런데 복잡한 현상의 이면에는 일정한 패턴pattern이 있다. 그리고 복잡하더라도 큰 틀에서 보면 결정된 한계 내에서 복잡한 결정론적 혼돈deterministic chaos이다. 그래서 복잡계이론 과학자들은 복잡한 현상 내면의 패턴을 과학적으로 규명하고자 한다. 복잡계의 상대적인 개념은 단순계單純系다. 단순계란 고전역학에서 말하는 원인과 결과의 인과관계가 분명한 계system를 말한다. 단순계simplicity system라고 해서 현상이 단순한 것은 아니다. 단순계에서는 복잡한 현상이 있더라도 인과관계가 분명하다. 반면 복잡계는 구성요소가 다양하고, 혼란스럽고, 다층적이면서, 상호의존적이기 때문에 분석이 어렵다. 이처럼 복잡계는 원인과 결과의 인과관계가 불분명하고, 혼잡스러우며, 불확실하지만 전혀 질서가 없는 것은 아니다.

복잡계는 다양하고 유기적인 작용에 의한 복잡한 현상과 계통이다. 또한, 복잡계는 첫째, 하나의 계system, 系를 의미하는 것으로 영역, 계통, 층위에서 일어나는 현상을 말한다. 따라서 계이론system theory과 연관이 있다. 둘째, 복잡계는 불규칙하고, 불확실하며, 불분명하여 혼란스럽다는 의미의 카오스이론Chaos theory을 포함한다. 나비효과에서 보는 카오스이론은 초기의 작은 원인이 다른 결과로 이어지는 비선형적 복잡성을 말한다. 셋째, 복잡계는 원인과 결과가 선적線的으로 이어져 있는 선형linear이 아니라 비선형non-linear이다. 넷째, 복잡계는 그물과 같은 네트워크network로 연결되어 있어서 다양하게 작동된다. 다섯째, 복잡계는 전체를 총괄하는 구조가 없다. 앞에서 본 것처럼 복잡한 네트워크가 비선형적으로 작동한다. 그리고 국지적 소통local interaction을 통하여 작은 계가 형성되어 자율적으로 작동한다. 이것을 자기조직화self-organization라고 한다.

여섯째, 복잡계는 경험과 현상에 대처하면서 진화하고 적응한다. 이것을 복잡적응계complex adaptive system라고 한다. 일곱째, 복잡계는 환원주의Reductionism를 넘어선 비환원주의다. 최초 원인에서 시작하여 최후 결과로 진행하는 선적 과정에서 최초에서 분화하거나 변형된다는 환원주의와 달리 복잡계에서는 이유 없이 무엇이 생기거나 없어질 수 있다. 가령 지구온난화는 기후와 날씨, 산업사회의 에너지소모, 작동방법 등이 복합적으로 얽혀서 일어나는 현상이다. 이런 특징을 가진 복잡계는 뉴턴역학·고전역학과 달리 인과관계가 분명하지 않고 히스테리적hysteric이다. 또한, 엔트로피가 증가하는 되먹임positive feedback과 감소하는 되먹임이 불규칙하게 작동된다. 이처럼 복잡계는 예측 불가능하고, 불확실하고, 상호의존적이기 때문에 결과를 예측하기 어렵다. 하지만 새로운 창발성emergence을 낳기도 한다.

여러 요소element가 연결connection되면 다양한 상호작용을 거쳐서 전혀 다른 성질로 바뀔 수 있다. 가령 고전역학에서는 '1+1=2'지만 복잡계에서는 그렇지 않다. 그래서 '전체는 부분의 합이 아니다'라고 표시된다. 특히 개별 요소들은 역작용과 반작용을 반복하기 때문에 평형equilibrium이 깨지면서 엔트로피가 증가positive하거나 감소negative할 수도 있다. 과학자들은 복잡한 현상과 내면의 패턴을 분석하여 원리를 찾고자 한다. 양자역학, 상대성이론, 컴퓨터 계산능력의 발전 등에 근거한 복잡계 연구는 1984년 미국의 산타페연구소에서 시작된 후 여러 영역에 영향을 끼쳤다. 복잡계는 물리학, 수학, 심리학, 의학, 공학, 경제학, 철학 등 다양한 영역에서 연구되고 있으며 인공지능AI, 게임, 면역체계, 지진, 태풍, 주식시장분석, 사회구조, 교통의 흐름 등에 적용되고 있다.

참고문헌 Reuven Cohen and Shlomo Havlin, *Complex Networks : Structure, Robustness and Function*, Cambridge University Press, 2010.

참조 결정론, 공간, 뉴턴역학·고전역학, 나비효과·카오스이론, 물리주의, 불확정성의 원리, 시간, 시공간, 양자역학, 인공지능 AI, 인과율·인과법칙, 일반상대성이론

메소포타미아문명
Mesopotamia Civilization | 美索不达米亚文明

'한 시간은 60분이고 일 분은 60초다. 누가 이렇게 나누었을까?' 역사교사의 이 질문에 대답하는 학생이 없었다. 그러자 다시 '인류 최초로 바퀴를 발명했고, 술alcohol을 마셨으며, 문자를 발명하여 기록을 남긴 사람들은 누구일까'라고 물었다. 그러자 한 학생이 '메소포타미아인'이라고 답했다. 역사교사는 맞는 답이라고 말한 후, 그들을 '메소포타미아인'으로 부른 것은 그리스인이었고, 메소포타미아인은 단일 종족이 아니고 오랜 시간에 걸친 여러 종족이라고 설명했다. 이어서 '그리스어로 메소mésos는 사이between이며 포타모스potamós는 강river이다. 이 두 강은 유프라테스Euphrates와 티그리스Tigris이므로 메소포타미아는 현재의 이라크를 말한다'라고 덧붙였다. 한편 「창세기Genesis」에는 에덴동산에서 발원한 물이 네 갈래로 흐르는데 그중 네 번째 강이 유프라테스라고 묘사되어 있다. 아담과 이브를 비롯한 구약성서의 많은 부분이 이 지역에 관한 이야기다.

두 강의 유역에서 인류문명의 요람Cradle of civilization으로 알려진 메소포타미아문명이 탄생했다. 메소포타미아문명은 유프라테스와 티그리스강을 중심으로 하여 자그로스Zagros산과 이란, 터키, 시리아, 요르단, 이스라엘 일대의 비옥한 초승달fertile crescent 지역에서 발생하였으며 BCE 1만 년 전부터 600년 전후까지 대략 11,000년에 걸친 문명이다. 그런데 메소포타미아문명이라는 개념은 문화사에서 분류한 것일 뿐 단일한 문명개념은 아니다. 객관적으로는 '메소포타미아지역의 문화와 역사'가 더 타당한 개념이다. 하지만 메소포타미아문명이라는 개념이 정착된 것은 이 지역의 문명사적 의미와 가치가 대단히 크고 어느 정도의 통일된 문명권을 형성하기 때문이다. 메소포타미아문명은 인류의 가장 오래된 문명으로 알려져 있으며 이집트문명, 인더스문명, 황하 문명과 함께 4대 문명으로 분류된다.

대략 BCE 1만 년 전에 빙하기가 쇠퇴하고 온난한 기후가 형성되면서 메소포타미아지역이 비옥한 땅으로 바뀌었다. 유목하던 수렵 채집인 중 한 무리가 이곳에 정주定住하여 농경과 목축을 시작했다. 처음 정주한 구석기시대 이후 신석기를 거쳐 청동기와 철기시대에 이르기까지 메소포타미아인은 과학기술, 천문학, 수학, 의학, 토목건설, 예술 등을 발전시켰다. 이들은 정주하여 마을과 도시를 형성했고, 규칙과 법률을 만들었다. 그리고 바퀴와 전차를 발명^{BCE 3,500}하고 문자와 기록의 체계를 완성^{BCE 3000}했다. 인류 최초로 메소포타미아에 정주한 사람들이 밭 갈고 목축하면서 농경을 시작한 것이다. 메소포타미아인은 관개시설을 만들어서 생산력을 높였고 잉여생산물을 축적했다. 그리하여 상품을 교역하기 시작하는 한편 영토전쟁도 벌였다. 이것이 인류의 제1차 혁명인 농업혁명이다.

메소포타미아문명은 여러 문명을 복합적으로 일컫는 개념이다. 첫째, 라르사^{Larsa}, 우룩^{Uruk}, 우르^{Ur}를 중심으로 발달한 수메르문명^{Sumer civilization} 시대가 있다. BCE 5000년부터 BCE 2300년까지 번성한 수메르문명^{Sumer civilization}은 설형문자와 태음력을 발명했고 인류 최초 서사시 「길가메시^{Gilgamesh}」를 남겼으며 대홍수와 '노아의 방주'를 기록했고 현재 지구라트^{ziggurat} 또는 바벨탑을 쌓았다. 아시리아^{Assyria} 문명은 BCE 3000년부터 BCE 612년 멸망할 때까지 메소포타미아 북쪽 지역에서 번성한 문명이다. 전차로 무장한 군대를 가진 아시리아는 교역을 위주로 했다. 바빌로니아 문명^{Babylonia civilization}은 BCE 4000년경에 시작하여 BCE 1800년경에 바빌론 제1왕조가 수립되고 6대 왕인 함무라비가 건설한 대제국의 문명이다. '눈에는 눈, 귀에는 귀'라고 기록한 함무라비법전은 인류 최초 법전이다. 바빌론의 네부카드네자르 2세^{Nebuchadnezzar II, BCE 605~BCE 562}는 바빌론 제국을 부흥시킨 군주였다.

메소포타미아에서 문명이 탄생한 것은 현생인류인 호모 사피엔스가 대략 20만 년 전에 아프리카에서 출현한 후 빙하기가 끝날 무렵, 가장 먼저 비옥한 이 지역에 정착했기 때문이다. 이들은 도시와 국가를 형성하고 전쟁과 교역을 하면서 문명사회를 이루었다. 또한, 다양한 신을 섬겼으며 신화와 전설을 많이 남겼다. 그리고 메소포타미아인들은 지식을 축적하고 교육했다. 신과 인간이 결합한 길가메시 왕이 영생을 갈망한 것에서 보듯이 메소포타미아인의 우주관과 생사관은 기독교와 이슬람을 비롯한 여러 종교에 큰 영향을 미쳤다. 이처럼 에덴동산의 하류이고 아브라함이 살던 곳인 메소포타미아는 인류 문명사의 보고寶庫다. 메소포타미아는 알렉산드로스대왕BCE 356~BCE 323의 정복으로 헬레니즘화되었고 로마 시대와 페르시아 시대를 거쳐 600년경 이슬람 문명에 편입되었다. 그 후 환경파괴와 기후변화로 메소포타미아지역은 사막으로 변했다.

참고문헌 Stephen Mitchell, *Gilgamesh : A New English Version*, New York : Free Press, 2004.

참조 노마디즘, 문명, 문화, 빙하기, 산업혁명, 석기시대, 신석기혁명·농경사회, 신화·전설, 인간(신체), 인류의 출현, 헬레니즘, 호모 사피엔스/현생인류, 호모 에렉투스

특수상대성이론
Special Theory of Relativity | 狭义相对论

1971년 미국 해군은 특별한 실험을 수행했다. 시계를 싣고 지구를 도는 비행이었다. 비행기에 실린 네 개의 시계는 정교한 세슘원자시계였다. 그리고 초음속 비행기가 한 번은 동쪽으로 두 바퀴를 돌고 한 번은 서쪽으로 두 바퀴를 돌았다. 결과는 예측했던 것과 같았다. 이렇게 하여 아인슈타인A. Einstein, 1879~1955의 상대성이론이 옳다는 것이 또다시 입증되었다. 하펠-키팅 실험Hafele-Keating experiment의 결과 지상에 있는 시계보다 여행한 시계가 10억 분의 59초가 느렸다. 아주 작은 차이지만 중력에 의한 시간지연time dilation은 분명했다. 이것은 1905년에 발표한 아인슈타인의 특수상대성이론 중 시간과 공간의 상대성에 근거한다. 원래 상대성이론은 갈릴레오의 상대성과 뉴턴의 고전역학에서 속도의 상대성을 의미한다. 이 상대성이론을 발전시킨 특수상대성이론은 빛의 속도는 관성계의 모든 관찰자에게 같다는 원칙에 근거해서 시간과 공간 사이의 관계를 기술하는 이론이다.

갈릴레오와 뉴턴이 완성한 고전역학은 시간과 공간을 절대적인 것으로 간주했다. 하지만 경우에 따라서 속도는 상대적이다. 가령 시속 100km로 달리는 기차에서 시속 100km로 공을 던지면, 기차 안의 속도는 시속 100km이지만 기차 바깥의 속도는 시속 약 200km이다. 이것이 시간과 공간은 관측자에 따라서 상대적이라는 상대성이론이다. 아인슈타인은 고전역학에서 밝힌 상대성과 빛의 속도가 일정하다는 점을 전제로 특수상대성이론의 두 가지 가설을 설정했다. 첫째, 관성계Inertial reference frame에서 모든 물리법칙은 같다. 둘째, (진공상태에서) 빛의 속도는 관찰자와 관계없이 동일하다. 그러니까 빛은 일정한 속도인 동시에 관성계의 물리적 기준이다. 다시 말하면 일반상대성이론은 같은 빛의 속도에서는 언제 어디서나 동일한 물리법칙이 있다는 이론이다. 이것이 4차원 시공간 spacetime의 기하학적 이론이다.

아인슈타인은 맥스웰의 전자기론Maxwell's electromagnetic theory이 밝힌 광속불변에 주목했다. 그리고 빛은 지구의 공전에 영향을 받지 않는다는 학설을 받아들였다. 그렇다면 왜 일정한 속도의 앰뷸런스 소리는, 거리가 멀면 파장이 길어지고 거리가 가까우면 파장이 짧아지는 것인가? 도플러doppler 효과로 알려진 이 현상은 물리법칙과 물리량에 관한 중요한 사실을 알려준다. 이것은 속도는 일정한데 관측자에게 물리량이 다르다는 뜻이다. 물리량이 다르다는 뜻은 상대적이라는 의미다. 빛을 기준으로 삼은 아인슈타인의 특수상대성이론에서 속도가 빨라지면 질량이 증가하여 다른 물리량으로 변한다. 그 대신 에너지가 증가한다. 여기서 유명한 힘의 에너지는 질량 및 속도에 비례한다는 공식E=mc²이 완성되었다. 또한, 속도, 질량, 에너지의 물리량은 상호 교환될 수 있다는 것도 밝혀졌다.

이런 전제와 이론을 바탕으로 아인슈타인은 특수상대성이론의 중요한 결론을 도출했다. 첫째, 고정된 관측자보다 움직이는 관측자에게 시간이 늦는, 시간지연time dilation이 있다. 가령 빛의 1/2 속도ᶜ로 40년 우주여행을 한 A는 지상의 쌍둥이 형제 B보다 5.4년의 시간지연이 생기는 쌍둥이의 역설이 바로 시간지연이다. 둘째, 고정된 관측자보다 움직이는 관측자에게는, 길이수축length contraction 으로 인하여, 공간이 휘어진다. 가령 3m의 차가 300km로 달리면 1/100초의 길이가 수축한다. 셋째, 사건의 동시성simultaneity은 상대적이므로 관측자에 따라서 다르다. 가령, 달리는 앰뷸런스의 사건event은 가까이에 있는 사람과 멀리 있는 사람에 따라서 물리량이 다르다. 이런 결론은 광속도 불변, 질량m의 상대성, 질량과 에너지 동일 등과 연동되어 있다. 그리고 시간과 공간은 절대적인 것이 아니고 상대적이며 서로 짜인interwoven 것임을 밝혔다. 이것은 시공간을 나타낸 도형인 빛 원뿔의 광추光錐, light cone로 표현된다.

인간이 사는 공간은 x, y, z의 3차원 공간이다. 그런데 같은 지점에 머물러 있더라도 시간의 흐름에 따라 다른 지점이 된다. 그 4차원의 시공간은 하나의 사건event이고 그 사건은 x, y, z, t로 구성되어 있다. 그러니까 한 사건은 시공간의 존재론적 의미와 함께 개별적 정체성을 가지고 있다. 한편 1908년 민코프스키Hermann Minkowski는 이에 필요한 수학적 개념을 도입하여 3차원의 공간과 시간을 4차원으로 재구성했다. 아인슈타인은 민코프스키 공간과 로런츠 변환Lorentz transformation을 이용하여 '시간과 공간의 차이interval'로 부르는 특수상대성이론을 완성했다. 아인슈타인의 특수상대성이론은 뉴턴이 완성한 고전역학이 중요하다는 것을 밝히는 한편 새로운 물리법칙을 확립한 중요한 이론이다. 그의 특수상대성이론은 가속acceleration을 다룬 일반상대성이론[1916]의 토대가 되었다.

참고문헌 Albert Einstein, "Zur Elektrodynamik bewegter Körper", *Annalen der Physik* 17, 1905.

참조 공간, 과학주의, 뉴턴역학·고전역학, 만유인력·중력, 물리주의, 불확정성의 원리, 사건(김재권), 시간, 시공간, 양자역학, 원자, 일반상대성이론, 존재론, 카오스이론

무함마드/마호메트

Muhammad | 穆罕默德

630년 어느 날 메카의 기병대가 메디나의 무슬림을 습격했다. 이 소식을 들은 메디나의 무함마드는 '휴전은 끝났다'고 선언했다. 메카의 아부 수푸안^{Abu} ^{Sufyan}은 정중하게 사과했으나 무함마드는 이를 거절했다. 그리고 메카 공격을 준비했다. 이미 아라비아인 대다수는 무슬림으로 개종했기 때문에 무함마드는 많은 군사를 동원할 수 있었다. 상황이 심각한 것을 간파한 수푸안은 무함마드의 진지로 찾아와서 용서를 구하면서 이렇게 맹세했다. '알라^{Allah} 이외의 다른 신은 없다는 것을 선언하고, 무함마드는 알라의 사자임을 선언한다.' 하지만 무함마드는 아무 말도 하지 않았다. 돌아온 수푸안의 말을 전해 들은 메카인은 공포에 떨었다. 그런데 메카인의 염려와 달리 무함마드는 메카에 입성하여 평화를 선언했다. 하지만 그는 카바^{Kaaba} 신전의 360여 개 우상을 파괴한 다음 그중 알라를 유일신으로 선포하고 자신은 알라의 사자임을 선언했다.

유일신 알라는 사자^{Messengers of God}를 통해서만 자기 뜻을 알린다. 그 사자가 무함마드 또는 마호메트다. 마호메트는 알라신을 섬기는 이슬람교의 창시자다. 그는 아브라함^{Abraham}의 아들 이스마엘^{Ishmael}의 자손으로 알려져 있다. '찬미 받은 이'라는 의미의 무함마드^{Muhammad, 570~632}는 메카의 명문 쿠라이시족^{Quraysh} 하심^{Hashim} 가문에서 유복자로 태어나 6세 때 어머니를 잃었다. 그 후 삼촌 아부 탈립^{Abu Talib}의 집에서 상인으로 자랐다. 정직하고 현명한 그의 능력을 높이 평가한 미망인 카디자^{Khadijah}가 무함마드에게 캐러밴^{Caravan} 경영을 맡겼는데 무함마드는 크게 성공했다. 40세의 카디자는 그의 능력과 인품에 마음이 끌려 25세의 무함마드에 청혼했다. 주위의 반대가 컸지만, 무함마드는 연상의 카디자와 결혼했다. 명예와 부를 얻은 무함마드는 40세인 610년 메카 교외 히라^{Hira}의 동굴에서 명상에 들어갔다.

무함마드는 명상하던 동굴에서 무서운 체험을 한 다음 천사 가브리엘로부터 '무함마드여, 그대는 알라의 사도다'라는 계시를 받았다. 현명한 아내 카디자가 첫 번째 무슬림이 되었고 곧이어 양자들과 노예 그리고 친한 친구들이 무슬림으로 개종하였다. 무함마드는 알라를 전지전능한 유일신이라고 선언했다. 그리고 알라의 우주 만물 창조, 심판, 천국과 지옥을 설교했으며 평등과 평화를 설파했다. 점차 무함마드를 따르는 사람이 많아지자 613년부터 박해가 시작되었다. 그리하여 무함마드는 622년 9월 24일 아부바크르^{Abū Bakr} 등 70여 명과 함께 메카^{Mecca}를 탈출하여 북쪽으로 400km 떨어진 메디나^{Medina}로 갔다. 이것이 헤지라^{Hizra, 聖遷}다. 메디나를 중심으로 세력을 넓힌 무함마드는 630년 메카를 함락하고 계속하여 '한 손에는 쿠란, 다른 한 손에는 칼'을 들고 정복 전쟁을 펼쳤다.

아라비아반도의 전역을 점령하고 이슬람을 전파한 무함마드는 632년 타계했다. 그의 계시와 행적은 이슬람의 경전 『쿠란^{Quran}』에 기록되어 있다. 『쿠란』과 함께 무함마드의 계시를 기록한 「이슬람의 다섯 기둥^{Five Pillars of Islam}」도 중요하다. 수니파의 교리인 다섯 기둥은 첫째, 알라 이외에 다른 신은 없으며 무함마드는 알라의 예언자라는 신앙고백 샤하다^{Shahada} 둘째, 하루에 다섯 번 알라에 기도하는 살라트^{Salat} 셋째, 자산의 2.5%, 교역품의 2.5%, 농업 생산의 5% 이상 자선하는 자카트^{Zakāt} 넷째, 라마단^{이슬람력 9월} 동안 일출부터 일몰까지 식음료와 성행위를 금하는 사움^{Sawm} 다섯째, 일생에 한 번 이상 메카를 순례하는 하즈^{Hajj} 등이다. 이와 함께 6신으로 불리는 알라, 천사, 경전, 예언자, 최후의 심판, 운명론을 믿어야 한다. 이슬람 세계에서 무함마드는 인자^{仁慈}, 중용^{中庸}, 인내^{忍耐}, 용맹^{勇猛}으로 상징되며 성스러운 사자^{messenger, 使者}이면서 지혜로운 예언자^{Prophet, 預言者}로 여겨진다.

알라의 계시를 받은 무함마드가 창시한 종교가 '순종한다'는 뜻의 이슬람교다. 무함마드는 제정일치의 종교공동체를 확립했다. 그리고 무함마드는 여러 면에서 이슬람교가 번창하는 기틀을 마련했다. 21세기에도 대다수의 이슬람국가는 민주적인 법과 종교적인 법이 공존하는 체계를 유지하고 있다. 그러므로 이슬람 종교법인 샤리아^{Sharia}와 내적 외적 투쟁인 지하드^{Jihad}가 중요하다. 무함마드는 최고 권력자이자 용맹한 전사였지만 검소하고 겸손한 자세로 평생을 살았다. 무함마드 사후에 후계 계승 문제가 발생했다. 이때 1대 칼리프로 선출된 아부바크르^{Abu Bakr, 재위 632~634} 계보가 현재 80% 정도인 수니파^{Sunni}이고, 무함마드의 사촌 동생이면서 무함마드의 딸 파티마와 결혼하여 그의 사위가 된 알리^{Ali} 계보가 15% 정도인 시아파^{Shia}다. 이후 이슬람교는 신의 대리인이자 군주인 칼리프^{Caliph}를 중심으로 활발한 포교 활동을 펼쳤다.

참고문헌 *Quran*

참조 결정론, 십자군전쟁, 예수 그리스도, 운명론, 이슬람, 지하드, 창조론

석기시대

Stone Age | 石器时代

'개는 언제부터 인간의 친구가 되었을까?' 역사교사 K의 질문에 개를 좋아하는 P가 '아마도 BCE 1만 년 전후의 중석기시대'라고 답했다. 그러나 K 교사는 인간이 개를 사육한 것이 중석기로 알려졌지만 31,000년 전의 화석이 발견되어 구석기에도 개를 사육한 것이 거의 확실하다고 설명했다. 그리고 개는 늑대의 후손이며 인간의 인공선택Artificial selection으로 다양한 종류가 생겼다고 덧붙였다. 개의 사육은 인류 역사에 대단히 중요하다. 개를 비롯한 동물사육은 인간이 한곳에 정주했다는 것을 의미한다. 정주한 인간은 동물을 사육하면서 식물도 경작했다. 동물사육과 식물경작은 일반적으로 농업혁명 또는 신석기혁명으로 불린다. 사람과Hominid의 인류가 대략 250만 년 전에 출현한 이후 249만 년 동안 나무, 뼈, 돌과 같은 원시적인 도구를 사용하면서 수렵 채집의 유목생활을 영위했다.

석기시대는 돌을 가공하여 도구로 사용한 시대를 총칭하는 고고학의 개념이다. 덴마크의 고고학자 톰센C.J. Thomsen, 1788~1865이 석기시대, 청동기시대, 철기시대로 나누었고 석기시대를 중석기와 신석기로 분류했다. 구석기시대Paleolithic age는 오래된Paleo 석기lithic시대라는 의미이고, 중석기시대Mesolithic age는 중간의Meso 석기시대라는 의미이며, 신석기시대Neolithic age는 새로운Neo 석기시대라는 의미이다. 석기의 종류와 발전은 인간의 생존 특히 생산방법과 분배에 직결되어 있다. 구석기와 중석기시대까지는 남녀의 역할에 차이는 있었으나 비교적 평등한 관계였지만 신석기시대에는 법과 제도가 만들어졌고 남녀의 차별과 계급의 차이가 심화되었다. 그런데 이런 고고학적 시대구분과 특징설명은 연대 차이가 너무 크고 각 지역과 종족마다 다르게 진행되었기 때문에 시대구분으로 부적합하다는 비판을 받는다.

BCE 1만 년 전후 지구에 큰 변화가 있었다. 마지막 빙하기가 끝나자 해수면이 상승하고 기후가 온난해진 것이다. 이것을 지질학에서는 '따뜻한 세상'이라는 의미의 충적세沖積世, Holocene, 약 BCE 1만 년 전부터 현재까지라고 한다. 이 시기에 출현한 신석기新石器는 현재 이라크의 메소포타미아지역에서 시작된 것으로 알려져 있다. 그것은 비옥한 초승달fertile crescent 지역이 온난하고 비옥하여 식량의 자급이 충분했기 때문이다. 이곳에 정착한 사람들은 밀, 보리 등을 경작하기 시작했고 개, 소, 돼지, 양 등을 사육하기 시작했다. 이것이 농업혁명 또는 신석기혁명이다. 인류는 신석기시대BCE 10000~BCE 4000 초기에 정교한 토기를 제작했고 섬세한 도구와 무기를 만들었으며 신석기시대 후기에는 문자를 발명하여 기록하는 등 문명생활을 영위했다. 신석기시대의 농업혁명으로 종족 단위의 마을과 도시가 생겨 서로 무역을 하였고 처음으로 대규모 전쟁과 질병이 생겼다.

중석기시대는 1877년 웨스트롭Hodder Westrop이 설정한 BCE 1만 년 전후의 변동기를 말한다. 구석기시대에서 신석기시대로 이행하는 과정에서 어느 쪽으로 분류할 수 없기 때문에 (시간은 짧지만) 중석기시대로 분류하는 것이 일반적이다. 반면 약간 더 발전된 구석기라는 의미에서 후기구석기시대로 분류하거나 중석기시대를 설정하지 않는 학설도 있다. 중석기시대에 빙하기가 물러나면서 해수면이 상승하기 시작했고 기후가 온난해지면서 순록, 털 코끼리, 백곰 등이 추운 지역으로 이동했다. 아울러 육지에는 사슴, 토끼, 멧돼지 등이 많아졌고 바다에는 조개와 물고기가 많아졌다. 그러므로 구석기시대의 집단사냥과 달리 정교한 사냥이 필요하게 되었다. 그리하여 1~3cm의 날카로운 석기를 만들어 사냥과 생활의 도구로 썼다. 이것이 중석기의 특징인 세석기細石器 또는 잔석기다.

구석기시대는 BCE 1만 년 이전부터 대략 250만 년 전까지의 긴 시간에 걸쳐 있다. 사람과Hominidae, 사람족Hominini, 사람속Homo의 사람 즉 인간Homo sapiens이 250

만 년 전에 출현했는데 이때부터 인간은 나무와 돌을 도구로 사용했다. 인류의 역사 중 99% 이상이 구석기시대다. 구석기의 특징은 돌을 떼어내서 만든 뗀석기/타제석기打製石器다. 구석기시대는 수렵 채집의 시대여서 식량과 안전을 찾아서 이동하는 유목을 했다. 하지만 구석기시대의 인간은 손을 쓸 줄 아는 인간이라는 의미의 호모 하빌리스Homo habilis, 약 233만 년~140만 년 출현와 직립보행을 한 호모 에렉투스Homo erectus, 약 190만 년~7만 년 출현를 거쳤고 불을 다룰 줄 알았다. 지질학적으로는 최근세인 홍적세Pleistocene, 약 258만 년 전~약 1만 년가 구석기에 해당한다. 이 오랜 기간을 석기시대로 분류하는 것은 여러 면에서 무리하지만, 석기시대는 역사 이해를 위하여 불가피하게 설정한 시대 개념이다.

참고문헌 Christian Jürgensen Thomsen, *Guide to Northern Antiquity*(1836), London : James Bain, 1948.

참조 노마디즘, 메소포타미아문명, 문명, 문화, 빙하기, 신석기혁명·농경사회, 역사, 인간(신체), 인류의 출현, 현생인류 아프리카기원설, 호모 사피엔스/현생인류, 호모 에렉투스

천동설

Geocentric Theory | 地心说

'지구가 움직인다면 높은 곳에서 떨어진 물체는 다른 장소에 떨어질 것이다.' 그것은 지구가 움직인 만큼 낙하의 장소가 달라진다는 뜻이다. 이 생각은 지구는 움직이지 않고 지구 이외의 행성이나 태양이 움직인다고 생각한 천동설의 근거였다. 실제로 지구 자전^{Earth's rotation}의 속도는 적도에서 시속 1,674km/h이고 공전 속도는 시속 약 107,160km/h이다. 자전은 극지방에서는 거의 움직이지 않고 적도에서 1초에 약 463m 움직인다. 그러므로 만약 적도에서 물체를 낙하하면 1초 후에는 약 463m 떨어진 곳에 낙하해야 한다. 이렇게 생각한 이유는 이들이 중력重力을 몰랐기 때문이다. 또한, 고대인들은 지구 자전의 증거를 발견하지 못하여 지구가 정지해 있고 다른 별들이 움직인다고 생각했다. 한편 지구가 태양을 도는 공전 속도는 어디서나 같기 때문에 모든 사람은 1초에 약 30km인 29,767m 전후를 이동한다.

아침이 오면 해가 동쪽에서 뜨고 저녁이 되면 서쪽으로 진다. 밤하늘의 별들도 일정하게 움직인다. 이런 자연현상을 본 고대인은 지구는 움직이지 않으며 별, 달, 태양 등 천체가 지구를 중심으로 움직인다고 생각했다. 특히 메소포타미아인은 지구는 바다 위에 떠 있는 육지이고 바다를 둘러싸고 산들이 펼쳐져 있으며 태양, 달, 별은 하루에 한 번 지구를 돈다고 믿었다. 이후 BCE 4세기경, 지구는 평평하지 않으며 공과 같은 형태인 것이 밝혀졌다. 한편 그리스인들은 당시 일반적인 우주관에 따라서 지구를 우주의 중심에 놓았다. 그리고 눈으로 볼 수 있는 별을 달, 태양, 수성, 금성, 화성, 목성으로 배열했다. 이런 천체구조에서 다섯 개 별은 지구를 하루에 한 번 회전한다. 한편 피타고라스^{Pythagoras}는 천체를 수학적으로 이해했으며 지구는 둥글지만, 우주의 중심은 아니라고 생각했다.

플라톤은 피타고라스의 우주관과 여러 학설을 종합하여 '지구는 우주의 중심이므로 움직이지 않는다'는 천동설을 주장했다. 또한, 지구를 중심으로 달, 태양, 금성, 수성, 화성, 목성, 토성이 있고, 더 먼 곳의 별은 천구에 붙어있으며, 이것을 움직이는 초월적 존재가 있다고 설명했다. 철학자이자 자연과학자인 아리스토텔레스는 기존의 물, 불, 공기, 흙의 4원소론을 수용하고 특수한 물질인 에테르^{aether}가 별이 되는 것으로 보았다. 한편 아리스타르코스$^{Aristarchos, BCE}$ $^{310?~BCE 230?}$는 태양이 우주의 중심이며 지구가 태양을 공전하고 지구 역시 자전한다는 지동설을 제기했다. 놀랍고도 정확한 학설이었다. 하지만 히파르코스$^{Hipparchus, BCE 190?~BCE 125?}$가 주전구^{epicycle}와 이심구^{eccentric}의 개념을 확립하여 지동설보다 천동설이 정확함을 입증했다. 이후 천동설은 1400년간 정설로 인정되었다.

천동설 중, 가장 과학적인 학설은 이집트의 천문학자 프톨레마이오스^{Klaudios} $^{Ptolemaios, 83?~168?}$가 제기한 프톨레마이오스 천동설이다. 그는 낙하 위치가 불변하고 바람이 없다는 것을 근거로 지동설을 부정한 다음 기존의 학설을 종합하여 과학적인 프톨레마이오스 천동설을 완성했다. 프톨레마이오스가 주장한 천동설은, 지구는 우주의 중심이며 천체는 달, 수성, 금성, 태양, 화성, 목성, 토성으로 배열되어 있고, '지구를 제외한 행성들은 주전원$^{周轉圓, epicycle}$의 동시심^{equant}을 돈다'는 학설이다. 하지만 기하학적 중심은 이심^{x}이고 그 이심원^{離心圓}을 중심으로 지구와 대칭되는 지점에 동시심$^{同時審, 대심}$이 있으며 행성은 대심 원리로 운동한다고 보았다. 아랍의 천문학자들이 그의 『알마게스트^{Almagest}』로 번역했는데 원제목은 『천문학 집대성$^{Megalē Syntaxis tēs Astoronomias}$』이다. 그의 천동설은 체계적이고 과학적이었으며 별의 운행을 비교적 정확하게 설명했다.

천동설은 '지구는 정지해 있는 우주의 중심이며 별을 포함한 천체는 지구를 돈다'는 우주관이다. 과학이 발달하지 않았던 고대에는 동서양을 망라하고 모든 사람이 천동설을 믿었다. 그러나 폴란드의 코페르니쿠스와 이탈리아의 갈릴레오가 주장한 지동설이 과학적이라는 사실이 증명되었고 케플러와 뉴턴에 의해서 보완되자, 천동설은 역사 속으로 사라졌다. 천동설은 육안관찰, 고대와 중세의 기하학, 수학, 물리학을 근거로 한 것이었기 때문에 한계를 가지고 있었다. 하지만 천동설은 철학과 신학神學의 지지를 받았고 인간의 우주관을 지배하던 학설이며 점성술占星術의 근거였다. 특히 천동설은 신의 세상 창조를 증명하는 것인 동시에 성경에 부합하는 것이었기 때문에 절대적인 권위를 가질 수 있었다. (종교적 권위와 자연철학의 전통 때문에) 21세기에도 인류의 20% 정도가 천동설을 지지한다.

참고문헌 Klaudios Ptolemaios, *Megalē Syntaxis tēs Astoronomias*.

참조 과학주의, 뉴턴역학·고전역학, 로마제국, 만유인력·중력, 물리주의, 지동설/태양중심설, 진화론, 창조론, 패러다임

드레퓌스 사건

Dreyfus Affair | 德雷福斯事件

저명한 소설가 에밀 졸라Émile Zola, 1840~1902는 분개했다. 드레퓌스A. Dreyfus, 1859~1935가 무죄인 것이 분명한데도 군사 법정은 이를 무시했기 때문이다. 분개한 졸라는 「공화국 대통령에게 보내는 편지」를 썼다. 너무나도 명확한 사실이 왜곡되는 것을 본 작가의 양심이 쓴 용감한 글이었다. 이 글은 신문편집장에 의해서 「나는 고발한다J'accuse」로 바뀌어 게재되었다. 1898년 1월 13일 『로로르L'Aurore』1면 전체에 실린 졸라의 편지는 프랑스 사회를 뒤흔든 중요한 글이다. 이 글에서 졸라는 드레퓌스의 간첩혐의는 증거가 없다는 것과 드레퓌스를 간첩으로 만든 것은 반유대주의Anti-semitism라고 주장했다. 하지만 졸라는 군사 법정을 중상했다는 이유로 기소되고 말았다. 그리하여 졸라는 가족과 함께 영국으로 망명길에 올라야 했다. 이 사건은 4년 전 독일대사관에서 시작되었다. 드레퓌스 사건은 1894년부터 1906년까지 유대인 장교 드레퓌스의 간첩혐의를 둘러싸고 프랑스에서 벌어진 정치적 사건이다.

1894년 프랑스 정보부는 파리 독일대사관에서 문서를 입수했다. 그것은 D자가 적힌 간첩 문서였다. 얼마 후 정보부는 유대인 대위 드레퓌스를 범인으로 체포했다. 그는 독일과 영토분쟁이 있던 알자스 출신의 유대인이었다. 프랑스를 뒤흔든 이 사건은 1870년 프랑스-프로이센 전쟁이 원인이다. 1848년 2월 혁명으로 대통령이 된 나폴레옹의 조카 나폴레옹 3세는 1852년 황제로 등극하여 제2제정을 열었다. 그리고 나폴레옹과 같이 위대한 프랑스를 재현하는 일에 골몰했다. 해외에 영토를 확장하는 식민정책과 파리 시가지 정비 등이 어느 정도 성공하여 프랑스는 유럽의 패권 국가가 될 수 있었다. 그러자 독일통일을 열망하는 비스마르크Otto von Bismarck, 1815~1898는 전쟁을 통하여 그 목표를 달성하고자 철저하게 준비한 다음 프랑스에 시비를 걸었다. 그 전략에 휘말린 나폴레옹 3세는 먼저 선전포고를 하였으나 전쟁은 프로이센의 일방적인 승리로 끝났다.

파리에 진격한 프로이센은 독일통일을 선포하고 곧 철수했지만, 프랑스는 거액의 배상금을 수용하고 알자스를 할양해야 했다. 그 와중에 제3공화정이 출범했다. 한편 파리시민들이 수립한 파리코뮌Paris commune, 1871은 이내 진압당하고 만다. 이런 일련의 사건은 프랑스인에게 큰 치욕이었다. 그리하여 반독일 민족주의가 비등해졌다. 이런 상황에서 고양된 민족주의와 유럽에 퍼져있던 반유대주의Anti-semitism가 결합하여 드레퓌스 사건으로 비화한 것이다. 문서의 D자 때문에 1894년 10월 체포된 드레퓌스는 1894년 12월 22일 무기징역을 선고받고 프랑스 식민지 기아나Guiana에 유배당한다. 그로부터 2년 후인 1896년, 정보국의 조르쥬 피카르 중령은 에스테라지F.W. Esterhazy가 진범임을 알았다. 하지만 그의 보고는 묵살되었다. 드레퓌스의 가족은 에스테라지를 고발했으나 군사 법정은 그를 무죄로 판결했다.

드레퓌스 사건 재판 과정에서 프랑스는 큰 논란에 휩싸였다. 드레퓌스를 다시 재판해야 한다는 드레퓌스파재심파와 다시 재판할 필요가 없다는 반드레퓌스파반재심파로 나뉘었다. 주로 공화주의자, 노동자, 자유주의 지식인, 사회당, 급진당이 조직한 인권동맹이 드레퓌스파이고 주로 국수주의자, 가톨릭, 왕당파, 군대가 결성한 조국동맹이 반드레퓌스파다. 그런데 1898년 8월, 드레퓌스 사건 조작의 공범인 앙리가 자살하는 사건이 벌어졌다. 곧이어 공화정의 발데크 루소Waldeck-Rousseau 내각이 구성된 후, 재심을 검토했다. 한편 에밀 졸라가 영국에 망명해 있는 사이에 아나톨 프랑스, 앙리 푸앵카레, 장 조레스 등도 프랑스 사회의 광기에 대하여 비판한다. 특히 저명한 사회주의자 장 조레스Jean Léon Jaurès, 1859~1914는 졸라의 뒤를 이어 1898년 1월 22일 신문에 군대와 예수회를 비판하고 졸라를 옹호하여 드레퓌스파의 대표적 인물로 부상했다.

프랑스 전역이 들끓었고 우여곡절 끝에 1899년 9월 재심이 열렸다. 군사 법정은 드레퓌스에게 또다시 10년 형을 선고했지만 곧이어 대통령 특사로 석방된다. 드레퓌스가 진범이 아니라는 증거들이 분명했고 에스테라지가 진범이라는 증거들이 충분했음에도 불구하고 드레퓌스에게 유죄가 선고된 것은 프랑스 사회의 구조 때문이다. 특히 가톨릭 예수회가 반유대주의Anti-semitism를 선동했고, 예수회와 군부가 연결되어 사건을 조작한 것이다. 당시 프랑스 사회는 희생양이 필요했는데 그 희생양이 드레퓌스였다. 드레퓌스는 1904년 재심을 청구하여 1906년 무죄를 선고받았다. 그리고 군대에 복귀하였고 명예도 회복했다. 드레퓌스 사건은 유대인 국가건설의 시오니즘Zionism 운동을 촉발했고, 가톨릭교회의 권위가 추락하는 계기가 되었다. 한편 프랑스 의회는 1905년 정교 분리법을 통과하고 교회의 부당한 정치적 개입을 봉쇄했다.

참고문헌 Émile Zola, "J'accuse", *L'Aurore*, Jan 13, 1898.

참조 계몽주의/계몽의 시대, 국가주의, 나폴레옹, 민족, 민족주의, 이성, 이성론/합리주의, 파리코뮌, 프랑스대혁명

파리코뮌

Paris Commune | 巴黎公社

'몽마르트의 대포를 회수하라!' 프랑스 임시정부 수반은 군대에 대포 회수 명령을 내렸다. 당시 170대의 대포가 파리 몽마르트 언덕에 놓여 있었다. 1871년 3월 18일 아침, 정부군 2개 연대가 몽마르트에 가서 대포를 장악했다. 그런데 대포를 끌고 갈, 말이 도착하지 않은 사이에 파리의 군중들이 군대를 포위했다. 위험을 느낀 르콩트Lecomte 장군이 발포를 명령했으나 오히려 병사들은 시민 편에 서서 장군을 체포해 버렸다. 그리고 오후 5시경에 끌레몽－토마스Clement-Thomas 장군도 체포했다. 곧이어 급진적인 민병대 병사들이 두 장군을 사형했다. 이제 파리는 국민방위대가 장악한 형국이었고 임시정부는 파리 외곽의 베르사유Versailles로 퇴각했다. 이 과정에서 조직된 파리코뮌은 사회주의 혁명과 아울러 국가형태의 정부만이 아니라 자치정부 수립과정이나 자치형태 등을 의미하는 복합적인 개념이 되었다.

파리코뮌은 1871년 3월 18일부터 5월 28일까지 70일간 노동자계급이 중심이 되어 수립한 파리 자치정부 또는 파리 시민공동체를 말한다. 파리코뮌은 프랑스-프로이센 전쟁과 프랑스 사회의 구조적 모순 때문에 생겼다. 당시 프랑스와 프로이센은 유럽의 패권을 다투고 있었다. 이때 프로이센의 수상 비스마르크O. Bismarck, 1815~1898는 전쟁을 준비하고 있었는데 이 전략에 프랑스가 휘말린 것이다. 나폴레옹 3세는 1870년 7월 19일 프로이센에 선전포고했다. 그리고 군대를 이끌고 전쟁에 나섰지만 철저하게 준비한 프로이센군에 대패하고 9월 2일 황제마저 포로로 잡혔다. 이 소식을 들은 파리 시민들은 분개하였고 프랑스를 지키자는 결의를 하였다. 그러나 프로이센군이 진격을 계속하여 파리를 포위하자 견디지 못한 임시정부는 1871년 1월 28일 프로이센과 강화조약을 체결했다. 1871년 2월 12일, 보르도에 제3공화정의 임시정부가 수립되었고 곧이어 국민의회를 선출했다.

포위된 파리에서는 극심한 식량난과 고통으로 민심이 흉흉했다. 그러나 국민방위대National guard의 노동자와 하층민들은 코뮌을 주장했다. 이런 와중에 대포를 회수하려던 정부군의 실책이 자연발생적인 봉기로 이어졌다. 이때 파리코뮌 구성원들은 이미 몰락한 제2제정 체제와 부르주아 지배를 분쇄하고자 프롤레타리아 중심의 공동체를 구상했다. 그리하여 마르크스가 말한 것처럼 '새로운 정치형태'인 코뮌을 성립시킨 것이다. 파리코뮌은 1864년 런던에서 결성된 제1차 인터내셔널의 영향을 받았다. 파리코뮌은 프롤레타리아독재였다는 견해가 있지만 민주적이었던 것은 분명하다. 훗날 레닌은 파리코뮌을 러시아혁명의 전조로 평가했다. 이런 평가에서 보듯이 파리코뮌은 노동자, 도시 빈민, 이민자, 자유주의 지식인, 공화주의자, 급진적 사회주의파인 블랑키Blanqui주의자, 푸르동주의자 등 다양한 집단의 다양한 계급이 연합한 형태였다.

한편 임시정부 수반 티에르A. Thiers는 강화조약을 체결했고 프로이센군은 3월 1일 파리에 입성하여 독일통일을 선포했다. 이런 상황에서 민중봉기가 일어나 파리코뮌이 성립하게 된 것이다. 코뮌의 중앙위원회가 소집된 호텔 드빌Hotel de Ville에는 적기red flag가 게양되었고 라마르세예즈La Marseillaise가 울려 퍼졌다. '가자, 조국의 아들딸들아, / 영광의 날이 다가왔다. / 우릴 치려고, 저 독재자는 / 살육의 깃발을 올렸다 / 살육의 깃발을 올렸다.' 이 노래처럼 열광이 최고조에 이르렀던 3월 23일, 파리코뮌의 선거가 치러졌다. 이 선거에서 85명의 대표가 선출되었으나 시장이나 사령관이 없는 평위원회였다. 이들은 정치와 종교의 분리, 제빵 노동자의 야간노동 금지, 여성참정권, 부당한 채무변제 등 개혁적인 정책을 제시했다. 그리고 파리 시민들은 자율적으로 통치하고 학습하면서 질서를 유지했다. 그러나 파리코뮌은 오래 가지 못했다.

1871년 5월 21일 정부군의 공격에 이어 피의 일주일이 시작되었다. 정부군 지휘관 마홍Mac-Mahon 장군은 시내에 진격하여 무차별 살육을 가했다. 이때 200만 파리 시민 중 1만~3만 명이 죽은 것으로 추정되며 많은 사람이 부상하고 유배당했다. 이렇게 하여 공동체 조직인 파리코뮌은 와해되고 말았다. 하지만 파리코뮌은 역사적으로 큰 의미가 있다. 특히 노동계급이 주도권을 가지고 코뮌을 구성했다는 것이 중요하다. 이것은 노동계급이 주도한 사회주의 혁명이 부분적으로 성공했다는 것을 의미한다. 마르크스는 『프랑스 내전』1871.5.30에서 파리코뮌을 '마침내 발견된 정치형태' 즉 프롤레타리아인 노동계급의 정부로 간주했다. 당시 마르크스는 이런 사태를 냉철하게 분석하는 한편, 국제노동자협회國際勞動者協會, International Workingmen's Association인 제1차 인터내셔널을 주도하고 파리코뮌을 지지했다. 하지만 결과적으로 파리코뮌은 실패했고 일시적으로 민주주의는 후퇴했다.

참고문헌 Karl Marx, *The Civil War in France*, Address of the General Council of the International Working-Men's Association, May 30, 1871.

참조 계급의식, 계급투쟁, 계몽주의/계몽의 시대, 노동가치설, 드레퓌스 사건, 러시아혁명, 마르크스, 만국의 노동자여 단결하라, 프랑스대혁명, 혁명

제1차 세계대전

World War I | 第一次世界大战

1914년 6월 28일 사라예보에서 총성이 울렸다. 그날 슬라브주의자 청년 가브릴로 프린치프^{Gavrilo Princip}는 오스트리아−헝가리제국의 황태자 프란츠 페르디난트^{Franz Ferdinand}를 저격했다. 당시 페르디난트는 슬라브주의자들이 투척한 폭탄 때문에 다친 사람들이 있는 병원으로 위문 가던 중이었다. 이 저격 사건 직후 오스트리아−헝가리제국은 세르비아에 암살자 처벌, 반오스트리아 단체 해산, 관리 파면과 이를 실행하기 위한 오스트리아 관리 파견 등의 조건을 48시간 안에 답하라고 통지했다. 이 조건을 세르비아가 거부하자 오스트리아−헝가리제국은 7월 28일 세르비아^{Serbia}에 선전포고했다. 이 총격 사건이 벌어진 사라예보가 오스트리아 영토임에도 불구하고 세르비아에 선전포고한 이유는 세르비아가 슬라브 민족주의를 지원한다고 판단했기 때문이다. 그러자 슬라브의 맹주 러시아는 이 사태를 방관할 수 없었으므로 1914년 7월 29일 총동원령을 내렸다.

한편 프로이센을 중심으로 하는 독일제국은 오스트리아−헝가리제국과의 동맹에 따라서 8월 1일 러시아에 선전포고했다. 동시에 독일은 러시아와 동맹 관계인 프랑스를 제압하고자 벨기에를 침공하였다. 그것은 마지노선^{Maginot Line}이 있는 프랑스 국경을 돌파하기보다 우회하여 프랑스를 침공하려는 작전 때문이다. 그러자 1836년 이래 중립국 벨기에를 침공하는 국가를 적으로 규정한 영국이 참전하게 되었다. 그것은 벨기에가 영국의 교두보였을 뿐 아니라 독일이 강성해지면 장차 식민지 쟁탈전이 벌어질 것을 예상했기 때문이다. 한편 11

월에 오스만터키제국이 독일과의 동맹으로 참전함에 따라서 유럽을 넘어서 아시아까지 전쟁터가 확산되었다. 이렇게 시작한 제1차 세계대전은 1914년 7월 28일부터 1918년 11월 11일까지 유럽, 아시아, 아메리카 등 여러 국가가 참전한 대규모의 세계전쟁이다.

발칸반도의 민족문제가 독일, 오스트리아-헝가리, 오스만터키를 중심으로 하는 동맹군Central powers과 러시아, 영국, 프랑스를 중심으로 하는 연합군Allied Powers 사이의 대규모 전쟁으로 비화한 것은 각 국가의 이해관계 때문이다. 특히 독일은 서부전선에서 프랑스를 신속하게 제압한 다음 러시아를 침공할 수 있다고 생각했으나 그것은 오판이었다. 또한, 벨기에군이 강력히 저항하는 사이에 참전한 영국군에 의하여 독일의 전격작전Schlieffen plan은 계획대로 실행되지 못했다. 하지만 독일은 유명한 타넨베르크Tannenberg 전투에서 러시아에 승리했다. 그러나 독일 서부와 동부 전선은 교착상태에 빠졌다. 한편 독일은 유보트U-boat로 해상의 선박을 공격하던 중 미국 선박을 침몰시켰다. 이로 인하여 미국은 1917년 4월 5일 대독일 선전포고를 한 다음 전쟁에 참여하게 되었다.

곧이어 이탈리아와 일본도 연합군에 참전하면서 전쟁 참가국이 더욱 늘어났고 불가리아, 루마니아, 그리스도 자국의 이해에 따라서 참전했다. 그런데 한창 전쟁이 치열하던 1917년 러시아에서 2월 혁명이 일어났다. 그해 10월, 레닌은 러시아 혁명을 성공시킨 후 12월에 독일과 평화조약을 맺고 넓은 지역을 독일에 할양한 다음 전쟁에서 물러났다. 전력이 우세해진 연합군이 공격을 계속하자 동맹군의 불가리아, 오스만터키, 오스트리아가 항복했다. 한편 독일에서는 민중봉기가 일어났고 군항 킬Kiel에서 해군 폭동이 일어났다. 결국, 독일은 버티지 못하고 1918년 11월 11일, 항복과 유사한 조건의 휴전을 맺었다. 그와 동시에 독일 황제 겸 프로이센 왕 빌헬름 2세가 퇴위하여 1871년 프랑스-프로이센 전쟁 이후 성립한 독일제국이 사라졌다. 그리고 오스만터키제국 역시 해체되었으며 중동 지역은 영국과 프랑스가 지배하게 되었고 일본은 더욱 강국이 되었다.

제1차 세계대전은 인류역사상 보기 드문 대규모 전쟁이었다. 대략 100여 개 국가가 전쟁에 참여했으며 군인 900만 명을 포함하여 1,500만 명이 사망했다. 이렇게 많은 사망자가 생긴 원인은 근대적인 대량파괴 무기 때문이었다. 제1차 세계대전은 오랜 시간 동안 교착상태에 놓였던 참호전Trench war이었으나 기관총, 장거리포, 탱크, 비행기, 잠수함, 지뢰 등 대량파괴 무기가 사용되었다. 전쟁이 끝나자 독일은 베르사유조약, 오스만터키 제국은 세브르조약, 오스트리아는 생 제르맹조약으로 영토를 할양하거나 배상금을 지불해야 했다. 특히 베르사유조약에서 독일에 315억 달러의 배상금이 부과되었는데 이것이 제2차 세계대전의 원인이 되었다. 제1차 세계대전과 같은 전쟁을 막고자 국제연맹League of Nations이 결성되었으나 무용지물이었다. 한편 제1차 세계대전은 선진제국주의와 후진제국주의 사이에 벌어진 패권전쟁으로 규정되기도 한다.

참고문헌 Woodrow Wilson, "Final Address in Support of the League of Nations", Sept 25, 1919.

참조 근대·근대성, 러시아혁명, 산업혁명, 이성론/합리주의, 자본주의, 제2차 세계대전, 제국주의

현생인류 아프리카기원설

Recent African Origin of Modern Humans | 现代人类晚近非洲起源说

'8만 년 전에 너희들은 어디 있었을까?' 그러자 명석한 P는 '8만 년 전에 나의 먼 조상은 아프리카에 있었을 것입니다'라고 답했다. 그러자 생물교사는 현생인류 즉, 지금 세상에 사는 사람들은 약 8만 년 전에 아프리카에서 여러 지역으로 퍼져나갔다고 설명했다. 이것을 현생인류 아프리카기원설이라고 한다. 인류가 태어난 곳도 아프리카이고 현생인류가 태어난 곳도 아프리카다. 현생인류 아프리카기원설은 영장류의 한 종인 현생인류Homo sapiens-sapiens가 아프리카에서 출현하여 다른 지역으로 이주했다는 학설이다. 이 학설에 의하면 21세기에 존재하는 모든 인간의 조상은 아프리카인이다. 이 학설은 모계로 유전되는 미토콘드리아mitochondria와 남성의 Y염색체Y chromosome 유전인자를 추적하여 내린 가설이다. 현생인류 아프리카기원설의 핵심은 사람과Hominidae – 사람아과 Homininae – 사람족Hominini – 사람속Homo – 사람Homo sapiens – 현생인류Homo sapiens-sapiens는 모두 아프리카에서 탄생하고 진화한 다음 다른 지역으로 퍼져나갔다는 것이다.

현생인류 아프리카기원설은 약 20만 년 전에 현생인류인 호모 사피엔스가 아프리카의 남부지역에서 탄생했다는 인류의 기원에 관한 학설이다. 그 이전의 호모 사피엔스 역시 약 200만 년 전에 아프리카에서 출현하여 호모 하빌리스와 호모 에렉투스Homo erectus, 약 190만 년~7만 년 출현로 진화했다. 호모 에렉투스는 불을 사용하고 직립보행을 하면서 다른 지역으로 이주하기 시작했다. 호모 사피엔스는 직립보행을 했던 사람과의 호미니드hominidae였는데, 호모 에렉투스, 호모 네안데르탈인, 자바원인, 베이징원인들이 속해 있다. 그런데 이때 이주한 호모 에렉투스는 약 40

만 년 전에 모두 멸종하고 말았다. 이들과 달리 20만 년 전에 아프리카에서 출현한 현생인류가 있었는데 그들이 현재의 인류로 추정된다. 여기서 아프리카 어머니 또는 미토콘드리아 이브Mitochondrial Eve라는 개념이 생겼다.

인간의 미토콘드리아 DNA 하플로그룹DNA Haplogroup 분석을 통하여 미토콘드리아 이브의 존재가 확인되고 있다. 모계로 유전되는 현생인류의 미토콘드리아 유전계보를 추적하면 인류의 공통조상이라고 할 수 있는 여성을 가정할 수 있다. 현생인류 아프리카기원설 중 20만 년 전에 출현한 인류 공통의 어머니를 이브로 주장한 것은 1980년대의 알란 윌슨Allan Wilson을 포함한 과학자들이다. 이들은 남성의 정자를 상징하는 핵 아담Nuclear Adam과 여성의 난자를 상징하는 미토콘드리아 이브mitochondria Eve가 인류의 공통조상이라는 가설을 세웠다. 미토콘드리아 이브는 아프리카의 남쪽에서 출현하여 진화와 적응을 거듭하고 돌연변이와 변이를 거쳐서 현생인류로 진화했다. 그리고 대략 10만 년 전후에 다른 대륙으로 이주하기 시작했다.

에티오피아 또는 남아프리카에서 출발한 한 무리는 서쪽과 북쪽으로 퍼져나갔고, 에티오피아 지역에서 다시 홍해를 건너서 아라비아반도로 이주했다. 또 다른 무리는 시나이반도를 건너서 아라비아로 이동한 후, 메소포타미아에 정착하여 농경시대를 열었다. 여기에서 다시 첫 번째 무리는 해안선을 따라서 동쪽으로 이동하여 인도, 태국, 말레이시아를 거쳐서 인도네시아와 호주에 이르렀다. 두 번째 무리는 북쪽으로 이동하여 유럽과 알타이에 정착했다. 이 무리는 빙하시대인 약 15,000년경, 당시 육지였던 베링해협을 지나서 북아메리카로 이주했다. 이들이 아메리카 원주민이다. 이렇게 하여 아프리카에서 출현한 현생인류가 모든 대륙에 퍼져 살게 되었다. 여러 곳에 정착한 사람들은 다양한 인종적, 민족적, 종교적 특성을 가지고 진화하여 현재에 이르고 있다. 이 현생인류 아프리카기원설에 반대되는 학설이 다지역기원설이다.

다지역기원설Multiregional continuity model은 약 190만 년 전에 출현한 호모 에렉투스가 아프리카를 떠나 남아시아, 서유럽, 인도, 중국 등 여러 지역으로 이주한 것을 강조한다. 그들이 여러 지역에서 각기 현생인류로 진화했거나 멸종한 네안데르탈인, 자바원인, 베이징원인, 데니소바인^{Denisovan} 등이다. 그러니까 다지역기원설에 의하면 일찍이 아프리카를 떠난 호모 에렉투스가 진화하거나 유전자를 교환하면서 여러 지역에서 각기 다른 인종의 현생인류로 진화했다. 유럽과 중동 일대에 살던 호모 네안데르탈인^{Neanderthal}은 두뇌가 크고 강인했지만, 빙하시대의 환경에 적응하지 못하고 멸종되었다. 하지만 베이징원인은 현생인류로 진화하여 중국 일대에 퍼져 살게 되었다. 이처럼 다지역기원설은 다양한 현생인류가 여러 지역에서 출현했다는 촛대 모양의 학설이다.

참고문헌 Allan Charles Wilsonn and N.O. Kaplan, "Enzyme structure and its relation to taxonomy", *Taxonomic Biochemistry and Serology*, Ronald Press, New York, 1964.

참조 공통조상, 돌연변이, 메소포타미아문명, 빙하시대, 석기시대, 신석기혁명·농경사회, 유전자, 인간(신체), 인류의 출현, 진화론, 호모루덴스, 호모 사피엔스/현생인류, 호모 에렉투스

예수 그리스도

Jesus Christ | 耶穌 基督

예수 그리스도 탄생에 관한 기독교 성경의 기록은 다음과 같다. '[18] 예수 그리스도의 나심은 이러하니라 그의 어머니 마리아가 요셉과 약혼하고 동거하기 전에 성령으로 잉태된 것이 나타났더니 [19] 그의 남편 요셉은 의로운 사람이라 그를 드러내지 아니하고 가만히 끊고자 하여 [20] 이 일을 생각할 때에 주의 사자가 현몽하여 이르되 다윗의 자손 요셉아 네 아내 마리아 데려오기를 무서워하지 말라 그에게 잉태된 자는 성령으로 된 것이라 [21] 아들을 낳으리니 이름을 예수라 하라 이는 그가 자기 백성을 그들의 죄에서 구원할 자이심이라 하니라.'「마태복음」 1:18~21 이처럼 성경에 의하면 예수 그리스도는 동정녀童貞女 마리아Maria가 성령으로 잉태하여 인간으로 태어난 신의 아들이자 구원의 메시아Messiah다. 또한, 예수 그리스도는 하나님/하느님의 대리인이자 하나님의 다른 모습이고 하나님 자신이다.

예수 그리스도는 유대인으로 이스라엘의 베들레헴Bethlehem에서 태어났으며, 본래 이름은 예수히브리어 ישוע(예슈아), 라틴어Iesus Christus이고 생몰연대가 확실하지 않으나 대략 BCE 7~2년에 태어나서 BCE 26~36년에 타계한 것으로 알려진 기독교 성인이다. 하나님의 독생자이자 어린 희생양으로 상징되는 예수Jesus는 선지자, 예언자, 왕, 제사장이라는 의미도 있다. 그래서 실존 인물 예수에 신성성神聖性을 부여하였고, '기름 부음을 받은 사람'이라는 의미의 그리스도히브리어 משׁיח(마쉬아흐)를 붙여서 예수 그리스도가 되었다. '나사렛Nazareth의 예수'가 다윗왕의 후손인 목수 요셉과 동정녀 마리아에게서 성령聖靈으로 태어나자 동방박사들이 유대의 왕 예수 탄생을 축하하러 왔다고 한다. 그런데 이것을 염려한 헤롯Herod왕은 베들레헴의 유아를 전부 살해하라고 명령하여 예수 가족은 이집트로 피신했다.

예수는 12세에 예루살렘에서 유대교 랍비들과 토론하면서 하나님의 뜻을 전했다. 그리고 세례자 요한John the Baptist에게서 세례를 받았는데 요한은 '예수는 약속된 메시아이며, 백성의 죄를 대신해서 죽을 속죄양이다'「요한」 1:29라고 말했다. 예수는 30세에 광야에서 40일간 기도하면서 시험을 받았지만, 하나님의 말씀에 의지하여 물리쳤다. 예수는 설교하고 기도하면서 여러 기적을 행하는데 이중 죽은 나사로Lazarus를 살리는 기적이 가장 중요하다. 점차 예수가 유명해지고 왕으로 섬기는 사람이 많아졌다. 그러자 유대교 제사장들은 예수를 위험한 인물로 간주하고 유다Judas Iskariotes를 이용하여 예수를 체포한다. 이것을 예견한 예수는 최후의 만찬을 베푼 다음 12제자들에게 복음전파를 당부한다. 로마인 총독 빌라도Pontius Pilate가 사형 선고를 내렸고 배신자 유다는 자살한다.

예수는 십자가를 지고 골고다Golgotha 언덕을 올라가면서 고행하였고 서기 33년 십자가형으로 죽었다. 예수의 행적을 기록한 신약성경 「마태복음Matthew」, 「마가복음Mark」, 「누가복음Luke」, 「요한복음John」, 「사도행전」에는 예수가 십자가에 못 박혀 죽은 후 사흘 만에 부활하여 제자를 축복한 다음 감람산에서 하늘로 돌아갔다고 기록하고 있다. 예수 그리스도 사후에 사도 바울을 비롯한 제자와 초기 기독교인들이 활발한 복음 활동을 전개했다. 기독교는 터키와 그리스를 거쳐 유럽 여러 나라에 전파되었고 인류의 가장 크고 중요한 종교가 되었다. 예수 그리스도는 기독교의 창시자이자 하나님의 독생자로 간주되고 성부, 성자, 성령과 같은 의미로 여겨진다. 특히 그리스도는 신의 대리인이고 인간의 구원자이자 구세주救世主인 동시에 길 잃은 어린 양을 돌보는 선한 목자牧子이다. 예수가 하나님의 아들로 간주되는 것은 기독교 세계관인 창조론에 근거한다.

기독교를 포함한 아브라함계 종교에 의하면 천지만물을 창조한 신은 자신의 형상 그대로 아담과 이브를 만들었고, 이들이 에덴동산에서 선악과를 먹음으로써 인간의 원죄가 시작되었다. 죄인으로 태어난 인간은 살면서 더 많은 죄를 지을 수 있는데, 이 죄를 대신 갚아주고 유혹과 시험을 이기도록 도와주는 존재가 예수 그리스도다. 하지만 그리스도는 인간으로 세상에 강림하였기 때문에 신의 신성성과 인간의 인간성을 동시에 가지고 있다. 또한, 그리스도는 자신의 피로 인간의 죄를 씻어준 속죄양이고 사랑, 겸손, 구원, 희생, 은혜의 상징이다. 기독교인에게 그리스도는 찬양과 기도와 경배의 대상인 동시에 약자의 편에 서는 신의 아들이다. 반면 이슬람교도에게 예수는 마리아에서 태어난 선지자의 한 사람이지만 신격은 없다. 비기독교도에게 예수는 사랑을 베푼 인류의 성인이다.

참조 공포와 전율의 아브라함, 기독교, 로마제국, 무함마드/마호메트, 보편논쟁, 삼위일체, 신이 존재하는 다섯 가지 근거/토마스 아퀴나스, 신은 죽었다, 십자군전쟁, 원죄(기독교), 인간(신체), 종말론, 죽음에 이르는 병, 진화론, 창조론

중일전쟁/청일전쟁
Sino-Japanese War | 中日战争/日清戦争

영국, 프랑스, 독일, 러시아 등 서구열강은 중국의 허약함에 놀랐다. 1894년에 발발한 청일전쟁清日戰爭에서 중국이 완패했기 때문이다. 그래서 이렇게 말했다. '중국은 더 이상 잠자는 사자가 아니다.' 중국清은 조선과 중국에서 벌어진 전투에서 패배하여 1895년 일본에 항복하게 되었다. 그 결과 1895년 4월 17일, 청의 이홍장李鴻章과 일본의 이토 히로부미伊藤博文가 만나, 조선의 독립, 대만과 랴오둥 반도의 일본할양, 배상금 2억 냥 등을 명시한 시모노세키조약Treaty of Shimonoseki, 马关条约[1]을 체결했다. 이 전쟁의 원인은 한반도에서 일어난 동학혁명1894이다. 조선 전라도의 전봉준全琫準이 동학군을 이끌고 경성으로 진격하자, 이에 놀란 조선 조정은 경성에 주재하는 청의 대표 위안스카이袁世凱에 진압을 요청했다. 그러자 조선에 대한 지배권을 강화하려는 일본의 이토 히로부미 내각은 대본영을 설치하고 조선에 파병했다. 하지만 정부군과 동학농민군 사이에 전주화약全州和約이 성립하여 외국군의 개입이 의미가 없어졌다.

그러자 일본은 조선 정부를 압박하여 청과의 관계를 단절하고 청군을 공격하였다. 그 결과 평양과 압록강 전투 그리고 여순旅順과 대련의 해전에서 일본이 압도적으로 승리했다. 이렇게 전개된 제1차 중일전쟁의 근본적인 원인은 일본

---

1 대청제국과 대일본제국 간에 맺은 시모노세키조약 1조는 다음과 같다. "청국은 조선이 자주독립 국가이며, 청에 대한 조선의 조공, 봉헌, 전례를 영원히 폐지할 것을 확인한다."
(청)清国确认朝鲜国为独立自主国家, 朝鲜对清国的朝贡、奉献、典礼永远废止; (일본)清国は朝鲜国が完全無欠なる独立自主の国であることを確認し、独立自主を損害するような朝鲜国から清国に対する貢・献上・典礼等は永遠に廃止する(일본)

의 대륙진출 야욕, 자본주의화와 산업화에 따른 시장개척, 일본 국내의 정치 사회적 상황 등이다. 당시 일본은 서구열강과 같은 제국주의의 꿈을 가지고 있었고, 공황과 정치적인 문제로 국내의 혼란을 타개할 방법을 찾고 있었다. 그 전에 일본이 지원한 조선朝鮮의 갑신정변甲申政變, 1884이 실패한 다음 김옥균이 상하이에서 살해되는 사건이1894 있었다. 이런 상황에서 조선을 일본의 식민지로 만들기 위한 전략을 실행에 옮긴 결과가 바로 청일전쟁 즉 제1차 중일전쟁이다. 이로 인하여 근대화된 일본에 패배한 중국은 허약함이 노출되었고, 일본은 세계의 강국으로 부상했으며, 중국 내에서 한족의 독립운동이 거세어졌고, 조선은 명목상 독립국이 되었다.

1차 중일전쟁은 청일전쟁 또는 일청전쟁으로 불리고 있으며 1894년부터 1895년까지 중국과 일본이 벌인 전쟁이다. 한편 난징南京을 수도로 1925년 7월 1일 중화민국이 수립되었으나 중국은 여전히 혼란스러웠다. 그러자 일본은 1928년 만주의 군벌 장쭤린張作霖을 조작하여 살해한 사건을 일으켰다. 이 과정에서 군부가 득세하게 되었는데 군부는 만주를 식민지로 만들어야 한다는 주장을 폈다. 그러던 1931년 9월 18일 류탸오후사건柳條湖事件이 일어났고 일본은 이를 빌미로 군사작전을 하여 1932년 3월 1일 일본의 괴뢰정권인 만주국滿洲國을 출범시켰다. 이때 일본은 일본인, 조선인, 한족, 만주족, 몽고인의 오족협화五族協和를 내세웠다. 1940년에는 대동아공영권Greater East Asia Co-Prosperity Sphere을 주장하면서 동북아시아를 일본 중심으로 재편했다. 당시 중국은 신해혁명辛亥革命, 1911~1912 이후 장제스의 국민당이 주도권을 잡고 있었고 마오쩌둥을 중심으로 한 중국공산당은 국민당과 대립하고 있었다.

1937년 7월 7일, 베이징 남쪽 루거우차오盧構橋에서 총성이 들렸다. 일본 관동군 사령부는 이것을 빌미로 중국에 선전포고 없이 전투를 개시했다. 이렇게 하여 벌어진 2차 중일전쟁 중 일본군에 의한 난징대학살, 731부대의 생체실험과 같은 만행이 일어났다. 특히 국민당 정부가 우한으로 퇴각하자 1937년 12월 13

일 난징으로 진군한 일본군이 약 2개월간 군인, 포로, 민간인을 포함하여 대략 10만 명~20만 명을 죽이고 2~3만 명을 강간한 난징대학살은 끔찍한 만행으로 기록된다. 2차 중일전쟁 발발의 직접적인 원인은 일본이 중국 동북삼성東北三省 일대의 만주滿洲를 간접 지배하고, 중국을 반식민지로 만들었기 때문이다. 더 근원적인 원인은 일본의 숙원인 대륙진출의 열망이다. 2차 중일전쟁 중 장제스蔣介石의 중화민국은 미국의 지원을 받았고 미국의 일본에 대한 압박이 일본의 미국 공격으로 이어졌다.

　2차 중일전쟁은 1941년 12월 7일, 일본의 진주만 공습 이후 제2차 세계대전으로 전환된 후, 중국 전역에서 중국과 일본이 벌인 전쟁이다. 1945년 추축국樞軸國, Axis Powers인 독일, 이탈리아, 일본이 항복했다. 그 결과 영국, 프랑스, 소련, 미국과 함께 연합국聯合國, Allies Powers인 중화민국中華民國, Republic of China이 승리하게 되었다. 2차 중일전쟁으로 중국인 1,000만 명 일본인 300만 명이 죽었다. 이 과정에서 마오쩌둥毛澤東의 중국공산당과 장제스蔣介石의 중국국민당은 항일연합전선을 결성하여 일본에 대항했다. 국민당의 중화민국은 승전했지만, 공산당에 밀리고 쫓겨서 타이완으로 옮겨갔다. 중일전쟁의 와중에 국민당과 전투를 벌이면서 대장정을 수행한 중국공산당에 의하여 1949년 중화인민공화국中华人民共和国, People's Republic of China이 탄생했다. 중일전쟁은 19세기말과 20세기 중반에 중국과 일본이 벌인 두 번의 전쟁이다.

참고문헌 李鴻章,『台灣割讓-中日談判秘話錄 : 伊藤博文·李鴻章一問一答』, 西南書局, 1975.

참조 대동아공영권, 메이지유신, 신해혁명, 제1차 세계대전, 제2차 세계대전, 제국주의, 중화주의, 화이관

만유인력 · 중력
Universal Gravitation · Gravity | 万有引力 · 重力

사람들은 지구 위에 서 있는 것 같이 보인다. 하지만 지구 멀리에서 본다면 반대일 것이다. 가령 한국인이 보기에 아르헨티나인은 지구에 매달려 있는 것과 같다. 그렇다면 왜 사람들은 지구표면에 발을 디디고 서 있을까? 그것은 중력重力 때문이다. 끌어당기는 힘인 중력이 있으므로 사람들은 지구에 서 있을 수 있다. 그런데 지구는 하루에 한 번 자전하고, 일 년에 한 번 공전한다. 이 역시 중력 때문이다. 지구에서 보는 것처럼 중력은 끌어당기는 인력引力과 중심을 향하는 원심력遠心力을 합한 힘이다. 중력은 인력의 한 형태이고 물체 중심에서 끌어당기는 구심력求心力과 같다. 인력 중, 만유인력萬有引力은 우주의 모든 물체에 끌어당기는 힘이 있다는 것을 강조한 개념이다. 뉴턴은 질량을 가지고 있는 모든 물체에 인력이 있다는 것과 인력이 중력으로 작용한다는 것을 과학적으로 밝혔다.

1665년 뉴턴이 케플러의 행성운동의 법칙에 근거하여 수립한 만유인력 공식은 $F = G \cdot m_1 m_2 / R^2$이다. 여기서 G는 만유인력 상수다. 만유인력 상수는 $6.67259 \times 10^{-11} \ N \cdot m^3 \cdot kg^2$로 표기되는데 그 값은 매우 작다. 그러니까 만유인력의 힘은 만유인력 상수×물체 m^1×물체 m^2의 합을 거리^{R}의 제곱으로 나눈 것이다. 그런데 지구나 지구의 1/6 정도 되는 달의 질량이어야만 인력을 느낄 수 있다. 가령 아주 큰 바위라고 하더라도 실제로 인력을 느끼기 어렵다. 그런데 사과가 땅에 떨어지는 원리도 만유인력이고 행성들의 천체 운동도 만유인력이다. 이 원리를 종합한 뉴턴이 만유인력을 체계화하였다. 하지만 그의 이론은 갈릴레오와 케플러의 실험을 바탕으로 한 것이다. 일찍이 갈릴레오^{Galileo Galilei, 1564~1642}는 무게가 다른 두 물체가 같은 속도로 떨어진다는 것을 증명한 다음 만유인력^{gravitation}으로 인하여 모든 물체는 가속도가 붙는다고 주장했다.

한편 케플러^{J. Kepler, 1571~1630}는 천체의 운동을 과학적으로 설명했다. 그는 지구와 같은 행성은 태양을 초점으로 타원 궤도를 돈다고 하는 행성운동의 제1법칙, 행성의 면적과 속도가 보존된다고 하는 행성운동의 제2법칙, 행성과 태양의 거리와 그 주기의 관계를 밝힌 제3법칙을 완성했다. 케플러의 천체운동 법칙 중 가장 중요한 것은 행성이 타원 궤도로 돌더라도 인력이 작용한다는 것을 입증한 것이다. 뉴턴^{Isaac Newton, 1642~1727}은 갈릴레오와 케플러를 비롯한 과학자들의 이론을 집대성한 『자연철학의 수학적 원리^{Mathematical Principles of Natural Philosophy}』1687를 발표하여 고전역학과 만유인력의 법칙을 완성했다. 뉴턴이 증명한 것은 지상의 물체나 천체의 물체는 모두 같은 원리를 가진다는 것이고, 뉴턴은 그것을 만유인력이라고 명명했다.

뉴턴의 고전역학에 이르기까지 사람들은 물체의 중심에서 중력이 작용한다고 보았다. 이것이 끌어당기는 힘인 인력^{引力}이다. 그래서 지구 위의 물체는 끌어당기는 힘인 중력^{重力}의 영향을 받는다. 그런데 아인슈타인은 중력을 단순한 힘이 아닌, 시공간 기하학^{spacetime geometry}으로 표현했다. 그는 특수상대성이론에서 빛의 속도가 일정하다는 것으로 전제하고, 언제 어디서나 동일한 물리법칙이 있다고 주장했다. 그리고 1916년에 발표한 일반상대성이론에서는 '시간과 공간은 하나'라고 주장하면서 그 시공간^{spacetime, 時空間}은 중력질량으로 인하여 변한다는 것을 밝혔다. 이를 위해서 아인슈타인은 곡면의 직선은 평행하지 않다는 리만기하학^{Riemannian geometry}, 공간 3차원과 여기에 시간을 더한 4차원의 민코프스키 공간^{Minkowski space}을 응용했다. 이에 따르면 중력은 시간과 공간을 휘어지게 만들며 길이, 높이, 넓이^{x, y, z}가 시간의 사건과 연동되면서 4차원의 세계^{x, y, z, t}를 만든다.

상대적인 원리에서 보면 질량이 에너지로 바뀔 수 있고 에너지가 질량이 될 수 있다. 예를 들면 승강기가 빠르게 하강할 때, 공중에 떠 있는 것 같은 진공상태가 바로 관성질량과 중력질량이 같은 상황이다. 질량과 속도가 같은 양이 되면서 순간적으로 정지한 것 같은 느낌이 드는 것이다. 그러므로 속도가 중력이다. 아인슈타인은 이런 이론과 가설에 근거하여 일반상대성이론을 정립했으며 중력질량mg과 가속도가 붙은 관성질량m'이 같다는 것을 밝혀냈다. 이처럼 중력과 속도의 물리량과 물리 원리가 같다는 것이 바로 일반상대성이론의 핵심이다. 마침내 아인슈타인은 질량, 중력, 속도의 관계를 방정식으로($E=mc^2$) 완성했다. 중력이 극단적으로 커진 상태가 블랙홀이다. 반면 인력, 원심력, 관성력이 0이 되는 상태를 무중력無重力이라고 하지만 실제로는 무중력이 아니고 무중량無重量이다.

참고문헌 Isaac Newton, *Principia; Philosophiæ Naturalis Principia Mathematica*, 1687.

참조 공간, 뉴턴역학·고전역학, 불확정성의 원리, 블랙홀, 시간, 시공간, 양자역학, 열역학, 일반상대성이론, 지동설/태양중심설, 천동설, 특수상대성이론, 카오스이론

문명

Civilization | 文明

어느 날 그들은 이상한 동물을 발견했다. 사실 그들은 존엄성을 가진 인간이었다. 그러나 서구의 식민 정복자들은 원숭이와 비슷한 그 인간의 목을 잘라 이곳저곳에 걸어놓았다. 이들이 사람의 목을 전시한 것은 공포심을 심어주기 위해서가 아니고 서구인과 다른 '인간처럼 생긴 동물'을 구경하기 위해서였다. 이처럼 1642년 네덜란드의 타스만^{A.J. Tasman}에 의해서 발견된 호주의 태즈메이니아^{Tasmania} 원주민들은 무자비하게 학살당했지만, 그 학살은 기독교와 문명의 이름으로 용인되었다. 이처럼 근대의 서구인들은 아시아 아프리카 등의 비서구인들을 '인간처럼 생긴 동물' 또는 원시인이나 야만인으로 간주했다. 당시 이들은 문명화된 서구인들과 야만적인 '동물'들은 구별되어야 하고, '야만인들에게 문명의 빛을 비추고 계몽하여 인간을 만들어야 한다'고 믿었다. 이 잔인한 학살은 '문명이 무엇인가'라는 물음으로 환원한다.

문명^{civilization}은 라틴어의 시민^{civis}과 도시^{civitas}에서 유래했다. 따라서 '도시의 시민과 같이 된다'는 것은, 교양과 지식이 있는 인간사회가 되는 것을 말한다. 이 어원이 의미하는 것과 같이 문명은 사회의 질서와 체계를 포함한다. 한편 한자어에서 문명이란 문^文과 명^明을 더한 것으로서, '글을 아는 사람들이 사는 밝은 사회'라는 개념을 가지고 있다. 그런데 이것은 중국에서 잉태된 중화중심주의적 개념으로써 중원을 문명의 중심으로 간주하고 그 이외의 지역을 오랑캐로 보는 중화사상^{中華思想}과 화이관^{華夷觀}의 소산이다. 역사적으로 보면 문명이라는 어휘는 19세기부터 주로 사용되기 시작했는데 근대 민족국가의 형성과 맥을 같이한다. 한편 사회학에서는 정신과 가치에 관련된 것을 문화라고 하고 물질과 기술에 관련된 것을 문명이라고 한다. 이와 달리 문화인류학에서는 문화 중에서 총체적이고 복합적인 역사 단위를 문명이라고 한다.

문명은 수백 년 또는 수천 년 정도의 장기지속의 시간 구조에서 생활과 문화의 동질성을 가진 집단이 축적한 가치 있는 것들의 총체다. 그런 점에서 문화인류학자 에드워드 타일러E. Tylor, 1832~1917는 문명과 문화는 같은 개념이라고 했다. 그러나 문명이 일정한 시간을 범주로 하는 반면 문화는 초시간적이라는 점에서 다르다. 한편 근대의 서구 계몽주의자들은 문명과 사회를 동일시했는데 그 근거는 문명이 아니거나 문명 이전을 자연상태 또는 무질서로 보기 때문이었다. 간단히 말해 문명이란, 인류가 특정한 시기에 형성한 물질적, 기술적, 구조적인 단위로써 자연상태를 벗어나서 제도를 갖춘 발전된 삶의 형식이다. 반면 문화는 인류가 축적한 긍정적인 제도의 일반적 개념이다. 문명의 반대는 야만이나 봉건이다. 한편 (근대 초기에) 문명과 야만을 나누는 이분법은 제국주의의 침략이론이 되었다.

아널드 토인비Arnold Joseph Toynbee, 1889~1975는 문명사관文明史觀의 관점에서 세계의 문화와 문명을 연구했다. 특히 토인비는 인간의 자유의지와 그 행위가 있었기 때문에 역사와 문명이 형성된다고 보았다. 아울러 그는 국가보다는 크고 세계보다는 작은 하나의 총체적이고 완결적인 문화의 단위를 문명으로 명명했다. 그는 방대한 12권의 저서『역사의 연구A Study of History』에서 '문명은 순환하면서 발전한다'는 것과 문명에도 생성소멸이 있다는 것을 설명한 다음 각 문명의 권역을 나누고 그 가치를 평가했다. 그가 분석한 26개의 문명은 지도자들의 창의성과 능력을 바탕으로 발전했고 소수의 독재로 몰락한다는 공통점이 있다. '역사와 문명은 순환한다'는 그의 사관을 순환사관循環史觀이라고 한다. 지구에는 여러 형태의 문명이 있다. 가령 기독교문명 또는 현대과학기술문명 등 종교적, 기술적 의미의 문명도 존재한다.

대체로 문명은 수백 년이나 수천 년 정도의 장기지속의 구조 속에서 존재하는 것이 보통이고 시간과 공간의 완결성을 지닌다. 메소포타미아와 이집트에서는 BCE 3500~BCE 3000년경에, 인더스강 유역의 인도에서는 BCE 2500년경에, 중국에서는 BCE 1500년경에 각각 문명이 형성되었고 아메리카에서는 멕시코와 페루에서 기원 전후에 문명이 탄생했다. 그 외에도 수많은 문명이 있다. 비문명을 미개, 야만으로 보는 것이 일반적이지만 문명과 미개를 대립적인 개념으로 보지 않고 역사발전의 단계로 보는 시각도 있다. 역사발전의 개념에서 문명을 보는 것은 서구적 시각이라는 비판을 받는다. 서구인들은 식민지를 만들면서 '서구와 비서구非西歐를 구별하기 위하여 문명, 문화와 같은 개념을 사용하기 시작했다'는 것이다. 그러니까 문명이라는 개념은 현대의 관점에서 과거를 구분하고 규정하면서 생긴 개념이다.

참고문헌 Arnold J. Toynbee, *A Study of History*, Oxford University Press, 1934-1961.

참조 개념, 계몽주의/계몽의 시대, 공간, 메소포타미아문명, 문화, 문화순혈주의, 민족지, 시간, 신석기혁명·농경사회, 역사, 이성론/합리주의, 장기지속, 중화주의, 호모 사피엔스/현생인류, 화이관

러일전쟁

Russo-Japanese War | 日俄战争

러일전쟁은 1904년 2월 8일, 일본이 여순旅順의 러시아 함대를 기습 공격하여 시작되었다. 이 소식을 들은 러시아 황제 니콜라이 2세Nicholas II, 1868~1918와 대신들은 선전포고 없는 공격에 대하여 놀랐다. 하지만 러시아는 전쟁을 피할 수 없었기 때문에 일본에 선전포고하고 전쟁을 시작했다. 이처럼 일본이 공격적이고 러시아가 수세적이었던 원인은 당시 건설 중인 동청철도東淸鐵道, Chinese Eastern Railway 때문이다. 러시아는 가능하면 철도가 완성될 때까지 협상하고자 했던 반면, 일본은 철도완성 전에 협상을 끝내고 싶어 했다. 그것은 시베리아 횡단철도가 여순旅順까지 이어지면 전쟁에서 불리하다고 판단했기 때문이다. 하지만 러일전쟁의 원인은 만주Manchuria와 조선朝鮮에 대한 지배권을 둘러싼 두 국가의 이해관계다. 제국주의 러시아의 남하정책과 신흥 제국주의 일본의 북진정책은 충돌할 수밖에 없었다.

러일전쟁은 러시아와 일본이 중국 동북지방과 조선에 대한 지배권을 놓고 1904년과 1905년에 벌인 전쟁이다. 청일전쟁1894에서 승리한 일본은 2억 냥의 전비와 함께 조선에 대한 우위를 확보했으며 대만臺灣과 랴오둥반도遼東半島를 할양받았다. 그러자 러시아는 영국, 독일과 함께 삼국간섭三國干涉을 실행하여 랴오둥반도를 청大淸帝國에 돌려주도록 강압했다. 이로 인하여 일본大日本帝國은 러시아에 반감을 가지고 영국과 동맹을 맺는다. 반면 삼국간섭의 주체인 러시아는 여러 가지 이권과 함께 부동항不凍港 여순Athur을 사용할 수 있게 되었다. 한편 일본은 조선 황후 민비閔妃를 시해한 을미사변乙未事變, 1895으로 조선에서 배척당하게 된다. 조선에서 반일감정이 비등하자 조선왕 고종은 친러파와 함께 러시아 공사관으로 아관파천俄館播遷, 1896.2.11~1897.2.20을 단행했다. 이후 고종은 친러정책을 유지하면서 대한제국大韓帝國, 1897.10.12~1910.8.29을 선포했다.

1904년 협상 때 러시아가 조선의 39도선 북쪽에 대한 지배권을 주장하자 일본은 과감하게 전쟁을 개시했다. 이렇게 하여 발발한 러일전쟁에서 중국 여순항 봉쇄와 압록강 전투 및 랴오양 전투遼陽會戰 등에서 일본이 승리한 후 러시아와 일본의 태도가 갑자기 바뀌었다. 당시 일본은 러시아를 견제하고자 하는 미국과 영국의 지원을 받고 있었으나 열세인 국력과 막대한 군비지출로 고전하고 있었다. 한편 러시아에서는 1905년 '피의 일요일 사건1905.1.9'이 일어나고 반제反帝 혁명이 고조되어 전쟁을 계속하기가 어려워졌다. 게다가 강력한 발트함대는 아프리카의 희망봉을 돌아서 블라디보스토크로 향하던 중, 1905년 5월 27일 쓰시마 해협에서 일본해군에 대패했다. 이로 인하여 러시아는 협상하지 않을 수 없게 되었다. 예상과 달리 일본의 승리로 전쟁은 끝났다. 세계는 또다시 놀랐고 일본의 지위를 인정할 수밖에 없었다.

러일강화협상은 루스벨트T. Roosevelt의 중재에 따라서 미국의 포츠머스에서 열렸다. 이 사이에 일본은 1905년 7월 27일, 비밀리에 미국과 태프트·가쓰라 밀약Taft-Katsura agreement을 체결하여 조선에 대한 지배권을 확정했다. 러일협상은 1905년 8월 8일에 시작하여 9월 5일 타결되었으며 이로 인하여 루스벨트 대통령은 1906년 노벨평화상을 수상했다. 이후 러시아는 아시아진출을 포기하고 발칸반도와 중앙아시아로 눈을 돌렸다. 반면 일본은 사할린섬 남부를 할양받았고 만주의 철도를 차지하게 되었으며 여순 일대의 랴오둥반도를 지배하게 되었다. 일본의 가장 큰 수확은 조선에 대한 실질적인 지배권 확보였다. 조선에 대한 지배권을 명시한 일본과 러시아의 강화조약The Treaty of Portsmouth 2호는 다음과 같다. '러시아는 일본이 조선에서 정치·군사·경제적인 우월권이 있음을 승인하고 조선에 대하여 지도, 감독에 필요한 조치를 취할 수 있음을 승인한다.'

일본은 러일전쟁이 끝날 무렵 대한제국에 압박을 가하여 1905년 8월 22일, 제1차 한일협약을 체결했다. 그리고 1905년 11월 17일, 제2차 한일협약을^{사조약, 한일협상조약}을 체결하여 대한제국의 외교권과 군사권을 강탈했다. 아울러 일본은 조선에 통감부統監府를 설치하고 이토 히로부미伊藤博文가 통감으로 부임^{1906.3.2}하는 등 실질적인 지배권을 행사했다. 청일전쟁에 이어 러일전쟁까지 승리한 일본은 열강 제국주의로 인정받았고 이를 바탕으로 팽창정책과 군국주의로 나아갔다. 반면 러시아는 패전의 충격으로 군비확장을 가속화한다. 이에 위협을 느낀 독일 역시 군비 확장을 계속하여 제1차 세계대전으로 비화하게 된다. 이처럼 러일전쟁은 서구 유럽에 대한 아시아 국가의 승리라는 특별한 점은 있으나 본질적으로 제국주의 국가들의 영토전쟁이고 식민지 확보를 위한 패권전쟁이다.

참고문헌 Rotem Kowner, *The Impact of the Russo–Japanese War*, Routledge, 2007.

참조 대정봉환, 러시아혁명, 러일전쟁, 메이지유신, 무사도, 자본주의, 정한론, 제1차 세계대전, 제국주의, 중일전쟁/청일전쟁

인공지능 AI

AI Artificial Intelligence | 人工智能

어느 날 K는 밤하늘의 은하수를 보면서 탄식한다. '200만 년 후에 인류는 어떻게 되어 있을까? 인류는 200만 년 전에 지구에서 출현하여 생존해 왔다. 과연 200만 년 후에는 사라질 것인가? 아니면 새로운 종과 인류가 평화롭게 공존할 것인가?' 인류의 운명은 아무도 알 수가 없다. 하지만 인간과는 다른 새로운 존재가 출현할 것은 분명하다. 아마도 그 새로운 종은 복제인간Clone이나 인공지능일 가능성이 크고 인간은 여러 형태의 새로운 종을 메타휴먼meta-human 또는 슈퍼휴먼superhuman이라고 부를 것이다. 이들은 대략 2020년대에 인간과 대화할 수 있는 튜링테스트Turing test를 통과하고 인간의 지능을 능가하는 능력을 갖출 것이다. 일찍이1950 튜링은 기계도 지능을 가질 수 있다고 주장한 논문"Computing Machinery and Intelligence"에서 지능을 가진 기계를 예견했고 컴퓨터과학자 존 매카시John McCarthy는 이것을 인공지능으로 명명했다1956.

인공은 인간이 만든 무엇을 의미하고, 지능은 계산, 비교, 판단, 추론 등을 수행하는 지적 능력이다. 따라서 인공지능人工知能, AI은 인간이 만든 기계이면서 인식, 계산, 비교, 판단, 추론, 예측, 결정, 심층학습, 문제해결, 이미지와 음성의 패턴인식pattern recognition을 할 수 있는 유무형의 시스템과 구조를 말한다. 일반적으로 첫째, 인공지능은 지능을 가진 개체나 존재로 로봇robot이나 사이보그cyborg와 같은 하드웨어를 의미한다. 둘째, 인공지능은 인간의 뇌처럼 작동하는 컴퓨터 프로그램이나 알고리즘과 같은 소프트웨어를 의미한다. 셋째, 인공지능은 하드웨어와 소프트웨어가 결합한 형태의 구조나 네트워크 시스템network system으로 병렬컴퓨터나 클라우드Cloud와 같은 것이다. 그런데 인공지능은 인간이 설계하여 만든 기계이므로 인간과의 관계에서 이해되어야 한다.

인공지능은 인간의 지도를 받는 인공지능supervised AI과 인간의 지도를 받지 않는 인공지능unsupervised AI으로 나눈다. 또한, 인공지능은 인간보다 못하거나 제한적 목표만 수행하는 약인공지능weak AI, 인간과 같은 수준의 인공지능, 인간보다 우수하면서 일반적 능력을 가진 강인공지능strong AI, 인간과 다른 사고체계와 지각능력을 가진 인공지능으로 나뉜다. 주어진 목표만 수행하는 약인공지능과 달리 강인공지능은 스스로 학습하고 자율적으로 통제하는 기능이 있다. 2010년대에 들어 인공지능은 스스로 학습하고 문제를 해결하는 전문가영역expert systems에 이용되고 있고 예술작품 창작과 같은 창의적인 작업도 수행한다. 그런데 범용의 일반인공지능general AI이 인간의 지능을 초월하면 독립적인 존재가 되어 다른 이름을 가질 것이다. 그리고 21세기 안에 인간보다 더 인간적인 인공지능이 만들어질 것이다.

인공지능 중 학습Learning에 초점을 맞춘 알고리즘Algorithm을 기계학습/머신러닝Machine learning이라고 한다. 기계학습은 통계학습과 심층학습으로 나뉜다. 첫째, 통계학습은 통계에 바탕을 둔 음성인식speech recognition과 통번역시스템인 자연어처리NLP 등을 수행한다. 둘째, 심층학습/딥러닝은 인간 뇌의 정보처리 능력을 인공화한 인공신경망artificial neural networks, ANN을 바탕으로 한다. 인공지능은 (인간과 유사하게) 외부에서 정보가 입력input되면 지각, 인지, 판단, 분류, 종합, 비교, 추상화, 출력output 등의 과정을 수행한다. 딥러닝은 인간처럼 스스로 학습하고 직관적 결정을 할 수 있는 인공지능 시스템이다. 또한, 딥러닝은 패턴을 인식하거나 스스로 오류를 수정한다. 인공지능의 원리는 자극-반응을 중시하는 행동주의Behaviorism 심리학, 컴퓨터과학Computer science의 연산, 신경과학Neuroscience의 정보처리 기능이다.

인공지능연구는 1950년 이후 수많은 부침浮沈을 겪었으며 2000년대에 이르러 컴퓨터 용량의 획기적인 증대와 빅데이터Big data의 구축에 따라서 크게 발전했다. 1997년 IBM의 왓슨Watson은 체스 세계챔피언을 이겼으며, 2016년 구글Google의 알파고Alphago는 바둑 세계챔피언을 꺾었다. 예술가들도 괴력을 가진 인공지능인 터미네이터Terminator와 같은 존재를 상상했다. 이런 흐름으로 볼 때 인공지능의 발전은 수많은 문제를 유발할 것이 분명하다. 일찍이1966 하이데거는 (인공지능을 의미하는) 인공두뇌학Kybernetik 기술이 인간의 지위를 위태롭게 하리라고 예언한 바 있다. 그러므로 인공지능의 발달과 진화에 따라서 인간과 인공지능의 관계가 새롭게 설정되어야 한다. 현재 인공지능은 의식과 감정을 가진 인공감정지능AEI으로 발전하고 있다. 아마도 인공지능은 자율적이고 독립적이며 인간의 지능을 초월하는 새로운 종Species으로 진화할 것이다. 이렇게 볼 때, 인공지능은 인간과 공존할 새로운 종으로 보인다.

참고문헌 Alan Turing, "Computing Machinery and Intelligence", *Mind*, Vol.*LIX*, No.236, October 1950; John McCarthy, "Epistemological problems of artificial intelligence", *IJCAI*, 1977.

참조 4차 산업혁명, 감정·정서, 기계학습, 기억, 딥러닝/심층학습, 물리주의, 복잡계, 빅데이터, 신경과학, 인간(신체), 의식, 중국어 방, 지각, 진화론, 창조론, 튜링테스트

빅데이터

Big Data | 大数据

K는 새벽 6시 30분 버스를 타서 신용카드로 결제했다. 버스에서 핸드폰Cell phone으로 뉴스를 검색하고 간단한 댓글을 달았다. 그다음 페이스북Facebook에 접속하여 친구들의 동정을 살펴본다. 관심 있는 글에 '좋아요'를 누른다. 그리고 메일을 열어서 읽어본다. 버스 안에는 반쯤 사람이 있었고, 그중 K처럼 핸드폰을 보는 사람이 반이 넘었다. 이들의 행위는 빅데이터의 정보로 축적된다. 이 정보들을 분석하면 K와 같은 새벽형 인간의 행동 패턴을 알 수 있다. 그리고 뉴스의 댓글이나 페이스북의 '좋아요'를 통하여 의식, 감정, 연결망, 취향 등이 드러난다. 이처럼 모든 사람이 정보소비자이자 정보생산자가 되는 현상은 인터넷 환경이 변화했기 때문이다. 대략 2010년을 전후하여 컴퓨터의 저장 방법과 용량, 연산능력, 분석과 분류의 속도, 데이터의 축적, 가치해석, 연결의 범위 등이 획기적으로 달라졌다. 여기서 유래한 빅데이터는 대략 20세기말까지의 데이터를 넘어서는 방대한 데이터다.

인류는 2010년대부터 일 년에 수백 엑사바이트Exabyte, 1엑사바이트는 미국 의회도서관 인쇄물의 10만 배의 데이터를 축적하고 있다. 기존의 데이터와는 비교가 되지 않는 방대하고도 다양한 정보가 축적되면서 4차 혁명으로 불리는 변화가 시작된 것이다. 빅데이터라는 개념을 처음 정초한 존 매시J. Mashey는 1998년, '빅데이터로 상징되는 기술의 흐름technology waves을 모르면 살아남을 수 없다'는 과격한 발언을 한 바 있다.[1] 이후 그가 예측한 대로 데이터는 폭발적으로 증가했고 컴퓨터 용량과 속도는 획기적으로 증대되었다. 다양한 데이터는 입력input-분석 및 분류-연관성 및 연속성 해석-결과 도출$^{out\,put}$의 정보처리 순서를 거친다. 이 과정에서 과거와 다른 빅데이터의 특성이 작동한다. 빅데이터의 특성은 여러 가지가 있는데, 메타그룹$^{META\,group}$은 다음 3V로 정리한 바 있다.

빅데이터의 특성은 첫째, 데이터의 방대한 크기^{Volume} 둘째, 실시간의 빠른 속도^{Velocity} 셋째, 문자와 수치^{數値}만이 아니라 이미지, 동영상, 사진, 음향, 위치정보^{GPS}와 같은 다양성^{Variety}이다. 여기에 데이터의 가변성^{Variability}과 정확성^{Veracity}이 첨가되어 5V로 정리되었다. 그러므로 빅데이터는 데이터의 중요성을 강조하는 개념이면서 방대한 데이터, 데이터의 빠른 처리 속도, 분산 처리 방법, 다양한 데이터 분석, 신뢰성을 가진 가치생산 등을 의미하는 것이다. 따라서 빅데이터는 방대한 정보를 생산하는 디지털 환경, 다양한 정보를 인지하고 분류하는 방법, 연산능력인 컴퓨팅 용량, 저장 공간의 증대와 저장 방법, 정보처리 속도, 유비쿼터스^{Ubiquitous} 환경 등이 복합적으로 작동하는 체제다. 빅데이터의 반대 개념인 작은 데이터$^{small\,data}$는 기존의 통계분석과 관계형 데이터베이스^{RDBMS}로 분석할 수 있는 정형화된 데이터를 말한다.

2010년 전후 통계 축적, 감지기^{sensor}, 전자태그^{RFID}, 연결방식^{interface}, 연결규칙^{protocol} 등이 크게 발전했다. 아울러 클라우드^{cloud} 공간과 오픈소스를 이용한 데이터의 분산 처리 방법과 컴퓨터 병렬방식도 개선되었다. 또한, 사람도 사물처럼^{agent} 통계 처리될 뿐 아니라 모든 것이 연결되는 사물인터넷^{IoT}이 작동되고 있다. 여기에 인간 두뇌의 정보처리 능력을 인공화한 인공신경망$^{artificial\,neural\,networks,}$ ^{ANN}인 인공지능^{AI}의 정보처리 능력의 향상되었다. 그 외에 딥러닝/심층학습^{Deep} ^{learning}의 자율성이 더해지고, 벡터^{Vector}로 표시되는 방향성까지 덧붙여서 빅데이터의 분석과 예측이 더 정확해졌다. 빅데이터 처리는 여러 형태의 정보처리가 가능하도록 데이터화^{datification}가 선행되어야 한다. 가령, 이미지를 처리하는 그

---

1   John R. Mashey (April 25, 1998), "Big Data… and the Next Wave of InfraStress", Slides from invited talk, Usenix. Retrieved September 28, 2016.

래픽카드[GPU]와 다차원적 흐름을 처리하는 텐서카드[TPU, Tensor Processing Unit]의 기능이 좋아야 하고, 자연어처리와 통계추론 등이 가능해야 한다.

데이터와 알고리즘이 유기적으로 결합하면 자동차 자율주행, 번역과 통역, 의료, 교육, 군사, 기업, 기상, 교통 등 여러 영역을 분석할 수 있다. 하지만 빅데이터 정보처리는 과거의 데이터로 현재와 미래를 예측하는 귀납추론이다. 그러므로 귀납추론에 근거한 빅데이터 처리는 무한히 많은 데이터가 있더라도 정확하게 예측하기 어려울 뿐 아니라 섬세한 부분을 간과할 염려가 있다. 그래서 데이터마이닝[data mining]이라고 하는 데이터의 유용한 정보를 추출하는 과정이 필요하다. 한편 데이터를 축적한다는 것은 개인정보를 노출하고 보안의 안전성을 해칠 염려가 있다. 그래서 빅데이터는 행위자[agent]인 노드[node]를 감시하는 빅부라더[Big Brother]에 비유되기도 한다. 그러므로 빅데이터는 윤리와 규칙을 지키면서 사회에 이익이 되는 데이터 처리 기술이 동반되어야 한다. 그렇지 않으면 빅데이터의 정보독점은 큰 문제를 일으킬 것이다.

참고문헌 John R. Mashey(April 25, 1998), "Big Data⋯ and the Next Wave of InfraStress", *Slides from invited talk*, Usenix, Retrieved September 28, 2016.

참조 감각, 감정·정서, 결정론, 경험론/경험주의, 귀납·연역·귀추, 기계학습, 기억, 논리·논리학, 딥러닝/심층학습, 복잡계, 신경과학, 신뢰성, 의식, 이미지·이미지즘, 인공지능 AI, 인식론, 지각

행동주의 · 파블로프의 개
Behaviorism | 行为主义

러시아의 생리학자 파블로프는 특별한 실험을 했다. 그의 실험은 종을 친 다음 개에게 먹이를 주는 것이다. 이 상황이 반복되자 개는 종소리를 들으면 침을 흘렸다. 파블로프는 훈련을 시키면서 개의 반응을 관찰했다. 그는 이 과정에서 중요한 사실을 발견했다. 개는 종소리라는 자극刺戟이 있으면 반드시 어떤 반응反應을 한다는 사실이다. 이것은 자극stimuli – 반응response의 관계S-R다. 여기서 도출된 조건반사이론은 어떤 조건에서 어떤 결과가 나오는 것은 결정되어 있다는 관점이다. 이 실험결과는 큰 반향을 일으켰고 심리학에 큰 영향을 미쳤다. 그 이유는 동물과 인간행동의 원리를 밝히는데 생리적 반응이 매우 중요하기 때문이다. 이것을 '파블로프의 개' 또는 고전적 조건화classical conditioning라고 한다. 고전적 조건화의 핵심은 주어진 자극에 비자발적involuntary으로 반응하는 것이다.

1910년 전후 미국의 심리학자들은 생리적 반응을 적극적으로 받아들였다. 당시 유럽의 심리학자들은 분트Wundt와 프로이트S. Freud의 연구에 기초하여 인간의 마음, 정신, 감정, 의식을 연구하고 있었다. 이 내성 연구방법은 흥미롭지만 객관적이지 않다는 문제점이 있었다. 그래서 미국의 심리학자들은 생리적 반응을 도입하여 행동주의行動主義 심리학을 창안했다. 이렇게 하여 생겨난 행동주의는 표면으로 드러난 행동을 객관적으로 관찰하여 원인과 결과를 과학적으로 분석하는, 심리학과 철학의 한 분파다. 이들은 자극을 차별하여 반응하는 것이 감각이며, 내면 기관의 활동이 감정이고, 발화되지 않은 언어가 사고思考라고 생각했다. 행동주의에 의하면 인간도 동물과 같은 행동 양식을 보인다. 행동주의를 창안하고 체계화한 사람은 시카고대학의 왓슨^{J.B. Watson, 1878~1958}이다.

왓슨은 「행동주의자 선언^{Behaviorist Menifesto}」¹⁹¹³에서 의식이나 감정과 같은 주관적인 요소를 배제하고 표면적 행동과 같은 객관적인 것만을 분석의 대상으로 삼아야 한다고 주장했다. 왓슨의 행동과학^{science of behavior} 또는 행동주의 심리학에서 인간은 주어진 조건과 자극에 반응하는 동물이다. 왓슨의 행동주의 심리학은 단순히 객관적 관찰에 머물지 않고 사회적 문제를 해결하고, 양육과 교육에 영향을 주며, 미래를 예측하는 것이었다. 하지만 이것은 기계적인 관점이기 때문에 '인간의 생각, 의식, 감정, 정신을 배제한 심리학이 가능한가'라는 문제가 대두했다. 이로부터 신행동주의^{Radical Behaviorism} 심리학이 태동했다. 고전적 행동주의가 인과관계의 순차에 따른 결정론의 관점을 취하는 것에 반하여 신행동주의는 '자극과 다르게 반응할 수도 있다'는 적응행동이론의 입장을 취한다.

1940년을 전후하여 신행동주의의 선구자 스키너^{B.F. Skinner, 1904~1990}는 조작적 조건화^{operant conditioning}를 통하여 자극-반응의 인과관계를^{S-O-R} 새롭게 정리했다. 그리고 그는 동물실험실을 개설하고 다양한 환경과 조건에서 자극-반응을 연구했다. 스키너는 이상사회를 그린 소설 『월든 투^{Walden Two}』¹⁹⁴⁸를 썼고, 비둘기를 훈련시켜서 탁구를 하도록 했으며, '스키너 상자'를 고안하여 여러 가지 실험과 관찰을 거듭했다. 그리고 스키너는 상자에서 쥐를 훈련시켰다. 상자의 지렛대를 누르면 아래에서 먹이가 나온다. 이것을 반복 강화強化하고 학습한 쥐는 능동적이고 자발적으로 변한다. 여기서 얻은 결과는 첫째, 옳은 행동을 칭찬하는 긍정적 강화^{positive reinforcement}는 교육적 효과가 크다는 것과 둘째, 옳지 않은 행동을 처벌하는 긍정적 처벌^{positive punishment} 역시 교육적 효과가 있다는 것이다. 그것이 시행착오를 통한 반복적 강화와 보상이다.

한편 톨먼^{E.C. Tolman, 1886~1959}은 행동의 목적을 중시한 목적행동주의^{Purposive Behaviorism}를 주장했고 이를 비판한 클라크^{C.L. Hull, 1884~1952}는 생체의 환경이 반응하는 행동을 토대로 학습이론을 발전시켰다. 특히 신행동주의는 자극을 판별하고 능동적으로 반응한다는 점에 주목하였다. 그리고 하나의 행동 즉 분자적 molecular 행동 분석에서 벗어나 행동의 연속인 전체적molar 행동에 주목했다. 이들은 인간의 자발적 행동을 분석하고, 예측하고, 치료하는 실용주의적 태도를 보여주고 있다. 행동주의는 러셀의 행동주의, 제임스 윌리엄의 심리학, 파블로프의 생리학, 그리고 청교도 정신에서 유래하였으며 실용주의의 영향으로 형성된 행동 중심의 실험심리학이다. 그런데 촘스키가 스키너를 비판한[1959] 것에서 보듯이 행동주의는 인간의 이성, 생래적 능력, 유전적 요인을 무시한다는 문제점이 있다.

참고문헌 John B. Watson, *Behaviorism*, Chicago : University of Chicago Press, 1930.

참조 감각, 경험론/경험주의, 관념론, 논리실증주의, 보편문법, 순수이성, 유물론, 이성론/합리주의, 인공지능 AI, 인식론, 프래그머티즘/실용주의, 프로이트

일반상대성이론

General Theory of Relativity | 广义相对论

'여행을 다녀올게.' 그리고 형 P는 우주선을 타고 10광년 떨어진 행성으로 여행을 떠났다. 우주선은 0.5/c 즉, 빛의 절반 속도로 일정하게 비행했다. 그런데 어떻게 된 것일까? 지구의 동생 K는 40년을 보냈는데, 우주여행을 한 형 P는 34.6년을 보낸 것이다. P가 일정한 속도ˇ로 여행을 했기 때문에 지구에 있는 K보다 시간이 늦게 흐른 것이다. 이것이 시간의 차이에 관한 특수상대성이론을 설명한 쌍둥이 역설Twin paradox이다. 1905년 발표한 특수상대성이론의 핵심은 '관성계의 물리법칙은 같다'는 것과 '빛의 속도는 일정하다'는 것이다. 이것을 발표한 사람은 스위스 특허국 직원 아인슈타인A. Einstein, 1879~1955이다. 이를 발전시킨 일반상대성이론은 아인슈타인이 1915년에 발표한 것으로, 물질과 시공간은 상호영향 관계에 있으며 물리법칙은, 다른 속도일지라도 언제 어디서나 등가라는 이론이다.

아인슈타인은 승강기가 하강할 때 중력을 느끼지 못하는 것을 발견하고, 중력질량mg과 가속도가 붙은 관성질량mi이 같다는 것에 주목했다. 이것은 속도의 물리량과 중력의 물리량이 같다는 뜻이다. 그런데 중력은 시공간의 위치에 따라 변하고 중력 또한 다른 것에 영향을 미친다. 이것은 중력에 의하여 공간이 휘어지기 때문에 빛이 직진하지 않고 휘어질 뿐 아니라 시간지연膨脹 현상이 생긴다는 것을 의미한다. 당시 아인슈타인은 빛이 휘어진다는 것을 증명하고자 노력했지만 제1차 세계대전으로 실험을 할 수 없었다. 그런데 1919년 5월 29일, 영국의 에딩턴A. S. Eddington이 아프리카 서부의 프린시페Principe에서 개기일식 촬

영에 성공하여 태양의 중력 때문에 별의 위치가 달라진다는 것과 빛이 휘어진다는 것을 입증했다. 그리하여 '뉴턴이론이 무너지고 아인슈타인이 승리했다'는 말이 생겼다.

상대성이론은 시간, 공간, 사건, 속도, 가속도, 중력, 질량, 빛, 물리량, 물리법칙 등에 관한 이론이다. 이것들이 상호작용하면서 절대적인 기준을 무너뜨린다. 그런데 일반상대성이론에서 말하는 시공간의 휘어짐은 같은 물리량이 다르게 표현된 것이다. 또한, 시간이 공간이고 공간이 시간이므로 시공간spacetime이 되는 것이다. 이것은 빛이 중력에 의하여 휘어진다는 의미인데, 그 직접적인 원인은 중력의 질량이 작동하는 중력장gravitational field 때문이다. 아인슈타인은 공간좌표 x, y, z와 시간 좌표 t로 표시하는 민코프스키H. Minkowski 4차원을 이용하여 중력을 리만기하학G. Riemann으로 표시했다. 이처럼 중력의 영향을 받는 시공간은 상대적이다. 아인슈타인의 일반상대성이론에 의하여 시공간은 절대적이며 물질의 영향을 받지 않는다는 뉴턴의 학설이 바뀌게 되었다.

고전역학에서는 '태양의 중력 때문에 지구가 태양을 도는 것이고 태양이 없으면 지구는 직선운동을 한다'고 보았다. 그런데 일반상대성이론에서는 중력에 의해서 휘어진 시공간 때문에 직선운동을 하려는 지구가 태양을 도는 것이라고 설명한다. 그 외에 수성의 근일점perihelion 이동과 중력에 의한 적색편이redshift 또한 시공간이 휘어져 있음을 입증하는 것이다. 한편 아인슈타인은 중력파를 가정했다. 중력파gravity waves는 질량을 가진 물체가 운동과 충돌을 할 때 물결처럼 퍼져나가는 에너지 파동이다. 중력파는 시공간의 일그러짐을 증명하는 것이기 때문에 특별히 중요하다. 오랜 시간 동안 관측되지 않던 중력파는 2016년 라이고연구단LIGO에 의하여 관측되었다. 라이고연구단은 2017년 블랙홀이 충돌하여 생기는 중력파까지 관측하여 시공간의 휘어짐과 블랙홀의 존재를 재차 입증했다.

일반상대성이론을 제기할 당시 아인슈타인은 중력상수를 찾는 중력방정식을 제시하고 그를 근거로 블랙홀Black Hole을 예견했다. 블랙홀은 큰 별이 폭발한 후 원자핵끼리 뭉친 중성자별에서 중력이 붕괴하고 질량만 남은 것이다. 아인슈타인은 모든 것을 흡수하는 블랙홀을 근거로 우주의 물리법칙이 같다는 통일장이론unified theory of field을 제시했다. 하지만 통일장이론은 중력, 전자기력, 약력, 강력을 포함하지 못하면 불확실한 이론이 된다. 또한, 통일장이론은 양자중력quantum gravity, 시공간특이점spacetime singularities, 암흑물질dark matter과 상치되는 문제점이 있다. 하지만 일반상대성이론은 대단히 중요하다. 중요한 이유는 첫째, 우주의 시간과 공간이 절대적이지 않고 상대적임을 밝혔기 때문이고 둘째, 우주가 팽창하더라도 우주의 물리법칙은 동일하다는 것을 밝혔기 때문이며 셋째, 우주 구성의 원리를 밝히는 단초이기 때문이다.

참고문헌 Albert Einstein, "Die Feldgleichungen der GravitationThe Field Equations of Gravitation.", *Königlich Preussische Akademie der Wissenschaften*, Nov. 25, 1915, Berlin, Germany, pp.844~847

참조 공간, 뉴턴역학·고전역학, 만유인력·중력, 물리주의, 불확정성의 원리, 블랙홀, 빅뱅이론/우주팽창이론, 시간, 시공간, 양자역학, 원자, 카오스이론, 특수상대성이론

프랑스대혁명

French Revolution | 法国大革命

역사상 가장 극적으로 죽은 왕의 한 사람이 프랑스의 루이 16세다. 그는 1793년 1월 21일 오전 10시, 기요틴guillotine의 칼날에 의해서 처형되었다. 단두대로 향하던 왕은 '나는 죄를 짓지 않았다'라고 외쳤으나 경비대의 북소리에 묻혀 버렸다. 하지만 루이 16세는 비교적 담담하게 죽음을 맞이했다고 전한다. 집행관이 잘린 왕의 머리를 보여주는 장면은 특히 극적이다. 루이 16세가 죽은 직접적인 원인은 1789년 일어난 프랑스 혁명 때문이다. 프랑스대혁명은 1789년 시작되어 1799년까지 평민과 부르주아가 봉기하여 봉건사회를 개혁하고 절대왕정을 폐지한 시민혁명이다. 프랑스 혁명은 아이러니하게도 루이 16세 자신이 소집한 삼부회Estates General로 촉발되었다. 당시 부르봉 왕가House of Bourbon가 통치하는 프랑스는 왕, 성직자, 귀족, 평민이 피라미드 구조를 형성하던 봉건사회였다.

루이 16세의 조부인 루이 14세는 왕권신수설에 따라 절대왕정을 구축했다. 이를 이어받은 루이 16세 역시, 왕은 신에게만 책임이 있으며 신민은 왕에게 절대복종해야 한다고 믿고, 절대왕정과 봉건제도를 근간으로 통치했다. 당시 프랑스는 미국혁명을 지원하는 한편, 베르사유Versailles궁전 건축에 과도한 지출을 했기 때문에 국가재정이 어려웠다. 그리하여 루이 16세는 베르사유궁전에서 삼부회를 소집하고 가톨릭 성직자, 귀족계급, 기타 평민의 삼부가 세금 증액을 논의한 것이다. 당시 프랑스는 1%인 성직자와 약 2%인 귀족 그리고 약 97%인 평민으로 구성되어 있었다. 하지만 토지의 약 40%를 성직자와 귀족 등 지배계급이 소유하고 있었으며, 평민은 국가와 교회에 세금을 내야 했다. 그런데 삼부회에서 왕,

성직자, 귀족 등 지배계급은 평민의 지위와 대표권을 인정하지 않았다.

이에 분노한 평민대표단은 1789년 6월 10일, 실내테니스장에 모여서 헌법이 제정될 때까지 함께할 것을 맹세했다. 이 사건을 '테니스장의 서약Oath of the Tennis Court'이라고 하고 이 조직을 국민의회National Assembly라고 한다. 파리 시민들은 이 소식을 듣고 1789년 7월 14일, 무기와 화약이 있는 바스티유감옥을 습격했다. 수감되어 있던 7인의 죄인을 풀어주고 교도소장을 살해하였다. 이 소식을 루이 16세에게 전할 때 사용한 천문학 용어 '레볼루시옹Revolution'은 훗날 '혁명革命'이 되었다. 이어 프랑스 각지에서 혁명과 봉기가 이어졌다. 8월 4일, 교회 세금을 철폐한 다음 봉건제도를 종식하는 선언이 있었으며 8월 26일, 귀족 라파예트 Marquis de Lafayette가 참여하여 인권선언[1]을 발표했다. 한편 1879년 10월, 경제적 궁핍에 분노한 파리의 주부들이 베르사유궁전에 몰려가 루이 16세와 왕비 앙투아네트M. Antoinette를 파리로 데리고 왔다.

각종 개혁이 진행되던 1791년 6월 20일 밤, 왕과 왕비는 가장假裝하고 파리를 탈출했으나 국경 근처에서 붙들려 다시 파리로 압송되었다. 결국, 루이 16세는 1791년 9월 29일, 자유liberty 평등equality 박애fraternity를 상징하는 삼색tricolor 리본을 달고 프랑스 혁명을 인정하겠다는 서약을 했다. 그러나 1792년 8월 10일, 혁명에 불만을 품은 민중들이 튀를리궁으로 진격하여 국민회의를 불신임하고 왕을 탕플탑에 유배하도록 압박했다. 이렇게 하여 루이 16세와 가족이 수감된 후, 자코뱅당의 당통G. Danton과 로베스피에르M. Robespierre 등 과격파는 왕 없는 공화정을 주장했다. 그리고 이들은 국민을 배신하고 외국군대로 프랑스를 공격하고자 한 죄목으로 왕의 사형을 주장했다. 결국, 비운의 루이 16세가 처형되고 말았다. 이후 자코뱅당의 로베스피에르가 무자비한 학살과 공포정치를 단행했으나 자신도 단두대에서 처형당했다. 이후 상하원과 총재정부The Directory, 1795~1799가 구성

---

1   "The Declaration on the Rights of Man and the Citizen."

되었으나 혼란은 계속되었다.

　프랑스 혁명에 충격을 받은 프로이센, 오스트리아, 영국, 러시아, 프랑스 왕당파가 연합하여 프랑스 왕정복고를 위한 전쟁을 일으켰다. 전쟁과 혁명은 1799년, 뛰어난 군인이었던 나폴레옹이 정권을 잡으면서 끝났다. 10년에 걸친 프랑스 혁명은 부르주아민주주의혁명으로 불리며 계급투쟁으로 평가된다. 한편 프랑스 혁명은 대외적으로 영국의 시민혁명과 미국혁명의 영향을 받았고, 사상적으로 볼테르, 루소, 몽테스키외, 디드로, 칸트의 계몽주의와 자유주의에 영향을 받았다. 그런데 프랑스 혁명은 중세 봉건사회를 해체하고 근대사회로 이행하는 진보의 역사이기 때문에 프랑스대혁명으로 불린다. 프랑스 혁명의 정신은 금속활자로 인쇄되어 세계 각국에 민주주의, 인권사상, 자유주의 등을 전파했다. 하지만 프랑스대혁명에 성공한 부르주아는 농민, 노동자와 결별하고 세상의 주인으로 등극했다.

참고문헌 Georges Lefebvre, *The French Revolution : From Its Origins to 1793*, Columbia University Press, 1971.

참조 계급투쟁, 계몽주의/계몽의 시대, 구텐베르크·금속활자, 국민국가/민족국가, 근대·근대성, 나폴레옹, 시대정신, 역사, 이성, 절대왕정·절대주의, 정신, 혁명, 휴머니즘/인문주의

사물인터넷
Internet of Things, IoT | 物联网

'인터넷은 사라질 것이다.'[1] 이 말은 2015년 1월 23일, 구글의 에릭 슈미트[Eric Schmidt] 사장이 스위스의 다보스에서 열린 세계경제포럼[World Economic Forum in Davos, Switzerland]에서 한 말이다. 에릭 슈미트는 2015년에 사용되는 인터넷은 사라질 것이며 새로운 방식의 정보소통 체계가 생길 것으로 예측했다. 그것은 모든 사물과 사람들이 직접 소통하는 새로운 인터넷 환경이 된다는 뜻이다. 이어서 에릭 슈미트는 머지않아 사물과 사물, 인간과 사물, 현실과 가상이 소통하는 사물인터넷이 주류를 이룰 것이라고 주장했다. 사물인터넷은 1999년 캐빈 애쉬톤[Kevin Ashton]이 『사물인터넷의 이해[Making Sense of IoT]』에서 처음 사용한 것으로 알려져 있다. 그는 사물에 센서와 전자태그를 장착하면 인터넷이 가능하다고 예측했다. 과연 사물인터넷이 가능할까? 가능하다. 이미 많이 쓰이고 있다. 사물인터넷은 개개의 사물에 부착된 센서를 통하여 데이터를 주고받는 기술과 체제다.

사물인터넷이 가능하게 된 것은 인터넷 시스템의 변화만이 아니라 정보처리와 이용 방식이 2015년 이전과 현저하게 달라졌기 때문이다. 특히 사물인터넷은 정보생산량이 방대하고 생산된 정보를 처리할 수 있는 기능이 신속하며 정보를 저장하는 용량이 거대하므로 사물인터넷이 구현될 수 있다. 첫째, 정보생산량이 방대하다는 것은 모든 사물과 인간이 정보생산자가 되어 빅데이터[Big

---

1   "There will be so many IP addresses ⋯ so many devices, sensors, things that you are wearing, things that you are interacting with that you won't even sense it," "It will be part of your presence all the time. Imagine you walk into a room, and the room is dynamic. And with your permission and all of that, you are interacting with the things going on in the room."

data를 생산한다는 것이고 둘째, 정보처리 기능이 신속하다는 것은 컴퓨팅 연산 능력이 매우 빠르다는 것이며 셋째, 정보저장 용량이 거대하다는 것은 하드웨어가 획기적으로 증대되고 클라우드^{Cloud}와 같은 저장 방식이 개선되었다는 것이다. 그 외에 넷째, 기계와 기계의 소통^{MtoM}과 같이 상호 네트워크^{network}가 긴밀하고 정보교환의 인터페이스^{Interface}와 규칙의 프로토콜^{protocol}에 제약이 없다는 뜻이다.

사물인터넷이 작동되는 것은 모든 사물에 주소^{IP}를 포함한 전자태그^{RFID}가 내장^{embedded}되어 있기 때문이다. 먼저 센서가 대상을 감지한 다음 그 정보를 정보처리 장치로 전송^{gate way}한다. 그다음 무한대의 저장 공간인 클라우드와 거대한 용량의 컴퓨터에서 이 정보를 분석한다. 이를 위해서는 정보의 상호연결성^{connectivity}과 분산하여 처리하는 분산처리시스템이 필요하다. 이런 사물인터넷 설계^{architecture}를 위해서는 사물의 위치를 표시하는 주소^{IP}가 무한대로 필요하다. 왜냐하면, 모든 인간과 개개의 사물이 각각 하나의 주소를 가지고 있어야만 위치도 알고, 벡터를 통한 운동의 방향도 알며, 섬세하게 감지할 수 있기 때문이다. 그래서 사물인터넷 환경에서는 IPv6의 128비트로 표시되는 주소를 사용해야 하고 앞으로 더 복잡한 주소체계를 가지게 될 것이다. 이처럼 주소를 부여한다는 것은 정보를 처리하는 구조^{infrastructure}를 구축하기 위해서다.

사물인터넷을 포함한 새로운 정보처리 방식은 일반적으로 4차 산업혁명으로 불린다. 정보처리 혁명인 4차 산업혁명은 여러 가지 특징이 있다. 특히 실시간으로 정보를 분석하고 결과를 도출하는 네트워크가 가장 중요하다. 이렇게 볼 때 사물인터넷은 언제나 소통이 가능한 유비쿼터스^{Ubiquitous} 인터넷 환경 속에서 사물과 인간이 시간과 공간을 초월하여 소통하고 작동하는 인터넷 시스템이자 플랫폼^{plate form}이다. 사물인터넷은 빅데이터, 인공지능, 컴퓨터언어, 세계적 네트워크, 데이터저장 및 처리 등 정보기술과 연결되어 있다. 그리고 사물인터넷은 자율적으로 작동하고 스스로 제어한다. 스마트빌딩, 스마트폰^{smart phone},

스마트홈, 스마트시티, 자율주행 자동차, 로봇 등은 사물인터넷과 인공지능이 구현된 시스템이다. 이처럼 사물인터넷과 인공지능이 총체적으로 구현되면 상품생산과 정보이용이 쉬워지고 효율성이 높아지며 비용이 절감된다.

사물인터넷은 장점도 있지만, 단점과 문제점도 많다. 먼저 복잡성complexity이 높은 사물인터넷이 잘 작동하려면 세계적 기준global finality이 있어야 하는데 그 기준을 설정하는 것은 무척 어렵다. 설령 세계적 기준을 설정한다고 하더라도 그에 비례하여 위험성이 상승하게 된다. 그 외에 다양성을 상실할 뿐 아니라 정보를 독점하기 쉽다. 또한, 개인정보 노출, 데이터 사용의 한계, 인터넷 테러와 같은 보안 문제가 발생한다. 또 다른 문제점은 인간이 하나의 사물로 존재한다는 점이다. 이런 변화는 아도르노가 예견한 것처럼 자본주의 대량생산을 뜻하는 동시에 물신화된 소비주의Consumerism와 규격화된 체제를 의미한다. 특히 사물인터넷의 핵심인 인공지능은 자율성과 독립성을 가지고 (스스로 진화하여) 인간을 초월하는 상황이 발생할 것이다. 그렇게 된다면 인간의 존재론적 위기가 심각해지고 세상은 거대한 기계나 감옥같이 작동될 수도 있다.

참고문헌 John R. Mashey April 25, 1998. "Big Data… and the Next Wave of Infra Stress", *Slides from invited talk*, Usenix, Retrieved September 28, 2016.

참조 4차 산업혁명, 감각, 공간, 문화다양성, 물리주의, 복잡계, 빅데이터, 시간, 신경과학, 이미지·이미지즘, 인공지능 AI, 인식론, 자본주의, 존재론, 지각, 진화론

블랙홀

Black Hole | 黑洞

블랙홀은 '무엇이든지 삼켜 버리는 무서운 어떤 것'으로 알려져 있다. 실제로 빛을 포함한 모든 것은 강한 질량 때문에 블랙홀로 빨려 들어간다. 이때 물체가 길게 변형되는 스파게티현상spagetification이 생긴다. 그리고 그 물체는 시공간spacetime의 인과법칙이 없어지는 사건의 지평event horizon을 넘어서 블랙홀 중심으로 흘러간다. 블랙홀은 강력한 중력의 힘으로 빛을 포함한 모든 것을 빨아들이는 시공간의 검은색 구멍이다. 블랙홀의 중심에는 특이점singularity이 있다. 특이점의 중력과 질량은 무한대이기 때문에 시간과 공간은 물론이고 그 어떤 것도 특이점에 이르면 녹는다. 원래 특이점特異點은 1을 0으로 나누는 것은 무의미하며, 무의미한 이유는 무한이기 때문이라는 수학의 개념이었다. 이것을 우주과학에 접목한 특이점은, 블랙홀의 중심에 있으면서 중력과 질량이 무한대인 특이한 상태를 말한다. 블랙홀은 아인슈타인이 말한 '우주의 물리법칙은 동일하다'는 일반상대성이론에 근거한다.

아인슈타인은 우주의 어느 곳에는 속도와 질량이 다르게 표현되는 블랙홀이 있으리라고 예측했다. 처음에 블랙홀은 개념이나 존재가 모호하여 주목을 받지 못했다. 하지만 아인슈타인의 중력장 방정식이 풀리면서 블랙홀의 존재가 드러나기 시작했다. 1964년 발견한 백조자리 X-1에서 강한 X선이 방출되는 것과 무엇에 끌려 들어가고 있는 것이 발견되면서 블랙홀의 존재가 확인되었다. 이렇게 하여 우주의 비밀 하나가 풀리기 시작했다. 1968년 과학자들은 1초의 주기를 가진 전파를 발견했는데, 이것은 중성자별이 발산하는 펄서pulsar였다. 한편 2016년, 라이고^{LIGO} 연구단은 질량을 가진 물질이 충돌하여 방출하는 중력파 gravity wave를 관측하여 블랙홀의 존재를 입증했다. 블랙홀의 또 다른 증거인 호킹 복사열Hawking radiation은 블랙홀이 에너지와 질량을 방출할 때 생기는 복사열이다.

일반적인 의미에서 블랙홀은 중력이 강하여 빛을 포함한 어떤 것도 빠져나가지 못하는 특이한 원추형 구멍을 말한다. 블랙홀은 별의 진화로 생성되는 것으로 알려져 있다. 모든 별은 중심부에서 핵반응을 일으킨다. 그때 에너지의 압력으로 중력을 지탱한다. 그런데 밀도가 커지고 중력이 붕괴하면 여기에 갇힌 전자가 반발한다. 이때 원자핵은 녹아버리고 가스 형태의 중성자만 존재하는 상태에 이른다. 이 고밀도 천체인 백색왜성White dwarf은 태양이 지구 크기로 압축된 것이다. 그 백색왜성이 쌍성을 이룬 거성으로부터 물질이 유입되면 초신성 폭발을 하면서 1/1,000로 압축되어 중성자만 있는 중성자별Neutron star이 된다. 중성자별이 더 압축되어 반지름이 사건의 지평선 이하로 줄어들면 블랙홀이 된다. 블랙홀이 될 수 있는 조건을 슈바르츠실트반경Schwartschild Radius이라고 하는데 1916년 슈바르츠실트가 방정식을 풀고 개념을 설정했기 때문이다.

회전하는 블랙홀의 방정식은 1963년 로이 커Roy Kerr가 풀었다. 회전하는 블랙홀은 정지한 블랙홀보다 반 정도로 작아지고 질량도 반으로 준다. 이런 블랙홀을 중심으로 강력한 중력이 형성된다. 그리고 블랙홀과 그 바깥을 나누는 경계선에 사건의 지평이事件視界 있다. 사건의 지평선 안쪽에는 시간과 공간이 존재하지 않고, 온도, 밀도, 압력 등도 없어진다. 그러므로 인과율이 적용되지 않는 사건의 지평선 안쪽에 무슨 일이 있는지 알 수가 없다. 또한, 사건의 지평선 안의 블랙홀에서는 일반적인 물리량을 측정할 수 없다. 측정한다는 것이 무의미하다. 한편 블랙홀은 태양질량의 100만~1억 배 정도의 초대블랙홀, 태양질량의 10배 정도의 블랙홀, 10억 톤 정도의 미니 블랙홀로 나누어진다. 한편 천체물리학자 호킹은 우주 폭발 직후 형성된 원시 블랙홀을 주장했다. 원시 블랙홀 Primordial black hole은 별의 중력붕괴로 형성된 것이 아니라 빅뱅 직후 밀도가 높은 상황에서 형성된 것으로 본다.

호킹의 가설에 의하면 블랙홀 역시 서서히 줄어들다가 사라지는 것이며 블랙홀은 다른 블랙홀과 결합하기도 한다. 별이나 우주 역시 생성소멸을 거친다. 한편 에너지보존법칙에 근거하여 블랙홀이 빛을 포함한 모든 물질을 흡수하는 것만이 아니라 방출한다는 가설도 제기되었다. 이것을 화이트홀White hole이라고 하는데 이론적으로만 정립된 개념이다. 그것은 블랙홀의 입구 반대편에 모든 것을 방출하는 화이트홀이 있고, 그 둘 사이에 사과를 관통하는 것 같은 모양의 웜홀Warm hole이 있다는 것이다. 웜홀을 통해서 다른 우주로 여행할 수 있다는 가설도 제기되어 있다. 그 외에 블랙홀의 안과 바깥을 나누는 사건의 지평선에서 정보가 사라진다는 관점과 정보가 사라지지 않는다는 양자역학이 충돌하고 있다. 또한, 모든 것은 사건의 지평에 홀로그램hologram처럼 붙어있다는 홀로그램 우주 이론도 제기되어 있다.

참고문헌 Stephen Hawking, *Black Holes and Baby Universes and Other Essays*, Bantam Dell Publishing Group, 1993.

참조 공간, 뉴턴역학·고전역학, 만유인력·중력, 물리주의, 불확정성의 원리, 빅뱅이론/우주팽창이론, 사건(김재권), 시간, 시공간, 양자역학, 인과율·인과법칙, 일반상대성이론, 특수상대성이론

진화론
Evolutionism | 进化论

저명한 영국 신사 헉슬리 경^{Thomas Henry Huxley, 1825~1895}은 다음과 같이 말하여 세상을 놀라게 했다. '나는 차라리 원숭이의 후예가 되겠다.' 이것이 무슨 뜻일까? 이 말의 원문은 '진실을 직시하는 것을 두려워하는 사람이 되기보다 차라리 두 원숭이의 자손이 되겠다^{I would rather be the offspring of two apes than be a man and afraid to face the truth}'이다. 이 문장에서 진실은 '인간이 진화했다는 사실'이고 이 문장이 부정하는 것은 '인간이 창조되었다는 것'이다. 당시 기독교인들은 '인간은 신에 의해서 창조된 피조물'이라고 믿고 있었다. 그러므로 헉슬리의 주장은 기독교 교리와 어긋나는 이단적인 도발이었다. 반응은 격렬했고 비판은 신랄했다. 이로 인하여 신사 헉슬리는 다윈의 불독^{Darwin's bulldog}이라는 별명을 얻었지만 사실 그는 스펜서의 사회진화론이 틀렸다고 주장하던 명석한 과학자였다. 특히 헉슬리는, '인간은 진화가 이끄는 운명을 피할 수 없다'고 단정하는 한편 윤리는 진화의 산물이라고 선언했다.

헉슬리는 1846년부터 4년간 호주 부근의 배에 근무하면서 동물형태학, 비교해부학, 고생물학을 연구했다. 그 연구를 바탕으로 헉슬리는 다윈의 진화론이 옳다고 생각하고 '인간은 원숭이의 후예'라고 주장한 것이다. 다윈과 헉슬리가 주장한 진화론은 지구에 존재하는 모든 생물은 단순한 형태에서 복잡한 형태로 진화하며 '환경에 적응하는 생물이 생존한다'는 철학사상이다. 이것은 다윈의 자연선택^{自然選擇}과 적자생존의 원리를 생물진화와 사회진화에 적용한 것이다. 따라서 생물의 진화^{進化}와 진화론^{進化論}은 다르다. 진화^{Evolution}는 주로 다윈의 학설을 중심으로 하여 생물이 점차 변화하고 발달하는 것에 관한 과학적 사실이고, 진화론Evolutionism은 두 가지 의미가 있는데 첫째, 진화에 대한 과학적 이론이고 둘째, 창조론과 대비되는 개념으로 생물과 사회가 진화한다는 사상이자 철학이다.

진화론을 최초로 정립한 사람은 아낙사고라스Anaxagoras, BCE 500~BCE 428다. 그는 인간을 포함한 모든 물질은 원소인 종자spermata에서 유래한 것으로 보았다. 근대에 들어 여러 가지 형태의 진화론이 제기되었는데, 그중 에라스무스 다윈Erasmus Darwin, 1731~1802과 라마르크의 학설이 진화론을 발전시킨 초기이론이다. 찰스 다윈의 조부인 에라스무스 다윈은 『주노미아Zoonomia』에서 생물의 욕구가 법칙성을 가지고 있는 진화의 원인이라고 설명했다. 한편 진화론을 체계적으로 주장한 라마르크Jean Baptiste Lamarck, 1744~1829는 『동물철학』에서 원시생물이 복잡한 생물로 발달한다는 진화론과, 획득된 형질도 유전된다는 용불용설用不用說을 제기했다. 이것은 획득형질의 유전은 (기린의 목과 같이) 필요 때문에 자주 사용하면 유전형질이 된다는 이론인데, 자연선택을 유일한 진화 이유로 설정한 바이스만A. Weismann에 의해서 부정되었다.

라마르크의 진화사상은 다윈의 『종의 기원』1859에 의해서 체계적인 진화론으로 발전했다. 다윈은 영국 해군의 비글호Beagle에 1831년 12월부터 1836년 10월까지 승선하여 태평양을 항해하고 갈라파고스 제도에서 진화의 결정적인 증거를 채집했다. 그 후 다윈은 20여 년간의 연구를 거쳐 생물진화의 이론과 실제를 증명했다. 그런데 1860년 6월 30일, 옥스퍼드대학 박물관에서 열린 토론회The 1860 Oxford evolution debate에서 다윈을 지지하는 헉슬리가 창조론을 주장하는 성공회 주교 윌버포스Samuel Wilberforce를 반박하면서 사회적인 문제로 비화했다. 다윈과 헉슬리 등 생물진화를 믿는 과학자들은 '모든 생물은 공통조상에서 분화 발전한 것이며 인간 또한 척추동물인 영장류에서 진화했다'고 결론지었다. 그 진화는 오랜 세월에 걸쳐 점진적으로 진행되며 화석에서 그 증거를 발견할 수 있다.

세상은 신에 의해서 완결적이고 고정적인 상태로 창조되었다는 창조론자들은 진화를 인정하지 않는다. 특히 기독교, 이슬람교, 유대교 등 아브라함계통 종교The Abrahamic religions에서는 진화론을 강력하게 부정한다. 진화론을 인정하면 신의 존재가 부정되기 때문이다. 하지만 21세기 기독교는, '영혼은 신이 창조한 것이고 신체는 생물 진화 법칙에 따른다'는 견해를 취하면서 '진화론과 창조론이 서로 배치되지 않는다'는 유신론적 진화론Theistic Evolutionism을 정립했다. 유신론적 진화론 또는 진화적 창조론Evolutionary Creationism에서는 생물의 공통조상을 인정하고, '신이 창조한 영장류에서 인간이 진화했다'고 본다. 한편 일반적 생물진화론은 스펜서H. Spencer, 1820~1903가 주장한 사회진화론Social Darwinism과 사회유기체설의 근거가 되었으며 인종차별, 약육강식, 생존경쟁, 적자생존, 자본주의, 제국주의의 이론적 근거 중 하나이다.

참고문헌 Thomas Henry Huxley, *Lectures on Evolution*, Lightning Source Inc, 2004.

참조 결정론, 공통조상, 과학주의, 유전자, 윤리 · 윤리학, 인간(신체), 자본주의, 자연선택, 적자생존, 제국주의, 존재론, 중립진화, 진화심리학, 창조론, 호모 사피엔스/현생인류

정신분석
Psychoanalysis | 精神分析

밥을 먹던 P가 나직한 소리로 '죽여 버릴 거야!'라고 말했다. 하지만 P는 자기가 한 말을 모르고 있었다. 그렇다면 P의 발화는 말실수일까? 아니다. 실수처럼 보이는 이 발화는 마음속 어디엔가 잠재한 분노가 언어로 분출된 것이다. 이처럼 사람들의 마음에는 자기도 모르는 진리가 숨겨져 있다. 마음의 구조를 체계화한 것은 프로이트S. Freud, 1856~1939다. 오스트리아의 정신과 의사이자 심리학의 창시자 프로이트는 인간의 마음을 의식consciousness, 意識과 무의식unconsciousness, 無意識으로 나누었다. 의식은 대상이나 현상 등 어떤 것을 인지하고 있는 것이고, 무의식은 대상이나 현상을 인지하였으나 의식하지 못하는 것이다. 프로이트는 인간의 무의식을 연구하면서 꿈, 백일몽, 말실수, 히스테리, 노이로제 등에 주목했다. 프로이트에 의하면 인간의 마음은 본능id, es, 자아ego, 초자아super ego로 구성되어 있다.

이드인 본능本能은 쾌락을 추구하는 성적 에너지 리비도libido이며 싫은 것과 좋은 것만 있다. 초자아超自我는 법이나 윤리와 같이 사회적인 제도에 따르는 정신이고, 자아自我는 본능과 초자아 사이에서 두 영역을 조절하는 자기 존재이다. 대체로 자아는 초자아의 명령에 따라서 본능적 욕망을 억제하면서 사회생활을 한다. 이때 억제된 본능은 무의식에 은폐된다. 무의식에 쌓인 욕동欲動이 신체로 분출하는 것 중의 하나가 히스테리다. 그런데 프로이트는 1896년 인간 정신의 구조를 분석하고 정신적 이상을 치료할 수 있다고 주장했다. 따라서 정신분석은 인간의 마음을 분석하거나 병리적 현상을 진단하는 것이며 콤플렉스와 불안과 고통을 해소하는 정신치료를 포함한다. 한편 정신분석학은 억압되고 왜곡된 본능을 분석하고 의식과 무의식의 관계를 해석하는 심리학의 한 영역이다. 정신분석에서 중요한 것은 고고학적 층위와 같은 무의식과 콤플렉스complex다.

프로이트는 강렬한 본능인 성충동性衝動을 정신분석의 중요한 요인으로 간주했다. 가령 어린 남자아이는 상대相對 성인 어머니에게 성충동을 느끼지만, 아버지의 강력한 권위에 복종하여 성충동을 철회한다. 이 과정에서 성격이 고착fixation되어 평생 영향을 미친다. 그리하여 유아 성충동을 무의식에 은폐하고 사회와 문화를 학습하는 대가로 (오이디푸스) 콤플렉스가 잠재하는 것이다. 그런데 본능이 추구하는 쾌락원칙Pleasure principle은 사회와 문화를 의미하는 현실원칙Reality principle과 충돌하는데, 자아는 적당하게 두 관계를 조절한다. 인간의 정신적 이상은 불만이 축적되고 왜곡되면서 정신적 균형을 상실한 것이다. 불안과 갈등으로부터 자기를 지키려는 방어기제defense mechanism가 작동되지 않으면 정신증이나 신경증으로 발전한다. 따라서 축적된 과거의 불만이 현재의 언행에 영향을 미친다.

프로이트와 브로이어J. Greuer는 신경증이 있는 소녀를 진단하고 무의식에 억눌린 감정을 의식으로 방출하는 정신치료psychotheraphy를 시행했다. 신경증 치료의 방법은 자유연상free association이다. 빈에서 개업한 프로이트의 병원에는 편안한 소파가 놓여 있었다. 신경증 환자나 심리적 위안을 받고 싶은 사람은 소파에 비스듬히 누워 있고, 의사는 환자가 보지 않는 머리 위쪽에서 앉아서 내면의 이야기를 편안하게 연상하고 발화하도록 전이transference 상태를 만든다. 이때 중요한 것은 환자의 관점에서 발화의 의미를 분석하는 것이다. 이렇게 50분 정도 치료하여 몇 달간 계속하면 신경증의 근거를 알 수 있다. 그러면 정신과 의사는 무의식에 억압된 신경증의 요소를 방출하도록 하여 정신치료를 하는 것이다. 한편 프로이트는 1905년 '성의 이론에 관한 논문'을 발표하여 성적 억압을 신경증의 주요 요인으로 꼽았다.

분석심리학을 창시한 융C. Jung과 권력의지를 강조한 아들러A. Adler는 '프로이트가 모든 것을 성性과 연결시킨다'라면서 새로운 길을 개척했다. 하지만 프로이트의 심리학과 정신분석은 의학, 사회학, 예술, 경영학을 비롯한 여러 영역에 지대한 영향을 미쳤다. 당시 정신분석은 주관적이라는 지적을 받았고 분석 과정이 복잡하며 상당한 비용이 소요되었다. 하지만 인간의 마음을 분석한다는 측면에서 열광적 지지를 받기도 했다. 이후 정신분석학계는 프로이트를 중심으로 하는 정신분석학과 융을 중심으로 하는 분석심리학Analytic psychology으로 갈라졌으며 각기 다른 학파를 형성했다. 1939년 프로이트 사후, 상당수의 정신분석학자는 나치의 압박을 피하여 미국으로 이주했다. 그 후 라캉J. Lacan은 정신분석과 언어를 연결하였고 지젝은 정신분석과 마르크스주의를 연결하였다. 현대 심리학계는 '정신분석은 과학성이 결여되었다'고 비판한다.

참고문헌 Sigmund Freud, *Three Essays on the Theory of Sexuality*, Franz Deutike, 1905.

참조 리비도, 무의식, 방어기제, 신경증, 원본능·자아·초자아, 오이디푸스 콤플렉스, 의식, 의식의 흐름, 자아, 자아와 비아, 정신분열증, 정신증, 죽음 충동, 집단무의식, 쾌락원칙, 타자, 프로이트, 현실원칙

열역학 · 에너지보존법칙

Thermodynamics | 热力学

100℃의 끓는 물을 컵에 담아두면 곧 식는다. 그렇다면 뜨거운 열은 어떻게 된 것일까? 열은 사라진 것이 아니고 컵, 컵이 놓인 식탁, 공기 등으로 퍼져나간 것이다. 이것을 열전도라고 한다. 언제나 열은 평형을 이루기 위하여 다른 물체로 옮겨간다. 그런데 열은 뜨거운 곳에서 찬 곳으로만 흐를 뿐, 찬 곳에서 뜨거운 곳으로 흐르지 않는다. 그래서 열을 일정한 방향으로 흐르는 에너지로 부른다. 이처럼 열은 동적動的인데 동적이라는 것은 움직이면서 운동을 한다는 뜻이다. 열의 운동에 관한 학문이 열역학Thermodynamics이다. 열역학은 '뜨거운 온도thermo'와 '움직이는 것dynamic'의 합성어이므로 열역학은 온도가 있는 것의 운동에 관한 학문이다. 분류학에서 열역학은 원자와 분자의 미시적microscopic 역학을 통계에 근거하여 거시적macroscopic 세계를 밝히는 통계역학Statistical mechanics의 일종이다.

열역학의 아버지로 불리는 카르노S. Carnot, 1796~1832가 열과 일운동의 관계를 밝힌 후, 열은 열소熱素, caloric가 아닌 에너지라는 것이 정설이 되었다. 어떤 것이 생기거나 이루어지는 것은 에너지의 작용 때문이다. 가령 물이 끓는 것은 불이 일한 결과다. 그것은 물체가 가지고 있던 질량에너지가 불이 되어서 물을 끓이게 했기 때문이다. 그래서 아인슈타인은 '질량과 에너지는 등가$E=MC^2$'로 표시했고 이 원리로 원자탄 제조나 원자력 발전을 할 수 있었다. 그 밖에 지구에 생물이 생긴 것이나 인간의 신진대사도 열과 에너지의 작용이다. 열과 에너지에 관한 열역학이 발전한 것은 산업혁명시대다. 산업혁명의 상징인 증기기관을 발명한 와트J. Watt는 열에너지를 기계적인 일로 바꾸었다. 그가 발명한 증기기관은 열을 가해 발생시킨 증기의 압력이 피스톤 운동을 하고 이것을 회전운동으로 바꾼 것이다. 이후 열역학은 자동차, 비행기, 에어컨, 냉난방 등 수많은 영역에 이용되었다.

첫째, 열역학 제1법칙인 에너지보존법칙Law of energy conservation은 에너지는 새로 창조되거나 파괴되지 않고 변형될 뿐이며 에너지 총량은 일정하게 보존된다는 법칙이다. 둘째, 열역학 제2법칙은 엔트로피entropy 증가 법칙으로 열의 방향에 관한 것이다. 엔트로피는 불규칙, 무질서, 혼돈을 의미하는 가상의 지수이며 어떤 일을 할수록 증가한다. 자연의 무질서와 엔트로피는 비례한다. 셋째, 열역학 제3법칙은 모든 것이 정지되는 절대온도인 켈빈 0도에 도달하는 일이 생기지 않는다는 것이다. 절대온도인 켈빈kelvin 0도는 섭씨 −273.15도, 화씨 −459.57도다. 통계역학에 의하면 엔트로피와 운동이 0이 되는 것은 불가능하다. 넷째, 열역학의 기본원리인 '영의 법칙zeroth law'은 열은 항상 평형에 이른다는 것이다. 끓는 물이 식는 것과 같이 언제나 열은 섞여서 열역학적 평형thermodynamic equilibrium을 이룬다.

위와 같은 열역학 법칙들은 물리적 변화가 일어나는 계system, 系의 내부에서 일어난다. 계는 하나의 영역이며 열린 상태, 닫힌 상태, 실제, 가상의 여러 형태가 있다. 하나의 계系 안에서 일어나는 일운동이 곧 에너지의 변화다. 계로 이입된 에너지는 내부에너지로 축적되든지 아니면 외부의 일로 작용한다. 열과 같은 에너지는 원자와 분자가 작동하는 운동에너지로 쓰이거나 잠재에너지potential energy로 남아 있게 된다. 그런데 하나의 계에서는 열, 양, 압력, 온도, 부피, 내적에너지, 엔트로피, 엔탈피enthalpy 등이 복합적으로 작용한다. 에너지의 복합적 흐름은 운동의 방향과 에너지의 고갈을 의미한다. 따라서 태양 에너지가 고갈되는 먼 미래에는 태양계solar system가 없어질 것이다. 이 에너지는 더 큰 계인 우주로 흡수된다. 이처럼 인간과 물질을 포함한 세상 모든 것을 일, 열, 운동 등의 열역학 관점에서 볼 수 있다.

모든 물질은 에너지를 가졌으므로 질량에너지다. 그리고 위치에 따른 위치에너지이며 전기형태의 전기에너지다. 그 에너지들의 흐름energy flow에 의하여 어떤 일이 진행된다. 가령 1칼로리cal의 열이 사용되면 물 1g의 온도를 1℃ 올릴수 있다. 반대로 일 즉 운동도 열로 변환될 수 있다. 가령 100m 달리기를 하면열이 올라가고 달리는 차를 정지시키면 브레이크가 뜨거워진다. 이처럼 열과일의 관계에서 볼 때 에너지는 플라스마plasmam-기체-액체-고체 등으로 변환되지만 사용된 에너지는 다시 사용할 수 없다. 그래서 인간이 화석연료를 모두사용하면 지구의 화석에너지는 고갈되고 엔트로피entropy는 증가한다. 그런 이유때문에 열역학에서 에너지는 항상 고온에서 저온으로 흐른 다음 고갈되는 것이다. 불규칙한 열의 운동을 규칙적인 에너지로 바꾸고 통제하는 것이 열역학의 핵심이다.

참조 공간, 뉴턴역학·고전역학, 복잡계, 분자, 산업혁명, 시간, 시간의 화살, 양자역학, 엔트로피, 원자, 일반상대성이론, 특수상대성이론

원자

Atom | 原子

물리교사 K는 가는 머리카락을 들고서 학생들에게 이렇게 물었다. '이 머리카락을 자르고, 자르고, 잘라서 더 이상 자를 수 없는 것을 만들면 무엇이 될까?' 그러자 학생들은 '원자原子'라고 답했다. 이 답은 틀렸다고 할 수는 없지만 맞는다고 할 수도 없다. 그리고 교사는 '머리카락 굵기는 대략 원자 50만 개~100만 개의 굵기이며 그것을 발견한 것은 아인슈타인1905이라고 설명했다. 원자를 체계적으로 설명한 것은 철학자이자 화학자인 돌턴J. Dalton이었다. 돌턴은 1803년, 공처럼 생긴 작고 단단한 원자가 원소element, 元素를 합성한다고 주장했다. 이런 돌턴의 주장은 처음으로 원자의 개념을 생각한 고대 그리스의 레우키포스Leukippos와 원자의 개념을 설명한 데모크리토스Democritos, BCE 460?~BCE 370?로 거슬러 올라간다. 고대 그리스의 원자는 그리스어 '나눌 수 없는atomos'과 라틴어 '가장 작은 입자atomus'에서 유래한 어휘다.

사전적인 개념에서 원자는 물질을 구성하는 최소단위로 질량과 크기를 가진 작은 실체다. 지구와 태양을 포함한 우주 전체에서 원자의 구조는 같다. 원자의 크기는 대략 0.1~0.5 나노미터10억 분의 1m인데 그중 원자핵nucleus이 크기와 질량의 99.99%를 차지한다. 원자는 양전하를 가진 양성자proton와 중성 전하를 가진 중성자neutron가 얽힌 원자핵과 음전하를 가지고 원자핵을 도는 전자electron로 구성되어 있다. 이 원자는 전기적으로 중성이며 각기 다른 질량과 크기를 가지고 있다. 원자는 각각의 원자번호를 가지고 있으며 화학적 의미에서 원소라고 한다. 원소는 다른 물질로 변화하거나 분해되지 않는 물질의 기본 성분이다. 러시아의 멘델레예프^{D. Mendeleev}는 1869년 화학적 성질에 따라 배열한 원소 주기율표를 완성하였다. 원자의 상위개념인 분자^{molecule, 分子}는 약 118개의 원소가 결합한 화합물^{compound}로 물질을 구성하는 기본 단위다.

원자핵을 완두콩이라고 하면 축구장 바깥에서 전자가 돌고 있으며 중간은 텅 비어 있다. 원자핵을 구성하는 양성자의 질량은 1.673×10^{-27}kg, 중성자의 질량은 1.675×10^{-27}kg로 비슷하지만 이에 비하여 1,840여 배 작은 전자의 질량은 9.11×10^{-31}kg이다. 1897년 톰슨^{J. Thomson}이 처음 전자를 발견했으며 음전하를 가지고 있다는 것도 밝혀냈다. 1911년 러더포드^{E. Rutherford}가 원자핵으로부터 멀리 떨어져 움직이는 행성과 같은 모양의 원자를 고안했고 1913년 닐스 보어^{N. Bohr}가 전자는 궤도를 공전한다는 것을 발견했다. 이후 슈뢰딩거^{Schrödinger}는 전자의 위치를 알 수 없다면서 전자는 존재할 확률로 표시되는 전자구름^{electron cloud}임을 밝혀냈다. 전자가 도는 여러 층위^{K, L, M, N, O}가 있는데 첫 번째 층위에는 두 개의 전자가 있고 전자 배치의 규칙에 따라 배열된다.

이때 전자가 원자핵에 가까워지거나 튕겨 나가지 않는 이유는 양전하를 가진 양성자와 음전하를 가진 전자가 서로 잡아당기기 때문이다. 양성자와 전자의 수가 같으므로 원자핵과 전자가 균형을 이루는 것이다. 그런데 전자의 배열에 따라서 화학적 성질이 달라진다. 양자역학에서는 전자가 고정된 궤도를 돌지 않는다는 것을 밝혀 원자 구성을 새롭게 설명했다. 원자핵을 구성하는 양성자와 중성자는 서로 밀어내는 성질이 있으나 원자 접착제인 글루온^{gluon}에 의해서 강력하게 결합한다. 한편 양성자와 중성자는 더 작은 쿼크^{quark}들로 구성되어 있는데 쿼크를 결합하는 것도 글루온이다. 양성자보다 중성자가 너무 많으면 원자는 중성자를 제거하고 양성자와 같은 수를 만들어 안정성을 확보하려고 한다. 이때 알파^{alpha}, 베타^{beta}, 감마^{gamma}의 방사능 붕괴가 일어난다.

양성자 수가 같고 질량수가 다른 원자를 그 원소의 동위원소^{同位元素}라고 하고 질량수가 같고 양성자 수가 다른 원자를 동중원소^{同重元素}라고 한다. 이와 관련된 핵붕괴는 원자핵들nuclei이 분열하면서 핵분열nuclear fission과 핵이 결합하는 핵융합nuclear fusion이 일어나 거대한 에너지와 전기를 방출한다. 이 원리를 이용하여 오토 한O, Hanh과 페르미Fermi 등은 우라늄 동위원소의 핵분열을 밝혔고 핵폭탄의 원리를 완성했다. 한편 하이젠베르크W. Heisenberg, 1901~1976는 행렬역학Matrix mechanics에 근거하여 불확정성의 이론Uncertainty principle을 발표했다. 이 이론은 원자를 구성하는 전자의 위치 x와 속도인 운동량 p를 동시에 알 수 없다는 것이다. 따라서 모든 것은 가능성으로만 존재할 뿐 객관적으로 확정할 수 없다. 이후 원자를 포함한 입자/파동들의 물리량이 달라지는 양자quantum, 量子의 구조와 운동에 관한 양자역학 원자의 개념이 달라졌다.

참고문헌 Ernest Rutherford, *Radioactive Substances and their Radiations*, Cambridge University Press, 1913.

참조 공간, 분자, 불확정성의 원리, 시간, 시공간, 양자역학, 일반상대성이론, 존재론, 특수상대성이론

호모 에렉투스

Homo Erectus | 直立人

생물교사 K는 이렇게 질문했다. '언제부터 사람이 서서 걸었을까?' 이것은 '인간이 언제 나무에서 생활하던 원숭이 단계나 동물처럼 네발로 기어 다니던 단계를 넘어섰는가'라는 질문이었다. 그러자 학생들은 인도네시아 자바의 직립원인Java man부터 서서 걸었다고 대답했다. 생물교사는 틀리지 않은 답이라고 칭찬을 한 후, 인간의 진화에 대하여 설명했다. 약 38억 년 전에 단세포생물이 출현했고 10억 년 전에 다세포생물이 생긴 이후 인간은 끊임없이 진화하여 영장류가 되었고 거기서 다시 호모 하빌리스와 호모 에렉투스를 거치고 네안데르탈인의 유전자와 섞여서약 2~4% 호모 사피엔스가 되었다. 그리고 그 아종subspecies인 현생인류 '호모 사피엔스 사피엔스Homo sapiens-sapiens'가 되었다. 이러한 인간의 진화과정 중 가장 혁명적인 사건은 직립直立 인간이 된 것이다. 인간은 직립했기 때문에 손을 사용할 수 있게 되었고, 그 손으로 도구를 만들 수 있었으며, 두 발로 뛸 수 있게 되었다.

호모 에렉투스는 라틴어 '일어선erectus 남자라틴어 주격'에서 유래했다. 호모 에렉투스는 '직립한 인간'이라는 뜻으로 현생인류의 직접 조상이며 현생인류와 가장 가까운 인간의 종이다. 직립원인直立猿人 호모 에렉투스Homo erectus는 최근세인 홍적세Pleistocene, 약 258만 년 전~약 1만 년 전 중 대략 190만 년~7만 년에 존재했는데, 직립보행을 했고 불을 다룰 줄 알았으며 간단한 언어를 사용했다. 호모 에렉투스는 아프리카뿐만 아니라 중국, 시베리아, 유럽, 인도네시아에 거주하다가 모두 멸종했다. 호모 에렉투스의 출현 시기에 대해서는 이견이 있다. 1940년대까지 호모 에렉투스의 잔해가 인도네시아, 중국, 베트남 등에서 발견되어 아시아에서 출현한 것으로 알려져 있었다. 그런데 1950년대에 아프리카 에티오피아에서 직립인간의 잔해가 발견됨으로써 아프리카기원설이 다시 대두했다. 이들은 호모 에르가스테르Homo ergaster로 명명되었지만 호모 에렉투스로 분류된다.

1991년 조아지아/그루지아George에서 호모 에렉투스Homo erectus georgiacus의 화석이 발견됨으로써 새로운 사실들이 밝혀졌다. 호모 에렉투스가 아프리카에서 탄생하여 다른 지역으로 이주하고 환경에 따라 진화하고 변이한 것인지, 아니면 호모 에렉투스 초기 단계에서 다른 지역으로 이주하여 진화하고 변이한 것인지에 대한 견해가 다르다. 이것은 호모 사피엔스도 마찬가지다. 아프리카기원설에서는 남아프리카에서 출현하여 아라비아반도를 거쳐서 다른 지역으로 이주했다는 견해와 이미 진출해 있던 호모 에렉투스가 새로 이주한 호모 사피엔스와 혼혈이 되어 현생인류로 진화했다는 견해가 있다. 이 두 견해 모두 호모 에렉투스의 존재와 의미가 특별히 중요하다는 것을 말해준다. 한편 현생인류가 20만 년 전에 출현한 것과 비교하면 대략 170만 년간 생존한 호모 에렉투스의 생명력과 적응력이 얼마나 뛰어났는가를 반증한다.

해부학적으로 호모 에렉투스는 원숭이의 특징이 남아 있는 인간이다. 이마와 턱이 현생인류보다 작으며, 눈썹 위의 뼈가 양쪽으로 이어져 있고, 뇌의 용량은 800~1,000ml 전후로[베이징인 1,088ml] 현생인류[1,300~1,500ml]보다 작다. 다리는 거의 현생인류와 같으며 팔은 약간 길다. 이런 특징은 수렵 채집에서 진보하여 협동으로 사냥을 했다는 것과 육류를 지속해서 섭취했다는 사실을 말해준다. 특히 약 80만 년 전의 중기 호모 에렉투스는 불을 다룰 줄 알았기 때문에 익힌 음식을 먹을 수 있었기에 (호모 하빌리스에 비교하면) 치아가 작아졌다. 한편 온난한 지역에서 추운 지역으로 이주할 수 있었고, 맹수로부터 자신을 보호할 수 있게 되었으며, 동굴에서 생활할 수도 있었다. 뇌의 사용이 많아졌다는 사실은 간단한 의사소통과 협동을 할 수 있었다는 것 그리고 집단적 사회생활을 영위했음을 말해준다. 특히 직립보행을 하면서 손이 발달하였기 때문에 다양한 석기와 용기를 제작할 수 있었다.

호모 에렉투스의 생존 양식은 중국 베이징 남부의 저우커디엔周口店에서 발견된 베이징원인/북경인Homo erectus pekinensis, 北京人에서 찾아볼 수 있다. 베이징원인들은 집단생활을 했고 도구와 불을 사용했는데 애석하게도 이 유적은 중일전쟁 시간 중에 유실되었다. 인도네시아의 자바원인에서도 베이징원인과 유사한 해부학적 특징을 발견할 수 있다. 이로 인하여 다윈이 처음 제기한 인류 아프리카기원설이 설득력을 얻게 되었다. 아프리카기원의 단선진화나 다지역기원설 모두 현재 인간의 직계 조상이 호모 에렉투스인 것을 부정하지 않는다. 따라서 인간은 '인간과 유사한 원숭이human-like ape – 오스트랄로피테쿠스 – 호모 하빌리스 – 호모 에렉투스 – 호모 사피엔스 – 호모 사피엔스 사피엔스현생인류'의 계보로 진화한 것임을 알 수 있다. 이 진화과정에서 호모 에렉투스는 진화의 연결성을 의미하는 '잃어버린 고리missing link' 중의 하나를 설명하는 열쇠로 여겨진다.

참고문헌 Susan C. Anton, "Matual History of Homoerectus", *Year book of Physical Anthropology 46*, 2003, pp.126~170.

참조 감성, 공통조상, 빙하시대, 석기시대, 신석기혁명·농경사회, 이성, 인간(신체), 인류의 출현, 중립진화, 진화론, 현생인류 아프리카기원설, 호모 사피엔스/현생인류, 호모 루덴스

역사

History | 历史

역사학자 K는 뉘른베르크 나치 전당대회의 다큐멘터리를 보고 또 보았다. 1940년의 전당대회장에서 수많은 독일인이 '하이 히틀러'를 외치면서 열광하고 있었다. K는 '무엇이 독일인을 광기로 몰아넣었을까'에 대하여 생각했다. K는 80여 년 전에 있었던 '뉘른베르크 나치 전당대회 사건'의 심층을 읽어내고자 하는 것이다. K는 연역과 귀납의 추론을 하였으나 과거는 말이 없다. 단지 남겨진 자료만 있을 뿐이다. 이처럼 역사가는 '과거의 실제 사실은 무엇인가', '왜 그런 일이 벌어졌을까', '그 사건을 어떻게 해석해야 하는가', '과거의 사실이 현재에 어떤 의미일까? 등을 묻는다. 이런 역사가의 물음에 대해서 저명한 역사이론가 E. H. 카는 이렇게 말했다. '역사란 역사가와 역사적 사실의 소통 과정이고 현재와 과거의 끊임없는 대화다.'[1] 카의 말처럼 사람들은 역사와 대화하면서 교훈을 얻고 미래를 예측한다.

역사는 사실을 문자로 기록한 것 또는 사람들이 사실이라고 인식한 것이다. 그런데 사실fact, 事實 그 자체는 역사history가 아니다. 사실은 실제로 있었던 일이고 역사는 사실에 대한 기록과 인식이다. 서양의 역사는 그리스어 연구, 조사, 기술을 의미하는 historía에서 유래했다. 그러므로 역사가 어떤 사실에 대한 후대의 기록과 인식이라면 기록 이전을 사료 또는 선사先史라고 한다. 한편 한자문화권에서 역사歷史는 기록하는 사람史 또는 기록된 문서를 의미한다. 하지

---

1   A continuous process of interaction between historian and his facts, and unending dialogue between the present and the past.

만 역사가는 사실을 그대로 기록할 수 없다. 그것은 첫째, 지나간 사실을 재현할 수 없기 때문이다. 그러므로 역사는 객관적 사실을 주관적으로 기록한 결과다. 그렇지만 역사는 허구fiction, 虛構가 아니다. 역사는 사실에 대한 '사실적real' 기록이다. 둘째, 역사서술의 관점이 다르기 때문이다. 일반적으로 이 관점을 사관historical view, 史觀이라고 한다.

사관은 역사가가 과거의 사실을 보는 통일적 관점인데 사관이 없는 역사는 시간적 기록인 연대기年代記일 뿐이다. 사관은 철학, 가치관, 윤리와 도덕, 인간에 대한 이해, 이념, 목적 등을 토대로 구성되는 인식 체계다. 역사가는 사관에 근거하여 사료史料를 수집하고 해석하고 비판하고 평가한 다음 가치를 부여한다. 대표적인 사관은 첫째, 모든 사건은 순환하고 반복한다는 순환사관循環史觀 둘째, 인류의 역사는 끊임없이 진보하고 발전한다는 진보사관進步史觀, 셋째 유사한 사건이 반복되면서 진보한다는 나선형螺旋形 진보사관이 있다. 그리고 역사에 목적이 있다는 종교의 목적론적目的論的 사관, 역사에 계급투쟁과 같은 법칙이 있다는 마르크스적 유물사관唯物史觀 등이 있고 목적이 없다는 무작위적random, 無作爲的 사관도 있다. 사관의 문제는 사건의 인과관계에 연결되어 있다.

역사적 인과관계는 '사건이 연속적이고 인과적인가 그렇지 않은가' 그리고 '그 사건을 인과관계에서 해석하는가'의 문제다. 이를 통해서 역사가는 역사적 사건의 인과관계와 사회구조를 해명하고 시대정신을 읽어낸다. 그런 점에서 역사는 인간과 자연에 대한 이해인 인문학이면서, 체계적이고 구조적 인식인 사회학이고, 논리와 과학을 바탕으로 하는 과학이다. 한마디로 역사는 인간과 자연 그리고 신을 포함한 모든 영역에 대한 종합적이고 전체적인 이해이다. 역사에는 부분사인 문화사, 정치사, 경제사, 자연사, 과학사, 의학사 등 수많은 영역이 있고, 시대에 따라서 고대사, 중세사, 근현대사 등이 있으며, 지역에 따라서 로마사, 영국사, 중국사, 라틴아메리카사 등이 있다. 한편 관점과 방법에 따른 사관과 역사서술의 본질을 묻는 '왜 역사를 쓰는가'와 '역사의 철학적 의미는 무엇인가'와 같은 역사철학이 있다.

역사를 연구하고 기술하는 사람을 역사학자historian라고 하고, 사료를 점검하고 비판한 다음 역사를 편찬하거나 기술하는 사람을 역사가historiographer, 史官라고 한다. 한편 역사가의 사실을 기록하는 방법과 과정을 역사서술historiography이라고 하며 이 모든 것을 아울러 역사학歷史學이라고 한다. '역사학의 아버지'로 불리는 헤로도토스Herodotos, BCE 484~BCE 425가 페르시아 전쟁을 다룬『역사』를 쓴 이후 랑케L. Ranke의 실증주의 역사서술과 아날학파Annals School에 이르기까지 많은 역사가와 역사서술이 있다. 한자문화권의 역사에는 엄정한 춘추필법春秋筆法을 제시한 공자의『춘추春秋』와 기전체紀傳體의 전범으로 불리는 사마천司馬遷, BCE 145~BCE 86의『사기史記』가 있다. 역사는 인간이 과거를 이해하고, 현재를 분석하며, 미래를 전망하는 것이다. 그래서 크로체B. Croce는 '모든 역사는 현재의 역사다All history is contemporary history'라고 한 것이다.

참고문헌 Edward Hallett Carr, *What Is History?*, University of Cambridge Press, 1961.

참조 문학, 문학사 · 예술사 · 문화사, 사실, 서사, 술이부작, 시대정신, 역사적 유물론/유물사관/사적 유물론, 인과율 · 인과법칙, 장기지속, 철학, 춘추대의, 픽션 · 논픽션, 현재 · 과거 · 미래, 호모 사피엔스/현생인류

지식의 고고학

The Archeology of Knowledge | 知识考古学

중국 시안西安에 있는 진시황의 유적지에는 아직 발굴되지 않은 곳이 많이 있다. 분서갱유焚書坑儒를 자행한 포악한 군주 또는 중국을 통일한 불세출의 영웅으로 불리는 첫 번째 황제 영정嬴政은 사후에도 영생하리라는 믿음으로 병마용갱兵馬俑坑을 만들었다. 이 진시황의 무덤을 발굴하려면 지표면을 비로 조심스럽게 쓸어내면서 유물과 유적을 찾는 것이므로 오랜 시간이 걸릴 수밖에 없다. 이런 유적을 조사할 때는 조심스럽게, 정밀하게, 그리고 섬세하게 지층을 파고 들어가야만 유적을 훼손하지 않고 발굴할 수 있다. 하지만 그렇게 조심스럽게 발굴한 유적은 명료한 인과관계로 설명되지 않고 파편적 모습으로만 드러날 뿐이다. 그러므로 유적발굴은 고도의 유추와 논리적 분석이 필요하다. 수천수만 년 전 흔적을 찾는 이 방식은 인간의 사유에도 적용될 수 있다.

푸코M. Foucault, 1926~1984는 '지식의 고고학'이라는 특별한 개념을 창안했다. 푸코가 말한 지식의 고고학이란 거의 모든 주제는 고고학과 같은 섬세함, 직관력, 심층 분석 등을 통하여 조심스럽게 탐구되어야 한다는 주장이다. 왜냐하면, 인간의 지식은 시대마다 다른 정신의 파편들이기 때문이다. 이 지식은 담론으로 권위를 행사하는데 시간에 의해서 축적된 거대한 지층으로 덮여 있다. 권력화된 지식은 보이지 않는 지층을 쌓는다. 그러므로 보이지 않는 지층을 하나씩 탐구하고 벗겨내는 일련의 작업이 필요하다. 이 고고학적 탐색에서는 서술, 진술, 대화, 독백 등 여러 형태의 발화를 중요시한다. 왜냐하면, 본질이나 사실보다도 에피스테메라고 알려진 담화의 방법이 핵심이기 때문이다. 이처럼 푸코는 '사람들은 왜 시대마다 달리 판단하고 인식하는가'에 대한 답으로 '사물/담론에는 질서가 있으며 그 질서는 고고학적 지층으로 쌓여 있다'고 말한다.

예를 들어보면, 고고학적 방법론은 식탁에 앉아 있는 남성이 '칼'이라고 발화했을 때 칼이 무엇을 의미하는지를 해석하려 하지 않는다. 그래서 '칼이 무슨 뜻이냐'라고 묻지 않고 '왜 칼이라는 말이 나왔을까'라고 묻는다. '칼'이라는 파편적 발화의 의미는 '여성은 칼로 사과를 깎아라'라는 뜻일 수 있다. 이 말은 '여성은 과일을 깎아야 한다'는 지배이념의 표출이다. 이처럼 사물인 칼에 문화와 이념이 개입하면 전혀 다른 의미로 쓰인다. 따라서 중요한 것은 사과를 깎는 행위나 의미가 아니라 가부장제와 남성중심주의라는 시대적 담화discourse의 방법이다. 이처럼 발화의 희미한 흔적을 섬세하게 파고들어서 '칼'이라는 발화에는 남성중심주의, 유교儒敎의 지배이념, 음양이론陰陽理論 등 동양의 인식구조가 내재해 있다는 것과 그에 얽힌 역사적 맥락historical context을 밝히는 것이 바로 고고학적 방법론이다.

푸코의 관점에서 보면 문법적으로 정확하더라도 의미가 통하지 않을 수 있으며 문법적으로 틀렸더라도 의미가 통할 수 있다. 언어의 표면구조와 심층구조가 있다는 푸코의 관점은 소쉬르의 구조주의 언어학과 상통하는 면이 있다. 푸코에 의하면 인식의 기저에는 진술enoncés statesment이라는 원리가 있는데 (담화의 방법에 따라서) 서술과 독백 등 각종 발화를 만들어 낸다. 이것을 푸코는 담화 형성discursive formation이라고 부르고 그 담화 형성의 조건과 역사적 맥락을 중요시했다. 따라서 모든 언어 현상들은 상황과 체계 그리고 각 시대가 가진 인식의 틀인 에피스테메episteme에서 이해되어야 한다. 그래서 푸코는 르네상스 시대에는 유사성의 에피스테메가 있었고 고전주의 시대에는 표상의 에피스테메가 있었으며 근대에는 실체의 에피스테메가 있다고 정리했다. 이처럼 지식의 고고학은 심층의 담론과 정신을 찾아내는 방법이자 원리이다.

푸코가 고고학적 방법을 통하여 추구했던 것은 언어 속에 있는 의미, 본질,

진리 등이 아니라 그것을 표현하는 담화의 방법이었다. 가령 광기狂氣에서 보듯이 광기 자체가 중요한 것이 아니라 광기를 표현하는 방법이 중요하다는 것이다. 또한, 자기가 중요한 것이 아니라 자기를 구성하는 것, 자기가 무엇인가를 말하는 방법, 자기가 속한 맥락과 관계가 중요하다는 것이다. 그러니까 '나는 누구인가'보다는 '나를 누구라고 할 수 있는가'라고 물어서 나를 표현하는 담화의 규칙과 방법을 찾아내야 한다. 푸코가 이런 고고학적 방법을 창안했던 것은 인간관계가 드러나는 미시권력micro-power이 언어와 문화 속에 존재한다고 보기 때문이다. 전체로 사물과 역사를 보는 방법도 인정하면서 부분을 통하여 거대한 심층을 파헤치는 푸코의 이 방법론은 철학, 역사학, 사회학, 문화, 예술, 정신분석학 등에 큰 영향을 미쳤다.

참고문헌 Michel Foucault, *The Archaeology of Knowledge* 1969, translated by A.M. Sheridan Smith, London and New York : Routledge, 2002.

참조 구조주의, 생체권력, 원형감옥, 에피스테메, 예술, 이성론/합리주의, 인식론, 정신분석, 정신분열증, 패러다임, 푸코의 광기, 표현, 후기구조주의

DNA/디옥시리보 핵산

Deoxyribonucleic Acid | 脫氧核糖核酸

검은 눈과 검은 머리카락을 가진 P는 자기의 '설계도'가 궁금했다. '누가 나를 이렇게 설계했을까' P의 이 의문은 '자기의 유전자가 무엇인가'를 묻는 것이다. 또한, 이 물음은 육체의 생성과 존재의 원리를 묻는 것이기도 하다. 이것은 유전자와 유전물질인 DNA에 대하여 알고 싶어 하는 것이다. 일반적으로 유전자를 DNA라고 하지만 유전물질인 DNA와 유전정보인 유전자gene는 다른 개념이다. DNA와 유전정보gene, 둘 다 유전자遺傳子로 볼 수 있으나 정확하게 말하면 DNA는 세포 안에 있는 디옥시리보 핵산이고 유전정보는 정보의 배열이다. 그런데 DNA인 유전형질genetic character, 遺傳形質이 유전하여 실제로 표현되기 때문에 DNA를 유전자로 간주하기도 하는 것이다. 화학적으로 볼 때, DNA는 물질의 핵이자 고분자 유기물인 핵산nucleic acid, 核酸과 오탄당 라이보스Ribose에서 산소가 하나 적은 탄수화물이 합성된 하나의 분자다.

DNA는 거의 모든 생물의 유전 설계도를 저장하고 있을 뿐 아니라 생명 유지에 필수적인 단백질을 생산한다. DNA는 히스톤 단백질과 함께 실 모양의 구조물인 염색사chromatin thread/chromonema, 染色絲를 이룬다. 이 염색사는 세포가 분열하기 전에 아주 작게 응축되어 염색체로 변한다. 유전물질을 함유한 염색체chromosome, 染色體는 핵 속에 있는 실타래나 막대 모양의 구조물이다. 염색체는 일반적인 염색체인 상염색체와 성에 관한 성염색체로 구성된다. 염색체를 구성하는 기본구조 즉, 상동염색체가 없는 염색체를 게놈genome이라고 한다. 그러니까 DNA가 배열된 방식과 구조가 유전자gene이고 한 종의 필수 염색체의 구성과 배열이 게놈이다. 인간의 게놈은 46개의 염색체로 구성되어 있다. 그러므로 게놈의 구조를 알고 그 구조를 바꿀 수 있다면 설계된 인간이 태어날 수도 있는 것이다. 21세기 초에 게놈프로젝트가 수행되고 있고, 유전자 가위 연구도 진행되고 있다.

DNA는 모든 생물의 구성단위인 세포의 핵 안에 있다. 세포는 세포핵과 세포질로 구성되어 있는데, 세포핵과 세포질을 오갈 수 있는 RNA와 달리 DNA는 세포핵에서만 존재한다. DNA를 구성하는 뉴클레오타이드Nucleotide는 탄소 원자가 5개 있는 탄수화물이자 기둥 역할을 하는 오각형의 오탄당sugar에 인산phosphate과 질소인 염기가 붙어있는 사슬 모양이다. DNA의 염기는 아데닌Adenine, 티민Thymine, 구아닌Guanine, 시토신Cytosine 등 수소 이중결합인 A와 T, 수소 삼중결합인 G와 C, 이렇게 4개가 있다. 이들 염기는 물에 녹아 미끈미끈한 염기성pH > 7을 나타내는 쓴 물질이다. 뉴클레오타이드는 역방향의 또 다른 뉴클레오타이드와 나선형의 S자 모양을 이루며 약 2m 정도의 길이다. 이 중 A, T, G, C의 배열방법이 바로 유전정보인 유전자gene다. 그러니까 DNA가 유전정보 자체인 하드웨어라면 유전자gene는 유전정보를 가진 소프트웨어다.

2m나 되는 DNA가 세포핵 안에 응축되어 있는데 그 모양은 S자형 사다리 형태의 이중나선double helix이다. 이 구조는 1953년 왓슨James D. Watson과 크릭Francis Crick이 발견하여 알려졌다. 1869년 처음으로 DNA로 추정되는 분자를 발견하고, 1928년 그리피스F. Griffith가 DNA를 유전에 관계하는 분자임을 확인한 후, 1953년에 마침내 이 두 과학자가 DNA의 기능과 구조를 밝혔다. 이중나선의 염기쌍은 3.4nm의 간격으로 10개의 염기쌍이 나선을 한 바퀴 돈다. 한쪽 뉴클레오타이드가 위에서 아래로 진행되면 다른 한쪽 뉴클레오타이드는 아래에서 위로 진행되는 역평행 구조다. 그런데 유전정보를 가진 DNA는 유전정보를 복제하고 운반하는 RNA와 상보적인 관계다. 특히 단백질 합성은 DNA 복제과정을 통하여 이루어지므로 동물 생존에 결정적인 영향을 미친다. 그리고 DNA는 성염색

체의 복제를 통하여 유전자를 후대에 전하는 중요한 기능을 한다.

생물의 기본 구성단위인 세포는 어미 세포에서 딸세포로 형질을 연결하는 세포분열을 통하여 생명을 유지한다. 일반적인 의미에서 죽음은 세포분열이 멈춘 상태를 말한다. 세포분열에서 가장 중요한 것은 유전형질인 DNA가 복제되는 과정이다. DNA 복제과정은 첫째, DNA의 이중나선double helix이 풀리고 둘째, 유전정보를 전달하는 전령인 RNAmRNA가 염기와 결합하도록 배열되고 셋째, 전령RNA가 3개의 염기조합인 코돈codon으로 유전정보를 전사transcription하고 넷째, 전령RNA가 세포핵에서 나와 세포질에 있는 리보솜ribosome 안으로 들어가고 다섯째, 리보솜 안에서 전령RNA를 전사하는 또 다른 운반RNA가 유전정보를 번역translation하고 여섯째, 운반RNA의 번역에 따라서 염기들이 짝을 짓고 일곱째, DNA가 복제되어 세포분열이 일어나면 똑같은 DNA를 가진 두 개의 세포로 나뉜다. 이렇게 하여 생물은 자신의 유전자를 후대에 전달한다.

참고문헌 James D. Watson, *The Double Helix : A Personal Account of the Discovery of the Structure of DNA*, Atheneum Press, 1968.

참조 구조주의, 돌연변이, 분자, 세포, 원자, 유전자, 윤리·윤리학, 자연선택, 적자생존, 중립진화, 진화론

딥러닝/심층학습
Deep Learning | 深度学习

K의 일기에는 이렇게 적혀 있었다. '2016년 3월 한국^{S. Korea}의 서울에서 세기의 대결이 벌어졌다. 인간과 기계의 바둑 대결이었다. 예측을 깨고 구글^{Google}이 만든 인공지능^{AI, Artificial Intelligence}은 세계챔피언 이세돌^{Lee, Se-dol}을 4대 1로 이겼다. 인간이 만든 기계는 머지않아 감정과 정신까지 가질 것이고 인간을 대신하는 새로운 종^{Species, 種}으로 진화하여 세상을 지배할 것이다. 아, 인류는 과연 어떻게 될 것인가?' 그날 많은 사람이 이런 감정에 젖었을 것이다. 이것은 기계가 인간을 넘어서는 사건이었다. 그로부터 약 일 년 반 후인 2017년 10월, K는 더 놀라운 소식을 들었다. 구글이 만든 인공지능 알파고제로^{Alphago Zero}가 단 3일 만에 바둑의 최고 수준에 도달했다는 소식이었다. 이 인공지능은 자기 스스로 분석하고 학습하는 자율적 학습능력을 갖추고 있다. 이것을 딥러닝 즉 심층학습^{深層學習}이라고 한다.

딥러닝/심층학습은 인간처럼 스스로 학습할 수 있는 인공지능의 기능과 시스템을 말한다. 딥러닝의 상위개념인 인공지능^{人工知能, AI}은 인간이 인위적으로 만든 기계이고 인식, 계산, 비교, 판단, 추론, 예측, 결정, 심층학습, 문제해결, 패턴인식을 할 수 있는 유무형의 구조. 인공지능의 기능 중에서 학습^{Learning}에 초점을 맞춘 알고리즘^{Algorithm}을 기계학습/머신러닝^{Machine learning}이라고 한다. 그런데 머신러닝은 주어진 데이터를 분류하고 결과를 예측하는 기능이 있지만, 인간이 설계한 그대로 작동하는 지도학습^{Supervised learning}인 경우가 많다. 일반적으로 머신러닝은 의사결정 나무^{Decision tree}, 군집화^{Clustering}, 무작위로 확률을 계산하는 몬테카를로 방법^{Monte Carlo Method} 등이 이용된다. 상징학습^{symbolic learning}과 대비되는 머신러닝은 통계를 기반으로 하는 통계학습^{statistical learning}과 딥러닝으로 나뉜다. 통계학습에는 음성인식^{speech recognition}과 번역시스템인 자연어처리^{NLP} 등이 있다.

딥러닝은 머신러닝 이외에 인간 신경망의 자율적 정보처리 기능이 첨가되며 기본적인 원리만 가지고 스스로 학습하고 통제하는 학습방법이다. 딥러닝이 자율적 학습을 할 수 있는 것은 심층신경망^{DNN, Deep Neural Networks} 때문이다. 생물의 신경망^{NN}은 정보가 입력되면 분석, 분류, 판단, 결과도출, 반응, 예측 등의 작업을 수행한다. 신경망은 입력^{input}과 출력^{output}의 인과관계가 있고, 그 중간은 은닉층^{hidden layer}으로 구성되어 있다. 이 작업을 수행하는 것은 신경세포 뉴런^{neuron}이다. 일반적으로 정보는 뉴런을 연결하는 시냅스^{Synapse}를 통하여 전달된다. 머신러닝의 핵심인 심층신경망은 인간 뉴런의 병렬구조와 정보처리를 모방하여 만든 인공신경망^{ANN}이다. 그중에서 재귀순환신경망^{Recurrent Neural Networks, RNN}과 합성신경망^{Convolutional Neural Networks, CNN}이 많이 쓰인다.

직관과 추론이 가능한 인공신경망의 핵심은 오차를 수정하는 역전파^{backpropagation, 逆傳播}다. 이것은 정보 입력−은닉−출력의 순전파^{forwardpropagation, 順傳播}와 달리 시행착오를 반복하면서 목표하는 결과를 도출하는 과정이다. 딥러닝은 순환신경과 합성 신경이 역전파를 작동시켜서 오류를 줄이고 정확한 결과를 도출한다. 가령 고양이의 이미지가 입력되면 그것을 기존 데이터와 비교하도록 역전파를 보내서 분석한 다음 '개인지 고양이인지' 판단하는 것이다. 이 과정에서 자극, 반응, 선택을 반복하는 강화학습^{reinforcement learning}이 실행된다. 자극−반응^{SR}을 중시하는 행동주의^{Behaviorism} 심리학, 신경과학, 인지과학을 도입하여 만든 인공지능은 나무^{tree} 모양을 비롯한 여러 형태의 정보처리 과정과 패턴을 효율적으로 수행한다. 이런 원리를 가진 딥러닝은 빅데이터^{Big data}와 같이 많은 데이터를 이용하고 획기적으로 증대된 컴퓨팅 연산능력을 기반으로 한다.

딥러닝은 중앙처리장치CPU와 이미지를 인식하고 분류하는 그래픽처리장치 GPU 그리고 뇌의 기능을 하는 TPUTensor Processing Unit에 의해서 강화된다. 딥러닝 은 어디든지 쓰일 수 있는 범용인공지능general AI과 강인공지능을 목표로 한다. 인간의 지도학습을 통하여 결과를 도출하는 약인공지능weak AI과 달리 강인공지 능strong AI은 스스로 사고思考하고 문제를 해결한다. 그러니까 딥러닝은 인간의 지 도나 감독이 필요 없는 자율적 강인공지능이면서 보편적으로 적용될 수 있는 범용인공지능general AI의 학습원리다. 그리고 알고리즘이자 컴퓨터 시스템이다. 자율적 딥러닝이 가능한 인공지능은 2020년대에 인간보다 나은 강인공지능이 될 것으로 예측된다. 그 지점singularity을 지나면 인공지능 스스로 심층학습하고 자율 진화하면서 인간의 지도를 받지 않는 독립적 존재가 될 것이다.

참고문헌 Alan Turing, "Computing Machinery and Intelligence", *Mind*, 1950 October, LIX 236, pp.433~460; John McCarthy, "Epistemological problems of artificial intelligence", *IJCAI*, 1977, pp.1038~1044.

참조 감각, 감정·정서, 논리·논리학, 논증·추론, 물리주의, 비유, 신경과학, 의식, 이미 지·이미지즘, 이성, 이성론/합리주의, 인공지능 AI, 인류의 출현, 인식론, 지각, 진화론, 창조론, 행동주의·파블로프의 개

위험사회

Risk Society | 危险社会

1986년 4월 26일, 세계를 뒤흔든 놀라운 사건이 벌어졌다. 이 사건 직후 그 심각성을 모르고 늦게 대처했기 때문에 더 큰 재앙으로 이어졌다. 그날 아침, 당시 소련^{Soviet Union, 蘇聯, 1922~1991}이었던 현재의 우크라이나 체르노빌^{Chernobyl}의 원자력 발전소에서 제4호 원자로가 폭발하였다. 사고 직후 31명이 죽었고 그 이후 방사능에 피폭^{被曝}되어 7,000여 명이 죽었다. 그뿐 아니라 70여만 명이 치료를 받았으며 많은 기형아와 기형 동물이 태어났다. 실험하다가 잘못 작동하여 생긴 이 사고는 근대 인류 문명사의 대사건으로 기록된다. 이 사고의 핵심은 과학기술에 의존하여 생존하는 근대의 구조다. 우연이 아닌 이런 재앙을 사회과학으로 예견한 학자는 독일의 울리히 벡^{Ulrich Beck}이었다. 그는 앤서니 기든스^{A.Giddens}와 함께 근대의 역사를 통찰하여 위험사회라는 개념을 정립했다.

체르노빌 재앙이 있던 1986년 출간된 『위험사회』란 책에서 울리히 벡이 주장한 위험사회^{危險社會}는 과학, 기술, 자본이 주재하는 근대사회는 위험이 내재한 사회라는 것이다. 울리히 벡에 의하면 근대는 전근대보다 상대적으로 풍요로운 시대이며 발전과 자유를 구가하는 사회다. 산업혁명과 자본주의 이후 인류는 초유의 발전을 거듭했다. 이것을 1차 근대화라고 하는데, 1차 근대화는 주로 산업혁명 이후 전통적 생산양식을 넘어서 근대적 생산양식으로 전환한 산업사회를 말한다. 이에 따라 가치와 도덕이 바뀌면서 과학이라는 이름의 신이 등장했고, 돈이라는 이름의 법이 생겼다. 그리하여 서구사회는 낭만과 희망으로 새로운 근대사회를 건설하면서 전통사회를 폐기했다. 그 결과 자유시민이 주체가 되는 국민국가Nation State가 등장하고 방법론적 민족주의Methodological Nationalism를 통하여 자민족중심주의의 체제를 완성했다.

한편 데카르트와 칸트를 거치면서 합리주의와 이성이 인류의 의식을 지배하게 되었다. 모든 것이 합리성이나 합리주의라는 절대가치에 의해서 평가되는 근대사회와 근대성modernity이 완성된 것이다. 한편 과학기술은 사회적 합리성을 넘어서 절대적인 패권을 행사하기 시작했는데, 이것을 과학적 합리성이라고 한다. 그런데 사회적 합리성과 과학적 합리성은 균형을 이루지 못하고 효율성, 경제적 측면, 발전의 속도, 진보와 성장, 풍요, 번영을 더 중요한 가치로 여겼다. 이렇게 하여 완성된 서구의 근대화와 근대성은 유럽과 북아메리카에서 꽃을 피웠고 남아메리카와 아시아, 아프리카로 전파되었다. 그 결과 세계화와 코스모폴리탄화Cosmoplitanization가 심화되었다. 이 근대 산업화의 과정에서 과학기술이 자본과 결탁하고 군사력이 가세하면서 세계적인 폭력과 불평도 심화되었다.

근대사회의 문제점을 비판이론의 관점에서 분석한 학자가 독일의 울리히 벡과 영국의 앤서니 기든스다. 이들은 근대사회의 어두운 면에 주목하면서 근대의 원리, 구조, 제도가 파멸적 재앙을 잉태하고 있다고 단언했다. 근대의 발전, 성장, 풍요, 번영의 이면에는 근대가 제조한 위험manufactured risk인 불안, 재앙, 파괴, 불평등, 질병, 공해, 범죄 등이 도사리고 있다. 기든스가 변증법의 대립 항antithesis을 제3의 길로 명시한 것과 달리 울리히 벡은 위험사회 자체를 강조한다. 특히 울리히 벡은 '근대화 자체에 의해서 초래된 위험과 불안hazards and insecurities induced and introduced by modernization itself'이 가득한 위험사회로 인하여 인간의 생존이 위협받게 되었다고 주장한다. 그러므로 과학기술은 풍요와 번영 그리고 위험과 재앙을 동시에 가진 야누스Janus의 두 얼굴이다. 여기서 파생하는 중요한 문제가 개인화인데, 전통사회의 공동체가 붕괴하고 대가족제도가 사라지면서 위험, 실업, 빈곤을 개인이 감당하게 되었다.

위험사회는, 각종 공해公害처럼, 재난을 균등하게 분배한다. 이것을 울리히 벡은 '재화는 계급적이지만 위험은 평등하다'라고 표현한다. 이것은 자본을 축적한 상류 지배계급일지라도 공기 오염과 수질오염을 피할 수 없다는 뜻이다. 하지만 환경오염과 생태위기가 닥치더라도 부자들은 공기청정기를 설치하고 비싼 천연수를 먹으면서 해외로 휴양을 가지만 가난한 사람들은 고통을 받을 뿐이다. 이처럼 자연적 위험과 달리 과학기술로 인한 인위적인 재난은 하층민에게 심각한 고통을 준다. 그래서 벡은 근대산업사회가 천연자원과 생태환경을 파괴한 결과 인류 전체가 위기에 놓이게 되었음을 경고한다. 이 위험은 한 국가에 머물지 않고 지구 전체를 위협하는 세계위험사회World Risk Society가 되었다. 그래서 울리히 벡은 1차 근대화를 반성하고 성찰하자는 뜻에서 2차 근대화인 성찰적 근대화를 제안한다.

참고문헌 Ulrich Beck, *Risk Society : Towards a New Modernity*(1986), New Delhi : Sage, 1992.

참조 근대·근대성, 도구적 이성, 문명, 문화산업(프랑크푸르트학파), 변증법, 산업혁명, 실제의 공동체, 자본주의, 제2차 세계대전

극기복례
Restrain Oneself and Return to the Rites | 克己复礼

　'문을 나서면 큰 손님을 본 듯이 하고 백성 섬기기를 큰 제사 지내는 것처럼 하라. 자신이 하기 싫은 것을 다른 사람에게 시키지 말라^{出門如見大賓 使民如承大祭 己所不欲勿施於人}.' 이것은 『논어』 12장 「안연顏淵」에 나오는 예에 관한 대목이다. 여기서 백성 섬기기를 제사 지내듯이 하라고 한 것으로 보면 공자가 군왕과 제왕에게 예법을 설파한 것임을 알 수 있다. 자주 인용되는 이 말은 자기와 타인의 평등을 설파했다는 점에서 큰 의의가 있다. 남송의 주자 주희朱熹에 의하면 기己는 자기 자신을 말하는 것이고 극克은 극복한다는 뜻이므로 자기가 자기의 욕망을 이기고 정신을 다스리는 것을 말한다. 또한, 예禮는 하늘이 부여한 천리의 도덕법칙에 따른 인간다운 언행을 말하며 복復은 당시 예가 없는 사회상을 반영하는 글자로 잃어버린 예로 돌아간다는 뜻이다. 따라서 극기복례는 욕망을 이기고 정신을 올바로 하면서 예의를 근본으로 삼는 삶의 자세다.

　이처럼 유가철학의 태두인 공자는 예와 덕치주의를 강조했기 때문에 법가 안자 안영晏子 晏嬰, ?~BCE 500은 다음과 같이 비판했다. '지금 공자가 예복禮服을 성대하게 차려입고, 임금에게 예절과 진퇴의 절도를 번잡하게 하고 있으니, 여러 대를 두고 하더라도 그 학문을 다 할 수 없고, 한평생 하여도 그 예를 다할 수 없습니다.' 그러면서 안영은 '유가는 약아서 믿을 바가 못 된다'라고 통렬하게 비판했다. 안영과 같은 법가의 입장이라면 유가의 복잡한 예禮가 나라에도 이익이 되지 않으며 군왕이나 백성이 모두 힘들고 어렵다는 것이다. 법과 제도로 나라를 다스려야 한다는 법가法家 안영의 비판은 제경공이 공자를 관직에 임명하고자 할 때 반대하면서 한 말이다. 이 안영의 예에 대한 비판이야말로 공자의 수기치인과 극기복례의 가치와 의미를 반증하는 문장이다.

어느 날 공자孔子, BCE 551~BCE 479는 가난하면서도 학문을 좋아하는 제자 안연에게 인과 예를 설명한다. 제자 안연이 인에 관해서 묻자, 공자는 '자신을 이기고 예를 회복하는 것이 인이다. 하루라도 자신을 이기고 예로 돌아가면 천하가 인으로 돌아간다. 인을 행하는 것은 자기로부터 시작하는 것이지 다른 사람에게서 시작하겠는가克己復禮爲仁 一日克己復禮天下歸仁焉 爲仁由己而由人乎哉'라고 설명한다. 그 방법을 묻는 안연에게 '예가 아니면 보지 말고, 예가 아니면 듣지 말고, 예가 아니면 말하지 말고, 예가 아니면 행동하지 말라非禮勿視 非禮勿聽 非禮勿言 非禮勿動'고 말한다. 여기서 공자가 특별히 강조하는 것은 극기복례 즉, '자기의 욕망과 욕심을 이겨야 한다'는 교훈이다. 그러니까 공자의 극기복례는 인간이 욕심을 이기면 천하에 예가 실현되고 천하가 인仁의 천명으로 돌아간다는 사상이다. 예를 중시했던 공자는 지배계급을 교화하면서 (자신이 직접 정치를 하여) 사회를 변혁하고자 했으나 뜻을 이루지 못했다. 하지만 교육을 통해서 덕치주의를 설파했다.

이런 공자의 덕치주의는 혼란기의 춘추시대BCE 770~BCE 403를 배경으로 태동하여 전국시대BCE 403~BCE 221 이후 널리 퍼졌다. 살육과 참화가 계속되고 강력한 법이 중시되던 당시, 공자에게는 서로 사랑하는 인仁과 서로 존중하는 예禮를 실천하는 것이 시급하고도 중요했다. 한편 『중용』과 『맹자』에서는 서로 존중하고 사랑하며 어질게 살아야 한다는 인仁을 '인간다운'의 인人으로 해석했다. 그렇게 되기 위해서는 혼자 있을 때도 도리를 지키는 자기 수양의 신독愼獨과 자기절제의 수기치인修己治人 즉 극기복례가 필요하다. 공자는 주周, BCE 1046년경~BCE 256 시대에 완성된 천명사상天命思想의 천명天命, Mandate of Heaven에 따라야 천하가 평화로울 것이라고 주장했다. 그러므로 극기복례를 실천하고 주의 예로 돌아가서 천명에 따라야 한다고 말한 것이다.

한편 공자는 『논어』에서 '오십이 되어 천명을 알았다五十而知天命', '할 일을 다하고 천명을 기다린다盡人事而待天命'고 하면서 천명을 유학의 기본으로 설정했다. '천명이 곧 도道'라는 그의 사상은 송명이학의 토대가 되었는데 주자朱子 주희는 공자의 천인합일 사상을 계승하여 마음의 본체인 체體와 마음의 작용인 용用으로 성리학의 이념을 공고히 했다. 여기에서 군왕과 백성은 하늘의 명령에 따라야 한다는 천명사상이 잉태되었다. 이것을 주자는 '하늘의 이치에 따르고 인간의 욕망을 없앤다'는 존천리멸인욕存天理滅人欲으로 표현하였으며 왕양명은 '하늘의 이치에 따르고 인간의 욕망을 버린다'는 존천리거인욕存天理去人欲으로 표현하였다. 이처럼 유학의 중요한 덕목인 극기복례는 하늘의 명령에 따르고 하늘의 원리를 지키면서 인간을 존중하는 인도주의 사상이며 덕치주의 정치철학이라고 정의할 수 있다.

참고문헌 孔子, 『論語』 「顔淵」.

참조 격물치지, 공자, 도, 마음, 무극이태극, 사단칠정, 성즉리, 수양론, 심즉리, 양지양능 치양지, 인물성동이론, 이기론(주희), 인심도심, 중용지도, 천명사상, 춘추대의론, 화이관

문화제국주의
Cultural Imperialism | 文化帝国主义

프랑스의 수상 쥘 페리^{Jules Ferry, 1832~1893}는 이렇게 말했다. '프랑스의 식민지 팽창정책은 프랑스의 경제, 사상, 문명을 최대한 널리 전파하는 데 있어서 절대로 중요한 정책입니다.' 그는 또한 1884년, '우수한 민족이 열등한 민족을 문명화하는 것은 의무'라고 주장했다. 그의 팽창정책과 패권정책에 따라서 프랑스는 알제리, 튀니지, 모로코에 대한 지배를 강화했다. 그중 알제리는 1830년 프랑스의 식민지가 되어 1954년 알제리민족해방전선^{FLN}이 무장투쟁을 시작하고 1962년 독립하기까지 식민통치의 고통을 겪었다. 독립 후 알제리인은 프랑스의 편에 섰던 약 15만 명의 하르키^{harki}들을 처형했다. 그렇다면 알제리는 프랑스의 식민잔재를 청산한 것일까? 아니다. 알제리는 21세기에도 프랑스어를 공용어로 사용하고 있고 프랑스 문화를 유지하고 있다. 쥘 페리가 의도한 제국주의의 문화적 지배가 그대로 존속되고 있는 것이다.

제국주의와 문화의 관계를 의미하는 문화제국주의는 문화강대국이 약소국을 간접 지배하는 것으로 자기 문화 중심주의와 서구문화 우월주의의 산물이다. 일반적인 의미에서 문화제국주의는 제국주의 문화적 패권을 의미하는 동시에 문화를 기반으로 하는 제국주의다. 문화제국주의는 대략 다음 세 영역으로 나뉜다. 그것은 첫째, 로마제국^{Roman Empire}에서 시작하여 강대국이 약소국을 문화적으로 지배하는 전통적 제국주의 둘째, 제국주의와 식민주의 시대 이후인 1960년대부터 문화를 통한 신식민주의^{Neocolonialism} 셋째, 언론과 정보를 생산하고 지배하는 과학기술 특히 정보산업을 장악한 미국과 서구의 미디어제국주의^{Media Imperialism}와 정보 제국주의 등으로 나눌 수 있다. 그런데 근대와 현대의 문화제국주의는 전통적 개념의 제국주의에 자본주의, 식민주의, 신자유주의 등과 연계되어 패권적 문화지배의 특징을 보인다.

18~19세기에 시작된 근대 제국주의는 자본주의를 완성한 서구 국가들의 정치·경제적 이념과 자민족중심주의의 패권적 문화를 기반으로 한다. 이 제국주의는 경제적 자본주의와 정치적 패권주의가 결합한 후 다른 민족을 지배하고 수탈하는 방식이자 이념이다. 제국주의의 식민지배는 제2차 세계대전 이후에 종식되었다. 하지만 이후 문화를 통한 지배인 문화제국주의가 등장했다. 문화제국주의는 제국주의의 한 형태로 정치제국주의, 경제제국주의, 군사제국주의와 상대적인 개념이다. 에드워드 사이드가 지적한 것처럼 과거에 식민지였던 국가들이 강대국의 문화를 내면화하고 능동적으로 받아들이는 한편 제국주의 문화를 보편적 기준으로 인정한다. 문화제국주의는 군대로 정복하고 정치경제로 통치하는 구제국주의와 대비되는 신제국주의 또는 신식민주의의 성격이 있다. 그것이 바로 1960년대 이후의 알제리처럼, 독립 이후에도 제국주의 본국이 식민지에 이식한 문화가 유지되는 문화제국주의다.

식민지나 반식민지를 겪은 국가들이 독립하더라도 식민지 구조를 완전히 청산하기가 쉽지 않다. 특히 제국주의 본국의 언어는 의식과 감정을 지배하므로 언어를 통한 문화적 지배가 계속되는 것이다. 물론 과거 식민지국가들은 식민잔재 청산을 위해서 큰 노력을 기울이는 동시에 탈식민주의^{Post-colonialism} 운동을 벌인다. 그럼에도 불구하고 문화적 강대국은 문화를 통한 패권과 지배를 멈추지 않는다. 이런 문화적 지배와 종속은 미국, 영국, 프랑스, 독일 등 중심부 서구 국가들이 아프리카, 아시아, 라틴아메리카 등의 주변부에 대하여 자행되고 반복된다. 문화적 지배는 언어를 넘어서 영화, 음악, 생활, 습관, 교육 등에 광범위하게 퍼져있다. 문화제국주의는 자본주의 시장구조를 통해서 강화되는데 더 심각한 것은 구식민지민들이 자기 주체성을 잃어버리고 구식민본국의 문화를 그대로 따른다는 점이다.

문화를 통한 간접 지배는 인터넷과 언론정보를 통하여 강화되는 경향이 있다. 이것을 미디어제국주의Media Imperialism라고 한다. 21세기에 인터넷과 방송은 주로 미국을 중심으로 한 서구 유럽 국가들이 장악하고 있다. CNN, 구글, 페이스북facebook 등은 (정보를 생산하고 평가하는) 절대적인 권력을 행사한다. 또한, 할리우드Hollywood와 디즈니Disney로 대표되는 미국의 영화산업은 세계시민들의 감성을 지배한다. 특히 21세기의 정치, 경제, 과학, 군사를 포함한 거의 모든 지식과 정보는 영어로 표현되기 때문에 언어를 통한 문화적 지배에서 벗어나기 어렵다. 문화제국주의와 미디어제국주의에 대비되는 개념은, 그람시A. Gramsci가 말하는 문화적 헤게모니cultural hegemony를 넘어선, 문화식민주의Cultural Colonialism와 문화사대주의文化事大主義다. 이런 문화제국주의에 의한 문화적 불평등은 문화다양성을 저해하며 획일화된 세계문화geo-culture와 보편문화를 강요한다.

참고문헌 Edward Said, *Culture and Imperialism*, New York : Pantheon Books, 1993.

참조 다문화주의, 로마제국, 문명, 문화, 문화다양성, 문화적 헤게모니, 세계체제론, 오리엔탈리즘, 자본주의, 제1차 세계대전, 제2차 세계대전, 제국주의, 탈식민주의, 하얀 가면, 하위주체

비단길

Silk Road | 絲綢之路

로마의 여인들은 비단을 무척 좋아했다. 로마에서 얇고, 부드러우며, 속이 훤히 들여다보이는 비단은 최고의 인기 상품이었다. 매년 로마의 금과 은이 외국으로 빠져나갔다. 그래서 로마제국의 상원은 경제적인 이유와 도덕적인 이유로 '비단옷을 금지해야 한다'라고 결정했다. 하지만 비단의 수요는 감소하지 않았고 급기야 비단은 황금과 같은 가격으로 거래되기에 이르렀다. 그러자 철학자 세네카^{Seneca, BCE 4?~CE 65}는 이렇게 탄식했다. '타락한 여인들이 얇은 옷을 입기 위하여 그렇게 애를 쓰기 때문에 간통하는 여인이 생길 것은 분명합니다. 이제 남편은 자기 부인의 몸을 다른 사람보다 더 잘 안다고 할 수 없습니다.'[1] 이렇듯 비단은 로마인들의 사치와 향락을 상징하는 상품이었다. 부귀의 상징인 비단이 중국의 장안長安에서부터 로마까지 도달하는 데는 수개월이나 수년이 걸렸다.

비단길은 비단을 포함하여 향료, 약재, 서적, 무기 등 여러 가지 물품이 동아시아와 유럽을 오가던 무역의 길이다. 지리적 개념에서 비단길은 중국에서 사막, 스텝, 해양의 세 루트를 통하여 중앙아시아와 터키를 거쳐, 이탈리아와 스페인에 이르던 약 13,000km의 길을 말한다. 이 말은 독일의 리히트호펜^{F. Richthopen}이 1868년부터 4년간 중국을 여행하고 『중국^{China}』을 출간하면서 비단길

---

1   Wretched flocks of maids labour so that the adulteress may be visible through her thin dress, so that her husband has no more acquaintance than any outsider or foreigner with his wife's body. ─(Seneca the Younger (c. 3 BCE~65 CE, Declamations Vol.I)

Seidenstrasse이라고 명명한 것에서 유래한다. 특히 1938년 스웨덴의 지리학자 헤딩S. Hedin이 『비단길*The Silk Road*』을 출판한 이후 널리 쓰이게 되었다. 이들이 말하는 비단길은 북경과 항주에서 낙양, 서안, 둔황을 거쳐 중앙아시아에 이르는 사막과 스텝의 비단길을 지칭하는 것이었다. 그 후 중국 광주에서 베트남과 말레이시아와 인도를 거쳐 아라비아반도와 유럽에 이르는 길이 첨가되어 세 루트의 비단길로 확대되었다.

비단길의 개척에는 재미있는 일화가 있다. 중국의 패자가 된 한무제漢武帝는 북방의 흉노를 무찌르고자 장건張騫, ?~BCE 114을 대월지에 파견했다. 그런데 장건은 만리장성을 벗어난 직후 흉노에게 잡혀 10년간 포로 생활을 했다. 겨우 탈출한 장건은 천신만고 끝에 대월지大月氏에 도착했다. 그는 한과 대월지가 협공하여 흉노匈奴를 치자고 제안했지만 대월지는 동의하지 않았다. 장건은 대략 일 년간 대월지에 체류하다가 귀환하는 중에 또다시 흉노에게 붙잡혔다. 다시 탈출한 장건은 한에 돌아와서 파키스탄, 시리아, 이집트, 메소포타미아 등 새로운 세상이 있다는 것을 알렸다. 장건의 말을 들은 한무제는 좋은 말을 구하고자 장건을 다시 파견하여 중앙아시아의 여러 나라와 교역을 시작하게 된 것이다. 이후 교역은 사마르칸트를 넘어서 터키와 중동 지역으로 확장되었고, 거기서 베네치아와 제노아 등 유럽으로 더욱 확장되었으며, 교역 상품도 다양화되었다.

한편 마케도니아 출신 알렉산더대왕Alexandros the Great, BCE 356~BCE 323은 동방원정을 통하여 동양과 교류하는 발판을 마련했다. 이후 로마제국의 이집트 점령BCE 30으로 교역로가 확대되면서 중국에서 이탈리아에 이르는 비단길의 원형이 완성되었다. 당시 비단길 서쪽은 중국이 통제하고 있었으므로 한漢과 당唐은 비단길을 보호하기 위하여 만리장성을 연장하여 축조했다. 이렇게 하여 타림분지Tarim 위와 아래에 두 개의 교역로가 생겼지만, 폐쇄와 재개를 반복했다. 비단길은 첫째, 중국에서 출발하여 몽고 초원의 카라코룸에서 스텝지역을 지나 흑해의 크림반도에 이르는 북쪽의 비단길Northern rout 둘째, 신라의 금성경주에서 당의 장안서안과 둔황을 거치고 오아시스를 지나 바그다드와 터키에 이르는 남쪽 비단길Southern rout 셋째, 일본과 신라에서 출발하여 광저우廣州와 믈라카해협을 지나 인도와 아라비아에 이르는 해로Maritime rout가 있었다.

삼대 비단길 이외에도 동서와 남북을 잇는 수많은 비단길이 있다. 따라서 비단길은 아시아, 유럽, 아프리카를 잇는 광범위한 교역로를 일컫는 상징적 개념이다. 가령 인도와 유럽은 향료가 주 교역품목이었으므로 향료길이라고 할 수도 있지만, 일반적으로 비단길에 포함된다. 비단길은 교역 이외에도 문명이 교류하는 길이기 때문에 중요하다. 비단길을 통해서 오랜 시간 동안 종교, 과학기술, 학문, 사상이 교류했다. 이 길을 통하여 기독교가 중국에 전파되었고네스토리우스파, 불교가 중국, 한국, 일본, 몽고 등에 전파되었다. 또한, 동양의 화약, 나침판, 인쇄술이 서양에 전파되었다. 교역로가 번창하자 이 지역을 지배하기 위한 전쟁이 발발했고, 유목민과 정주민 간의 대립도 심해졌다. 비단길로 질병과 악습도 전파되었다. 질병이 전파된 사례는 유럽을 황폐화시킨 흑사병黑死病에서 볼 수 있다. 이처럼 비단길은 인류 문명사와 문화사에서 중요한 고대와 중세의 교역로였다.

참고문헌 Ferdinand von Richthofen, *China*, Berlin, 1877.

참조 구텐베르크·금속활자, 노마디즘, 로마제국, 문명, 문화, 비잔틴제국, 산업혁명, 역사, 학문, 한자문화권

집단기억

Collective Memory | 集体记忆

한국의 일본대사관 앞에는 평화의 소녀상이 있다. 이것은 제2차 세계대전 당시 일본군의 위안부comfort women였던 여성들을 추모하고 기념하기 위한 작품이다. 일본인은 이 소녀상을 무척 불편하게 생각한다. 어두운 과거가 담겨 있기 때문이다. 반면 한국인은 이 소녀상을 안쓰러워한다. 제국주의 수탈과 남성 폭력의 상징이기 때문이다. 이처럼 한 집단은 망각하고 싶어 하고 한 집단은 기억하고 싶어 한다. 그렇다면 '인간은 무엇을 기억하는 것인가?' 기억은 과거에 있었던 어떤 일을 보존하고 회상하는 정신작용이다. 그런데 개인의 기억은 신경계와 두뇌의 작용이고 집단의 기억은 의지와 의식의 작용이라는 점에서 다르다. 개인이나 집단은 모든 것을 기억할 수도 없고, 기억하려고 하지도 않는다. 특히 집단은 기억을 분류하고 그중 기억해야 하는 것만 기억한다. 이 과정에서 가치관과 준거인 사회적 틀framework이 작동한다.

프랑스의 사회학자 알박스Maurice Halbwachs, 1877~1945는 사회에는 그 사회가 가진 사고방식, 관점, 입장, 관습, 지향가치 등의 틀이 있고, 그 틀에 의해서 기억이 결정된다고 보았다. 만약 개인이 사회적 기억의 범주를 벗어나는 기억을 하게 되면, 그 사람은 사회로부터 분리되고 배척당한다. 그러므로 기억은 사회적 현상을 넘어서 집단group 정체성의 근거인 것이다. 그래서 알박스는 '무엇이 집단과 사회를 결속시키는가'라고 묻는다. 그리고 '기억'이라고 답한다. 알박스에 의하면 기억은 의식을 지배하고 집단/사회를 결속시킨다. 또한, 사회적 틀에 의해서 기억이 재구성되고 조합되기도 하지만 기억이 사회적 틀을 구성하기도 한다.

기억과 사회적 틀은 상호작용하면서 한 사회의 가치관, 사상, 목표, 감정을 통합한다. 따라서 사회는 기억의 공동체인 셈이다. 기억의 공동체는 베네딕트 앤더슨이 말한 상상의 공동체imagined community와 유사한 면이 있다.

상상의 공동체가 상상에 근거한 공동체인 것과 달리 기억의 공동체는 사실을 재구성하고 조합한 기억에 근거한 공동체라는 점에서 서로 다르다. 그리고 같은 사건이라도 기억하는 방법에 따라서 다르게 기억될 수 있다. 그래서 기억의 방법이 같고, 기억의 의미가 같은 사람이 집단을 이루고 의식을 공유한다. 사전적인 의미에서 집단은 어떤 기준에 의해서 설정된 집합체이며 공동의 이익을 추구한다. 같은 기억을 가진 같은 집단에는 그 집단 특유의 소통방법이 있다. 개인의 기억은 다른 사람과 공유하는 집단의 기억을 통해서 회상되고 재인recognition된다.[1] 그래서 알박스는 집단/사회를 관계의 관점에서 이해하면서 소통을 강조한다. 소통의 관계인 구성원은 장소place와 사건을 중심으로 소통의 기억communicative memory을 공유한다. '소통의 기억은 기억의 방식과 내용이 같다'는 것을 의미한다. 따라서 가족, 이웃, 마을, 민족과 같은 집단/사회는 소통의 공동체이기도 하다.

집단은 서로 소통하고 관계하면서 형성된 조직이다. 한 집단은 구성원이 공유하는 기억이 있다. 이것을 알박스는 집단기억集團記憶이라고 명명했다. 따라서 집단기억은 과거의 경험, 지식, 정보 등을 집단이 공유하는 기억이다. 알박스의 집단기억은 그의 스승 뒤르켐E. Durkheim의 집합의식을 발전시킨 것이다. 집합은 어떤 조건에 맞추어 같은 성질을 가진 원소를 모은 것이다. 같은 집합에 속한 적극적 집합의식collective conscience은 연대감을 형성한다. 뒤르켐은 사람들이 공동의 감정과 경험을 증폭시켜서 강력한 힘을 가진 것을 집합적 열정collective effervescence이라고 한다. 알박스는, 뒤르켐이 말한 집합의식과 집합적 열정이 집

1   Maurice Halbwachs, *The collective memory*, New York : Harper & Row Colophon Books, 1980, p.31.

단의식이고, 집단의식을 형성하는 과정에서 집단기억이 작용한다고 보았다. 그러므로 한 집단은 기억을 완성하고, 공유하고, 조합하고, 분배하면서 사회적 관계를 맺는다. 그런 점에서 집단기억은 적극적 의지이고 사회적 실천이다.

집단기억은 '기억하라!'는 기억투쟁記憶鬪爭의 명령을 함의하고 있다. '기억하라!'는 명령 안에는 '다른 것은 망각하라!'는 또 다른 명령도 들어있다. 따라서 기억은 사실 그대로 기억되는 것이 아니라 선택을 거쳐서 재구성된 사실이 기억된다. 그러므로 사실보다 중요한 것은 기억하는 방법과 기억의 내용이다. 이렇게 하여 주관적이고 개인적인 경험이 객관적이고 집단적인 경험과 통합되는 것이다. 한편 경험하지 않은 것도 사회적 합의에 따라서 기억될 수 있다. 가령, 21세기의 한국인은 위안부의 경험이 없지만, 한국의 사회적 틀이 결정한 '위안부를 기억하라!'는 담론 때문에 중요한 사실로 기억되는 것이다. 집단에 의해서 인정된 사건과 감정은 권위를 가진 장기기억long term memory으로 자리 잡는다. 하지만 집단기억은 시대와 상황에 따라서 지속해서 변화한다. 그런 점에서 기억은 역사보다 생생하고 역동적이다.

참고문헌 Maurice Halbwachs, *The collective memory*, New York : Harper & Row Colophon Books, 1980.

참조 감정·정서, 객관·객관성, 경험론/경험주의, 기억, 문화적 기억, 범주, 사실, 상상의 공동체, 실제의 공동체, 아노미, 의식, 이성, 인정투쟁, 주관·주관성

기억

Memory | 记忆

어린 K는 엄마 등에 업혀서 병원에 가고 있었다. 끓는 머리를 만져보던 엄마는 열 살 아이를 업고 밤에 문을 여는 병원을 찾았다. 아이의 눈에 빨강 십자가가 보였다. 진찰을 마친 의사는 주사를 놓았고, 몇 가지 약을 준 다음 어떤 처방을 내렸다. 그날 엄마의 등은 부드러웠고 엄마의 품은 따뜻했다. 50년이 지난 어느 날, 그 길을 지나던 K는 그날이 떠올랐다. 선명하게 기억하는 것은 빨강 십자가와 따뜻한 엄마의 품이었다. 그런데 전혀 생각이 나지 않는 것도 있었다. 그것이 '어느 병원이었는지, 의사가 무엇이라고 말했는지'와 같은 것은 기억이 나지 않았다. 이처럼 인간의 두뇌는 모든 것을 기억하는 것이 아니고 선택하여 기억한다. 그렇다면 기억이란 무엇인가? 기억은 과거에 있었던 의식 내부와 외부의 어떤 일을 개인과 집단이 보존하고 회상하는 정신작용이다. 기억은 여러 면에서 중요한데 특히 기억하지 못한다면 학습은 불가능하다.

간단히 말하면 기억은 입력input, 入力 – 보유storage, 保有 – 출력output, 出力 그리고 재인recognition, 再認의 과정을 거친다. ① 입력/기명記銘은 정보가 뇌에 입력되는 것이고 ② 보유는 기억이 뇌에 축적되는 것이고 ③ 출력/재생은 축적된 것을 떠오르게 하는 것이고 ④ 재인은 기억을 다시 확인하는 것이다. 그런데 기억은 주로 신경세포의 활동과 뇌세포의 기능에 의해서 작동한다. 처음에 감각 신경세포의 시냅스synapsis가 외부의 정보를 인지한 다음 중추신경을 통하여 뇌에 전달한다. 이 과정에서 작업기억working memory이 기억을 기호화하고 명시적 기억과 암시적 기억으로 분류한다. 뇌는 정보를 분석하고 판단한 다음, 각 영역에 따라서 다시 분류한다. 인간의 뇌 중 해면체^{hippocampus}에는 공간과 명시적^{explicit}인 것이 저장되고 편도류^{amygdala}에는 감정과 암시적^{implicit}인 것이 기억된다고 한다.

기억은 종류에 따라서 저장 방식과 재생방법이 다르다. 시간에 따른 기억은, ① 시각, 청각, 후각 등 초단기 감각기억^{sensory memory}, ② 비교적 짧은 시간을 유지하는 단기기억^{short term memory}, ③ 오랜 시간 유지하거나 영원히 잊히지 않는 장기기억^{long term memory}으로 나뉜다. 심리학자 앤더슨^{John Robert Anderson}은 장기기억을 양태에 따라서 명시적 기억과 절차적 기억으로 나누었다. 그리고 첫째, 의식적인 명시적 기억^{Declarative memory}을 다시 ① 의미기억^{semantic memory}과 ② 일화기억^{episode memory}으로 나누었다.[1] 의미기억이란 '로마는 로마제국의 수도였고 테베레강 하류에 있는 이탈리아 중부의 도시다'와 같이 가치와 의미를 기억하는 것이다. 일화기억은 '로마 트레비 분수에서 던진 동전은 지금도 트레비 분수에 있을 것이다'와 같이 감정과 일화를 기억하는 것이다. 개인의 경험과 감정이 담긴 일화기억이 더 오래 가지만, 의미기억과 일화기억이 동시에 작동하면 장기기억이 될 가능성이 크다.

둘째, 무의식의 비명시적 기억^{Non-declarative memory}/함축적 기억은, 자전거 타기나 수영 능력처럼 자동으로 재생되는 기억이다. 만약 기억하지 못한다면 똑같은 실수를 반복할 것이다. 그런데 처음 기억한 사실이 중요한 것이 아니라, 기억으로 남은 내용이 중요하다. 그것은 기억이 의식을 지배하고 공동 기억을 통해서 관계를 맺기 때문이다. 그래서 기억을 둘러싼 기억투쟁과 망각투쟁이 벌어지기도 한다. 사실 기억만큼 중요한 것이 망각^{forgetting}이다. 심리학에서는, 기억의 보유 곡선^{retention curve}을 연구한 결과, 24시간 후의 기억 비율을 약 33%로 추정한다. 망각곡선이 1~2일 사이에 급격히 떨어지고 나머지는 서서히 잊히며 장기기억으로 저장된 것만 끝까지 남는다. 특히 감정과 정서와 연결된 기억은

---

1   John Robert Anderson, *Language, Memory, and Thought*, Hillsdale, New Jersy : Lawrence Erlbaum Associates, 1976.

장기기억이 될 가능성이 크다. 그것은 감정과 정서가 기억의 흔적engram으로 오래 보관된다는 뜻이다.

기억은 주로 과거를 회상하는 것이지만 약속처럼 미래를 예측하기도 한다. 그런데 초단기, 단기, 장기, 기억은 시간과 공간의 조건, 심리와 생리적 차이, 사회적 상황 등의 영향을 받으며 특히 감정에 좌우되는 경우가 많다. 이것은 기억이 사실 그대로 기억되는 것이 아니라 필요에 따라 가공된다는 것을 의미한다. 그래서 프로이트는 부정적 기억에 대해서는 억압repression과 같은 방어기제가 작동하거나 의도적인 퇴행regression 현상이 나타난다고 했다. 그것이 기억을 왜곡하고 강화하여 자서전적 기억autobiographical memory을 만드는 자기중심적 대응방법이다. 가령 민족과 단체는 기억해야 할 것과 기억하지 않아야 할 것을 나누고, 기억해야 하는 것의 정당성을 강화한다. 그리고 집단기억collect memory을 통하여 기억공동체인 집단의식collective consciousness을 형성한다.

참고문헌 John Robert Anderson, *Language, Memory, and Thought*, Hillsdale, New Jersy : Lawrence Erlbaum Associates, 1976; Maurice Halbwachs, *The Collective Memory*, New York : Harper & Row Colophon Books, 1980.

참조 감정·정서, 경험, 기억투쟁, 무의식, 문화적 기억, 방어기제, 범주, 상상의 공동체, 실제의 공동체, 아노미, 의식, 인정투쟁, 정신, 집단기억, 현재·과거·미래

초끈이론

Super-string Theory | 超弦理論

'초끈이론은 완전히 엉터리고 100% 허튼소리다.' 이것은 아인슈타인에 비교되는 저명한 물리학자이자 1965년 노벨물리학상을 받은 양자역학의 권위자 파인만R. Feynman, 1918~1988의 비판이다. 파인만이 '초끈이론은 허위이고 이론으로 성립하지도 않는다'고 한 말은 많은 것을 시사한다. 일반적으로 초끈이론은 이론 이전의 가설hypothesis이거나 예측prediction으로 분류되기도 한다. 그럼에도 불구하고 초끈이론에 대한 기대는 사라지지 않았다. 왜 그럴까? 초끈이론은 우주 탄생의 비밀을 해명하고 세상의 모든 것을 설명하는 이론theory of everything일 수 있기 때문이다. 20세기 물리학의 중요한 주제인 초끈이론은 끈이론string theory과 초대칭이론super-symmetry theory의 합성어로, '사물과 우주의 최소 구성단위는 입자가 아니고 진동하는 끈이며 각 입자의 대칭되는 요소가 있다'는 이론이다.

초끈이론은 1970년대 물질의 최소단위는 입자가 아닌 끈으로 보는 것에서 출발한다. 기존에 물질의 최소단위로 간주되던 입자particle, 粒子는 원자, 분자, 소립자 등 작은 점 형태를 통칭한다. 한편 양자물리학에서 말하는 소립자素粒子는 양성자, 중성자, 전자로 구성된 원자의 단위를 의미하는 것이 보통이다. 소립자를 구성하는 경입자lepton, 輕粒子에는 전자electron, 뮤온muon, 타우tau 등이 있다. 초끈이론은 물질의 최소단위는 알갱이와 같은 점 입자가0차원 아니고 유연하고 자유로운 끈1차원이라고 주장한다. 그렇다면 왜 이런 주장을 하게 되었을까? 19세기에 이르러 비약적인 발전을 하던 물리학에서 불확정성의 원리를 토대로 하는 양자물리학이 완성되자 큰 문제가 생겼다. 아인슈타인에 의해서 정립된 상대성이론은 중력과 시공간으로 물질을 설명할 수 있지만, 소립자들의 운동인 미시영역을 설명할 수 없다.

반면 양자역학은, 미시세계는 설명하지만 거시세계는 설명하지 못한다. 두 이론이 상치되기 때문이다. 그래서 물리학자들은 상대성이론과 양자역학을 하나의 원리로 설명할 필요가 생겼다. 일군의 물리학자들은 물질을 구성하는 최소단위인 진동하는 끈과 소립자의 초대칭 입자를 결합한 초끈이론으로 이 문제를 해결하고자 했다. 한편 우주에 존재하는 네 가지의 힘 중, 전자기력, 강력, 약력을 매개하는 양자가 발견된 이후 중력을 매개하는 중력자^{graviton}의 가능성도 제기되었다. 이렇게 되면 중력, 전자기력, 강력, 약력을 통일적으로 설명할 수 있다. 이것이 바로 입자들이 작용하는 상호관계의 힘을 통일적으로 설명하는 통일장이론$^{unified\ theory\ of\ field}$이다. 하지만 표준모델만 완성되었을 뿐, 중력까지 통일하는 이론은 완성되지 못했고 가장 중요한 초대칭입자 역시 발견되지 않았다.

이렇게 하여 문제는 다시 초끈의 존재 여부로 환원하고 말았다. 무한한 자유도를 가진 끈은 쿼크^{quark}보다 작고 가는 끈$^{10^{-35}m}$이다. 닫힌 형태와 열린 형태 등 여러 가지 모양의 끈이 있다. 이 끈의 진동형태에 따라서 질량이 결정되는데 진동이 격렬하면 질량이 크고 진동이 격렬하지 않으면 질량이 작다. 한편 진동의 강약에 의해서 힘의 크기가 결정되며 진동의 형태에 따라서 전자기력, 강력, 약력, 중력이 결정된다. 그리고 끈은 각기 다른 진동 양태를 보이지만 서로 조화롭게 움직인다. 그 이유는 대칭되는 입자들이 연동되어 작동하기 때문이다. 이것이 바로 초대칭이론이다. 초대칭이론은 소립자 페르미온^{fermions}인 쿼크와 (전달 입자인) 보손^{bosons}이 대칭되는 관련쌍^{superpartner}이 라는 가설이다. 초대칭이론에서는 입자의 성질이 같기 때문에 위치를 바꾸더라도 똑같은 형태와 물리량을 가진다고 본다.

초대칭은 1차원인 시간과 3차원인 공간이 구성하는 4차원을 넘어서 10차원

등 다차원의 세계를 가능케 했다. 이런 이유 때문에 초대칭은 '우주가 다중으로 존재할 수 있다'는 다중우주론의 근거 중 하나가 되었다. 이를 기반으로 11차원의 가설인 엠이론M-theory이 제기되어 있다. 이처럼 끈이론과 초대칭이론이 낳은 초끈이론은 우주가 끈의 진동에 의한 팽창과 수축을 반복하면서 존재하는 것으로 본다. 이 이론에 의하면 초끈 또는 막membrane이 우주를 구성하는 최소 물질이다. 한편 초끈이론 학자들은 평행우주나 다중우주multiverse가 존재할 수 있다고 주장하는 한편 그 우주에는 각기 다른 물리법칙이 있을 수 있다고 가정한다. 결론적으로 초끈이론은 수학적 가설로 가능한 이론이고 철학적으로 흥미로운 사유다. 이런 이유 때문에 초끈이론은 논란이 많지만 폐기되지 않았다.

참고문헌 Michio Kaku, *Introduction to Superstring and M-Theory* 2nd ed., New York : Springer-Verlag, 1999.

참조 가능세계, 뉴턴역학·고전역학, 다중우주론, 물리주의, 불확정성의 원리, 블랙홀, 빅뱅이론/우주팽창이론, 시간, 시공간, 양상실재, 양자역학, 원자, 일반상대성이론, 카오스이론, 특수상대성이론

문화상대주의

Cultural Relativism | 文化相对论

'로마에 가면 로마의 법에 따르라When in Rome, do as the Romans do' 이 말은 그 지역의 관습과 윤리에 따라서 행동하라는 뜻이다. 이 격언은 지역과 민족에는 고유의 관습, 윤리, 도덕, 법, 행동 양식, 사상, 철학 등이 있으므로 그에 따라야 한다는 정언명령이다. 또한, 이 격언은 문화는 절대적이고 보편적인 것이 아니라 상대적이고 특수한 것이라는 뜻이다. 이것을 문화상대주의라고 한다. 문화상대주의는 문화절대주의 또는 문화보편주의와 반대되는 개념으로, 모든 문화는 상대적으로 보아야 하며 개별 문화에는 고유한 특질이 있으므로 문화적 다양성, 복수성, 다원성을 인정해야 한다는 이론이다. 그렇다면 한국의 『심청전沈清傳』에 나오는 심청의 죽음이나 잉카의 신전에서 벌어졌던 인신공희人身供犧를 어떻게 보아야 하는가? 이 역시 상대적이므로 그 문화의 맥락에서 보면 타당한 것이다.

문화인류학자들은 문화연구를 통하여 각 문화에 내재한 고유한 특질을 발견했다. 그래서 고유한 문화를 존중하는 연구의 원칙을 세웠다. 일반적인 의미에서 상대주의는 보편적 기준과 가치를 부정하고 특수한 기준과 가치를 인정하는 이론이다. 이것은 '우주의 물리법칙은 시간과 공간에 따라서 다르다'는 아인슈타인의 특수상대성이론으로 대표된다. 특수상대성이론을 문화에 대비하면, '모든 문화는 고유한 기준과 가치가 있다'가 된다. 따라서 모든 문화는 평등한 것이고 우월하거나 열등한 문화는 없다. 그러므로 시대, 지역, 종교, 계층, 신분, 성에 따라서 다른 문화의 기준이 있다. 한편 문화보편주의와 문화절대주의는 다른 문화를 인정하지 않는 배타주의이고 문화상대주의文化相對主義는 문화의 상대성과 다양성을 인정하는 관용주의이다. 그래서 문화상대주의는 문화다양성 Cultural diversity과 다문화주의Multi-culturalism의 이론적 근거가 되었다.

문화상대주의를 논리적으로 제기하고 개념으로 정착시킨 것은 현대의 철학 자와 문화인류학자들이다. 칸트의 선험철학과 훔볼트의 언어 민족주의 이론에 영향을 받은 프란츠 보아스Franz Boas, 1858~1942는 문화의 상대성을 정초한 학자로 꼽힌다. 보아스는 문화를 식생활, 예술, 신념, 종교를 넘어서 육체와 정신의 총체로 간주했다. 그리고 개별 문화는 역사와 환경 속에서 이해되어야 한다고 주장했다. 보아스의 이론은 개별 문화를 그 민족과 종족의 관점에서 바라보는 민족학Ethnology으로 발전했다. 나아가서 보아스는 문화만이 아니라 문명도 상대적인 것으로 보았다. 보아스의 이론을 계승하여 문화상대주의의 개념을 확립한 것은 루스 베네딕트Ruth Benedict, 1887~1948다. 루스 베네틱트는 『문화의 유형Patterns of Culture』1934에서 '문화는, 개인과 마찬가지로, 어느 정도의 생각과 행위의 일치된 유형이 있다A culture, like an individual, is a more or less consistent pattern of thought and action'[1]고 주장했다.

특히 베네딕트는 개별 문화의 도덕적 기준을 중시했다. 동시에 도덕과 관습은 그 문화에서 이해되어야 하며 자신의 문화와 다르다고 하여 다른 문화를 경멸하는 것은 옳지 않다고 단언했다. 미국 정부는 이런 그의 관점을 존중하여 제2차 세계대전 종전 직전에 일본에 관한 연구를 의뢰했고, 그 결과 출간된 책이 『국화와 칼The Chrysanthemum and the Sword: Patterns of Japanese Culture』1946이다. 베네딕트는 이 책에서 일본문화의 특성을 상대주의적 관점에서 해석했다. 이런 문화상대주의의 관점은 근대 이후 서구중심주의를 타파하고, 다양한 문화를 존중하는 새로운 문화적 해석을 가능케 했다. 이렇게 하여 모든 문화는 역사, 종교, 신념, 풍습, 도덕, 관습, 자연환경이 낳은 고유한 가치라는 문화상대주의가 널리 퍼졌다. 그런데 문화상대주의를 인정하면 보편적 가치를 위반하는 문제점이 생긴다. 그

---

1   Ruth Fulton Benedict, *Patterns of Culture*, London : Loutledge and Kegan Paul, 1934, p.33.

리고 문화적 특수성과 문화적 보편성이 충돌하게 된다.

문화상대주의는 명예살인과 인신 공양에서 보듯이 인권human right의 문제와 보편적 가치의 문제를 일으킨다. 우리가 문화의 다양성과 상대성을 인정한다고 하더라도, 인간 누구나 가지고 있는 보편적 가치와 권리가 있고, 명예살인이나 인신공희人身供犧와 같은 비인간적 행위는 금지되어야 하는 것은 자명하다. 따라서 문화상대주의는 역설적으로 문화의 보편성과 문화의 절대성을 인정해야 성립할 수 있다. 문화의 보편성을 강조하는 문화보편주의文化普遍主義는 인류 모두가 동의하는 문화와 윤리가 있으며 그것은 존중되어야 한다는 이론이다. 이런 문화보편주의는 아인슈타인의 '우주의 물리법칙은 언제 어디서나 같다'는 일반상대성이론과 유사하다. 물론 문화보편주의는 문화적 패권주의나 지구문화의 획일성을 강조할 수 있기에 위험한 개념이다. 또한, 문화보편주의는 문화의 절대적 기준을 설정하기 때문에 배타적이고 단문화주의Mono-culturalism인 경우가 많다.

참고문헌 Ruth Fulton Benedict, *Patterns of Culture*, London : Loutledge and Kegan Paul, 1934; Franz Boas, The Mind of Primitive Man, The Macmillan Company, 1911.

참조 다문화주의, 문명, 문화, 문화다양성, 문화생태계, 문화순혈주의, 문화제국주의, 문화충격, 민족문화, 언어 민족주의, 역사, 일반상대성이론, 특수상대성이론

기억투쟁

Memory Struggle | 记忆斗争

‘일본군 위안부 기록물을 유네스코에 등재해야 한다’고 주장한 한국 대표는 그 이유를 여러 가지로 설명했다. 그러자 ‘그 문제는 아직 사실이 고증되지 않았으니 다음으로 미루자’라고 일본 대표가 반박했다. 이렇게 하여 2017년 10월 27일 끝난 유네스코 기록유산 심의에서 한국에서 주장한 위안부comfort women 문제는 등재되지 못했다. 한편 중국은 2015년 10월 10일, 난징대학살1937을 유네스코 기록유산에 등재했다. 그때도 일본은 불확실한 자료임을 내세워 ‘심의를 하지 않아야 한다’고 주장했다. 그러나 『동경일일신문東京日日新聞』에 보도된 중국인 100명을 빨리 죽이는 대결[106초∶105초]과 같은 명백한 기사가 있었기 때문에 난징대학살이 등재될 수 있었다. 한국과 중국은 ‘사실을 그대로 기억하자’라고 주장한 것과 달리 일본은 ‘그것은 기억할 만한 사실이 아니다’라고 주장한 것이다. 이것은 일종의 기억투쟁記憶鬪爭이다.

기억은 기능이면서 과정과 방법이다. 또한, 기억은 과거에 있었던 의식 내부와 외부의 어떤 일을 개인과 집단이 보존하고 회상하는 것이다. 인간에게 기억은 대단히 중요하다. 왜냐하면, 과거를 기억함으로써 미래를 예측할 수 있기 때문이다. 그러니까 기억은 과거이면서, 현재이고 또 미래인 것이다. 기억은 입력-보유-회상으로 구성되는데 이 과정에서 기억이 재구성되거나 왜곡되는 일이 생긴다. 그래서 기억을 둘러싸고 투쟁이 벌어진다. 기억투쟁은 ‘무엇을 기억하고 또 어떻게 기억할 것인가’에 관한 의식의 갈등이다. 그런데 기억투쟁은 주로 국가, 민족, 종교집단, 단체 등 집단의 가치관과 관련이 있다. 집단은 어떤 사건을 선택하여 기억하고 그 기억을 통하여 구성원의 의식을 통일시킨다. 기억과 유사한 역사는 경험을 기록한 사실이지만 기억은 사실을 바탕으로 강화되거나 변형되면서 집단의 가치관에 큰 영향을 끼친다.

집단의 기억은 기념, 경축, 포상, 상징, 보상 등과 함께 실행된다. 집단기억의 주체는 기념물을 세운다거나 기념일을 설정하여 '이것을 기념하라!'와 같은 정언명령을 선포한다. 이를 통하여 끊임없이 기억을 회상하고 재현하면서 공동체 의식을 강화한다. 이렇게 되면 과거의 시간과 현재의 시간이 공시성을 가지고 미래의 시간까지 통합하는 일이 벌어진다. 그뿐 아니라 서로 모르는 사람들이 '우리는 기억을 공유하는 집단'이라고 생각하면서 공동체로 인식한다. 이것을 상상의 공동체imagined community라고 한다. 이것이 실천으로서의 기억이다. 따라서 기억투쟁은 기억을 둘러싸고 보존되어야 할 것과 망각해야 할 것에 관한 투쟁으로 정의할 수 있다. 이 투쟁은 ① 위안부慰安婦와 난징대학살南京大虐殺처럼 집단과 집단의 직접투쟁과 ② 효자문孝子門과 열녀비烈女碑처럼 상징가치를 부여하여 기억하려는 간접투쟁이 있다.

기억투쟁의 목표는 기억함으로써 공동체 의식을 강화하고 정서를 통일하는 것이다. 그러나 앞서 살펴본 것처럼 기억은 사실을 그대로 보존하기도 하지만 대부분 기억을 입력하고 유지하는 과정에서 재구성된다. 일단 재구성된 기억은 실제 기억보다 더 강력하게 작동한다. 그 이유는 집단이 공인한 기억은 정당성, 정통성 그리고 경건성과 신성성神聖性이 부여되기 때문이다. 그 결과 원래 주관적이고 상대적이었던 사실이 객관적이고 절대적인 기억으로 변한다. 그 이후 집단의 기억은 기념비나 기념일과 같은 의식儀式으로 강화된다. 이런 이유 때문에 학습된 기억이 실제 기억처럼 작동하는 것이다. 기억투쟁이 성공적으로 수행되면 집단의 가치관과 개인의 정체성을 구성한다. 가령, '나는 난징대학살의 피해를 기억하는 중국인이다'와 같은 역사의 호명interpellation에 응답하면서 자기 정체성을 형성하는 것이다.

기억투쟁은 기억해야 할 것과 망각해야 할 것을 선별하여 '다시 승인再認'하는 과정을 거친다. 재인된 기억은 확신을 거치고 법과 제도로 보장되기 때문에 실제 사실보다 강력하다. 그리고 실천적 기억투쟁의 내면에는 이념, 철학, 사상, 신념이 작동하기 때문에 강렬하다. 한마디로 기억투쟁은 기억의 정치학이다. 기억투쟁을 거친 기억은 오래 보존되고 전승되지만 새로운 기억과 투쟁을 벌이기도 한다. 특히 집단의 가치관에 변화가 생기면 과거의 기억은 새로운 기억으로 대치된다. 이 과정에서 기억의 인정투쟁이 치열하게 벌어지고, 패자는 망각에 유폐되며 승자는 새로운 기억의 질서를 형성한다. 이처럼 기억은 신경계의 기능을 넘어서 사회적 실천의 문제다. 역사가 '무엇이 사실인가'에 초점을 맞추는 것과 달리 기억은 '무엇을 사실이라고 말하는가'에 초점을 맞춘다. 그래서 투쟁하는 기억은 역동적이고 생명력이 있는 것이다.

참고문헌 John Robert Anderson, *Language, Memory, and Thought*, Hillsdale, New Jersy : Lawrence Erlbaum Associates, 1976.

참조 갈등, 경험, 기억, 무의식, 문화적 기억, 사실, 상상의 공동체, 시간, 역사, 의식, 인정투쟁, 정체성, 집단기억, 호명

망각

Forgetting | 遗忘

사람들은 오래전의 일을 기억하지 못한다. 그래서 시간이 가면 기억이 흐려진다고 말한다. 과연 그럴까? 사람들은 조금 전을 기억하지 못하는 경우가 있는가 하면 오래전을 정확하게 기억하는 때도 있다. 그러므로 기억과 시간은 비례하지 않다. 그렇다면 기억과 망각忘却은 무슨 관계일까? 망각은 개인과 집단의 기억에서 사라지거나 잊어버리는 것을 말한다. 또한, 망각은 입력된 기억이 유지되지 못하거나 인출이나 회상이 되지 않는 것이다. 망각은 기억을 전제로 한다. 기억하는 것이 없으면 망각할 것도 없다. 기억은 과거에 있었던 의식 내부와 외부의 어떤 일을 개인과 집단이 보존하고 회상하는 뇌와 신경의 작용이다. 기억은 ① 입력input, 入力/기억memory, 記憶 – ② 보유storage, 保有/유지retention, 維持 – ③ 출력output, 出力/인출retrieval, 引出 – ④ 재인recognition, 再認 – ⑤ 회상recall, 回想/망각忘却 등으로 구성된다.

망각을 처음 연구한 사람은 에빙하우스H. Ebbinghaus, 1850~1909다. 자신을 실험대상으로 삼았던 그가 주목한 것은 기억을 유지하려는 노력이 없으면 망각이 진행되고 시간이 흐르면서 망각의 비율이 증가한다는 것이었다. 그는 가치 있고 의미 있는 것은 쉽게 기억되기 때문에 단순한 기억/망각을 연구하기 위해서 'dax, bup, wid, zof'처럼 가치와 의미가 없는 단어를 조합하여 망각의 비율을 측정했다. 에빙하우스는 처음에 기억을 유지한다는 의미의 보유곡선retention curve으로 명명했다가 망각의 비율을 의미하는 망각곡선forgetting curve으로 고쳐 명명했다. 그의 실험에 의하면 무엇이 입력된 후 20분이 지나면 약 40% 정도 망각하고, 1시간이 지나면 약 50% 이상 망각하며, 9시간이 지나면 약 60% 이상 망각한다. 6일 후에도 망각하지 않는 비율은 약 20%인데 그 기억은 이후에도 유지될 확률이 높다.

에빙하우스의 이 연구는 '기억은 시간이 흐르면 지워진다'는 기억과 망각의 시간 비례를 증명하는 것이었다. 이 과정에서 에빙하우스는 기억을 유지하기 위해서 (정보 유지에 유리한) 과잉학습을 하는 경우가 있음을 발견했다. 에빙하우스의 망각이론은 손다이크E.L. Thorndike의 쇠퇴이론Decay theory으로 발전한다. 쇠퇴이론은 '지식과 정보는 사용하지 않은 채 시간이 흐르면 망각한다'는 이론이다. 손다이크에 의하면 뇌의 중추신경에 남은 기억의 흔적은 시간의 경과에 따라서 지워지거나 사라진다. 에빙하우스의 기억 감소이론과 손다이크의 쇠퇴이론은 간섭이론에 의해서 비판받는다. 간섭이론Interference theory은 '기억은 서로 경쟁하고 간섭하면서 유지되거나 망각한다'는 이론이다. 개인과 집단의 기억은 기억을 저장하고 재구성하는 과정에서 의도적으로 왜곡하고 망각하는 경쟁을 벌이기도 한다.

달렌바흐K.M. Dallenbach를 포함한 심리학자들이 생각한 망각이론은 기억의 상호 경쟁과 간섭이 망각에 영향을 미친다는 것이다. 이들은 자극과 반응이론S-R을 도입하여 '다른 기억과 경쟁하지 않은 기억은 오래 기억된다'고 주장했다. 그리고 그 기억의 간섭을 순행간섭, 역행간섭, 출력간섭으로 나누었다. 기억의 순행간섭proactive interference은 먼저 입력된 정보가 나중에 입력된 정보에 억압적으로 간섭하면서 먼저 입력된 정보가 더 많이 기억되는 현상을 말한다. 역행간섭retroactive interference은 나중에 입력된 정보가 먼저 입력된 정보에 억압적으로 간섭하면서 나중에 입력된 정보가 더 많이 기억되는 현상을 말한다. 출력간섭output interference은 기억을 출력하는 과정에서 간섭을 받아서 인출/회상에 장애가 생기는 현상을 말한다. 기억은 간섭도 중요하지만 단서도 중요하다. 가령 동물을 열거한 다음 기억할 때 종류라는 단서로 기억하면 망각률이 낮아진다. 단서를 잃어버린 망각을 단서 의존적 망각cue-dependent forgetting이라고 한다.

망각의 종류 중 ① 시각, 청각, 후각, 촉각 등 초단기 감각기억sensory memory은 몇 초 후에 망각하는 것이 보통이며, ② 비교적 짧은 시간을 유지하는 단기기억short term memory은 30초 이내에 많은 부분이 망각하며, ③ 오랜 시간 유지하거나 영원히 잊히지 않는 장기기억long term memory은 뇌와 신경계에 각인되었기 때문에 망각의 비율이 낮다. 한편 심리학자 프로이트는 기억을 의도적으로 은폐하거나 왜곡하는 것을 방어기제로 설명했다. 망각과 달리 건망증과 기억상실amnesia, 記憶喪失은 어떤 것이 기억에서 결여된 것이다. 그밖에 직관적으로는 인지하지만, 인출과 재생에 실패하는 설단 현상tip of the tongue은 기억과 망각이 교차하는 지점이다. 망각하지 못하거나 망각되지 못하는 것은 여러 가지 문제를 일으킨다. 한편 개인의 망각과 달리 집단의 망각은 무관심과 배제를 통한 체계적이고 의도적인 망각이 많다.

참고문헌 Hermann Ebbinghaus, *Memory : A contribution to experimental psychology*, New York : Dover, 1885.

참조 감각, 기억, 기억투쟁, 문화적 기억, 방어기제, 시간, 시공간, 의식, 인식론, 직관, 집단기억, 표현, 현재·과거·미래

현재·과거·미래

Present·Past·Future | 现在·过去·未来

'지금 나는 빨강 사과를 먹고 있다.' 만약 이 문장의 '지금'이 2019년 7월 4일 오전 10시 10분 10초라면 이 순간을 지금이라고 할 수 있을까? '지금'을 정의하는 것은 무척 어렵다. 왜냐하면, '지금'이라고 인식하는 순간, 지금은 현재를 지나서 과거가 되기 때문이다. 그와 동시에 미래는 현재가 된다. 그러므로 과거, 현재, 미래의 시간 구조를 알기 위해서는 지금인 현재를 (잠시) 고정할 필요가 있다. 시간의 기준틀frame of reference이 필요한 것이다. 흘러가는 시간인 현재를 고정하는 것은 불가능하지만 아우구스티누스Augustine of Hippo, 354~430의 시간개념을 참조하면 도움을 받을 수 있다. 아우구스티누스는 현재는 예리한 칼날knife edge과 같은 순간이므로 시간이 아니라[1]고 하면서 지금인 현재를 고정했다. 그러니까 현재는 고정된 이 순간, 과거는 현재 이전의 흘러간 시간, 미래는 현재 이후에 다가올 시간이다.

현재를 흘러가는 시간개념이 아닌 인식의 순서로 보면, 과거-현재-미래가 시간 순서로 정리될 수 있다. 사전적인 의미에서 현재는 '지금, 이 순간'이지만 다른 한편 '살고 있는 이 세상'이라는 의미도 있다. 가령 '현재는 21세기다'에서 현재는 21세기를 의미하는 광의의 시간개념이다. 반면 '지금, 이 순간'의 현재는 극히 짧은 순간을 의미하는 협의의 시간개념이다. 사실 인간의 의식에 존재

---

[1] "How can the past and future be, when the past no longer is, and the future is not yet? As for the present, if it were always present and never moved on to become the past, it would not be time, but eternity." — St. Augustine of Hippo, *Confessions*.

하는 것은 현재뿐이다. '지금, 이 순간'인 현재만이 확실한 것이고, 과거와 미래는 기억이나 상상에서만 존재한다. 이런 견해를 현재주의Presentism라고 하는데, 현재주의에서는 과거와 미래가 존재하지 않으며 현재화된 과거, 현재화된 현재, 현재화된 미래만 존재한다. 이처럼 현재는 과거의 한 부분인 동시에 미래의 한 부분이면서 흘러가는 순간이다. 그러므로 시간의 흐름에서 과거, 현재, 미래를 나누는 것은 불가능하다.

현재를 기준으로 보면 과거는 지나간 현재다. 사전적인 의미에서 과거는 '현재 이전의 시간'을 의미하는 시간개념 이외에 '이전의 세상'이라는 역사적 개념이 있다. 미래와 대칭적 시간인 과거는 현재와 달리 긴 시간이고 시제로 볼 때 과거, 과거진행, 과거분사로 나뉜다. 가령 '그때 나는 사과를 먹었다'는 과거, '그때 나는 사과를 먹고 있었다'는 과거진행, '그때 나는 사과를 먹었었다'는 과거분사다. 과거는 이미 일어난 사건이기 때문에 필연이고 확실하다. 반면 미래는 가능이고 불확실하다. 사전적인 의미에서 미래는 '현재 다음의 다가올 시간'과 같은 시간개념과 '다음 세상'이라는 역사적 개념이 있다. 과거와 대칭적 시간인 미래는 현재와 달리 긴 시간이고 시제로 볼 때 미래, 미래진행, 미래분사로 나뉜다. 가령 '그날 나는 사과를 먹을 것이다'는 미래, '그날 나는 사과를 먹고 있을 것이다'는 미래진행, '그날 나는 사과를 먹고 있었을 것이다'는 과거분사이다.

직선적 시간은 과거-현재-미래로 흘러간다. 그런데 현재는 흘러가기 때문에 현재라고 말하는 바로 그 순간 현재는 과거가 된다. 현재를 기준으로 할 때 과거는 $t-1, t-2, t-3, t-4$의 역으로 흘러간다. 여기서 $t-1$은 방금 지나간 현재다. 또한, $t-2$는 $t-1$의 $t-1$이므로 방금 지나간 현재의 현재다. 미래도 이와 같다. 곧 다가올 현재는 $t+1$이고 그다음의 현재는 $t+2$다. 현재를 기준으로 할 때 미래는 $t+1, t+2, t+3, t+4$로 흘러간다. 또한, $t+2$는 $t+1$의 $t+1$이므로 곧 다가올 현재의 현재다. 이처럼 '어떤 시간을 기준으로 할 것인가'에 따라서 현재, 과거, 미래의 개념이 바뀐다. 가령, '현재 나는 사과를 먹고 있다'에서 서술시간을 현재'라고 한다면 이 문장을 읽는 독서시간의 현재'는 과거가 된 현재[t-x]다. 이처럼 인식시간, 경험시간, 독서시간, 서술시간, 발화시간, 회상시간, 감정 시간, 상상 시간의 현재, 과거, 미래는 모두 다르다.

현재만이 아니라 과거와 미래가 사실[real]이라면 시간은 존재이면서 '시간은 영원한 것'이라는 영원주의[Eternalism]가 된다. 영원주의 시간관의 시간은 항상 같은 시간이므로 시간적 의미가 없다. 이런 직선적 시간관의 삼분법은 공간과 연결된 고전역학의 시간으로 강화되었다. 인간은 x, y, z의 3차원 공간과 흘러가는 시간이 교차하는 지점에 존재한다. 순환적 시간관에서 시간은 순환하므로 과거는 미래일 수 있고, 미래는 과거일 수 있다. 한편 상대성이론에서 시간과 공간은 관측자에 따라서 상대적이다. 상대성이론에 의하면 중력[질량]에 의해서 변화하는 4차원의 시공간[spacetime]으로 보아야 한다. 상대성이론에서는 현재의 동시성[simultaneity]과 인식 주체의 상호주관성[inter-subjectivity] 문제가 대두한다. 만약 현재 우주와 다른 물리법칙이 있다면 시간과 공간은 인간이 생각하는 것과 전혀 다른 개념일 것이다.

참고문헌 St. Augustine of Hippo, *Confessions*, 397.

참조 감정·정서, 공간, 기억, 뉴턴역학·고전역학, 시간, 시간[베르그송], 시공간, 시점, 영원, 의식, 인식론, 일반상대성이론, 존재·존재자, 존재론, 특수상대성이론

문화적 기억

Cultural Memory | 文化记忆

아우슈비츠에는 이런 기념비가 있다. '나치의 제노사이드에 희생된 남성, 여성 그리고 어린이를 기억하기 위하여. 여기 그들의 재가 있다. 부디 그들의 영혼이 평화롭기를.'[1] 폴란드 남쪽의 오시엥비침$^{Auschwitz, Oshwiecim}$ 에는 나치의 수용소가 잘 보존되어 있다. 세계 여러 나라 사람들이 이곳을 방문하고 끔찍했던 학살의 흔적을 살펴본다. 특히 독일인들은 나치가 저지른 만행을 기억하고자 매년 기념식에서 유대인학살을 거론한다. 그렇다면 제작된 지옥인 가스실을 잘 보존하는 것은 무슨 이유 때문일까? 그것은 깊은 상처로 각인된 트라우마를 재생하고 회상함으로써 불행한 과거가 되풀이되지 않도록 할 수 있기 때문이다. 개인의 끔찍했던 기억은 지우는 것이 좋다. 하지만 집단과 국가의 끔찍했던 기억은 지우지 않는 것이 좋다. 그래서 나치의 홀로코스트^{Holocaust}를 기록하고 오래 기억하는 것이다.

기억은 과거에 있었던 의식 내부와 외부의 어떤 일을 개인과 집단이 보존하고 회상하는 것이다. 기억은 입력$^{input, 入力}$ – 보유$^{storage, 保有}$ – 출력$^{output, 出力}$ 그리고 재인$^{recognition, 再認}$의 과정을 거친다. 기억의 사회적 의미를 연구한 얀 아스만^{Jan} ^{Assmann}은 기억 중에서 문화적 기억을 특별히 강조했다. 얀 아스만은 기억을 개인적 기억, 소통적 기억, 문화적 기억으로 나눈다. 개인적 기억$^{individual memory}$은 개인의 신경망에서 작동되는 주관적 기억이며, 소통적 기억$^{communicative memory}$은 사

---

1   To the memory of men, women, and children who fell victim to Nazi genocide. Here lie their ashes. May their souls rest in peace.

회의 틀에서 작동되는 상호소통의 기억이고, 문화적 기억cultural memory은 역사적이고 신화적인 시간의 틀에서 작동되며 문화적 정체성의 토대가 되는 기억이다.[2] 문화적 기억은 오랜 시간에 형성된 다음 삶의 정전canon과 같은 기능을 한다. 왜냐하면, 문화적 기억은 사회적으로 합의된 것일 뿐 아니라 문화적인 의미를 획득한 다음 끊임없이 재현되고 전승되기 때문이다.

문화적 기억의 핵심은 '기억은 문화적으로 재구성되고, 문화적 상징의 기능을 하며, 인간은 이를 토대로 문화적인 실천을 한다'는 것이다. 얀 아스만의 문화적 기억은 스승 알박스M. Halbwachs의 집단기억collect memory 중 문화의 집단기억을 강조한 것이다. 알박스는 뒤르켐의 집합의식과 사회적 연대를 발전시켜서 집단의식의 개념을 창안했다. 알박스는 '사회적 틀과 현재의 관점에서 집단의 기억이 재구성된다'라고 보았다. 뒤르켐과 알박스의 기억이론은 아스만에게 큰 영향을 미쳤다. 아스만은 '집단기억이 문화적 실천을 통해서 의미와 가치를 획득한다'고 보고, 문화적 기억의 양상을 연구했다. 아스만에 의하면 축제, 의식, 서사, 시, 이미지 등 문화적 요소들은 시간의 섬islands of time을 이룬다. 점점이 흩어진 시간의 섬들이 회상적 응시retrospective contemplativeness를 통하여 기억으로 각인된다. 이와 동시에 기억의 객관화도 진행된다.

아스만의 문화적 기억은 ① 집단의 정체성을 강화하고 ② 인식을 재구성하는 기능이 있으며 ③ 객관화되고 투명한 소통을 형성하고 ④ 제도와 체계를 조직화하고 ⑤ 차이와 가치를 통한 규범을 제시하며 ⑥ 자기 이미지와 문화적 기억을 성찰하는 기억이다.[3] 이런 것들을 통해서 집단은 문화적 기억을 강화하고 가치 있는 기억을 구성한다. 문화적 기억이 문화적 정전正典, canon인 것은 오랜 시간에 걸쳐 집단의식을 지배하기 때문이다. 이 문화적 기억은 문화적 매체와

---

2   Jan Assmann, "Communicative and Cultural Memory", *Cultural Memory Studies. An International and interdisciplinary Handbook*, Berlin and New York, 2008, p.109.

3   Jan Assmann, "Collective memory and Cultural Identity", *New German Critique*, no 65, Cultural History/Cultural Studies, Spring–Summer, 1995, pp.130~131.

상징을 통해서 전승된다. 가령 상豫, 기념관, 기념물, 조형물, 기록화, 문학 텍스트, 박물관, 기념품, 사진, 선물, 명화 복사품 등은 모두 문화적 기억의 방법이다. 이 과정에서 집단의 지식과 경험이 문화적으로 재해석되고 공유된다. 이렇게 하여 알박스가 말한 집단기억과 집단의식collective consciousness으로 각인되거나 융C. Jung이 말한 집단무의식으로 전환된다.

문화적 기억이라는 개념을 처음 만든 사람은 얀 아스만이 아니라 그의 부인이자 동료인 알레이다 아스만Aleida Assmann이다. 알레이다 아스만에 의하면 예술과 기술은 오래 기억되는 장기기억이다. 장기적 기억이 담긴 장소場所는 기억의 공간이면서 의미를 생성하는 공장이다. 얀 아스만과 알레이다 아스만은 '문화적 기억은 곧 문화적 실천'이라고 말한다. 문화적 기억의 핵심은 '현재가 과거를 문화적으로 재구성하고, 그렇게 구성된 문화적 기억은 다시 현재를 구성한다'는 것이다. 역사가 총제적이고 객관적인 서술을 지향하는 것에 비하여 기억은 단편적이고 주관적일 수 있지만, 생명력과 역동성을 가지고 있다. 물론 역사도 기억의 한 방법이고 역사 역시 시대정신과 사관史觀에 의해서 재구성된다. 그러나 기억은 사회적 실천을 통해서 새롭게 구성되고 다양한 의미를 획득한다는 점에서 역사와 다르다.

참고문헌 Jan Assmann, "Collective memory and Cultural Identity", *New German Critique* no 65, Spring–Summer, 1995.

참조 감정·정서, 개념, 경험, 기억, 기억투쟁, 문화, 방어기제, 범주, 사실, 상상의 공동체, 실제의 공동체, 아노미, 의식, 인정투쟁, 집단기억, 집단무의식

정한론
Debate to Conquer Korea | 征韩论

1895년 10월 8일, 일본 낭인浪人들이 한양의 경복궁에 들이닥쳤다. 그들은 조선의 명성황후 민비를 발로 밟은 다음 칼로 난자했다. 당시 일본영사 미우라 고로三浦梧楼의 지시를 받은 무사 출신 낭인들이 을미사변乙未事變의 만행을 저지른 것이다. 이로 인하여 반일감정이 고조되었으나 오히려 이 사태를 잘 이용한 일본 제국주의자들은 1905년의 을사늑약과 1910년의 강제 한일합방으로 조선을 식민지로 만들었다. 이 사태는 임진왜란 이후 두 국가의 관계에서 이해되어야 한다. 임진왜란万历朝鲜之役, 文禄 · 慶長の役, 1592~1598 이후 외교를 재개할 때, 조선은 변방의 왜倭와 화평하는 것으로 간주한 것과 달리, 일본은 막부의 쇼군과 외교 관계를 맺는 것으로 보는 한편 조선이 일본 천황에게 조공을 바치는 것으로 간주했다. 그리고 조선과 에도江戸의 도쿠가와 막부는 필요에 따라 19세기 후반까지 외교 관계를 유지했다.

1867년 규슈九州 출신의 야도 마사요시八戸順叔가 일본 천황을 인정하지 않는 조선을 침략해야 한다고 했을 때, 대원군이 섭정하던 조선은 일본을 무시하고 척양척왜를 표방했다. 수차례 일본의 요청에도 불구하고 조선이 일본을 비하하자 일본 규슈九州 가고시마鹿兒島 출신의 궁중무사 사이고 다카모리西鄉隆盛, 1827~1877는 본격적인 정한론을 주창했다. 한편 이토 히로부미의 스승인 요시다 쇼인吉田松陰, 1830~1859 역시 서양의 근대 기선인 흑선黑船의 출현에 충격을 받은 후 '일본의 기상을 고취하겠다'는 생각으로 조선과 대만 정벌을 주장했다. 특히 정한론자들은 『일본서기』에 근거하여 '고대 일본이 한반도를 점령하고 지배했다'

는 것까지 근거로 삼았다. 이런 맥락에서 등장한 정한론征韓論 또는 정조론征朝論은 1870년대 일본 정치가들이 조선을 정벌하자고 주장한 정치적 책략이다. 이 정치적 책략은 조선과 일본 역사를 뒤흔들었다.

정한론이 등장하기 직전에 도구가와 막부가 천황에게 정치권력을 이양한 대정봉환大政奉還, 1867이 있었고 곧이어 반막부 동맹군은 왕정복고王政復古, 1868를 선포했다. 이를 계기로 서양을 학습하여 부국강병하고 문명개화한 국가를 만드는 메이지유신明治維新이 시작되었다. 그런데 1873년 메이지 신정부의 사이고 다카모리西鄕隆盛가 조선파병과 무력행사를 시도했다. 이때 대신 이와쿠라 도모미岩倉具視, 1825~1883가 '정한론을 폐기하고 부국강병과 근대국가 건설을 우선해야 한다'고 주장했다. 이 의견이 채택되어 침략주의 책략인 정한론은 근대화를 우선하는 주장에 밀려 실행되지 못했다. 그 후 사이고 다카모리는 고향 가고시마鹿兒島로 은퇴했으나 정한론은 일본사회에 큰 영향을 미쳤다. 정한론을 실행하여 일본의 국력을 보여주는 동시에 식민지를 가진 대일본제국주의로 도약하려는 생각은 사라지지 않았다.

정한론은 한국의 시각으로 보면 일본의 침략야욕이지만 일본의 시각으로 보면 중화주의의 해체와 천하질서의 재편이다. 또한, 정한론은 봉건 쇼군과 다이묘의 몰락, 천황제의 강화 그리고 일본의 근대화, 제국주의화, 군국주의화, 청의 쇠퇴, 조선의 쇄국주의, 조선의 식민화 등 다층적 맥락에서 이해되어야 한다. 이런 역사적 맥락 특히 갑신정변1884의 과정에서 후쿠자와 유키치福澤諭吉, 1835~1901는 '조선 인민을 위하여 조선 정부를 제거해야 한다'고 발언하는 한편 탈아입구脫亞入歐를 주창했다. 그리고 일본을 서구 유럽과 같은 열강으로 간주하고 일본 국수주의 논리를 수립하고자 노력했다. 하지만 그의 주장은 '내치를 튼튼하게 해야 한다'는 오쿠보 도시미치大久保利通와 이토 히로부미伊藤博文 등의 주장에 밀렸다. 그러나 정한론은 중국, 한국, 일본이 서구의 근대를 수용하고 대처하는 과정에서 파생된 책략이면서 제국주의 일본의 야욕이 드러난 역사적 담론으로 보아야 한다.

잠시 정한론은 후퇴했으나 제국주의로 도약하던 일본은 세계에 국력을 보여주기 위한 침략전쟁이 필요했다. 그래서 1894년 청일전쟁第一次中日战争, First Sino-Japanese War을 일으켰고 이 전쟁에서 승리한 다음 체결한 시모노세키조약1895 제1조는 '청국은 조선국이 완전한 자주독립국임을 인정한다'였다. 이렇게 하여 조선을 속국으로 간주하던 청淸의 영향력을 약화하는 한편 조선이 독립적 지위를 가지게 함으로써 한반도를 침략대상으로 만들었다. 이것을 두고 일본 역사학계에서는 '조선이 일본의 도움으로 1897년에 황제의 나라 대한제국大韓帝國을 선포하고 독립적인 천하관天下觀을 가지게 되었다'고 분석한다. 하지만 조선이 황제의 나라로 선포한 칭제稱帝는 1884년 조선 개화파가 주장하고 1897년 수구파가 실행한 것이라는 점에서 당시의 복잡한 역사적 상황에서 이해되어야 한다. 결국, 정한론은 1905년 을사늑약과 1910년 강제 한일합방으로 실현되었다.

참조 근대·근대성, 대동아공영권, 대정봉환, 대화혼, 러일전쟁, 메이지유신, 무사도, 소중화주의, 역사, 제국주의, 중일전쟁/청일전쟁, 중화주의, 탈아입구 탈아론, 한자문화권

인간[신체]

Human[body] | 人

'인간이란 무엇인가?' 인간은 개별 인간이 포함된 집합개념의 유類이기 때문에 인간을 정의하는 것은 곧 인류를 정의하는 것이다. 아주 간단한 인간의 정의는 언어를 가지고 사회적 활동을 하는 영장류의 고등동물이면서 생각하는 존재이다. 이 정의를 바탕으로 자연적인 관점에서 인간의 유적 특질을 살펴볼 필요가 있다. 이것은 '인간의 생물학적, 물리적, 화학적, 생리학적, 병리적인 구조와 기능을 과학적으로 이해하고 인류학적으로 정의한다'는 뜻이다. 인체를 구성하는 가장 작은 단위는 원자다. 70kg의 인간 신체를 구성하는 원자는 70 × 10^{27}, 그러니까 대략 7,000,000,000,000,000,000,000,000,000,000개다. 인체人體가 이렇게 많은 원자로 구성되었다는 것도 놀랍지만, 더 놀라운 것은 원자의 99.99%는 텅 빈 공간이라는 것이다. 따라서 신체는 거의 텅 빈 구조다. 신체의 특성으로 본 인간은 (원자 이전의 물질)−원자−분자−세포−조직tissue−기관organ−신체의 계통−인체로 구성된 유기적 생명체다.

인간은 약 200만 년 전에 출현한, '생각하는 인간 현생인류Homo sapiens'를 의미한다. 계통분류학적으로 인간은 동물계Animalia − 척삭동물문Chordata − 척추동물아문 − 포유강Mammalia − 영장목Primates − 사람과Hominidae − 사람속Homo − 사람Homo sapiens − 현생인류Homo sapiens-sapiens의 계보이다. 인간의 생물학적 특징은 포유강Mammalia, 哺乳綱에 속한다는 점이다. 포유강은 젖으로 새끼를 기르는 동물인데 털이 있으며 다른 동물에 비하여 지능이 높다. 포유강 중에서 인간은 영장류다. 영장류Primates, 靈長類에는 인간을 비롯하여 원숭이, 침팬지, 고릴라 등이 있는데,

영장류는 사지四肢와 5개의 손가락과 발가락이 있는 척추동물이다. 그리고 인간의 신체구조에서 매우 중요한 것은 척추직립의 '골추선 구조'라는 점이다. 인간의 신체는 다른 척추동물과 마찬가지로 좌우대칭의 균형적 구조로 형성되어 있다. 다만 내장은 좌우대칭이 아니다.

직립 인간인 호모 에렉투스Homo erectus, 190만 년~7만 년 이후 인간은 손을 쓸 수 있고 불을 다루면서 문명을 영위하게 되었다. 특히 뇌와 심장이 다른 위치에 놓이면서 심장 기능과 혈관 기능이 개선되었고 인체의 구조가 변화했다. 직립 이후 인체의 계통조직은 크게 피부 관련 구조로 구성된 ① 외피계Integumentary, 근육과 뼈로 구성된 ② 근육골격계Musculoskeletal, 호흡과 관련된 ③ 호흡기계Respiratory, 심장과 혈액의 공급에 관한 ④ 순환기계Circulatory, 음식물 섭취와 배설에 관한 ⑤ 소화계Digestive, 오줌 등으로 질소화합물을 제거하는 ⑥ 배설계Urinary, 신경 정보를 분석하고 전달하는 ⑦ 신경계Nervous, 화학적 통신의 호르몬에 관한 ⑧ 내분비계Endocrine, 종의 번식에 관한 ⑨ 생식계Reproductive, 면역에 관한 ⑩ 면역계Immune로 구성되었다. 이런 인체의 계들은 여러 기관을 형성한다.

남성의 신체 중 약 61%가 물이고 여성의 신체 중 약 55%가 물이다. 그리고 인간의 신체는 단백질 16%, 지방 1.5%, 질소 3.3%, 칼슘 1.8%, 인 1.2%이고 그 외에 칼륨, 소금, 마그네슘, 철, 아연, 구리, 망간으로 구성된다. 하지만 원자 구성으로 보면 수소hydrogen 2/3, 산소oxygen 1/4, 탄소carbon 1/10이고 그 외 질소, 칼슘, 인이 인체의 99%를 차지한다. 인간의 신체는 머리, 가슴, 배, 팔, 다리의 구조로 짜여 있다. 생물의 공통조상이고 생명체의 구성단위인 세포가 처음 출현한 것은 대략 38억 년 전이고, 다세포는 약 10억 년 전에 출현했다. 인체의 실질적 구성단위인 세포의 크기는 약 10~30μm이다. 원자가 물질 구성의 단위라면 세포는 생명체 구성의 기본 단위다. 인간의 신체는 다른 동물과 같이 진핵세포eukaryotic cell에서 체세포분열mitosis을 해서 생겨난다. 남녀의 성sex을 결정하는 것은 감수분열miosis인데 하나의 세포가 4개로 분열하면서 변이하여 남녀가 결정된다.

부모의 유전자DNA를 반씩 물려받아서 성이 결정되지만 다른 세포는 똑같이 분열하고 증식하면서 인간 신체를 구성한다. 인간이 생명을 유지하는 것은 세포분열이 계속되기 때문이다. 이 세포 중 난자와 정자의 결합으로 새로운 생명이 잉태되는데, 이때 유전정보를 전달하는 DNA와 그것을 실행하는 RNA가 작동한다. 나이가 들면 세포분열이 둔화되고 생후 100년 전후에 세포분열이 멈추고 인간은 죽는다. 인간 신체는 내환경internal environment의 항상성Homeostasis, 恒常性을 유지한다. 가령, 추운 날씨에도 신체 내환경이 36.5도를 유지하는 것이 항상성이다. 항상성은 자율신경계와 내분비계의 활동 때문이다. 또한, 위장의 활동, 혈관 활동, 노폐물 배출 등은 의식과 관계없이 식물적 자율신경계가 담당한다. 신체는 신비로울 정도로 복잡하게 구성되어 있다. 그리고 신체와 정신, 몸과 마음은 서로 연동된 단일체다.

참고문헌 Carolus Linnaeus, *Systema Naturae, Sive Regna Tria Naturae Systematice Proposita per Classes, Ordines, Genera, & Species*, Leiden : Haak, 1735.

참조 DNA/디옥시리보 핵산, 공통조상, 분자, 심신이원론, 심신일원론(스피노자), 유전자, 자연선택, 적자생존, 진화론, 진화심리학, 창조론, 현생인류 아프리카기원설, 호모루덴스, 호모 사피엔스/현생인류

중국어 방 논증

Chinese Room | 中文房间

중국어 방은 기계는 인간의 마음을 가질 수 없다는 것을 주장하는 논증이다. 심리철학자 서얼J. Searle이, 이 유명한 논증을 제기한 이유는 튜링테스트Turing test를 반박하기 위해서였다. 그는 1980년 '마음, 두뇌, 그리고 프로그램'에서 인공지능과 같은 컴퓨터를 프로그램의 형식적 작동으로 보았다. 아울러 인간의 마음은 종합적인 사유라고 규정한 다음, 튜링테스트를 통과한 기계라고 하더라도 인간의 마음을 가진 것은 아니라고 선언했다. 그렇다면 튜링테스트는 무엇일까? 영국의 튜링Alan Turing은 1950년 흥미로운 주장을 했다. 그의 주장은 '컴퓨터와 같은 기계가 지성을 가진 인간과 대화를 할 수 있다면 인간의 마음을 가진 것으로 보아야 한다'는 것이다. 이를 위하여 고안한 튜링테스트는 분리된 공간에 놓인 인간과 기계가 타자기로 대화할 때, 인간이 기계의 응대를 보고 인간인지 기계인지 구별하지 못하는 통과의 기준이다.

서얼은 튜링의 도식을 그대로 응용하여 분리된 공간과 질문자를 설정했다. '방 안에는 중국어는 모르고 영어만 할 줄 아는 사람이 있다. 방 바깥의 중국어 사용자가 중국어로 질문을 건넨다. 그러면 방 안에 있는 사람은 그 중국어 질문의 기호와 상징을 보고 규칙에 따라 답변을 선택하여 질문자에게 준다. 질문과 답변이 오고 가면 답변자가 능숙하게 중국어를 구사하는 것처럼 보일 수도 있다. 그런데 방 안의 영어 사용자는 중국어를 전혀 모른다. 다만 형식과 규칙만 알고 있을 뿐이다.' 서얼은 이런 사고실험을 근거로 튜링테스트의 문제점을 비판했다. 그리고 서얼은, 튜링이 '기계가 생각할 수 있는가Can machines think?'라고 묻고 '생각할 수 있다'고 답한 것을 반박한다. 이처럼 서얼은 계산주의, 기능주의, 표상주의, 환원주의를 비판하면서 '튜링테스트를 통과했다고 해서 생각하는 기계라고 할 수 없다'고 강조했다.

생각thinking 즉 사고思考의 주체는 마음이다. 마음은 지성적이고 이성적인 의식을 말하는 동시에 느낌과 감정의 활동인 파토스pathos를 포함한다. 이와 달리 정신은 사유, 추론, 판단, 반성을 수행하는데 객관적이고 보편적인 로고스logos의 특징이 있다. 이처럼 마음과 정신은 약간 다르지만, 튜링과 서얼은 감정과 논리를 가진 인간의 마음mind을 준거로 삼았다. 서얼은 방 안의 영어 사용자가 중국어로 답변할 수 있었던 이유는 의미를 모르더라도 구조와 형식을 알기 때문이라고 설명한다. 이와 마찬가지로 인공지능 컴퓨터가 언어를 이해하거나 문제를 해결하더라도 그것은 입력된 자극S에 따른 기계적 반응R일 뿐, 생각하고 이해하는 마음을 가진 것은 아니다. 그러니까 서얼은 '기호에 반응하는 것은 기호의 구문론syntax이므로 생각하고 이해하는 마음의 의미론semantic은 될 수 없다'는 것이다.

서얼은 튜링의 생각하는 기계를 반박하기 위하여 생각은 곧 지향성intentionality이라고 전제[1]한다. 지향성은 심리학자 브렌타노가 말한 '무엇에 대한 의식의 지향'이다. 이를 근거로 서얼은 '인간의 두뇌는 지향성을 가졌지만, 컴퓨터 프로그램은 지향성을 가지지 못한다'[2]고 주장한다. 이후 서얼은 자신의 주장을 논리적으로 발전시키는 한편, 생각하는 것처럼 보이는 강인공지능strong AI이라고 하더라도 인간처럼 종합적 사고를 하는 것은 아니라고 단언한다. 학습 기계

---

[1]   John. R. Searle, "Minds, brains, and programs", *Behavioral and Brain Sciences* 3(3), 1980, p.417.

[2]   (1) Intentionality in human beings (and animals) is a product of causal features of the brain. I assume this is an empirical fact about the actual causal relations between mental processes and brains. It says simply that certain brain processes are sufficient for intentionality. (2) Instantiating a computer program is never by itself a sufficient condition of intentionality. The main argument of this paper is directed at establishing this claim. The form of the argument is to show how a human agent could instantiate the program and still not have the relevant intentionality.

Learning Machine인 인공지능 역시 패턴인식에 따른 계산과 회귀분석에 근거한 반응일 뿐이다. 서얼에 의하면 컴퓨터 프로그램은 기호에 따라 계산하는 것이고, 상징기호인 표상에 반응하는 것이며, 결국 물리로 환원되는 것이므로 무엇을 생각하고 지향하는 인간의 마음과는 근본적으로 다르다. 이것에서 파생된 중국어 방 논증은 서얼J. Searle이 주장한 이론으로 인간의 마음과 정신은 기계적이지 않다는 것이다.

'컴퓨터 프로그램은 구문론적 형식이다. 반면 인간의 마음은 의미론적 내용이다. '표면적으로 같은 기능을 한다'고 하더라도 프로그램과 마음은 다르다.' 그런데 서얼은 '인간의 마음은 생물학적 현상'이라는 생물학적 자연주의Biological Naturalism를 주장한다. 아울러 서얼은 '인간의 마음과 인공지능은 생각의 주체, 생각의 과정, 생각의 내용이 모두 다르다'라고 함으로써 '인간의 마음은 유물론과 물리주의로 환원될 수 없다'는 점을 강조한다. 이런 서얼의 주장에 대하여 많은 비판이 있다. 가장 근원적인 비판은 '마음을 인간중심주의로 보지 말고 새롭게 마음을 정의해야 한다'는 것이다. 또 다른 비판은 '마음은 신경세포 하나하나에 있는 것이 아니라 신경세포를 전달하는 시냅스synapse의 연결로 생기는 것이며, 인공지능이 거대한 데이터와 두뇌와 같은 신경 체계를 가지면 생각하는 마음도 가질 수 있다'는 것이다.

참고문헌 John. R. Searle, "Minds, brains, and programs", *Behavioral and Brain Sciences* 3 3, 1980, pp.417~457.

참조 감각, 딥러닝/심층학습, 마음, 물리주의, 빅데이터, 상징, 신경과학, 인공지능 AI, 지각, 지향성(현상학), 튜링테스트, 행동주의·파블로프의 개

마음

Mind | 心

마음은 생각하고 느끼는 근원이자 주체다. 쉬운 것 같고, 모두가 알 것 같은 마음을 정의하는 것은 무척 어렵다. 그것은 마음이 3인칭의 객관적 대상이 아니라 1인칭의 주관적 내면이기 때문이다. 마음은 의식, 인식, 이해, 상상, 지각, 사고, 언어, 기억 등 여러 가지 기능을 수행한다. 가령 '마음이 아프다'라고 할 때 그 마음은 어떤 자극에 반응하여 '아프다'라고 판단하는 주체다. 그런데 사람들은 마음이 아픈 것을 가슴이 아픈 것으로 생각한다. 그것은 한자어 마음 심心이나 영어의 마음heart에서 보듯이 마음을 심장에서 느끼는 감정으로 여기기 때문이다. 하지만 마음은 심장과 관계하는 것이 아니다. 마음이 위치하는 곳은 머리의 두뇌와 신경이다. 따라서 마음은 감각기관의 자극과 신경세포의 반응과 신경 시냅스의 전달 과정에서 생기는 작용인 동시에 현상이다. 마음을 의미하는 라틴어 mēns는 다음 여러 개념과 연결되어 있다.

첫째, 정신spirit은 사유, 추론, 판단, 반성 등을 수행하는데 객관적이고 보편적인 로고스logos의 특징이 있다. 둘째, 의식consciousness은 마음 안과 밖의 어떤 것을 인지하는 상태이다. 셋째, 영혼soul은 의식과 정신의 원리인 동시에 육체를 지배하는 근원이면서 육체가 소멸해도 존재하는 것으로 간주되는 대상이다. 영혼은 초현실적 가상이므로 과학이나 논리에서는 인정되지 않는다. 이것들을 아우르는 넷째, 마음mind은 지성적이고 이성적인 의식을 말하는 동시에 감정의 활동인 파토스pathos를 포함한다. 마음은 감정과 감각의 주체이기 때문에 정신과 달리 주관적이고 개인적이다. 그렇다면 주관적이고 정서적인 마음과 객관적이고 체계적인 몸의 관계는 무엇인가? 이 심신문제는 '어떻게 비물질적인 마음과 물질적인 몸이 연결되고 작용하는 것인가'로 바꿀 수 있다. 이것은 '마음은 어떻게 구성되어 있는가'의 문제다.

이 문제의 핵심은 마음의 실체^{substance} 유무다. 그렇다면 마음의 실체는 무엇일까? 먼저, '마음은 실체가 아니고 단지 관념일 뿐'이라는 관념론^{Idealism}과 '마음에는 실체가 있다'는 실체론으로 나눌 수 있다. 실체론은 다시 몸과 마음, 정신과 물질은 하나의 실체라는 심신 일원론^{Monism}과 마음과 몸은 각기 다른 실체라는 심신 이원론^{Dualism}으로 나눌 수 있다. 심신이원론은 데카르트의 주장으로 대표된다. 그런데 그는 마음과 몸의 연결을 논리적으로 설명하지 못했다. 그래서 가장 설득력 있는 견해로 제기된 것이 '마음과 몸은 하나의 실체이지만 각기 다른 속성을 가지고 있다'는 일원론적 속성이원론이다. 그렇다면 여기서 말하는 실체는 무엇일까? 이에 대한 답은 마음은 물질의 작용이라는 유물론^{Materialism}과 마음은 물질을 포함하는 여러 가지 물리의 작용이라는 물리주의^{Physicalism}로 요약될 수 있다.

많은 사람은 '마음은 물리적 작용'이라고 믿지 않으며, 거의 모든 종교와 학설에서도 마음을 물리적인 것으로 간주하지 않는다. 하지만 몸이 없는 마음은 존재하지 않으며, 뇌가 다치면 마음도 작동하지 않기 때문에 마음은 물질에서 생성되는 것이 분명하다. 여기서 말하는 물질은 뇌의 신경세포^{neuron}와 신경을 연결하는 시냅스^{synapse}를 말한다. 이것은 마음의 정의에 대한 새로운 문제를 제기한다. 가령 '인공신경으로 만든 인공지능^{AI}에게도 마음이 있는 것인가?' 그리고 '동물의 마음과 인간의 마음은 같은 물리적 작용인가?' 등이다. 그 외에도 마음을 설명하는 여러 가지 관점이 있는데 신경세포와 시냅스의 연결이 곧 마음이라는 연결주의, 실리콘으로 만든 마음도 가능하다는 기능주의, 마음이 실행된 외면적 결과에 초점을 맞추는 행동주의, 마음은 컴퓨터 프로그램과 같다는 계산주의 등 여러 가지로 분화한다.

21세기에는 인지과학이 발달하여 마음에 대한 새로운 정의와 개념이 필요하게 되었다. 하지만 '나의 마음'은 '나'만이 아는 것이고 '너의 마음'은 누구도 알 수 없으므로 마음을 정의하는 것은 한계가 있다. 마음의 내면과 외면을 과학적으로 연구하는 학문은 심리학이다. 심리학은 인간을 포함한 생물의 마음과 행동을 과학적으로 분석한다. 반면 인간의 마음은 본래 백지와 같은 것인데 경험과 학습을 통하여 지정의知情意를 구성하는 것으로 보는 이론과, '끊임없이 환경에 적응하고 자연선택을 통하여 고도의 인지능력을 가지게 되었다'는 이론이 있다. 한편 도교, 유교, 불교에서는 마음의 구성과 기능보다 마음을 다스리는 것에 초점을 두었다. 특히 유교의 분파인 양명학은 마음의 이치를 연구하는 심학心學을 발전시켰다. 심학에서는 '착한 본성인 양능良能의 근거가 곧 마음心卽理'이라고 설명한다.

참고문헌 René Descartes, *Meditations on First Philosophy*(1641), translated by Cottingham, J., Cambridge University Press, 1996.

참조 감정·정서, 과학주의, 관념론, 무의식, 물리주의, 브라흐만, 심즉리, 심신이원론, 심신일원론(스피노자), 아트만, 영혼, 유물론, 의식, 이성, 인공지능 AI, 인지과학, 자연선택, 정신, 진화론

지능

Intelligence | 知力

지능은 '머리가 좋다' 또는 '영리하다'라고 표현되는 경우가 많다. 사전적인 의미에서 지능을 동사형으로 표현하면 '무엇을 어떻게 하겠다' 또는 '이 문제는 이렇게 해결했다'이다. 지능을 명사형으로 표현하면 논리, 수리, 이해, 추론, 계획, 예측, 학습, 적응, 추상화, 지식획득, 문제해결, 상황대처, 창의성 등에 관한 종합적 인지능력이다. 지능이 실행과 실현까지 의미하지는 않지만, 지능이 높은 경우 실행과 실현도 높을 수 있다. 그래서 사람들은 지능에 대하여 큰 관심을 가지고 늘 궁금하게 생각한다. 사실 지능은 인간 고유의 특질이 아니다. 지능은 동물, 식물, 기계, 초월적 존재 등이 가지고 있거나 가질 수 있는 능력이다. 지능의 정의는 여러 가지로 나뉘는데 그중에서 ① 일반적이고 종합적인 능력이라는 관점과 ② 특수하거나 다양한 능력이라는 관점이 있다. 지능을 정의하기 쉽지 않으므로 먼저 지능의 어원을 살펴볼 필요가 있다.

지능의 라틴어 intelligentia는 이해를 의미하는 inter와 선택을 의미하는 legō의 합성어로 이해하고 선택하는 것 즉, '무엇을 이해하고 그에 대하여 선택한 지식'이라는 의미다. 또한, '이해하다'와 '지각하다'인 동사 intellegō가 intellēctus[주격 1인칭과 복수]에서 이해하고 지각하는 주체라는 의미로 확장되었다. 중세철학에서 intellectus는 intelligence와 함께 쓰였는데 이해, 지성, 지각이라는 의미였다. 지능[intellectus]에는 계산하고 추론하는 능력인 이성과 이해하는 능력인 지성의 개념도 들어있다. 지능은 근대 심리학에서 마음과 두뇌의 능력으로 의미가 확장되었다. 그런데 심리학[psychology]의 지능은 마음의 지적 작용인 것 같지만 사실은 두뇌의 지적 작용이다. 한편 지능은 앞에서 본 것처럼 일반적이고 종합적인 지적능력과 특수하고 단면적인 지적능력으로 구분된다. 이것을 스피어만C.E. Spearman, 1863~1945은 일반요인G 요인과 특수요인S 요인으로 구분했다.

스피어만이 말한 지능의 일반요인은 이해, 추론, 학습 그리고 수리, 언어, 주의, 창조 등이다. 이에 대하여 다른 심리학자들은 '지능을 일반화하는 것보다 부분적인 여러 요인으로 특수화하는 것이 필요하다'는 의견을 제시했다. 특히 가드너Howard Gardner는 문제해결 능력과 가치창조를 중심으로 8가지의 다중지능을 제시했다. 가드너가 제시한 것은 리듬과 박자 등 음에 관한musical-rhythmic 음악능력, 시공간 지각에 관한visual-spatial 시공간능력, 언어에 관한verbal-linguistic 언어능력, 이성적 추론과 수에 관한logical-mathematical 논리수학능력, 활동과 운동 그리고 물체를 다루는 것에 관한bodily-kinesthetic 신체운동능력, 인간관계에 관한interpersonal 인간관계능력, 내면의식과 절제에 관한intrapersonal 자기이해능력, 자연에 관한 naturalistic 자연탐구능력이다. 스피어만은 각 요인의 상관관계를 종합적으로 보았지만, 가드너는 다중지능이론으로 각 요인을 독립적으로 보았다.

아인슈타인은 중고등학교 때까지 우수한 학생이 아니었다. 그런데 대학교에서 수학, 공학, 자연과학에서 특수한 지적능력이 발휘되어 전설적인 업적을 남겼다. 그렇다면 지능은 어떻게 결정되는 것인가? 지능은 첫째, 유전적 요인에 의해서 결정된다는 관점이 있다. 각기 다른 환경에서 자란 쌍둥이의 지능 상관관계가 높다거나, 그중에서도 일란성 쌍둥이의 지능 상관관계가 높다는 연구보고가 있다. 둘째, 환경적 요인에 의해서 결정된다는 관점이 있다. 이 관점은 교육과 환경이 지능에 영향을 미친다는 것이다. 유전적 요인이 지능에 영향을 미친다는 선천적nature 영향과 환경과 교육적 요인이 지능에 영향을 미친다는 후천적nurture 영향 중 어떤 것이 더 중요하다고 할 수는 없다. 왜냐하면, 학습과 창의성은 지능 이외에 의지, 노력, 실천, 상황 등에 따라서 다르고 지능 역시 시대와 문화마다 다르기 때문이다.

인간 이외의 존재동물, 식물, 기계, 초월적 존재도 지능이 있는 것으로 알려져 있다. 특히 고릴라, 원숭이, 개, 고양이, 돌고래 등은 상당한 정도의 지능을 가진 것으로 알려져 있고, 식물 역시 환경에 적응하거나 생존의 필요에 따라서 약간의 지능을 발휘하는 것으로 알려져 있다. 21세기에 지능에 관하여 가장 주목을 받는 것은 인공지능Artificial intelligence이다. 인공지능人工知能, AI은 인간이 만든 기계이면서 인식, 계산, 비교, 판단, 논증, 추론, 예측, 결정, 심층학습, 문제해결, 이미지와 음성 패턴인식pattern recognition을 할 수 있는 시스템이나 구조를 말한다. 인공지능 이후 지능이 새롭게 정의되고 적용되기 시작했다. 지능을 측정하는 지능지수 측정에는 스탠포드대학이 주도한 스탠포드-비네Stanford-Binet 지능검사와 웩슬러Wechsler 지능검사가 있고 인공지능에 대한 튜링테스트가 있다.

참고문헌 Howard Gardner, *Frames of Mind : The Theory of Multiple Intelligences*, Basic Books, 1983.

참조 감각, 기억, 논리·논리학, 논증·추론, 딥러닝/심층학습, 의식, 이성, 인공지능 AI, 인식·인지, 존재론, 지각, 지성·오성, 튜링테스트

튜링테스트

Turing Test | 图灵测试

기계가 사람과 같은 마음 즉 지능을 가질 수 있을까? 많은 과학자는 사람의 마음을 가진 기계의 출현은 시간문제라고 말한다. 그렇다면 무엇을 근거로 기계가 사람의 마음을 가졌다고 할 수 있을까? 이것을 처음 주장한 사람은 영국의 과학자 튜링Alan Turing, 1912~1954이다. 그는 1950년에 쓴 논문 "계산 기계와 지능Computing Machinery and Intelligence"에서 대략 2000년 전후에 사람의 마음을 가진 기계가 출현할 것으로 예견했다. 그리고 그 계산 기계가 인간과 대화할 수 있는 수준, 더 정확히 말하면 인간이 계산 기계를 상대로 대화할 때 30% 정도가 인간으로 판정한다면 그 계산 기계는 인간의 마음을 가진 것으로 보았다. 그리고 그 방법을 제시한 것이 바로 튜링테스트다. 튜링테스트는 기계의 지능을 검사하는 시험이고 그 표준모형은 분리된 방 한쪽에 사람과 컴퓨터가 있고 다른 한쪽에는 질문자가 있는 테스트 형태다.

원래 튜링이 제시한 테스트는 모방게임imitation game이었다. 모방게임은 질문자가 누가 남자이고 누가 여자인지 판별하는 게임이다. 그런데 남성은 거짓말을 할 수 있지만, 여성은 거짓말을 할 수 없다. 말을 주고받는 게임에서 질문자가 남녀를 판별할 수 없으면 테스트를 통과한 것으로 간주한다. 게임의 규칙은 타자기로 대화를 하는 것과 한쪽은 기계 한쪽은 사람을 배치하는 것이다. 만약 컴퓨터가 사람인 질문자를 속일 수 있으면 그 컴퓨터는 튜링테스트를 통과한 것이 된다. 그리고 그 컴퓨터는 생각하는 학습 기계learning machine[1]로 여겨진다. 튜링은 이것을 간단한 질문으로 요약했는데 그것이 훗날 인공지능의 토대가 된 '기계가 생각할 수 있는가^{Can machines think?}²다. 물론 튜링은 이에 대한 답을 이미 준비해 두었다. 튜링이 준비한 답은 '기계도 생각할 수 있다'이다. 이것을 확장하면 '기계는 의식, 정신, 감정, 사고의 기능이 있고 정신성^{mentality}을 가진다'가 된다.

튜링의 선언은 '마음이란 무엇인가' 그리고 '생각, 의식, 정신, 감정이란 무엇인가'를 다시 정의하도록 했다. 그리고 '이해하고 계산하는 지능은 무엇인가'로 확산되었다. 이 물음은, 단순히 지능을 가진 기계의 출현과 그 의미를 넘어서는 인간 존재에 대한 근원적인 물음이기 때문에 대단히 중요하다. 여기서 유의해야 할 것은 '마음에 대한 새로운 정의가 시작되었다'는 점이다. 일반적인 의미의 마음은 감정과 의지를 포함한 인간의 내면적 활동이다. 또한, 마음은 사유, 추론, 판단 등 의식적 사고^{思考}를 말하는 동시에 느낌과 감정의 활동인 파토스^{pathos}를 포함한다. 이와 달리 정신은 사유, 추론, 판단, 반성 등 객관적이고 보편적인 로고스^{logos}의 특징이 있다. 이런 정의는 인간의 마음과 정신을 말하는 것이고 튜링이 전제한 기계의 마음과 정신은 이와는 약간 다르다. 튜링은 계산하고, 생각하여 속임수를 쓸 수 있는 존재가 있다면 그 존재는 마음 즉 지능을 가진 것으로 생각했다.

튜링은 마음을 신과 같은 초월적 존재가 부여한 특별한 능력이 아닌, 물질이 구성하는 계산과 판단 체제^{system}로 보았다. 이것이 유물론적 기능주의^{Materialistic Functionalism}이다. 그 시스템이 신경세포 뉴런과 전달 시냅스의 기능을 하면 되는 것이다. 인간의 두뇌 기능을 하는 물질을 재현하고 재현된 기계가 정확하게 계산할 수 있으면 물질로 만든 두뇌가 된다. 이 기계가 바로 중앙처리장치^{CPU}에 해당하는 두뇌 시스템이다. 그래서 튜링은 '물리적인 뇌세포와 신경망도 인간처럼 생각할 수 있다'고 예측했다. 하지만 튜링은 포괄적인 원리만 제시했을 뿐 구체적인 방법까지 제시하지는 않았다. 그래서 튜링테스트는 많은 비판을 받

---

1   Alan Turing, "Computing Machinery and Intelligence", *Mind*, Vol.LIX No.236, October 1950, p.458.
2   Ibid., p.434.

지만 '컴퓨터도 지능을 가질 수 있다'는 연구 방향을 설정했기 때문에 큰 의미가 있다. 그러나 튜링이 예언했던 2000년에도 튜링테스트를 통과한 기계는 출현하지 않았다.

2014년에 영국의 레딩대학교는 '13세의 가상 캐릭터 유진Eugene Goostman이 튜링테스트를 통과했다'고 발표했지만, 전문가들의 동의를 얻지 못했다. 튜링테스트에 대한 가장 예리한 비판은 존 서얼J. Searle의 중국어 방 논증Chinese Room Argument이다. 서얼은 중국어를 모르는 영어 화자가 주어진 규칙에 따라서 중국어로 답변을 한다고 해서 중국어를 이해하는 것은 아니라는 것을 근거로 튜링테스트를 통과하더라도 생각하는 마음을 가진 것은 아니라는 주장을 제시했다. 그러니까 프로그램이나 알고리즘은 의미는 모르는 채, 구문만을 아는 기호적 반응이라는 것이다. 하지만 튜링테스트는 인지과학에 크게 기여했고 컴퓨터의 궁극적 목표 중의 하나인 인공지능AI의 토대가 되었다. 아울러 인간의 마음, 정신, 의식, 사고, 감정에 대한 근본적인 문제를 제기하는 한편 새로운 인간 존재론을 촉발했다.

참고문헌 Alan Turing, "Computing Machinery and Intelligence", *Mind* Vol.LIX No.236, October 1950, pp.433~460.

참조 감각, 감정·정서, 기억, 딥러닝/심층학습, 마음, 물리주의, 신경과학, 의식, 이성, 인공지능 AI, 정신, 중국어 방, 지각, 지능, 행동주의·파블로프의 개

무한

Infinite | 无穷

무한한 시간, 무한한 공간이란 무엇일까? 누구나 무한을 직관적으로 느끼고 있다. 그리고 인간 누구나 무한에 마주하고 있음을 본능적으로 알고 있다. 그래서 영원한 시간과 영원한 공간을 동경하기도 한다. 하지만 무한을 정의하고 이해하는 것은 매우 어렵다. 일반적으로 정의하면, 무한은 한이 없는 것 즉 시간, 공간, 사고思考, 수數, 양量, 속도, 물체 등이 한계가 없이 커지거나 작아지는 일종의 개념이다. 그 무한은 연속체이면서 진행형이기 때문에 설명하기 쉽지 않다. 무한의 반대인 유한은 아무리 크더라도 시작과 끝이 있고 한계가 있는 것이다. 그런 유한과 달리 무한은 시작과 끝을 알 수 없거나 시작은 알 수 있지만, 끝을 알 수 없는 불가사의다. 무한의 어원은 라틴어 '끝finis이 아닌in' 것이라는 의미의 infinitus이고 한자어 무한은 무극無極, 무애無涯, 무진無盡, 무궁無窮, 영원永遠 등과 유사하다.

무한에는 무한소無限小, 무한대無限大, 무한반복 등이 있다. 무한소의 예로 제논의 역설이 가장 유명하다. 제논은 아킬레스는 영원히 거북이를 따라갈 수 없으며 화살은 과녁에 꽂힐 수가 없다고 주장했다. 왜냐하면, 공간이 무한히 쪼개지면서 더 작은 공간을 만들기 때문에 그 무한을 넘어설 수 없기 때문이다. 무한소의 반대인 무한대는 무한히 커지거나 무한히 계속되는 것이다. 무한한 우주 공간, 영원한 시간, 무리수 등이 바로 무한이다. 그러므로 아무리 큰 수 N이 있다고 하더라도 N+1이나 N+2가 가능하며, 제곱근 $\sqrt{2}$는 1.414213562373095… 가 되어 무한하다. 고대 그리스의 히파수스Hippasus는 이 놀라운 무한수를 발견하였는데 스승 피타고라스는 그런 무리수는 수가 아닌 기하학적 양이라고 설명했다. 이것은 피타고라스학파가 '세상은 질서로 구성된 수'라는 확고한 믿음을 가지고 있었기 때문이다.

히파수스는 이 사실을 대중에게 알린 죄로 바다에 수장되었다는 이야기가 전한다. 물론 이 이야기는 설화겠지만 이해할 수 없는 무한을 설명하는 의미 있는 예다. 당시 유클리드학파와 피타고라스학파뿐만 아니라 다른 사람들에게도 무한은 다루기 어려운 개념이었다. 특히 명확한 수로 표시할 수 없는 무한수는 매우 곤란한 개념이었다. 또한, 멈추지 않고 끊임없이 진행하는 시간과 공간은 공포를 자아냈다. 고대 그리스인들에게 한없이 긴 시간과 끝없이 넓은 공간은 인간의 시공간 개념으로는 감당할 수 없었다. 그래서 아리스토텔레스는 현실적으로 존재하는 실무한actual infinite과 잠재적으로만 존재하는 가무한potential infinite을 나누었다. 이것은 스승 플라톤이 무한을 관념idea으로 본 것을 둘로 나누어서 현실에 대입한 것이다. 이처럼 고대인들은 이데아의 세계와 신을 가정하여 무한을 부분적으로 이해했다.

기원전 3~4세기 인도의 자인교 수학자들은 ① 셀 수 있는 수Enumerable; 낮은 단계의 수, 중간 단계의 수, 고급 단계의 수 ② 셀 수 없는 수Innumerable; 거의 셀 수 없는 수, 실제로 셀 수 없는 수, 셀 수 없이 셀 수 없는 수 ③ 무한 수Infinite; 거의 무한한 수nearly infinite, 실제로 무한한 수truly infinite, 무한히 무한한 수infinitely infinite로 나누었다. 중세 유럽에서 신은 무한의 실체로 간주되었으며 유한한 인간은 무한한 신과 대비되었다. 당시 수, 시간, 공간은 신이 관장하는 신비한 영역이었다. 이런 개념에 근거하여 가톨릭 사제 존 왈리스John Wallis는 1655년 영원하다는 의미의 ∞자 곡선으로 무한을 표시했고, 수학자 뫼비우스는 띠Möbius strip로 무한반복을 표현했으며, 예술가들은 소실점vanishing point으로 무한을 표현했다. 특히 칸토어G. Cantor는 집합으로 무한 개념을 정의하고 무한의 크기가 다르다는 것을 일대일대응으로 보여주었다.

송의 유학자 주돈이周敦頤는 무극이태극無極而太極이라고 하여 '무극과 태극은 하나지만 이理의 운용에 따라서 다를 수도 있다'는 성리학의 단초를 「태극도설太極圖說」로 설명한 바 있다. 바로 이 무극이 시간과 공간의 무한이다. 힌두교와 불교에서는 우주 만물을 무한無限한 하나로 설명한다. 가령 아승기겁asamkhyeya-kalpa, 阿僧祇劫은 헤아릴 수 없는 무한 시간인 무량겁無量劫이다. 이것은 불가산계不可算計, 무량수無量數, 무앙수無央數와 같이 수의 무한을 의미한다. 이에 근거한 윤회사상은 수레바퀴가 멈추지 않고 돌고 도는 원의 구조라는 점에서 무한한 영원회귀와 같은 원리다. 아울러 불교경전 「반야심경」에 요약되어 있는 중관주의의 공空사상은 시공간적 무한을 내포하고 있다. 한편 두 거울 사이의 형상은 무한 반복되는 프랙탈 구조이며, 우주의 시공간 개념은 무한히 확장되고, 수는 무한하게 연장된다.

참고문헌 Georg Cantor, "Ueber unendliche lineare Punktmannich—faltigkeiten4., *Mathematische Annalen*, 21, 1883, pp.51~58.

참조 가능세계, 개념, 공간, 공/수냐타, 다중우주, 무, 무극이태극, 시간, 시공간, 역설, 윤회사상, 존재·존재자, 존재론, 중관주의

민족

Nation Ethnic Group | 族群

'지금 나는 민족을 선택할 수 있을까?' 이렇게 물어보면 두 가지 답이 가능하다. '아니다. 민족은 태어날 때 이미 주어진 것이다.' '그렇다. 나는 지금도 민족을 선택할 수 있다.' 후자는 국가를 선택하는 것이지만 그 국가는 국민이 구성한 국민국가이고 국민국가nation state는 곧 민족국가를 전제로 한다. 그렇다면 민족은 과연 무엇인가? 일반적 의미에서 민족은 혈통, 언어, 역사, 문화를 바탕으로 형성된 집단이며 일정한 영토와 지역에서 생활을 영위하는 조직이다. 그런데 이 정의는 정확한 것이 아니다. 여러 지역에 흩어져 있는 민족도 있고, 하나의 언어와 종교를 공유하는 여러 민족도 있으며, 혈통이 섞였어도 하나의 민족으로 간주되는 경우도 있기 때문이다. 이런 점을 고려하여 민족을 다시 정의하면 다음과 같다. 민족은 문화적 동질성과 역사적 공동경험과 민족적 정체성을 공유하는 사회공동체다.

민족의 정의에서 가장 중요한 민족적 정체성은 '우리는 하나의 민족이다.' 그리고 '나는 그 민족에 속한다'는 소속감이다. 그렇다면 민족의 어원은 무엇일까? 민족은 탄생을 의미하는 라틴어 nātiō에서 유래했다. 또 다른 민족ethnic group의 어원은 사람과 집단을 의미하는 그리스어 에쓰노éthno다. 전자 네이션nation의 민족은 문화공동체 의식을 기반으로 하는 것이고, 후자 에쓰노ethnic group의 민족은 혈통적 동질성을 기반으로 하는 것이다. 그 외에 문화인류학에서 종족적 전통을 강조하는 민족folk도 자주 쓰인다. 한편 한자문화권에서는 19세기 말 서구의 민족 개념을 받아들여 사용하기 시작했다. 그런데 베네딕트 앤더슨B. Anderson

은 민족을 마음이 구성하는 상상의 공동체[1]로 보았고 홉스 봄E. Hobsbawm, 1917~2012
은 민족을 프랑스대혁명 이후 필요에 따라서 만들어진 신화로 간주했다.

민족은 신화와 상상이 만든 상상의 공동체가 아니라 고대부터 존재했던 실체의 공동체라는 견해도 있다. 그런 관점에서 스탈린은 '민족은 공용어, 영토, 경제생활, 문화적 공통에 나타난 심리적인 것에 기반하여 역사적으로 구성된 견고한 공동체[2]로 정의했다. 유럽에서는 1648년 웨스트팔리아조약이 체결되던 시기부터 지역의 독자성이 인정되었고 구텐베르크J. Gutenberg 금속활자 인쇄술이 전파되면서 민족어가 널리 쓰이기 시작했다. 이와 함께 민족문화, 민속, 민족전통, 민족지리 등의 개념이 등장했다. 이런 현상은 종교공동체가 약화되고 신분제가 해체되면서 가속화되었다. 민족 구성원은 공동 의무와 책임과 권리를 가지고 다른 민족에 대해서는 타자의식을 공유한다. 그래서 훔볼트W. Humboldt, 1767~1835는 '그 민족의 언어가 그 민족의 정신이고 그 민족의 정신이 그 민족의 언어'라는 유명한 말을 남겼다.

산업혁명과 자본주의 역시 민족의 출현과 형성에 중요하다. 산업혁명으로 경제적 이익사회가 구획되었고 언어, 종교, 민속, 지리를 바탕으로 문화적 공동사회가 만들어졌다. 이와 동시에 중세 봉건사회가 해체되면서 계몽주의와 합리주의 사상을 가진 시민계급이 출현했고 자유주의 사상이 퍼졌다. 19세기와 20세기에 걸쳐 각 민족은 민족어, 민족문화, 민족적 정체성, 민족감정, 민족의식을 토대로 문화공동체를 이루고 이 문화공동체를 바탕으로 민족국가國民國家를 수립했다. 이렇게 출현한 민족국가 중 강성한 국가는 제국주의가 되어 식민과

---

1   Benedict Anderson, *Imagined communities : reflections on the origin and spread of nationalism*, London and New York : Verso, 2003, p.6.

2   A nation is a historically constituted, stable community of people, formed on the basis of a common language, territory, economic life, and psychological make-up manifested in a common culture; Joseph Stalin, *Marxism and the National Question*(1913), *Marxism and the National and Colonial Question*, Moscow and Leningrad : Co-operative publishing society, 1935.

수탈을 자행했으며 이에 대항하기 위하여 약소국의 저항 민족주의가 생겨났다. 특히 아시아와 아프리카는 민족자결과 해방운동을 거쳐 신흥 민족국가를 수립했다. 그리고 제1차 세계대전과 제2차 세계대전을 지나면서 민족문제는 복잡해졌으나 민족주의는 부정적인 의미로 쓰이기 시작했다.

민족은 개인으로부터 시작된다. 개인은 가족을 형성하고, 가족은 씨족을 형성하고, 씨족氏族은 (같은 조상과 같은 문화를 가진) 종족을 형성하고, 종족種族은 (지역의 문화공동체인) 부족部族을 형성한다. 원시민족이라고 할 수 있는 종족과 부족이 근대의 민족을 형성했다. 이렇게 볼 때 민족의 기원은 고대이고, 민족이 형성된 것을 근대라고 할 수 있다. 한편 민족民族과 국민國民은 동일 집단일 수도 있고 동일 집단이 아닐 수도 있다. 그러니까 18세기 중반부터 유럽 국가들이 민족을 바탕으로 민족국가를 이루었고, 19세기에는 민족국가가 강성한 제국주의가 되어 다른 국가를 침략하자 이에 저항하기 위한 민족이 형성되었으며, 20세기에는 많은 민족이 자치가 가능한 민족국가nation state를 구성했다. 21세기에는 대다수가 민족국가/국민국가에 살지만, 민족/국민과 세계시민의 이중적 정체성을 가지고 있다.

참고문헌 Joseph Stalin, *Marxism and the National Question*1913. Marxism and the National and Colonial Question, Moscow and Leningrad : Co-operative publishing society, 1935.

참조 국민국가/민족국가, 민족문화, 민족적 낭만주의, 민족주의, 민족지, 산업혁명, 상상의 공동체, 실제의 공동체, 언어 민족주의, 역사, 인쇄자본주의, 자기 정체성, 자본주의, 제1차 세계대전, 제2차 세계대전, 초민족주의

자본주의

Capitalism | 資本主義

자본주의는 자본이 세상을 지배하는 한편 모든 일을 결정하는 것으로 보는 경제적 이념이다. 유럽에서 자본주의가 출현한 것은 17~18세기지만 자본과 화폐는 고대에도 존재했다. 일반적인 의미에서 자본은 돈, 재물, 토지, 지식, 기술 등의 재화 그리고 공장, 기계, 설비, 특허 등의 생산수단이다. 자본의 어원은 움직이는 재화라는 뜻의 양cattle에서 유래했으며 양과 같은 동물의 머리caput라는 라틴어가 자본Capital으로 바뀐 것이다. 이 자본에 '주의ism'가 결합하여 자본주의가 되었는데 주의主義는 이념이나 정신이므로 자본주의는 자본을 중심으로 하는 이념과 정신이다. 돈이나 재물을 중요하게 여기는 생각은 오래전에도 존재했지만, 그것을 자본주의라고 하지 않는다. 자본주의는 16세기 산업혁명 이후 유럽에서 태동하고 발전하여 20세기에 세계 여러 지역으로 확산된 자본 중심의 경제체제를 말하는 것이다.

자본주의는 말 그대로 자본의 자유와 이윤을 추구하므로 자유방임laissez-faire의 경향이 있으며, 자유시장free market에서 경쟁하는 것을 지향한다. 17~18C에 유럽에서 자본주의가 나타난 이후 무계획적인 상품생산과 독점, 그리고 불평등으로 인한 계급 간 갈등이 생겼다. 자본주의의 주역인 부르주아는 프롤레타리아를 착취한다. 이런 현상을 비판하면서 자본주의의 본질과 실상을 분석한 사람은 마르크스와 엥겔스를 비롯한 사회주의자들이다. 마르크스Karl Marx, 1818~1883는 방대한 『자본론』에서 2600번 가까이 자본주의를 언급한 바 있다. 그의 『자본론』 1권1867 본문 두 번째 문장은 '우리의 연구는 상품을 분석하는 것으로부터 시작해야 한다Our investigation must therefore begin with the analysis of a commodity'이다. 그가 말하는 상품은 공장에서 대량생산된 공산품만이 아니라 전근대적 생산양식에 의하여 생산된 모든 상품을 망라하는 포괄적 개념이다.

마르크스경제학에서는 상품을 생산하는 공장 주인을 자본가capitalist라고 하고 자유주의 경제학에서는 투자자라고 한다. 자본가든 투자자든 자신이 투자한 자본과 노력을 통하여 이윤을 창출하는 존재다. 자본가가 이윤을 목적으로 상품을 생산하고 판매하려면 노동자의 노동이 필요하다. 노동력 이외의 자산을 가지지 못한 노동자들은 자신의 노동을 판매하는 대가로 임금을 받는다. 이 과정에서 불평등이 생기고 노동자계급인 프롤레타리아와 자본가계급인 부르주아가 이윤과 재화를 놓고 투쟁을 한다. 아이러니하게도 생산수단을 소유한 자본가계급과 노동력을 판매하는 노동자계급은 재화의 생산과 분배 때문에 서로 협력하는 공생관계다. 그런데 노동자계급은 '상품생산은 노동력 투하와 비례한다'고 보는 것과 달리 자본가계급은 '생산수단과 노력이 잉여가치를 창출한다'고 주장한다.

인간의 노동을 포함한 모든 것이 상품으로 존재하는 이유는 교역과 교환 때문이다. 자본주의는 근대 화폐경제, 사적 소유, 사유재산제도, 이윤추구, 자유시장, 무한 경쟁, 임금노동, 무계획적 생산, 주기적 공황 등의 특징이 있다. 아울러 자본주의에서는 부패와 불평등이 만연하고 계급 간 경제 격차가 크다. 특히 자본가와 노동자의 대립이 격화되면 계급투쟁이 벌어진다. 앞에서 말한 것처럼 자본주의는 단순한 자본 중심의 경제를 말하는 것이 아니고, 자본제생산양식 Capitalist mode of production의 경제체제를 말하는 것이다. 따라서 20세기 이후의 거의 모든 국가는 부분적이든 전체적이든 자본주의 제도를 수용하고 있다. 한편, 마르크스와 레닌을 포함한 많은 사회주의자는 자본주의와 독점자본주의 및 제국주의를 거쳐서 사회주의로 이행하는 역사발전 단계를 주장했다. 사회주의자들은 고대 노예제-중세 봉건제-근대 자본주의-사회주의-공산주의의 역사발전 단계에서 자본주의를 이해한다.

자본주의는 인류의 풍요와 발전을 가져왔으며 희망과 기회를 제공하고, 노동시간을 감소시키는 등 긍정적인 측면이 있다. 하지만 자본주의는 국가와 개인의 불평등을 심화시키고 각종 수탈과 착취가 만연하며 실업과 공황의 위험이 심각해지는 등 부정적인 측면도 있다. 그리고 자본주의는 민족주의와 결합하여 제국주의가 된 후, 약소민족을 침략하거나 지배하기도 했다. 21세기 중반 이후, 자본주의만으로는 사회가 유지되지 않기 때문에 일정 부분 국가가 통제하는 혼합형 자본주의로 변화했다. 이것이 수정자본주의다. 수정자본주의Revised Capitalism는 자본주의의 모순을 국가가 통제하는 절충적 형태의 자본주의다. 한편 마르크스와 엥겔스는 20세기의 소련USSR과 동구 유럽은 국가자본주의의 성격이 있다고 진단했다. 자본주의는 그 형태에 따라서 금융자본주의, 대중자본주의, 산업자본주의, 천민자본주의, 독점자본주의 등이 있다.

참고문헌 Karl Marx, *Capital; A Critique of Political Economy* Volume I(1867), London : Penguin Classics, 1990.

참조 계급투쟁, 근대·근대성, 노동가치설, 마르크스, 만국의 노동자여 단결하라, 민족, 민족주의, 산업혁명, 역사, 잉여가치, 제국주의

분자

Molecule | 分子

물을 잘라보면 어떤 모양일까? 물의 가장 작은 단위인 '수소 두 개^{H2}'와 '산소 한 개^O'가 결합한 것임을 알 수 있다. 그렇다면 H_2O를 분해하면 어떻게 될까? 물을 분해하면 기체 형태의 수소와 산소로 변한다. 이처럼 수소나 산소와 같은 화학적 단위를 원자 또는 원소라고 하는데 원자는 물리적인 성질에 관한 기본 개념이고 원소는 물질을 구성하는 기본 단위다. 수소와 산소에서 보듯이 원자/원소가 분리되거나 결합하면 전혀 다른 성질이 된다. 분자는 두 개 이상의 원자가 화학적으로 결합한 물질의 기본 단위다. 분자는 물질의 성질을 가진 최소의 기체, 액체, 고체의 독립된 입자이며 분해되면 그 성질을 잃는다. 대체로 분자는 원자/원소가 결합하여 만들어지지만 그렇지 않은 것도 있다. 특히 분자를 구성하는 요소인 원자^{atom}/원소^{element}는 한정되어 있으나 이들이 구성하는 분자는 무수히 많다.

분자의 개념을 처음 설정한 사람은 이탈리아의 아보가드로$^{A.\ Avogadro,\ 1776\sim1856}$다. 그는 돌턴$^{J.\ Dalton}$이 화학의 원소와 물리학의 원자에 대하여 설명한 것을 바탕으로 원자와 분자를 구별하였다. 아보가드로는 '원자가 결합하여 분자를 형성하고 분자가 기체를 형성한다'고 주장했다. 그리고 온도, 압력, 부피가 같으면 같은 수의 분자라는 아보가드로의 법칙을 설정했다. 그는 기체의 반응을 원자만으로 설명할 수 없으므로 분자를 기체의 기본 단위로 설정하고 분자는 원자의 결합이라고 주장했다. 그가 죽은 후에 널리 알려진 이 법칙은 분자의 실체와 원리를 설명하여 화학의 기초를 놓은 것으로 정평이 있다. 그렇다면 원자는 왜

결합하는 것일까? 그것은 원자 상태보다 분자 상태가 더 안정적이기 때문이다. 분자는 질량을 의미하는 라틴어 moles에서 유래하여 질량과 구조를 가진 분자 molecule가 되었다.

분자는 전기적으로는 중성인데 각 원소가 화학적으로 결합하면 안정성을 확보한다. 원자/원소가 결합하여 물질의 기본을 이루는 분자가 되지만, 그 결합은 기체, 액체, 고체마다 다르다. 원자/원소가 결합하여 분자가 되는 것 중 다음 두 가지가 가장 중요하다. 첫째, 공유결합은covalent 원자핵을 도는 전자의 궤도가 합쳐져서 전자를 공유하는 결합이다. 가령 수소 H의 궤도가 산소 O의 궤도와 결합하여 수소와 산소의 전자가 그 궤도를 공유한다. 둘째, 이온결합은ionic 전자의 궤도가 결합하는 것이 아니라 전자를 교환하는 결합이다. 가령 나트륨Na의 전자 한 개가 염소Cl로 옮겨가면서 전하를 가지는 동시에 소금NaCl 분자가 되는 것이다. 이 외에도 수소결합, 배위결합, 금속결합 등 여러 형태의 결합이 있다. 원자/원소가 결합하면 원래 원자의 성질을 유지하는 분자도 있고 다른 성질로 변하는 분자도 있다.

원자가 결합하여 분자가 될 때 에너지를 방출하며, 분자가 해체되어 원자가 될 때 에너지를 흡수한다. 분자의 성질은 원자가 결합하는 구조에 따라서 결정된다. 분자의 구조란 원자핵 사이의 거리와 원자가 결합하는 각도를 말한다. 분자구조는 평면적인 것도 있지만, 많은 원자가 결합한 3차원의 입체 모양도 있다. 하지만 분자의 내부는 진동하고 있으므로 결합 형태는 약간씩 변한다. 같은 원자가 결합하더라도 결합의 순서와 방법에 따라서 전혀 다른 성질의 분자가 될 수 있다. 이처럼 원자 배열의 차이로 인하여 생기는 물질을 이성질체라고 한다. 분자 내의 연결방식과 공간배열의 차이에서 생기는 이성질체isomer는 첫째, 분자식은 같지만, 분자 내 구성 원자의 연결방식이 서로 다른 화합물인 구조이성질체와 둘째, 분자 내 원자의 공간배열이 달라짐에 따라 생기는 입체이성질체stereoisomer로 나뉜다.

우주의 거의 모든 것은 분자로 표시될 수 있다. 분자는 DNA와 같이 분자량이 대단히 크고 100개 이상의 원자로 구성된 중합체[Polymer] 고분자[高分子, Macromolecule]도 있으나, 거의 모든 분자는 옹스트롬[Ångström]으로 표시되는 아주 작은 것이어서 특수현미경으로만 관찰할 수 있다. 분자와 생물의 관계를 다루는 분자생물학[Molecular biology, 分子生物學]은 DNA 복제 및 단백질 생성과 합성을 중심으로 유전의 본질과 유전 매커니즘을 설명하는 중요한 영역이다. 또한, 분자의 구조와 기능에 관한 분자물리학과 분자의 화학적 결합에 관한 분자 화학도 중요하다. 물질의 근원인 분자의 구조 및 성질을 연구하는 분자과학[molecular science, 分子科學]은 생물학, 물리학, 화학, 공학, 의학, 약학, 천체학[天體學]을 포함한 여러 영역에서 대단히 중요하다.

참고문헌 Amedeo Avogadro, "Essai d'une manière de déterminer les masses relatives des molécules élémentaires des corps, et les proportions selon lesquelles elles entrent dans ces combinaisons", *Journal de physique*, 1811.

참조 DNA/디옥시리보 핵산, 양자역학, 원자, 유전자

시간
Time | 时间

'시간이란 무엇인가?' 많은 사람은 대수롭지 않게 '시간은 흐르는 것'이라고 답할 것이다. 이 답은 시간을 정의한 것이 아니다. 시간은 약 137억 년 전 빅뱅으로 생긴 이후 계속해서 앞으로 흐른다. 일반적으로 시간은 어느 시점에서 어느 시점까지의 간격인데 그 간격은 일정하지 않고 상대적일 수 있다. 사람들은 흐르는 시간을 직관적으로 받아들인다. 그래서 칸트는 시간과 공간을 생래적으로 주어진 주관적 선험 형식으로 간주한 것이다. 시간이 어려운 것은 처음과 끝을 알 수 없기 때문이고, 문제가 되는 것은 시간은 모든 것의 기준이자 근거이기 때문이다. 그래서 '시간은 하나의 존재'라는 견해와 '시간은 존재를 가능하게 하는 근거'라는 두 가지 견해가 생겼다. 그러므로 공간을 점유한 존재물질이 공간 속에서 운동할 때, 시간은 그 운동을 가능케 하는 근거인 동시에 운동과는 상관 없는 존재이기도 하다.

시간은 어떤 시각에서 어떤 시각까지의 사이이며 과거, 현재, 미래로 이어지면서 지속하는 물리량이다. 또한, 시간은 길이, 질량과 함께 우주의 물리법칙을 나타내는 가장 중요한 기본 단위다. 시간은 광년, 1세기, 1년, 한 달, 하루, 1분, 1초 등으로 표시된다. 시간은 물질의 운동이나 현상의 변화처럼 공간과 함께 인식되는 것이 보통이다. 그래서 3차원의 공간과 1차원의 시간을 묶어 4차원의 시공간으로 이해하는 것이다. 이에 대해서는 '시간과 공간을 분리할 수 없다'는 견해와 '시간과 공간을 분리할 수 있다'는 견해로 나뉜다. 인간은 대체로 공간을 통해서 시간을 인식한다. 가령 '지점 A'－'지점 B' 사이의 공간과 시간을 함께 인식하거나 봄-여름-가을-겨울의 공간 변화로 시간을 인식한다. 그 시간은 객관적 시간 또는 절대시간이다. 고전역학의 절대시간은 공간 역시 절대적이라는 절대공간과 연결되어 있다.

절대시간absolute time은 수학적이고 기계적인 시간이며 길이가 일정한 객관적 시간이고, 상대시간relative time은 관측자와 상황에 따라서 길이가 다른 주관적 시간이다. 오래전부터 인정된 절대시간은 근대에 다시 확립되었는데 뉴턴의 시간관이 이를 대표한다. 뉴턴은 외부의 영향을 받지 않는 객관적 절대시간을 상정했다. 반면 라이프니츠는 뉴턴의 절대시간과 대비되는 상대시간을 주장했다. 그는 시간을 물질들 사이의 관계로 이해했다. 또한, 그는 물질의 개체와 속성에 근거하여 물질이 생성되고 변화하는 시간의 상대성을 강조했다. 이처럼 데카르트, 뉴턴, 갈릴레오, 라이프니츠 등은 고대부터 내려오는 시간관을 발전시켜 절대시간과 상대시간을 설명했다. 절대시간과 상대시간을 새롭게 정립한 것은 아인슈타인이다. 아인슈타인은 시간과 공간의 상대성을 4차원의 시공간spacetime 으로 결합하여 상대성이론을 완성했다.

아인슈타인은 중력에 의해서 시공간이 휘어지는 것으로 가정했는데 그 4차원 시공간은 여러 차례 증명되었다. 가장 간단한 시간의 상대성은 관측자에 의한 상대성이다. 시속 100km로 달리는 기차에서 시속 100km로 공을 던지면, 기차 안의 속도는 시속 100km이지만 기차 밖의 속도는 시속 약 200km다. 이것이 시간은 관측자에 따라서 상대적이라는 상대성이론이다. 아인슈타인은 여기에 중력을 가미했다. 중력에 의하여 공간이 휘어지기 때문에 빛은 직진하지 않고 휘어질 뿐 아니라 시간지연팽창 현상이 생긴다. 민코프스키의 공간개념을 도입한 아인슈타인은 시간과 공간이 연결된 시공간spacetime을 주장했다. 그러니까 시간과 공간은 서로 영향을 미치는 하나의 실체라는 것이다. 한편 시간을 실체로 보지 않고 의식이 구성하는 것으로 보는 견해도 있다. 특히 경험론에서는 (시간을) 경험을 통해서 의식에 내재하는 것으로 본다.

시간은 현재를 기준으로 한다. 그래서 과거 – 현재 – 미래의 시간 구조로 인식된다. 그런데 현재는 계속하여 흐르고 있으므로 과거와 현재, 현재와 미래를 분리하는 것은 불가능하다. 그러므로 인식의 관점에서 보면 현재 내의 과거, 현재 내의 현재, 현재 내의 미래가 있는 것처럼 보인다. 이처럼 흐르는 시간에서 현재는 과거를 파지把持하고 미래를 예지豫智한다. 그 외에도 여러 시간관이 있는데 목적론적 시간은 기독교의 창조와 종말을 직선적 흐름으로 보는 시간관이다. 회귀적 시간은 반복되는 흐름으로 보는 시간관이고, 순환적 시간은 둥근 원처럼 순환하면서 나선형 전진으로 보는 시간관이다. 철학과 예술에서는 인식의 시간과 감정의 시간을 다루고 심리학에서는 마음의 시간을 다룬다. 감각적으로 느끼는 시간 감각과 인지적으로 인식하는 시간지각time perception, 時間知覺이 시간성temporality을 형성한다.

참고문헌 Martin Heidegger, *Being and Time*, translated by John Macquarrie and Edward Robinson, London : SCM Press, 1962. re-translated by Joan Stambaugh, Albany : State University of New York Press, 1996.

참조 공간, 근대 · 근대성, 빅뱅이론/우주팽창이론, 상대시간 · 상대공간, 시간(베르그송), 시공간, 인식론, 일반상대성이론, 만유인력 · 중력, 특수상대성이론, 현재 · 과거 · 미래, 현존재 다자인

민족주의

Nationalism | 民族主義

21세기의 우리는 지금 민족주의의 시대에 살고 있는가? 그렇다고 할 수도 있고 그렇지 않다고 할 수도 있다. 그 이유는 민족주의의 개념 정의가 다양하기 때문이다. 민족주의는 민족의 이익을 우선하는 이념인 동시에 민족에 충성하면서 민족에서 자신의 정체성을 찾는 의식 활동이다. 민족주의는 민족에 의한, 민족을 위한, 민족을 향한 민족운동에서 시작하여 강성하고 번영된 민족국가 건설과 유지를 목표로 하는 이념이다. 그렇다면 민족은 무엇인가? 민족은 문화적 동질성, 역사적 공동경험, 민족적 정체성을 공유하는 사회공동체다. 민족에는 두 가지 개념이 있는데 첫째, '네이션nation의 민족'은 역사적 경험과 문화를 기반으로 하는 보편적 개념이고 둘째, '에쓰노ethnic group의 민족'은 혈통적 동질성과 종족을 기반으로 하는 개별적 개념이다. 또한, 민족은 '나-가족-씨족-종족-부족-민족'으로 이어지는 문화공동체다.

근대 이전에도 민족의식은 있었지만 진정한 의미의 민족은 19세기 유럽에서 태동하여 세계로 퍼져나간 근대적 개념이다. 각 민족은 민족의식과 민족감정을 바탕으로 민족주의 이념을 공유하면서 민족국가의 철학적 토대를 마련했다. 민족이 국가를 형성하면 그 민족 개개인은 국가의 국민이 된다. 그러므로 근대 민족국가 이후에 태어난 사람들은 민족국가로부터 민족주의를 내면화하고 자신의 정체성을 형성한다. 민족문화와 민족의 전통은 민족을 형성하는 토대이며, 민족을 형성하는 과정에서 민족감정, 민족의식, 민족경제도 함께 형성된다. 그리고 그것들이 민족주의 이념에 통합된다. 민족주의와 언어의 관계는 특별하다. 프러시아^{Prussia}의 철학자 헤르더^{J.G. Herder}는 보편어인 라틴어에서 자국어인 민족어가 분화하면서 민족의식이 고양되었다고 보았다. 훔볼트 역시 언어 민족주의를 제창하여 민족과 언어를 민족주의로 연결했다.

한스 콘^{H. Kohn}은 '민족주의는 18세기 유럽에서 기원했다'라고 분석하면서도 민족적 자각과 민족형성은 오랜 시간에 걸쳐서 축적된 것으로 보았다. 한스 콘의 관점은 고대의 프랑크족, 슬라브인처럼 족族과 인人도 원시민족으로 볼 수 있다는 것이다. 그러나 민족과 민족주의는 산업혁명, 자본주의, 프랑스 혁명을 거치면서 태동한 자유시민 계급에 의해서 완성되었다고 보는 것이 일반적이다. 나폴레옹에 저항하는 독일 민족주의에서 보듯이 저항 민족주의도 거의 동시에 출현했다. 따라서 첫째, 종족적 민족주의^{Ethnic Nationalism}는 출생, 혈통, 문화적 동질성 등을 토대로 하는 개별적 민족주의이고 둘째, 시민적 민족주의^{Civic Nationalism}는 자유, 평등, 박애와 같은 자유시민의 가치를 토대로 하는 보편적 민족주의다. 시민적 민족주의는 시민계급의 성장과 자유주의 및 민주주의의 영향을 받아서 태동했다.[1]

영국의 청교도 혁명^{1640~1660}, 미국의 독립¹⁷⁷⁷, 프랑스대혁명¹⁷⁸⁹을 거치면서 부르주아 시민계급이 성장했다. 아울러 계몽주의와 합리주의 사상을 토대로 조국^{father}에 대한 의식이 생겨났으며, 1844년을 전후하여 민족국가/국민국가 체제가 유럽에 퍼지기 시작했다. 곧이어 민족의 자기 결정권과 경제 및 정치공동체를 토대로 하는 민족주의의 시대가 열렸다. 하지만 민족주의와 국수주의가 결합하면 패권주의가 되고 곧이어 힘을 가진 제국주의로 변한다. 그러므로 민족주의는 잠재적 제국주의라는 또 다른 얼굴을 가진 이데올로기이기도 하다. 한편 앤더슨^{B. Anderson}은 민족과 국민은 마음속에 있는 상상의 공동체[2]인데, 민족은

---

1 민족주의는 국가 그 자체를 강조하는 Nationism이라고 하지 않고 정체성을 강조하는 Nationalism 이라고 한다.

2 Benedict Anderson, *Imagined communities : reflections on the origin and spread of nationalism*, London and New York : Verso, 2003, p.6.

민족어로 상상하면서 허구의 민족공동체를 구성한다고 보았다. 또한, 홉스 봄 Hobsbawm, 1917~2012은 민족을 프랑스대혁명 이후 필요에 따라서 만든 신화神話로 간주한다. 이런 견해로부터 '민족주의는 자민족중심주의의 패권적 이데올로기' 라는 견해가 생겼다.

20세기 아시아 아프리카의 여러 국가 사이에서 저항 민족주의가 등장했고 라틴아메리카에서도 민족해방과 민족자결주의가 널리 퍼졌다. 아울러 민족주의는 제1차 세계대전 전후에 쇠퇴하기 시작하여 제2차 세계대전 이후에는 부정적인 이념으로 여겨졌다. 왜냐하면, 자민족중심주의가 자행한 식민, 수탈, 전쟁, 패권 등 각종 부정적인 면이 드러났기 때문이다. 그 결과 민족주의를 대신하는 보편주의와 세계주의가 널리 퍼졌다. 그리고 탈민족주의, 초민족주의 등도 제기되었다. 하지만 민족주의는 21세기에도 여전히 중요한 이념이다. 그 이유는 민족주의로 국가의 국민을 통합하고 국민의 정체성과 집단의식을 가질수 있기 때문이다. 한편 민족주의는 민족의 상징과 권위를 통해서 민족 구성원의 내면에 민족의식을 심어주고 정치와 문화를 통합한다. 가령 국기, 국가, 상징, 기념물, 역사적 사건, 지리적 특성, 민족 영웅, 민족 언어, 민속 등을 통하여 민족주의를 재생산한다.

참고문헌 Hans Kohn, *The Idea Of Nationalism : A Study In Its Origins And Background*, Transaction Publishers, 1944; Eric Hobsbawm, *Nations and Nationalism Since 1780 : Programme, Myth, Reality*, Cambridge University Press, 1991.

참조 계몽주의/계몽의 시대, 국민국가/민족국가, 근대·근대성, 민족, 민족문화, 민족지, 상상의 공동체, 실제의 공동체, 언어 민족주의, 이성론/합리주의, 자기 정체성, 자본주의, 제1차 세계대전, 제2차 세계대전, 제국주의, 초민족주의, 탈식민주의

원형감옥

Panopticon | 圓形監獄

'거기, K24번 감방의 P!' 간수가 외치는 소리를 듣고 죄수 P는 소스라치게 놀랐다. 왜냐하면, P는 독서를 할 시간에 규율을 어기고 누워있었기 때문이다. P는 감시탑의 불이 꺼져 있으므로 간수가 없는 것으로 생각한 것이다. 이처럼 근대의 감옥에서 간수는 감시하고 죄수는 감시 당한다. 그래서 죄수는 처벌을 내면화하고 자기를 먼저 감시한다. 한편 감시탑에 있는 간수는 감방 전체를 감시하는 사람이면서 상징권력을 가진 존재이다. 대체로 P를 포함한 죄수들은 일과표에 따라서 행동한다. 죄수들이 규율을 어기면 감시탑의 간수는 적발하여 처벌해 왔으므로, 그 규율을 내면화한 죄수들은 P와 같이 자동반사적으로 규율을 준수하는 것이다. 이 구조에서 죄수들은 가시성에 노출되어 있고 간수들은 가시성에 은폐되어 있다. 가시성이 곧 함정^{visibility is a trap}인 셈인데 이것이 가능한 원형감옥圓形監獄은 둥근 원 형태로 된 감옥이다.

서구에서 근대 초기까지의 처벌은 공개처형과 지하 감옥이 보편적인 형태였다. 공개처형과 지하 감옥은 공포감을 심어주는 효과가 있었다. 그런데 18세기에 이르러 어두운 지하 감옥에 가두거나 장관^{spectacle}을 연출하는 공개처형에서 지상의 감옥에 수감하는 것으로 처벌의 형식이 바뀌었다. 그러자 효율적으로 죄수들을 감시하는 방안이 필요해졌다. 이때 제러미 벤담^{J. Bentham, 1748~1832}은 둥근 형태의 감옥을 고안했다. 몇 사람의 간수가 감옥 전체를 쉽게 감시할 수 있도록 설계된 원형감옥은 pan, 즉 모든 것을 opt, 즉 '본다'는 뜻이다. 원형감옥은 감옥 전체를 효율적으로 감시할 수 있는 구조다. 공리주의 철학을 바탕으로 하는 원형감옥은 벤담의 기획대로 실현되지는 않았으나 현대사회를 분석하는데 중요한 개념이다. 원형감옥 이론이 철학과 예술에서 중요하게 된 것은 미셸 푸코[M. Foucault, 1926~1984]의 이론 때문이다.

푸코는 고대古代로부터 근대에 이르기까지 처벌의 방식이 어떻게 변했는지, 그 변화가 어떤 사회적, 철학적 의미가 있는지를 『감시와 처벌[Discipline and Punish]』에서 독특하게 설명했다. 그는 처벌의 방법이 처형이나 고문과 같은 봉건시대의 군주적 처벌에서 근대의 규율과 감시로 바뀌었다고 말한다. 이것은 이성으로 설계된 처벌 방식이다. 가시성可視性에 의해서 감시당하는 죄수들은 일과표에 따라서 행동해야 하는데 그것을 어기면 원형감옥 감시탑의 보이지 않는 감시원에 의하여 적발당하고 그에 따른 처벌을 받게 된다. 그 결과 죄수들은 자기 스스로 규율하게 되었다. 왜냐하면 죄수의 신체에 감시와 처벌이 내면화되었기 때문이다. 푸코의 말처럼 근대의 인간은 자기 스스로 감시하고 규율하고 처벌하는 이성적 인간으로 변했다. 이것이 바로 푸코가 말하는 현대사회의 에피스테메[episteme]다.

푸코는 현대사회를 감옥 구조에 은유하면서 생체권력生體權力이 어떻게 작동되는지 보여주었다. 현대사회는 전근대식 통제구조를 부분적으로 유지하면서 더 정교한 감시구조로 사람을 구속한다. 현대의 빈틈없이 짜인 규범적인 사회, 나아가 억압적인 구조는 조지 오웰의 「동물농장」과 「1984년」에 잘 나타나 있다. 이 소설 때문에 오웰은 공산주의 국가 소련에서 (감시와 통제가 철저하게 행해지는 것을 비판했다는 이유로) 격렬한 비난을 받았다. 하지만 벤담에서 시작한 원형감옥은 푸코와 오웰에 이르러 현대사회의 보이지 않는 전체주의 구조를 정확하게 해부했다는 평가를 받는다. 특히 푸코는 이런 감시체제를 통하여 '권력이 어떻게 생성되는가? 그리고 권력이 어떻게 행사되는가'를 설명한다. 또한, 푸코는 감옥을 (교화와 격리로 보지 않고) 사회의 변화, 인간의 행동 양식, 정신적 내면화, 사회적 규율, 생체권력 등으로 해석했다.

아울러 푸코는 '지식앎이 권력knowledge is power'[1]이라고 했는데 그것은, 중세와 달리 지식이 모든 것을 결정하는 규범이 된다는 뜻이다. 실제로 현대사회는 만인이 만인을 감시하는 총체적 감시체제로 구성되어 있다. 감시카메라를 비롯한 각종 감시 장치로 인간의 언행은 물론이고 생각까지도 통제한다. 이 구조가 신체 내부에 각인되고 내면화되면 자발적으로 규율에 복종하게 된다. 이처럼 원형감옥은 군대, 학교, 회사, 마을, 공장 등 여러 영역에 적용될 수 있다. 그것은 최소의 비용으로 최대의 효과를 낼 수 있는 공리주의 이상에 적합하기 때문이다. 또한, 푸코에 의하면 현대사회는 총체적인 감옥carceral continuum이다. 그리고 현대사회는 직장과 가정은 물론이고 사회 전체가 관리되고 감시되는 구조로 짜여 있다. 푸코의 원형감옥 이론은 근대와 현대의 자본주의 공리성을 잘 설명한다.

참고문헌 Michel Foucault, *Discipline and Punish : the Birth of the Prison*, translated by Alan Sheridan, New York : Random House, 1991.

참조 감성, 계몽주의/계몽의 시대, 공리주의, 근대·근대성, 생체권력, 에피스테메, 이성, 이성론/합리주의, 인식, 자본주의, 지식, 지식의 고고학, 프래그머티즘/실용주의

---

1   지식에 관한 이 말(Knowledge is power)은 경험론자 베이컨(F. Bacon)의 명상록 *Meditationes Sacrae*(1597)에도 나온다. 베이컨은 보편적 의미에서 '지식은 힘이다'라고 한 것이고 푸코는 이성이 설계한 사회적 권력관계에서 '지식은 권력이다'라고 한 것이다.

유전자

Gene | 遗传因子

엄격한 P는 막내아들에게 특별히 관대했다. 이런 P의 태도 때문에 장남인 W는 아버지와 사이가 좋지 않다. 그런데 P는 장남 W의 아들인 손자를 특별히 귀여워했다. 왜 이런 현상이 일어나는 것일까? 무뚝뚝한 P가 막내아들과 손자를 사랑하는 것은 유전자 때문이다. 그는 자신의 유전자가 더 오래 보존되기를 바라는 마음에서 손자를 아끼는 것이다. 사람들은 P와 마찬가지로 자신의 유전자가 오래 보존되고 또 널리 퍼지기를 바란다. 사람만 그런 것이 아니다. 모든 동물과 식물도 마찬가지다. 사실 생물에게 가장 중요한 것은 생존과 번식이다. 이중 번식은 유전자 보전유지와 관계된 생명체의 존재 방식이다. 고대 그리스어 자손geneá에서 유래한 유전자gene는 유전의 인자因子, 즉 부모가 자식에게 전하는 유전형질의 정보 단위다. 유전자는 한 생물 종species의 유전을 관장하는 구조와 원리를 말한다. 오스트리아의 멘델G.J. Mendel, 1822~1884이 처음으로 유전자 개념을 생각했다.

멘델은 교회의 밭에서 완두콩을 교배하면서 유전의 원리와 유전자의 존재를 연구했다. 당시에는 주목을 받지 못했으나, 얼마 후 드브리스H. de Vries와 체르마크E.V. Tschermak 등에 의하여 멘델의 연구가 조명되기 시작했다. 곧이어 염색체 개념이 정립되었고 1909년에는 요한센W. Johannsen이 유전정보를 가진 DNA 배열을 유전자로 명명했다. 그 후 세포핵 안에 있는 DNA 배열을 유전자라고 하여 혼란이 생겼다. 그 혼란이란 유전자와 DNA를 같은 것으로 보는 것인데 엄밀히 말하면 유전자와 DNA는 다르다. 유전자는 유전형질이 발현되도록 하는 유전의 인자因子이고, DNA는 그 유전인자를 구성하는 유전정보다. 또한, 유전자gene는 DNA 단백질이 합성된 것이고, 실 모양의 사슬형태인 DNA는 인산, 디옥시리보스, 질소로 구성된 디옥시리보 핵산Deoxyribonucleic acid이다. DNA는 질소 염기인 아데닌Adenine, 티민Thymine, 구아닌Guanine, 시토신Cytosine으로 구성되어 있다.

한편 '유전형질을 규정하는 유전인자'라는 의미의 유전자는 첫째, A, T, G, C와 같은 염기 그 자체 둘째, 그 염기가 배열되는 순서와 구조라는 두 가지 의미가 있다. 따라서 유전자는 DNA를 포함한 유전형질 전체를 의미하는 것이고, DNA는 유전자의 한 부분으로 염기인 유전정보 자체를 의미하는 것이다. 그래서 유전자gene를 유전인자나 유전단위라고 부르는 것이다. 유전자로 생물을 분류할 수 있는데 첫째, 원핵세포prokaryotic cell는 DNA를 함유한 핵과 다른 영역이 떨어져 있지 않고 세포질 안에 퍼져 있다. 이런 구조를 가진 생물을 원핵생물이라고 한다. 둘째, 진핵세포eukaryotic cell는 핵과 핵막이 존재하며 핵과 다른 영역이 분리되어 있다. 이런 구조를 가진 생물을 진핵생물이라고 한다. 대다수 생물은 진핵생물이고 세포 안의 핵에 유전자가 있다. 원핵생물이나 진핵생물 모두 유전인자와 DNA를 복제하는 과정은 같다.

유전자가 복제되는 과정은 이렇다. 먼저 이중나선double helix이 풀린 후, 전령 RNA가 3개의triplet 질소 염기를 조합하여 유전암호인 코돈codon을 만든다. 그리고 3개의 연속된 뉴클레오타이드nucleotide가 1개의 아미노산 종류를 결정한다. 뉴클레오타이드는 기둥 역할을 하는 오탄당sugar에 인산phosphate과 질소인 염기 A,T,G,C가 붙어 사슬 모양을 형성한다. 이 안에 담긴 유전암호 코돈에 의해서 세포 내에서 합성되는 아미노산의 종류가 결정된다. 그리고 아미노산은 생명을 유지하는 단백질을 합성한다. 이처럼 유전정보를 가진 DNA와 유전정보를 복제하고 단백질 합성에 관계하는 RNA가 상보적 역할을 하여 유전이 이루어진다. 이처럼 유전정보를 번역하는 aRNA, 세포핵 안에서 RNA를 스플라이싱 splicing하는 소형 핵 RNAsmall nuclear RNA가 DNA를 복제한다.

생체의 형질을 구성하는 유전자의 조합을 유전형Genotype, 遺傳型이라고 한다. 유전형은 표현형의 상대적 개념이다. 생물 내부의 유전 구조가 유전형이며 그것이 겉으로 드러나는 것이 표현형phenotype, 表現型이다. 일반적으로는 유전형질이 표현형질로 드러나지만, 환경에 따라 표현형질이 바뀔 수도 있다. 예를 들면 키 큰 부모의 유전형질을 물려받았더라도 영양 상태와 운동에 따라서 키 작은 표현형질로 바뀔 수가 있는 것이다. 각 개체의 유전형질과 달리 한 종의 생물 전체가 가진 유전정보를 게놈genom이라고 한다. 게놈은 유전자gene와 염색체chromosome의 합성어로 1920년에 독일의 빙클러H. Winkler가 명명한 개념이다. 이후 기하라 히토시木原均가 게놈을 '한 생물의 전체 유전자 집합'으로 다시 정의했다. 인간의 유전자를 이해하고자 하는 유전체학genomics 중 인간 게놈 프로젝트Human Genome Project는 21세기 초까지 해명되지 못했다.

참고문헌 James D. Watson, *The Double Helix : A Personal Account of the Discovery of the Structure of DNA*, Atheneum Press, 1968.

참조 DNA/디옥시리보 핵산, 돌연변이, 분자, 원자, 인간(신체), 자연선택, 적자생존, 중립진화, 진화론, 표현

공간

Space | 空间

'나는 지금 여기 있다'에서 '여기'는 어디인가? 예를 들면, 내가 있는 곳은 '대한민국 충북 청주시 서원구 장전로 51번지 107동 701호'라고 공간을 특정할 수 있다. 그렇다면 이 공간은 언제나 같은 공간인가? 아니다. 그리고 내가 이 방에서 나가면 이 방은 비어 있는 것인가? 그것도 아니다. 왜냐하면, 공간은 관점에 따라서 의미가 달라지기 때문이다. 일반적 의미에서 공간은 첫째, 위와 아래, 전과 후, 좌와 우 등 여러 방향으로 무한하게 퍼지는 것 둘째, 물질이 연장되고 사건이 존재하거나 운동하는 곳 셋째, 집합으로 표시할 수 있는 영역 넷째, 존재와 물질이 차지하고 있는 장소 다섯째, 빅뱅으로 생겨난 무한한 우주 여섯째, 비어 있는 속성인 허공 일곱째, 생각과 감정이 활동하는 관념 등 여러 가지 의미가 있다. 공간은 시간과 함께 모든 것의 근원적 토대이자 절대적 조건이다. 그런데 공간은 어떤 지점을 기준으로 하므로 지점과 지점의 관계에서 이해되어야 한다.

데카르트는 방 안에서 날아다니는 파리의 위치를 표현하는 방법을 생각하다가 좌표계coordinate system, 座標系를 고안했다. 3차원의 좌표 X, Y, Z에 놓인 위치r, θ, φ가 공간의 특정한 지점이다. 이 지점(가령 r)을 기준으로 '위와 아래, 전과 후, 좌와 우'의 방향과 거리를 측정할 수 있고, 그 좌표를 통하여 공간이 구체화되고 방향과 위치가 정해진다. 구체적인 공간좌표를 이용하여 상자를 만들면 상자 안에 실제 공간이 생긴다. 한편 갈릴레오는 상대공간 개념을 생각했다. 데카르트와 갈릴레오의 공간개념을 받아들여서 다시 정리한 사람은 뉴턴이다. 뉴턴은 고정되고 독립적인 공간을 절대공간이라고 명명했다. 뉴턴이 공간을 절대화한 것은 물질이 존재하고 사건이 일어나는 균일한 공간개념이 필요했기 때문이다. 뉴턴의 절대공간絶對空間은 일정하고 무한하게 앞으로 진행하는 절대시간絶對時間, 절대속도, 절대좌표를 가능케 했다.

사람들의 공간개념과 공간지각은 유클리드기하학과 뉴턴의 절대공간에 근거한다. 가령 자신이 지각하는 거실의 공간 구조, 도시의 어느 공간, 여행하면서 느끼는 방향과 거리, 상자와 같은 물체의 크기, 마음이 느끼는 거리, 특정한 장소 등이 공간을 인식하는 방법이다. 한편 아인슈타인은 1905년에 3차원의 공간과 1차원의 시간을 더하여 4차원의 시공간spacetime 개념을 완성했다. 아인슈타인은 광속도 불변, 질량m의 상대성, 질량과 에너지 동일 등을 바탕으로 시간과 공간은 상대적이며 서로 얽힌interwoven 것임을 밝혀냈다. 아인슈타인의 시공간 이론은 민코프스키가 1908년에 수립한 기하학적 공간개념으로 한층 진전되었다. 민코프스키H. Minkowski와 아인슈타인의 공간 개념 이후, 공간의 상대성이 밝혀졌고 상대공간 개념이 성립했다. 이렇게 하여 공간은 시간, 질량, 크기와 함께 물질과 존재를 측정하거나 구성하는 근거가 되었다.

공간과 관계가 없거나 공간이 중요하지 않은 영역은 없다. 수학에서 공간은 점과 원소가 모인 집합이다. 수학적 공간은 1차원의 직선, 2차원의 평면, 3차원의 입체로 나눌 수 있다. 기하학에서 공간은 유클리드기하학과 비유클리드기하학에서 말하는 여러 가지의 공간개념이 있다. 물리학에서 공간은 이질이방향異質異方向과 동질동방향의 상대적 공간이며, 지리학에서 공간은 장소와 영역으로 간주된다. 이와 반대로 철학에서는 관념적 공간을 다루고 예술에서는 상상의 공간을 표현한다. 가령 플라톤은 관념의 공간을 가정했고, 아리스토텔레스는 공간을 물질이 존재하는 그릇으로 보았다. 한편 라이프니츠는 공간을 물질의 관계로 보았다. 이와 달리 칸트는 공간을 생래적으로 주어진 주관적 직관의 순수선험형식으로 보았다. 이처럼 공간은 현실의 구체적 공간 그리고 비현실의 상상 공간, 관념 공간, 가상공간을 포함한 여러 가지가 있다.

심리적 공간은 물리적 공간과 다르다. 어떤 사람은 넓은 공간인 광장에 공포감을 느끼고agoraphobia, 광장공포증 어떤 사람은 좁은 공간에 공포감claustrophobia, 폐쇄공포증을 느낀다. 공간의 거리감도 사람마다 다르다. 그러므로 심리학에서는 공간을 개인과 집단의 심리에 따른 비정형적인 것으로 보며, 사회학에서는 공간을 정치적, 경제적, 역사적 분석의 틀로 본다. 가령, 심상지리의 오리엔탈리즘Orientalism은 서구 유럽인들이 생각하는 잘못된 공간인식이다. 극동far east이나 제3세계The Third World 역시 이념적 공간인식이다. 역사적으로 보면, 근대의 산업화와 자본주의로 인하여 새로운 공간이 구획되었고, 포스트모더니즘과 세계화는 시공간을 압축시켰다. 감각으로 느끼는 공간 감각과 인지로 인식하는 공간지각space perception, 空間知覺은 공간성spatiality을 형성한다. 한마디로 시간과 공간은 존재의 근원이고 의미와 가치의 원천이다.

참고문헌 Hermann Minkowski, "The Fundamental Equations for Electromagnetic Processes in Moving Bodies"(1908), *The Principle of Relativity*, Calcutta University Press, 1920.

참조 감각, 뉴턴역학·고전역학, 무한, 빅뱅이론/우주팽창이론, 상대시간·상대공간, 시간, 시공간, 심상지리, 아 프리오리/선험·후험, 양자역학, 오리엔탈리즘, 인식론, 일반상대성이론, 만유인력·중력, 특수상대성이론, 철학

시공간

Spacetime | 时空

'빛은 직진한다'가 참일까? 이 답은 평행선에 관한 비유클리드기하학에 있다. 유클리드기하학에서 평행선은 만날 수 없다. 어휘 의미 그대로 평행선은 평행이다. 반면 비유클리드기하학에서는 평행선은 만날 수 있다. 어휘 의미와 달리 평행선이 아니다. 가령 둥근 공 위에 그린 평행선은 공의 표면 때문에 언젠가 만난다. 이 원리에서 보면 같은 방향으로 직진하는 빛도 휘어질 수 있다. '빛이 휘어진다는 것은 휘어진 공간이 있다'는 뜻이고, '빛이 휘어진 공간을 지날 때 시간도 휘어진다'는 뜻이다. 과연 시간과 공간이 휘어질까? 여기서 휘어진다는 것은 '시간과 공간의 길이가 다르다'는 뜻이다. 이 문제는 유클리드의 평면기하학과 뉴턴의 절대시간과 절대공간에서 이해될 수 있다. 뉴턴은 갈릴레오를 비롯한 과학자들의 연구를 바탕으로 보편적 시간인 절대시간과 일정한 공간인 절대공간을 설정했다. 절대시간은 일정하게 흐르기 때문에 기계적으로 측정할 수 있고 '시간'으로 표시할 수 있다.

공간 역시 기계적으로 측정할 수 있고 길이^x, 넓이^y, 높이^{z}로 표시할 수 있다. 한편 데카르트는 천장에 앉아 있는 파리의 위치를 표현하고자 3차원의 좌표계coordinate system, 座標系를 고안했다. 하지만 파리의 위치는 3차원만으로 기술되지 않는다. 시간이 흐르면 파리가 다른 시간으로 이동하기 때문이다. 그리고 그 시간에 따라서 공간도 달라진다. 그래서 데카르트와 뉴턴은 공간 3차원과 시간 1차원의 4차원으로 사물과 사건을 표현했다. 하지만 이들은 시간과 공간을 단순히 합하여 4차원처럼 표현했을 뿐이다. 시간과 공간을 하나로 묶어서 시공간의 기초를 닦은 것은 민코프스키$^{H.\ Minkowski}$다. 취리히공대 시절 아인슈타인의 스승이었던 민코프스키는 시간과 공간을 깔때기 모양의 4차원으로 묘사했다. 이것이 아인슈타인이 제기한 특수상대성이론을^{1905} 기하학으로 표시한^{1908} 민코프스키 공간이다.

민코프스키와 아인슈타인의 시공간 개념에서, 시간과 공간은 분리할 수 없으며 서로 영향을 미치는 상대적인 것이다. 가령 시속 100km로 달리는 기차에서 시속 100km로 공을 던지면, 기차 안의 속도는 시속 100km지만 기차 밖의 속도는 시속 약 200km다. 이것이 시간과 공간은 관측자에 따라서 상대적이라는 상대성이론이다. 인간이 사는 공간은 x, y, z의 3차원 공간이다. 그런데 같은 지점에 머물러 있더라도 시간의 흐름에 따라 다른 공간으로 바뀐다. 그 4차원의 시공간은 하나하나의 개별 사건^{event}이고 그 사건은 x, y, z, t로 구성된다. 그러므로 시공간의 흐름은 x, y, z, t의 4차원에서 시작하여 x1, y1, z1, t1의 또 다른 4차원으로 이동한 수학적 공간이다. 그렇다면 3차원과 4차원이 다른 것을 어떻게 해결할 수 있을까? 3차원의 시간과 공간을 로렌츠변환$^{Lorentz\ transformation}$을 이용하여 4차원의 기하학적 기준틀로 표시할 수 있다.

아인슈타인은 1915년에 일반상대성이론을 발표했는데, 이론의 핵심은 물질과 시공간은 상호영향 관계에 있으며 물리법칙은 언제 어디서나 등가라는 것이다. 그런데 우주의 물리법칙은 등가지만 시간과 공간은 상호영향을 미치기 때문에 시공간이 수축^{收縮}하거나 확장되는 현상이 생긴다. 그래서 민코프스키 공간과 상대성이론을 바탕으로 하는 시공간은 휘거나 굽은 시공간이다. 그리고 그 시공간은 관측자에 따라서 상대적이다. 시공간의 휘어짐^{curvature}은 중력 때문에 생긴다. 따라서 시공간은 관측자에게 상대적일 뿐 아니라 중력에 의해서 굴절된다. 관측자에게 상대적이라는 것은 우주여행을 한 형과 지구에 있던 동생의 시간이 다르다는 것을 입증한 쌍둥이 역설$^{twin\ paradox}$로 증명할 수 있다. 그리고 시공간이 중력에 의해서 영향을 받는다는 것은 (태양과 같이) 중력이 강한 곳에서 시공간이 휘어지는 것을 통해서 증명할 수 있다. 실제로 시공간은 관측, 속도, 중력 등에 의해서 휘어진다.

1919년 5월 29일, 영국의 에딩턴^A.S. Eddington이 '태양의 중력 때문에 별의 위치가 달라진다'는 것과 '빛이 휘어진다'는 것을 입증했다. 한편 라이고 연구단^LIGO은 2017년 블랙홀이 충돌하여 생기는 중력파를 관측하여 시공간의 휘어짐과 블랙홀의 존재를 더 분명하게 입증했다. 시공간의 휘어짐에서 보면, 어떤 관측자의 미래는 다른 관측자에게 과거일 수 있다. 그러므로 시공간의 뒤틀림으로 인하여 과거, 현재, 미래도 달라질 수 있다. 하지만 인간은 4차원까지만 인식할수 있을 뿐 아니라 오랜 시간을 살지 못하기 때문에 시공간의 휘어짐을 느끼지못한다. 시공간의 휘어짐은 시공간의 차이^spacetime interval를 만든다. 아인슈타인은 '빛의 속도를 기준틀^frame of reference로 하여 관측하면 시간지연과 길이수축이 생긴다'는 시공간의 상대성이론을 완성했다. 시공간의 상대성은 물질이 시간과공간 속에서 운동할 때 생기는 자연스러운 현상이다.

참고문헌 Albert Einstein, "Die Feldgleichungen der Gravitation", *Königlich Preussische Akademie der Wissenschaften*, Nov. 25, 1915, Berlin, Germany, pp.844~847.

참조 공간, 뉴턴역학·고전역학, 만유인력·중력, 블랙홀, 빅뱅이론/우주팽창이론, 상대시간·상대공간, 시간, 아 프리오리/선험·후험, 양자역학, 일반상대성이론, 카오스이론, 특수상대성이론, 현재·과거·미래

과학주의
Scientism 科学主义

갈릴레오가 탄식하며 말한 것으로 알려진 다음 문장은 과학주의의 대표적인 사상이다. '그래도 지구는 돈다.' 당시 갈릴레오는 1632년에 출판한 『두 체계의 대화』로 1633년 종교재판을 받아야 했다. 몇 주에 걸친 재판에서 갈릴레오는 겨우 이단異端을 면했으나 가택연금 되었고 지동설 주장을 철회해야 했다. 그때 그가 했다고 전해오는 말이 바로 '그래도 지구는 돈다'이다. 그리고 갈릴레오는 자연은 기하학의 언어로 표현된 책이라고 말했다. 이런 그의 사상은 '객관적 사실은 결코 부정할 수 없다'는 과학적 인식이다. 그의 주장은 '하나님이 목적을 가지고 세상과 인간을 창조했다'는 당시의 기독교적 창조론을 위배하는 위험한 사상이었다. 하지만 갈릴레오의 자연에 대한 객관적 설명과 과학에 대한 믿음은 헛되지 않았다. 곧이어 과학자들이 코페르니쿠스와 갈릴레오의 생각이 옳다는 것을 증명했고 천동설 대신 지동설이 진리로 인정받았다.

과학주의는 모든 지식은 과학에 의해서만 얻어질 수 있다고 보는 인식의 방법이다. 광의의 과학주의는 보편적 진리 발견을 목적으로 한 체계적인 지식이고, 협의의 과학주의는 자연의 이치와 법칙을 토대로 한 지식이며, 합리적 과학주의는 지식과 진리는 과학이 아닌 방법으로 얻을 수 있으나 과학만이 그것을 검증할 수 있다는 주장이다. 과학주의에서는 과학으로 설명할 수 없는 것이 있으면 그것을 거짓으로 규정하거나 판단을 유보한다. 여기서 과학은 '가설-실험과 관찰-검증-지식획득-진리 확정'의 과정을 말한다. 그런데 경험과 과학으로 설명하지 못하는 것도 많다. 이에 대해서 과학주의는 '언젠가는 모든 것을 과학으로 설명할 수 있다'고 주장한다. 그래서 과학주의는 신념, 감정, 믿음, 의지까지 과학으로 재단하려는 태도를 보인다. 이런 이유 때문에 과학주의와 자연주의는 초자연적인 존재와 현상을 인정하지 않는다.

과학주의에서는, 초자연적인 현상은 자연이 일시적으로 달리 보이는 것으로 간주하거나 마음에 수반supervene되는 것으로 간주한다. 또한 과학주의는 영혼, 신, 악마, 천사, 가상의 동물 등 형이상학적 관념은 인정하지 않거나 판단을 유보한다. 그렇다면 과학주의의 철학적 근거는 무엇인가? 과학주의는 과학과 함께, 데카르트가 말한 기계론과 근대 합리주의에 근거하고 있다. 오랜 과거에도 과학주의적 태도는 있었다. 하지만 21세기에 쓰이는 과학주의의 개념은 산업혁명 이후에 생겨난 과학에 대한 믿음과 낙관적 전망에서 생겼다고 보는 것이 일반적이다. 처음 과학주의를 정초한 것은 하이예크F.A. Hayek다. 그는 과학주의를 과학의 방법과 언어를 모방하는 것으로 보았다. 논리실증주의자 포퍼K. Popper 역시 과학주의를 자연과학적 도그마dogma로 간주했다. 이처럼 과학주의는 빅뱅Big bang이나 인상주의Impressionism처럼 조롱 섞인 비판적 개념이었다.

과학주의는 과학적 인식, 태도, 사상, 방법에 근거하여 과학만이 진리라고 주장한다. 그래서 모든 사람이 과학적인 것을 지지하지만 모든 사람이 과학주의를 지지하는 것은 아니다. 21세기의 과학주의는 정교한 논리를 갖춘 물리주의로 발전했다. 물리주의Physicalism는 모든 것을 물리적으로 설명하려는 과학적 태도이자 철학적 사상이다. 여기서 '물리적'은 물질의 성질을 넘어서는 물리작용을 말한다. 그러니까 물리주의는 물질에 한정하거나 과학적 방법론에 한정하지 않고 물리적으로 설명하고 검증할 수 있는 것을 지식의 근거로 삼는 태도이다. 하지만 과학주의는 과학 그 자체만을 말할 뿐이므로 물리주의처럼 정교한 이론은 아니다. 한편 물리주의와 과학주의는 직관보다는 실증을 우선하고, 선험적 연역보다는 경험적 귀납을 강조한다. 따라서 과학주의는 과학적으로 검증 불가능한 것은 일단 거짓false으로 간주하기 때문에 독단으로 비판받는다.

과학주의는 과학자들이 쓰는 용어가 아니다. 과학주의는 과학적 사고체계를 가진 사람들을 향하여 '과학만을 유일한 가치판단의 근거로 보는 이상한 사람들'이라는 경멸적인 비난으로 쓰는 개념이다. 이런 비난을 받으면서도 과학주의적 사고체계를 가진 사람들은 '과학이 신을 대신하면서 종교의 기능을 한다'고 믿는다. 그래서 과학주의는 과학만능주의나 과학절대주의로 불리기도 한다. 당연히 과학만이 진리와 실재에 이르는 길이 아니라는 강력한 이의가 제기되어 있다. 한편 과학주의는 방법론적 과학주의, 인식론적 과학주의, 존재론적 과학주의로 나뉜다. 이성을 중심으로 하는 합리주의와 검증 가능한 것을 추구한 논리실증주의가 과학주의를 지지한다. 특히 실증주의에 논리를 연결한 논리실증주의는 논리학, 과학, 수학 등의 과학적 방법과 논리적 형식을 강조한다. 유물론 역시 과학주의의 성격이 있다.

참고문헌 Karl Popper, *Objective Knowledge : An Evolutionary Approach*, New York : Oxford University Press, 1979.

참조 객관·객관성, 경험론/경험주의, 귀납·연역·귀추, 논리·논리학, 논리실증주의, 리얼리즘/실재론(철학), 물리주의, 사실, 심신이원론, 유물론, 이성론/합리주의, 인식론, 자본주의, 형이상학

호모 사피엔스/현생인류

Homo Sapiens | 晩期智人

원시인 K가 '사슴이 어느 쪽으로 갔느냐'고 묻자 P는 사슴이 달아난 반대 방향을 가리켰다. 이렇게 K를 속인 P는 사슴을 쫓아가서 사냥에 성공했다. 이처럼 인간은 거짓말^{lie}을 할 수 있는 존재다. 인간에게 거짓말은 아주 중요하다. 초기의 인류는 생각하는 능력이 적었다. 인지능력이 발달하면서 생각하고, 반성하고, 예측하고, 상상하는 등 고차원적인 능력을 획득했다. 이 중 거짓말은 인간의 창의성과 사고에 관한 중요한 능력이다. 사전적인 의미에서 거짓말은 사실이 아니라는 것을 알고 있으면서 상대방에게 그것을 믿게 하려고 사실인 것처럼 꾸며서 하는 말이다. 무엇을 꾸미려면 고도의 사고능력이 필요하다. 거짓말과 같은 사고능력을 가진 영장류 중 가장 인지력이 높은 동물을 인간^{Human}이라고 하고 현생인류를 호모 사피엔스 사피엔스$^{Homo\ sapiens-sapiens}$라고 한다. 그러니까 호모 사피엔스인 현생인류는 지혜롭고, 지혜로운 인간이라는 뜻이다.

현생인류인 호모 사피엔스는 약 20만 년 전에 출현하여 21세기까지 생존하고 있는 '지혜롭고, 지혜로운 사람'이다. 지금까지 현생인류 이외에도 네안데르탈인$^{Homo\ Neanderthalensis}$을 비롯한 여러 인간종이 있었다. 존재했던 여러 인간을 종^{species}으로 분류한 것은 린네다. 린네는 이명식二名式 라틴어 『자연체계$^{Systema\ Naturae}$』 10판^{1758}에서 인간을 호모 사피엔스로 명명했다. 이에 따르면 인간은 역$^{domain,\ 域}$/생물역 — 계$^{kingdom,\ 界}$/동물계^{Animalia} — 문$^{phylum,\ 門}$/척색동물문^{Chordata} — 아문亞門/척추동물아문^{Vertebrata} — 강$^{class,\ 綱}$/포유동물강^{Mammalia} — 목$^{order,\ 目}$/영장류목^{Primates} — 과$^{family,\ 科}$/사람과 또는 인류과^{Hominidae} — 속$^{genus,\ 屬}$/호모속^{Homo} — 종$^{species,\ 種}$/사피엔스

종sapiens에 이른다. 그러니까 인간은 호모속의 사피엔스종이다. 슬기로운 인간인 호모 사피엔스에서 더욱 진화한 신인류 '호모 사피엔스 사피엔스'인 현생인류는 대략 3~5만 년 전, 빙하기가 끝날 무렵 출현했다.

지질학적으로 현생인류는 최근세인 홍적세Pleistocene, 약 258만 년 전~약 1만 년 전에 진화했고, 현생인류가 생존한 99%의 시간은 선사시대와 구석기시대에 속한다. 인간인 호모 중 슬기사람은 대략 20만 년 전에 출현한 호모 사피엔스와 3~5만 년 전에 출현한 현생인류 호모 사피엔스 사피엔스의 두 종류가 있다. 해부학적으로 보면, 현생인류는 다른 호모들과 달리 이마가 넓고 크며, 팔다리의 사지가 길고, 발달한 뇌의 용량은 대략 1,300~1,450cc 정도였다. 사회적 관점에서 보면, 현생인류는 추상적 사고능력, 언어사용, 상징조작, 게임과 유희, 협동, 교육 등의 능력이 있는 존재다. 그런데 한자어에서 인간人間은 사람이라는 의미와 함께 사람이 만든 사회에서 사는 존재라는 뜻도 있고, 하늘과 땅의 중간에서 사는 사람 天地人이라는 뜻도 있다.

현생인류가 동물과 다른 점은 고도의 사고능력이 있고, 지각을 통일할 수 있으며, 반성과 성찰을 할 수 있는 것이다. 특히 현생인류는 언어를 사용한 이후 비약적으로 발전할 수 있었다. 그리고 수렵 채집으로 생활하던 12,000년 전의 신석기시대부터 농경을 시작했다. 그 후 인간은 한 곳에 정주하거나 일정한 형태의 유목 생활을 하다가 문명과 문화를 영위하는 존재로 발전했다. 인간은 구석기paleolithic age, 신석기Neolithic age, 청동기Bronze age, 철기Iron age를 거치고 산업혁명과 정보혁명을 지나서 21세기에 이르렀다. 그 과정에서 종교를 받아들이거나 창안하고, 국가와 같은 각종 사회제도를 만들며, 계급과 민족을 나누었고, 예술과 과학을 발전시키는 등 현재와 같은 인간이 되었다. 특히 인간은 다른 동식물을 약탈하면서 인간중심주의를 강화했다. 마침내 인간은 메타휴먼과 인공지능AI을 만들면서 창조의 영역까지 관장하게 되었다.

호모 사피엔스의 선조는 (그 이전에 존재한) 호모 에렉투스Homo erectus로 불리는 이족보행의 직립원인直立猿人이다. 다윈은 1871년 『인간의 유래*The Descent of Man*』에서 인간의 직립을, 나무에서 내려와 초원의 환경에 적응한 과정으로 보았다. 그 결과 인간은 손을 쓸 수 있게 되었으며 도구를 사용하는 호모 하빌리스Homo habilis 또는 호모파베르Home Fabre가 되었다. 그리고 인간은 불을 사용한 이후 소화 기능이 발달하여 (유인원에서 보듯이) 날씬하고 유연한 신체로 바뀌었다. 현생인류의 가장 큰 특징은 놀이하는 인간인 호모루덴스다. 하위징아J. Huisinga, 1872~1945는 문명사적 차원에서 노동과 유희를 대비하고, 놀이하는 인간을 호모루덴스Home Ludens로 명명했다. 그 외에 인간을 규정하는 개념과 명칭은 여러 가지가 있지만, '현재 생존하는 인간이 어떤 존재이고 어떤 의미가 있는가'는 학설에 따라 다르다.

참고문헌 Charles Darwin, *The Descent of Man, and Selection in Relation to Sex*, London : John Murray, 1871.

참조 공통조상, 문명, 문화, 빙하기, 상상, 상징, 석기시대, 신석기혁명·농경사회, 인간(신체), 인공지능 AI, 인류의 출현, 자연선택, 적자생존, 지각, 진화론, 진화심리학, 창조론, 현생인류 아프리카기원설, 호모루덴스

죽음의 공포
Fear of Death | 死亡恐怖

모든 사람은 죽음을 두려워한다. 죽음의 공포는 다른 모든 공포보다 심각하다. 죽음의 공포 때문에 일상생활을 하지 못하는 경우도 있다. 이에 대하여 고대 그리스의 에피쿠로스Epicurus, BCE 341~BCE 270경는 이렇게 말했다. '죽음을 경험할수 있어야만 죽음의 공포를 느낄 수 있다. 사람이 살아있을 때는 죽음을 경험할수 없다. 그리고 죽음 이후에는 공포를 느낄 수 없다. 따라서 인간은 죽음의 공포를 느낄 수 없고 느낄 필요도 없다.' 에피쿠로스는 '죽음은 우리에게 아무 것도 아니다Death is nothing to us'[1]라고 말하지만, 그는 생존한 시간 층위와 죽은 시간 층위를 구별하지 않았으므로 이 논증의 실제적 의미는 없다. 그러나 논리적으로는 타당하다. 왜냐하면, 죽은 이후와 태어나기 전은 같은 상태이므로 인간은 공포감을 느낄 필요가 없을 뿐 아니라 죽기 전의 공포는 실제적인 위협이 아니기 때문이다.

죽음의 공포를 해소하는 방법은 죽지 않는 것이다. 그러나 인간을 포함한 생명체는 반드시 죽는다. 과학이 발달하여 새로운 장기나 세포로 다시 살아나거나 두뇌를 이식하여 삶을 연장하는 방법이 있겠지만 그래도 인간은 언젠가는 죽는다. 우주의 시간이 아무리 길더라도 끝이 있기 때문에 인간은 영원히 살 수는 없다. 8세 전후부터 느끼기 시작하는 죽음에 대한 공포의 실체는 첫째, 종말

---

1   For there is nothing left to fear in life, who really understood that out of life there is nothing terrible. So
      pronounced empty words when it is argued that death is feared, not because it is painful being made, but
      because of the wait is painful. It would indeed be a futile and pointless fear than would be produced by
      the expectation of something that does not cause any trouble with his presence.

과 끝에 대한 공포 둘째, 무한한 시간에 자기가 존재하지 않는다는 허무감이다. 죽음에 대한 공포는 존재의 소멸, 상실, 망각, 단절, 부재, 고독을 의미하고 불안, 초조, 우울, 슬픔, 분노, 고통을 동반한다. 죽음에 대한 외적 공포는 '외부의 어떤 것이 자기를 죽음에 이르게 할 수 있다'는 공포감이다. 가령, 산속에서 호랑이를 만날 수 있다는 공포감이나 위험한 가스가 유출되어 죽는 사건 등 외적 요인 때문에 생기는 공포감이다.

죽음에 대한 내적 공포는 내면의 불안으로부터 생기는 공포다. 죽음의 공포를 존재론적으로 해석한 것은 하이데거다. 하이데거는 인간존재의 본질을 죽음을 향한 존재$^{Sein\ zum\ Tode}$로 규정했다. 태어나는 순간부터 인간은 죽음을 향해서 내던져져 있다. 그 순간부터 죽음은 인간을 지배한다. 그리고 어느 시간 어느 공간을 막론하고 죽음은 인간을 따라다닌다. 따라서 인간은 죽음의 그림자를 안고 산다. 그런데 죽음의 공포는 불안을 야기한다. 불안을 통해서 현존재의 진정한 실존이 시작된다. 하지만 인간은 죽음으로 달려가서, 죽음으로 완성되는 자기 존재를 이해할 능력이 있다. 현존하는 존재는 탄생, 생존, 죽음의 총체성으로 완성되기 때문에 죽음은 현존재의 본래적 삶을 가능케 한다. 그리하여 인간은 진정한 자유를 얻는다. 그래서 하이데거는 인간만이 죽음을 문제 삼고 죽음의 의미를 알 수 있는 존재로 보았던 것이다.

프로이트는 죽음의 공포를 심리학으로 설명한다. 프로이트 자신도 죽음의 공포 때문에 무척 고통스러워했다. 그는 직접적인 위협이 없어도 느끼는 죽음의 공포를 타나토포비아^{thanatophobia}라고 명명했다. 그리스 신화의 타나토스^{Tanatos}는 밤의 신 닉스와 어둠의 신 에레보스^{Erebus}의 아들인데 밤의 정적과 적막이라는 의미를 가지고 있다. 죽음으로 인도하는 저승사자^{使者} 타나토스는 철의 심장과 청동의 마음을 가진 비정한 신으로 묘사된다. 이 개념을 심리학에 적용한 프로이트는 말년인 1926년경부터 죽음 충동으로 인간의 마음을 이해하고자 했다. 프로이트는 인간에게는 죽어 없어지고자 하는 죽음 충동이 있다고 주장했다.

여기서 유래한 죽음의 공포 타나토포비아는 공황장애, 초조, 불안, 현기증, 진땀, 불안정한 심장박동, 가슴 답답함, 메스꺼움, 두통, 복통, 고열 등의 증상을 동반한다.

죽음의 공포를 대하는 태도는 여러 가지가 있다. 죽음을 외면하고 무시하는 태도, 죽음을 깊이 생각하고 죽음만을 생각하는 태도, 보통사람들이 취하는 중간적 태도 등이다. 죽음에 사로잡히면 무척 고통스럽다. 그 공포감은 모든 것으로부터 분리된다는 고독감, 모든 것을 잃어버린다는 상실감, 다시는 현재와 같은 삶으로 돌아올 수 없다는 불가역성, 사랑하는 주위 사람에게서 단절된다는 절망감, 무한한 시간에 대한 두려움, 최종적인 무로 돌아간다는 허무감 등이다. 죽음의 공포를 해결하는 일반적인 방법은 현재의 생이 끝이 아니라고 믿는 것이다. 인류는 재생, 영혼 불멸, 불사, 부활, 냉동인간, 복제인간, 정신 이식 등 많은 방법을 고안했다. 신과 같은 절대적인 존재를 상정하고 초월적인 존재에 의지하는 방법도 있다. 종교의 기능 중 하나는 내세가 있다고 믿게 함으로써 인간에게 위안을 주는 것이다.

참고문헌 *Letter to Menoeceus* by Epicurus.

참조 공황장애, 내던져진 존재, 망각, 시간, 실존, 영혼, 인간(신체), 존재, 존재론, 죽음충동, 티베트 사자의 서, 프로이트, 현재·과거·미래, 현존재 다자인

영원

Eternity | 永恒

'그대를 영원히 사랑한다'에서 영원은 무엇일까? 이 문장은 '변치 않고 끝없이 그대를 사랑한다'는 뜻이다. 사랑의 양quantity과 사랑의 질quality이 변함없으리라는 이 맹세는 마음이 고정된 상태의 다짐이다. 그래서 영원은 불변, 불멸, 불사, 무한, 무진, 무궁, 무극無極과 유사한 의미로 쓰인다. 일반적으로 영원은 ①무한히 지속하는 무한지속, ②변화가 없는 정지한 시간 ③시간이 아닌 비시간, ④시간을 초월한 초시간 등으로 이해된다. 시간의 관점에서 영원은 과거, 현재, 미래가 실재하는 것으로 보는 영원주의Eternalism에 근거한다. 이런 여러 가지 영원의 개념은 낭만적이면서 신비한 의미를 내포하고 있다. 그래서 문학예술에서 영원은 동경과 공포를 상징한다. 일반적으로 영원은 시작과 끝이 없는 시간이거나 시작은 있고 끝은 없는 시간으로 간주된다. 영원은 다음 세 가지 관점에서 논의할 수 있다.

첫째, 물리적 관점에서 영원은 시간과 비시간으로 나뉜다. ①시간개념에서 영원은 빅뱅Big Bang에서 시작한 시간의 영원한 확장이다. 이 무한의 시간은 과거→현재→미래로 흐른다. 시간의 화살arrow of time은 직진하는 방향성을 가진다. 고대 인류는 시간의 방향성에 근거하여 '끝없이 계속되는 시간'을 영원으로 생각했다. 그래서 영원은 무한의 수학기호인 ∞이나 ○, 뫼비우스의 띠, 렘니스케이트lemniscate로 상징된다. 한편 현재를 기준틀로 하면 영원한 지금eternal now이 곧 영원이다. 영원한 지금은 현재를 기점으로 무한한 과거와 무한한 미래가 대칭적으로 펼쳐져 있는 순간이다. 한편 ②비시간 개념에서 영원은 불변을 의미한다. 파르메니데스가 주장한 영원불변한 세상처럼 영원은 고정불변과 같다. 하지만 고정불변에도 부분적으로는 시간 개념이 내포되어 있다.

둘째, 종교적 관점에서 영원은 창조론과 비창조론으로 나뉜다. ①기독교, 이슬람, 유대교 등 창조론 계열의 종교에서 영원은 신이 창조한 것이거나 신의 창조물과 함께 존재하는 것이다. '영원에서 영원까지 나는 신이다'[1]는 신의 초시간성을 의미한다. 신은 절대성, 전지전능, 무변화, 자족성^{aseity}, 단순성, 창조성을 내포한다. 따라서 신은 시간과 공간을 초월한다. 그러므로 신의 창조 안에서 시간과 공간이 존재하며 신의 심판에 의하여 시간과 공간을 포함한 모든 것은 끝난다. ②힌두교, 불교, 도교 등 비창조론 계열의 종교에서 영원은 원래 존재하는 본질을 의미한다. 브라흐만 사상의 우주적 실체, 궁극적 본질, 최후의 진리인 브라흐만^{Brahman}은 초시간적 영원이다. 불교의 영원은, 제행무상諸行無常에서 보듯이, 모든 것이 변화하는 공空의 일시적 현상이다. 도교와 유교에서 영원은 무극無極 또는 태극과 같다.

셋째, 철학적 관점에서 영원은 본질과 현상으로 나뉜다. 영원불변한 세상을 주장한 파르메니데스에게 자연과 사건은 모두 환영이다. 그에게 영원은 불변하는 모든 것의 상태이다. 반면 헤라클레이토스^{Heraclitus}는 이렇게 말했다. '한 강물에 발을 두 번 담글 수 없다.$^{You\ can\ never\ step\ in\ the\ same\ river\ twice}$' 그에게 영원은 끝없이 변화하는 시간과 공간이다. 플라톤은 이것을 종합하여 불변하는 이데아^{Idea}와 일시적인 현상으로 나누었다. 플라톤에 의하면 이데아만이 영원하고 나머지 모든 것은 일시적 현상이다. 이후 기독교 신학자들은 영원한 신국神國, 영원한 천국, 영원한 지옥을 영원과 연결했다. 중세의 토마스 아퀴나스는 '영원은 논리적으로 증명 불가능하다'고 말한 다음 영원을 믿음과 실천의 문제로 간주했다. 물리학의 영향을 받은 현대철학은 영원을 우주의 물리법칙으로 본다.

---

1   'From eternity to eternity I am God', New Living Translation 「이사야서(Isaish)」 43:13.

심리학, 사회학, 인류학을 비롯한 여러 영역에서도 영원은 중요하다. 특히 수학에서 영원은 실체와 관계없는 것으로 본다. 가령 x+1은 영원히 가능하고 2+5=7은 영원한 진리다. 일찍이 가톨릭 사제 존 왈리스$^{John Wallis}$는 영원을 무한$^{\infty}$ 곡선으로 표시했고[1655], 수학자 뫼비우스는 띠$^{Möbius strip}$로 무한 반복의 영원을 상징했으며, 화가들은 소실점$^{vanishing point}$으로 영원을 표현했다. 송의 유학자 주돈이^{周敦頤}는 영원과 유사한 무극을 철학의 준거로 삼았다. 그는 무극이태극^{無極而太極}이라고 하여 '무극과 태극은 하나지만 이理의 운용에 따라서 다를 수도 있다'는 성리학의 단초를 「태극도설^{太極圖說}」로 설명한 바 있다. 그 외에도 여러 관점이 있지만, 영원은 증명할 수 없다. 아울러 무한히 계속되는 시간과 무한히 확장되는 공간의 영원은 대단히 어렵고도 중요한 문제다.

참고문헌 John Burnet, *Early Greek Philosophy*, A. and C. Black, 1892; Parmenides of Elia.

참조 공간, 뉴턴역학·고전역학, 무극이태극, 무한, 빅뱅, 상대시간·상대공간, 시간, 시간[베르그송], 시공간, 영원불변한 세상[파르메니데스], 의식, 인식론, 일반상대성이론, 제행무상, 존재론, 현재·과거·미래

4차 산업혁명
Fourth Industrial Revolution | 第四次工業革命

세계경제포럼^{WEF}을 설립한 슈밥^{K. Schwab}은 2015년에 아주 중요한 글을 발표했다. 그것은 4차 산업혁명에 관한 것이다. 그의 4차 산업혁명 이론은 2016년 스위스의 다보스^{Davos}에서 열린 세계경제포럼의 주제로 논의된 이후 많은 국가가 4차 산업혁명에 관심을 보였다. 슈밥은 이 글에서 '물리, 디지털, 생물의 영역이 사라지는 기술 융합으로 4차 산업혁명이 일어나고 있다'고 진단했다. 과연 그럴까? 슈밥의 분석에 의하면, 세계는 이미 3차 정보혁명의 시대와 비교할 수 없는 빠른 속도, 거대한 규모, 효율적 체계로 작동하고 있고 과학과 공학을 넘어서서 정치, 경제, 교육, 문화 등 모든 분야에 걸쳐 급속한 변화가 시작되었다. 그러므로 기업과 정부는 이것을 준비해야 하고 인간은 그 변화에 적응해야 한다. 그러니까 슈밥의 말에 의하면 4차 산업혁명은 진행 중이기 때문에 선택의 문제가 아니라 적응의 문제다.

그렇다면 무엇을 4차 산업혁명이라고 하는 것인가? 4차 산업혁명은 정보통신기술^{ICT}, 물리학, 생물학을 바탕으로 기타 산업, 학문, 기업, 정부, 개인을 포함한 모든 영역에서 혁신적 변화가 일어나는 혁명이다. 이런 슈밥의 주장과 달리 여러 변화는 3차 산업혁명인 정보혁명의 연장이라는 견해도 있다. 특히 독일에서는 2011년부터 산업현장을 중심으로 「산업 4.0」 혁신을 진행하고 있어서 개념상 논란이 있다. 일반적으로 산업혁명은 15세기에서 21세기까지 수 세기에 걸친 산업의 발전적 변화를 말한다. 토인비^{A. Toynbee}가 처음 사용한 것으로 알려진 산업혁명은 18세기 영국에서 시작되어 세계로 퍼져나간 공업화와 기계화다.

산업혁명은 4단계로 세분할 수 있다. 1차 산업혁명은 증기기관과 같은 새로운 에너지를 이용하여 생산력을 증대시킨 18세기의 산업혁명이다. 이때 수공업적 생산에서 기계적 생산으로 바뀌었다.

2차 산업혁명은 전기에너지를 이용하여 대량생산을 시작한 1900년 전후의 산업혁명이다. 3차 산업혁명은 전자電子를 이용하여 정보통신의 혁신을 이룬 20세기 후반의 산업혁명이다. 3차 산업혁명은 컴퓨터와 인터넷을 바탕으로 새로운 산업구조를 만들었다. 4차 산업혁명은 정보 통신만이 아니라 물리, 화학, 생물, 의학, 우주공학, 생명과학 등이 초융합하고 초연결되면서 완전히 새로운 생산구조와 소비양상을 보인다. 특히 컴퓨터 용량의 증대로 빅데이터Big Data 처리가 가능해졌고, 고성능 센서sensor가 정보의 수집과 분석을 용이하게 했다. 그 결과 초연결, 초융합, 초지능, 최적화, 빠른 속도, 빅데이터 등을 바탕으로 획기적인 변화를 가져왔다. 4차 산업혁명을 상징하는 플랫폼platform은 세계적인 단일 체제다. 유튜브, 페이스북, 바이두百度 등이 4차 산업혁명으로 생겨난 지구 전체의 단일 플랫폼이다.

4차 산업혁명의 핵심 중 하나인 인공지능AI은 계산, 추론, 예측, 결정, 심층학습, 문제해결, 이미지와 음성의 패턴인식pattern recognition 등이 가능한 유무형의 시스템과 구조다. 인공지능이 튜링테스트를 통과한 다음 커즈와일이 말한 기술적 특이점singularity마저 통과하면 인간의 존재와 생활에 큰 변화가 생길 것이다. 커즈와일R. Kurzweil은 2045년에 인공지능이 모든 인간의 지능보다 앞서는 특이점을 통과할 것으로 예견했다. 4차 산업혁명은 인공지능, 플랫폼 이외에도 사물인터넷IoT, 3D프린터, 드론, 자율주행자동차, 비행자동차, 자동화 공장, 기계와 기계의 소통M2M, 가상현실, 탈중앙화decentralization, 주문생산, 기계학습, 원격조종, 원격치료, 로봇, 양자컴퓨터, 나노기술, 재료공학 등에 변화를 가져왔거나 가져올 것이다. 그 밖에 항공을 포함한 우주산업, 유전자 가위와 같은 생명과학, 도시를 새롭게 설계하는 도시공학, 소유가 아닌 공유 등 영향이 미치지 않는 곳이 없다.

4차 산업혁명은 생산력의 증대, 각종 질병 치료, 비용 절감, 수익증대 등 긍정적 효과도 있지만, 인터넷 안전, 불평등 심화, 부의 편중, 개인 생활 침해, 독점과 과점, 과도한 에너지소모, 감시체제, 직업 상실 등 부정적 효과도 상당하다. 4차 산업혁명은 정치, 경제, 전쟁, 사회, 교육, 학문, 문화, 예술, 교통, 주거, 식생활, 의생활, 오락, 운동, 의학, 생태계를 포함한 모든 분야를 변화시키고 세계화를 촉진할 것이다. 그리고 국가와 민족도 변화시킬 것이다. 슈밥이 지적한 것처럼 이런 변화가 인간의 마음과 영혼을 빼앗을 수 있기에[1] 새로운 윤리와 도덕이 필요하다. 아울러 인간 존재의 근본적인 변화가 수반되는 4차 산업혁명은 또 다른 혁명을 유발할 것이 분명하다. 인간의 컴퓨터화, 컴퓨터의 인간화는 인류의 생존을 위협할 수도 있으며 이로 인하여 기계와 결합한 새로운 종이 탄생할 수도 있다.

참고문헌 Klaus Schwab, "The Fourth Industrial Revolution : What It Means and How to Respond", *Foreign Affair*, 2015.12.
https : //www.foreignaffairs.com/articles/2015-12-12/fourth-industrial-revolution.

참조 기계학습, 디스토피아, 딥러닝/심층학습, 물리주의, 복잡계, 빅데이터, 산업혁명, 신경과학, 유전자, 인간(신체), 인공지능 AI, 중국어 방, 진화론, 튜링테스트, 호모 사피엔스/현생인류

---

1   It is characterized by a fusion of technologies that is blurring the lines between the physical, digital, and biological spheres; Klaus Schwab, "The Fourth Industrial Revolution : What It Means and How to Respond", *Foreign Affair*, 2015.12.

저승·내세
World of the Dead | 來世

사람들이 가장 두려워하는 단어는 '저승'이다. 어떤 사람에게 '이제 곧 저승 사자가 너를 황천으로 데리고 갈 것이다!'라고 말하면 기절할지도 모른다. 왜 그렇게 저승이 두려운 것일까? 그것은 저승과 죽음은 '모든 것의 끝'이기 때문 이다. 그렇다면 저승의 정확한 의미는 무엇인가? 저승은 살아있는 현재의 공간 이 아닌 죽음 이후의 가상공간이다. 그리고 저승은 실재의 공간이 아닌 마음의 공간이다. 한국어 저승은 '저쪽+세상'에서 유래한 '저세상'을 줄인 것이다. 저 승의 반대개념을 살펴보면 저승의 의미가 명확해진다. 저승의 반대는 이승 즉, '이쪽+세상'이다. 저승은 이쪽의 이승이 아닌 곳이라는 상대적 의미다. 따라서 이승은 살아있는 현재의 세상이고 저승은 죽음 이후의 세상이다. 이승과 저승 은 양분되어 있지만, 지리적으로는 이어져 있고 시간적으로는 공존하고 있다. 그래서 '대문 밖이 곧 저승'이라는 말이 생겨났다.

이쪽 세상과 저쪽 세상의 이항대립 개념은 불교, 도교, 기독교, 이슬람, 힌두 교, 샤머니즘 등 거의 모든 종교에서 볼 수 있다. 저승은 이쪽 언덕인 차안此岸과 저쪽 언덕인 피안彼岸을 나누는 불교의 생사관과 관계가 있다. 이승의 차안은 생 사와 윤회의 고통이 있는 현실세계이고 저승의 피안은 생사를 해탈한 이상세 계다. 차안을 떠나서 피안에 이르면 도피안到彼岸 즉, 적멸의 니르바나에 이른다. 그곳은 진리의 바라밀다波羅蜜多, Paramita다. 그런데 차안과 피안 사이에는 강이 놓 여 있다. 이승과 저승을 나누는 강 모티프는 여러 문화권에서 보인다. 가령, 기 독교에서는 '요단강 건너가 만나리'라는 찬송에서 보듯이 죽은 사람이 건넌다는 요단강이 있다. 그리스 신화에서는 하데스^{Hades}가 관장하는 죽음의 세계로 갈 때 건너는 스틱스강^{Styx}이 있다. 이 강을 건널 때는 뱃사공에게 노자를 지불해야 한다.

강과 노잣돈은 삶과 죽음을 여행으로 보는 관점에서 나온 개념이다. 즉 탄생-성장-생존-노쇠-죽음의 연속적 흐름은 시간여행이면서 공간여행이다. 저승은 현실적 저승과 초현실적 저승으로 나뉜다. 첫째, 현실적 저승은 생물이 살고 죽는 현실과 죽음의 세계가 결합된 개념이다. 가령 황천黃泉과 북망산北邙山은 저승을 현실화한 공간이다. 『좌전』, 『맹자』 등에 보이는 황천은 오방색 중 황색이 죽음을 상징하는 것으로 보는 견해가 있다. 이것은 매장문화로 형성된 개념이다. 특히 황천은 사자를 매장할 때 황색의 물이 흐르는 것을 형상화하여 황천이라고 했다. 여기서 다시 아홉 황천을 지난 끝의 구천九泉에 사자들의 공간이 있는 것으로 묘사되었다. 그래서 저승은 어두운 공간인 명부冥府, 음부陰府로 확장되었다. 이 개념은 샤머니즘, 불교, 도교, 유교 등 동양의 여러 문화가 공유하는 저승관이다.

둘째, 초현실적 저승은 신의 공간인 경우가 많다. '사자死者는 생존한 기간에 대한 심판을 받는다'는 심판모티브는 동서양의 막론하고 여러 문화권에 존재한다. 심판의 주체는 신이다. 인도유럽계 종교 특히 불교, 힌두교와 기독교, 이슬람, 유대교 등 아브라함계 종교에서는 심판을 받은 후 배치되는 천국과 지옥 개념이 있다. 여기서 말하는 저승은 장소가 아니라 신이 관장하는 신의 공간이다. 이 공간은 초현실이고 비현실의 공간이다. 하지만 저승은 현실과 혼융混融하고 현재와 공존한다. 이상 살펴본 것처럼 저승/내세는 부활이나 재생의 개념과 연결되어 있다. 육체와 정신이 저승에서 이승으로 돌아오는 부활이나 다시 살아나는 재생은 존재의 정체성자기 자신이 그대로 유지되는 것을 전제로 한다. 유가에서는 사자의 신체에 머무는 백魄과 신체를 떠나 하늘로 가는 혼魂은 모두 비현실의 공간에 위치하는 것으로 본다.

저승관은 세 층위에서 이해될 수 있다. 그것은 ①신이나 초월적 존재가 관장하는 천상계天上界, ②인간이 사는 현실의 지상계地上界, ③사자가 위치하는 지하계地下界의 세 공간 중 천상계와 지하계를 저승으로 간주한다. 그렇다면 왜 이런 저승 개념이 생겼을까? 저승은 죽음에 대한 두려움이 낳은 집단적 상상공간이다. 두려움 때문에 재생, 윤회, 환생 등의 개념이 생겼다. 저승에는 죽음 이후의 세계에 대한 기대감도 있다. 죽음 이후의 세계가 있을 것이라는 기대가 '죽음 이후의 세계가 있어야 한다'는 당위로 바뀌면서 종교적 내세After life가 설계되었다. 하지만 상상과 관념의 공간인 저승은 입증할 수 없다. 사실 거의 모든 사람들은 내세가 있다고 믿지 않는다. 따라서 저승은 현재의 현실이 소중하고 가치 있는 공간임을 반증하는 역설적 개념이다. 저승, 내세, 천국, 지옥, 연옥, 황천, 구천은 실재하지 않는 상상의 공간이다.

참고문헌 『左傳』.

참조 가능세계, 공/수냐타, 공간, 모티브, 문화, 상상, 시간, 영혼, 유물론, 의식, 이항대립, 인간(신체), 적멸의 니르바나, 정신, 죽음

이율배반

Antinomy | 二律背反

'시간은 무한한가?' 참으로 어려운 문제다. 이 어려운 문제의 답은 세 개다. 그것은 '시간은 무한하다', '시간은 무한하지 않다, 즉 유한하다', '모른다'이다. 답은 무엇일까? '모른다'이다. 언뜻 보면 당연한 것 같은 이 답에는 중요한 의미가 내포되어 있다. '인간은 시간의 유무한을 알 수 없다'라고 논증한 것은 칸트다. 칸트는 이율배반으로 시간의 유무한을 알 수 없다는 것을 논증했다. 이율배반의 어원은 고대 그리스어 '반대되는^{anti} 법^{nómos}'이다. 어원에서 보듯이, 이율배반은 두 개의 법이 서로 반대되기 때문에 어떤 법이 옳은지 판정할 수 없다는 법학 용어였는데, 칸트가 새로운 의미를 부여했다. 간단히 말하면, 이율배반은 두 개의 주장이 서로 모순되는 명제다. 이율배반과 유사한 역설은 두 명제가 반대되는 것이다. 이율배반은 역설의 일종이면서 하나가 참이면 하나는 거짓인 모순^{contradiction, 矛盾}에 근거한다.

이율배반은 동일한 대상에 관한 명제가 모두 타당성과 필연성을 가지고 있어서 어떤 것이 참인지 알 수 없는 대립된 명제다. 일찍이 제논^{Zenon}은 '아킬레스는 거북이를 이길 수 없다'는 역설^{paradox}을 주장했다. 이런 역설을 아포리아^{aporia}라고 한다. 아포리아는 '내 말은 모두 거짓말이다'처럼 참도 아니고 거짓도 아닌 역설^{逆說}이다. 칸트는 아포리아와 모순을 연결했다. 그리고 '인간이 알 수 있는 것은 어디까지인가'를 밝히고자 했다. 칸트의 결론은 이성이 경험 세계를 넘어서면 (비판을 거치더라도) 오류를 범할 수 있다는 것이다. 칸트는 그 과정에서 이율배반을 이용했다. 예를 들면, '신이 있다'와 '신이 없다'를 동시에 증명할 수 있다. '신이 있다'와 '신이 없다'는 모순관계이므로 하나가 참이면 하나는 거짓이다. 이처럼 서로 모순되는 두 명제를 동시에 참으로 증명할 수 있다면, 이상하지 않은가?

그런데도 이성은 모순되는 두 명제인 '신이 있다'와 '신이 없다'가 모두 타당하고 동등한 참이라고 논증한다. 그 과정은 이렇다. ① '신은 있다'는 '처음 시작 또는 제일 원인이 있다. 제일 원인에서 모든 것이 생겨서 인과계열이 성립한다. 최초로 시작한 존재가 있다. 그 초월적 자유 존재가 신이다. 그러므로 신이 있다'로 논증한다. 한편 ② '신은 없다'는 '모든 존재는 인과법칙에 따른다. 무한한 인과계열이 계속된다. 처음 시작 또는 제일 원인은 없다. 최초로 시작하는 존재는 없다. 그러므로 신은 없다'로 논증한다. 이처럼 상반되는 두 명제가 모두 참이라면 어딘가 잘못된 것이 아닐까? 칸트는 그 오류의 원인을 이성의 독단으로 지목했다. 이성은 경험 세계에 있는 제약자만 추론할 수 있는데 시공간의 제약이 없는 무제약자까지 추론하기 때문에 이런 오류를 낳는다. 시공간의 제약을 받는 제약자와 달리 초월적 무제약자는 영혼, 신, 세계, 시간, 공간 등이다.

칸트는 네 개의 이율배반을 제시했다. 제1 이율배반은 시간과 공간의 문제다. 정립thesis은 '시간의 시작이 있고 공간은 유한하다'이고 반정립anti-thesis은 '시간은 시작이 없고 공간은 무한하다'이다. 제2 이율배반은 부분과 전체의 문제다. 정립은 '전체는 부분으로 구성된다'이고 반정립은 '전체는 부분으로 구성되지 않는다'이다. 제1, 제2의 이율배반을 수학적 이율배반이라고 한다. 수학적 이율배반은 수와 양에 관한 것이며, 정립과 반정립 모두 거짓이다. 제3 이율배반은 자연인과와 자유의지의 문제다. 정립은 '자유에 의한 인과가 있다'이고 반정립은 '자유에 의한 인과가 없다'이다. '자유에 의한 인과가 있다'는 참이다. 왜냐하면 인과의 자유가 있어야 최초 인과의 계열이 성립하기 때문이다. 그런데 '자유에 의한 인과가 없다'도 참이다. 왜냐하면 인과의 자유가 없어야 세계가 통일적이고 필연적으로 이해되기 때문이다. 역시 이율배반이다. 이 문제는 자유의지와 도덕적 실천 때문에 특히 중요하다.

제4 이율배반은 보편적 존재의 유무다. 정립은 '보편적 존재가 있다'이고 반정립은 '보편적 존재가 없다'이다. 제3, 제4의 이율배반은 역학적 이율배반이라고 한다. 역학적 이율배반의 두 명제 모두 참이다. 네 가지 이율배반에서 보듯이 이성은 초월적인 무제약자 즉 형이상학적 영역을 추론할 때, 오류를 범한다. 이율배반의 오류는 순수이성, 실천이성, 판단력에서 모두 나타난다. 그러니까 칸트는 이성의 한계를 분명히 함으로써 이성이 할 수 있는 일과 이성의 의미를 분명히 한 것이다. 이 과정에서 경험을 초월한 선험종합a priori synthetic보다 경험에 근거한 추론이 타당하다는 것이 밝혀진다. 그러니까 이율배반은 이성의 독단과 이성의 한계를 논증하면서 경험의 의미와 필요성을 강조한 논증이다. 칸트의 이율배반은 모순관계가 아닌 반대관계로 추론한 문제가 있고, 범주와 층위를 나누면 이율배반이 되지 않는 경우도 있다.

참고문헌 Immanuel Kant, *Critique of Pure Reason*, translated by and edited by Paul Guyer and Allan W. Wood, Cambridge University Press, 1997.

참조 경험, 경험론/경험주의, 공간, 귀납·연역·귀추, 논증·추론, 동일률·모순율·배중률, 물자체, 순수이성, 시간, 실천이성, 아 프리오리/선험·후험, 역설, 이성, 이성론/합리주의, 인과율·인과법칙, 인식론, 자유의지, 판단력비판

통 속의 뇌

Brain in a Vat | 缸中之腦

꿈속에서 '내가 꿈을 꾸고 있는 것인가'라고 자신에게 물을 수 있을까? 물을 수 없다. 반대로 현실에서 '내가 꿈을 꾸고 있는 것인가'라고 자신에게 물을 수 있을까? 물을 수 있다. 질문을 바꾸어 통 속에 생각하는 뇌가 있다고 가정한다면, '나는 통 속의 뇌인가'라고 자신에게 물을 수 있을까? 꿈과 마찬가지로 통 속의 뇌는 자신에게 그런 질문을 할 수 없다. 심리철학자 퍼트넘[H. Putnam, 1926~2016]이 제기한 이 문제의 결론은 '인간은 통 속의 뇌가 아니다'라는 것이다. 통 속의 뇌는 퍼트넘이 마음의 가상과 외부의 실재를 규명하기 위하여 제기한 사고실험이다. 하르만[G. Harman]의 생각을 발전시킨 퍼트넘은 다음과 같은 가설을 설정해보았다. 어떤 사악한 과학자가 사람의 뇌를 제거하여 뇌 기능이 유지되는 통 속에 넣었다. 과학자는 그 뇌를 컴퓨터와 연결한 다음 전기 자극을 주면서 뇌가 여러 가지 지각을 하도록 만들었다.

통 속의 뇌는 사람의 뇌와 마찬가지로 여러 가지 자극을 받으면 현실과 똑같은 지각을 할 수 있을까? 그 지각이 현실과 같다면, 통 속의 뇌는 현실 속에서 사는 사람이라고 생각할 것인가? 퍼트넘의 답은 '아니다'이다. 이것을 증명하기 위하여 퍼트넘이 근거한 이론은 '가상과 실재의 상호 인과가 성립하지 않는다'는 것과 '실재는 마음 바깥에 있다'는 의미 외재주의다. 사실 이 문제는 '실재는 무엇인가'라는 근본적인 것이다. 파르메니데스, 헤라클레이토스, 플라톤의 존재론을 인식론으로 바꾼 데카르트는 정신과 물질의 이원론을 정립했다. 그리고 데카르트는 '현실에 실재하는 모든 것은 가상일 수 있다'고 가정한 다음 마음이 세상을 만드는 것으로 보았다. 그것이 저 유명한 '생각하기 때문에 나는 존재한다cogito ergo sum'이다. 생각하는 자아ego를 토대로 인간의 주체를 확립하고 그 자아로 세상을 인식한 것이다.

데카르트는 마음의 표상을 통하여 정신과 물질을 연결하는 방식을 택했다. 인간은 마음 외부의 실재를 직접 인지하는 것이 아니라 마음속에 주어진 심상image을 간접 인지할 뿐이다. 이것이 데카르트의 극장으로 불리는 마음의 표상주의다. 퍼트넘이 표상주의를 부정하고 현실은 모두 실재라고 선언한 것이 바로 통 속의 뇌다. 그리고 퍼트넘은 (통 속의 뇌처럼) '현실이 아닌 것은 현실이 될 수 없다'고 주장한다. 따라서 현실의 실재는 분명한 실재이고 통 속의 뇌가 지각하는 가상은 실재가 아니다. 이런 퍼트넘의 태도는 소박실재론과 직접실재론을 현실에 접목한 자연적 실재론Natural Realism이다. 퍼트넘은 『이성, 진리, 역사』에서 현실과 자연이 실재라는 것을 다음과 같이 증명한다. '만약 내가 외부세계의 실재를 알고 있다면 나는 통 속의 뇌가 아니라는 것을 알고 있는 것이다. 나는 내가 통 속의 뇌가 아니라는 것을 알지 못한다. 그러므로 나는 외부세계의 실재를 모른다.'[1]

퍼트넘은 후건부정으로 '나는 외부세계를 알고 있다. 그러므로 나는 통 속의 뇌가 아니다'라는 결론을 이끌어낸다. 이것은 실재는 존재론이나 인식론으로 밝혀지는 것이 아니라 의미론으로 밝혀진다는 언어철학의 이론을 인용한 것이다. 한편 표현의 의미는 그 표현이 지시하는 것으로 보는 지시의미론referential semantics에서 지시의 대상은 사실이다. 그러므로 '저것은 통'으로 지시/표현하는 대상은 곧 의미를 가진 실재다. 그렇다면 통 속의 뇌는 '나는 통 속의 뇌인가'라고 통을 지시하는 의문을 가질 수 있을까? 없다. 이 문제를 꿈으로 생각해보자. 현실에서는 꿈(비현실)을 지시할 수 있지만 꿈에서는 현실을 지시할 수 없다. 다

---

[1]   "If I know that P, then I know that I am not a brain in a vat. / I do not know that I am not a brain in a vat. / Thus, I do not know that P."

시 말하면 현실은 상위층위이기 때문에 하위층위인 꿈을 지시할 수 있지만(인과적 제약이 가능하지만), 하위층위인 꿈에서는 상위층위인 현실을 지시할 수 없다. 따라서 '(통 속에서) 나는 통 속의 뇌인가', '(꿈속에서) 나는 꿈속에 있는가'와 같은 질문은 성립하지 않는다.

이렇게 퍼트넘은 (통 속의 뇌처럼) 자기를 부정하는 자기논박은 성립하지 않음을 밝혔다. 즉 무의미한 질문이라는 것이다. 퍼트넘이 비판하는 것은 표상주의와 마음 외부의 실재를 알 수 없다는 회의주의이고, 퍼트넘이 옹호하는 것은 현실의 실재를 인정하는 실재론이다. 퍼트넘은 쌍둥이 지구 가설을 이용하여 지시와 대상의 관계를 기능으로 설명한다. 지구에서는 물을 H_2O로 쓰지만 쌍둥이 지구에서는 XYZ로 쓴다고 하더라도 지시 대상은 같은 물이다. 지시하는 언어의 의미는 실제 사용의 맥락 즉 기능에 의해서 결정된다. 이것은 퍼트넘이 프레게[G. Frege]를 인용한, '개념은 대상과의 관계에서 결정된다'는 언어철학의 사고실험이다. 여러 가지 비판이 있지만, 통 속의 뇌는 장자의 호접지몽, 힌두철학의 마야환영, 데카르트의 악마, 영화 매트릭스[Matrix]처럼 현실의 실재와 가상의 실재에 대한 근본적 문제를 제기한 의미가 있다.

참고문헌 Hilary Putnam, *Reason, Truth and History*, Cambridge : Cambridge University Press, 1981.

참조 관념론, 데카르트의 악마, 리얼리즘/실재론〔철학〕, 마야 환영, 소박실재론·직접실재론, 실재의 사막, 심신이원론, 심신일원론〔스피노자〕, 이성, 인식론, 존재론, 지각, 표상, 현상, 호접지몽, 회의주의

엔트로피

Entropy | 熵

'세상은 점점 무질서해진다.' 무슨 뜻일까? 유용한 에너지는 고갈되는 반면 유용하지 않은 에너지는 늘어난다는 뜻이다. 유용하지 않은 에너지 즉 쓸모없는 에너지를 엔트로피라고 한다. 엔트로피^{S}는 유용하지 않은 에너지를 열역학의 상태함수$^{state\ function}$로 표시한 것이다. 아주 간단히 말하면 엔트로피는 한 계를 이루는 자연의 무질서와 무규칙의 척도다. 물리학에서 엔트로피는 열역학 제2법칙과 관계가 있다. 이 법칙은 에너지의 이동에는 방향이 있으며 엔트로피인 무질서는 항상 증가한다는 것이다. 엔트로피의 반대인 네트로피$^{netropy,\ negentropy}$는 유용하게 이용할 수 있는 에너지의 증가와 무용한 에너지인 엔트로피의 감소 정도다. 엔트로피의 증가로 우주가 종말을 맞이하고 소립자로 분해될 것으로 보는 예측은 ① 우주를 하나의 독립된 계로 보는 것이면서 ② 우주의 열 총량이 모두 쓸모없게 되는 것을 말한다.

엔트로피가 극도로 증가하고 열이 쓸모없어지는 것을 열사$^{heat\ death}$라고 한다. 열사에 이르는 과정을 커피로 설명해 보자. 카페라떼의 자료인 물 한 잔, 커피, 우유는 잘 정돈된 배열이다. 물에 열을 가한 다음 커피를 만들면 물과 커피가 섞인다. 그리고 끓인 우유를 넣으면 우유도 커피와 잘 섞인다. 이것을 보고 사람들은 '조화를 이루었다'거나 '균형이 있어서 맛있다'고 표현할 수 있다. 그러나 물리적으로 보면 무질서, 무규칙, 다양한 혼합으로 인하여 엔트로피가 증가한 것이다. 그러면 이 과정을 거꾸로 실행할 수 있을까? 잘 조화된 커피를 물 한 잔, 커피, 우유로 되돌리는 것은 불가능하다. 인위적으로는 가능할 수 있어도 자발적spontaneous으로는 결코 그런 일은 일어나지 않는다. 아주 단순한 물리작용의 경우에는, 거꾸로 돌리는 가역reversible이 가능하지만 복합한 물리작용은 가역이 불가능하다.

에너지의 가역可逆은 곧 에너지의 보존이다. 열역학 제1법칙은 에너지보존법칙Law of energy conservation 또는 질량보존법칙이다. 에너지보존법칙은 에너지는 새로 창조되거나 파괴되지 않고 변형될 뿐이며 에너지 총량은 일정하게 보존된다는 법칙이다. 하지만 한 번 쓴 에너지는 다시 쓸 수 없다. 그리고 에너지가 일하는 과정에서 다른 에너지로 변환되지 않고 쓸모없는 에너지로 바뀌는 부분이 있다. 그 과정에서 쓸모없는 에너지인 엔트로피가 증가한다. 이것을 물리법칙으로 만든 사람은 독일의 클라우지우스다. 클라우지우스E. Clausius, 1822~1888는 열이 에너지라는 것을 바탕으로, 열은 높은 온도에서 낮은 온도로만 흘러가는 것을 물리법칙으로 표시했다. 그와 동시에 세상은 질서에서 무질서를 향해서 나아간다. 그는 이 물리법칙을 이렇게 표시했다. 'S=Q/T(엔트로피는 열량 Q를 온도 T로 나눈 물리량).'

이런 엔트로피 물리법칙은 고립된 계에서 정확하게 들어맞는다. 가령 고립된 계인 커피잔의 온도가 80도에서 시간이 흐르면서 30도로 변화한 것은, 열의 이동 방향이 곧 시간의 흐름이라는 것을 말해준다. 그렇다면 50도의 열은 어디로 갔을까? 50도의 열은 사라진 것이 아니고 주변으로 흩어진 것이다. 그러니까 열은 높은 곳에서 낮은 곳으로 흐르면서 주변 환경과 평형을 이룬다. 이것이 열평형thermo equilibrium이다. 열평형 과정에서 다른 에너지로 바꿀 수 없는 무용한 엔트로피가 생긴다. (먼 훗날이지만 상상해 볼 수 있는) 우주의 종말은 유용한 열이 유용하지 않은 엔트로피로 바뀌면서 평형을 이루다가 우주 전체의 열이 완전히 식는 것을 말한다. 엔트로피를 정의하고 측정하는 방법은 두 가지가 있다. 첫째, 열역학적 정의는 열평형의 상태에 있는 고립계에서만 가능하며 둘째, 통계역학적 정의는 모든 계에서 가능하다.

오스트리아의 볼츠만$^{L.\ Boltzmann,\ 1844\sim1906}$은 이상기체를 압력과 부피, 온도의 함수로 다룰 때 사용하는 보편상수를 $S=kln\Omega$(k는 볼츠만 상수, ln은 log, Ω는 미시상태의 최대 개수)로 표시했다. 이것은 (통계역학으로 볼 때) 최고 확률로 섞인 엔트로피를 표시할 수 있다는 뜻이다. 고체, 액체, 가스, 플라스마 등 모든 것은 섞여서 무질서한 엔트로피를 증가시킨다. 이것을 명제로 만들면 '엔트로피가 높으면 쓸모 있는 에너지는 적어지고 엔트로피가 낮으면 쓸모 있는 에너지는 많아진다'가 된다. 엔트로피가 중요한 것은 자연의 변화 방향이기 때문이다. 엔트로피가 증가하면서 새 차는 헌 차가 되고, 얼음은 녹아서 물이 되며, 사람은 죽음에 이른다. 볼츠만의 말처럼 원자는 한 방향으로 운동하면서 자연을 변화시키는 것이다. 특히 엔트로피의 증가 방향이 곧 시간의 흐름이고 공간의 변화라는 점이 중요하다.

참고문헌 *The Boltzmann Equation Theory and Applications*, edited by E.G.D. Cohen, W. Thirring, Springer Science & Business Media, 2012.

참조 공간, 뉴턴역학·고전역학, 복잡계, 분자, 산업혁명, 시간, 시간의 화살, 양자역학, 열역학·에너지보존법칙, 원자, 일반상대성이론, 특수상대성이론

의미론

Semantics | 语义学

지구에서 가장 먼 별은 무엇일까? 재미있는 질문이지만 어딘가 이상하다. 왜냐하면 의미가 분명한 것과 달리 어떤 별을 어떻게 지시해야 할지 모르기 때문이다. 마이농이 말한 둥근사각형 역시 분명한 의미를 가지고 있으나 지시대상이 없다. 그러므로 불확실한 지시대상까지 포함하여 의미를 연구할 필요가 있다. 어휘의 의미, 구절의 의미, 문장의 의미, 문단의 의미, 완성된 글과 말 전체의 의미 그리고 소리, 상황, 사태, 사건 등에 관한 의미를 다루는 학문을 의미론이라고 한다. 의미론의 대상인 의미에는 다음 두 가지 뜻이 있다. (언어에 한정된) 협의의 의미는 말과 글의 뜻이고, (일반적인) 광의의 의미는 말과 글을 넘어서서 사물, 현상, 사태가 지닌 뜻이다. 이 경우의 뜻 즉 의미는 내용, 의도, 기능, 용법을 포함한다. 이렇게 볼 때 의미론은 협의의 언어적 의미와 광의의 일반적 의미에 관한 근원, 생성, 기능, 변화, 관계 등을 연구하는 학문으로 정의할 수 있다.

의미론의 어원은 그리스어 '무엇을 나타내다^{sēmainō}'의 명사형 '나타냄^{sēmantikós}'이다. 의미론은 프랑스의 언어학자 브레알$^{Michel\ Bréal,\ 1832~1915}$이 처음 명명한 이후 주로 언어의 의미를 연구하는 언어학의 한 부분으로 알려졌다. 하지만 의미론은 인식론, 대상론, 실재론, 존재론과 깊이 연결되어 있으며 논리학, 컴퓨터과학, 자연어처리, 인지과학, 심리학 등 거의 모든 영역과 밀접한 관계를 맺고 있다. 특히 이상적인 인공어를 사용하는 인공지능 영역에서 의미론은 대단히 중요하다. 의미와 소통의 중요성은 외계인과의 소통을 다룬 테드 창$^{Ted\ Chiang}$의 소설 『당신 인생의 이야기$^{Stories\ of\ Your\ Life\ and\ Others}$』에 잘 나타나 있다. 아울러 의미 소통을 철학으로 새롭게 해석한 비트겐슈타인은 자연언어의 불확실성을 인공언어의 확실성으로 바꾸고자 했던 언어철학의 선구자다.

언어적 의미론은 개별 언어^{language}의 의미에 관한 연구이기도 하지만 보편적 언어^{Language}의 의미에 관한 연구로 보아야 한다. 언어학의 하위영역은 음성을 다루는 음성학과 음운론, 형태를 다루는 통사론과 형태론, 의미를 다루는 화용론과 의미론으로 구성된다. 이 중 의미론은 기호와 지시대상의 관계를 다루는 것이고 화용론^{Pragmatics}은 실제 사용되는 언어의 의미를 다루는 것이다. 언어적 의미론에는 의미변화를 연구하는 역사적 의미론, 의미기능을 분석적으로 연구하는 의미기술론, 어휘의 의미를 다루는 어휘의미론, 문장의 통사적 의미를 다루는 통사의미론, 인간의 언어 인지능력을 다루는 인지의미론, 인공지능의 언어소통을 포함한 컴퓨터과학의 의미를 다루는 컴퓨터의미론, 수학적 논리적 체계를 기술하는 형식의미론, 발신자와 수신자의 관계를 다루는 담화와 텍스트의미론, 의미의 문화적 차이를 다루는 비교의미론 등이 있다.

의미의 형성과 의미의 개념은 연결되어 있는데 다음과 같은 여러 이론으로 나뉜다. 첫째, 지시설^{Referential theory}은 '의미는 대상을 직접 지시한다'는 관점이다. 지시설은 의미와 대상이 일대일로 대응한다는 대응이론^{Correspondence theory}에 근거한다. 가령 '사과'는 실제 사과를 지시한다는 것이다. 하지만 천사처럼 지시대상이 존재하지 않는 경우가 있어서 불완전한 개념이다. 둘째, 의미 정합설 ^{Coherence theory}은 어떤 의미가 모순되지 않으면서 논리의 정연함을 유지하는 것이다. 정합설은 정합만을 기준으로 하기 때문에 참과 거짓을 판정하지 못한다. 셋째, 표상설^{Representation theory}은 '의미는 실재하는 것이 아니라 인간의 마음속에 표상으로 존재한다'는 관점이다. 표상설의 문제는 사람이나 상황, 문화, 시대마다 표상이 다를 수 있다는 점이다. 표상설은 '마음이 의미를 구성한다'는 구성주의 이론^{Constructivist theory}과 유사하다.

넷째, 합의설^{Consensus theory}은 '의미는 언중들의 합의에 의해서 형성된다'는 관점이다. 다섯째, 화용론 또는 효용설Pragmatic theory은 의미를 (유의미한 결과를 내는) 실제 효용가치로 보는 관점이다. 여섯째, 반응설은 의미를 자극에 대한 반응S-R 으로 이해하는 관점이다. 일곱째, 맥락설은 '의미는 표현의 맥락에서 결정된다' 는 관점이다. 여덟째, 시차적 특징설은 의미를 다른 표현과의 차이로 보는 관점 이다. 그 외에도 의미에 대한 관점이 많이 있다. 분명한 것은 의미는 기호와 지 시대상과의 관계라는 점이다. 인식의 주체-기호-지시대상이 유기적으로 작 용하면서 의미가 생성된다. 그리고 의미는 개념concept이기도 하고 관념idea이기 도 하다. 의미가 규범화된 개념은 어떤 대상에 대한 일반적 지식이고 의미가 생 각에 머문 관념은 어떤 것에 대한 견해다. 따라서 의미는 고정되어 있지 않고 상대적이며 유동적이다.

참고문헌 Michel Bréal, *Semantics : studies in the science of meaning*1897. translated by Mrs Emmeline Cust, London : William Heinemann, 1900.

참조 감각, 개념, 개념과 대상〔프레게〕, 그림이론〔비트겐슈타인〕, 기술이론〔러셀〕, 논리 실증주의, 대상론〔마이농〕, 의미, 이발사의 역설, 인공지능 AI, 인식, 주관·주관성, 중국 어 방, 진리의미론〔타르스키〕, 통 속의 뇌, 프레게의 퍼즐

검증주의

Verificationism | 証實主義

―――――――――――――――――――――――∨―――――――――――――――――――――――

'신은 존재한다.' 이 문장을 의미 없는 것으로 선언한 것은 논리실증주의자들이었다. 논리실증주의에 의하면 '신은 존재한다'는 참도 아니고 거짓도 아니다. 따라서 진술의 의미는 없다. 왜냐하면 검증할 수 없기 때문이다. 검증은 검사하여 참과 거짓을 판정하는 것이고 실증은 실제로 참과 거짓을 증명하는 것이다. 1920년대의 논리실증주의자들은 실증과 검증을 제일 원칙으로 삼았다. 논리실증주의의 방법인 검증주의는 검증되는 정당화된 사실만 인정하는 검증의 원리와 태도다. 검증은 하나의 방법이기 때문에 검증주의는 검증의 기준과 함께 논의되는 것이 보통이다. 언제나 사람들은 '그 주장이 맞는지 틀리는지' 알고 싶어한다. 이에 대하여 논리실증주의자들은 검증을 방법론으로 제시한다. 한마디로 검증주의는 '인간은 무엇을 알 수 있으며, 어디까지 알 수 있는가'와 같은 근원적인 문제를 풀기 위한 논리실증주의의 방법이다.

검증원리에서 볼 때 '신은 존재한다'는 무의미하지만 가치가 없는 것은 아니다. 믿음을 주기 때문이다. 하지만 검증주의자들은 형이상학, 신학, 신념, 미학, 윤리, 도덕적 진술을 무의미한 것으로 간주한다. 그렇다면 의미 있는 진술은 무엇인가? 검증주의에서 보는 의미 있는 진술은 사실을 판정할 수 있는 진술, 어떤 정보와 지식을 제공해주는 진술, 직접 체험한 경험적 진술, 실험과 관찰로 입증되는 진술 등이다. 한마디로 의미 있는 진술은 진리가치$^{\text{true value}}$를 가지고 있거나, 참과 거짓을 판정할 수 있는 진술이다. 검증원리를 중요하게 여기는 논리실증주의는 '객관적인 관찰과 실험으로 검증된 과학적인 지식만이 의미있다'

고 선언한다. 그래서 논리실증주의자들은 신념, 감정, 감탄, 태도 등 주관적인 요소를 배제하는 한편 객관적 검증가능성verifiability과 반증가능성falsifiability이 있는 것만을 지식/진리로 간주한다.

비엔나와 베를린에서 활동하던 논리실증주의자들은 흄의 경험론과 비트겐 슈타인의 그림이론에 근거하여 과학적이고 객관적인 검증원리를 수립했다. 특 히 슐리크M. Schlick와 와이즈만F. Waismann, 노이라트O. Neurath 등은 강한 검증주의를 주장했다. 강한 검증주의란 '엄격한 검증을 통해서만 진리를 얻을 수 있다'는 환원주의적 입장이다. 이들은 갈릴레오와 뉴턴의 고전역학이 언제 어디서나 적용될 수 있다고 주장한 것처럼 '검증원리의 보편적 일반화universal generalization가 가능하다'고 믿었다. 그러나 시공간을 넘어서 항상 적용되는 보편적 일반화의 법칙은 불가능하다. 포퍼가 말한 것처럼 어떤 조건에서만 진리가 가능하다. 가 령 '백조는 흰 새다'라는 명제는 검은 백조가 발견되기 전까지만 참이다. 이런 점을 인식한 카르납R. Carnap과 에이어A.J. Ayer 등은 약한 검증주의로 선회했다. 특 히 카르납은 검증주의가 아닌 확증주의를 주장했다.

카르납의 확증주의Confirmationism는 보편적 일반법칙이 아닌 확률적 확증에 근 거한 약한 검증주의다. 확증주의에서는 완벽하게 검증되지 않더라도 확률적 확증가능성만 있으면 의미나 진리로 간주한다. 한편 과학철학자 포퍼K. Popper는 검증가능성이 아닌 반증가능성falsifiability을 주장했다. 반증가능성은 반대의 진술 을 통하여 진리를 검증할 수 있다는 관점이다. 이에 대해서 에이어A.J. Ayer의 관 점을 주목할 필요가 있다. 에이어는 실제적 검증가능성practical verifiability과 이론적 검증가능성verifiability in principle을 구분해야 한다고 말하고, 엄격하거나 강한 검증이 아니더라도 '이론적 검증가능성이 있는 명제도 의미 있다'[1]고 주장했다. 이론 적 검증가능성이란 실제 검증할 수 없더라도 검증의 방법을 알고 있다면 의미

---

1   And therefore I say that the proposition is verifiable in principle, if not in practice, and is accordingly significant; Alfred Jules Ayer, *Language, Truth, and Logic*, London : Penguin, 1936, p.17.

있는 것으로 간주하는 검증방법이다. 에이어의 이론적 검증가능성에서는 강한 검증주의가 축출했던 명제들 중 상당히 많은 명제가 의미 있는 명제로 바뀐다.

카르납이나 에이어 역시 최소한의 경험적 근거가 없는 형이상학, 점성술, 연금술 등을 허위명제pseudo-proposition로 간주한다. 따라서 '영혼이 있다'나 '신은 존재한다'와 같은 명제는 참과 거짓을 판정할 수 없는 무의미한 허위명제다. 무조건 의미 있는 명제인 '5+7=12'와 같은 수학이나 '삼각형의 내각의 합은 180도다'와 같은 기하학 명제는 필연적 명제다. 필연명제는 언제나 참인 항진명제이고 동어반복의 선험적a priori 분석명제다. 반면 '운동의 작용은 같은 크기의 반작용을 일으킨다'는 과학 명제는 경험하여 입증해야 하는 우연적 명제다. 우연적 명제는 후험a posteriori 종합명제synthetic proposition다. 필연명제는 동어반복이면서 항진명제이거나 항위명제이므로 검증의 대상이 아니다. 반면 우연명제는 진위가 결정되지 않았기 때문에 실험과 관찰 또는 이론으로 검증해야 한다.

참고문헌 Alfred Jules Ayer, *Language, Truth, and Logic*, London : Penguin, 1936.

참조 관념론, 경험론/경험주의, 과학주의, 그림이론, 논리·논리학, 논증·추론, 물리주의, 분석명제·종합명제, 불확정성의 원리, 술어논리, 의미, 이성론/합리주의, 인식론, 자연화된 인식론(콰인), 정언명제, 형이상학, 회의주의

인지심리학

Cognitive Psychology | 认知心理学

인지심리학은 주로 인간의 인지 즉 지각, 기억, 추론 등 정보습득과 정보처리에 관한 학문이다. 인지심리학은 마음의 작용에 관한 심리학의 일종인데 간단히 줄이면 마음에 관한 학문으로 볼 수 있다. 마음은 감정과 사고 자체를 의미하는 동시에 어떤 것을 하려는 의지나 상태다. 마음이 있는 것은 분명한 것 같지만 사실 마음은 추상적이고 주관적이어서 정확하게 설명하기 쉽지 않고 객관화하기도 어렵다. 마음에 관해서는 선사와 고대부터 많은 연구가 있었다. 특히 근대 초기에 분트^{W. Wundt}는 인간의 마음에 관한 체계적인 연구를 시도하면서 정신물리학의 내성법으로 인간 내면을 분석했다. 프로이트가 심리학을 과학적인 학문으로 정립한 이후 심리학은 비약적으로 발전했다. 1913년 왓슨^{J.B. Watson}이 행동주의^{Behaviorism, 行動主義}를 주장한 이후 심리학은 추상적인 마음 대신 표면적 행동을 연구했다.

인지심리학은 행동주의에 대한 비판에서 출발했다. 특히 촘스키^{N. Chomsky}가 변형생성문법을 주창하면서 행동주의와 경험주의를 비판한 것을 인지혁명^{cognitive revolution}이라고 한다. 1950년대에 심리학자들은 객관화할 수 있고 측정이 가능한 표면적 행동으로는 설명할 수 없는 내면적 마음 연구가 필요하다고 생각하게 되었다. 특히 피아제^{J. Piajet}는 어린이의 정신발달과 논리개발에 주목하고 인지 연구를 시작했다. 인지의 어원은 라틴어 앎, 지각, 판단을 의미하는 cognitio다. 인지하여 아는 것은 '무엇에 관한 생각'에서 시작한다. 현재형 동사 cogito는 (무엇에 대하여, 무엇과 함께) '생각한다'이다. 철학에서는 (데카르트에서 보듯이) 생각하는 것 자체를 중시하고 심리학에서는 (피아제에서 보듯이) 생각의 결과를 중시한다. 그리하여 심리학에서는 인지로 쓰고 철학에서는 인식으로 쓰지만 같은 cognition이다. 인지는 ① 앎에 이르는 과정과 작용 ② 아는 상태와 결과로 나뉜다.

인지심리학은 두뇌의 정신작용, 더 정확하게 말하면 기능적 계산 과정과 계산의 결과를 연구하는 것이다. 인지심리학자들은 자극S과 반응R의 행동주의를 비판적으로 받아들이면서 내면 심리를 접목했다. 인지과정은 정보입력-정보처리(분석, 분류, 해석, 기억, 재인, 문제해결, 결정, 제어)-정보출력에 이르는 일련의 과정이다. 정보입력은 감각과 사고의 두 가지 영역에서 시작되고, 정보처리는 두뇌 안에서 실행되며, 정보출력은 언어와 행동으로 드러난다. 행동주의가 기계적으로 인간 심리를 해석했다면 인지심리학은 기능주의적이기는 하지만 미묘한 내면 심리의 특성을 해석하고자 했다. 한편 제2차 세계대전을 지나면서 적군의 심리를 파악해야 하는 과제가 생겼다. 아울러 1950년대 이후 컴퓨터과학과 신경과학의 발달로 인지에 대한 심층적 연구가 가능해졌다.

인지심리학은 인지과학Cognitive science과 인지학Cognitivism의 하위영역이면서 주로 인간과 동물의 내면 심리를 연구한다. 인지심리학에서 주목하는 주제는 여러 가지다. 먼저 지각perception은 오감을 포함한 감각으로 주어진 정보를 받아들이고 분석한 다음 분류하고 저장하는 과정이다. 인지심리학은 주로 다음과 같은 것을 연구한다. 주의attention는 같은 정보가 주어지더라도 선별하여 습득하는 것에 관한 연구다. 예를 들면 칵테일파티 효과cocktail party effect나 게슈탈트심리학에서 보듯이 지각의 방법은 사람마다 다르고 상황마다 다르다. 기억memory은 단기기억, 장기기억, 재인 등의 작용에 관한 연구이고, 언어language는 언어습득과 언어사용 그리고 언어상실 등에 관한 심리적 연구다. 그 외에도 정보처리, 인지발달, 신경망, 패턴 인식, 감성과 정서, 문제해결 및 의사결정, 인공지능 등을 연구한다.

인지심리학자들은 마음이 상징과 기호를 조작하는 원리라고 생각했다. 그런데 '천 길 물속은 알아도 인간의 마음은 알 수 없다'고 한 속담처럼 인간의 내면은 지극히 미묘하여 알기도 어렵고 해석하기도 어렵다. 같은 데이터가 입력되었지만 다른 결과로 출력된다든가, 기계는 할 수 없는 창의성을 발휘하는 인간 심리는 심리학만으로 연구하기 어려워졌다. 그래서 인지심리학자들은 내면 심리의 복잡성을 고려하여 실험적인 방법으로 심리를 연구했다. 그렇기 때문에 인지심리학은 실험심리학의 방법을 토대로 하는 한편, 인접 학문인 철학, 물리학, 생물학, 생리학, 의학, 신경과학, 언어학, 교육학, 인류학 등과 연계한 학제간 interdisciplinary 연구방법을 택했다. 그 결과 인간 내면의 마음을 과학적으로 분석하는 인지심리학은 마음을 다른 형식으로 재현하는 방향으로 발전했다. 그리하여 인공지능AI, 로봇공학, 제어공학, 사물인터넷 등 새로운 영역이 태동했다.

참고문헌 Jean Piaget, *The Origin of Intelligence in the Child*(1936), London : Routledge and Kegan Paul, 1953.

참조 기계학습, 기능주의, 내성/분트의 자기성찰, 딥러닝/심층학습, 빅데이터, 사물인터넷, 신경과학, 실용주의, 실체, 심리철학, 심신이원론, 의식, 인공지능, 인식·인지, 인지과학, 정신, 중국어 방, 튜링테스트

인지과학

Cognitive Science | 认知科学

만약 지구 바깥의 외계인이 나타났다면 인간, 동물, 인공지능^AI^은 어떻게 반응할까? 먼저 개와 같은 동물은 '저것이 무엇인지?' 판단할 수 없으므로 컹컹 짖어대거나 꼬리를 흔들면서 다가갈 것이다. 인간은 이미 학습된 지식으로 외계의 생명체가 아닐까 생각하고 다음 행동을 취할 것이다. 인공지능은 입력된 데이터를 이용하고 기계학습을 통하여 어떤 존재라고 추정할 것이다. 이 과정에서 위의 세 존재의 인지가 작동한다. 인지는 감각과 사고로 무엇을 알고 이해하는 것인데 무엇을 아는 과정과 무엇을 아는 상태로 나뉜다. 앎에 대한 학문인 인지과학은 인간, 동식물, 기계 등의 인지 과정과 인지 양상을 연구하는 학문이다. 인지과학은 컴퓨터과학, 인류학, 언어학, 신경과학, 심리학, 철학을 비롯하여[1] 뇌과학, 생리학, 정신물리학, 기계공학, 정보처리, 문화이론 등 여러 영역에 걸친 학제간^interdisciplinary^ 종합학문으로 볼 수 있다.

인지과학의 목표는 인지의 기능과 과정을 통해서 인지의 구조와 본질을 탐구하는 것이다. 그래서 인지과학자들은 인간의 마음을 재현하며 인공지능과 같은 가공의 인지 기계를 설계했다. 일찍이 튜링^A. Turing, 1912~1954^은 마음을 가진 기계를 생각했고, 그 기계가 2020년경 인간과 유사한 인지능력을 가질 것으로 예측했다. 출발점은 '인간의 마음이란 무엇인가'이다. 튜링 이후 인지과학자들은 인간의 마음이 (실험과 관찰로 연구가 가능한) 구체적인 프로그램이라는 확신을

---

[1] George A. Miller, "The cognitive revolution : a historical perspective", *Trends in Cognitive Sciences* vol.7 no.3, 2003, p.143.

가졌다. 따라서 인지과학에서는 인간의 마음은 두뇌의 신경세포 뉴런과 중추 신경을 포함한 신경망의 기능으로 본다. 인지과학의 핵심인 인지는 신경세포 와 신경망의 기능이 작용하여 지각, 판단, 주의, 개념화, 해석, 이해, 기억, 실행, 제어 등이 일어나는 과정이다. 인지과학은 정보처리, 인지발달, 신경망, 대상의 패턴 인식, 언어습득 및 활용, 감성과 정서, 인지공학, 문제해결 및 의사결정 등 을 연구한다.

인식과 인지의 영어는 같은 cognition이다. 그런데 인지론이라고 하지 않고 인지과학이라고 하고 인식과학이라고 하지 않고 인식론이라고 한다. 인식론 Epistemology은 그리스어 지식인 에피스테메episteme와 학문인 로기아logia가 결합한 명사다. 여기서 유래한 인식론은 '지식에 관한 학문으로 지식의 원인, 본질, 의 미 등을 찾는 것이며 그를 통하여 학습한 것에 관한 학문이다. 따라서 인식은 논리적 정합성을 가진 지식을 습득하는 과정과 지식 습득으로 알게 된 내용이 다. 반면 인지과학의 인지는 지식을 포함하지만 지식 이전의 지각과 생각에 가 깝다. 아울러 인식은 주로 철학에서 많이 쓰이고 인지는 주로 과학과 심리학에 서 많이 쓰인다. 이렇게 볼 때 인지과학은 '무엇을 아는 것'에 대한 과학적 분석 과 이해의 학문임을 알 수 있다. 하지만 인지과학은 마음의 물리적 구조만이 아 니라 감정이나 감각도 연구 대상으로 삼는다.

'인지과학認知科學'은 1973년, 히긴스C. Longuet-Higgins가 처음 사용했다. 하지만 인 간의 인지에 대해서는 고대 인도와 그리스 그리고 중국을 비롯한 여러 나라의 여러 영역에서 시작되었다. '인간은 어떻게 생각하는가', '생각하고 판단하는 과정은 어떤가'에 대한 탐구는 필연적이기도 하고 당연한 것이기도 하다. 인지 가 근대과학과 결합하여 인지과학으로 발전한 것은 20세기로 보는 것이 일반 적이다. 인지과학의 연구 대상은 지식을 습득하고 기억하는 과정, 일상언어와 인공언어의 습득과 사용, 학습하고 교육하는 단계, 장기기억과 단기기억 그리 고 작업기억 등의 기억, 어떤 것을 감각적으로 느끼고 지각하는 것, 대상을 의식하는 양상, 어느 한 가지에 집중하는 능력, 의사결정 및 판단, 신경망, 정보처리, 추론 그리고 이런 것에 뒤따르는 행위 등이다. 한마디로 인지과학은 뇌와 신경에 관한 거의 모든 것을 연구한다.

인지능력은 선천적으로^{nature} 주어진 능력이라는 관점과 후천적으로^{nurture} 계발되는 능력이라는 관점이 있다. 경험과 관련된 후천적 계발은 인지가 학습과 교육을 거치면서 발달했다는 진화론에 가깝다. 인지과학은 정신 내면을 연구하면서 실제로는 표면적으로 드러난 것을 대상으로 하기 때문에 행동주의와 기능주의의 입장을 취한다. 그런데 1960년대부터 시작된 인지에 대한 획기적 발달로 인지혁명이 일어났다. 특히 인공지능과 사이버네틱^{cybernetics}에서는 인간의 인지를 기계로 재현하고자 상당한 노력을 기울였다. 인공지능^{AI}은 기계도 인간의 마음과 인간의 뇌를 가질 수 있다는 것을 전제로 인지과학, 신경과학, 인류학, 언어학, 컴퓨터과학, 심리학 등이 협업하여 만드는 기계적 인지 체계다. 이런 인지에 대한 심리학을 인지심리학이라고 하고 인지를 중심으로 교육하는 것을 인지주의 학습이론이라고 한다.

참고문헌 Hugh Christopher Longuet-Higgins, "Comments on the Lighthill Report and the Sutherland Reply", *Artificial Intelligence : a paper symposium*1973. Science Research Council, pp.35~37; George A. Miller, "The cognitive revolution : a historical perspective", *Trends in Cognitive Sciences* vol.7 no.3, 2003, pp.141~144.

참조 기계학습, 기능주의, 딥러닝/심층학습, 물리주의, 빅데이터, 신경과학, 실용주의, 실체, 심리철학, 심신이원론, 의식, 인공지능, 인식·인지, 인식론, 인지심리학, 정신, 중국어 방, 튜링테스트, 행동주의·파블로프의 개

기능주의[철학]
Functionalism | 功能主義

　자동차 엔진이 중요한 이유는 무엇일까? 엔진으로 기능하기 때문이다. 쇠로 만든 엔진이든, 실리콘으로 만든 엔진이든, 고무로 만든 엔진이든, 엔진으로 기능하는 것이 중요하다. 두뇌 역시 마찬가지다. 인간의 뇌가 중요한 것은 신경세포 뉴런neuron과 전달 시냅스synapse의 기능이다. 뇌가 무엇으로 만들어졌는가는 그다음 문제다. 그래서 '두뇌는 무엇인가'를 묻는 대신 '두뇌의 기능은 무엇이며 정신은 어떻게 작동하는가'를 물어야 한다. 이처럼 기능 자체를 중요하게 여기는 이론을 기능주의라고 한다. 심리철학의 기능주의에서 볼 때, 두뇌는 효과적으로 기능하도록 설계된 컴퓨터 프로그램이다. 뇌 기능의 목표는 주어진 상황에 적응하는 한편 실용적 목적을 달성하는 것이다. 그러므로 기능주의는 실용주의와 상호영향 관계에 있고 행동주의와 상통한다. 데카르트는 특이한 방법으로 마음의 기능을 설명하고자 했다.

　데카르트는 통증을 예로 들면서, 신체에 자극이 가해지면 송과선을 통해서 두뇌에 전달된 다음 정신이 고통을 느낀다고 생각했다. 논리적이지 못한 이 설명은 심신문제를 야기했다. 심신문제란 육체와 정신의 실체, 속성, 관계 등을 말한다. 데카르트가 이런 설명을 한 이유는 마음과 몸을 분리된 두 개의 실체substance로 보았기 때문이다. 이것을 심신이원론이라고 한다. 이와 달리 심신을 하나로 보는 심신일원론은 근대의 과학에 근거하여 물리주의적 일원론physical monism으로 발전했다. 물리주의적 일원론은 마음과 몸, 정신과 물질은 모두 물리로 환원한다는 관점이다. 여기서 생긴 이론이 심신동일론이다. '마음과 몸은 같다'는 심신동일론의 근거는 유형물리주의다. 유형물리주의에서는 마음의 상태와 두뇌의 상태를 같은 것으로 본다. 그런데 퍼트남은 이런 이론들이 인간의 마음을 잘 설명하지 못한다고 생각했다.

퍼트남Hilary Putnam은 1967년 "심리적 술어들"에서 유형물리주의와 행동주의를 비판하면서 마음을 기능으로 보았다. 그는 먼저 '물리 상태와 정신 상태는 같다'는 심신동일론을 비판한 다음 마음은 기능, 더 정확하게 말하면 기능 실현자realizer라고 말한다. 그러니까 마음은 물리적 구조이기는 하지만 물리적 구조 자체가 중요한 것이 아니라 기능이 중요하다는 것이다. 또한 마음은 기능이기 때문에 (일회적 작동인 행동주의와 다르게) 컴퓨터 프로그램처럼 여러 가지가 동시에 작동할 수 있다. 이것을 다중실현가능성multi-realizerbility이라고 한다. 아울러 퍼트남은 자극S-반응R의 객관적 행동을 주장하는 행동주의도 비판한다. 퍼트남에 의하면 행동주의는 표면적 행동에만 초점을 맞춘다는 것이다. 하지만 마음은 못에 찔리면 아프다는 고통을 느끼는 동시에 어떻게 하면 못을 빼고 치료할 수 있을까를 생각한다.

퍼트남을 비롯한 학자들에 의해서 출현한 기능주의는 마음/정신의 기능을 특별히 강조한다. 기능주의에서 볼 때, 인간의 뇌신경이 아닌 컴퓨터나 실리콘으로도 마음을 구현하는 것이 가능하다. 아울러 물리적으로 또 기계적으로, 마음의 기능을 구현할 수 있다면 마음의 상태와 마음의 작용도 통제할 수 있다. 그렇게 구현한 인간의 마음이 인공지능AI과 로봇이다. 이보다 일찍 등장한 기능주의적 기계 개념은 튜링머신이다. 튜링이 생각한 튜링머신Turing machine은 규칙에 따르는 기계다. 튜링머신의 입력과 출력 기능은 인간의 감각입력, 인간의 행동출력에 해당하며 그 기능이 곧 마음의 기능이다. 마음이 생기는 두뇌의 구조역시 프로그램과 유사하다. 외부 감각이 입력되면, 신경이 반응하고 두뇌에 전달된 다음 두뇌의 기능적 결정에 따라서 몸이 이것을 수행한다. 이 과정에서 신경세포는 기계처럼 기능한다.

통증을 예로 들면, '신경섬유 A는 날카로운 통증sharp pain을 빠르게 전달한다. 반면 신경섬유 C는 둔한 통증dull pain을 느리게 전달한다'. 그렇다면 신경섬유 A와 C는 어떤 기능을 하는가? 통증 전달 기능은 같지만 기능의 층위가 다르다. 일반적으로 볼 때 협의의 기능은 작용과 역할이고 광의의 기능은 생물체와 사회조직 그리고 기계나 부품의 활동, 작용, 역할, 능력 등을 말한다. 기능機能은 라틴어 실행을 의미하는 functiō에서 유래했고, 한자어 기계적인 작용을 의미한다. 기능주의에 관한 여러 견해가 있는데 첫째, 심리철학에서는 의식 또는 심적 활동을 강조하고, 둘째, 사회학에서는 여러 부분이 조화하여 질서를 이룰 수 있다는 이론이며, 셋째, 심리학에서는 의식의 구성 내용보다도 의식의 기능이 중요하다는 관점이다. 한편 기능주의에 대해서, 기계적으로 기능하는 것을 비판하는 중국어 방을 비롯한 여러 관점이 있다.

참고문헌 Hilary Putnam, "Psychological Predicates", *Art, Mind, and Religion*(1967), edited by W.H. Capitan and D.D. Merrill, pp.37~48; Alan Turing, "Computing Machinery and Intelligence", *Mind* Vol,LIX No.236, October 1950, pp.433~460.

참조 기계학습, 딥러닝/심층학습, 물리주의, 복잡계, 빅데이터, 신경과학, 실용주의, 실체, 심리철학, 심신이원론, 의식, 인공지능, 인식·인지, 인지과학, 인지심리학, 정신, 중국어 방, 튜링테스트, 행동주의·파블로프의 개

자연주의[철학]

Naturalism | 自然主義

자연주의 철학은 자연의 법칙을 절대적인 원리로 보면서 자연적 존재 외에는 없다고 여기는 사상이다. 대체로 자연주의는 시공간에 존재하는 자연과 자연이 작동하는 현상을 중시한다. 반면 자연주의를 넘어서거나 자연적이 아닌 것을 인정하는 관점도 있다. 그것이 초자연주의Super-naturalism 또는 초현실주의다. 초자연주의는 자연적으로 설명할 수 없는 초자연적 실재와 초자연적 원리를 인정하는 견해다. 그러므로 자연주의는 관찰과 경험으로 검증할 수 있는 것을 인식 대상으로 하는 반면 초자연주의는 관찰과 경험으로 검증할 수 없는 것도 인식 대상으로 한다. 가령 영혼soul과 천국Heaven은 초자연적인 개념이고, 시간여행과 공간수축은 초자연적 개념이면서 자연적으로 가능한 개념이다. 따라서 자연적인 것이나 초자연적인 것의 개념은 시간과 공간에 따라서, 그리고 과학의 발전에 따라서 상대적이다.

자연주의는 시대, 지역, 문화를 막론하고 언제나 존재했다. 그런 점에서 일반적 의미의 자연주의와 철학사조나 문예사조의 자연주의는 다르다. 전자가 원리적 자연주의라고 한다면 후자는 실제적 자연주의다. 역사적으로 자연주의는 인류 초기부터 항상 존재했다. 메소포타미아, 이집트, 인도 등의 자연사상가, 고대 그리스의 자연철학자, 무위자연을 설파한 노자老子와 장자莊子 등은 모두 자연주의자들이었다. 특히 고대 그리스의 자연철학자들은 자연현상을 철학적으로 탐구했다. 당시 이들이 생각한, 자연을 구성하는 물질, 자연의 원리, 자연의 현상 등은 후대에 큰 영향을 미쳤다. 자연주의는 르네상스와 계몽주의를 거치면서 새로운 의미를 띠게 되었다. 아울러 근대산업사회 이후 자연과 인간의 관계도 새롭게 설정되었다. 그 결과 19세기에 이르러 철학, 사회, 예술 등에서 새로운 자연주의 사조가 등장했다.

자연주의의 어원은 생성, 탄생을 의미하는 nātūra와 phúsis다. 이중 phúsis는 물질로 구성된 자연을 의미한다. 여기에서 물리physics와 물리세계가 아닌 형이상학metaphysics과 형이하학physics이 파생되었다. 한자어에서 자연自然은 인간이 개입하지 않은 원래의 세계이면서 우주 순행의 이치를 의미한다. 도가철학, 불교철학, 힌두철학, 유가철학, 만유내재신론Panentheism, 애니미즘Animism도 자연주의를 바탕으로 한다. 이런 자연주의를 종교적 자연주의라고 한다. 고대인들은 이해하기 어려운 자연현상과 초월적 힘을 연결하여 우주 만물을 자연주의의 관점에서 바라보았다. 종교와 철학이 결합한 자연주의는 스피노자의 자연신 사상에서 볼 수 있다. 스피노자는 범신론Pantheism을 주장하면서 '자연으로서의 신God as a Nature', '자연신natural God', '신 또는 자연Deus sive Natura'을 주장했는데 여기서 자연은 우주와 세상의 모든 것을 의미한다.

자연주의는 몇 가지로 구분할 수 있다. 첫째, 존재론적 자연주의Ontological naturalism는 자연적 존재에 관한 형이상학이다. 존재와 존재자에 관한 존재론이 형이상학이기 때문에 존재론적 자연주의는 형이상학적 자연주의 또는 철학적 자연주의로 불리기도 한다. 둘째, 방법론적 자연주의Methodological naturalism는 실험, 관찰과 같은 자연과학의 방법에 따르고자 하는 이념이다. 방법론적 자연주의는 자연과 같은 방법이라는 의미와 자연과학적 방법이라는 두 가지 의미가 있다. 셋째, 인식론적 자연주의Epistemic naturalism는 자연과학의 방법을 인식의 원리로 삼는 이론이다. 그중에서 자연화된 인식론Naturalized epistemology은 자연과학의 방법을 인식의 본질로 삼는 콰인W.V.O. Quine의 자연주의 철학이다. 방법적 자연주의나 인식론적 자연주의는 거의 모든 사람들이 가지고 있는 사유의 방법이다.

자연주의 중에서 물질을 강조하는 사상이 유물론이다. 유물론은 존재하는 것만을 인정하는 실재론實在論인 동시에 거의 모든 것을 물리적으로 설명하려는 물리주의Physicalism다. 고대의 유물론자들은 세상을 구성하는 것은 물, 불, 공기, 흙과 같은 물질로 보았다. 이후 유물론자들은 자연을 과학적으로 인식하면서 초자연적이고 초월적인 것을 부정했다. 그래서 유물론자나 과학자들 대부분은 객관적 실재를 강조하는 자연주의적 방법과 원리에 따른다. 자연주의를 예술로 구현한 것은 졸라E. Zola, 1840~1902로 대표되는 자연주의 예술가들이다. 자연의 법칙과 과학적 논리를 예술과 철학에서 강조하는 것이 바로 자연주의 또는 졸라이즘Zolaism이다. 사실을 객관적으로 표현하고자 하는 사실주의자들과 달리 자연주의자들은 인간과 사회를 과학적 방법으로 분석하고 의학적 방법으로 해부하겠다는 창작 태도를 가지고 있었다.

참고문헌 Jaegwon Kim, *Physicalism, or Something Near Enough*, Princeton University Press, 2005.

참조 검증주의, 결정론, 관념론, 논리실증주의, 명제, 물리주의, 물질, 분석명제·종합명제, 사건(김재권), 심신일원론(스피노자), 심신이원론, 유물론, 인식론, 자연주의(예술), 초현실주의, 형이상학

4차 산업혁명 2-669

DNA/디옥시리보 핵산 2-567

ㄱ

가능세계 1-495

갈등 3-576

감각 3-651

감각질 1-627

감동 3-642

감성 3-513

감정·정서 3-528

감정연금술 2-111, 3-141

감정이입 3-507

개념 1-531

개념과 대상[프레게] 1-693

개념예술 3-123

개성 3-600

개신교 윤리와 자본주의 정신 2-225

개연성 3-501

객관·객관성 1-558

객관적 상관물 3-423

거경궁리 1-375

거대서사의 붕괴 3-81

거울단계 2-459

검증주의 2-687

게임이론 2-213

게티어 문제 1-636

게티어 문제 해결 1-639

격물치지 1-120

결정론 1-474

결혼동맹 2-294

경국지색 2-249

경험론/경험주의 1-453

경험주의의 독단[콰인] 1-660

계급의식 1-42

계급투쟁 1-180

계몽주의/계몽의 시대 1-333, 3-306

고전주의 3-390

공(空)/수냐타 1-117

공간 2-651

공공예술 3-87

공리주의 1-507

공산주의적 인간형 3-135

공자 2-372

공통조상 2-360

공포와 전율의 아브라함 1-171

공포증 포비아 2-393

공황장애 2-429

과학주의 2-657

관념론 1-465

교외별전 1-192

교훈주의 3-681

구조주의 3-330

구체화[잉가르덴] 3-579

구텐베르크·금속활자 2-21

국가주의 2-285

국민국가/민족국가 2-129

군자불기 2-210

권력의지/힘에의 의지 1-96

권태[하이데거] 1-609

귀납·연역·귀추 1-444

그림이론[비트겐슈타인] 1-213

극기복례 2-576

근대·근대성 2-120

긍정의 변증법[알랭 바디우] 1-303

기관 없는 신체 1-39

기능주의[철학] 2-696

기대지평 3-453

기술이론[러셀] 1-675

기승전결 3-255

기억 2-588

기억투쟁 2-597

기운생동 3-90

기표 · 기의/소쉬르 3-261

기호 가치 3-309

까다로운 주체 1-234

ㄴ

나르시시즘 3-246

나비효과 · 카오스이론 2-12

나폴레옹 2-345

낭만적 숭고 3-285

낭만주의 3-393

낯설게하기 3-78

내던져진 존재 1-132

내러티브 3-102

내부식민지 2-102

내성 / 분트의 자기성찰 2-330

내재의 평면 1-231

내재주의 1-642

내포 · 외연 3-279

내포작가/내포저자 3-303

노동가치설 1-381

노마디즘 1-54

논리 · 논리학 1-483

논리실증주의 1-447

논증 · 추론 1-537

뉴크리티시즘/신비평 3-510

뉴턴역학 · 고전역학 2-75

니힐리즘/허무주의 1-357

ㄷ

다다이즘 3-405

다문화주의 3-30

다원예술 3-72

단일신화 3-60

단자 모나드 1-384

대당사각형 1-243

대동아공영권 2-375

대상론[마이농] 1-630

대중문화이론 2-126, 3-156

대타자 · 소타자 2-255

대화혼 2-132

데카르트의 악마 1-207

도 1-321

도가도비상도 1-270

도시의 전설 3-165

독립예술 3-180

독사[부르디외] 2-108

독자반응이론 3-537

돌연변이 2-420

동굴의 비유 1-324

동물해방 2-240

동일률 · 모순율 · 배중률 1-21

동일성 1-579

동일성의 폭력[레비나스] 2-315

동화 · 페어리 테일 3-624

드레퓌스 사건 2-498

디스토피아 2-51

디아스포라 2-93

디에게시스 1-72

딜레마 1-249

딥러닝/심층학습 2-570

ㄹ

라플라스의 악마 1-405
러시아혁명 2-456
러시아 형식주의 3-297
러일전쟁 2-522
로마제국 2-474
로망스 3-339
로코코 3-111
룸펜 프롤레타리아 2-39
르네상스 3-252
리듬/운율 3-438
리비도 2-432
리얼리즘/실재론[철학] 1-414, 3-378
리얼리즘[예술] 3-15
리좀 1-66, 3-84

ㅁ

마녀사냥 2-216
마르크스 1-462
마야 환영 1-222
마음 2-618
마이농의 정글 1-633
마키아벨리즘 2-18
만국의 노동자여 단결하라 2-123
만다라 1-345
만유인력·중력 2-516
만인에 대한 만인의 투쟁 1-15
말할 수 없으면 침묵하라 1-123
망각 2-600
맥락주의 컨텍스츄얼리즘 1-390
맹목적 생존의지[쇼펜하우어] 1-255
메소포타미아문명 2-483
메이지유신 2-384
메타버스 3-699

메타언어·대상언어 3-609
멜랑콜리[프로이트] 3-369
명제 1-441
모더니즘[예술] 3-414
모리스의 사회주의 생활예술 3-219
모방론 3-264
모티브·모티프 3-276
묘사 3-45
무극이태극 1-258
무릉도원 3-198
무목적의 목적 1-312, 3-288
무사도 2-234
무위자연 1-309
무의식 3-384
무정부주의 2-174
무한 2-627
무함마드/마호메트 2-489
문명 2-519, 3-492
문예사조 3-660
문이재도 3-162
문장 3-693
문제적 개인 3-231
문체 3-534
문학 3-51
문학사·예술사·문화사 3-174
문화 3-42
문화권력 3-96
문화다양성 2-96, 3-117
문화사회 2-135
문화산업[프랑크푸르트학파] 2-183
문화상대주의 2-594
문화생태계 3-132
문화순혈주의 3-138
문화예술교육 3-189

문화유전자 밈   2-60
문화자본[부르디외]   2-141, 3-159
문화적 기억   2-606
문화적 헤게모니   2-270
문화제국주의   2-579
문화충격   3-120
문화혁명   2-228
물리주의   1-573
물아일체   3-150
물자체[칸트]   1-366
미/아름다움   3-291
미디어아트   3-630
미메시스[아리스토텔레스]   3-612
미메시스[아우어바흐]   3-543
미메시스[플라톤]   1-591
미적 거리   3-456
미학·예술철학   1-471, 3-483
미학과 정치[랑시에르]   3-345
미학교육[실러]   3-504
미학국가/미적 상태[실러]   1-540, 3-546
민족   2-630
민족문학   3-687
민족문화   3-183
민족적 낭만주의   3-678
민족주의   2-642
민족지   2-177
믿을 수 있는 화자와 믿을 수 없는 화자   3-447

ㅂ ─────────────────────

바로크   3-474
바움가르텐의 진선미   3-216
반영론   3-54
발자크의 리얼리즘   3-75
방어기제   2-171

배경   3-564
범신론[스피노자]   1-360
범주   1-522
변증법   1-189
병든 동물 인간   1-273
보여주기와 말하기   3-375
보이지 않는 손   2-222
보편논쟁   1-369
보편문법   1-24
복잡계   2-480
본질   1-570
부정변증법   1-111
분서갱유   2-198
분석과 종합[콰인]   1-669
분석명제·종합명제   1-396
분석성의 독단[콰인]   1-666
분석철학   1-684
분자   2-636
불안장애   2-390
불확정성의 원리   2-318
브라흐만   1-195
블랙홀   2-543
비교문학   3-594
비극   3-24
비극의 탄생   3-249
비단길   2-582
비유   3-558
비잔틴제국   2-186
비평/평론   3-519
빅데이터   2-528
빅뱅이론 / 우주팽창이론   2-321
빈이름/실체 없는 이름   1-687
빙하기   2-471

ㅅ ─────────────────────────

사건[김재권] 1-576

사건[데이비슨] 1-582

사건[소설] 3-573

사단칠정 1-81

사대주의 2-453

사무사 3-204

사물인터넷 2-540

사실 1-600

사회주의 리얼리즘 3-237

사회학적 상상력 2-306

산문 3-627

산업혁명 2-354

산책자 보들레르 3-234

삼위일체 1-261

삼일치법칙 3-243

상대시간·상대공간 1-555

상상 3-516

상상계 3-354

상상의 공동체 2-117

상존재 조자인[마이농] 1-690

상징 3-18

상징계 3-351

상징자본 2-45

상징적 거세 1-126

상징적 동물 2-192

상징주의 3-267

상징폭력 2-114

상호부조론 —진화의 요인 2-297

상호텍스트 3-465

색즉시공 1-183

생체권력 1-57

생활세계 1-69

서문 3-5

서사 3-657

서사시 3-441

서정시 3-486

석가모니 고타마 싯다르타 2-66

석기시대 2-492

선시 3-606

성선설 1-294

성악설 1-300

성장소설/빌둥스로만 3-444

성즉리 1-315

성찰적 근대화 2-342

세계정신 1-351

세계체제론 2-276

소박실재론·직접실재론 1-618

소설 3-144

소설[동양소설] 3-588

소중화주의 2-264

소크라테스의 문답법 1-30

수사 3-636

수양론 1-504

수용미학 3-459

수필·에세이 3-615

순수이성 1-78

술어논리 1-387

술이부작 3-222

숭고 3-213

숭고[칸트] 3-324

스토리·이야기 3-567

시 3-126

시간 2-639

시간[베르그송] 1-552

시공간 2-654

시대정신 1-342

시뮬라시옹 시뮬라크르 2-189

시언지 시연정   3-408

시인추방론   3-258

시점   3-420

시중유화 화중유시   3-321

신경미학   3-195

신경증   2-402

신뢰성   1-561

신빙론   1-648

신석기혁명·농경사회   2-477

신은 죽었다   1-336

신이 존재하는 다섯 가지 근거
　　[토마스 아퀴나스]   1-297

신해혁명   2-426

신화·전설   3-468

실재계   2-267

실재의 사막   1-147

실제의 공동체   2-327

실존주의   3-105

실천이성   1-267

실험의학   2-63

심상지리   2-36

심신이원론   1-588

심신일원론[스피노자]   1-285

심인반응   2-405

심즉리   1-327

십자군전쟁   2-348

아노미[뒤르켐]   2-309

아니마 아니무스   2-162

아리스토텔레스   1-480

아마추어 지식인   2-168

아방가르드   3-177

아버지의 이름   2-279

아비투스   2-48

아시아적 생산양식   2-417

아우라   3-12

아이러니·반어   3-471

아치아견아만아애의 4번뇌   1-417

아케이드 프로젝트   3-210

아트만   1-138

아펙투스[스피노자]   1-372

아프로디테의 황금사과   3-294

아 프리오리/선험·후험   1-528

악의 평범성   2-291

안빈낙도   3-129

안티고네[소포클레스]   3-387

안티고네와 이스메네   3-357

안티 오이디푸스   1-60

알레고리/풍유   3-48

애매성   3-684

양상논리   1-498

양상실재   1-144

양자역학   2-312

양지양능치양지   1-177

언어게임[비트겐슈타인]   1-240

언어 민족주의   2-27

없다·없음[파르메니데스]   1-615

에로티즘[바타이유]   3-318

에이브럼즈의 삼각형이론   3-186

에피스테메   1-204

엔트로피   2-681

역사   2-561

역사소설   3-582

역사적 유물론/유물사관/
　　사적 유물론   1-423

역설   3-372

연극·드라마   3-33

연극성 인격장애 2-165

열린 사회 2-159

열린 텍스트 3-666

열역학·에너지보존법칙 2-552

영원 2-666

영원불변한 세상[파르메니데스] 1-420

영혼 1-594

예수 그리스도 2-510

예술 3-114

예술가 3-27

예술가 천재론[셸링] 3-417

예술지상주의 3-228

예술치료 3-57

오리엔탈리즘 2-81

오이디푸스 왕 3-429

외설 3-21

외재주의 1-645

욕망 3-696

욕망기계 1-87

욕망의 삼각형 3-63

우리 안의 파시즘 2-99

우울증 우울장애 2-414

운명론 2-57

운명애·아모르파티 1-348

운명의 수레바퀴 2-378

운문 3-618

원본능·자아·초자아 2-435

원자 2-555

원죄[기독교] 2-441

원형[칼 융] 3-342

원형감옥 2-645

원형비평·신화비평 3-555

위기지학 위인지학 1-393

위험사회 2-573

유머·해학 3-603

유물론 1-90

유미주의 3-645

유식사상 1-411

유전자 2-648

유토피아 2-219

유희충동 3-348

윤리·윤리학 1-468

윤회사상 1-378

은유 3-411

음양오행 1-318

의경 3-282

의도적 오류 3-315

의미론 2-684

의사소통행위이론 2-273

의상 3-171

의식 1-516

의식의 흐름 3-225

의학적 시선 2-144

이기론[주희] 1-288

이기적 유전자 2-15

이기적 자살 2-243

이다·있다 1-696

이데아 1-546

이마고/자아영상 3-270

이미지·이미지즘 3-477

이발사의 역설 1-12

이상적 독자 3-540

이성 1-513

이성론/합리주의 1-456

이성은 감성의 노예 1-75

이율배반 2-675

이항대립 1-36

인간[신체] 2-612

인간소외 1-186

인공지능 AI 2-525

인과율·인과법칙 1-489

인류의 출현 2-465

인문학 1-510

인상주의 인상파 3-399

인쇄자본주의 2-30

인식론 1-63

인식 정당화 1-651

인심도심 1-435

인정투쟁[헤겔] 1-51

인지과학 2-693

인지심리학 2-690

일반상대성이론 2-534

일차원적 인간 2-147

있다·있음[파르메니데스] 1-612

잉여가치 1-198

ㅈ ─────────────

자기기만[사르트르] 1-165

자기 땅에서 유배당한 자들 2-237

자기 정체성 1-354

자본주의 2-633

자아 1-408

자아와 비아 1-426

자연선택 2-408

자연적 인식론 1-663

자연주의[예술] 3-396

자연주의[철학] 2-699

자연화된 인식론[콰인] 1-672

자유시 3-639

자유의지 1-402

작가·독자 3-669

장르 3-522

재현 1-543, 3-549

저승·내세 2-672

저자의 죽음 3-495

적극적 허무주의 1-330

적멸의 니르바나 1-150

적자생존 2-180

전기·자서전 3-585

전체주의의 기원 2-423

전형적 인물과 전형적 상황 3-462

절대자아 1-429

정경교융 3-147

정복자 지나 1-246

정신 1-597

정신분석 2-549

정신분석비평 3-561

정신분열증 2-396

정신사건 1-585

정신증 2-411

정언명제 1-114

정한론 2-609

제1차 세계대전 2-504

제2차 세계대전 2-447

제2의 자연 2-54

제4의 벽 3-66

제국주의 2-336

제유 3-675

제행무상 1-108

젠더 2-324

젠더수행성 2-303

존재[하이데거] 1-699

존재·존재자 1-450

존재론 1-459

존재론[콰인] 1-681

존재론적 개입[콰인] 1-678

존재론적 해석학 1-276
존재와 사건[알랭 바디우] 1-306
종교개혁 2-288
종말론 1-432
죄수의 딜레마 1-153
주관·주관성 1-567
주이상스 2-261
주제·제재·소재 3-525
주지주의 3-663
주체·주체성 1-93
주체분열 1-84
주체재분열 2-282
죽음에 이르는 병 1-162
죽음의 공포 2-663
죽음 충동 2-138
중관사상 1-252
중국어 방 논증 2-615
중립진화 2-369
중용지도 1-141
중일전쟁/청일전쟁 2-513
중화주의 2-33
증강현실 3-168
증거론 1-654
지각 1-603
지각우선의 지각현상학 1-216
지능 2-621
지동설/태양중심설 2-150
지성·오성 1-519
지식의 고고학 2-564
지역문학 3-690
지역문화 3-621
지하드 2-204
지행합일 1-219
지향성[현상학] 1-486

직관 1-549
직지인심 견성성불 1-525
진리의미론[타르스키] 1-564
진시황 2-366
진화론 2-546
진화심리학 2-153
질풍노도 3-201
집단기억 2-585
집단무의식 2-156
집합 2-300

ㅊ ────────────────

차연 1-102
창조계급 2-90
창조론 2-468
천국은 꾸며낸 동화일 뿐이다 2-201
천동설 2-495
천명사상 1-18
철학 1-477
체 게바라 2-231
초끈이론 2-591
초민족주의 2-105
초월[칸트] 1-534
초인/위버멘쉬 1-210
초점화[서사] 3-591
초현실주의 3-402
촘스키의 선전모델 2-195
추상표현주의 3-570
춘추대의 2-252
충분근거율 1-606
칭기즈 칸 2-357

ㅋ ────────────────

카르마 1-129

카르페 디엠 1-156

카리스마 2-246

카발라 신비주의 1-291

카타르시스 3-153

캐릭터·인물 3-489

커피하우스 2-399

코나투스 1-279

콘텍스트/맥락 3-654

콜럼부스 2-351

쾌락원칙 3-381

쾌락주의의 역설 1-228

퀴어이론 3-327

ㅌ ────────────

타불라 라사 1-159

타인의 얼굴[레비나스] 1-282

타자 1-45

타자윤리 1-264

탈식민주의 1-27

탈아입구 탈아론 2-381

탈영토 1-201

탈주의 비상선[들뢰즈] 1-174

탈중심주의 2-72

텅 빈 주체 1-363

테세우스의 배 1-621

텍스트 3-360

통 속의 뇌 2-678

튜링테스트 2-624

트라우마 2-207

특수상대성이론 2-486

티베트 사자의 서 2-462

ㅍ ────────────

파리코뮌 2-501

판단력비판

　－미(美)란 무엇인가? 1-168, 3-207

팝아트 3-633

패러다임 2-78

페미니즘 3-93

포르노 3-99

포스트모더니즘 3-36

포정해우 1-99

포퓰리즘 2-84

표현 3-597

표현의 자유 2-87

표현주의 3-480

풍자 3-39

프랑스대혁명 2-537

프래그머티즘/실용주의 1-492

프레게의 퍼즐 1-624

프로이트 2-438

프로타고니스트·안타고니스트 3-435

플롯 3-450

픽션·논픽션 3-531

필연·우연 1-501

ㅎ ────────────

하데스 음부 2-450

하마르티아 3-432

하얀 가면 2-42

하위주체 2-69

학문 2-444

한시/중국고전시 3-498

한자문화권 2-387

해석공동체 3-552

해석학적 미학 3-273

해의반박 방약무인 3-240

행동주의·파블로프의 개 2-531

행복연금술[알 가잘리] 1-237

허구 3-648

허위의식 1-105

헤브라이즘 1-399

헬레니즘 3-192

혁명 2-333

혁명적 낭만주의 3-69

현상학적 환원 1-33

현생인류 아프리카기원설 2-507

현재·과거·미래 2-603

현존재 다자인 1-225

형이상학 1-438

호명 2-24

호모루덴스 2-339

호모 사피엔스/현생인류 2-660

호모 에렉투스 2-558

호연지기 1-135

호접지몽 1-48

화이관 2-258

화자/서술자 3-336

환상/환상성 3-363

환상문학[토도로프] 3-366

환유 3-333

황금비율 3-108

회의주의 1-657

후기구조주의 3-300

휴머니즘/인문주의 1-339, 3-312

희곡 3-672

희극/코미디 3-426

히틀러 2-363

인문학 개념어 사전 총목록

001 아우라	031 알레고리/풍유	싯다르타	102 권력의지/
002 이발사의 역설	032 심상지리	067 하위주체	힘에의 의지
003 만인에 대한 만인	033 문학	068 기운생동	103 안빈낙도
의 투쟁	034 룸펜 프롤레타리아	069 생활세계	104 문화생태계
004 리얼리즘[예술]	035 반영론	070 디에게시스	105 공산주의적 인간형
005 나비효과·	036 예술치료	071 탈중심주의	106 초민족주의
카오스이론	037 하얀 가면	072 페미니즘	107 독사[부르디외]
006 상징	038 단일신화	073 뉴턴역학·고전역학	108 포정해우
007 천명사상	039 기관 없는 신체	074 패러다임	109 문화순혈주의
008 동일률·모순율·	040 계급의식	076 오리엔탈리즘	110 감정연금술
배중률	041 타자	077 포퓰리즘	111 차연
009 외설	042 호접지몽	078 이성은 감성의 노예	112 소설
010 이기적 유전자	043 욕망의 삼각형	079 문화권력	113 상징폭력
011 보편문법	044 인정투쟁[헤겔]	080 포르노	114 정경교융
012 탈식민주의	045 노마디즘	081 표현의 자유	115 허위의식
013 마키아벨리즘	046 생체권력	082 내러티브	116 상상의 공동체
014 구텐베르크·	047 상징자본	083 실존주의	117 근대·근대성
금속활자	048 제4의 벽	084 창조계급	118 물아일체
015 소크라테스의	049 안티 오이디푸스	085 디아스포라	119 카타르시스
문답법	051 아비투스	086 황금비율	120 만국의 노동자여
016 비극	052 디스토피아	088 순수이성	단결하라
018 예술가	053 혁명적 낭만주의	089 사단칠정	122 제행무상
019 호명	054 인식론	090 주체분열	123 대중문화이론
020 언어 민족주의	055 제2의 자연	091 욕망기계	124 국민국가/민족국가
021 다문화주의	056 다원예술	092 로코코	125 대화혼
022 현상학적 환원	057 발자크의 리얼리즘	093 예술	126 문화사회
023 인쇄자본주의	058 낯설게하기	094 문화다양성	127 죽음 충동
024 연극·드라마	059 거대서사의 붕괴	095 유물론	128 문화자본[부르디외]
025 포스트모더니즘	060 운명론	096 문화충격	129 의학적 시선
026 풍자	061 문화유전자 밈	097 개념예술	130 일차원적 인간
027 이항대립	063 리좀	098 주체·주체성	131 지동설/태양중심설
028 문화	064 공공예술	099 우리 안의 파시즘	132 부정변증법
029 중화주의	065 실험의학	100 시	133 진화심리학
030 묘사	066 석가모니 고타마	101 내부식민지	135 집단무의식

136 열린 사회
137 문이재도
138 정언명제
139 아니마 아니무스
140 공(空)/수냐타
141 연극성 인격장애
142 격물치지
143 말할 수 없으면
　　침묵하라
144 도시의 전설
145 상징적 거세
146 카르마
147 증강현실
148 내던져진 존재
149 의상
150 문학사·예술사·
　　문화사
151 아마추어 지식인
152 방어기제
153 호연지기
154 아트만
155 아방가르드
156 독립예술
157 민족문화
158 에이브럼즈의
　　삼각형이론
159 무정부주의
160 문화예술교육
161 중용지도
162 민족지
163 적자생존
164 양상실재
165 헬레니즘
166 문화산업

[프랑크푸르트학파]
167 신경미학
169 실재의 사막
170 비잔틴제국
171 시뮬라시옹
　　시뮬라크르
172 적멸의 니르바나
173 상징적 동물
174 무릉도원
175 죄수의 딜레마
176 질풍노도
178 카르페 디엠
179 타불라 라사
180 촘스키의
　　선전모델
181 죽음에 이르는 병
182 사무사
183 자기기만[사르트르]
184 분서갱유
185 판단력비판－
　　미(美)란 무엇인가?
186 천국은 꾸며낸
　　동화일 뿐이다
187 공포와 전율의
　　아브라함
188 탈주의 비상선
　　[들뢰즈]
189 양지양능치양지
190 지하드
191 아케이드 프로젝트
192 숭고
193 트라우마
195 계급투쟁
196 색즉시공

198 군자불기
199 게임이론
200 인간소외
201 바움가르텐의
　　진선미
202 마녀사냥
203 유토피아
204 변증법
205 교외별전
206 모리스의 사회주의
　　생활예술
207 보이지 않는 손
208 브라흐만
209 술이부작
210 개신교 윤리와
　　자본주의 정신
212 의식의 흐름
213 문화혁명
214 잉여가치
215 체 게바라
216 탈영토
217 에피스테메
218 예술지상주의
219 무사도
220 문제적 개인
221 데카르트의 악마
223 초인/위버멘쉬
224 산책자 보들레르
225 사회주의 리얼리즘
226 그림이론
　　[비트겐슈타인]
227 해의반박 방약무인
228 자기 땅에서
　　유배당한 자들

229 지각우선의
　　지각현상학
230 동물해방
231 지행합일
232 삼일치법칙
233 마야 환영
234 현존재 다자인
235 이기적 자살
236 카리스마
237 쾌락주의의 역설
238 내재의 평면
239 경국지색
240 까다로운 주체
241 춘추대의
242 대타자·소타자
243 화이관
244 주이상스
245 소중화주의
246 행복연금술
　　[알 가잘리]
247 나르시시즘
248 언어게임
　　[비트겐슈타인]
249 대당사각형
250 정복자 지나
251 딜레마
252 비극의 탄생
253 실재계
254 중관사상
255 르네상스
256 기승전결
257 맹목적 생존의지
　　[쇼펜하우어]
258 무극이태극

259 삼위일체

260 문화적 헤게모니

261 시인추방론

262 타자윤리

263 의사소통행위이론

264 실천이성

265 세계체제론

266 도가도비상도

267 병든 동물 인간

268 기표·기의[소쉬르]

269 모방론

270 존재론적 해석학

271 상징주의

272 이마고/자아영상

273 코나투스

274 아버지의 이름

275 해석학적 미학

276 타인의 얼굴
   [레비나스]

277 심신일원론
   [스피노자]

278 이기론[주희]

279 카발라 신비주의

280 성선설

281 주체재분열

282 모티브·모티프

283 국가주의

284 신이 존재하는
   다섯 가지 근거
   [토마스 아퀴나스]

285 성악설

286 내포·외연

287 긍정의 변증법
   [알랭 바디우]

288 의경

289 존재와 사건
   [알랭 바디우]

290 낭만적 숭고

291 무위자연

292 무목적의 목적

293 성즉리

294 미/아름다움

295 종교개혁

296 음양오행

297 도

298 동굴의 비유

299 아프로디테의
   황금사과

300 악의 평범성

301 결혼동맹

302 러시아 형식주의

303 상호부조론–
   진화의 요인

304 후기구조주의

306 심즉리

307 적극적 허무주의

308 내포작가/내포저자

309 계몽주의/
   계몽의 시대

310 기호 가치

311 신은 죽었다

312 휴머니즘/인문주의

313 의도적 오류

314 집합

315 젠더수행성

316 시대정신

317 만다라

318 사회학적 상상력

319 에로티즘[바타이유]

320 운명애·아모르파티

321 시중유화 화중유시

322 아노미[뒤르켐]

324 양자역학

325 숭고[칸트]

326 세계정신

327 퀴어이론

328 동일성의 폭력
   [레비나스]

329 구조주의

330 불확정성의 원리

331 자기 정체성

332 니힐리즘/허무주의

333 범신론[스피노자]

334 환유

335 빅뱅이론/
   우주팽창이론

336 화자/서술자

337 젠더

338 로망스

339 텅 빈 주체

340 원형[칼 융]

341 물자체[칸트]

342 보편논쟁

343 미학과 정치
   [랑시에르]

344 유희충동

345 실제의 공동체

346 내성/
   분트의 자기성찰

347 상징계

348 아펙투스[스피노자]

349 거경궁리

350 윤회사상

351 상상계

352 안티고네와
   이스메네

353 노동가치설

354 단자 모나드

355 술어논리

356 텍스트

357 환상/환상성

358 맥락주의 컨텍스
   츄얼리즘

359 혁명

360 제국주의

361 환상문학[토도로프]

362 호모루덴스

364 위기지학 위인지학

365 성찰적 근대화

366 나폴레옹

367 십자군전쟁

368 분석명제·종합명제

369 콜럼버스

370 산업혁명

371 칭기즈 칸

372 공통조상

373 히틀러

374 진시황

375 중립진화

376 공자

378 헤브라이즘

379 대동아공영권

380 운명의 수레바퀴

381 탈아입구 탈아론

382 자유의지

383 메이지유신

384 한자문화권	414 학문	445 귀납·연역·귀추	475 표현주의
385 라플라스의 악마	415 고전주의	446 성장소설/	476 메소포타미아문명
386 불안장애	416 낭만주의	빌둥스로만	477 특수상대성이론
387 공포증 포비아	417 자연주의[예술]	447 믿을수있는 화자와	478 무함마드/
388 정신분열증	418 인상주의 인상파	믿을 수 없는 화자	마호메트
389 멜랑콜리[프로이트]	419 초현실주의	448 논리실증주의	479 석기시대
390 커피하우스	420 다다이즘	449 플롯	480 천동설
391 신경증	421 시언지 시연정	450 존재·존재자	481 미학·예술철학
392 심인반응	422 영원불변한 세상	451 기대지평	482 드레퓌스 사건
393 자연선택	[파르메니데스]	452 미적 거리	483 파리코뮌
394 정신증	423 역사적 유물론/	453 수용미학	484 제1차 세계대전
395 우울증 우울장애	유물사관/	454 경험론/경험주의	485 현생인류
396 역설	사적 유물론	455 이성론/합리주의	아프리카기원설
397 아시아적 생산양식	424 은유	456 존재론	486 예수 그리스도
398 돌연변이	425 자아와 비아	457 러시아혁명	487 결정론
399 전체주의의 기원	426 모더니즘[예술]	458 전형적 인물과	488 중일전쟁/청일전쟁
400 신해혁명	427 절대자아	전형적 상황	489 서정시
401 보여주기와 말하기	428 예술가 천재론[셸링]	459 상호텍스트	491 철학
402 공황장애	429 시점	460 신화·전설	492 만유인력·중력
403 리비도	430 객관적 상관물	461 거울단계	493 아리스토텔레스
404 원본능·자아·	431 제2차 세계대전	462 티베트 사자의 서	494 논리·논리학
초자아	432 희극/코미디	463 인류의 출현	495 캐릭터·인물
405 자아	434 종말론	464 창조론	496 문명
406 유식사상	435 하데스 음부	465 빙하기	497 저자의 죽음
407 리얼리즘/	436 인심도심	466 마르크스	498 지향성[현상학]
실재론[철학]	437 오이디푸스 왕	467 로마제국	499 러일전쟁
408 아치아견아만아애	438 하마르티아	468 아이러니·반어	500 인과율·인과법칙
의 4번뇌	439 사대주의	469 바로크	501 프래그머티즘/
409 쾌락원칙	440 프로타고니스트·	470 이미지·이미지즘	실용주의
410 무의식	안타고니스트	471 관념론	502 인공지능 AI
411 프로이트	441 리듬/운율	472 신석기혁명·	503 빅데이터
412 원죄[기독교]	442 서사시	농경사회	504 행동주의·
413 안티고네	443 형이상학	473 윤리·윤리학	파블로프의 개
[소포클레스]	444 명제	474 복잡계	505 일반상대성이론

506	프랑스대혁명	537	위험사회	568	사건[소설]	600	동일성
507	사물인터넷	538	극기복례	569	갈등	601	인간[신체]
508	블랙홀	539	문화제국주의	570	구체화[잉가르덴]	602	사건[데이비슨]
509	진화론	540	감정·정서	571	역사소설	603	산문
510	정신분석	541	픽션·논픽션	572	전기·자서전	604	미디어아트
511	한시/중국고전시	542	비단길	573	소설[동양소설]	605	정신사건
512	가능세계	543	범주	574	초점화[서사]	606	팝아트
513	양상논리	544	직지인심 견성성불	575	비교문학	607	심신이원론
514	개연성	545	집단기억	576	시간[베르그송]	608	미메시스[플라톤]
515	필연·우연	546	문체	577	표현	609	중국어 방 논증
516	열역학·	547	기억	578	개성	610	영혼
	에너지보존법칙	548	아 프리오리/	579	기억투쟁	611	마음
517	수양론		선험·후험	580	유머·해학	612	정신
518	원자	549	독자반응이론	581	상대시간·상대공간	613	수사
519	호모 에렉투스	550	이상적 독자	582	선시	614	지능
520	역사	551	개념	583	망각	615	사실
521	지식의 고고학	552	초월[칸트]	584	객관·객관성	616	튜링테스트
522	공리주의	553	초끈이론	585	신뢰성	617	무한
523	DNA/	554	논증·추론	586	메타언어·대상언어	618	자유시
	디옥시리보 핵산	555	미메시스	587	미메시스	619	감동
524	미학교육[실러]		[아우어바흐]		[아리스토텔레스]	620	민족
525	감정이입	556	미학국가/	588	진리의미론	621	유미주의
526	인문학		미적 상태[실러]		[타르스키]	622	허구
527	이성	556	직관	589	현재·과거·미래	624	감각
528	뉴크리티시즘/	557	재현	590	주관·주관성	624	자본주의
	신비평	558	문화상대주의	591	문화적 기억	625	분자
529	감성	559	이데아	592	수필·에세이	626	시간
530	의식	560	해석공동체	593	운문	627	콘텍스트/맥락
531	상상	561	원형비평·신화비평	594	본질	628	서사
532	비평/평론	562	비유	595	정한론	629	민족주의
533	지성·오성	563	정신분석비평	596	지역문화	630	원형감옥
534	장르	564	배경	597	물리주의	631	문예사조
535	딥러닝/심층학습	565	스토리·이야기	598	사건[김재권]	632	주지주의
536	주제·제재·소재	567	추상표현주의	599	동화·페어리 테일	633	유전자

634 열린 텍스트
635 공간
636 시공간
637 작가 · 독자
638 희곡
639 지각
640 과학주의
641 제유
642 호모 사피엔스/
   현생인류
643 민족적 낭만주의
644 교훈주의
645 충분근거율
646 애매성
647 죽음의 공포
648 민족문학
649 영원
650 4차 산업혁명
651 지역문학
652 문장
653 권태[하이데거]
655 욕망
657 저승 · 내세
658 있다 · 있음
   [파르메니데스]
661 없다 · 없음
   [파르메니데스]
662 소박실재론 ·
   직접실재론
664 테세우스의 배
665 이율배반
666 통 속의 뇌
667 프레게의 퍼즐
668 엔트로피

669 감각질
670 대상론[마이농]
671 마이농의 정글
672 의미론
675 검증주의
676 게티어 문제
677 게티어 문제 해결
679 내재주의
680 외재주의
681 신빙론
683 인식 정당화
684 증거론
686 회의주의
687 인지심리학
689 인지과학
690 기능주의[철학]
691 경험주의의 독단
   [콰인]
692 자연주의[철학]
693 자연적 인식론
694 분석성의 독단
   [콰인]
695 분석과 종합[콰인]
697 자연화된 인식론
   [콰인]
698 기술이론[러셀]
700 존재론적 개입
   [콰인]
701 존재론[콰인]
703 분석철학
704 빈이름/
   실체 없는 이름
706 상존재 조자인
   [마이농]

707 개념과 대상
   [프레게]
710 이다 · 있다
712 존재[하이데거]
797 메타버스